Tour 1
Vom Potsdamer Platz ins Regierungsviertel

Tour 2
Museumsinsel

Tour 3
Vom Alexanderplatz ins Nikolaiviertel

Tour 4
Spandauer Vorstadt

Tour 5
Rund um den Checkpoint Charlie

Tour 6
Tiergarten, Kulturforum und Diplomatenviertel

Tour 7
…ity West

Tour 8
Sc… …ebung

Tour 9
Prenzlauer Berg

Tour 10
Friedrichshain

Tour 11
Kreuzberg

Tour 12
Schöneberg

Tour 13
Neukölln

Jwd – raus aus der City

Ausflug nach Potsdam

Nachlesen & Nachschlagen
Verzeichnisse

Unterwegs mit

Gabriele Tröger und Michael Bussmann

Manchmal wünschen wir uns, in Graustadt zu wohnen. Oder in Langweilhausen. Das ist meist dann der Fall, wenn das Gästebett nicht zusammengeklappt werden darf, weil schon wieder der nächste Besuch ansteht. Wer in einer der beliebtesten Städte Europas lebt, hat seine Wohnung selten für sich. Aber was macht Berlin so anziehend? Die Schönheit der Stadt kann es kaum sein. Kuppelzauber wie in Rom? Fehlanzeige. Noblesse à la Paris, Altstadtcharme wie in Prag oder royalistischer Glanz wie in London? Nüscht.

An Lässigkeit und Pep läuft Berlin anderen Kapitalen jedoch schnell den Rang ab. Jeden Knallkopf nimmt die Stadt mit offenen Armen auf, alle Sprachen, Hautfarben und Lebenskonzepte sind hier versammelt. Berlin ist die Stadt der vielen Ideen, der Improvisation und des ewigen Wandels. Konservativem Starrsinn wird mit frischfrechem Humor und Toleranz Paroli geboten. Berlin ist aber auch die Stadt des Geldmangels, in der Not erfinderisch macht und die Kreativität herausfordert. Kunst und Kultur gehen an der Spree neue Wege, dazu wird Hedonismus ganz groß geschrieben – wo sonst gibt es Bars mit zuckrigen Namen wie „Zu mir oder zu Dir“ oder „Weder gestern noch morgen“? Gleichzeitig ist Berlin in seinen überschaubaren Kiezen urgemütlich. Das alles gefällt auch unseren Gästen. Zum Glück. So kommen sie nach Berlin und wir müssen nicht nach Langweilhausen.

Was haben Sie entdeckt?

Wenn Sie Ergänzungen, Verbesserungen oder neue Tipps zum Buch haben, lassen Sie es uns bitte wissen!

Schreiben Sie an: Gabriele Tröger und Michael Bussmann, Stichwort „Berlin“ | c/o Michael Müller Verlag GmbH | Gerberei 19, D – 91054 Erlangen | michael.bussmann@michael-mueller-verlag.de

Berlin

Michael Bussmann · Gabriele Tröger

4. komplett überarbeitete und aktualisierte Auflage 2017

Inhalt

Orientiert in Berlin

Die Stadt, die anders ist ■ S. 10 | Sightseeing-Klassiker ■ S. 12 | Sightseeing-Alternativen ■ S. 14 | Essen gehen ■ S. 16 | Ausgehen ■ S. 18 | Shopping ■ S. 20

Wege durch Berlin

Preußenprunk versus Moderne
Tour 1: Vom Potsdamer Platz ins Regierungsviertel
Die Muss-Tour für alle, die Berlin noch nicht kennen und wenig Zeit mitbringen.
■ S. 24

Zu den Tempeln der Künste
Tour 2: Museumsinsel
Fünf Museen, die Kunst und Kultur aus 6000 Jahren Menschheitsgeschichte präsentieren.
■ S. 50

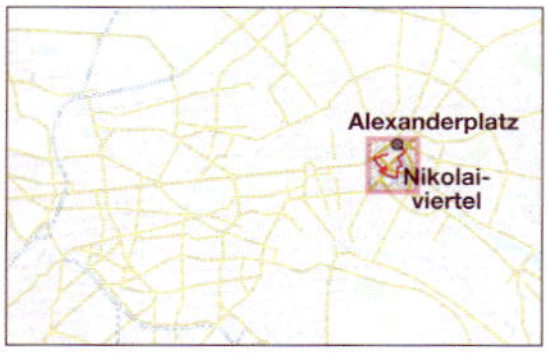

Wo Berlin seinen Anfang nahm
Tour 3: Vom Alexanderplatz ins Nikolaiviertel
Ein Spaziergang vom bekanntesten Platz Berlins in eine Altstadt, die eigentlich keine ist.
■ S. 58

Kunst- und Modezirkus
Tour 4: Spandauer Vorstadt
Kleine Boutiquen, jede Menge Galerien, spannende Restaurants und die berühmten Hackeschen Höfe – hier schlendert, guckt und genießt man.
■ S. 68

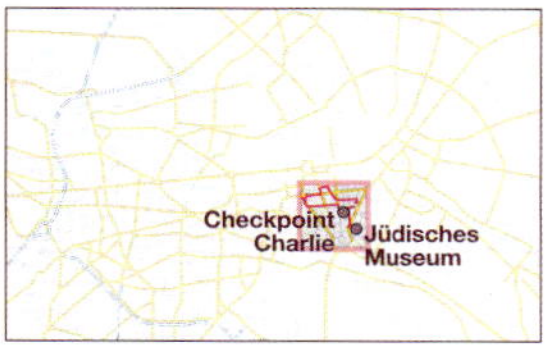

Berliner Stadtgeschichte hautnah

Tour 5: Rund um den Checkpoint Charlie

Interessante Museen und Erinnerungsorte, die sich den dunklen Kapiteln der deutschen Vergangenheit stellen, aber auch Kunst und Currywurst.

■ S. 86

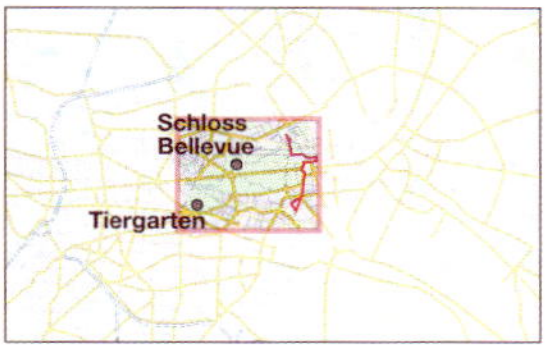

Zwischen Mitte und City West

Tour 6: Tiergarten, Kulturforum und Diplomatenviertel

Rund um Berlins zentrale Parkanlage, in welcher der schönste Biergarten zur Brathendl-Session lädt.

■ S. 98

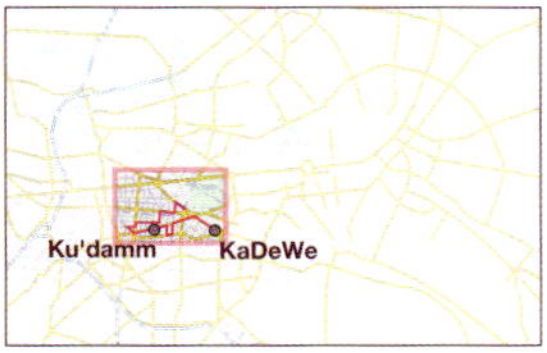

Unterwegs im alten Westen

Tour 7: City West

KaDeWe, Kaiser-Wilhelm-Gedächtniskirche, Kurfürstendamm – die City West, nach der Wende ins Hintertreffen geraten, ist heute wieder voller Dynamik.

■ S. 108

Heimat der Herthaner

Tour 8: Schloss Charlottenburg und Umgebung

Neben der größten erhaltenen Hohenzollernresidenz auch interessante Museen und das Olympiastadion.

■ S. 124

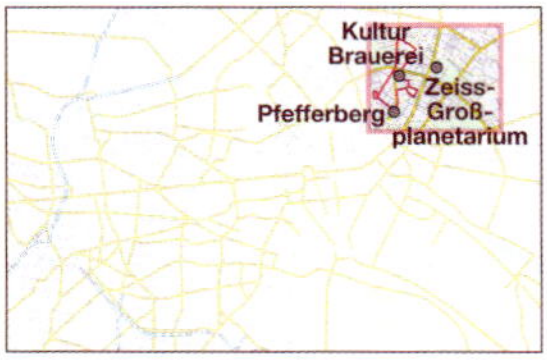

Durch den Mutti-Kiez

Tour 9: Prenzlauer Berg

Der Stadtteil der durchsanierten Altbauten, wahrlich schön und beschaulich.

■ S. 132

Mauer, Spree und Stalinbauten

Tour 10: Friedrichshain

Wer jung und partyfreudig ist, sollte hier den Marker zücken.

■ S. 146

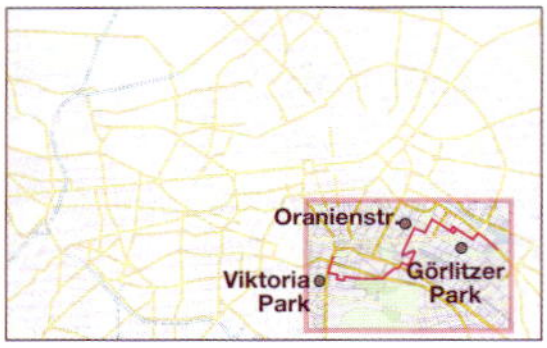

Von einem Kiez zum nächsten

Tour 11: Kreuzberg

Der facettenreiche Stadtteil ist quicklebendig und voller Überraschungen, da hart und schroff, dort gemütlich und leger.

■ S. 158

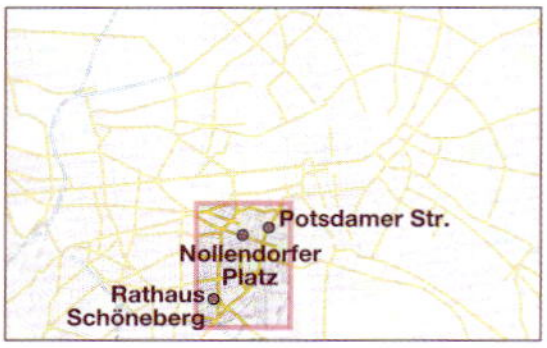

Wenig Hype, viel Charme

Tour 12: Schöneberg

Beliebt nicht nur bei der schwullesbischen Crowd – mit netten Bars, Galerien und viel Multikulti-Flair.

■ S. 174

Undercut und Jutebeutel

Tour 13: Neukölln

Schwer in Bewegung – Neukölln ist unter Hipstern der angesagteste Stadtteil Berlins.

■ S. 182

Seen, Strände, Parks und hochkarätige Museen

Jwd – raus aus der City

Treptower Park ■ S. 188 | Köpenick ■ S. 191 | Friedrichshagen und Müggelsee ■ S. 195 | Stasimuseum Lichtenberg ■ S. 198 | Gedenkstätte Hohenschönhausen ■ S. 199 | Gärten der Welt Marzahn ■ S. 200 | Spandau ■ S. 201 | Dahlem ■ S. 204 | Grunewald ■ S. 207 | Wannsee ■ S. 210

Seitensprung nach Brandenburg

Potsdam

Prunk und Glanz des alten Preußens sind hier zu Hause; sehenswert sind aber nicht nur Park Sanssouci und Neuer Garten, sondern auch das Zentrum selbst.

■ S. 216

Nachlesen & Nachschlagen

Stadtgeschichte
Immer werden, niemals sein ■ S. 230

Kunst und Kultur
Zwischen wilder Installation und klassischem Konzert ■ S. 244

Veranstaltungen
Dahin oder dorthin? Viel Spaß beim Streiten! ■ S. 253

Nachtleben
Ausgehtipps für jeden Geschmack ■ S. 256

Sport, Spaß und Spa
Fußball oder Beautykur? ■ S. 269

Berlin mit Kindern
Kinderfreibad oder Legoland? ■ S. 275

Berlin (fast) umsonst
Sparen in der Metropole ■ S. 279

Ankommen in Berlin
Tach! ■ S. 281

Rumkommen in Berlin
Unterwegs mit den „Öffis" ■ S. 283

Übernachten
Dschungelzimmer oder Indoor-Camping? ■ S. 288

Berlin von A bis Z
Was man auch noch wissen sollte ■ S. 298

Was bringt der Bär auf die Waage?
Berlin in Zahlen und Fakten ■ S. 304

Kompakt

Museen ■ S. 307
Restaurants ■ S. 310
Shopping ■ S. 315

Verzeichnisse

Kartenverzeichnis ■ S. 318 | Berlin im Kasten ■ S. 318 | Fotoverzeichnis ■ S. 319
Impressum ■ S. 320 | Register ■ S. 325

Was haben Sie entdeckt?

Wenn Sie Ergänzungen, Verbesserungen oder neue Tipps zum Buch haben, lassen Sie es uns bitte wissen!

Schreiben Sie an: Gabriele Tröger und Michael Bussmann, Stichwort „Berlin" | c/o Michael Müller Verlag GmbH | Gerberei 19, D – 91054 Erlangen | michael.bussmann@michael-mueller-verlag.de

Mit dem grünen Blatt haben unserer Autoren Betriebe hervorgehoben, die sich bemühen, regionalen und nachhaltig erzeugten Produkten den Vorzug zu geben.

Vielen Dank!

All unseren Berliner Freunden danken wir für die Lieblingsorte und Geheimtipps, die sie uns verraten haben. Ein großes Dankeschön geht auch an Lydia Lazi für die Bereitstellung der S/W-Fotos, die ihr Mann Franz Lazi im Nachkriegsberlin machte. Außerdem danken wir folgenden Lesern: Caroline Fischer, Karl Höffner (Bamberg), Etelka Krinke (Ludwigsburg), Dolores Kummer (Berlin), Eva M. Meyer (Augsburg), Andreas Peters (Sassenberg), Barbara Schläpfer (CH-Basel), Felix Will (Berlin) sowie Elke und Bernd Wirth (Sulzbach am Main).

Hof des Hauses Schwarzenberg

Orientiert in

Berlin

Die Stadt, die anders ist

Sightseeing-Klassiker

Sightseeing-Alternativen

Essen gehen

Ausgehen

Shopping

Orientiert in Berlin

Die Stadt, die anders ist

Berlin ist nicht auf Anhieb zu überschauen und schon gar nicht leicht zu durchschauen. Berlin ist keine architektonische Perle und doch zugleich UNESCO City of Design. Berlin hat keine pittoreske Altstadt, die man abhakt und dann nicht mehr weiß, wohin. Berlin war schon immer Experimentierfeld und Ideenschmiede, ein unausgewogenes Gesamtkunstwerk für sich.

a) Charlottenburg-Wilmersdorf
b) Mitte
c) Friedrichshain-Kreuzberg

Berlin hat viele Gesichter

Berlin kann reich, schick, schön sein. Andernorts bunt und schrill. Aber auch arm und schäbig. Oder einfach nur langweilig. Es gibt Viertel, da holpern die Rollkoffer über den Gehweg, in anderen die Rollatoren und in wieder anderen die Kinderwagen. Wenn ein Charlottenburger über sein Berlin spricht, hat er eine andere Stadt vor Augen als ein Kreuzberger oder ein Hellersdorfer. Berlin ist Vielfalt, die es zu entdecken lohnt.

Größer, als man denkt

Berlin zählt über 3,6 Mio. Einwohner, darunter Menschen aus 185 Nationen, viele schräge Vögel und die Autoren. Wer wissen will, wie die Leute ticken, schaut mal auf www.notesofberlin.com – witzig. Die Berliner leben in zwölf Bezirken, die in 23 Stadtteile gegliedert sind. Die Untereinheiten der Stadtteile bilden die Kieze – oft nur wenige Straßenzüge rund um die namengebende Geschäftsstraße. Berlin ist zudem weitläufig, was die Stadtfläche anbelangt fast dreimal so groß wie München. Vergessen Sie das nicht: Mal eben vom Alexanderplatz zum KaDeWe spazieren ist nicht drin, da liegen rund 6 km dazwischen.

Herzlose Stadt?

„Das Herz einer Stadt ist dort, wo der Karstadt steht." Die Grundregel der Provinzmütter gilt nicht für Berlin. Berlin hat zehn „Karstädte" und noch mehr Zentren. Wer mit dem Auto von Süden kommt, kann wählen zwischen „Zentrum Zoo" oder „Zentrum Alexanderplatz". Wer am U-Bahnhof Stadtmitte aussteigt, landet in keinem der beiden Zentren, sondern an der Friedrichstraße. Es gibt nicht *das* Zentrum, worauf sich alles konzentriert. So geht man in Berlin, anders als in Nürnberg oder Münster, auch nicht „in die Stadt" – wohin genau sollte man da gehen? Ohnehin kann man in einem Stadtteil Berlins leben, ohne je in einen anderen zu müssen. Viele Berliner wollen das auch gar nicht: Es herrscht ein ausgeprägter Stadtteilpatriotismus.

Berlins spannendste Ecken

Der touristischste Bezirk ist **Mitte**, der in etwa vom Tiergarten bis zum Fernsehturm reicht: Brandenburger Tor, Regierungsviertel, Friedrichstraße, Unter den Linden und viele Hotspots mehr sind hier zu finden. In fünf Touren (Tour 1 bis 5) stellen wir diesen Bezirk bzw. seine unmittelbare Nachbarschaft vor. Auch nehmen wir Sie mit in die **City West** (westlich des Tiergartens), die ebenfalls voller Highlights steckt: KaDeWe, Gedächtniskirche und, und, und … Weitere Touren führen durch den charmanten **Prenzlauer Berg** (nordöstlich von Mitte), durch das jungaufmüpfige **Friedrichshain** (östlich von Mitte), durch das einst revolutionäre und heute zur Ruhe gekommene **Kreuzberg** (südlich von Mitte), durch das wilde **Neukölln** (östlich von Kreuzberg), durch das so schwule wie gemütlich-unprätentiöse **Schöneberg** (ebenfalls südlich von Mitte) und zu den schönsten Zielen rund um die Innenstadt. Überall finden Sie auch Hotels. Buchen Sie dort, wo Sie am Abend um die Häuser ziehen wollen.

Grünes Berlin

Berlins Waldfläche ist größer als seine Verkehrsfläche. Das Stadtgebiet bezaubert zudem durch Parks, Seen, Kanäle und die Spree, die im Oberlausitzer Bergland entspringt und bei Spandau in die Havel mündet. Und selbst die 5361 km Berliner Straßen säumen 438.000 Bäume – alles Gründe, warum 90 % der Berliner gern in ihrer Stadt leben (mehr Daten und Fakten im Kapitel „Was bringt der Bär auf die Waage?“ ab S. 304.) Dementsprechend zeigt sich Berlin im grünen Kleid am schönsten. Im Winter dagegen ist die Stadt grau, sind die Gehwege oft spiegelglatt, sodass man geradewegs in die Notaufnahme schlittern kann.

Schneller ans Ziel

Viele Berliner Straßen sind kilometerlang, die längste gar über 13 km. Rechter Hand folgt Hnr. 32 auf Hnr. 33, auf der Straßenseite gegenüber Hnr. 145 auf Hnr. 144. Vier oder fünf Bushaltestellen bzw. zwei oder drei U-Bahnhöfe entlang einer Straße gleichen Namens sind keine Seltenheit. Um Adressen zu finden, die nicht in den Karten dieses Reiseführers eingezeichnet sind, ist es ratsam, sich die App der Berliner Verkehrsbetriebe (nennt sich „BVG Fahrinfo Plus“) herunterzuladen und dort Straße und Hausnummer einzugeben, um die nächstgelegene Haltestelle ausfindig zu machen. Andernfalls steigen Sie vielleicht am falschen Ende einer kilometerlangen Straße aus. Mehr zum Thema Nahverkehr → S. 283.

Ankommen

Wie Sie von den Berliner Flughäfen in die Innenstadt gelangen, erfahren Sie auf S. 281, alles Wissenswerte zu Bus- und Bahnhöfen auf S. 282. Und sollten Sie mit dem eigenen Fahrzeug anreisen, so bedenken Sie, dass die Innenstadt (innerhalb des S-Bahn-Rings) Umweltzone ist, in die man nur mit einer grünen Plakette fahren darf (andernfalls drohen 80 € Strafe).

Fußgänger aufgepasst

Bitte nicht blind den Radweg kreuzen, darauf herumspazieren oder gar stehen – das bringt die Berliner Radfahrer gehörig auf die Palme!

Orientiert in Berlin

Sightseeing-Klassiker

„Berlin, die größte kulturelle Extravaganz, die man sich vorstellen kann" (David Bowie). „Sowie man Berlin betritt, ist es mit Schick und Eleganz vorbei" (Theodor Fontane). „Der Horizont des Berliners ist nicht ganz so groß wie seine Stadt" (Kurt Tucholsky). „It's a much wilder place than New York City" (Pulitzer-Preisträger Jeffrey Eugenides).

Unser Tipp: Museumspass Berlin

Mit dem Museumspass Berlin macht man ein richtiges Schnäppchen. Für 24 € kann man drei Tage durch etliche Museen der Stadt ziehen (u. a. durch alle Museen der Museumsinsel). Mehr dazu im Kapitel „Berlin (fast) umsonst", S. 280.

Ab ins Museum

- **Museumsinsel:** Die Tempelstadt der Künste. Was gibt es nicht alles zu bewundern: antike Monumentalarchitektur, Kunst des 19. Jh., mittelalterliche Bildwerke. Und selbst in die Augen der Nofretete kann man blicken. → Tour 2, S. 50
- **Gemäldegalerie auf dem Kulturforum:** Ein Sammelsurium an rund 1000 Meisterwerken aus der Zeit vom 13. bis 18. Jh. Angrenzend das Kupferstichkabinett, die Kunstbibliothek und weitere Museen des Kulturforums. Van der Rohes Neue Nationalgalerie ist wegen Restaurierungsarbeiten aber bis auf Weiteres geschlossen. → Tour 6, S. 104 ff.
- **Jüdisches Museum:** Spektakuläre Libeskind-Architektur und eine umfassende Schau zur jüdischen Geschichte auf deutschem Boden von ihren Anfängen bis heute. → Tour 5, S. 93
- **Naturkundemuseum:** Hier trifft man sich zum Dino-Gucken, die Saurierhalle ist eine Sensation. Dazu Mineralien, Präparationskunst und, und, und … → Tour 4, S. 79
- **Technikmuseum:** Auch wer kein Technikfreak ist, wird mit staunenden Augen durch die Säle spazieren. → Tour 11, S. 165

Berliner Geschichte

- **Gedenkstätte Hohenschönhausen:** Über das Gelände des ehemaligen Stasi-Knasts führen u. a. Zeitzeugen, die hier selbst inhaftiert waren. Kein Ort zeigt das grausame Gesicht der DDR deutlicher als dieser. → S. 199
- **Gedenkstätte Berliner Mauer:** Die Gedenkstätte am ehemaligen Mauerstreifen zwischen Ost- und Westberlin mit Dokumentationszentrum und Open-Air-Ausstellung. → Tour 4, S. 80
- **East Side Gallery:** Ein bunt bemaltes Stück Mauer, davor Touristen im Selfie-Wahn. → Tour 10, S. 152

Berliner Wahrzeichen

■ **Brandenburger Tor:** Das Wahrzeichen nicht nur Berlins, sondern auch Deutschlands. → **Tour 1, S. 39**

■ **Holocoust-Denkmal:** Das Stelenfeld mit dem unterirdischen Ort der Information liegt nur einen Steinwurf vom Brandenburger Tor entfernt. → **Tour 1, S. 39**

■ **Potsdamer Platz:** Ein steriler, künstlicher Ort, wie Phönix aus der Asche erstiegen, in Anlehnung an amerikanische Metropolen erbaut. Vergessen Sie nicht, einen Blick ins Sony Center zu werfen. → **Tour 1, S. 25**

■ **Alexanderplatz und Fernsehturm:** Ein Platz, so hässlich wie die Nacht. Die Touristen kommen wegen *Primark* und dem Fernsehturm. Wer „Ulbrichts Protzstängel" erklimmen will, sollte etwas Wartezeit einplanen. Der Blick von oben ist auf jeden Fall genial. → **Tour 3, S. 66**

■ **Hackesche Höfe:** Die Jugendstilhöfe sind eine Augenweide. Lassen Sie sich dort und in der Umgebung ein wenig treiben: originelle Galerien und Lädchen, hübsche Cafés und extravagante Restaurants an allen Ecken und Enden. → **Tour 4, S. 75**

■ **Gendarmenmarkt:** Der schönste Platz Berlins mit dem schönsten Weihnachtsmarkt. Drei feine klassizistische Bonbons sind hier zu finden: Konzerthaus, Französischer Dom und Deutscher Dom. → **Tour 1, S. 33**

■ **Humboldt Forum:** Der Wiederaufbau des Stadtschlosses ist noch bis 2019 eine der spannendsten Baustellen Berlins. → **Tour 2, S. 55**

Schlendern

■ **Ku'damm:** Bei einem Spaziergang über den Kurfürstendamm und seine Verlängerung, die Tauentzienstraße, kommt man u. a. am Kaffeehaus Grosz, am KaDeWe, an der Gedächtniskirche und am Bikini-Haus vorbei. → **Tour 7, S. 113 f.**

■ **Unter den Linden:** An der zur Dauerbaustelle verkommenen preußischen Prachtstraße zwischen Brandenburger Tor und Humboldt Forum passiert man u. a. die Staatsbibliothek, den Bebelplatz, die Staatsoper, die Humboldt-Uni, die Neue Wache und das Deutsche Historische Museum. → **Tour 1, S. 30 ff.**

Und außerdem

■ **Große Brückenfahrt:** Nur vom Wasser aus erfährt man, wie grün und vielschichtig die Hauptstadt ist. Drei Stunden dauert die Tour vorbei an vielen Hinguckern. Man passiert rund 60 Brücken – Kopf einziehen! → **S. 286**

■ **Reichstagskuppel:** Der Besuch der Reichstagskuppel samt Dachterrasse kostet keinen Cent. Nur muss man sich einige Wochen vorher anmelden. Wer der Politik aufs Dach steigen will, darf seinen Ausweis nicht vergessen. → **Tour 1, S. 43**

Orientiert in Berlin

Sightseeing-Alternativen

Viele der großen Touristenmagneten der Stadt sind Orte, zu denen Berliner nur gehen, wenn Besuch sie zwingt. Das Berlin der Berliner entdeckt man bei Kiezspaziergängen oder Radtouren. Hier ein paar Unternehmungstipps abseits der Must-sees.

Veranstaltungskalender beachten!

Ob Berlinale, Karneval der Kulturen, Gallery Weekend oder Fête de la Musique. Irgendein Event oder Festival steigt an der Spree immer, mal mehr und mal weniger durchgeknallt. Schauen Sie in unseren Veranstaltungskalender ab S. 253, ob während Ihres Aufenthaltes etwas Spannendes ansteht!

Sich unters Volk mischen

- **Durch die Kieze:** Tauchen Sie ein ins Berliner Alltagsleben, lassen Sie sich ein auf liebenswerte Narren und originelle Begegnungen, schauen Sie Straßenmusikern, Jongleuren oder Hochseiltänzern im Park zu. Erkunden Sie die Kieze **Kreuzbergs** und chillen Sie abschließend im Badeschiff. Auch **Friedrichshain** mit seinem maroden RAW-Gelände, der adrette **Prenzlauer Berg** und die **Spandauer Vorstadt** mit den aufgetakeltsten Bordsteinschwalben Berlins bieten sich für ausgiebige Touren an. Spaziergangsvorschläge finden Sie im Reiseteil.

- **Hertha, Maybrit oder Sturz in die Tiefe?** Wie wäre es mit einem Adrenalinkick beim Base Flying am Alexanderplatz oder beim Klettern an einem alten Bunker? Einem Ausflug in die Arena, zu Hertha, Union oder den Eisbären? Mit dem Besuch eines grandiosen Spas? Oder schauen Sie sich Maybrit Illner oder Anne Will einmal live an. Mehr Freizeittipps im Kapitel „Sport, Spaß und Spa" ab S. 269.

- **Tempelhofer Freiheit:** Das windige Areal des 2008 stillgelegten Flughafens Tempelhof steht bei jungen Berlinern ganz hoch im Kurs. Hier schaut man Kite-Boardern hinterher, grillt Tofuwürstchen oder trinkt ein kühles Weizen im Biergarten. Durch den denkmalgeschützten Terminal werden spannende Führungen angeboten.
→ Tour 11, S. 167

- **Tote Berliner:** Zur Promisuche auf den Berliner Friedhöfen gibt's als Zugabe eine riesige Portion Stadtidyll. Wer darf es sein? Theodor Fontane, Marlene Dietrich oder lieber Nico und Rio Reiser? Auch die jüdischen Friedhöfe von Prenzlauer Berg und Weißensee sind einen Besuch wert. Mehr Infos auf S. 301.

- **S-Bahn fahren:** Das Verkehrsmittel mit dem schlechtesten Ruf Berlins lässt sich, sofern es kommt, prima zum individuellen Sightseeing verwenden. Eine aussichtsreiche Strecke führt vom Westkreuz zum Ostkreuz. Dabei passiert man u. a. die Museumsinsel, den Alexanderplatz, die Friedrichstraße und den Hauptbahnhof. → Berlin (fast) umsonst, S. 280

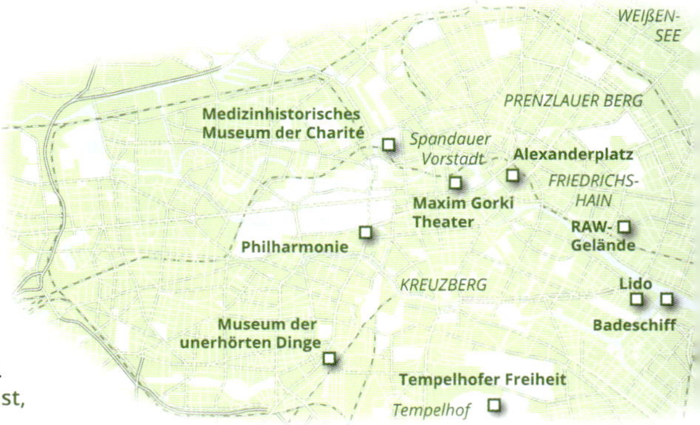

Genießen und staunen

▪ **Kunst gucken abseits der großen Museen:** Der Stadt mangelt es bekanntlich an vielem, nicht aber an kreativen Köpfen. Und die geben ihr Bestes, den Ruf Berlins als Kunst- und Kulturmetropole weit in die Welt hinauszutragen. Kunst gucken kann man auch in unzähligen kleinen Galerien, auf Straßen und Plätzen. Egal ob riesige Graffitis an Häusern, überdimensionierte Installationen in Parks oder kleine Denkzeichen in U-Bahnhöfen – alle paar Meter kann man staunen oder sich fragen: „Ist das Kunst oder kann das weg?" → Kunst und Kultur, S. 250

▪ **Kuriose Museen:** Auch davon kann Berlin eine Menge aus dem Ärmel schütteln. Man denke nur an das **Medizinhistorische Museum der Charité**, eine Art Gruselkabinett der Pathologie, oder an das **Museum der unerhörten Dinge**, unerhört, was es da zu sehen gibt. Alle Museen finden Sie aufgelistet ab S. 307.

▪ **Konzert- und Theaterbesuche:** Egal ob Philharmonie (grandios!), Maxim Gorki Theater (immer ein Erlebnis!) oder Elektropop im Lido (einfach schön dort) – was so manche Stadt kulturell in einem Jahr zu bieten hat, wird in Berlin an einem einzigen Tag aufgefahren. Für Bühnen und Spielorte. → Kunst und Kultur (S. 244) und Nachtleben (S. 256)

Rad ausleihen!

▪ **Mauerradweg:** Berlin ist ein Eldorado für Radfahrer, schön flach, schön grün. Eine der spannendsten Touren führt entlang der ehemaligen Westberliner Außengrenze, innerstädtisch ist der bestens beschilderte Abschnitt zwischen S-Bahnhof Bornholmer Straße und Oberbaumbrücke zu empfehlen. → S. 287

▪ **Nischt wie raus nach Wannsee:** Berlins Badewanne ist ein traumschönes Ausflugsziel, die Ufer des Sees erkundet man am besten ebenfalls mit dem Rad. Was für eine Idylle! Schaukelnde Jachten im blauen Wasser, versteckte Sandbuchten, dichter Wald, Schlösser und Schlösschen. → S. 210

Ausflug für Fortgeschrittene

▪ **Potsdam:** Wer für Berlins kleine Schwester mit ihren großartigen Kulturdenkmälern nur einen Tag einplant, sollte sich gut überlegen, was er sehen will. Den Park Sanssouci mit all seinen Sehenswürdigkeiten? Altstadt mit Holländischem Viertel und der russischen Kolonie Alexandrowka? Oder soll es in den nahen Filmpark Babelsberg gehen? Egal was, die Anbindung an Berlin ist perfekt: Nur eine halbe Stunde dauert die S-Bahn-Fahrt vom Berliner Hauptbahnhof. → S. 216

Essen gehen

Raffiniert ist was anderes: Eher schlicht ist sie, die traditionelle Berliner Küche. Doch neben Eisbein, Bulette und Currywurst bietet die Hauptstadt noch viel mehr: Ethnoküchen jeglicher Couleur, flippige Szenelokale und edle Gourmettempel. Kaum ein Jahr ohne neue Trends, zuletzt hießen sie: Ceviche, Natur-Wein, Craft Beer, Bao Bun und vegane Rohkost.

Ausführliche Restaurantbeschreibungen finden Sie am Ende jeder Tour.

Eine Liste aller Restaurants finden Sie ab S. 310.

Multikulti auf dem Teller

In Berlin kann man sich rund um den Globus futtern, vom georgischen Störschaschlik über chinesische Seegurken bis hin zum afrikanischen Springbocksteak ist alles drin. Berlins Beiträge zur Weltcuisine sind hingegen der Döner und die Currywurst – beide wurden (angeblich) in der Stadt erfunden. Unseren Lieblingsdöner gibt's im **Doyum Grillhaus** (→ Tour 11), unser Currywurst-Tipp ist **Curry 36** (→ ebenfalls Tour 11). Übrigens: Die Berliner Kultwurst bestellt man entweder „mit" (d. h. mit Darm) oder „ohne" – Letztere ist das Original.

Die Zeiten, da Berlin noch als kulinarische Wüste verspottet wurde, sind längstens vorbei. 25 Michelin-Sterne leuchten über der Metropole, verteilt auf 19 Lokale. Junge Wilde aus aller Welt sorgen für kulinarische Verrücktheiten, zudem zelebrieren immer mehr Spitzenköche die neudeutsche Küche, die Wert auf regionale und saisonale Produkte legt. Mit seiner „Brutal-regional-Küche" hat sich z. B. **Nobelhart & Schmutzig** (→ Tour 5) internationale Aufmerksamkeit erköchelt. Täglich öffnen neue Lokale. Nur die dunkel getäfelten Altberliner Gaststätten werden immer weniger – v. a. in den Szenekiezen, wo das Essen so leicht sein muss wie das Leben.

Streetfood-Märkte

Kleine Köstlichkeiten aus aller Herren Länder an zig Ständen, nette Musik, entspannte Atmosphäre, drinnen oder draußen – Berlin gilt mittlerweile als europäische Königin in Sachen Streetfood-Märkte. Unser Favorit ist der *Streetfood Thursday*, ein Event, das jeden Donnerstag in der Kreuzberger **Markthalle Neun** (→ S. 164, www.markthalleneun.de) stattfindet. Streetfood zum Fingerablecken gibt's zudem nahe dem Badeschiff (→ S. 172) am Treptower Spreeufer an manchen Sommerabenden im sog. **Bite Club** (Termine auf www.biteclub.de).

Supper Clubs

Hier wird in privaten Wohnungen oder an witzigen angemieteten Orten für Sie gekocht – und zwar in jeder Genuss- und Preisliga. Anmeldung vonnöten! Schauen Sie sich z. B. auf folgenden Seiten um: www.mothersmother.com, www.thyme-supperclub.com oder www.phoebe-berlin.de.

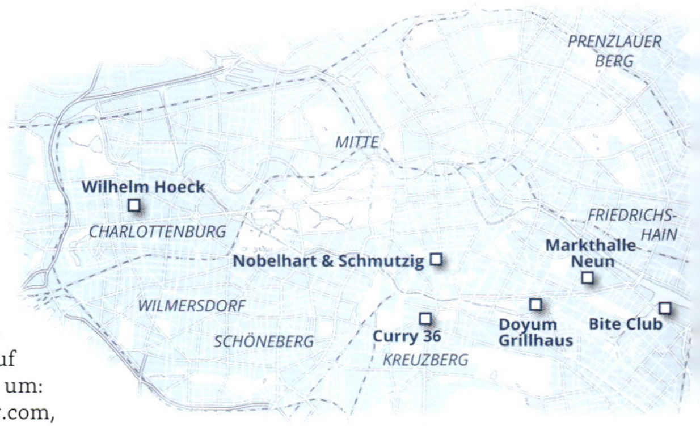

Altberliner Klassiker

Zu den Klassikern der fleischlastigen Altberliner Küche gehört **Eisbein**, eine rosafarbene, gesottene Haxe – Schnaps hinterher vonnöten! Aus deren Knochen wurden früher Kufen für Schlittschuhe gefertigt, daher der Name. Nicht weniger deftig sind **Bollenfleisch** (gekochte Lammkeule mit Zwiebel-Kümmel-Soße), **Königsberger Klopse** (gekochte Hackfleischbällchen mit Kapernsoße), **Bulette** (Frikadelle), **gebratene Leber mit Apfelringen** oder **Wildschweinbraten** (geschossen in den Berliner Wäldern). In Kneipen gibt es zuweilen **Soleier** (in Sole marinierte Eier, die mit Senf und einem Spritzer Essig gegessen werden). An **Fisch** kennt die Altberliner Küche v. a. den Havelzander, die Schleie und den Aal (am besten „grün", also gekocht).

Molle & Co

1905 soll es noch rund 13.000 Eckkneipen gegeben haben, „an jeder Straßenkreuzung fünf". Wie die Altberliner Gaststätten werden aber auch die noch verbliebenen rustikalen Pinten nach und nach verdrängt. Ein Traum von einer Kneipe ist z. B. **Wilhelm Hoeck** (→ Tour 8).

Über die Qualität der Berliner Biere – egal ob **Schultheiss**, **Berliner Pilsner**, **Berliner Kindl** oder **Berliner Bürgerbräu**, die allesamt zur *Radeberger Gruppe* gehören – kann man sich streiten. Zum Glück aber gibt es ja auch alle anderen gängigen Marken und außerdem immer mehr kleine Hausbrauereien, die süffige **Molle** (berlinerisch für „Bier", Molle mit Strippe = Bier mit Korn) produzieren. Schwer angesagt sind sog. Craft-Beer-Kneipen, die handgemachten Gerstensaft von kleinen Biermanufakturen zu meist gesalzenen Preisen ausschenken.

Unter Touristen recht beliebt ist die in breiten Kelchen servierte **Berliner Weiße**. In seiner Urform wird das obergärige, leichte, säuerliche Bier je nach Wahl mit einem Schuss Waldmeister-, Himbeer- oder Johannisbeersirup serviert. In den meisten Lokalen wird jedoch eine Fertigmischung ausgeschenkt – und die schmeckt, so der Bierhändler unseres Vertrauens, nach „Scheiße hoch sieben".

Ein Tipp für Anti-Alkoholiker ist die **Fassbrause**, eine Berliner Erfindung. Die mit Süßholzwurzel versetzte Kräuterlimonade ähnelt geschmacklich leicht dem Almdudler. Leider kommt sie nur noch in wenigen Lokalen direkt vom Fass.

Ausgehen

Berlin gilt weltweit als eine der hippsten Partymetropolen. Nach dem Guten-Morgen-Latte-Macchiato clubben und bei Sonnenuntergang frühstücken – kein Problem in einer Stadt ohne Sperrstunde. Manche Locations machen zwischen Freitagnacht und Sonntagabend gar nicht erst zu, und es gibt Kneipen, die über Jahrzehnte hinweg nicht eine Stunde geschlossen hatten.

Unsere Ausgehtipps finden Sie geballt im Kapitel „Nachtleben" ab S. 256. Für jeden Gusto sollte etwas dabei sein.

Wer seinen Abend ruhiger gestalten will, gerne ins Theater geht oder ein klassisches Konzert hören möchte, findet Adressen im Kapitel „Kunst und Kultur" ab S. 244.

Party-Mekka an der Spree

Die zum Mythos erhobene Berliner Clubszene hat in den letzten Jahren dank *Ryanair* & Co zu einem wahren Partytourismus geführt. Bis zu 15.000 junge Leute aus ganz Europa strömen jedes Wochenende nur zum Clubbing nach Berlin – manche brauchen nicht einmal ein Hotel. Kein Wunder: Das Berliner Nachtleben ist hitzig, frivol und dank ausbleibender Sperrstunde und fairer Preise unbändig-exzessiv. Es steigt in fantasievollen Clubs, die u. a. in stillgelegten Heizkraftwerken, ehemaligen Autowerkstätten oder alten Ballsälen residieren. Im Sommer verlagern sich die Partys auf die Straße, an die Spree und in die Parks, wo zuweilen DJs ihre Turntables aufbauen. Zur Theke wird dann der nahe Spätkauf, der bis in die Puppen geöffnete Alles-was-man-nachts-braucht-Kiosk (übrigens einst eingeführt in Ost-Berlin, damit die Fabrikarbeiter nach Schichtende noch zu ihrem Feierabendbier kamen). Das Berliner Nachtleben hat aber auch für ruhigere Naturen Verständnis – stilvolle Cocktailbars und kuschelige Cafés gibt es wie Sand am Wannsee.

Mitte

In Mitte, insbesondere in der Spandauer Vorstadt, gibt es für jeden Geschmack etwas: Clubs von edel bis abgefahren, noch ein paar alternative Kneipen aus alten Zeiten, stilvolle Cocktailbars und auf elitär getrimmte, blasierte Bars mit strenger Türpolitik. Schickschönreich, Schickschönkreativ und Ich-tu-so-als-gehöre-ich-dazu ist dort unterwegs und zahlt die überzogenen Getränkepreise, ohne mit der Wimper zu zucken. Bars mit allzu strenger Türpolitik finden übrigens im Buch keine Erwähnung.

Kreuzberg und Friedrichshain

Zwei schwer angesagte Ausgehbezirke mit enorm vielen krakeelenden Easyjettern, auf die sich die Dealerszene im

Görlitzer Park und auf dem RAW-Gelände eingestellt hat. Doch die beiden Stadtteile unterscheiden sich. In **Kreuzberg** kann man jederzeit auch noch mit 40 oder 50 auf den Putz hauen, für jeden Geschmack findet sich etwas. Epizentren des Nightlifes sind in Kreuzberg die Gegend um das Schlesische Tor, die Oranienstraße und die Wiener Straße. In **Friedrichshain** ist das Treiben dagegen sehr jung, alternativ-schräge Locations überwiegen. Gleichzeitig trumpft Friedrichshain mit zwei der schillerndsten Berliner Clubs auf, dem *Berghain* und dem *Kater Blau*. Gediegenere Bars aber sind nahezu Fehlanzeige.

Neukölln

In Neukölln treiben sich neben Studenten aus aller Herren Länder zunehmend auch Touristen auf der Suche nach dem hippen Berlin herum. Englisch und Spanisch sind die Verkehrssprachen. Kaum ein Monat ohne neue Locations. Die provisorisch wirkenden Altmöbel-Bars ähneln sich alle irgendwie, als gäbe es ein Franchise Concept, haben aber auf ihre simple, schrabbelig-charmante Art dennoch ihren Reiz. Hinzu kommen immer mehr gehobene Cocktailbars und Craft-Beer-Pubs mit Preisen fast wie in Mitte, die die bärtigen Spargeltarzans lässig bezahlen können. Die Ausgehmeilen schlechthin sind die Weser- und die Weichselstraße, wo man von Kneipe zu Kneipe ziehen kann. Aber Achtung: Clubs gibt es in Neukölln kaum welche, Neukölln ist zum Vorglühen da!

Prenzlauer Berg

Wer hier vor 15 Jahren wohnte und wild feierte, regt sich heute über den Lärm auf – Anwohnerbeschwerden sorgten in den letzten Jahren für den Umzug oder die Schließung vieler Kneipen und Clubs. An die Stelle schräger Locations rückten kuschelige Mutti-Cafés und nett-originelle, aber für Berliner Verhältnisse doch „gesetztere" Bars. Am besten schaut man sich in den Straßen um den Helmholtzplatz, den Kollwitzplatz und die Gethsemanekirche um.

Schöneberg und City West

Rund um den Nollendorfplatz von **Schöneberg** liegt das Zentrum des schwul-lesbischen Nachtlebens, in der Motzstraße und der Fuggerstraße findet man Locations zwischen Plüsch und Leder. An Sommerabenden sind die Terrassencafés an der Maaßenstraße nette Adressen, um das Schaulaufen zu beobachten. Auch für Heteros gibt es etliche nette Kneipen und Cafés, das Publikum ist meist zwischen 30 und 50. Deutlich gediegener und meist auch an ältere Semester gerichtet (von unterirdischen Teenager-Discos und Panoramabars wie der *Monkey Bar* oder der *Puro Lounge* einmal abgesehen) präsentiert sich das Nachtleben der benachbarten **City West**, sprich in Charlottenburg und Wilmersdorf. Jazzfans sollten sich die Gegend allerdings vormerken.

Shopping

„Made in Berlin" steht v. a. für Mode, egal ob Haute Couture, Green Fashion oder Streetwear. Aber natürlich kann man auch vieles mehr in der Hauptstadt kaufen – made in Berlin oder anderswo.

Ausführliche Beschreibungen einzelner Shoppingmöglichkeiten in den Vierteln finden Sie am Ende jeder Tour.

Eine Liste aller Geschäfte und Märkte finden Sie ab S. 315.

Shoppen, bis es quietscht

Zum Shoppen ist Berlin einfach genial – die hiesigen Labels sind so bunt wie die Stadt, die hiesigen Boutiquen so bunt wie die Labels. Aber auch ein Streifzug durch die Fressmeile des KaDeWe macht Spaß, über die Flohmärkte oder durch die Platten- und Bücherläden auf der Suche nach Raritäten. Und fürs Berlinweh nach der Rückkehr haben wir den passenden Souvenirtipp: Berliner Luft in Dosen! Gibt's im **Erfinderladen** in Prenzlauer Berg (→ Tour 9). Aber Achtung: In Berlin laufen die Uhren morgens extrem langsam an: Viele kleinere Geschäfte öffnen erst gegen 11 oder 12 Uhr.

Berliner Stil

In Berlin gibt es in Sachen Mode alles, lediglich im oberen Luxussegment hinkt die Vielfalt anderen Metropolen hinterher. Teure heimische Modelabels sind zwar vorhanden, jedoch weniger die entsprechende Kundschaft – dafür ist Berlin einfach zu arm. Not aber macht erfinderisch, und der *Berlin Streetstyle* ist heute weltberühmt. Der kann elegant und vintageverliebt sein, romantisch oder überaus kunstvoll, aber auch so schräg, dass er guten Geschmack ad absurdum führt. Rund 800 Berliner Modelabels versuchen sich zu behaupten, und ständig kommen neue hinzu. Bei der Auswahl unserer Einkaufstipps haben wir auf „Made in Berlin" besonderen Wert gelegt.

Wo gibt's was?

Der Modezirkus findet an verschiedenen Orten statt. Es gibt nicht *das* Viertel, das ausschließlich für Haute Couture steht, oder *den* Kiez, in dem sich die Vintageläden konzentrieren. Pauschal lässt sich sagen: Die verrücktesten und extravagantesten Klamotten und Accessoires findet man in den kleinen Läden in **Prenzlauer Berg** (rund um die Kastanienallee, den Kollwitz-

und Helmholtzplatz), in **Friedrichshain** (rund um den Boxhagener Platz), in **Schöneberg** (um die Motz- und Goltzstraße) und in **Kreuzberg** (rund um die Oranien-, Bergmann- und Wrangelstraße), wo auch so manch punkiger Secondhand-Laden das Angebot bereichert.

Exquisitere Stores und Berliner Labels mit stilvoll-hippen Kollektionen haben die Gegend rund um den U-Bahnhof Weinmeisterstraße in der **Spandauer Vorstadt** als Adresse.

In der **City West** (Kurfürstendamm und Umgebung) und in der **Friedrichstraße** dominieren Beständigkeit und Eleganz, was Flagshipstores internationaler Marken garantieren. Das Allerweltsangebot von *adidas* über *H & M* bis *Zara* findet man u. a. ebenfalls in der City West (Tauentzienstraße und östlicher Kurfürstendamm), am Alexanderplatz und zwischen den nobleren Boutiquen in der Friedrichstraße.

Malls & Co

Malls verteilen sich über die ganze Stadt. Zentral liegen u. a. das **Alexa** am Alexanderplatz (180 Läden, → Tour 3) und die **Mall of Berlin** am Leipziger Platz (270 Läden, → Tour 5). Etwas ganz Besonderes ist die Mall **Bikini Berlin** in der City West (→ Tour 7): tolle Architektur, Boutiquen Berliner Designer, Pop-up-Stores. Nahebei stehen auch das bereits angesprochene **KaDeWe** mit seiner großartigen Feinschmeckerabteilung und die Designermöbelmall **Stilwerk**. Dorthin geht, wer lässig 8000 € für einen Schrank ausgeben kann oder sich einfach nur inspirieren lassen will. Besuchenswert ist auch das „Kulturkaufhaus" **Dussmann** in der Friedrichstraße (→ Tour 1): Bücher, CDs, DVDs, Noten u. v. m. auf fünf Etagen.

Floh- und Wochenmärkte

Der professionellste, aber auch touristischste Flohmarkt ist der **Berliner Trödelmarkt** (Sa/So, → Tour 6). Jünger und freakiger geht es auf den Flohmärkten am **Boxhagener Platz** (So, → Tour 10), **Arkonaplatz** (So, → Tour 9), beim **Nowkoelln Flowmarkt** (an jedem zweiten So, → Tour 13) und beim **Flohmarkt am Mauerpark** (So, → Tour 9) zu. Letzterer hat den höchsten Unterhaltungswert, da nebenan auch noch Karaokespaß geboten wird.

Zu den besten Wochenmärkten gehören der Markt am **Winterfeldtplatz** (Mi/Sa, → Tour 12), am **Kollwitzplatz** (Do/Sa, → Tour 9), am **Boxhagener Platz** (Sa, → Tour 10) und der **Türkenmarkt am Maybachufer** (Di/Fr, → Tour 13). Besonders charmant sind zudem die Märkte in der **Markthalle Neun** in Kreuzberg (Di/Fr/Sa, → Tour 11): Handwerkerbier, Eis mit Kürbiskernöl, Pulled Schweinereien u. v. m.

Noch mehr Shoppingtipps

Falls Ihnen unsere Tipps nicht ausreichen: Auf www.berlindesign.net, www.berlindesignblog.de und www.modekultur.info gibt es weitere Adressen.

Berliner Dom und Lustgarten

Wege durch Berlin

Tour 1	Vom Potsdamer Platz ins Regierungsviertel	S. 24
Tour 2	Museumsinsel	S. 50
Tour 3	Vom Alexanderplatz ins Nikolaiviertel	S. 58
Tour 4	Spandauer Vorstadt	S. 68
Tour 5	Rund um den Checkpoint Charlie	S. 86
Tour 6	Tiergarten, Kulturforum und Diplomatenviertel	S. 98
Tour 7	City West	S. 108
Tour 8	Schloss Charlottenburg und Umgebung	S. 124
Tour 9	Prenzlauer Berg	S. 132
Tour 10	Friedrichshain	S. 146
Tour 11	Kreuzberg	S. 158
Tour 12	Schöneberg	S. 174
Tour 13	Neukölln	S. 182
Ausflüge	Jwd – raus aus der City Treptower Park | Köpenick | Friedrichshagen und Müggelsee | Stasimuseum Lichtenberg | Gedenkstätte Hohenschönhausen | Gärten der Welt Marzahn | Spandau | Dahlem | Grunewald | Wannsee	S. 188
	Ausflug nach Potsdam	S. 216

Preußenprunk versus Moderne

Tour 1

Die Tour verspricht Highlights über Highlights im Herzen Berlins. Der eigentliche Puls der Stadt schlägt allerdings woanders. Für Trubel sorgen vorrangig Touristen.

- **Sony Center**, Wahrzeichen des Potsdamer Platzes, S. 36
- **Holocaust-Denkmal**, Stelenlabyrinth in Erinnerung an das Grauen, S. 39
- **Brandenburger Tor und Boulevard Unter den Linden**, muss man mal gesehen haben, S. 39 ff.
- **Gendarmenmarkt**, schönster Platz Berlins, S. 33
- **Reichstag**, für die Kuppel ist eine Anmeldung nötig, S. 43

Alte, neue und vergessene Mitte I

Vom Potsdamer Platz ins Regierungsviertel

Zwischen Tiergarten und Museumsinsel hat sich Berlin neu erfunden. Hat historische Bauten, die Krieg und Sozialismus überdauerten, bewahrt und modernisiert. Hat sich bei manchem Neubau an Altes angelehnt oder ging sogar ganz neue mutige Wege. Dem waren lange Diskussionen vorausgegangen – nach dem Mauerfall herrschte Uneinigkeit bezüglich der Neugestaltung der historischen Berliner Mitte und der Neubebauung der dortigen Brachen und Lücken, die noch aus dem Krieg stammten. Die einen wollten eine „kritische Rekonstruktion", die anderen Wagnisse eingehen. Abgeschlossen ist die Neugestaltung bis heute nicht, noch immer wird abgerissen und neu bebaut.

Hinweis zum Aufbau des Reiseteils

Der in den Spaziergängen und einleitenden Kapiteln auftauchende Pfeil „→" vor einer Sehenswürdigkeit verweist auf eine ausführlichere Beschreibung im anhängenden Kapitel „Sehenswertes". Die angegebene Dauer eines Spaziergangs beinhaltet nicht den Besuch von Museen oder anderen Sehenswürdigkeiten.

Für den alten Glanz Preußens stehen auf dieser Tour das Brandenburger Tor, die Humboldt-Universität, die Staatsbibliothek, die Staatsoper Unter den Linden oder der Gendarmenmarkt. Ein Synonym für das neue Berlin sind der Potsdamer Platz und das Regierungsviertel mit seinen lichtdurchfluteten Bauten – man kann nur hoffen, dass gläserne Fassaden niemals aus der Mode kommen. Dazwischen gibt es aber auch Belangloses, Kompromissen geschuldet, die die Armut Berlins, den mangelnden Mut der Stadtväter und den Geiz der Investoren widerspiegeln.

Die vielen Sehenswürdigkeiten machen die Gegend nördlich und südlich des Boulevards Unter den Linden zu einem Touristenmagneten. Der Berliner geht hier ins Theater oder in die Oper, in die Uni oder ins Büro. Sich verabreden, essen, feiern, ja: leben tut er jedoch i. d. R. woanders. Ganz nebenbei: Kein Eck Berlins ist so penibel sauber wie jenes hier beschriebene. Weggeworfenes verschwindet so unauffällig, als wären Müllmänner in Zivil unterwegs.

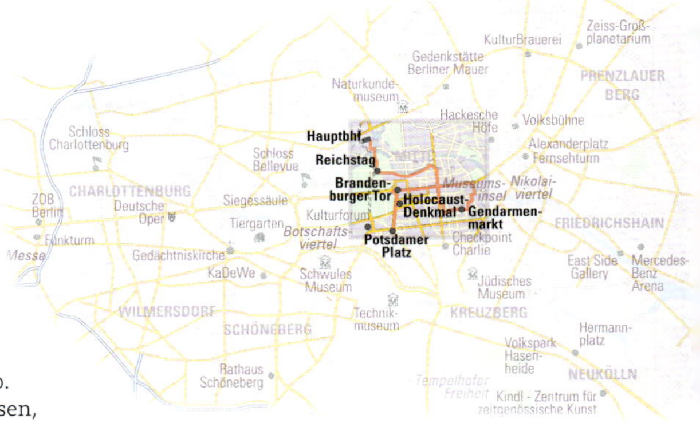

Auf das neue Schaufenster der Stadt gibt man acht.

Tour-Info **Länge** ca. 6,5 km, **Dauer** ca. 3 Std., **Karte** S. 28/29.

Spaziergang

Potsdamer Platz

Am Potsdamer Platz steigen gläserne Fassaden gen Himmel, dazu Bürohäuser, wie man sie von der Skyline New Yorks kennt, nur eine Nummer kleiner. Verkehr herrscht auch auf dem Platz, aber nicht mehr so wie in den 1920er-Jahren. Damals war der Platz mit seinen umliegenden Cafés und Restaurants, Grandhotels und Filmpalästen der verkehrsreichste des Kontinents. Was eine Ampel und was ein Zebrastreifen ist, weiß heute jedes Kind. Als man hier aber 1924 die erste Ampel Europas aufstellte und den Zebrastreifen einführte, war das so neu, dass es erklärungsbedürftig war: „Zur Verkehrsregelung ist ein kleiner Verkehrsturm mit Uhr in der Mitte errichtet, der im Volksmund ‚Oberkieker' heißt. Der dort in den Haupttagesstunden den Verkehr regelnde Beamte der Schutzpolizei zeigt durch optische Signale (grün bzw. rot) an, welche Durchfahrtrichtung freigegeben ist und welche gesperrt ist. Fußgänger haben sich auch danach zu richten und die vorgeschriebenen Übergänge zu benutzen, die auf dem Fahrdamm durch weiße Linien angedeutet sind" (Straube-Führer Berlin, 1925).

Nach dem Krieg war der Platz eine weite Ödnis, Niemandsland und zugleich eine Art Dreiländereck: Hier trafen nicht nur der sowjetische (Mitte), der amerikanische (Kreuzberg) und der britische Sektor (Tiergarten) aufeinander, sondern auch Prostituierte, Kleinkriminelle und Schwarzhändler. Tauchte nämlich die Militärpolizei des einen Sektors auf, so flüchtete man einfach in den anderen. Im geteilten Berlin verlief über den heutigen Platz die Mauer, sieben Mauerelemente erinnern daran.

Acht Monate nach dem Fall der Mauer ging hier mit 350.000 Besuchern das bis dato größte Konzert der Rockgeschichte über die Bühne: The Wall. Kurz darauf begannen die Arbeiten an – wieder ein Superlativ – der damals größten Baustelle Europas. Und wie Phönix aus der Asche erhoben sich vier Quartiere – Viertel mit z. T. eigenen Straßen und Plätzen, die alle zusammen den heutigen Potsdamer Platz ausmachen. Er ist eine künstliche Welt, der Versuch einer Großstadtinszenierung in Anlehnung an die Hochhauskultur der USA.

Zur ersten Orientierung stellt man sich am besten einfach neben den Nachbau des „Oberkiekers" und blickt in Richtung Hochhäuser. In diesem Fall hat man den Leipziger Platz im Rücken (→ Spaziergang „Rund um den Checkpoint Charlie" ab S. 86). Der gläserne Gebäudekomplex mit dem BahnTower bildet das → **Sony Center**, wo sich u. a. das → **Museum für Film und Fernsehen** befindet. Rechts davon, durch eine kleine Grünfläche getrennt, erstreckt sich das **Beisheim-Center** mit dem Ritz-Carlton. Dieses Areal, das bis zum Tiergarten reicht, ließ Otto Beisheim, der 2013 verstorbene *Metro*-Gründer, erbauen. Links des Sony Centers, durch den gelinde gesagt ziemlich lächerlich wirkenden **Walk of Fame** getrennt, liegt die → **Daimler-City**, in die die Alte Potsdamer Straße führt. Zwei Hochhäuser flankieren ihren Anfang, auf dem Dach des rechten befindet sich der → **Panoramapunkt**. Links der Daimler-City gehören noch der **Tilla-Durieux-Park** und die sog. **Park-Kolonnaden**, eine Reihe von Gebäuden mit H-förmigem Grundriss, zum Potsdamer Platz.

Folgt man vom Potsdamer Platz der Ebertstraße an den Mauerelementen vorbei gen Norden – die Ebertstraße zeichnet hier den einstigen Mauerverlauf nach –, fällt rechter Hand das futuristische **Otto-Bock-Haus** (Hnr. 15 a) ins Auge, dessen geschwungene weiße Fassadengestaltung der Struktur von Muskelfasern nachempfunden ist. Nicht ohne Grund: Die Firma *Otto Bock* ist Weltmarktführer in der Prothesenherstellung – das moderne Wissenschaftscenter kann besichtigt werden (Do–Mo 10–18 Uhr, Eintritt frei).

Hinter dem Weinberg der Hessischen Vertretung und dem roten Elefanten im Garten der Landesvertretung Niedersachsens tut sich das Stelenfeld des → **Holocaust-Denkmals** auf, das – so war's nicht gedacht – Kinder zum „Huhu"-Schreien verführt. Auf der anderen Seite der Ebertstraße, schon im Tiergarten, steht einsam und schräg ebenfalls eine Stele: das **Denkmal für die im Nationalsozialismus verfolgten Homosexuellen**. Die Kriminalisierung Homosexueller durch den Paragraphen 175 im Jahr 1935 führte zu über 50.000 Verurteilungen. Es kam zu Zwangskastrationen und Deportationen in KZs. In der Stele tut sich etwas, gehen Sie hinüber.

Wieder auf der anderen Seite der Ebertstraße folgt die **Botschaft der USA**. „Hässlich, aber sicher" titelte *Die Welt* zu deren Eröffnung. Einziger Hingucker sind die fünfzackigen Sterne des Konzeptkünstlers Sol LeWitt im Eingangsbereich.

Wenige Schritte weiter steht man vorm → **Brandenburger Tor**, Wahrzeichen und touristischer Hotspot Berlins. Das einstige Stadttor trennt den Platz des 18. März vom Pariser Platz. Oft ist es Zentrum von Kundgebungen: auf der einen Seite die Pro-Rufe, auf der anderen Pfiffe. Vom Platz des 18. März führt die Straße des 17. Juni gen Westen

durch den Tiergarten auf die Siegessäule zu (→ Tiergarten, Kulturforum und Diplomatenviertel ab S. 98), vom Pariser Platz führt der Boulevard Unter den Linden gen Osten dorthin, wo einst das Stadtschloss stand, das heute als Humboldt Forum neu entsteht.

Pariser Platz

Wie der Potsdamer Platz waren auch das Brandenburger Tor und der **Pariser Platz**, an der Sektorengrenze zwischen Ost und West gelegen, 28 Jahre lang Sperrgebiet und eine einzige Ödnis. An die einst umliegenden Palais erinnerte nichts mehr. Lediglich ein paar Kaninchen wagten sich seinerzeit in die Nähe der Grenzbeamten. Erst mit dem Wiederaufbau nach der Wende wurde aus dem Karree mit den historischen Abmessungen von 120 x 120 m wieder ein wenig das, was der Platz einmal war: die sog. „Berliner Stube".

An das Brandenburger Tor grenzt im Norden das **→ Max-Liebermann-Haus** (Hnr. 7). Es steht genau an jener Stelle, wo die Familie Liebermann einst ihr Stadthaus hatte; am Wannsee unterhielt der Maler Max Liebermann zudem noch eine Villa (→ S. 210). Beim Anblick der Fackelzüge der SA durch das Brandenburger Tor tat Liebermann den viel zitierten Ausspruch: „Ick kann jar nich soville fressen, wie ick kotzen möchte."

Weiter im Uhrzeigersinn fällt die von Christian de Portzamparc entworfene **Französische Botschaft** ins Auge (Hnr. 5) und an der Südseite des Platzes das **Hotel Adlon**. Das berühmteste Hotel Berlins wurde 1907 eröffnet, der Wiederaufbau erfolgte in Anlehnung an die Originalfassade. Schon Könige und Kaiser logierten hier, zuletzt die betagte Queen aus dem Hause Windsor. Die 185 m^2 große Royal Suite kostet übrigens 20.000 € pro Nacht. Günstiger kommt ein Cocktail oder eine Tasse Tee in der beeindruckenden Lobbybar.

An das Hotel schließt die gläserne Fassade der **→ Akademie der Künste** an (Hnr. 4). Im Vorgängerbau bastelte Albert Speer an seinen Modellen für die Welthauptstadt Germania.

Auf dem Pariser Platz

Essen & Trinken (S. 47–49)

2 Capital Beach
3 Grill Royal
5 Kantine des Berliner Ensembles
6 Zollpackhof
7 Ständige Vertretung
9 Käfer Dachrestaurant
12 Gendarmerie
14 Bocca di Bacco
15 Borchardt
17 VAU
19 Augustiner am Gendarmenmarkt
20 Lutter & Wegner
23 Chupenga
28 Helene Schwarz Café
30 Vox
31 Weilands Wellfood

Cafés (S. 48/49)

4 Böse Buben Bar
11 Café Einstein
18 Café Konzerthaus
20 Cafeteria der Musikhochschule Hanns Eisler/Mosaik
24 Fassbender & Rausch
27 Tea Lounge

Nachtleben (S. 256/257)

13 La Banca Bar
16 Felix
21 Weingalerie Nö!
22 Newton Bar

Ev. Kirche St. Joh.
Tacheles
ehem. Postfuhramt
Neue Synagoge
St. Hedwigs-Krankenhaus
S.-Gips-Höfe
Sammlung Hoffmann
Weinmeister-str.
Ramones-Mus.
Sophienk.
Hackesche Höfe
Jüd. Oberschule
Alter Jüd. Friedhof
Friedrichshain
Haus Schwarzenberg
Oranienburger Str.
Johannisstraße
Friedrich-stadtpalast
Ziegelstraße
Tucholskystr.
Monbijoustr.
Kinderbad Monbijou
Strandbar Mitte
Monbijou-park
Museumsinsel siehe S. 53
Hackescher Markt
Dircksenstr.
1. Berliner DDR Motorrad-Museum
Weidendammer Brücke
Am Weidend.
Admirals-palast
Bode-Mus.
Pergamon-Museum
Alte Nationalgalerie
Friedrichstr.
Georgenstraße
Neues Museum
Sea Life
St.-Marien-K.
Dorotheenstr.
Maxim-Gorki-Theater
Galerie-haus Am K.
Altes Mus.
DDR-Mus.
Berliner Dom
Neptun-brunnen
Staats-bibl. zu Berlin
Humboldt-Univ.
Dt. Hist. Mus.
Lustgarten
Museums-insel
Schlossbrücke
Karl-Liebknecht-Str.
Marx-Engels-Forum
Rotes Rathaus
Haus der Schweiz
ZDF
Neue Wache
Humboldt-box
Humboldt Forum (im Bau)
Unter den Linden
Friedrichstraße
KunstHalle
Kommode
Staatsoper
Alte Kommandatur
Kronprinzen-palais
Nikolaiviertel
Nikolaik.
Lindencorso
Bebelpl.
Opernpalais
Schinkel Pavillon
Schinkelpl.
Schlosspl.
Neuer Marstall
Behrenstr.
St.-Hedwigs-Kath.-Kirche
Friedrichwerdersche Kirche
Schleusenbr.
ehem. Staatsratsgebäude der DDR
Ribbeckhaus
Zille-Mus.
Knoblauchhaus
Mühlendammbr.
Franz. Str.
Galeries Lafayette
Franz. Dom
Auswärtiges Amt
Galgenhaus
Petri-Viertel
Breite Str.
Mühlendamm
Jägerstraße
Mendelssohn-Remise
Gendarmenmarkt
Konzerthaus
Quartier 206
Familienministerium
Mohrenstraße
Hausvogteipl.
Nicolaihaus
Fischerinsel
Taubenstraße
Quartier 205
Dt. Dom
Justizministerium
Stadtmitte
Spittelmarkt
Gertraudenbr.
Wallstraße
Kronenstraße
Leipziger Straße
Mus. für Kommunikation
Bethlehemkirchpl.
Krausenstr.
Dt. Currywurst Museum
Mosse-Haus
Schützenstr.
Galerienhaus
Mauerstr.
Zimmerstr.
Mahnmal für Peter Fechter
Axel-Springer-Hochhaus
Bundesdruckerei
Mauermuseum
Kochstraße
R.-Dutschke-Str.
Oranienstraße
taz
Landesarbeitsamt
Kochstr.
Lindenstr.
Einkaufen (S. 49)
1 Langer Blomqvist
10 Kulturkaufhaus Dussmann
24 Fassbender & Rausch
26 Michalsky Gallery
Sonstiges
8 Fahrradstation (Radverleih) (S. 287)
25 Fahrradstation (Radverleih) (S. 287)
29 Ono Spa (S. 274)
130 m
Tour 1: Vom Potsdamer Platz ins Regierungsviertel

Die grandiose Innenarchitektur der DZ-Bank am Pariser Platz

Die nächste Tür ist ein Muss! Treten Sie ein ins Foyer der **DZ-Bank** (Hnr. 3). Auch wenn man es von außen gar nicht glauben mag: Hinter der unspektakulären Fassade verbirgt sich spektakuläre Architektur. Verantwortlich dafür zeichnete Frank O. Gehry. Schade, dass der Bausenat mit seinem strikten Regelwerk eine solch unkonventionelle Formensprache nur im Verborgenen duldet.

Unter den Linden

Der Boulevard **Unter den Linden** ging aus einem Reitweg vom Schloss zum Tiergarten hervor. Auf Anordnung des Kurfürsten Friedrich Wilhelm wurden 1647 die ersten Linden und Kastanien gepflanzt. Damals stromerten hier noch aus den nahen Ställen entflohene Schweine umher. Bis ins 18. Jh. blieb die Allee unbefestigt. Aber dann reihten sich wie Perlen an einer Kette peu à peu repräsentative königliche Bauten aneinander, die das militärische und geistig-künstlerische Preußen widerspiegeln sollten. So wuchs die Allee vom Schloss aus gen Westen und fand mit dem Brandenburger Tor ihren krönenden Abschluss. Die Baulücken füllten Aristokraten und das reiche Bürgertum mit Stadtpalais, Hotels, Cafés, Restaurants und noblen Geschäften. 1925 gab es entlang des Boulevards 18 Automobilsalons, 17 Juweliere, 13 Zigarrenläden und vor allem: viel Verkehr. Polizisten regelten ihn mit Trillerpfeife und Trompete. Das Überqueren der Straße war einer Zeitzeugin zufolge ein „Kunststück für Großstädter, eine Pein für Provinzler". Zwar stahl der Ku'damm in den Goldenen Zwanzigern den „Linden" nach und nach die Show und stieg zur ersten Adresse Berlins auf. Die Linden aber blieben weiterhin *der* Prachtboulevard, bis heute verewigt in Büchern, Bildern, Filmen und Chansons. „Auf 'ner Kilometerlänge sieht man nichts als Menschenmenge" sang Marlene Dietrich. Und Walter Kollos *Linden-Marsch* war gar die inoffizielle Berlinhymne: „Solang noch Unter'n Linden die alten Bäume blüh'n, kann nichts uns überwinden. Berlin bleibt doch Berlin." Wie wahr! Die Nazis holzten die Bäume ab – Boulevard und Stadt waren gesehen. Vieles, an dem Sie vorbeispazieren werden, ist keine 50 Jahre alt! Zu DDR-Zeiten waren die Linden übrigens die Sackgasse der Nation, das Verkehrsaufkommen glich dem einer Dorfstraße.

Hinweis: 60 m ist der Boulevard breit. In seiner Mitte verläuft unter den Silberlinden eine Promenade, die zum ständigen Seitensprung verführt. Durch den Bau der U-Bahn-Linie 5 (Fertigstellung für 2020 angekündigt) ist die Promenade abschnittsweise leider immer wieder von Bauzäunen unterbrochen.

Wenige Schritte nachdem man die Wilhelmstraße überquert hat, liegt linker Hand der Eingang zu → **Madame Tussauds.** Hier wurde am 4. Juli 2008 das letzte Attentat auf Hitler verübt: Ein Altenpfleger enthauptete den Führer. Zwei Häuser weiter folgt das **Forum Willy Brandt** (Hnr. 62–68) mit einer Ausstellung zum Leben und Wirken des SPD-Politikers. Auf der anderen Straßenseite steht die **Botschaft der Russischen Föderation.** Als Sowjetische Botschaft wurde der Komplex mit Ehrenhof, Repräsentationssälen, Wohnungen und Schwimmbad im Stil des stalinistischen Neoklassizismus zwischen 1950 und 1953 erbaut.

Nachdem man die Neustädter Kirchstraße überquert hat, liegt gleich linker Hand das bekannte **Café Einstein** (→ Essen & Trinken/Cafés) und zwei Häuser weiter, ebenfalls linker Hand, der unauffällige Eingang zum **ZDF-Hauptstadtstudio** (Hnr. 36–38). Im Atrium (mit öffentlich zugänglichem Café) diskutiert u. a. Maybrit Illner mit ihren Gästen (für Tickets → S. 274).

An der Ecke zur Friedrichstraße grüßt Wilhelm Tell vom **Haus der Schweiz.** Es ist eines jener 13 Gebäude zwischen Brandenburger Tor und Universität, die den Krieg halbwegs unversehrt überstanden. Schräg gegenüber, im Büro- und Geschäftszentrum **Lindencorso,** geht man zum Bentley-, Porsche- und Bugatti-Shoppen.

Unmittelbar nach Überquerung der Charlottenstraße liegt rechter Hand die → **KunstHalle der Deutschen Bank,** linker Hand die **Staatsbibliothek,** der größte historische Baukomplex in Berlin-Mitte (1914 eröffnet). Allein die Front misst 107 m in der Breite und reicht bis zur Universitätsstraße, in der Tiefe hat der Komplex eine Länge von 170 m. Im Rahmen der letzten Generalsanierung (2000–2016) kam ein Glaskubus-Lesesaal in der geistigen bzw. räumlichen Mitte hinzu. Verantwortlich dafür zeichnete das Architekturbüro *HG Merz* – sehenswert, Führungen finden stets freitags um 17 Uhr statt.

Auf Höhe Universitätsstraße beendet das **Reiterstandbild des Alten Fritz** die Mittelpromenade. Das Denkmal aus der Mitte des 19. Jh. schuf Christian Daniel Rauch. Figuren zeitgenössischer Persönlichkeiten schmücken den Sockel, darunter Militärs, Angehörige des Königshauses und – unter dem Hinterteil des Pferdes – Vertreter von Kunst und Wissenschaft.

Linker Hand folgt die → **Humboldt-Universität.** Begründer Wilhelm und Bruder Alexander sitzen an warmen Sommertagen davor – in Marmor auf hohen Sockeln. Im Winter verziehen sie sich in ein geschütztes Depot. Den beiden zu Füßen findet man zumeist Stände mit antiquarischen Büchern.

Bebelplatz

Gegenüber der Humboldt-Universität erstreckt sich der **Bebelplatz,** ehemals Opernplatz. Auf ihm veranstalteten am 10. Mai 1933 die Stiefellecker der Deutschen Studentenschaft in SA-Uniform im Zuge der Aktion „Wider den undeutschen Geist" die Bücherverbrennung. Erich Kästner stand bei strömendem Regen unerkannt in der Menge, als der Feuerspruch verkündet wurde: „Gegen Dekadenz und moralischen Verfall! Für Zucht und Sitte in Familie und Staat! Ich übergebe den Flammen die Schriften von Heinrich Mann, Ernst Glaeser und Erich Kästner!" Insgesamt wurden 24 deutsche Schriftsteller symbolisch ausgetilgt. Auf Höhe des Schriftzugs der Juristischen Fakultät befindet sich eine Glasplatte im Boden, darunter leere Bücherregale, ein so einfaches wie eindrucksvolles Mahnmal von Micha Ullmann.

Das barocke Gebäude der **Juristischen Fakultät** selbst wurde in der zweiten Hälfte des 18. Jh. als Königliche Bibliothek erbaut und nach dem Zweiten Weltkrieg wie die meisten umliegenden Häuser und Palais wiederaufgebaut. Wegen seiner geschwungenen Form wird es auch „Kommode" genannt. Zugrunde lag ein Entwurf Fischer von

Die „Kommode“ am Bebelplatz

Erlachs für die Wiener Hofburg, der einfach kopiert wurde. Da sich die Wiener mit der Umsetzung des Entwurfes Zeit ließen, war die Kopie über 100 Jahre früher fertig als das Original ...

Die Südseite des Bebelplatzes nimmt das **Hotel de Rome** ein. Das Gebäude wurde einst als Zentrale der *Dresdner Bank* erbaut und besitzt eine tolle Dachterrasse (→ Übernachten, S. 290 und Nachtleben, S. 257). Links davon erhebt sich die → **St.-Hedwigs-Kathedrale**, über die Spötter sagen, sie sehe aus wie eine umgestülpte Teetasse.

Im Osten, gen Fernsehturm, begrenzt die → **Staatsoper Unter den Linden** das Forum Fridericianum, wie der Bebelplatz von Kunsthistorikern auch genannt wird. Mit dem Ensemble repräsentativer Bauten wollte sich Friedrich II. unvergesslich machen. Zu seiner Zeit war der Besuch des Opernhauses übrigens noch kostenlos, aber nicht fürs Volk – das durfte gar nicht erst hinein.

Weiter entlang der Linden passiert man linker Hand, von einem Kastanienhain umgeben, die → **Neue Wache**, heute die Gedenkstätte der Bundesrepublik Deutschland für die Opfer der Kriege und der Gewaltherrschaft.

Als nächster Bau folgt ebenfalls linker Hand das barocke Zeughaus, die einstige preußische Waffenkammer. Wo einst Kanonen und Gewehre (früher „Geschwindschüsse“ genannt), Trommeln und Trophäen lagerten, präsentiert heute das → **Deutsche Historische Museum** seine Sammlungen.

Auf der anderen Seite der Linden stehen von rechts nach links das **Prinzessinnenpalais**, das wegen seiner Nähe zur Oper auch **Opernpalais** genannt wird (Hnr. 5), und das **Kronprinzenpalais** (mit Säulenportal, Hnr. 3), in dem der Einigungsvertrag unterzeichnet wurde und in dem hin und wieder Ausstellungen stattfinden. Den Abschluss bildet die **Alte Kommandantur** (Hnr. 1), heute die gemeinsame Hauptstadtrepräsentanz der *Bertelsmann AG und Stiftung*. Dieses Ensemble herrschaftlicher Bauten wurde in Anlehnung an die Originalpläne nach dem Zweiten Weltkrieg wiedererrichtet. Davor entsteht der neue U-Bahnhof Museumsinsel, Bauzäune verderben das Bild.

Schinkelplatz und Hausvogteiplatz

Die **Schlossbrücke** führt auf die Museumsinsel (→ S. 50), wir aber halten uns unmittelbar vor der Brücke rechts und gelangen so zum Schinkelplatz, der nur durch den Spreearm vom Schlossplatz getrennt ist.

Im Rücken der Statue des preußischen Architekten Schinkel bildet eine Musterfassade aus Kunststoff Schinkels **Bauakademie** nach, wie sie hier von 1836–1962 stand – sie soll wiederaufgebaut werden. Aus der Bauakademie, die die preußische Architektur maßgeblich prägte, ging später die Technische Universität Berlin hervor.

Rechts von der Bauakademie steht die ebenfalls nach Plänen von Karl Friedrich Schinkel errichtete **Friedrichswerdersche Kirche**. Bis 2012 zeigte darin die Alte Nationalgalerie klassizistische Skulpturen. Doch dann begann man mit dem Bau von Luxuswohnungen (teils mit Pool auf dem Dach) drum herum. Beim Ausheben der Tiefgaragen kam es zu Rissen im Fundament der Kirche, Putz fiel von der Decke, Rippengewölbe und Fensterpfeiler brachen. Bis die Kirche wieder der Öffentlichkeit zugänglich sein wird, werden wohl noch Jahre vergehen.

Über den Werderschen Markt gelangt man in die Kurstraße. Der Gebäudekomplex linker Hand ist das **Auswärtige Amt.** Der vordere Teil stammt aus den 1990ern und besitzt einen überdachten Lichthof (mit einem jedermann zugänglichen Coffeeshop), der hintere Teil ist ein Nazibau und beherbergte einst die geraubten Gold- und Devisenreserven der Reichsbank.

Rechter Hand erblickt man nach rund 100 m die **BerlinTownhouses**, ein Ensemble in Reihe gebauter Häuser mit schmalen, schicken Fassaden, die zukunftsweisend für andere Berliner Stadthausensembles wurden. Einziger Haken – zu teuer für den Durchschnittsberliner: Hausnummer 36 z. B. war schon für 15.000 € Kaltmiete pro Monat inseriert!

Im Rücken der Häuserzeile liegt der **Hausvogteiplatz**. Bis zur Machtübernahme der Nationalsozialisten stellte er das Zentrum der Berliner Mode- und Textilbranche dar, in der überwiegend jüdische Schneider, Modeschöpfer und Händler tätig waren. Ein zweiteiliges Denkmal erinnert daran: am Platz selbst drei Flächen aus verspiegeltem Edelstahl, die Ankleidespiegeln ähneln, auf den Stufen hinab zum U-Bahnhof Informationen über die einst hier ansässigen jüdischen Modefirmen.

Gendarmenmarkt und Friedrichstraße

Über die Taubenstraße, vorbei an Starcoiffeur Shan Rahimkhan, gelangt man zum **Gendarmenmarkt**, vielfach als schönster Platz Berlins gepriesen. Hier trifft man auf den nach dem Krieg wiedererrichteten klassizistischen Dreiklang aus → **Konzerthaus** (Mitte), → **Französischem Dom** (rechts) und → **Deutschem Dom** (links) – die beiden Letzteren waren aber in ihrer Geschichte nie Bischofskirchen. Es lohnt, die weite Freitreppe zum Konzerthaus hinaufzuspazieren, man hat dann meist die Möglichkeit, einen Blick durch die Tür in den Großen Saal zu werfen.

Das **Quartier 205** (zugleich die Mall *The Q.*) trennt den Gendarmenmarkt von der Friedrichstraße. Nimmt man den Eingang auf Höhe der Rückseite des Deutschen Doms, gelangt man zum *Turm von Klythie*, den der US-amerikanische Künstler John Chamberlain aus Autoblechen und verchromten Stoßstangen schuf. Von hier führt eine unterirdische Passage durch das Quartier 205 und das **Quartier 206** mit so manch edler Boutique zur feinen Foodmeile in den **Galeries Lafayette** (Quartier 207). Die drei Quartiere werden auch als Friedrichstadt-Passagen bezeichnet.

Die **Friedrichstraße**, der wir, nun oberirdisch, weiter Richtung Bahnhof Friedrichstraße folgen – in der Ferne kann man die Hochbahngleise erkennen –, war in den Goldenen Zwanzigern eine der schillerndsten Straßen Berlins. Berühmte Cafés und Restaurants gab es hier genauso wie Theater und Kabaretts, Tanzsalons, feine Gesellschaftslokale, schmierige Vergnügungsetablissements und einfache Schänken. „Nach 4 Uhr" war die Straße „durchsetzt von gewissen, vielfach sehr elegant angezogenen und je nach Alter und Aussehen entsprechend bemalten ‚Damen'" (*Straube-Reiseführer Berlin*, 1925). Die Straße wurde in jener Zeit zum weltweiten Mythos und Synonym für das verruchte Berlin. Die Nazis schoben dem wilden, „undeutschen" Treiben einen Riegel vor, dann regnete es Bomben. Der Wiederaufbau nach der Wende machte aus der Friedrichstraße eine Geschäftsmeile. Zwischen der zeitgenössischen Moderne fallen ein paar wenige Fassaden ins Auge, die den Krieg überdauerten, so z. B. jene des sog. **Hauses Automat** (Hnr. 167/168). 1905 wurde darin eines der ersten Berliner Automatenrestaurants eröffnet, in dem man Speisen gegen Münzeinwurf aus Automaten bekam. Die Tradition hat das gepflegte Restaurant Bocca di Bacco (→ Essen & Trinken) nicht wiederbelebt.

Kaffeepause an John Chamberlains *Turm von Klythie*

Nachdem man die Straße **Unter den Linden** überquert und das **Kulturkaufhaus Dussmann** mit der laut Eigenwerbung „größten Klassikabteilung der Welt" passiert hat, gelangt man zum **Bahnhof Friedrichstraße**. Der **Admiralspalast** rechts dahinter (also nördlich) wurde 1911 als rund um die Uhr geöffnete Luxustherme und Eislaufbahn eröffnet und 1922 zum Varieté-Theater umgebaut. 1946 gründete sich darin die SED. Heute gehen hier Theater, Konzerte und Revuen über die Bühne (→ Kultur, S. 247).

Gegenüber stehen zwei düstere Hochhäuser. Für diesen Standort hatte übrigens Mies van der Rohe 1921 jenen gläsernen Wolkenkratzer „Wabe" entworfen, der, obwohl nie realisiert, zu einer Ikone der Moderne wurde. Zwischen den Hochhäusern und dem Bahnhof Friedrichstraße befindet sich der → **Tränenpalast**, der zu DDR-Zeiten oft Schauplatz dramatischer Abschiedsszenen war (→ Kasten „Die U6 im geteilten Berlin", S. 90).

Regierungsviertel

Spaziert man die Spree entlang gen Westen, also wieder unter den Bahngleisen des Bahnhofs Friedrichstraße hindurch, gelangt man ins Regierungsviertel. Den Auftakt bildet linker Hand das **Presse- und Informationsamt der**

Kreuze erinnern am ehemaligen Todesstreifen an Maueropfer

Bundesregierung, wo Steffen Seibert bei Pressekonferenzen die Meinung der Bundesregierung in schöne Worte verpackt. Das gegenüberliegende Spreeufer wird – nachdem der letzte Plattenbau verschwunden ist – u. a. einen elliptischen Bau nach Entwürfen von *Kusus + Kusus* bekommen, in den die Bundestagsverwaltung einziehen soll.

Auf dem weiteren Spaziergang entlang des Spreeufers – in der Ferne sieht man bereits die Kuppel des Bundestages – passiert man auch das **ARD-Hauptstadtstudio**. Von hier wandern die Kommentare zum politischen Geschehen aus Berlin in die Wohnzimmer.

Auf das ARD-Hauptstadtstudio folgt hinter der Marschallbrücke linker Hand das **Jakob-Kaiser-Haus**, kein einzelnes Gebäude, sondern ein „Haus aus acht Häusern" mit 1745 Büros, die durch Achsen und Brücken miteinander verbunden sind. Davor kann man auf einer Glaswand die ersten 19 Artikel des Grundgesetzes in der Fassung von 1949 nachlesen, ein Werk von Dani Karavan.

Das **Jakob-Kaiser-Haus** gehört wie das **Marie-Elisabeth-Lüders-Haus** auf der gegenüberliegenden Uferseite zum Bundestag. Letzteres wurde jüngst erweitert, weil zukünftig jeder Bundestagsabgeordnete (derzeit 631) vier anstatt drei Büroräume bekommen soll. Das Lüders-Haus beherbergt zudem die parlamentarische Bibliothek (1,4 Mio. Bände), außerdem jenen Anhörungssaal, in dem die gefürchteten Untersuchungsausschüsse stattfinden, den allgemein zugänglichen Kunst-Raum und das Mauer-Mahnmal (→ Kasten „Ins Zentrum der Macht").

Das Marie-Elisabeth-Lüders-Haus auf ehemals Ostberliner Seite ist durch zwei Brücken (die obere hat den Spitznamen „höhere Beamtenlaufbahn") mit dem Paul-Löbe-Haus auf ehemals Westberliner Terrain am anderen Ufer verbunden – der symbolische Brückenschlag des Bundestags zwischen Ost und West. Für beide Häuser zeichnete der Architekt Stephan Braunfels verantwortlich.

Direkt am Spreeufer – die Spree war hier der Todesstreifen – erinnern sieben Kreuze an die einstigen Maueropfer. Geht man zu den Kreuzen hinab und schaut dort linker Hand ums Eck, erblickt man zwei grüne Männer auf zwei grünen Leitern. Sie haben, wie so manche Abgeordnete auch, „hohe Ziele" vor Augen. Die Leuchtskulpturen schuf Neo Rauch.

Für die **Besichtigung der Bundestagsgebäude und des Kanzleramts** → Kasten „Ins Zentrum der Macht".

Der → **Reichstag** mit seinen vier Ecktürmen, seinem klassizistischen Portal und seiner gläsernen Kuppel kommt am besten von seinem begrünten Vorplatz, dem Platz der Republik, zur Geltung. Die grauen Container nahe dem Eingang dienen der Besucherabfertigung, ihre Tage sind jedoch gezählt. Für die jährlich rund drei Mio. Besucher soll ein Besucherzentrum am Tiergarten gebaut werden, von wo es dann durch einen Tunnel in den Reichstag geht.

Im **Paul-Löbe-Haus** kommen die Ausschüsse und Lobbyisten (geschätzte 5000 in Berlin) zusammen und beraten über Fischfangquoten und Subventionen. Das Hauptportal des Hauses mit monumentalem Vordach und verglaster Eingangshalle erhebt sich gegenüber dem Ehrenhof des **Bundeskanzleramtes**, wo beim Besuch hoher Staatsgäste der rote Teppich ausgerollt wird. Im siebten Stock des Kanzleramts-Kubus hat Angela Merkel ihr Büro, im Stockwerk darüber pflegt sie zu speisen. Viel „umbaute Luft" kennzeichnet die Architektur des Kanzleramtes, das wegen der riesigen Bullaugen an den Seiten – so heißt es in den Kommentaren der vorbeiziehenden Ausflugsschiffe – von den Berlinern „Waschmaschine" genannt wird. Das ist Humbug!

Gegenüber der Zufahrt zum Kanzleramt steht – irgendwie etwas verloren – die **Schweizer Botschaft**. Wie durch ein Wunder überstand das Gebäude den Krieg, während alles drum herum in Schutt und Asche versank. Aber allzu viel stand hier schon vor Kriegsbeginn nicht mehr. Das ehemalige feudale Alsenviertel hatte bereits Hitler stellenweise plattmachen lassen, um seinen Traum von Germania zu verwirklichen (→ Kasten S. 236).

Im Sommer kann man den Spaziergang in der Strandbar Capital Beach (→ Essen & Trinken) ausklingen lassen. In dem Gebäude mit der weißen Rasterfassade am Ufer gegenüber sitzt übrigens *PricewaterhouseCoopers*, rechts davon stehen das **Haus der Zukunft** (schwarze Siebfront) und das **Bundesministerium für Bildung und Forschung** (grünlicher Bau). Linker Hand befindet sich der → **Hauptbahnhof**, von wo man per U- und S-Bahn oder Bus in alle Ecken der Stadt gelangt.

Sehenswertes

Eyecatcher am Potsdamer Platz

Sony Center

Der gläserne Komplex nach einem Entwurf von Helmut Jahn umfasst sieben Gebäude, darin u. a. die Sony-Europazentrale, die DB-Konzernzentrale, Büros, luxuriöse Penthouse-Wohnungen, das **Museum für Film und Fernsehen** (s. u.), Kinos, das **Legoland Discovery Centre** (→ S. 277), Restaurants und Cafés. Der Gebäudetrakt rechts hinter dem BahnTower überbrückt die Reste des einstigen Grandhotels Esplanade, das im Krieg zu 90 % zerstört wurde. Zu dessen Gästen gehörten einst Charlie Chaplin, Greta Garbo und Billy Wilder. Die Ruine selbst diente Wim Wenders als Kulisse für seinen Filmklassiker *Himmel über Berlin*. Für die Neugestaltung des Potsdamer Platzes musste die Ruine versetzt werden. Dabei wurde der 1300 t schwere *Kaisersaal* auf Luftkissen verschoben (nicht zugänglich, heute ein Veranstaltungssaal des gleichnamigen Restaurants).

Touristenmagnet: das Sony Center

Im angrenzenden **historischen Frühstückssaal**, der für den Transport in über 500 Teile zerlegt wurde, serviert man heute Steinofenpizzen. In der **Passerelle**, dem unterirdischen Gang vom Sony Center (Zugang gegenüber dem Kaisersaal) zum Bahnhof Potsdamer Platz, erinnert eine Dokumentation an die Geschichte des Platzes.

Vom Forum in der Mitte des Sony Centers blickt jeder mal nach oben. Am schönsten ist der Blick am Abend: Die sich selbst reinigenden Stoffbahnen in der grandiosen Dachkonstruktion wechseln dann ihre Farben.

Noch ein Tipp: Besuchen Sie das Helene-Schwarz-Café in der 9. Etage des Filmhauses (→ Essen & Trinken).

Ⓢ+Ⓤ Potsdamer Platz. www.sonycenter.de.

Deutsche Filmgeschichte

Museum für Film und Fernsehen

Spannend konzipierte Zeitreise durch die über 100-jährige Film- und Fernsehgeschichte Deutschlands. Der Schwerpunkt liegt auf jener Zeit, als Berlin noch Hollywood Konkurrenz machte, man denke nur an Murnaus *Der letzte Mann* oder Langs *Metropolis*. In der Abteilung „Programmgalerie Fernsehgeschichte" können 1500 Sendungen aller Genres ab 1952 per Mausklick abgerufen werden – da werden Kindheitserinnerungen wach!

Potsdamer Str. 2 (Sony Center), Ⓢ+Ⓤ Potsdamer Platz. Tägl. (außer Mo) 10–18 Uhr, Do bis 20 Uhr. 7 €, erm. 4,50 €, Do 16–20 Uhr Eintritt frei. Kostenlose Führungen stets So um 14 Uhr. www.deutsche-kinemathek.de.

Kunst zwischen Glas und Stahl

Daimler-City

Die Daimler-City (wer hier investiert hat, kann jeder selbst erraten) besteht aus 19 Gebäuden, über 100 Geschäften, zehn Straßen und einer zentralen Piazza. Den Masterplan zum Prototyp des neuen Berlin schufen Renzo Piano und Christoph Kohlbecker. Folgt man vom Potsdamer Platz der Alten Potsdamer Straße, passiert man nach wenigen Schritten den Eingang zum **Panoramapunkt** auf dem Kollhoff-Tower, von wo einem Berlin zu Füßen liegt (s. u.). Etwas weiter steht linker Hand das einstige *Weinhaus Huth* (Hnr. 5), das einzige noch gänzlich erhaltene historische Gebäude rund um den Potsdamer Platz. Hier präsentiert **Daimler Contemporary** wechselnde Ausstellungen abstrakt-konstruktiver, minimalistischer Kunst.

Etwas weiter trifft die Alte Potsdamer Straße auf den Marlene-Dietrich-Platz. Vor dem dortigen Musicaltheater wird zur Berlinale der rote Teppich ausgerollt, das Theater wird dann zum Filmpalast. Im Wassergraben vor dem Theater und der Spielbank Skulpturen aus der Daimlerkunstsammlung – teure Plastiken erkennt man in Berlin daran, dass sie zum Schutz vor Sprayern im Wasser oder in unerreichbaren Höhen stehen. Infos zu allen Skulpturen in der Daimler City (darunter Werke von Nam June Paik, Mark di Suvero, Auke de Vries, Keith Haring oder Frank Stella) bei Daimler Contemporary.

Ⓢ+Ⓤ Potsdamer Platz. **Daimler Contemporary**, Eingang etwas unauffällig zwischen Lutter & Wegner und dem Coffee Shop. Tägl. 11–18 Uhr. Eintritt frei. Klingeln! www.art.daimler.com.

Berlin von oben

Panoramapunkt Potsdamer Platz

Hinauf geht es mit dem schnellsten Aufzug Europas. Oben lädt ein Café ein, nett v. a. am frühen Abend. Hier behält man auch nach mehreren Gläschen Wein noch den Überblick!

Potsdamer Platz 1 (auf dem Dach des Kollhoff-Towers), Ⓢ+Ⓤ Potsdamer Platz. Im Sommer tägl. 10–20 Uhr, im Winter bis 18 Uhr. 6,50 €, erm. 5 €. www.panoramapunkt.de.

Gegen das Vergessen

Holocaust-Denkmal

2711 aufrechte Stelen, die an Sarkophage erinnern, bilden das Denkmal für die ermordeten Juden Europas (errichtet 2003–2005), das nach einem Entwurf von Peter Eisenmann entstand. Dazwischen befinden sich 23 „Internet-Pflastersteine“ mit einem QR-Code, mit dessen Hilfe man sich die App „Virtuelles Konzert“ herunterladen kann. Beim Gang durch das Stelenfeld (am besten mit Kopfhörer) erklingt dann das eigens für das Denkmal komponierte Werk *Vor dem Verstummen* von Harald Weiss genau so, wie es 2008 eingespielt wurde: 24 Musiker hatten sich dazu im Stelenfeld verteilt, und je nachdem, wo man gerade spaziert, hört man auf diese Weise mal die Geige lauter, mal den Kontrabass. Unter dem Stelenfeld liegt der **Ort der Information** (Zugang an der südöstlichen Ecke), der die nationalsozialistische Terrorpolitik kurz erläutert, vielmehr aber die Dimension des Holocaust und die einstige Vielfalt des europäischen Judentums wie auch die Orte des Verbrechens beleuchtet. Im „Raum der Namen“ sind zum Gedenken und in Erinnerung an die ermordeten oder verschollenen Juden Kurzbiografien über Lautsprecher hörbar. 11.500 Kurzbiografien sind bereits aufgenommen, sechs Millionen wären möglich. Wären einmal alle Kurzbiografien in der hier präsentierten Form gesprochen, müsste man sechs Jahre, sieben Monate und 27 Tage warten, bis sich der erste Name wiederholt.

Cora-Berliner-Str. 1, Ⓤ Brandenburger Tor o. Ⓢ+Ⓤ Potsdamer Platz. **Ort der Information**, April–Sept. tägl. (außer Mo) 10–20 Uhr, Okt.–März bis 19 Uhr. Eintritt frei. www.stiftung-denkmal.de.

Das Symbol der Stadt

Brandenburger Tor

Zwischen 1788 und 1791 wurde das 65,5 m breite Tor von Carl Gotthard Langhans in Anlehnung an die Propy-

2711 Stelen erinnern an die ermordeten Juden Europas

läen der Athener Akropolis erbaut. Und in Anlehnung an das Mausoleum von Halikarnassos (heute Bodrum/Türkei), eines der sieben Weltwunder der Antike, setzte man eine Quadriga mit der Friedensgöttin Eirene obenauf, ein Werk von Johann Gottfried Schadow. 1806 wurde die Göttin von Napoleon geraubt, 1814 eroberte man sie zurück, fortan tat sie Dienst als Siegesgöttin Viktoria. Bis zum Ende der Kaiserzeit war die breitere mittlere Durchfahrt für das gemeine Volk tabu, nach dem Mauerbau für jedermann – das Tor stand nun im Niemandsland. Im südlichen Torhaus befindet sich heute eine Touristeninformation, im nördlichen der „Raum der Stille", dessen Vorbild der Meditationsraum im Gebäude der Vereinten Nationen in New York ist. Historische Aufnahmen vom Brandenburger Tor schmücken den gleichnamigen U-Bahnhof, der eleganteste Berlins (Zugang auf Höhe des Hotels Adlon).

Pariser Platz, Ⓢ+Ⓤ Brandenburger Tor.

Kulturstiftung der Berliner Sparkasse

Max-Liebermann-Haus

Von Josef Paul Kleihues in Anlehnung an den Vorgängerbau wiedererrichtet, beherbergt es heute die *Stiftung Brandenburger Tor*, die darin temporäre Ausstellungen zeigt.

Pariser Platz 7, Ⓢ+Ⓤ Brandenburger Tor. Mo u. Mi–Fr 10–18 Uhr, Sa/So 11–18 Uhr. Eintrittspreise ausstellungsabhängig. www.stiftungbrandenburgertor.de.

Die Kulturinstitution Deutschlands

Akademie der Künste

In dem von *Behnisch & Partner* projektierten Gebäude finden Lesungen, Filmvorführungen und spannende Ausstellungen statt. Eine Dependance der Akademie befindet sich in Tiergarten (→ S. 103).

Pariser Platz 4, Ⓢ+Ⓤ Brandenburger Tor. Tägl. 10–22 Uhr, Ausstellungen tägl. (außer Mo) 11–19 Uhr. Eintrittspreis ausstellungsabhängig. www.adk.de.

Wachsfigurenkabinett

Madame Tussauds

Im Wachsfigurenkabinett mit ca. 85 Prominenten kann man sich u. a. zu Günther Jauch an den Fragetisch setzen (kein Casting nötig!) oder ein Selfie mit Conchita Wurst machen.

Unter den Linden 4, Ⓢ+Ⓤ Brandenburger Tor. Tägl. 10–19 Uhr. 23,50 €, Kinder 18,50 €. www.madametussauds.com/Berlin.

Kunst unter den Linden

KunstHalle der Deutschen Bank

In vier Ausstellungen pro Jahr wird hier hochkarätige internationale wie nationale Kunst gezeigt, schwerpunktmäßig aus der eigenen Sammlung.

Unter den Linden 13–15, Ⓢ+Ⓤ Friedrichstraße. Tägl. 10–20 Uhr, Führungen (ohne Aufpreis) stets um 18 Uhr. Di–So 4 €, erm. 3 €, Mo freier Eintritt. www.deutsche-bank-kunsthalle.de.

Wissenschaft unter den Linden

Humboldt-Universität

Der Gebäudetrakt mit Ehrenhof wurde als Palais für Prinz Heinrich Mitte des 18. Jh. erbaut. 1810 zog die von Wilhelm von Humboldt gegründete Berliner Universität ein, die seit 1949 dessen Namen trägt. 29 Nobelpreisträger waren im Laufe der Zeit mit der Universität wissenschaftlich verbunden. Rund 38.000 Studenten sind heute an der HU eingeschrieben.

Unter den Linden 6, Ⓢ+Ⓤ Friedrichstraße. www.hu-berlin.de.

Klassizistische Bischofskirche

St.-Hedwigs-Kathedrale

Der schlichte Rundbau mit Tempelportikus ist zugleich die Bischofskirche der Erzdiözese Berlin. Für deren Entwurf stand wie so oft das Pantheon in Rom Pate. Baubeginn war 1747; 1773 mussten die Arbeiten wegen Geldmangel provisorisch abgeschlossen werden. Erst 1886 wurden sie wieder aufgenommen, ein Jahr später war das Bauwerk vollendet. 1943 wurde es zerstört und zwischen 1952 und 1963 wiederaufgebaut. Seitdem herrscht zwischen der klassizistischen Fassade und dem nüchternen Innern ein gewisser Widerspruch. Die Raumaufteilung in Ober- und Unterkirche ist eigenwillig. Letztere hat acht Kapellen, in einer davon ist eine kleine Sammlung liturgischer Geräte und Paramente untergebraucht. Eine Grundsanierung ist dringend notwendig, der Architekturwettbewerb für einen Umbau abgeschlossen. Wann aber mit den Arbeiten begonnen wird, stand bei Redaktionsschluss noch nicht fest.

Behrenstr. 39, Ⓢ+Ⓤ Friedrichstraße o. Ⓤ Französische Straße. Mo–Mi u. Fr/Sa 10–17 Uhr, Do 11–17 Uhr, So 13–17 Uhr. Informationen zu Gottesdiensten, Chor-, Orgel- oder Musikabenden unter www.hedwigs-kathedrale.de.

Bequemer ans Ziel: Entlang der Karl-Liebknecht-Straße und des Boulevards Unter den Linden fahren von Ⓢ+Ⓤ Alexanderplatz die Busse 100 und 200.

Ewige Baustelle

Staatsoper Unter den Linden

Die ehemalige „Königliche Hofoper" ließ Friedrich II. von dem ihm nahestehenden Architekten Georg Wenzeslaus von Knobelsdorff in der ersten Hälfte des 18. Jh. erbauen und am 7. Dezember 1742 mit Carl Heinrich Grauns *Cleopatra e Cesare* festlich eröffnen. Zweimal musste das Haus wieder aufgebaut werden, das erste Mal nach einem Brand 1844, das zweite Mal kann man sich denken. Seit 2010 wird es nur grundsaniert und dabei das Raumvolumen durch die Anhebung der Saaldecke zum Zweck einer besseren Akustik vergrößert (Kosten annähernd 400 Mio. Euro). Ab Herbst 2017 soll hier mit Uraufführungen wieder Operngeschichte geschrieben werden. Bis dahin residiert die Staatsoper im Schillertheater (→ S. 246).

Im alten Magazin der Staatsoper, das rückseitig zur Französischen Straße steht, soll am 3. März 2017 der neue Kammermusiksaal der jüngst ins Leben gerufenen *Barenboim-Said-Akademie* eröffnen, die Musiker aus dem Nahen Osten ausbildet. Der Entwurf stammt von Frank O. Gehry.

Unter den Linden 7, Ⓢ+Ⓤ Friedrichstraße. www.staatsoper-berlin.de.

Zentrale Gedenkstätte Deutschlands

Neue Wache

Der massive Kubus mit offener Säulenhalle wurde zwischen 1816 und 1818 erbaut und gilt als eines der Meisterwerke Schinkels. 100 Jahre später verlor das Bauwerk seine Funktion als Wachstube und Arrestlokal, behielt aber seinen Namen bei und wurde zur Gedenkstätte in vier deutschen Staaten: zur „Gedächtnisstätte für die Gefallenen des Weltkrieges" in der Weimarer Zeit, zum „Ehrenmal für die Gefallenen des Weltkrieges" unter Hitler, zum „Mahnmal für die Opfer des Faschismus und Militarismus" nach dem Wiederaufbau in der DDR und zur „Gedenkstätte für die Opfer der Kriege und Gewaltherrschaft" unter Helmut Kohl. An die Opfer erinnert heute einzig und allein die Käthe-Kollwitz-Skulptur *Mutter mit totem Sohn.*

Unter den Linden 4, Ⓢ+Ⓤ Friedrichstraße. Tägl. 10–18 Uhr. Eintritt frei.

Unserer Vergangenheit auf der Spur

Deutsches Historisches Museum

Es besteht aus zwei Gebäuden: dem **Zeughaus**, zugleich das älteste Gebäude des Boulevards Unter den Linden (1695 Grundsteinlegung, Bauzeit 35 Jahre, Wiederaufbau 1948–1965), und dem rückwärtigen **Pei-Bau** (2004). Letzteren entwarf Stararchitekt Ieoh Ming Pei, ein Schüler von Gropius und Breuer. Pei gilt als „Meister des Lichts" und „Magier des Raumes", ein Hingucker

Der Pei-Bau des Museums

ist das Glasfoyer, aus dessen geschwungener Fassade sich ein gläserner Treppenturm entwickelt. Der alte Teil beherbergt die sehenswerte Dauerausstellung „Deutsche Geschichte in Bildern und Zeugnissen" (rund 8000 Exponate), der Neubau dient temporären Ausstellungen. Peis Idee war es auch, den Hof des Zeughauses mit einer Glas-Stahl-Konstruktion zu überdachen. Heute befinden sich hier 22 Masken sterbender Krieger von Andreas Schlüter, die zu den bedeutendsten Werken europäischer Barockkultur zählen. Schlüter selbst wirkte auch als Architekt des Zeughauses mit. Am 21. März 1943, als Haus und Hof Schauplatz einer Ausstellung russischer Beutewaffen waren, scheiterte hier das Selbstmordattentat des Freiherrn von Gersdorff auf Hitler. Gersdorff, der am Körper einen Sprengsatz trug, hatte bei Ankunft Hitlers den auf zehn Minuten eingestellten Zeitzünder aktiviert. Doch Hitler blieb nur zwei Minuten. Gersdorff gelang es in der Toilette des Hauses gerade noch, den Sprengsatz zu entschärfen.

Unter den Linden 2, Ⓢ+Ⓤ Friedrichstraße o. Ⓢ Hackescher Markt. Tägl. 10–18 Uhr. Tageskarte für alle Ausstellungen 8 €, erm. 4 €. www.dhm.de.

Klassik im Schinkel-Bau

Konzerthaus

Das von Karl Friedrich Schinkel 1818–1821 errichtete ehemalige Schauspielhaus zählt zu den Meisterwerken klassizistischer Architektur in Deutschland. Nach der Zerstörung im Zweiten Weltkrieg wurde es restauriert und in den 1980ern wiedereröffnet. Es besitzt vier Säle und ist die Heimat des Konzerthausorchesters Berlin (→ Kultur, S. 247).

Gendarmenmarkt, Ⓤ Stadtmitte o. Hausvogteiplatz. Fast tägl. werden kostenlose kurze Rundgänge geboten (Termine auf www.konzerthaus.de). Ausführlichere Führungen stets Sa um 13 Uhr. 3 €.

Hugenottenmuseum

Französischer Dom

Genau genommen steht der Begriff „Dom" nur für die dominanten Kuppelbauten (von frz. *dôme*), die Ende des 18. Jh. zur repräsentativen Gestaltung des Gendarmenmarktes der **Französischen Friedrichstadtkirche** und der **Deutschen Kirche** angefügt wurden. Der Französische Dom kann bestiegen werden (241 Stufen). Leider ist die Brüstung der **Aussichtsplattform** so hoch, dass man schon ein Riese sein muss, um darüber hinwegschauen zu können – so bleibt den meisten nur ein Blick durchs Gitternetz. Die Friedrichstadtkirche selbst (1701–1705) entstand für die französischen Glaubensflüchtlinge. An ihr Schicksal erinnert das **Hugenottenmuseum** im Dom.

Gendarmenmarkt 5, Ⓤ Französische Straße o. Hausvogteiplatz. **Aussichtsplattform des Französischen Doms**, April–Okt. tägl. 10–19 Uhr, im Winter bis 17 Uhr. 3 €. **Hugenottenmuseum**, Di–Sa 12–17 Uhr, So 11–17 Uhr. 3,50 €, erm. 2 €. **Französische Friedrichstadtkirche**, tägl. (außer Mo) 12–17 Uhr. **Orgelandachten** Di–Fr um 12.30 Uhr. www.franzoesischer-dom.de.

Wege, Irrwege, Umwege

Deutscher Dom

Die Kirche entstand zwischen 1701 und 1708, wurde später jedoch immer wieder umgebaut bzw., nachdem man 1781 den Kuppelbau hinzufügt hatte, wiederaufgebaut – Dom und Kirche waren aufgrund des weichen, sandigen Untergrunds eingestürzt. Heute beherbergt der Dom die vom Deutschen Bundestag initiierte Ausstellung „Wege, Irrwege, Umwege – die Entwicklung der parlamentarischen Demokratie in Deutschland", die erheblich mehr Besucher verdient.

Gendarmenmarkt 1–2, Ⓤ Stadtmitte o. Hausvogteiplatz. Mai–Sept. tägl. (außer Mo) 10–19 Uhr, ansonsten bis 18 Uhr. Eintritt frei. www.bundestag.de.

Die Teilung Berlins hautnah

Tränenpalast

Als die Stadt noch geteilt war, verließen Westberliner und Bundesbürger durch diesen Pavillon ihre Verwandten und Freunde in Ostberlin. Die Abschiedsszenen, die sich hier abspielten, gaben der Ausreisehalle des Bahnhofs Friedrichstraße ihren Namen. An die Teilung Berlins erinnert dort die Ausstellung „GrenzErfahrungen – Alltag der deutschen Teilung". Spannend sind die gegenübergestellten Wochenschau-Ausschnitte aus Ost und West.

Reichstagsufer 17, Ⓢ+Ⓤ Friedrichstraße. Di–Fr 9–19 Uhr, Sa/So 10–18 Uhr. Eintritt frei. Kostenlose Führungen stets Fr um 17 Uhr und Sa um 12.30 Uhr. www.hdg.de.

Der Politik aufs Dach steigen

Reichstag

Der Reichstag, 1995 von Christo verhüllt und dann von Norman Foster umgebaut (mehr zur Geschichte des Gebäudes ab S. 233), beherbergt seit 1999 den Deutschen Bundestag. Foster schuf hinter der historischen Fassade einen Hightech-Neubau (mit eigener Wasser- und Elektrizitätsversorgung), aus dem die prägnante gläserne Kuppel emporragt. Damit diese nicht irgendwann wieder hinter der Fassade verschwindet, mussten die bereits vorhandenen rund 2000 Stützpfeiler im sandigen Boden durch massive Betonpfeiler ergänzt werden.

Platz der Republik 1, Ⓤ Bundestag. Für Besichtigungen → Kasten „Ins Zentrum der Macht".

Im Tränenpalast befindet sich heute eine interessante Ausstellung

Berlin im Kasten

Ins Zentrum der Macht

Politkern begegnet man im Regierungsviertel selten, da diese auf den unterirdischen Tunnel- oder den oberirdischen Brückensystemen unterwegs sind. Verstecken aber will sich die Politik hier nicht. Viel Glas wurde im Regierungsviertel verbaut, um Transparenz zu schaffen. Nichts ähnelt einer miefigen Behörde, die Bundestagsgebäude gleichen eher Kunsthallen. Und sie stecken auch voller Kunst – die bundestagseigene Kunstsammlung umfasst Werke von insgesamt 111 Künstlern, darunter Arbeiten von Georg Baselitz, Joseph Beuys, Hans Haacke, Jenny Holzer, Joseph Kosuth, Sigmar Polke und Gerhard Richter. Der Kunst-am-Bau-Richtlinie ist es zu verdanken, dass eine Besichtigung aller Gebäude überaus spannend ist.

Auf den Reichstag

Kuppel und Dachterrasse können nach vorheriger Anmeldung (wegen starker Nachfrage am besten mehrere Tage, wenn nicht Wochen im Voraus) kostenlos besichtigt werden. Termine (alle 15 Min. während der tägl. Einlasszeit von 8–22 Uhr) können über www.bundestag.de gebucht werden. Kurzentschlossene können probieren, beim Besucherdienst (zuletzt ein Kiosk) schräg gegenüber dem Reichstag an der Scheidemannstraße eine Last-Minute-Zutrittsberechtigung zu bekommen. Alternativ dazu kann man auch einen Tisch im Restaurant Käfer reservieren, dem Dachgartenrestaurant neben der Kup-

Am Reichstag

pel (feine Küche, höhere Preise, ✆ 2262990, www.feinkost-kaefer.de). Egal wie: Vergessen Sie nicht, Ihren Ausweis mitzubringen.

Ohne Mandat in den Bundestag

Das geht in Verbindung mit einer 90-minütigen Führung oder einem 45-minütigen Vortrag, wobei die Arbeitsweise des Parlaments sowie die Geschichte und Architektur des Reichstagsgebäudes erläutert werden. Führungen finden nur in der sitzungsfreien Zeit tägl. um 10.30, 13.30, 15.30 u. 18.30 Uhr statt, die Vorträge auf der Besuchertribüne des Plenarsaals (ebenfalls nur in der sitzungsfreien Zeit; nicht so spannend wie die Führung) zu jeder vollen Stunde. April–Okt. tägl. 9–18 Uhr, sonst Mo–Fr 9–17 Uhr, Sa/So bis 16 Uhr. Spezielle Führungen zum Thema „Kunst und Architektur" finden i. d. R. ganzjährig Sa/So um 11.30 Uhr statt, Führungen für Familien mit Kindern zwischen 5 und 14 J. ebenfalls ganzjährig Sa/So um 10, 12.30 u. 14.30 Uhr. Tagt der Bundestag (22 Sitzungswochen im Jahr), ist Mi–Fr der Besuch einer Plenarsitzung möglich. Im Anschluss an alle Führungen oder Vorträge geht es auf die Kuppel. Egal für was Sie sich entscheiden: Alle Führungen sind kostenlos. Melden Sie sich am besten mehrere Wochen im Voraus an (gleiches Verfahren wie für die Kuppel).

Ins Paul-Löbe-Haus oder Jakob-Kaiser-Haus

Diese Häuser können nur im Rahmen kostenloser Kunst- und Architekturführungen (i. d. R. Sa/So um 14 u. 16 Uhr) besichtigt werden. In Verbindung mit diesen Führungen darf im Anschluss auch noch die Reichstagskuppel bestiegen werden. Für das Anmeldeverfahren → Auf den Reichstag.

Ins Marie-Elisabeth-Lüders-Haus

Ohne Anmeldung kann tägl. (außer Mo) von 11–17 Uhr der Kunst-Raum mit temporären Ausstellungen besichtigt werden und zu den gleichen Zeiten das von Ben Wagin gestaltete Mauer-Mahnmal, bei dem Mauersegmente im Gebäude dem ursprünglichen Verlauf der Mauer folgen. Zugang über die Spree-Uferpromenade, Eintritt jeweils frei.

Ins Bundeskanzleramt

Gelangt man am einfachsten zum Tag der Offenen Tür stets Ende August. Anmeldungen für kostenlose Führungen (Sa um 11 Uhr) – am besten mehrere Wochen im Voraus – unter ✆ 184002187 o. besucherdienst@bk.bund.de.

▲ Paul-Löbe-Haus

▼ Marie-Elisabeth-Lüders-Haus

▼▼ Jakob-Kaiser-Haus

Ein Stück neues Berlin

Hauptbahnhof und Europacity

An der Stelle des im Krieg zerstörten und 1959 gesprengten Lehrter Bahnhofs steht heute der von Meinhard von Gerkan entworfene größte Kreuzbahnhof Europas. Sofern die GDL nicht streikt, zählt er täglich rund 300.000 Reisende und Besucher. Die Züge in Nord-Süd-Richtung halten unterirdisch in 15 m Tiefe, die Ost-West-Gleise verlaufen 10 m über dem Straßenniveau. Die sich darüber wölbende Stahl- und Glaskonstruktion sollte ursprünglich 430 m lang werden. Um die Fertigstellung zur WM 2006 nicht zu verzögern, wurden allerdings nur 321 m realisiert, sodass die Medien spöttelten, Erste-Klasse-Reisende müssten nun im Regen zusteigen.

Nördlich des Bahnhofs ist mit der Europacity ein neues Stadtquartier am Entstehen. Noch bis 2017 soll das Gros der neuen Büro- und Wohntürme bezugsfertig sein. 10.000 Menschen sollen dann hier leben und arbeiten – v. a. reiche Menschen. Nur 42 der hier entstehenden 2840 Wohnungen werden mietpreisgebunden und somit auch für sozial Schwächere finanzierbar sein.

Sehenswertes abseits des Spaziergangs

Kunstreigen im Chipperfield-Bau

Galeriehaus am Kupfergraben 10

Für einen spannenden modernen Kunstreigen sorgen hier die Galerie **Contemporary Fine Arts** (eine der Topgalerien Berlins, die Künstler wie Georg Baselitz oder Daniel Richter auf ihrer Liste hat; EG und 1. OG) und die **Galerie Bastian** (2. und 3. OG), die wechselnde Ausstellungen der klassischen Moderne oder Werke zeitgenössischer Kunst präsentiert.

Am Kupfergraben 10, Ⓢ+Ⓤ Friedrichstraße o. Ⓢ Hackescher Markt. **Contemporary Fine Arts**, Di–Fr 10–18 Uhr, Sa 11–18 Uhr. www.cfa-berlin.com. **Galerie Bastian**, Do/Fr 11–17.30 Uhr, Sa 11–16 Uhr. www.galeriebastian.com.

Luftige Expositionen

Schinkel Pavillon

Im rundum verglasten Pavillon aus dem Jahr 1969 (Erich Honecker empfing hier früher gerne Gäste) zeigt Kuratorin und Fotokünstlerin Nina Pohl kleine, aber extrem feine experimentelle Ausstellungen, nicht selten sind Big Names darunter.

Oberwallstr. 1, Ⓤ Hausvogteiplatz. Do–So 12–18 Uhr. Eintritt frei. www.schinkelpavillon.de.

Geschichte einer Familie

Mendelssohn-Remise

In der Kassenhalle der einstigen Mendelssohn-Bank informiert eine kleine Ausstellung über die Mendelssohn-Dynastie, aus der über Jahrhunderte hinweg Künstler, Bankiers und Gelehrte hervorgingen.

Jägerstr. 51, Ⓤ Hausvogteiplatz. Tägl. 12–18 Uhr. Eintritt frei. www.mendelssohn-remise.de.

Ai Weiwei im Bunker

Sammlung Boros

Den einstigen Reichsbahnbunker (für 2000 Pers.), zu DDR-Zeiten wegen der Lagerung von Südfrüchten „Bananenbunker“ genannt und in den 1990ern als „Bunker“ einer der härtesten Technoclubs der Welt, ließ der Kommunikationsdesigner Christian Boros zwischen 2003 und 2007 für seine Sammlung zeitgenössischer Kunst umbauen. Zu dieser Kunst, die „er selbst nicht versteht“, gehören u. a. Werke von Olafur Eliasson, Ai Weiwei und Wolfgang Tillmans – absolut sehenswert. Darüber, auf dem Dach des Bunkers, lebt der Hausherr in einer 450 m² großen Penthousewohnung mit Pool (leider nicht zugänglich).

Reinhardstr. 20, Ⓢ+Ⓤ Friedrichstraße. Führungen (12 €, Dauer 1:30 Std.) nur Do–So nach Anmeldung unter www.sammlung-boros.de – kümmern Sie sich rechtzeitig um einen Termin.

Praktische Infos

→ Karte S. 28/29

Essen & Trinken

Vor allem Edelrestaurants und Touristenlokale prägen das Eck zwischen Potsdamer Platz, Reichstag und Gendarmenmarkt.

Restaurants

VAU 17, Kolja Kleebergs sternengekröntes Nobellokal folgt der Philosophie, nicht mehr als 3 frische saisonale Produkte (möglichst aus dem Berliner Umland) auf den Teller zu bringen. Stilvolles Interieur mit Freischwingern. 3 Gänge mittags 45 €, 5-Gänge-Menü abends 120 €. Tägl. (außer So) 12–14.30 u. 19–22.30 Uhr. Jägerstr. 54/55, Ⓤ Hausvogteiplatz, ✆ 2029730, www.vau-berlin.de.

Käfer Dachrestaurant 9 → Kasten „Ins Zentrum der Macht".

Vox 30, Edeladresse im Hotel Grand Hyatt. In Berlins größter Showküche entstehen raffinierte und spannend kombinierte Gerichte wie Brandenburger Entenbrust mit Buchenpilzen und Glockenapfel oder „Pflaume in Texturen". Dazu göttliches Sushi. Hinterher genehmigt man sich am besten einen Drink in der Bar mit über 200 Whiskeysorten, die schon mehrfach ausgezeichnet wurde. Hg. 28–40 €. Tägl. ab 18.30 Uhr. Marlene-Dietrich-Platz 2, Ⓢ+Ⓤ Potsdamer Platz, ✆ 25531772, www.vox-restaurant.de.

Gendarmerie 12, herrliches Hallenrestaurant mit einem riesigen Gemälde von Jean-Yves Klein und freistehendem Bar-Tresen in einem ehemaligen Bankhaus. Serviert werden fein zubereitete Klassiker der Berliner Küche, teils samt mediterran angehauchten Raffinessen. Hg. 15,50–25 €, günstiger Mittagstisch zu 8,90 €. Tägl. 11–2 Uhr. Behrenstr. 42, Ⓤ Hausvogteiplatz, ✆ 767775270, www.restaurant-gendarmerie.de.

Bocca di Bacco 14, Edelitaliener, wo auch schon mal Matt Damon oder Demi Moore Suppe löffeln, meist aber weniger bekannte Business-People furchtbar wichtige Gespräche führen. Klares, lichtes Innendesign, sehr guter Service. Auf die blütenweißen Tischdecken kommt klassisch-italienische Küche von hoher Qualität: Risotto mit Garnelen und Fenchelsamen, Ravioli mit Minzfüllung, Kalbsleber in Salbeibutter ... Pasta 15–20 €, Fisch- oder Fleischgerichte 20–35 €. Reservierung erwünscht. Mo–Sa 12–24 Uhr, So ab 18 Uhr. Friedrichstr. 167/168, Ⓤ Französische Straße, ✆ 20672828, www.boccadibacco.de.

Borchardt 15, hier fährt das Auge Karussell: Säulen, Stuck, Mosaiken und – „den kenn ich doch" – Promis aus Politik und Kultur. Natürlich viele gaffende Touristen. Klasse Wiener Schnitzel, Gutes vom Grill und französisch-internationale Küche. Hg. 11–80 €. Tägl. ab 11.30 Uhr. Französische Str. 47, Ⓤ Französische Straße, ✆ 81886262, www.borchardt-restaurant.de.

Augustiner am Gendarmenmarkt 19, großes, lautes Wirtshaus, ganz wie man es in Bayern mag. Dirndlmädels bringen ordentlichen Schweinebraten, Braumeistergulasch oder Hax'n an die meist vollbesetzten Tische – der Laden brummt. Dazu Augustiner-Bier vom Fass – unbedingt kosten: den *Edelstoff*. Vegetarier haben's leider schwer. Hg. 12,50–26,50 €. Tägl. 10–2 Uhr. Charlottenstr. 55, Ⓤ Französische Straße, ✆ 20454020, www.augustiner-braeu-berlin.de.

Grill Royal 3, in Berlins mondäner Steakadresse Nr. 1 genießt eine bunte Mischung aus Stars und Sternchen, Künstlern und Politikern *American Porterhouse*, *Tomahawk* oder *Chateaubriand* zu satten Preisen; pro 100 g Kobe-Entrecôte werden z. B. 89 € fällig (ist ja aber auch etwas Besonderes). Trotz der 180 Plätze sollte man unbedingt reservieren. Tägl. ab 18 Uhr. Danach empfehlen wir einen Drink in der Bar **meisterschueler** eine Etage höher. Friedrichstr. 105 b, Ⓢ+Ⓤ Friedrichstraße, ✆ 28879288, www.grillroyal.com.

Ständige Vertretung 7, 1997 eröffneten 2 Bonner Gastronomen die *StäV* und bescherten damit vielen zugezogenen Politikern ein Stückchen rheinländischer Heimat in der Fremde. Es gibt Sauerbraten mit Rosinen-Pumpernickel-Soße, Flammkuchen, Currywurst mit Kartoffelsalat, Pfälzer Saumagen, dazu fließt das Kölsch in Strömen. Im Sommer sitzt man schön an der Spree. Drinnen voll mit Fotos und Dokumenten aus der politischen Welt der BRD und DDR – keine Ecke, wo es nichts zu gucken gibt, selbst auf der Toilette. Abends sehr voll, besser reservieren. Hg. 9,50–16,90 €, Mittagsmenü 7,90 €, vergleichsweise teure Getränke. Tägl. ab 11

Uhr. Schiffbauerdamm 8, Ⓢ+Ⓤ Friedrichstraße, ✆ 2823965, www.staev.de.

Lutter & Wegner **20**, gediegen-gemütliches Traditionslokal mit Kunst an den Wänden und Terrasse samt schönem Blick auf den Deutschen Dom. Dazu eine charmante Weinhandlung, in der es sich auch sehr nett sitzen lässt. Die Küche bietet verfeinerte deutsch-österreichische Bodenständigkeit wie Wiener Schnitzel oder Sauerbraten, der beim deutschen Sauerbraten-Wettbewerb schon den 1. Preis erhielt. Hg. 20–25 €, günstigere Mittagsgerichte. Tägl. 11–3 Uhr. Charlottenstr. 56, Ⓤ Französische Straße, ✆ 2029540, www.l-w-berlin.de.

Kantinen

Cafeteria der Musikhochschule Hanns Eisler und **Mosaik** **20**, 2 Low-Budget-Adressen am Hochpreispflaster Gendarmenmarkt: Im 1. OG die nette Mensa der Musikhochschule. Sollte sich da nichts auf dem Menüplan (www.studentenwerk-berlin.de) finden lassen, einfach eine Etage höher gehen – die Mosaik-Kantine ist ein Sozialprojekt. Mo–Fr 8.30–15 Uhr. Charlottenstr. 55 (Zugang von der Taubenstraße neben *Lutter & Wegner*, gleich die linke Tür in der Passage nehmen), Ⓤ Französische Straße o. Hausvogteiplatz.

meinTipp **Berliner Ensemble** **5**, die nette, mit Theaterfotografien bestückte Kantine des Theaters am Schiffbauerdamm hat eher etwas von einem Café denn von einer Kantine und dazu noch einen kleinen Biergarten im Hof. Hungrige Schauspieler kommen auch schon mal kostümiert. Gute Hausmannskost (2-mal Fleisch, 1-mal Fisch, 1-mal vegetarisch), die um die 5 € kostet. Mo–Sa 9–24 Uhr, So ab 16 Uhr. Bertolt-Brecht-Platz 1 (Eingang auf der Rückseite, rotes Gebäude), Ⓢ+Ⓤ Friedrichstraße.

Helene Schwarz Café **28**, in der 9. Etage des Filmhauses im Sony Center, mit Terrasse direkt unter der Kuppel. Zugleich die Kantine der Film- und Fernsehakademie: Von 12–14.30 Uhr stets 2 Mittagsgerichte, eines davon vegetarisch (5,50–6,50 €) und verschiedene Salate. Ansonsten Cafébetrieb. Nur Mo–Fr. Potsdamer Str. 2 (Aufzug), Ⓢ+Ⓤ Potsdamer Platz.

Schnelle Küche/Snacks

Galeries Lafayette, die Foodmeile der Nobelmall lädt zum Austern-Schnabulieren. Unter dem französischen Gourmethimmel zudem ein Steakpoint, eine Pelmeni-Bar, es gibt aber auch leckere Quiches und Sandwichs. Tagesgerichte 10–15 €. Mo–Sa 10–20 Uhr. Friedrichstr. 76–78, Ⓤ Französische Straße, www.galerieslafayette.de.

Weilands Wellfood **31**, gesund, günstig und lecker. Das Rezept geht auf – mittags werden dem Bistro fast die Türen eingerannt. Vollkornpasta, Wokgerichte und große knackige Salate zu 5–10 €. Draußen sitzt man am Wasserbecken mit Blick auf eine Suvero-Skulptur. Mo–Fr ab 10.30 Uhr, Sa/So ab 12 Uhr, im Sommer bis 22 Uhr, im Winter bis 20 Uhr. Marlene-Dietrich-Platz 1, Ⓢ+Ⓤ Potsdamer Platz, ✆ 25899717, www.weilands-wellfood.de.

Chupenga **23**, ein beliebtes Mittagslokal des Businesspublikums rund um den Gendarmenmarkt. Im minimalistischen Kantinenambiente gibt's Tacos oder Burritos mit allerlei Leckereien wie gezupftem Rind- oder Schweinefleisch, Quinoa, Salsas, Bohnen etc. Große Portionen ab 7 €. Mohrenstr. 42, Ⓤ Hausvogteiplatz, ✆ 23936961, www.chupenga.de.

Cafés/Bars

Café Einstein **11**, gerade mal 20 Jahre alt, aber schon eine Institution. Im Stil eines traditionellen Kaffeehauses mit Kellnern im weißen Hemd. Im vorderen Teil sitzen die Touris in der Hoffnung, dass sich an ihnen vorbei ein Promi in den hinteren Teil zum Dinieren begibt. Guter Tafelspitz mit Apfelkren, Hg. mittags 17–27,50 €. Angeschlossen eine Galerie (Eingang rechts des Cafés), in der schon Helmut Newton und Udo Lindenberg ausstellten. Tägl. 7–22 Uhr. Unter den Linden 42, Ⓢ+Ⓤ Brandenburger Tor, ✆ 2043632, www.einstein-udl.com.

Café Panoramapunkt → Sehenswertes.

Tea Lounge **27**, im Ritz-Carlton. Die Afternoon-Tea-Orgien steigen hier mit süßen und herzhaften Köstlichkeiten sowie ausgewählten Tees, zubereitet von professionellen Teamastern. Stilvoll-gediegenes Ambiente mit Pianobegleitung. Tägl. 14.30–17.30 Uhr. 40 €, mit Champagner 48 €. Potsdamer Platz 3, Ⓢ+Ⓤ Potsdamer Platz, ✆ 337777, www.ritzcarlton.com.

Café Konzerthaus **18**, direkt am Gendarmenmarkt. Drinnen simpel-schummrig, draußen schöne Terrasse mit Blick auf den Französischen Dom. Wie die Kantine von Mosaik (s. o.) ein Sozialprojekt für Menschen mit Behinderungen. Frühstück, Eisbecher, Kuchen und ein paar warme Gerichte. April–Okt. tägl. 9–24 Uhr, sonst 11–23 Uhr. Gendarmenmarkt 2, Ⓤ Stadtmitte, ✆ 848556.

Weingalerie Nö! **21** → Nachtleben, S. 256.

Fassbender & Rausch **24**, der Chocolatier der Stadt. Edle Trüffel und Pralinen, Schokoschiffe, -tore und -türme, Törtchen, Konfekt u. v. m. Über dem Ladengeschäft (laut Eigenwerbung das größte Schokoladenhaus der Welt) ein Café, in dem verschiedene Sorten Trinkschokolade serviert werden. Tägl. 11–20 Uhr. Charlottenstr. 60 (Gendarmenmarkt), Ⓤ Stadtmitte, ✆ 08000301918, www.rausch.de.

Bars

Böse Buben Bar **4**, gar nicht böse, eher das Gegenteil – eine Oase im touristischen Zentrum und dazu noch in einer der schönsten Straßen Berlins. Gemütliche Cafébar mit Wohnzimmeratmosphäre, hohe Bücherwände. Kleinigkeiten zu essen. Leute zwischen 35 und 50 fühlen sich hier wohl. Auch offen für Minderheiten (viele Jung-Liberale, die FDP-Geschäftsstelle ist nicht weit). Raucherbereich. Tägl. ab 10 Uhr. Marienstr. 18, Ⓢ+Ⓤ Friedrichstraße, ✆ 27596909, www.boesebubenbar.de.

Newton **22** → Nachtleben, S. 257.

Draußen

Zollpackhof **6**, gepflegtes Restaurant und gemütlicher Biergarten gegenüber dem Kanzleramt. Im Restaurant speist man à la carte (gute deutsche Küche inkl. Brotzeitteller, Mittagsmenü ab 8,90 €). Im Selbstbedienungs-Biergarten unter einer 145 Jahre alten Rosskastanie gibt's Nackensteaks, Würstchen oder Spareribs. Tägl. ab 11 Uhr. Elisabeth-Abegg-Str. 1, Ⓢ+Ⓤ Hauptbahnhof o. Ⓤ Bundestag, ✆ 33099720, www.zollpackhof.de.

Capital Beach **2**, bunte, eng stehende Liegestühle auf einer schmalen, zur Spree abfallenden Wiese. Zum Blick auf den Hauptbahnhof und die vorbeiziehenden Touristenschiffe gibt es Cocktails, Flammkuchen und Baguettes. Bei schönem Wetter tägl. ab 10 Uhr. Ludwig-Erhard-Ufer, Ⓢ+Ⓤ Hauptbahnhof.

Shopping

Fashion

Michalsky Gallery **26**, Michael Michalsky, der Erfinder von *Y3*, kombiniert klassische Styles mit Streetwear-Einflüssen. Michalsky ist heute eines der bekanntesten Berliner Modelabels. Hosen ab rund 200 €. Mo–Sa 11–19 Uhr. Potsdamer Platz 4, Ⓢ+Ⓤ Potsdamer Platz, www.michalsky.com.

Einfach märchenhaft: Weihnachtsmarkt auf dem Gendarmenmarkt

Bücher

Dussmann, das Kulturkaufhaus **10**, ... und das ist es wirklich. Eine Berliner Institution. Bücher (150.000 Titel auf Lager), Filme, Noten und Musik auf 5 Etagen. Oft Lesungen hochkarätiger Autoren. Mit dem *Ursprung* ist auch ein gutes Biorestaurant angeschlossen. Mo–Sa 9–24 (!) Uhr. Friedrichstr. 90, Ⓢ+Ⓤ Friedrichstraße, www.kulturkaufhaus.de.

Langer Blomqvist **1**, anspruchsvolles, modernes Antiquariat mit vielen aktuellen Titeln (selbst die aktuellen Müller-Reiseführer zu Spottpreisen ...). Tägl. 10–20 Uhr. Reinhardstr. 17, Ⓢ+Ⓤ Friedrichstraße, www.langer-blomqvist.de.

Kunsthandwerks-/Flohmarkt

Kunstmarkt am Zeughaus, Kunsthandwerk in jeglicher Form, dazu ein bisschen Touristenkitsch. Etwas weiter nördlich am Kupfergraben v. a. Bücher. Sa/So 11–17 Uhr. Am Zeughaus 1–2, Ⓢ+Ⓤ Friedrichstraße, www.kunstmarkt-berlin.com.

Zu den Tempeln der Künste

Tour 2

Das größte Museumsensemble der Welt ist zugleich Deutschlands beliebtestes Eiland: Rund 2,5 Mio. Besucher zählt es jährlich – Sylt oder Rügen können von solchen Gästezahlen nur träumen.

Berliner Dom, S. 52

Humboldt Forum und Stadtschloss, S. 55

Altes Museum, S. 52

Alte Nationalgalerie, S. 54

Pergamonmuseum, S. 54

Neues Museum, S. 56

Bode-Museum, S. 56

Alte, neue und vergessene Mitte II

Museumsinsel

„Großstadt ohne Größenwahn", titelte *Der Spiegel* vor ein paar Jahren über Berlin. Das war nicht immer so – und ist es auch heute nicht mehr, nicht auf diesen Metern. Auf der Spreeinsel prahlten die preußischen Könige und protzte die Führung der DDR. Und mit dem Humboldt Forum, dem Nachbau des Berliner Schlosses, schließt sich auch die Bundesrepublik der Tradition an.

Auf der nördlichen Hälfte der knapp 1 km² umfassenden Spreeinsel stehen bislang fünf Museen, die Kunst und Kultur aus 6000 Jahren Menschheitsgeschichte präsentieren. Das erste Museum öffnete 1830 zum Geburtstag des kunstsinnigen Königs Friedrich Wilhelm III. seine Pforten – was die Franzosen mit dem Louvre und die Engländer mit dem British Museum schon längst hatten, wollten die Preußen nun auch. 100 Jahre später war mit dem Pergamonmuseum das vorerst letzte Museum fertig. Der Krieg brachte nicht nur die Verwüstung der Häuser, sondern auch – obwohl viele Exponate in Flakbunker ausgelagert wurden – einen enormen Verlust an Kunstschätzen und Arbeit für Generationen von Restauratoren. Nach der Wiedervereinigung wurde ein Masterplan erstellt, der die Zusammenführung der archäologischen Sammlungen der verschiedenen staatlichen Berliner Museen in Ost und West vorsah, außerdem die Restaurierung der Kriegsschäden, eine Modernisierung der Gebäude und eine Neuordnung der Infrastruktur vor Ort. Zum federführenden Architekturbüro wurde für viele Vorhaben David Chipperfield Architects. Bereits saniert und wiedereröffnet sind die Alte Nationalgalerie (Kosten 74 Mio. Euro), das Bode-Museum (165 Mio. Euro) und das Neue Museum (200 Mio. Euro). Die Arbeiten am Pergamonmuseum begannen 2012, werden voraussichtlich 14 Jahre dauern

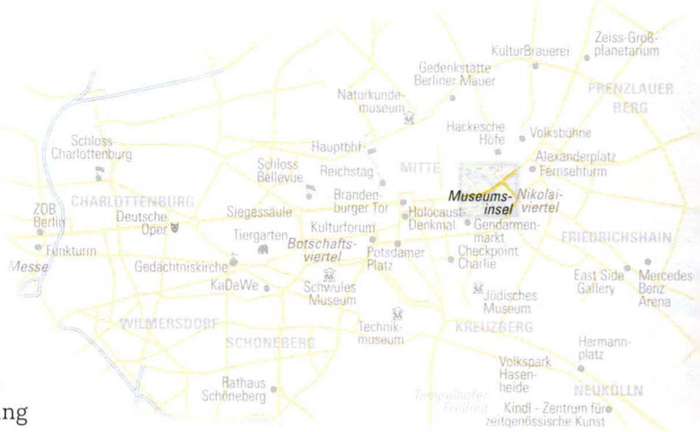

und garantiert mehr als die veranschlagten 384 Mio. Euro verschlingen. Das Alte Museum ließ die DDR zwischen 1951 und 1966 wiederaufbauen, nach Abschluss der Arbeiten am Pergamonmuseum ist dessen Generalsanierung angedacht. Ein ganz neuer Bau wird die James-Simon-Galerie, das Portal zum Kosmos der Künste. Die Grundsteinlegung fand im Sommer 2013 statt, Ende 2018 soll das neue Entree zu den Museen fertig sein (Kosten voraussichtlich 134 Mio. Euro). Eine sog. „Archäologische Promenade“ soll dann alle Häuser miteinander verbinden.

Orientierung

Der zentrale Platz der Museumsinsel ist der **Lustgarten**. Als Gemüsegarten des Berliner Schlosses, wo erstmals in Preußen Kartoffeln angebaut wurden, ging er in die Geschichte ein. Aber auch als Aufmarsch- und Demonstrationsplatz. Heute geht es hier gemütlicher zu: Touristen imitieren des Berliners liebstes Hobby und liegen faul im Gras herum.

An der Südseite des Lustgartens erhob sich einst das Berliner Schloss, ehemals einer der bedeutendsten Barockbauten Nordeuropas. Nach seinem Wiederaufbau wird es mangels König das Humboldt Forum beherbergen (→ Kasten S. 55). Die **Humboldt-Box** vor der Baustelle ist das temporäre Schaufenster zu allen Plänen für das Humboldt Forum. In der Box zeigt der Förderverein Wiederaufbau Schloss zudem ein sehenswertes Stadtmodell der historischen Mitte Berlins.

Die Ostseite des Lustgartens begrenzt der **→ Berliner Dom**. Hinter einer breiten Säulenfront an dessen Nordseite verbirgt sich das **→ Alte Museum**. Für den klassizistischen Bau stand das Erechtheion auf der Athener Akropolis Pate. Im Rücken des Alten Museums thront erhaben rechter Hand hinter einem Kolonnadengang die **→ Alte Nationalgalerie**. Links davon befinden sich die temporären Zugänge zum **→ Pergamonmuseum** und zum → Neuen Museum. Dort ist auch die **James-Simon-Galerie** am Entstehen, das neue Portal zum Forum der Künste und Wissenschaften auf der Spreeinsel. Den nördlichen Abschluss der Museumsinsel nimmt das **→ Bode-Museum** ein, das über die Monbijoubrücke zugänglich ist.

Die Polizisten zwischen James-Simon-Galerie und Monbijoubrücke sind übrigens nicht zum Schutz der Museen dort abgestellt: Ganz in der Nähe wohnt die Kanzlerin. Gegenüber dem Bode-Museum lädt die **Strandbar Mitte** (→ S. 84) im Sommer zu einer Pause ein.

Um all die schwere Kunst mit einem Tick Leichtigkeit zu bereichern, gibt es Pläne, den Spreearm zwischen James-Simon-Galerie und Monbijoubrücke in ein Flussbad umzuwandeln. Auf www.flussbad-berlin.de können Sie diesen Traum unterstützen.

Tipp: Egal für welches Museum Sie sich entscheiden – gönnen Sie sich einen Audioguide, um im Tohuwabohu der Künste nicht den Überblick zu verlieren. Wollen Sie alle hier beschriebenen Museen besichtigen, so können

Sie mit der **Bereichskarte Museumsinsel** Geld sparen. Sie kostet 18 € (erm. 9 €) und gilt für alle Museen auf der Insel, jedoch nur für einen Tag. Eine Alternative ist daher der **Museumspass**, → S. 280. Falls Sie keine der Ausstellungen besuchen möchten, so lohnt dennoch ein Blick in das Foyer des Bode-Museums – kostenlos.

Sehenswertes

Hohenzollernprotz

Berliner Dom

Der protestantische Dom, 1905 eingeweiht, folgte dem Motto der Hohenzollern: bitte größer und pompöser! Die alte Domkirche, die zuvor hier stand, hatte dafür weichen müssen. Der wilhelminische Prunkbau im Stil der barock beeinflussten Hochrenaissance wird von vier Ecktürmen flankiert. Im Krieg wurde der Dom von Bomben getroffen, durch die Kuppel, die sich einst 114 m (heute 70 m) über das Straßenniveau erhob, flogen Tauben. 1975 begann man mit dem Wiederaufbau (samt Abriss der anschließenden Denkmalskirche), die Mittel dazu kamen aus dem Westen. Zwei Jahre nach der Jahrtausendwende wurde das letzte Kuppelmosaik feierlich enthüllt – der Wiederaufbau ist u. a. ein Thema der Domausstellungen und Videostationen und macht den Rundgang äußerst spannend. In der Hohenzollerngruft ruhen Könige und viele Kinder, aber keine Kaiser. Lohnenswert ist der Kuppelrundgang (267 Stufen sind es hinauf) mit tollem Blick über die Stadt und in schicke Wohnungen. Im Dom finden zudem immer wieder Orgelkonzerte statt, für den grandiosen Klang sorgen die 7269 Pfeifen der Sauerorgel.

Mit dem Ausflugsschiff durch die Mitte

Am Lustgarten, Ⓢ+Ⓤ Friedrichstraße o. Ⓢ Hackescher Markt. April–Sept. tägl. 9–20 Uhr, im Winter nur bis 19 Uhr. Keine Besichtigung zu Gottesdiensten. 7 €, erm. 5 €. Infos zu Konzerten und Gottesdiensten unter www.berlinerdom.de.

Klassische Antike

Altes Museum

Der Ausstellungstempel widmet sich ganz der klassischen Antike und präsentiert archäologische Kleinfunde und Skulpturen der Griechen (EG), Römer und Etrusker (OG). Der Bau entstand nach Entwürfen Karl Friedrich Schinkels zwischen 1823 und 1830. Vor der Grundsteinlegung hatte man mehrere Tausend Holzpfähle in den sumpfigen Boden gerammt, um ein späteres Absinken des Gebäudes zu verhindern. Für die zentrale Rotunde mit Kassettendecke und Galeriering stand das Pantheon in Rom Pate. Den Mittelpunkt der Rotunde sollte eigentlich eine Granitschale schmücken. Doch die war zu groß und zu schwer geworden, so ließ man sie vor dem Museum stehen. Die Exponate der Ausstellung rund um die Rotunde sind thematisch arrangiert. Neben Büsten von Kaisern und Knaben, bebilderten Trinkschalen, zierlichen Tonstatuetten, steinernen Sarkophagen u. v. m. überraschen eine Münzsammlung unter einem blauen Himmelszelt, eine Schatzkammer voller Goldschmuck und ein kleiner „Garten der Lüste".

Am Lustgarten, Ⓢ+Ⓤ Friedrichstraße o. Ⓢ Hackescher Markt. Di–So 10–18 Uhr, Do bis 20 Uhr, Mo geschl. 10 €, erm. 5 €. Bereichskarte Museumsinsel → S. 52. www.smb.museum.

Bequemer ans Ziel: Entlang der Karl-Liebknecht-Straße und des Boulevards Unter den Linden fährt zwischen Ⓢ+Ⓤ Brandenburger Tor und Ⓢ+Ⓤ Alexanderplatz Bus 100. Zwischen Ⓢ+Ⓤ Potsdamer Platz und Ⓢ+Ⓤ Alexanderplatz passiert Bus 200 den Lustgarten.

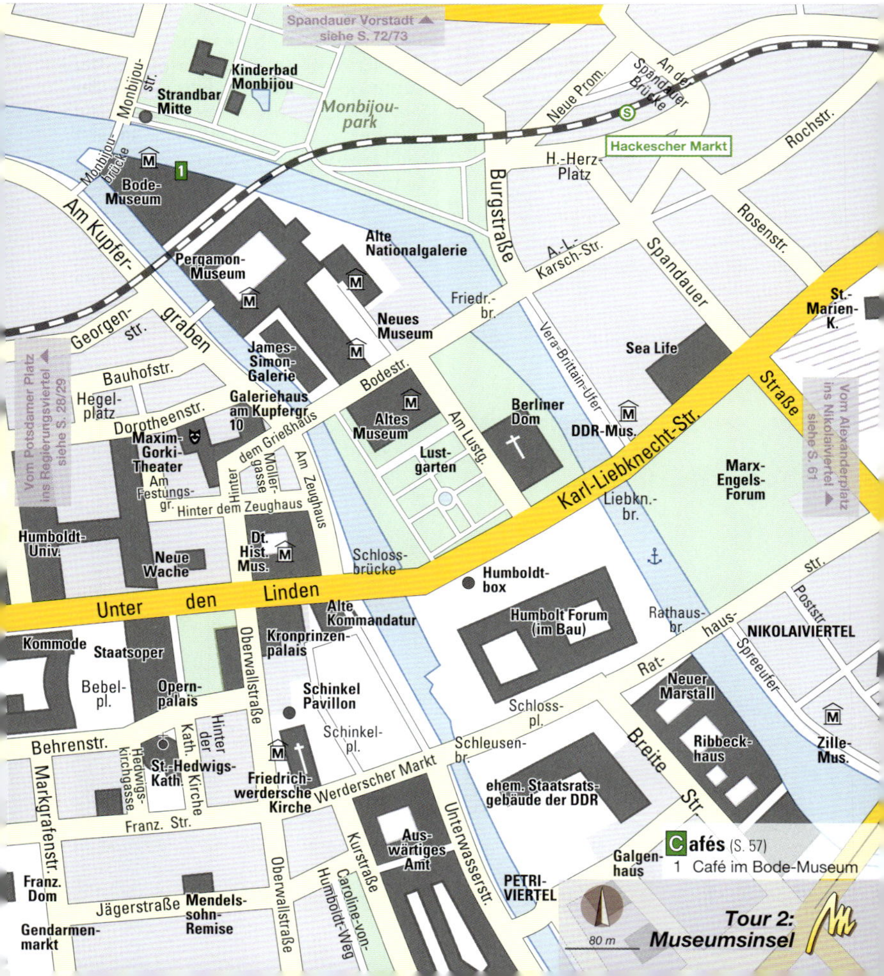

Gemälde und Skulpturen des 19. Jh.

Alte Nationalgalerie

Mit dem Bau der Neuen Nationalgalerie 1968 nahe dem Potsdamer Platz (→ S. 105) wurde die hiesige zur „Alten", auch wenn die offizielle Umbenennung erst nach der Wende erfolgte. Der Kunsttempel, der wie kein anderer erhaben auf einem Sockel thront, geht auf eine Skizze Friedrich Wilhelms IV. zurück; mehrere Architekten plagten sich im Anschluss mit deren Umsetzung. 1876 wurde das Bauwerk eingeweiht. Die Giebelinschrift „Der deutschen Kunst" bezeugt das neue patriotische Selbstbewusstsein jener Zeit. Heute zeigt die Alte Nationalgalerie Höhepunkte der Malerei aus der Zeit zwischen Französischer Revolution und Erstem Weltkrieg oder anders gesagt: zwischen Klassizismus und Sezession. Die umfangreiche Epochensammlung umfasst Werke u. a. von Caspar David Friedrich, Menzel, Manet, Monet, Renoir, Degas, Cézanne, Liebermann, Beckmann u. v. m. Zusätzliche Bonbons sind Plastiken von Johann Gottfried Schadow und Auguste Rodin. Ein Werk mit großem Berlinbezug stellt Franz Krügers Biedermeiergemälde *Parade auf dem Opernplatz 1822* dar – in der feinen Gesellschaft des Publikums befindet sich auch Alexander von Humboldt.

Bodestr. 1–3, Ⓢ+Ⓤ Friedrichstraße o. Ⓢ Hackescher Markt. Di–So 10–18 Uhr, Do bis 20 Uhr, Mo geschl. 12 €, erm. 6 €. Bereichskarte Museumsinsel → S. 52. www.smb.museum.

Ein Museum im Umbau

Pergamonmuseum

Das Museum wurde im Jahr 1930 nach 20-jähriger Bauzeit eröffnet. Den Entwurf dazu hatte Alfred Messel geliefert. Ein vierflügeliger Bau sollte es werden, um Monumentalarchitektur aus der alten Welt zu präsentieren. Aber Geld war knapp, ein Dreiflügelbau musste genügen. Mit der Modernisierung und Sanierung des Hauses nach Plänen des 2007 verstorbenen Architekten Oswald Mathias Ungers soll nun endlich auch der vierte Flügel realisiert werden. Der Umbau ist umstritten, wird aber Platz für weitere hochkarätige Exponate aus anderen Berliner Museen schaffen.

Alte Nationalgalerie

Museumsinsel → Karte S. 53

Berlin im Kasten

Schloss, Palast und Humboldt Forum – oder einfach nur: Baustelle

Der Rohbau steht, 35 m hoch, 117 m breit, 184 m lang. Aber erst 2019 sollen die Arbeiten abgeschlossen sein – bis dahin wird auf der Baustelle des Humboldt Forums gebohrt und gehämmert. Zeitgleich wird der Brite Neil MacGregor, ehemaliger Direktor des *British Museum* in London, die inhaltlichen Schwerpunkte für das Schloss der Kunst, Kultur und Wissenschaft setzen. Ein Dialog der Weltkulturen ist vorgesehen, dafür werden u. a. die Sammlungen des Ethnologischen Museums und des Museums für asiatische Kunst aus Dahlem hierher verlegt. Eine Agora soll als verbindendes Element wirken – ganz im Sinne der Idee von Gottfried Wilhelm Leibniz von einem umfassenden Wissenschaftstheater. Näheres zu den Planungen erfahren Sie in der Humboldt-Box (→ S. 51) und auf www.humboldt-forum.de.

Der Architekturentwurf für den Wiederaufbau des Berliner Schlosses stammt von dem Italiener Franco Stella. Auf drei Seiten schenkte er dem Schloss eine pseudobarocke Fassade, zur Spree hin eine moderne – damit ist der Neubau keine Kopie des Originals. Das alte Berliner Schloss, das ursprünglich aus einer Burg hervorgegangen war und schließlich als Kriegsruine endete, präsentierte einst mit 700 Zimmern und Sälen Preußenprunk par excellence. Wie die Fassade des alten Schlosses aussah, kann man erahnen, wenn man einen Blick auf das benachbarte ehemalige **Staatsratsgebäude der DDR** wirft (heute Sitz der *European School of Management and Technology*, kurz *esmt*). Dessen Portal samt Balkon stammt nämlich noch vom alten Schloss, von dem es abgetragen wurde, bevor man die Ruine sprengte (1950) und einebnete.

Der Grund für diese ganze Aktion war ideologischer Natur – Karl Liebknecht hatte am 9. November 1918 von diesem Balkon die deutsche sozialistische Republik proklamiert. Im Foyer des Gebäudes illustrieren sehenswerte Buntglasfenster von Walter Womacka die Geschichte der Arbeiterbewegung.

Nachdem das Stadtschloss verschwunden war, breitete sich an seiner Stelle der Marx-Engels-Platz aus, auf dem die großen Aufmärsche der jungen DDR stattfanden. In unendlich vielen Kolonnen defilierte eine Dreiviertelmillion Menschen in unendlich langen fünf Stunden an den Staatsoberhäuptern vorbei – die Teilnahme war für alle eine lästige Pflicht. Zwischen 1974 und 1976 wurde dann zur Spree hin der Palast der Republik erbaut. Neben viel zu viel Asbest (was u. a. sein Schicksal nach der Wende besiegelte) gab es darin den Plenarsaal der DDR-Volkskammer und für das Volk Cafés, Restaurants, Wein- und Bierstuben, eine Milchbar, Jugendtreffs, eine Gepäckaufbewahrung (30 Ostpfennig) u. v. m. Zwischen 2006 und 2008 wurde der Palast abgerissen, die über 100.000 t Stahl wurden eingeschmolzen und wiederaufbereitet. VW bastelte daraus Kotflügel für den Golf, zudem stecken sie im höchsten Gebäude der Welt in Dubai, die *BILD* titelte dazu: „Der Burj Chalifa ist ein Ossi."

Tipp: Am Schlossplatz 7 steht neben dem Humboldt Forum der neobarocke **Neue Marstall**, der einst für die Pferde, Kaleschen und Schlitten des Hofes errichtet und in den 1960ern wiederaufgebaut wurde. Heute befindet sich darin die staatliche **Hochschule für Musik Hanns Eisler Berlin** (HFM)– etwas Besonderes sind die Konzerte im Krönungskutschensaal (→ Kultur, S. 248).

Während des Umbaus ist die Ausstellungsfläche auf etwa ein Drittel reduziert, der Nordflügel und der Mittelbau sind bis voraussichtlich 2020 geschlossen. Infolgedessen ist auch der berühmte Zeusaltar aus Pergamon (Türkei) mit seinem 120 m langen Relieffries nicht mehr zu sehen. Bis voraussichtlich 2019 steht den Besuchern lediglich der Südflügel offen. Hier beeindrucken u. a. das Markttor von Milet (ebenfalls Türkei), das sich mit 17 m Höhe gerade noch unter die Decke ducken kann, die mit strahlendblauen Ziegelreliefs verzierte Prozessionsstraße zum Ischtar-Tor von Babylon (heute Irak) und die Fassade des Wüstenschlosses von Mschatta (heute Jordanien). Des Weiteren sind Reliefs, Stelen, Statuen und kleinere Objekte in festen und temporären Ausstellungen aus dem Fundus des **Museums für Islamische Kunst**, des **Vorderasiatischen Museums** und der **Antikensammlung** zu sehen.

Bodestraße, temporärer Zugang (bis voraussichtlich Ende 2018) über den Kolonnadenhof zwischen Alter Nationalgalerie und Neuem Museum. Ⓢ+Ⓤ Friedrichstraße o. Ⓢ Hackescher Markt. Tägl. 10–18 Uhr, Do bis 20 Uhr. 12 €, erm. 6 €. Bereichskarte Museumsinsel → S. 52. www.smb.museum.

Nofretete zwischen Kriegsnarben

Neues Museum

Es ist eine architektonische Perle, nicht zuletzt aufgrund seiner traurigen Geschichte. Zwischen 1843 und 1855 wurde das Neue Museum als Erweiterung des Alten Museums nach Plänen des Schinkel-Schülers Friedrich August Stüler im Stil des späten Klassizismus und Historismus erbaut. Hundert Jahre später fiel es dem Bombenhagel zum Opfer. Aus der Kriegsruine wuchsen schon Bäume, als in den 1980er-Jahren eine erste Notsicherung folgte. Den Wiederaufbau (2003–2009) besorgte David Chipperfield. Wo es möglich war, wurde die Originalsubstanz bewahrt, wurden verblasste Wandmalereien behutsam konserviert. Wo nicht, tritt Chipperfields klare Formensprache hervor, die Kriegsnarben verwischte er nicht. Im Neuen Museum zeigt heute das **Ägyptische Museum** Statuen, Reliefs, Mumienmasken, seine Papyrussammlung u. v. m. Highlights sind der *Berliner Grüne Kopf* – wegen seiner Gesichtsfarbe so genannt –, dazu das Porträt der Königin Teje und v. a. die 3300 Jahre alte Büste der Nofretete, einer der bekanntesten Kunstschätze des alten Ägyptens, aufbewahrt in einem eigenen Kuppelsaal. Letztere stand einst auf dem Vertiko von James Simon (1851–1932): Der Kaufmann, Kunstsammler und Mäzen verhalf den Berliner Museen durch seine Schenkungen zu Weltruhm. Nach ihm ist die im Bau befindliche neue Eingangsgalerie zwischen Neuem Museum und Kupfergraben benannt. Des Weiteren präsentiert im Neuen Museum das **Museum für Vor- und Frühgeschichte** seine Schätze, darunter Funde aus Schliemanns Trojagrabung, aber auch der Neandertaler von Le Moustier. Alles in allem eine eindrucksvolle, bunte Mischung, in der das Auge Karussell fährt – mehrere Tausend Exponate laden zu Zeiten- und Weltensprüngen ein. Erholen kann man sich im gemütlichen angeschlossenen Café.

Bodestr. 1–3, Ⓢ+Ⓤ Friedrichstraße o. Ⓢ Hackescher Markt. Tägl. 10–18 Uhr, Do bis 20 Uhr. 12 €, erm. 6 €. Bereichskarte Museumsinsel → S. 52.

Bei langen Warteschlangen vor dem Neuen Museum oder dem Pergamonmuseum können Sie Tickets für beide Museen auch an den Kassen des Alten Museums, der Alten Nationalgalerie und des Bode-Museums erhalten.

Ein großer Kessel Buntes

Bode-Museum

Das herrschaftliche Gebäude im wilhelminischen Barock mit dominanter Kuppel, monumentalen Pilastern und Halbsäulen bildet so etwas wie den Bug der Museumsinsel. Als Kaiser-Friedrich-Museum wurde es 1904 unter Leitung von Wilhelm von Bode (1845–1929) eröffnet, 1956 ihm zu Ehren umbenannt. Hier wird Kunst nicht einfach ausgestellt, sondern ganz im Sinne von Bodes Präsentationskonzept inszeniert. Das Museum ist heute Showroom der **Skulpturensammlung**, die Bildwer-

Altes Museum

ke vom frühen Mittelalter bis zum ausgehenden 18. Jh. aus den deutschsprachigen Ländern (u. a. von Tilman Riemenschneider und Hans Leinberger), Frankreich, den Niederlanden, Italien und Spanien präsentiert. All das wird ergänzt durch dazu passende Werke der **Gemäldegalerie**. Darüber hinaus lädt das **Museum für Byzantinische Kunst** zu temporären Ausstellungen ein, wobei es aus seiner unvergleichlichen Sammlung an Kunstwerken aus dem gesamten Mittelmeerraum schöpfen kann. Das **Münzkabinett** wiederum präsentiert kostbare Medaillen und Kleingeld, die Kollektion reicht bis zu den Anfängen der Münzprägung im 7. Jh. v. Chr. zurück.

Die Sammlungen verteilen sich auf zig Säle und Räume, die zum Verlaufen einladen. Zum Glück findet man aber immer zum Herzstück des Museumsbaus zurück, der in Anlehnung an San Francesco al Monte in Florenz errichteten Basilika. Wer vor dem Rendezvous mit allzu viel sakraler Kunst zurückschreckt, aber einen Blick in das Gebäude werfen möchte, kann das Foyer im großen Kuppelsaal mit angegliedertem Café einfach so betreten.

Am Kupfergraben 1, Ⓢ+Ⓤ Friedrichstraße o. Ⓢ Hackescher Markt. Tägl. (außer Mo) 10–18 Uhr, Do bis 20 Uhr. 12 €, erm. 6 €. Bereichskarte Museumsinsel → S. 52. www.smb.museum.

Praktische Infos

→ Karte S. 53

Essen & Trinken

Eine große Auswahl an Restaurants finden Sie rund um die Museumsinsel, → Tour 1, S. 47, Tour 3, S. 67, und Tour 4, S. 81. Auf der Museumsinsel selbst ist das architektonisch reizvolle **Café im Bode-Museum** **1** zu empfehlen. Es bietet eine kleine Auswahl an Speisen und Snacks zu 6–10 €. Tägl. (außer Mo) 10–18 Uhr. Am Kupfergraben 1, Ⓢ+Ⓤ Friedrichstraße, ✆ 20214330, www.koflerkompanie.com.

Schräg gegenüber lädt im Sommer zudem die **Strandbar Mitte** (→ S. 84) auf ein Getränk oder einen Happen ein.

Wo Berlin seinen Anfang nahm

Tour 3

Die einstige Wiege Berlins ist aus der Balance geraten. Willkommen in Berlins hässlicher Mitte!

Nikolaiviertel, eine aus Plattenbauten zusammengebastelte „Altstadt", S. 64

Fernsehturm und Alexanderplatz, besser hochfahren als unten bleiben am tristesten Platz Berlins, S. 59 und 66

Alte, neue und vergessene Mitte III

Vom Alexanderplatz ins Nikolaiviertel

Berlin ist die Stadt der Brüche zwischen einst und jetzt, noch voller Narben und Brachen, ganz besonders rund um den Alexanderplatz.

Nach dem Krieg stellte die DDR mit dem Fernsehturm und den endlosen Wohnblöcken rund um den Alexanderplatz Größe zur Schau, mit dem Nikolaiviertel schenkte sie den Berlinern eine rekonstruierte Altstadt. Anheimelnd ist das ganze Eck aber nicht – auf den Bänken vorm Roten Rathaus fühlen sich vor allem die Obdachlosen wohl. Großstadttristesse versprühen die breiten Boulevards, auf denen einst Aufmärsche und Militärparaden stattfanden.

Seit dem Mauerfall wird über die Neugestaltung der historischen Berliner Mitte diskutiert, umgesetzt wurde bislang nur wenig. So kann man zu Füßen des Fernsehturms, auf einem der zentralsten Plätze der Stadt, noch immer Beachvolleyball spielen. Den Ball bekommt man übrigens bei Dunkin Donuts – wo gibt's so was sonst noch auf der Welt in einer Großstadt? Und wo bereits neue Akzente gesetzt wurden, vergaß der Bausenat meist, jeglichen Anspruch auf Ästhetik durchzusetzen. Nur wenige Neubauten der historischen Mitte besitzen Raffinesse.

Spaziergang

Der S- und U-Bahnhof Alexanderplatz ist ein bedeutender innerstädtischer Umsteigebahnhof, den in Stoßzeiten mehr als 10.000 Passanten pro Stunde frequentieren. In direkter Nachbarschaft erhebt sich der Fernsehturm, das Wahrzeichen des „Alex", wie die Berliner die Ecke rund um den Bahnhof nennen. Mit dem eigentlichen Alexanderplatz hat der Fernsehturm, auf den wir am Ende des Spaziergangs noch detailliert eingehen werden, aber nichts zu tun. Der Platz liegt auf der anderen Seite der Bahngleise und wirkt durch seine Weiträumigkeit und die grauen Wohn- und Geschäftsbauten wie das nüchterne Zentrum einer Satellitenstadt. Das war nicht immer so.

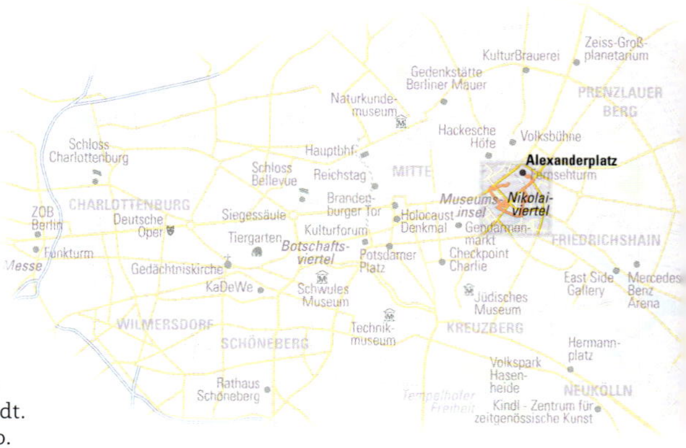

Tour-Info **Länge** ca. 3,3 km, **Dauer** ca. 1:30 Std., **Karte** S. 61.

Alexanderplatz

In den 1920er- und 1930er-Jahren galt der Alexanderplatz als Inbegriff des pulsierenden, sich stetig verändernden Berlins. Hier funkelten die größten Leuchtreklamen, hier befanden sich die berühmten Kaufhäuser Titz und Wertheim, es stand hier aber auch das gefürchtete Polizeipräsidium. Mit Alfred Döblin ging der Platz in die Weltliteratur ein, mit dem Krieg in Schutt und Asche über. Nur die Skelette zweier Gebäude blieben erhalten, das des **Berolina-Hauses** (zwischen Bahnhof und Platz, darin u. a. *C & A*) und das des **Alexanderhauses** (auf der anderen Seite der Straßenbahngleise, darin u. a. die *Berliner Sparkasse*), 1930–32 von Peter Behrens erbaut, einem Vorreiter der Neuen Sachlichkeit.

Einen Besuch wert ist die **Galeria Kaufhof**, zu DDR-Zeiten das *Centrum Warenhaus*, damals noch mit Wabenfassade und bescheidenerem Warenangebot. Mit dem Umbau nach Plänen von Josef Paul Kleihues (2004–2006) wurde es zu einem der schönsten Kaufhäuser Berlins.

Das mit 125 m höchste Gebäude am Platz ist das **Hotel Park Inn**, ehemals Interhotel. Von seinem Dach kann man hinunterhüpfen (→ Base-Flying, S. 270) oder die Aussicht genießen (April–Sept. 12–22 Uhr, ansonsten bis 18 Uhr, den Hoteleingang nehmen, dann Aufzug A, 4 €). Es gab schon Pläne für den Abriss des Hochhauses, nun sollen acht neue 150-m-Türme rund um den Alexanderplatz hinzukommen. Zwei Investoren stehen bereits in den Startlöchern.

Der **Brunnen der Völkerfreundschaft** vor der Galeria Kaufhof gehört wie die 10 m hohe **Weltzeituhr** aus Alu und Emaille vor dem Alexanderhaus zu den „Attraktionen" aus DDR-Zeiten. Letztere weckte Reiseträume, die niemals verwirklicht werden konnten. Der Drang nach Freiheit machte sich aber auch auf dem Alexanderplatz Luft: Am 4. November 1989 fand hier die größte Demonstration in der Geschichte der DDR statt. 500.000 Menschen pfiffen die DDR-Führung aus und lachten deren Macht förmlich nieder. Auf Plakaten stand „Glasnost statt Süßmost", „Reformen, aber unbeKrenzt" oder „Neue Männer braucht das Land". Fünf Tage später fiel die Mauer.

Durch die Flucht links des Alexanderhauses sieht man die Aluminiumkuppel des **Berlin Congress Center**. Links daneben steht das **Haus des Lehrers** mit einem als „Bauchbinde" bespöttelten Bildfries. Der Zyklus zeigt – oder sollte zeigen – das glückliche Leben im Sozialismus. Das Bildnis des jungen Paares am Strand (Rückseite) schaffte es in der Druckversion über nahezu jede zweite Wohnzimmerkommode der DDR.

Berlin im Kasten

Wandelnde Würstel

Der Alex ist Berlins Bratwürstelmekka. Die Grillbuden wandern hier auf zwei Beinen, den Herren vom Grill sind brutzelnde Bauchläden um den Leib gezimmert. Gearbeitet wird in Zweier-Teams, immer abwechselnd, immerhin wiegen die tragbaren Grills über 15 kg ohne Wurst darauf. Erfunden wurde der *Grillwalker* 1997 vom Berliner Bertram Rohloff, mittlerweile vertreibt er ihn nach Asien, Afrika und Südamerika. Der Rekord eines Grillwalkers am Alex liegt bei 1573 Würsten an einem Tag. Heute machen die vielen Nachahmer das Geschäft hier schwieriger. Rohloffs Grillwalker sind die orange-blauen, die *Original Thüringer* verkaufen. Zu den Stammkunden gehört auch ein U-Bahnfahrer, der den Halt am Alex schon mal nutzt, um eben kurz die Treppen hinaufzujagen und Würste zu holen …

Altes Berlin

Rechts des Congress Centers, auf der anderen Seite der Alexanderstraße, soll bis 2019 der *Capital Tower*, ein 150 m hoher Wohnturm, entstehen. Daneben thront die rosafarbene Shoppingburg **Alexa**, die an Hässlichkeit kaum zu überbieten ist (→ Shopping), aber dennoch monatlich mehr als eine Million Besucher lockt. Nachdem man die S-Bahngleise unterquert hat, steht linker Hand der **Justizpalast** (Littenstr. 11–17) aus der Zeit um 1900, heute residieren darin das Amtsgericht Berlin-Mitte und das Landgericht Berlin. Sehenswert ist das Treppenhaus – einfach reingehen! Gegenüber die traurigen Mauerreste der gotischen **Klosterkirche der Franziskaner**. Die Kriegsruine wird heute für luftige temporäre Ausstellungen und Veranstaltungen genutzt.

An der Littenstraße keine 100 m weiter ist noch ein Abschnitt der **mittelalterlichen Stadtmauer** erhalten. Rechts davon, hinter der Gaststätte „Zur letzten Instanz", steht die → **Parochialkirche** und ihr gegenüber, an der Kochstraße, das **Alte Stadthaus**, ein mächtiger Komplex mit fünf Höfen und einer über 400 m langen, düsteren Kalksteinfassade. Es wurde 1902–1911 als Ergänzung zum Roten Rathaus errichtet. Heute sitzt darin u. a. der Senat für Inneres. Die Rückseite wirkt wenig einladend – hinein darf man ohnehin nicht. Von den Aussichtspunkten der Stadt aber ist der Rundturm des Hauses, von dem die Fortuna winkt, eine Dominante in der Silhouette Berlins.

Vorbei am **U-Bahnhof Klosterstraße**, einem der schönsten U-Bahnhöfe Berlins, geht es weiter zum Rolandufer, wo die **Botschaft des Königreiches der Niederlande** steht. Den Kubus mit Glas- und Aluminiumfassade entwarf Rem Koolhaas.

Der Spreeabschnitt vor der Botschaft war einst der bedeutendste **Hafen** Berlins und für die Entwicklung der Stadt überaus wichtig. Früher nämlich kam nahezu sämtliches Baumaterial über Wasserwege nach Berlin und wurde von dort, wenn möglich, auch auf dem Wasser in der Stadt verteilt.

Der wehrhaft anmutende, rote Backsteinbau am anderen Ufer linker Hand ist das → **Märkische Museum**. Rechter Hand lässt die unter Denkmalschutz stehende **Mühlendamm-Schleuse** den Schiffsverkehr auf der Spree stocken. Die 21-geschossigen Plattenbauten, die sich dahinter erheben, befinden sich auf der **Fischerinsel**, dem südlichen Teil jener Spreeinsel, deren nördlicher Teil die Museumsinsel bildet. Einst lag hier der Fischerkiez, ein ärmliches, aber pittoreskes Viertel mit engen Gassen und urigen Schankstuben. Den Krieg überstand der Kiez noch halbwegs gut, nicht aber die sozialistische Städteplanung.

Der Uferweg vorbei an der Mühlendamm-Schleuse führt zum → **Nikolaiviertel**. Hätte man den Fischerkiez nicht platt gemacht, hätte man das Nikolaiviertel, die freie Rekonstruktion einer Altstadt, in den 1980er-Jahren gar nicht hochziehen müssen. Berliner lockt das Viertel kaum, Touristen umso mehr, dementsprechend finden sich hier viele Souvenirläden mit einem Angebot zwischen Erzgebirgskrippen und Plauener Spitze sowie auf Alt-Berliner Behaglichkeit getrimmte Restaurants – Orte für ausgiebige Eisbein-Orgien.

Nahe der Bronzeskulptur des Hl. Georg, der wie immer mit dem Drachen ringt, liegt der Eingang zum → **Zille-Museum**,

Berlin im Kasten

Auf der Suche nach der DDR?

Worauf waren die DDR-Zöllner ganz besonders scharf? Auf Gänsefleisch! – „Gänsefleisch ma' Gofferraum aufmach'n?" Zugegeben, etwas platt, aber so waren nun mal die Witze in und über die Deutsche Demokratische Republik. Wer mehr davon hören will, kann das **DDR-Museum** besuchen. Es bietet DDR-Geschichte und DDR-Alltag zum Anfassen. Die Ausstellung ist unterhaltsam, vieles wird eher ironisch als allzu kritisch aufbereitet, schließlich will man an der Ostalgie verdienen.

Etwa 600 m weiter, unter den S-Bahnbögen nahe dem Alex, zeigt das **1. Berliner DDR-Motorrad-Museum** nahezu alle Arten von Zweirädern, die in 40 Jahren DDR vom Band liefen, darunter die *Schwalbe*, jener Kultroller, der jüngst mit Elektromotor wiederbelebt wurde. Auch dem Trabant, der exakt 3.069.099-mal in Zwickau produziert wurde, hat man ein Museum gewidmet, das **Trabi Museum** am Checkpoint Charlie (→ S. 87). Wer den alten Osten nochmals schmecken will, der geht ins Restaurant **Osseria** im Stadtteil Weißensee. Hier gibt es DDR-Reminiszenzen bis unter die Decke, DDR-Schlager aus den Boxen und DDR-Gerichte auf dem Teller über der Plastiktischdecke: Jägerschnitzel auf Spirelli (panierte Jagdwurst auf Nudeln mit Tomatensoße), Senfeier mit Kartoffeln, Broiler (Hähnchen) oder Würzfleisch. Dazu trinkt man Club-Cola. „Sie werden platziert", sagt zwar keiner mehr. Ein „Hat's geschmeckt?" spart man sich aber lieber, ein „Satt?" reicht. Wer sich ernsthaft mit dem Leben, Lieben, Rackern, Träumen, mit dem Lachen und Weinen im untergegangenen Staat auseinandersetzen will, der sollte auch das **Museum in der Kulturbrauerei** (→ S. 138) in Prenzlauer Berg besuchen, das den DDR-Alltag kritisch und sehr detailliert beleuchtet. Das gemeine und grausame Gesicht der DDR spiegeln v. a. zwei Gedenkstätten wider: das **Stasimuseum** in Lichtenberg (→ S. 198) und der ehemalige Stasiknast in **Hohenschönhausen** (→ S. 199), aber auch die **Gedenkstätte Berliner Mauer** (→ S. 80) und der **Tränenpalast** (→ S. 43). Wiederum fast witzig ist ein Ausflug zur **Plattenbaumuseumswohnung** in Marzahn-Hellersdorf. Sie ist bis auf wenige Details in ihrem Urzustand mit Originalinterieur erhalten: Zimmertüren aus Pappwaben, Schrankwand Modell „Schleiz", Duroplastdrücker im Holzdekor, Teppich aus der Mongolei usw.

DDR-Museum, Karl-Liebknecht-Str. 1, Ⓢ Hackescher Markt. So–Fr 10–20 Uhr, Sa bis 22 Uhr. 7 €, erm. 5 €. www.ddr-museum.de. **Osseria**, Langhansstr. 103, von Ⓤ Oranienburger Tor mit Tram 12 bis Haltestelle Gustav-Adolf-Str./Langhansstr. Tägl. 11.30–23 Uhr. ✆ 92900436, www.osseria.de. **1. Berliner DDR-Motorrad-Museum**, Rochstr. 14 c, Ⓢ Hackescher Markt. Tägl. 10–19 Uhr, So ab 11 Uhr. 6,50 €. www.erstesberliner-ddr-motorradmuseum.de. **Plattenbaumuseumswohnung**, Hellersdorfer Str. 179, Ⓤ Cottbusser Platz. Nur So 14–16 Uhr. Eintritt frei. www.stadtundland.de.

das dem künstlerischen Schaffen und Leben des Zeichners und Fotografen Heinrich Zille die Reverenz erweist. Folgt man der Propststraße weiter, gelangt man zur → **Nikolaikirche**, der ältesten Kirche Berlins. Die Häuserzeile um die Kirche ist der gelungenste Teil des Altstadtnachbaus. Wer mag, kann um das Gotteshaus herumschlendern und Altstadtflair atmen – aber bitte schön langsam, sonst ist alles gleich vorbei.

Rechts der Nikolaikirche steht das → **Knoblauchhaus**, das wie das → **Ephraim-Palais** ein paar Schritte weiter den Krieg überdauerte – Ersteres an Ort und Stelle, Letzteres in Kisten verpackt.

In entgegengesetzter Richtung verlassen wir die „neue Altstadt" über die Poststraße und gelangen so zum **Marx-Engels-Forum**, einem begrünten Areal, das von Bauzäunen (der Aushebung für die neue U5 geschuldet) durchsetzt ist.

Linker Hand, hinter dem Spreearm, erhebt sich das Humboldt Forum mit seiner rückseitigen modernen Fassade (→ S. 55). Geradewegs voraus, hinter dem Marx-Engels-Forum, sieht man im Winter, wenn die Bäume keine Blätter tragen, das **DomAquarée**, einen Geschäfts- und Wohnkomplex mit glasüberdachter Passage. Wer mit dem Fahrstuhl durch ein riesiges rundes Aquarium, gefüllt mit einer Million Liter Salzwasser und 1500 Fischen, gleiten will, kann dorthin spazieren und die **→ Sealife-Welt** besuchen. Wer nur mal schauen will – von der Seite gucken kostet nix –, hält in der Passage linker Hand nach der Tür zum **AquaDom** Ausschau.

Rechter Hand dagegen sieht man das **Rote Rathaus,** leicht zu erkennen an seinem 74 m hohen Turm, in dem der Senat zusammen mit dem Regierenden Bürgermeister sitzt. Das Bauwerk aus rotem Ziegelwerk heißt schon seit seiner Eröffnung im Jahr 1868 so. Seine imposanten Säle im 1. Stock können wochentags von 9 bis 18 Uhr besichtigt werden, sofern kein hoher Besuch anwesend ist. Auf der namenlosen Freifläche vor dem Rathaus sprudelt der **Neptunbrunnen,** der einst den Schlossplatz zierte – vielleicht kommt er ja dort auch wieder hin …

Fernsehturm und nix als Leere

Ein paar Schritte weiter, im Schatten des Fernsehturms, steht irgendwie verloren die **→ St.-Marienkirche**. Als sich hier noch die Altstadt Berlins befand, ragte die Kirche aus einem Häusermeer mit engen Gassen erhaben empor. Doch mit der Altstadt verschwand im Zweiten Weltkrieg auch die historische Mitte Berlins. Seit Jahren diskutiert man darüber, wie und ob man die hässliche Leere zwischen Marienkirche und Rotem Rathaus wie auch zwischen Humboldt Forum und Fernsehturm füllen soll. Im Gespräch war bereits die Rekonstruktion der historischen Mitte. Andere Pläne sehen vor, das Areal von der Spree her zu

Fernsehturm und Weltzeituhr am Alexanderplatz

fluten und mit Terrassen zu umgeben, wiederum andere schlagen einen Stadtpark vor. Das Gros der Anwohner in den umliegenden Plattenbauten möchte am liebsten möglichst wenig Veränderung, allenfalls ein paar Sitzbänke mehr – eine Aufwertung des Areals wäre ja auch langfristig mit höheren Mieten verbunden.

Eine Fahrt auf den → **Fernsehturm** ist fast ein Muss – am schönsten in den Abendstunden, wenn die Lichter Berlins die Stadt erleuchten.

Sehenswertes

Kirche mit neuem Turm

Parochialkirche

Wie viele andere Kirchen der Stadt war auch die barocke Parochialkirche (Baubeginn 1695) nach dem Krieg eine Ruine. Kurz vor dem Mauerfall erhielt sie wieder ein Dach. Ihr Turm, noch vor Kurzem ein Stumpf, wurde 2016 mit Glockenspiel wiederhergestellt. Im Innern (oft Ausstellungen oder kulturelle Veranstaltungen) liegt das Mauerwerk noch heute blank.

Klosterstr. 67, Ⓤ Klosterstraße. Für gewöhnlich Mo–Fr 9–16 Uhr. www.denk-mal-an-berlin.de.

Stadtgeschichte Berlins

Märkisches Museum

Der Backsteinbau (1899–1908), Stammhaus der Stiftung Stadtmuseum Berlin, ist an die norddeutsche Gotik und Renaissance angelehnt. In topografischen und thematischen Zusammenhängen wird hier die geschichtliche und künstlerische Entwicklung Berlins durch die Jahrhunderte hinweg dokumentiert. Der Besuch gleicht einem Stadtspaziergang. Die Exponate sind bunt gemischt: Industriegemälde aus der Borsig-Villa am Tegeler See, ein Panoptikum, mittelalterliche Skulpturen, eine Sammlung von Automatophonen (Vorführungen stets So um 15 Uhr) u. v. m.

Vor dem Gebäude stehen sieben Mauerteile, zwei davon wurden von Kiddy Citny, dem bekanntesten Mauerkünstler der 80er-Jahre, bemalt.

Am Köllnischen Park 5, Ⓤ Märkisches Museum o. Ⓢ+Ⓤ Jannowitzbrücke. Tägl. (außer Mo) 10–18 Uhr. 5 €, erm. 3 €, jeden 1. Mi im Monat freier Eintritt. www.stadtmuseum.de.

Nachbau einer Altstadt

Nikolaiviertel

Es ist – leicht übertrieben – eine Art sozialistisches Disneyland und Erich Honecker zu verdanken, der den geistreichen Spruch tat: „Eine Reise in die Hauptstadt muss immer mehr ein schönes Erlebnis sein." So bekam Berlin zur 750-Jahr-Feier 1987 eine aus Waschbetonplatten zusammengeschraubte Altstadt im neohistorischen Stil samt Hansegiebeln, wie man sie aus Rostock kennt. Immerhin platzierte man die kleine verkehrsberuhigte Pflastergassen-Kulisse an den richtigen Ort, an die Wiege Berlins (→ Stadtgeschichte, S. 230). Nur vier Häuser und die Nikolaikirche standen schon vor dem Krieg hier.

Ⓤ Klosterstraße.

Chronist der armen Leute

Heinrich-Zille-Museum

Es führt in das Leben und Werk Heinrich Zilles (1858–1929) ein, der nicht Prachtboulevards fotografierte oder zeichnete, sondern das sog. „Milljöh". Über seine sozialkritischen Arbeiten mit ihrem bissigen Humor sagte Zilles Freund Max Liebermann: „Man spürt die Tränen hinter dem Lachen". Und Zille selbst: „Tut weh, wenn man den Ernst als Witz verkaufen muss."

Propststr. 11, Ⓤ Klosterstraße. Mo–Sa 11–18 Uhr, So ab 13 Uhr. 6 €, erm. 5 €. www.zille museum-berlin.de.

Vor der Nikolaikirche

Ältestes Gotteshaus Berlins

Nikolaikirche

Die Fundamente der dreischiffigen Hallenkirche reichen bis ins 13. Jh. zurück. 1980–87 wurde die Kriegsruine mit ihren neogotischen Zwillingstürmen wiederaufgebaut und dem Märkischen Museum als Dependance übergeben. Im sehenswerten Inneren werden u. a. die Geschichte des Viertels und der Kirche sowie das Wirken mit ihr eng verbundener Persönlichkeiten beleuchtet.

Nikolaikirchplatz, Ⓤ Klosterstraße. Tägl. 10–18 Uhr. 5 €, erm. 3 € inkl. Audioguide. www.stadtmuseum.de.

Bürgerliches Leben im Biedermeier

Knoblauchhaus

Fast 170 Jahre lebte in dem Haus (erbaut zwischen 1759 und 1761) die Familie Knoblauch, aus deren Reihen so berühmte Persönlichkeiten hervorgingen wie der Architekt und Schinkelschüler Eduard Knoblauch, der die Neue Synagoge an der Oranienburger Straße entwarf, oder Armand Knoblauch, der 1868 das Böhmische Brauhaus gründete. Die Obergeschosse können besichtigt werden, sie vermitteln u. a. die Atmosphäre biedermeierlicher Lebenskultur. Der Salon des Hauses war eines der geistigen Zentren Berlins: Unter anderem gaben sich hier Wilhelm von Humboldt, Gotthold Ephraim Lessing (der nahebei wohnte), Ludwig Tieck und Karl Friedrich Schinkel die Ehre.

Poststr. 23, Ⓤ Klosterstraße. Tägl. (außer Mo) 10–18 Uhr. Eintritt frei. www.stadtmuseum.de.

Ausstellungen im Rokokopalast

Ephraim-Palais

Das Rokokopalais, von dessen Balkonen die Putten lachen, ließ der Hofjuwelier und Münzunternehmer Veitel Heine Ephraim zwischen 1762 und 1766 erbauen. Als man den Mühlendamm 1935/36 verbreiterte, wurde das Palais abgetragen und seine Fassade eingelagert. Mit der Errichtung des Nikolaiviertels wurde es samt Originalfassade rekonstruiert – 12 m von seinem alten Standort entfernt. Heute nutzt die Stiftung Stadtmuseum Berlin das Palais für temporäre Ausstellungen zur lokalen Kunst- und Kulturgeschichte.

Vom Alexanderplatz ins Nikolaiviertel → Karte S. 61

Den Über-Blick bekommt man auf der Aussichtsterrasse des Hotels Park Inn

Poststr. 16, Ⓤ Klosterstraße. Bei Ausstellungen Do–So u. Di 10–18 Uhr, Mi 12–20 Uhr. In der Regel um die 7 €, erm. 5 €. www.stadtmuseum.de.

Viele, viele bunte Fische

Sealife Berlin

Über 5000 Tiere in über 35 Becken, dazu der 25 m hohe *AquaDom* (→ S. 63). Alles in allem aber kein billiges Vergnügen. Unser Tipp für jene, bei denen das Geld nicht so locker sitzt: das Aquarium (→ S. 118).

Spandauer Str. 3, Ⓢ+Ⓤ Alexanderplatz o. Ⓢ Hackescher Markt. Tägl. 10–19 Uhr. 17,95 €, erm. 14,50 €. www.visitsealife.com.

Historisches Überbleibsel

St.-Marienkirche

Einem Wunder gleich überstand die Kirche aus dem 13. Jh. Krieg und DDR. In der Turmhalle zieht das *Totentanz-Fresko* die Blicke auf sich, vorm Chor die marmorne Kanzel von Andreas Schlüter. Die Orgel, auf der schon Johann Sebastian Bach spielte, hat einen ausgezeichneten Klang. Bis zu 2-mal wöchentlich können Sie sich davon überzeugen (Termine auf www.marienkirche-berlin.de).

Karl Liebknecht-Str. 8, Ⓢ+Ⓤ Alexanderplatz. Tägl. 10–18 Uhr, im Sommer zuweilen länger.

Eines der Wahrzeichen Berlins

Fernsehturm

In 40 bis 60 Sekunden und mit einem leichten Druck im Ohr ist man oben in der Kugel, die an einen Sputnik-Satelliten erinnern soll. Aber Achtung: Um ein Ticket nach oben zu bekommen, steht man zuweilen Ewigkeiten an (außer man bucht ein Ticket online), und um wieder herunterzukommen auch. Wer keine Zeit vertrödeln will, begibt sich auf die Aussichtsterrasse des Hotels Park Inn nebenan (→ S. 59). Auch von dort ist die Aussicht toll, aber nicht so genial wie vom Fernsehturm. Die Kapsel in einer Höhe von über 200 m beherbergt ein Restaurant, in dem sich der Sitzbereich innerhalb von 30 bis 60 Min. um die eigene Achse dreht – bei besserer Luft wäre es empfehlenswert. Darunter befindet sich die Panoramaetage ohne Drive, aber mit Bar.

Egal von wo: Bei guter Witterung sieht man bis zu 40 km weit. Aber oh je, wenn der Strom ausfällt: Die Schachttreppe hinunter hat 986 Stufen. Die Gesamthöhe des Turms beträgt 368 m. Ende der 1960er wurde er erbaut, um die Leistungsfähigkeit des Sozialismus zu demonstrieren, daher damals auch „Ulbrichts Protzstängel" genannt. Bei den Planungen hatte man eines jedoch nicht bedacht: Je nach Sonneneinstrahlung erscheint auf der Kugel durch Reflexion ein großes leuchtendes Kreuz – für die gottlosen Genossen einst ein schlimmes Ärgernis.

Panoramastr. 1 a, Ⓢ+Ⓤ Alexanderplatz. März–Okt. tägl. 9–24 Uhr, Nov.–Feb. ab 10 Uhr. 13 €, erm. 8,50 €, Online-Tickets je nach Tageszeit 13–19,50 €. Hg. im **Restaurant 4** 14,50–28,50 €, preiswertere Mittagskarte, man kann auch frühstücken, Tischreservierung: ✆ 247575875. www.tv-turm.de.

Praktische Infos

→ Karte S. 61

Essen & Trinken

Viele Touristenlokale, darunter etliche schwer rustikale Altberliner Gaststätten im Nikolaiviertel, bilden den gastronomischen Schwerpunkt in diesem Teil der Stadt.

Restaurants

Georgbräu 7, das hier gebraute Georgbräu ist u. E. das süffigste Bier der Stadt: saugut! Dazu gibt's Hackepeter, Gulasch, Wurstsalat mit Roggenbrötchen und japanische Reisegrüppchen mit „einem Meter Bier" vor der Nase. Drinnen rustikale Schankstube, draußen Spreeterrasse. Hg. 10–14 €. Tägl. ab 12 Uhr. Spreeufer 4, Ⓢ+Ⓤ Alexanderplatz, ✆ 2424244, www.brauhaus-georgbraeu.de.

Zur Letzten Instanz 6, ältestes Gasthaus der Stadt (1621) mit holzvertäfelten Wänden und einem über 200 Jahre alten Majolika-Kachelofen. Niveauvolle Berliner Küche mit Eisbein von einem Umfang, wie es nur von Fußball spielenden Schweinen kommen kann. Wenig Auswahl für Vegetarier. Abends besser reservieren. Kleiner Biergarten. Hg. 11–23 €, günstige Mittagsgerichte, teures Bier. So/Mo mittags geschl., ansonsten tägl. 12–1 Uhr. Waisenstr. 14–16, Ⓤ Klosterstraße, ✆ 2425528, www.zurletzteninstanz.com.

Zum Nußbaum 5, das Original war das Wohnzimmer Heinrich Zilles und stand auf der Fischerinsel. Nach Zilles Zeichnungen wurde der Nußbaum 1986/87 im Nikolaiviertel nachgebaut. In der kleinen, urig-rustikalen Gaststätte serviert man solide Hausmannskost wie Blutwurst, Matjes oder Bulette zu annehmbaren Preisen (Hg. 8–15 €). Neben vielen Touristen auch Berliner mit Faible fürs „Jemütliche". Tägl. ab 12 Uhr. Am Nussbaum 3, Ⓢ+Ⓤ Alexanderplatz, ✆ 2423095.

Tipica 2, mexikanische Küche (fernab von Burrito-Cheddar-Gräuel) in modernem Ambiente (ohne Sombreros und Flickerlteppiche). Auf der überschaubaren Karte hauptsächlich Tacos (weiche Maisfladen), die man selber mit verschiedenen Fleischsorten, Guacamole, feurigen oder weniger feurigen Salsas, frischem Koriander und verschiedenen Gemüsen füllt. Obenauf ein Spritzer Limettensaft – sehr aromatisch! Hg. 12,50–20 €. Tägl. ab 12 Uhr. Rosenstr. 9, Ⓢ Hackescher Markt o. Ⓢ+Ⓤ Alexanderplatz, ✆ 25099440, www.tipica.de.

Draußen

Deckshaus 8, hier sitzt man nett auf einem alten, rostigen Kahn (genau genommen auf dem Heckradschlepper *Jesenicky*) am historischen Hafen. Neben Kaffee und Bier auch ein paar Gerichte wie Bulette, Matjes oder Schnitzel (7–12 €). Im Sommer kann man zuweilen daneben vertäute alte Museumskähne besichtigen. Tägl. 12 bis mind. 20 Uhr. Auf Höhe Märkisches Ufer 34, Ⓤ Märkisches Museum, www.deckshaus.de.

Shopping

Rund um den Alexanderplatz dominieren 08/15-Geschäfte wie *H & M*, *Primark* & Co., außerdem gibt es diverse Läden mit Touristenkitsch. Oma und Opa kaufen ihre Souvenirs gerne im Nikolaiviertel.

Shoppingmall

Alexa, die Mall, ein Ungetüm an kommerzieller Einfallslosigkeit, ist mit rund 180 Geschäften und Bistros eine der größten der Stadt, darunter viele Läden, die man auch in der Provinz kennt, aber auch ein paar ausgefallenere Adressen. Mo–Sa 10–21 Uhr. Grunerstr. 20, Ⓢ+Ⓤ Alexanderplatz. www.alexacentre.com.

Kunst- und Modezirkus

Tour 4

Straßen voller Galerien und stylisher Flagshipstores, dazwischen die digitale Boheme in angesagten Bars. Shoppen, essen, feiern – willkommen in Berlins cooler Mitte!

Rund um die August- und Linienstraße, hier versammeln sich einige der spannendsten Kunsträume der Stadt, dazu jede Menge Flagship-Stores Berliner Labels, S. 74 f.

Hackesche Höfe, shoppen und bummeln im Hinterhof, S. 75

Neue Synagoge, die einst größte Synagoge Europas mit einer informativen Ausstellung, S. 76

Alte, neue und vergessene Mitte IV

Spandauer Vorstadt

Kaum ein Berliner, der zum lässigen Shoppen rund um die Hackeschen Höfe aufbricht, zu einer Vernissage in die unzähligen Galerien oder zum Statusgequatsche in eine hippe Bar, sagt, dass er in die Spandauer Vorstadt geht. Der historische Name des Viertels, das übrigens mit dem Stadtteil Spandau im Nordwesten Berlins nichts zu tun hat, hat in der Alltagssprache fast ausgedient. Man sagt schlicht „Mitte".

Zur coolen Mitte wurde die Spandauer Vorstadt erst in jüngerer Zeit – in ihren Anfängen galt sie als der Hinterhof Berlins. Hier, vor den einstigen Toren der Stadt, hausten die Schwächsten der Schwachen, Wohnungslose und Tagelöhner, Prostituierte und Kleinkriminelle. Ende des 19. Jh. gesellten sich osteuropäische Juden hinzu, die vor Pogromen in Russland und Polen geflüchtet waren. Sie verhalfen dem Viertel zu einer gewissen Blüte. Niedrige Häuserzeilen aus dem 18. und 19. Jh. vermitteln mancherorts noch heute kleinstädtisch-pittoresken Charme. Der Krieg ging aber auch an der Spandauer Vorstadt nicht spurlos vorüber, und zu DDR-Zeiten wurden die Lücken mit hässlichen „Ersatzneubauten" geschlossen.

Unmittelbar nach der Wende teilte die Spandauer Vorstadt das Schicksal von Prenzlauer Berg und Friedrichshain. Aber viel schneller als dort standen hier auch die Investoren parat. Die Ossi-Omas in Kittelschürze verschwanden, *Konsum* und Eckkneipe wurden durch Boutiquen und New-York-Cheese-Cake-Cafés ersetzt. Heute wirkt im versnobtesten Szeneviertel der Stadt vieles etwas aufgesetzt und touristisch verkitscht. Manche Ecken halten aber noch immer einen Hauch Ostberliner Authentizität parat, dazu überraschen originelle Bars und Clubs aus alten Zeiten. Auch die jüdische Kultur wurde im Kleinen wiederbelebt, es gibt einige jüdische Cafés und Kultureinrichtungen. Im Norden der Spandauer Vorstadt warten zudem zwei Sehenswürdigkeiten, für die Sie den Marker zücken sollten: das großartige Naturkundemuseum und die Gedenkstätte Berliner Mauer.

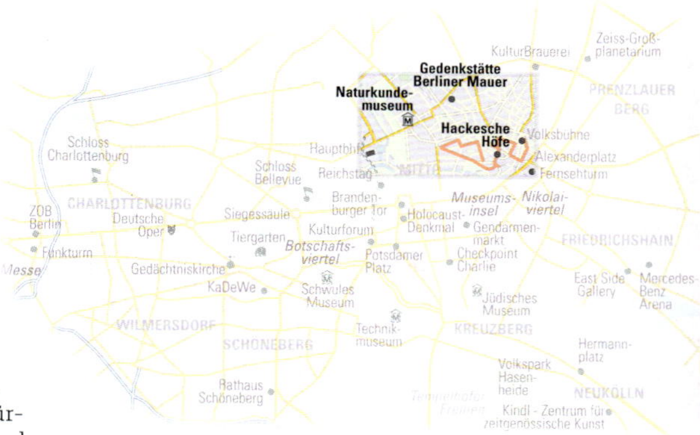

Tour-Info **Länge** ca. 4,6 km, **Dauer** ca. 2:30 Std., **Karte** S. 72/73.

Spaziergang

Ausgangspunkt des Spaziergangs ist der Rosa-Luxemburg-Platz am gleichnamigen U-Bahnhof. Den Platz beherrscht, einer Trutzburg gleich, die **Volksbühne** – vorne hui, an den Seiten pfui, was dem Wiederaufbau nach dem Krieg geschuldet ist. Die Bühne gehört zu den innovativsten der Stadt (→ Kultur, S. 245). Vor der Volksbühne sind auf Gehwegen und Fahrbahnen dunkle Betonbalken mit Zitaten Rosa Luxemburgs eingelassen – ein Denkzeichen des Künstlers Hans Haacke.

Zur Spitze des dreieckigen Platzes hin befindet sich das **Kino Babylon**, eines der schönsten Filmtheater Berlins und eine der Spielstätten der Berlinale (→ Kultur, S. 249).

Scheunenviertel

Die Rosa-Luxemburg-Straße führt hinein ins **Scheunenviertel**, das sich von hier gen Westen bis zur Rosenthaler Straße zieht. Das Viertel erhielt seinen Namen im 17. Jh., als aufgrund eines Brandschutz-Erlasses Scheunen innerhalb des Stadtgebietes untersagt wurden und hier – damals lag das Gebiet noch außerhalb der Stadtmauern – neu errichtet wurden. Ein Bewohner des Scheunenviertels, der in die Geschichte einging, war übrigens Julius Fromm, ein osteuropäischer Jude, der 1893 im Alter von zehn Jahren aus Posen hierher kam. Er schlug sich zunächst als Zigarettendreher durch und besuchte schließlich die Abendschule für Chemie, um dann als Erfinder des nahtlosen Gummipräservativs zu Berühmtheit zu gelangen. „Fromms zieht der Edelmann beim Mädel an" war einer der Werbesprüche, bis sich die Nazis den Betrieb unter den Nagel rissen. Weitere grandiose Berliner Erfindungen sind übrigens die Postkarte (1865), der Haartrockner (1900), die Thermoskanne (1903) und Ohropax (1908).

Scheunen gibt es im Scheunenviertel heute keine mehr, es dominiert die mittetypische Mischung aus Altbau und Platte. Darin: schicke Läden, darunter auch viele Stores Berliner Modelabels. Außerdem: viele Touristen. Der erste Abschnitt des Spaziergangs ist dem Shoppen oder Windowshoppen gewidmet. Er verläuft über die Rosa-Luxemburg-Straße, die Münzstraße (mit einem Denkmal für Deutschlands Säulenheiligen Ernst Litfaß), die Alte

Volksbühne: Warten auf den Gag

Schönhauser Straße, die Mulackstraße und die Rosenthaler Straße in die Gipsstraße.

Nun lernen wir Hinterhöfe und geheimnisvolle Durchfahrten kennen, die die Spandauer Vorstadt ebenfalls prägen. Von der Gipsstraße 12 führt eine schmale Passage in die **Sophie-Gips-Höfe**. Der Komplex drum herum entstand für einen Nähmaschinenfabrikanten in der zweiten Hälfte des 19. Jh. Das heutige Aussehen der liebevoll restaurierten Höfe ist dem Ehepaar Erika und Rolf Hoffmann zu verdanken. Sie richteten Loftbüros und Wohnungen in dem Ensemble ein und schufen sich selbst ein sagenhaftes Penthouse obenauf. In einem Teil ihrer Privaträume (!) macht Erika Hoffmann heute jeden Samstag ihre Kunstsammlung, die **→ Sammlung Hoffmann**, der Öffentlichkeit zugänglich – sehenswert. Ohnehin wimmelt es in den Höfen nur so vor Kunst, schauen Sie sich um.

Die Höfe münden in die Sophienstraße. Die Sophienkirche (s. u.) und die stuckverzierten Häuser entlang der Straße verströmen Kleinstadtatmosphäre – einst befand sich hier das Handwerkerviertel der Spandauer Vorstadt. Das ehemalige **Handwerkervereinshaus** schräg gegenüber der Kirche, das ein repräsentatives Terrakotta-Doppelportal besitzt, erinnert daran. Im Inneren befindet sich das Theater **Sophiensaele** (→ Kultur, S. 244).

Durch die Hackeschen Höfe

Von der Sophienstraße 6 führt ein unauffälliger Durchgang hinein in die **→ Hackeschen Höfe**, ein städtebauliches Juwel, das jeder Berlin-Tourist einmal gesehen haben sollte. Folgt man in den Höfen der Beschilderung zu Hof I, verlässt man die Hackeschen Höfe zur Rosenthaler Straße hin. Rechts voraus liegt der S-Bahnhof Hackescher Markt. Doch bevor wir uns dorthin aufmachen, werfen wir noch einen Blick linker Hand in den nächsten Durchgang (Hnr. 39) und damit in den schrabbelig-charmanten, schlauchförmigen Hof des **→ Hauses Schwarzenberg** – das Gegenprogramm zum aufgeputzten, kommerzialisierten Nachbarn.

Der 1880 errichtete S-Bahnhof **Hackescher Markt** ist ein kleines Schmuckstück mit Pilastern, Bögen, Gesimsen und Mosaiken. Die Terrassenlokale auf dem gleichnamigen Platz davor haben an lauen Sommerabenden eine magische Anziehungskraft auf Touristen, die hier den Straßenmusikanten lauschen. Donnerstags und samstags findet hier zudem ein kleiner Wochenmarkt statt, auf dem auch Souvenirs verkauft werden.

Oranienburger Straße

Spaziert man mit den S-Bahngleisen zur Linken weiter und hält sich bei der ersten Möglichkeit rechts, bei der folgenden Gabelung aber links, gelangt man auf die Oranienburger Straße. Dort versteckt sich rechter Hand hinter Hnr. 18 die → **Galerie Sprüth Magers**, eine der führenden Galerien der Stadt und eine der letzten Adressen für anspruchsvolle Kunst in der Oranienburger Straße. Horden grölender Touristengruppen haben die mythenbeladene Straße im Laufe des letzten Jahrzehnts zum Berliner Ballermann degradiert. Die kommerzielle Verödung brachte gesichtslose 08/15-Lokale mit aufdringlichen Kellnern. Nur eines hat sich auf der schon in den Goldenen Zwanzigern „Geile Meile" genannten Straße nicht verändert: Ab Sonnenuntergang schwenken spacig aufgetakelte Bordsteinschwalben ihre Handtäschchen.

Linker Hand, wo sich heute der Monbijoupark erstreckt, stand einst das gleichnamige Schloss, das 1960 als Kriegsruine gesprengt wurde. Gen Westen schließt an den Monbijoupark Berlins einstiges Haupttelegrafenamt an. Anfang des 20. Jh. wurde es erbaut, die dazugehörige Rohrpostanlage war bis 1986 in Betrieb. Zusammen mit sieben weiteren denkmalgeschützten Gebäuden wird der Komplex, der bis zur Spree reicht, in moderne Lofts, Büros und Wohnungen umgewandelt. Das Projekt nennt sich **Forum Museumsinsel**, im Telegrafenamt selbst soll ein Spa-Hotel entstehen.

Die Straße, die gegenüber dem Telegrafenamt abzweigt, ist die Krausnickstraße, an der das kleine → **Ramones-Museum** liegt, eine Pilgerstätte für Punkrocker. Lässt man den Abstecher außer Acht, passiert man als nächstes die → **Neue Synagoge** mit ihrer goldenen, weithin sichtbaren Kuppel – ein Wahrzeichen Berlins.

Spandauer Vorstadt → Karte S. 72/73

Die Sophie-Gips-Höfe stecken voller Kunst

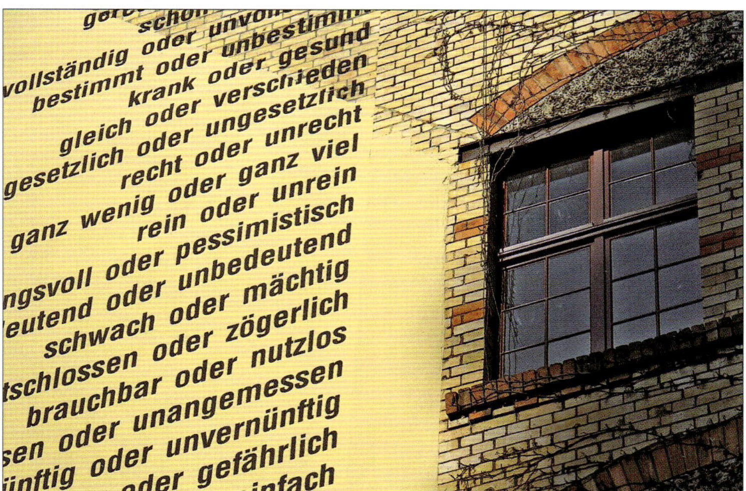

Essen & Trinken (S. 81–83)

4 Papà Pane di Sorrento
6 Yumcha Heroes
9 Reinstoff
11 Fleischerei
14 Bandol sur Mer
17 Kopps
22 Rutz
24 Yam Yam
25 Muret la barba und District Mot
26 Kantine der Volksbühne
29 Kuchi
36 Pauly Saal und Mogg
53 House of Small Wonder
57 Lebensmittel in Mitte
60 Dae Mon

Nachtleben (S. 256–258)

8 Schokoladen
10 Mein Haus am See
12 Neue Odessa Bar
20 Kaffee Burger
21 Reingold
26 Roter Salon und Grüner Salon (S. 248)
33 Bar 3
35 Clärchens Ballhaus
39 Zosch
41 Cordobar
50 Anna Koschke
51 Fire Bar
58 b-flat

Cafés (S. 83/84)

1 Nola's am Weinberg
5 Distrikt Coffee
34 Altes Europa
37 Barcomi's Deli
38 Keyser Soze
44 Hackendahl
52 Tadshikische Teestube
56 Eschschloraque Rümschrümp
61 Strandbar Mitte

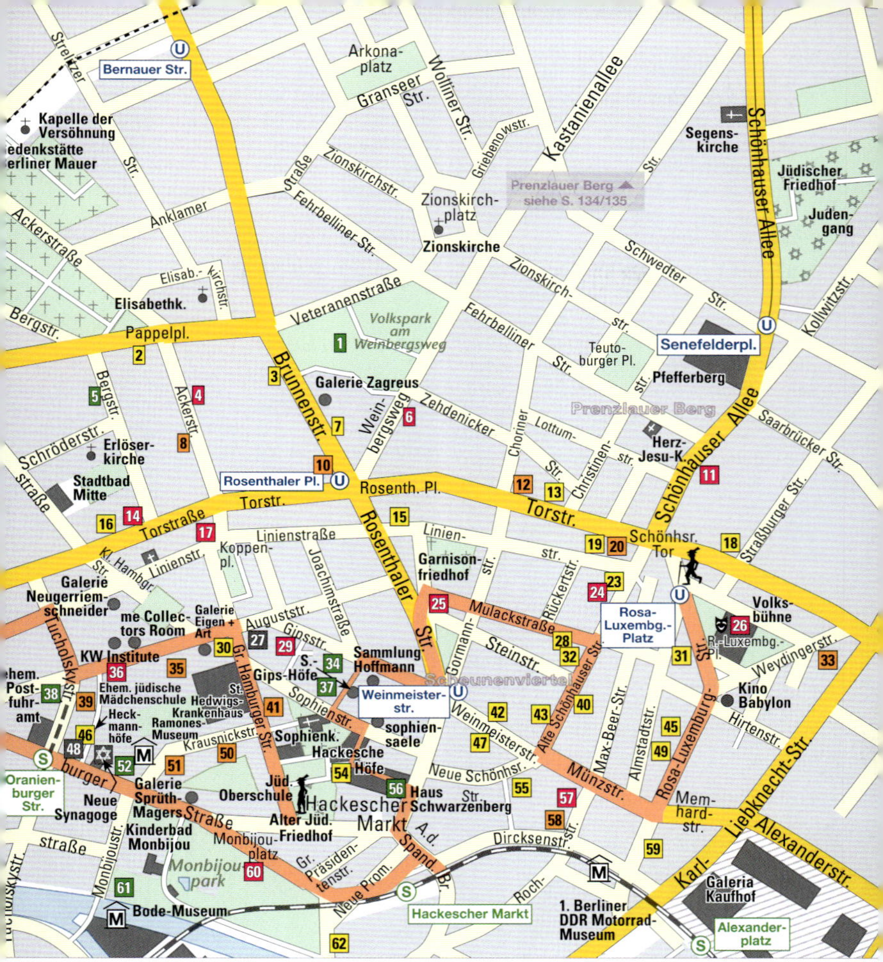

Einkaufen (S. 84/85)

2 Record Store
3 Ocelot
7 Kaviar Gauche Vintage
13 Grober Unfug
15 Thone Negrón
16 Sabrina Dehoff
18 Bagjack-Store und Jünnemann's Pantoffeleck
19 Kaviar Gauche
23 LaLa Berlin
28 Das neue Schwarz
30 Do you read me?
31 pro qm
32 Herr von Eden
38 Anke Runge Berlin
40 o.k.
42 adddress
43 Soma
45 Langhein Berlin
46 Bonbonmacherei
47 Absinth Depot Berlin
49 Waahnsinn Berlin
54 Trippen Flagshipstore und Ampelmann
55 Made in Berlin
59 Mykita
62 Walther König

Sonstiges

27 Fahrradstation (Radverleih) (S. 287)
48 scooter2go (S. 286)
56 Chamäleon (Theater) (S. 247)

175 m

Tour 4: Spandauer Vorstadt

Ein paar Schritte dahinter liegt der Zugang (Hnr. 32) zu den hübschen **Heckmannhöfen**, die die Oranienburger Straße mit der Auguststraße (s. u.) verbinden. In den restaurierten Remisen haben sich u. a. Restaurants und Boutiquen niedergelassen.

Nächster Eyecatcher an der Oranienburger Straße/Ecke Tucholskystraße ist das ehemalige **Postfuhramt** rechter Hand, das nach einer Generalsanierung die Konzernrepräsentanz des Herzschrittmacher-Machers *Biotronik* wird. Der zwischen 1876 und 1881 errichtete Ziegelbau mit achteckiger Kuppel galt als aufwendigster Behördenbau seiner Zeit. Nachdem 1995 der Postbetrieb eingestellt wurde, zeigte hier für ein paar Jahre die Galerie C/O (heute in der City West, → S. 117) hochkarätige Fotoausstellungen.

200 m weiter linker Hand steht das **Tacheles** – falls nicht eingerüstet, an dem Mural *How long is now* leicht zu erkennen. Die Kriegsruine eines Kaufhauses aus dem frühen 20. Jh. wurde kurz nach der Wende von der Künstlerinitiative „Tacheles" besetzt, die dem Haus den Namen gab. Lange galt das abgewrackte Gemäuer als eine Art Hotspot der Off-Kultur mit zig Ateliers, Bar, Kino usw. 2013 wurde das Tacheles allerdings zwangsgeräumt. Zuletzt stand das Gebäude leer, es soll von Grund auf saniert werden, ein neues „Stadtquartier" ist hier geplant.

Jüdisches Berlin

Die Linienstraße aber ist noch immer eine *der* Galerienmeilen Berlins. Hier hat u. a. die →**Galerie Neugerriemschneider**, eine Institution in der Berliner Kunstlandschaft, ihren Sitz. Wir spazieren die Straße aber nicht bis zu ihrem Ende, sondern zweigen nach rechts in die Tucholskystraße und dann nach links in die Auguststraße ab, eine weitere wichtige Galerienstraße.

Gleich rechter Hand steht dort die ehemalige **Jüdische Mädchenschule** (Hnr. 11–13), ein eleganter Klinkerbau der Neuen Sachlichkeit, 1927/28 von Ale-

In den Hackeschen Höfen

xander Beer entworfen. Heute erfreuen darin „Pauly Saal" und „Mogg" den Gaumen (→ Essen & Trinken), die Galerien **Michael Fuchs** und **CWC** (→ S. 117) das Auge. Zudem beherbergt das Haus die Ausstellung → **The Kennedys.**

Spannende zeitgenössische Kunst präsentieren u. a. auch das → **KW Institute for Contemporary Art** und der benachbarte → **me Collectors Room** auf der Straßenseite gegenüber. Etwas weiter wieder rechter Hand lohnt noch die Galerie → **Eigen + Art** einen Besuch.

Die Große Hamburger Straße (hier rechts abbiegen) führt wieder zurück in Richtung Hackescher Markt. Auf dem Weg passiert man das katholische **St.-Hedwig-Krankenhaus**, einen neogotischen Klinkerbau vom Ende des 19. Jh., und etwas weiter die **Sophienkirche** aus der ersten Hälfte des 18. Jh. Sie besitzt den einzigen noch erhaltenen barocken Kirchturm Berlins.

Die **Große Hamburger Straße** steht für eines der schrecklichsten Kapitel in der Geschichte des Berliner Judentums. Zwei Häuser hinter dem Zugang zur Sophienkirche befindet sich die **Jüdische Oberschule** (Hnr. 27), 1863 als Jüdische Knabenschule erbaut. Daneben stand einst das im Krieg zerstörte Jüdische Altersheim. 1942 wurden beide Gebäude in ein „Sammellager" umfunktioniert: 55.000 Berliner Juden wurden von hier in die Konzentrationslager deportiert. Ein Mahnmal von Will Lammert erinnert daran.

Im Hof des Altersheims lag der **Alte jüdische Friedhof**, heute eine efeubewachsene Fläche. Er wurde von 1671–1827 genutzt und 1943 von den Nazis zerstört. Ein einziges symbolisches Grabmal gedenkt hier des Philosophen Moses Mendelssohn (1729–1786). Gotthold Ephraim Lessing machte ihn als *Nathan der Weise* unsterblich.

Spandauer Vorstadt → Karte S. 72/73

Sehenswertes

Kunstverführung im Penthouse

Sammlung Hoffmann

Neid ist verwerflich! Nur – wie kann man nicht neidisch sein auf ein 1400 m² großes Penthouse über den Dächern der Stadt? Mit Möbeln von Frank O. Gehry oder Mies van der Rohe? Mit Warhol, Beuys oder Stella im Wohnzimmer? Zum Glück ist Erika Hoffmann so freundlich und lässt Außenstehende teilhaben an ihrer Liebe zur Kunst, die sie seit den 1960ern zusammen mit ihrem Mann Rolf (gest. 2001) gesammelt hat. Einmal im Jahr, meist im Juli, wird das edle Domizil komplett umgekrempelt und neu geordnet.

Sophie-Gips-Höfe/Sophienstr. 21 (Aufgang C), Ⓤ Weinmeisterstraße. Führungen (1:30 Std.) nur Sa 11–16 Uhr (Anmeldung erforderlich, ✆ 28499120). Im Aug. geschl. 10 €. www.sammlung-hoffmann.de.

Büros, Geschäfte, Theater, Kino ...

Hackesche Höfe

Der 1906 errichtete Komplex aus acht Gewerbehöfen ist einer der großen Touristenmagneten Berlins. Hier kauft man Designerware oder Ampelmann-Souvenirs, isst und trinkt oder geht ins Kino bzw. Theater. Hof I, den man von der Rosenthaler Straße betritt, ist mit seinen farbigen Glasursteinen eine echte Jugendstilperle. Nach hinten werden die Höfe zunehmend schlichter und fast idyllisch.

Zugang von der Rosenthaler Str. 40/41 u. 36 sowie von der Sophienstr. 6, Ⓢ Hackescher Markt o. Ⓤ Weinmeisterstraße.

Relikt der wilden Neunziger

Haus Schwarzenberg

Kunterbunte Graffiti auf bröseligen Wänden, aus brüchigem Mauerwerk

Im Haus Schwarzenberg

sprießendes Unkraut – in den Nachwendejahren sah das Gros der Höfe rund um den Hackeschen Markt so aus wie die des Hauses Schwarzenberg, heute ein Paradiesvogel in der durchgentrifizierten Gegend. Im alternativen Künstlerhaus gibt es ein Kino, eine Kneipe, Maschinenmonster der Künstlergruppe *Dead Chickens* (auch im Keller, www.monsterkabinett.de) und die meistfotografierten Briefkästen Berlins. Der Komplex beherbergt auch die **Gedenkstätte Stille Helden** (die an couragierte Menschen, die verfolgten Juden beistanden, erinnert), die ehemalige **Blindenwerkstatt Otto Weidt** (wo blinde und gehörlose Juden unterkamen) und das **Anne Frank Zentrum** (das in das kurze Leben der Anne Frank einführt).

Rosenthaler Str. 39. Anfahrt → Hackesche Höfe. **Gedenkstätte Stille Helden** und **Blindenwerkstatt Otto Weidt**, tägl. 10–20 Uhr. Eintritt frei. www.gedenkstaette-stille-helden.de bzw. www.museum-blindenwerkstatt.de. **Anne Frank Zentrum**, tägl. (außer Mo) 10–18 Uhr. 5 €, erm. 3 €. www.annefrank.de.

Der Avantgarde auf der Spur

Galerie Sprüth Magers

Die Berliner Dependance der Avantgarde-Galeristinnen Monika Sprüth und Philomene Magers. Man arbeitet mit Künstlern wie Cindy Sherman, George Condo oder Andreas Gursky zusammen, die auch schon mal im MoMA in New York zu sehen sind. Kunst auf zwei Etagen, die im etwa zweimonatigen Rhythmus wechselt.

Oranienburger Str. 18, Ⓢ Hackescher Markt o. Oranienburger Straße. Di–Sa 11–18 Uhr. www.spruethmagers.com.

Punkig

Ramones-Museum

Sheena is a punk rocker! Im einzigen Ramones-Museum der Welt, das der Sammelleidenschaft Florian Haylers entsprungen ist, gibt es so manch Kurioses, was man mit der New Yorker Band in Verbindung bringen kann, u. a. eine originale Jeans von Johnny Ramone. Café angegliedert.

Krausnickstr. 23, Ⓤ Oranienburger Tor. Tägl. 10–22 Uhr. 4,50 €. www.ramonesmuseum.com.

Einst größte Synagoge Europas

Neue Synagoge

Dem Polizeioberleutnant Wilhelm Krützfeld ist es zu verdanken, dass die Synagoge in der Reichskristallnacht 1938 nicht abbrannte: Er rief noch rechtzeitig die Feuerwehr. Fünf Jahre später aber wurde die 1866 im Alhambra-Stil errichtete Synagoge derart zerbombt, dass der Hauptgebetssaal nach dem Krieg abgerissen werden musste. Erhalten sind nur noch die Vorhalle und die Seitenräume der einst größten Synagoge Europas, in der 3200 Gläubige Platz fanden. Über die Geschichte des Hauses informiert eine spannende Ausstellung des *Centrums Judaicum*. Die riesige Freifläche hinter den restaurierten Gebäudetrakten, wo acht gusseiserne Säulen an den einstigen Standort des Thoraschreins erinnern, lässt die Dimensionen des Hauptsaals noch erahnen. Die Kuppel ist zugänglich, die Aussicht ist jedoch nicht sonderlich spektakulär.

Oranienburger Str. 28/30, Ⓢ Oranienburger Straße o. Ⓤ Oranienburger Tor. April–Sept.

Mo–Fr 10–18 Uhr, So bis 19 Uhr, im Winter verkürzt. 5 €, erm. 4 €, Kuppel 3 € extra. www.centrumjudaicum.de.

Kunstrausch in der Remise

Galerie Neugerriemschneider

Die etablierte Galerie in einer ehemaligen Fabrikremise arbeitet mit hochkarätigen und preisintensiven Künstlern wie Ai Weiwei, Wolfgang Tillmans oder Olafur Eliasson zusammen.

Linienstr. 155, Ⓢ Oranienburger Straße o. Ⓤ Oranienburger Tor. Di–Sa 11–18 Uhr. www.neugerriemschneider.com.

J. F. K. in der jüdischen Mädchenschule

Museum The Kennedys

Eine Hommage an John F. und seine Jackie. Kennedys Rede vor dem Schöneberger Rathaus 1963, die den eingeschlossenen Westberlinern Mut machen sollte, wurde durch den Ausspruch „Ich bin ein Berliner" zur Legende.

Auguststr. 11–13, Ⓤ Oranienburger Tor. Tägl. (außer Mo) 11–18 Uhr. 5 €, erm. die Hälfte. www.thekennedys.de.

Herz der Berlin Biennale

KW Institute for Contemporary Art

Vernissagen, die wegen Überfüllung geschlossen werden, und Ausstellungen, über die oft noch lange gesprochen wird – das Zentrum für zeitgenössische Kunst in einer ehemaligen Margarinefabrik ist einer der *Places to be* in der Berliner Kunstszene. Abgefahren auch das Café Bravo im Innenhof, eine begehbare Glasskulptur des US-amerikanischen Künstlers Dan Graham. Die KW („Kunst-Werke") sind Veranstaltungsort und Träger der *Berlin Biennale*.

Auguststr. 69, Ⓤ Oranienburger Tor. Mi–Mo 12–19 Uhr, Do bis 21 Uhr, Di geschl. 6 €, erm. 4 €. www.kw-berlin.de.

Kunst und Kuriositäten

me Collectors Room

Hier präsentiert Thomas Olbricht, ein Erbe des Wella-Konzerns, in wechselnden Ausstellungen seine rund 2500

Neue Synagoge

Spandauer Vorstadt → Karte S. 72/73

Werke umfassende Kunstsammlung. Fest installiert ist die *Wunderkammer* mit rund 150 Kuriositäten aus der Renaissance und dem Barock, darunter auch der Stoßzahn eines Narwals und ein Schrumpfkopf aus Südamerika.

Auguststr. 68, Ⓤ Oranienburger Tor. Tägl. (außer Mo) 12–18 Uhr. 7 €, erm. 4 €. www.me-berlin.com.

Neue Leipziger Schule

Galerie Eigen + Art

Galerist Gerd Harry Lybke stammt aus Leipzig und hat vorrangig Leipziger Künstler im Programm. Mit Neo Rauch machte er die „Neue Leipziger Schule" weltberühmt.

Auguststr. 26, Ⓤ Weinmeisterstraße. Di–Sa 11–18 Uhr. Eintritt frei. www.eigen-art.com.

Street Art in der Spandauer Vorstadt

Sehenswertes abseits des Spaziergangs

Bizarr

Surreales Museum für industrielle Objekte

Ein Sammelsurium bizarrer Dinge: medizinische Apparate, Schleudersitze, Prothesen, ausgefallene Lampen etc. Teils weiß Museumsinitiator Vlad Korneev selbst nicht, was er da ausstellt, teils hat er die Objekte zu seltsamen Kunstwerken drapiert. Auf Beschriftungen wurde bewusst verzichtet – viel Spaß beim Rätseln!

Torstr. 201, Ⓤ Oranienburger Tor. Tägl. (außer So) 11–18 Uhr. 8 €. www.designpanoptikum.com.

Wo Bertolt Brecht zu Hause war

Brecht-Weigel-Gedenkstätte

Durch die originalgetreu hergerichtete Drei-Zimmer-Wohnung Bertolt Brechts, in der er von 1953 bis zu seinem Tod 1956 lebte, werden Führungen angeboten. Brechts Badfenster ging zum Dorotheenstädtischen und Französischen Friedhof (s. u.) – dorthin also, wo er später wunschgemäß begraben wurde. Im gleichen Haus kann auch die Wohnung von Brechts Frau, der Intendantin und Schauspielerin Helene Weigel, besichtigt werden. Aufgrund unterschiedlicher Lebensrhythmen lebte das Paar getrennt.

Chausseestr. 125, Ⓤ Naturkundemuseum. Tägl. (außer Mo), Zeiten der Führungen auf www.adk.de/gedenkstaetten. 5 €, erm. die Hälfte.

Club der toten Dichter

Dorotheenstädtischer und Französischer Friedhof

Karl Friedrich Schinkel, Bertolt Brecht, Christa Wolf, Helene Weigel, Anna Seghers, Heinrich Mann, Johannes Rau – die Crème de la Crème der klugen Köpfe fand auf den nur durch eine Mauer getrennten Friedhöfen ihre letzte Ruhe. Sie wurden in der zweiten Hälfte des 18. Jh. angelegt.

Chausseestr. 126, Ⓤ Naturkundemuseum o. Oranienburger Tor. März–Okt. tägl. 8–20 Uhr, Nov.–Feb. bis 17 Uhr.

Dinos & Co.

Museum für Naturkunde

Kopf in den Nacken! Im Lichthof des 1889 eingeweihten Museums grüßt *Brachiosaurus brancai*, das größte je rekonstruierte Dinosaurierskelett. Das Tier war so groß wie ein vierstöckiges Haus und so schwer wie zehn Elefanten. Die Saurierhalle, in der sich mit dem *Archaeopteryx litographica* auch das berühmteste Fossil der Welt befindet, ist Anziehungspunkt Nr. 1. Noch bis mindestens 2018 ist zudem ein paar Hallen weiter der „Tristan Otto" genannte *Tyrannosaurus rex* zu sehen, dessen Skelettteile erst 2010 in Montana (USA) entdeckt wurden. Doch zu bestaunen gibt es noch Tausende anderer Exponate. In der Präparationsabteilung begegnet man Gorilla Bobby, dem Berliner Zooliebling der 1930er-Jahre, dem legendären Eisbären Knut (2006–2011) und dem zu Lebzeiten als frauenfeindlich verschrienen Pandabären Bao Bao (1978–2012), ebenfalls aus dem Berliner Zoo. Im Ostflügel ist die Nasssammlung untergebracht: 276.000 Gläser mit eingelegten Tieren. Sie vertragen kein Tageslicht, weswegen der Trakt fensterlos ist.

Invalidenstr. 43, Ⓤ Naturkundemuseum. Di–Fr 9.30–18 Uhr, Sa/So 10–18 Uhr. 8 €, erm. 5 €. www.naturkundemuseum-berlin.de.

Im einstigen Todesstreifen

Invalidenfriedhof

Auf dem Mitte des 18. Jh. angelegten Friedhof wurden v. a. hohe preußische Militärs bestattet. Ab 1961 befand sich das Friedhofsareal im Grenzgebiet, Abschnitte sogar direkt auf dem Todesstreifen – nur 200 von einst 3000 Gräbern sind deswegen erhalten. Heute dient das Areal als Gedenkstätte, in die Reste der einstigen hinteren Sperrmauer einbezogen sind. Nahebei wurde am 24. August 1961 mit Günter Litfin der erste Grenzflüchtling erschossen.

Scharnhorststr. 33, Ⓢ+Ⓤ Hauptbahnhof o. Ⓤ Naturkundemuseum. Sie gelangen über den Mauerweg zwischen Spandauer Schifffahrtskanal und Bundeswirtschaftsministerium in ca. 5 Min. dorthin. April–Sept. 7–19 Uhr, Okt.–März 8–16 Uhr.

Spandauer Vorstadt → Karte S. 72/73

Sommer im Monbijoupark

Nix für Weicheier

Medizinhistorisches Museum der Charité

Herzstück ist die für Laien ziemlich gruselige Sammlung pathologisch-anatomischer Präparate: Babys mit Wasserköpfen, mit zwei Mündern oder nur einem Auge, Zirrhoselebern, Magengeschwüre, riesige Harnblasensteine. Zudem wird die Geschichte der Charité dokumentiert, die um 1700 als Pesthaus errichtet wurde und bis ins 19. Jh. ein reines Armenkrankenhaus war. Heute ist sie eine der größten Universitätskliniken Europas.

Charitéplatz 1, nächstgelegener Zugang von der Invalidenstr. (Alexanderufer), Ⓢ+Ⓤ Hauptbahnhof o. Ⓤ Naturkundemuseum. Di/Do/Fr/So 10–17 Uhr, Mi/Sa bis 19 Uhr. 7 €, erm. die Hälfte. www.bmm-charite.de.

Museum für Gegenwart

Hamburger Bahnhof

Der im klassizistischen Stil 1847 errichtete Bahnhof wurde bereits 1884 stillgelegt. Den Grundstock des Museums bildet die Sammlung des Unternehmers Erich Marx. Kunstwerke ab 1960 überwiegen, darunter Werke von Andy Warhol und Joseph Beuys. In den angrenzenden Rieckhallen sind in wechselnden Ausstellungen Werke aus der Sammlung Friedrich Christian Flick zu sehen, die 1500 Arbeiten von 150 Künstlern aus den letzten Jahrzehnten umfasst. Die sog. „Neue Galerie" im Westflügel präsentiert bis zur Wiedereröffnung der Neuen Nationalgalerie (voraussichtlich 2020, → S. 105) Werke aus deren Sammlung. Darüber hinaus werden im Hamburger Bahnhof stets sehr sehenswerte Sonderausstellungen gezeigt. Nach der Besichtigung empfehlen wir einen Einspänner im angeschlossenen Kaffeehaus von Sarah Wiener.

Invalidenstr. 50–51, Ⓢ+Ⓤ Hauptbahnhof. Di/Mi und Fr 10–18 Uhr, Do bis 20 Uhr, Sa/So 11–18 Uhr. 14 €, erm. 7 €. www.smb.museum.

Am alten innerdeutschen Grenzstreifen

Gedenkstätte Berliner Mauer

Die Gedenkstätte Berliner Mauer ist der zentrale Erinnerungsort an die deutsche Teilung. Mit dem Mauerbau im August 1961 gehörte der Straßenraum

Gedenkstätte Berliner Mauer

nördlich der Bernauer Straße fortan zu Westberlin, die im Süden angrenzenden Häuser zu Ostberlin. Um dem Grenzstreifen Platz zu machen – bis heute ist die Teilungsnarbe sichtbar –, ließ die DDR-Führung auf Ostberliner Seite alle Häuser abreißen.

Auf dem ehemaligen Grenzstreifen erstreckt sich heute über eine Länge von 1,4 km das Areal der Gedenkstätte. Hier steht auch das letzte Stück der Berliner Mauer, das in seiner Tiefenstaffelung erhalten geblieben ist und den Aufbau der Grenzanlage zum Ende der 1980er-Jahre zeigt. Der Mauerabschnitt ist 70 m breit und wurde von den Architekten Kohlhoff & Kohlhoff mit Wänden aus poliertem Stahl seitlich begrenzt, um durch Spiegelung die Länge der Grenzmauer in Erinnerung zu rufen. Vom Turm auf der anderen Straßenseite lässt sich der Mauerabschnitt überblicken. Der Turm gehört zum **Dokumentationszentrum** mit einer Ausstellung zum Mauerbau.

Östlich des Mauerabschnitts steht die **Kapelle der Versöhnung** – genau an jener Stelle, an der die ehemalige Versöhnungskirche stand, die durch den Mauerbau unzugänglich geworden war und 1985 gesprengt wurde.

Westlich des Mauerabschnitts erinnert das **Fenster des Gedenkens** an die Mauertoten. Themenstationen auf dem Areal dokumentieren zudem u. a. spektakuläre Fluchten (durch Fluchttunnels, aber auch tödlich verlaufende Fenstersprünge), den Ausbau der Grenzanlagen, die Mauer und den Kalten Krieg im politischen, sozialen und medialen Kontext. Literatur zum Thema hält das **Besucherzentrum** an der Ecke zur Gartenstraße bereit. Eine kleine Ausstellung im nahen Nordbahnhof informiert zudem über Grenz- und Geisterbahnhöfe im geteilten Berlin (→ Kasten S. 90).

Bernauer Str. 111/119, Ⓤ Bernauer Straße o. Ⓢ Nordbahnhof. **Dokumentationszentrum** und **Besucherzentrum**, tägl. (außer Mo) 10–18 Uhr. **Open-Air-Themenstationen**, stets zugänglich. Eintritt frei. www.berliner-mauer-gedenkstaette.de.

Spandauer Vorstadt → Karte S. 72/73

Praktische Infos

→ Karte S. 72/73

Essen & Trinken

Restaurants

Reinstoff 9, Daniel Achilles, mit 2 Michelin-Sternen ausgezeichnet, kreiert Köstlichkeiten wie Tortilla mit Entenleber und Vogelmiere oder gebeizten Müritzstör mit jungen Rübchen. Das genießt man im schlicht-edlen Ambiente der historischen Edison-Höfe. 5-Gänge-Menü 110 €. Di–Sa ab 19 Uhr. Schlegelstr. 26 c, Ⓤ Naturkundemuseum, ✆ 30881214, www.reinstoff.eu.

Rutz 22, Weinhandlung, Weinbar und Restaurant – Marco Müller hat sich mit seinen spektakulär inszenierten Aromaerlebnissen ebenfalls einen Michelin-Stern erkocht. 8 Gaumenerlebnisse 145 €. Nette Terrasse. Rustikaler und günstiger geht es in der Weinbar zu: Weideochsenschulter oder Wollschwein-Eisbein mit Sauerkraut zu 16–25 €. Weinbar Di–Sa ab 16 Uhr, Restaurant ab 18.30 Uhr. Chausseestr. 8, Ⓤ Oranienburger Tor, ✆ 24628760, www.rutz-restaurant.de.

Pauly Saal 36, extravagantes Gourmetlokal (ebenfalls ein Michelin-Stern) in der Turnhalle der ehemaligen jüdischen Mädchenschule (→ S. 74). Dunkelgrüne Polstermöbel eng an eng, von der hohen Decke baumeln Kronleuchter aus Murano-Glas, über der einsehbaren Küche eine Rakete von Cosima von Bonin, an der Wand ausgestopfte Füchse mit bandagierten Pfoten von Daniel Richter. Nette Sommerterrasse. Hervorragende regionale Küche mit Schwerpunkt auf Fisch und Gemüse. 2-Gänge-Mittagsmenü 36 €, Abendmenüs ab 76 €. Di–Sa 12–14 u. 18–21.30 Uhr (abends reservieren). Auguststr. 11–13, Ⓤ Oranienburger Tor, ✆ 33006070, www.paulysaal.com.

Dae Mon 60, der ambitionierteste Koreaner der Stadt. In der filmreifen Showküche entsteht Spektakuläres wie *Pulpo* mit Wakame und Ponzu-Zwiebeln, lila Kartoffeln mit Lotuswurzel und Pastinakencreme oder *Baby Back Ribs* mit Popcorn-Creme und Sesamreis – Geschmacksexplosionen garantiert. Im düsteren, stilsicheren Inneren sitzt man nett, draußen leider sehr beengt, sodass man die Gespräche am Nebentisch hautnah mitbekommt (teils ein Graus!). Rund 40 €/Pers. sollte man einkalkulieren. Mo–Sa ab 18.30 Uhr. Monbijouplatz 11, Ⓢ Hackescher Markt, ✆ 26304811, www.dae-mon.com.

Kopps 17, freundliches veganes Restaurant mit gemütlichem Barbereich. Schick, ohne kühl zu wirken. Regional-saisonale Küche aus Bioprodukten. Hier isst man Tagliatelle mit Pfifferlingen, Birnen und Erbsen, Variationen von der Aubergine oder Kohlrabitaschen mit Rote-Bete-Chutney. 3-Gänge-Menü ab 38 €, Hg. 16–18 €. Sa/So Brunch. Mo–Fr ab 18 Uhr, Sa/So ab 9.30 Uhr. Linienstr. 94, Ⓤ Rosenthaler Platz, ✆ 43209775, www.kopps-berlin.de.

Bandol sur Mer 14, in der ehemaligen Dönerbude (Platz hat's für lediglich 20 Pers.) wird in unaufgeregt-legerem Ambiente (offene Küche) ganz hervorragende französische Sterneküche kredenzt: Tatar vom Wiesenkalb, Estragonkabeljau mit Tomaten-Artischocken-Ragout oder Jacobsmuscheln mit Kalbskopfvinaigrette. Alles vom Feinsten, selbst der kleine Gruß aus der Küche macht da keine Ausnahme. Brad Pitt schaute hier auch schon vorbei. 5-Gänge-Menü 74 €. Unbedingt reservieren. Tägl. ab 18 Uhr, Di/Mi Ruhetag. Torstr. 167, Ⓤ Rosenthaler Platz, ✆ 67302051, www.bandolsurmer.de.

Kuchi 29, japanisches Restaurant, das zwar bezüglich des Designs mit so manch anderem Szene-Asiaten nicht (mehr) mithalten kann, dem aber in puncto Köstlichkeiten aus der Küche nur wenige das Stäbchen reichen können. Originelle Sushi-Variationen, leckere Suppen, gegrillte Spieße. Lauschiger Hof. Mittagsmenüs ab 8 €, abends wird's teurer. Mo–Sa 12–24 Uhr, So ab 18 Uhr. Gipsstr. 3, Ⓤ Weinmeisterstraße, ✆ 28386622, www.kuchi.de.

Muret la barba 25, nett-schlichte italienische Weinhandlung und -bar, in der auch lecker gekocht wird. Hochwertige Zutaten und bestes Olivenöl – auf der wechselnden Karte stehen z. B. Risotto mit Kräutersaitlingen und Wachtelbrust oder Linguine mit Fischrogen. Auch die Antipasti sind zu empfehlen. Die Weinkarte ist das Regal mit vielen feinen Italienern. Hg. 12,50–26 €. Mo–Fr 10–24 Uhr, Sa/So ab 12 Uhr. Rosenthaler Str. 61, Ⓤ Weinmeisterstraße, ✆ 28097212, www.muretlabarba.de.

District Mot 25, kunterbunter Vietnamese mit Quietschfarben-Plastikblumen als Deko und blauen und roten Schemeln zum Sitzen, ein Mopedfragment lehnt in der Ecke. Passend zur inszenierten Fressgasse Streetfood à la Saigon: z. B. Rindfleisch mit Wassersellerie und Eiernudeln, Hühnercurry mit Baguette (!) und für Mutige gegrillte Hühnerfüße oder frittierte Seidenraupen. Hg. 8–9,50 €. Tägl. ab 12 €. Rosenthaler Str. 62, Ⓤ Weinmeisterstraße, ✆ 20089284, www.districtmot.com.

Papà Pane di Sorrento 4, italienische Steinofenpizza mit dünnem Boden und fruchtiger Tomatensoße. Unser Favorit ist die *Papà Pane* mit Büffelmozzarella, Kirschtomaten und bestem Olivenöl. Neben Pizzen (6–12 €) auch gute Antipasti, Primi und Secondi. Hohe Decken, puristische Einrichtung – aber auch hoher Geräuschpegel. Tägl. 12–24 Uhr. Ackerstr. 23, Ⓤ Rosenthaler Platz, ✆ 28092701.

mein Tipp **Yumcha Heroes 6**, im Mittelpunkt dieses Szene-Asiaten stehen Teigtaschen verschiedenster Art, die als Hefeknödel daherkommen, als *Wantan* in der Suppe oder gedämpft im Bastkörbchen. Gefüllt mit Lammfleisch, Zimt und Minze, mit Garnelen und Wasserkastanien, serviert mit Entenfilet und Feige usw. Zum Fingerablecken! Es mangelt nur etwas an Gemütlichkeit, trotz Blick auf die Zauberkünstler in der Küche und auf den Weinbergspark durch die Fenster. Mittagsmenüs 9,50 €, auch am Abend wird man nicht arm – dann aber unbedingt reservieren. Tägl. 12–24 Uhr. Weinbergsweg 8, Ⓤ Rosenthaler Platz, ✆ 76213035, www.yumchaheroes.de.

Kantine

Volksbühne 26, rustikale Souterrain-Kantine. Meist stehen um die 4 Gerichte zur Auswahl (3–5 €), das Gros ist eher deftig, es gibt aber auch stets ein vegetarisches Gericht. Tägl. 8–24 Uhr. Linienstr. 227 (Rückseite des Theaters, dort vom Pförtner den Weg zeigen lassen), Ⓤ Rosa-Luxemburg-Platz.

Schnelle Küche/Snacks

Fleischerei 11, der Name des Lokals erinnert daran, was der Laden zuvor beherbergte – das alte Metzgerei-Ambiente der trendigen Mitte-Location ist noch erhalten. Mittags gibt's auf die Schnelle Currywurst, Bulette, Gulasch und Ähnliches (7–10 €), abends sitzt man bei Brathähnchen, Entrecote oder Rib-Eye vom Grill (15–32 €) auch mal länger. Mo–Fr 12–15 u. 18.30–24 Uhr, Sa/So nur abends. Abends besser reservieren. Schönhauser Allee 8, Ⓤ Rosa-Luxemburg-Platz, ✆ 50182117, www.fleischerei-berlin.com.

Mogg 36, der Hauch eines New Yorker Delis liegt hier in der Luft. Geniale Sandwichs (ab ca. 8,50 €), dazu ein paar Suppen, Salate, Snacks und Hauptgerichte. Unter der Woche ab 11 Uhr, sonst ab 10 Uhr. Auguststr. 11–13, Ⓤ Oranienburger Tor, www.moggmogg.com.

House of Small Wonder 53, und noch mal ein Hauch New York. Schließlich verlegten die amerikanisch-japanischen Betreiber ihr charmantes *HOSW* (Kurzform) einfach von Williamsburg (Brooklyn) nach Mitte. Tagsüber wird eine kleine, feine Auswahl an Fusion-Gerichten (mit japanischem Einschlag) zu 7,50–11 € serviert, außerdem diverse Sandwichs. Tägl. 9–17 Uhr. Abends kann man in die dazugehörige japanische Brasserie Zenkichi im EG gehen. Ebenfalls zu empfehlen. Johannisstr. 20 (1. OG), Ⓤ Oranienburger Tor, ✆ 27582877 (bzw. ✆ 24630810 für Zenkichi), www.houseofsmallwonder.de.

Lebensmittel in Mitte 57, Mischung aus Feinkostladen (mit baumelnden Würsten hinter der Theke) und stilvoll-alpenländisch eingerichtetem Restaurant. Abends raffinierte süddeutsche Küche mit internationalen Akzenten (Hg. 16,50–32 €), beim Mittagstisch (nur Mo–Fr) geht es mit Schnitzel oder Leberkäse rustikaler und günstiger zu. Mo–Fr 12–23 Uhr, Sa ab 13 Uhr, So geschl. Rochstr. 2, Ⓤ Weinmeisterstraße, ✆ 27596130.

Yam Yam 24, hier geht's nochmals nach Korea. Hübsch gemachtes Selbstbedienungslokal, Touristen und Mitte-Schick an den Tischen. Schmackhafte, rustikale Küche, empfehlenswert: *Dak Bokum*, ein scharfes Hühnergericht, oder *Bibimbab*, Reis mit Rindfleisch und einem Spiegelei obenauf. Hg. 6,50–9 €. Mo–Sa 12–24 Uhr, So 13–23 Uhr. Alte Schönhauser Str. 6, Ⓤ Rosa-Luxemburg-Platz, ✆ 24632485.

Cafés/Bars/Kneipen

Altes Europa 34, charmant-simples Caférestaurant. Hier kann man Kuchen essen, einfach nur ein Glas Wein trinken oder gemütlich dinieren. Zur kleinen Auswahl an wechselnden internationalen Gerichten gehören z. B. Kräuterfrikadellen, Pasta oder getrüffeltes Kartoffelcremesüppchen. Vegetarierfreundlich. Hg. 9–16,50 €, günstigere Mittagsgerichte. Rauchersalon. Tägl. ab 12 Uhr. Gipsstr. 11, Ⓤ Weinmeisterstraße, ✆ 28093840, www.alteseuropa.com.

Distrikt Coffee 5, Kaffeehaus mit puristischem, stilsicherem Vintage-Charme samt Ledersofas vor Backsteinwänden. Zum Frühstück gibt's Avocado-Toast oder Buttermilk-Pancakes, mittags Leichtes wie *Pulled Chicken Sandwich*, um 17 Uhr ist Schluss. Ruhige, abseitige Lage, daher i. d. R. touristenfrei. Mo–Fr ab 8.30 Uhr, Sa ab 9.30 Uhr. Bergstr. 68, Ⓢ Nordbahnhof, ✆ 0176/32842953.

Hackendahl 44, schöne, entspannte Kneipe, die in krassem Gegensatz zur Sterilität der Friedrichstraße steht. Eyecatcher sind ein historischer Kachelofen und ein Apothekerschrank aus den 1920ern mit rund 300 Schnäpsen. Auch die Biersorten können sich sehen lassen, dazu gibt's Mittagstisch (Mo–Fr), Buletten oder Brotzeitteller. Mo–Fr ab 12 Uhr, Sa/So ab 16 Uhr. Friedrichstr. 128, Ⓤ Oranienburger Tor, ✆ 68001718, www.hackendahl-berlin.de.

Barcomi's Deli 37, die Tochter des Kreuzberger Cafés (→ S. 171) in den Sophie-Gips-Höfen. Sparsam dekoriertes Kaffeehaus mit Freischwingern auf Parkettboden. Leckere Kuchen, Bagels und Sandwichs. Im Sommer sitzt man draußen im Hof. Mo–Sa 9–21 Uhr, So ab 10 Uhr. Sophienstr. 21, Ⓤ Weinmeisterstraße, ✆ 28598363, www.barcomis.de.

Tadshikische Teestube 52, versteckt im Kunsthof (Durchgang nehmen!). Ein Raum wie aus dem Morgenland – mit Teppichen, Kissen, niedrigen Tischen, geschnitzten Pfeilern und Deckenbalken. Das Interieur entstammt einem tadschikischen Stand auf der Leipziger Messe 1974 und wurde der DDR später geschenkt. Ein netter Ort für einen Tee (3,60–8,80 €), dazu Soljanka, Borschtsch oder *Pelmeni*, russische Maultaschen. Schuhe werden ausgezogen. Werktags ab 16 Uhr, Sa/So ab 12 Uhr. Oranienburger Str. 27, Ⓢ Oranienburger Straße o. Ⓤ Oranienburger Tor, ✆ 2041112, www.tadshikische-teestube.de.

Nola's am Weinberg 1, gepflegtes, großes Café inmitten des hügeligen Weinbergparks, wo bis ins 18. Jh. tatsächlich Wein angebaut wurde. Gutes Frühstück, man macht auf Schweiz: Bündner Gerstensuppe, Röschti, „Chäs-Fondue". Günstiger Mittagstisch. Schöne Sommerterrasse. Tägl. 10–1 Uhr. Veteranenstr. 9, Ⓤ Rosenthaler Platz, ✆ 44040766, www.nolas.de.

Keyser Soze 38, die große, gut beschallte Cafébar ist eine Institution und belebt zu jeder Tageszeit. Die einen kommen zum Frühstücken, die anderen auf eine Latte zur *Süddeutschen*, die dritten auf die Après-Vernissage-Bulette und die Touris zum Gucken. Tägl. 7.30–3 Uhr. Tucholskystr. 33, Ⓢ Oranienburger Tor, ✆ 2859489, www.keyser-soze.de.

Spandauer Vorstadt → Karte S. 72/73

Eschschloraque Rümschrümp 56, im Haus Schwarzenberg (→ Sehenswertes). Ein Klassiker seit 1995 – aber nichts für den Besuch mit Oma, v. a. nicht, wenn sie Nichtraucherin ist ... Die Deko der schummrig-abgewetzten Bar besteht aus Horrorfilmrequisiten. Draußen sitzt man ebenfalls in Gesellschaft skurriler Objekte. Abends wird das Eschschloraque zur DJ-Bar (viel elektronische Musik), auch finden Konzerte statt. Viele Touristen. Tägl. ab 14 Uhr, ✆ 2810293, www.eschschloraque.de.

Mein Haus am See 10 → Nachtleben, S. 257.

Draußen

Gemütliche Sommerlocations sind die Bars in den S-Bahn-Bögen im Monbijoupark. Außerdem:

Strandbar Mitte 61, Palmen, Strandkörbe, Tische, Liegestühle und Oleanderbäumchen vor der tollen Kulisse des Bode-Museums. Pizza aus dem Steinofen. April bis Ende Sept. tägl. ab 10 Uhr. Abends wird getanzt – mal Tango, mal Salsa, mal Swing, Monbijoustr. 3, Ⓢ Hackescher Markt, www.monbijou-theater.de.

Clärchens Ballhaus 35 → Nachtleben, S. 258.

Shopping

Fashion (schick und teuer)

Herr von Eden 32, tolle Anzüge für sie (!) und ihn. Die Entwürfe des Hamburgers Bent Angelo Jensen verbinden Modernität mit dem Stil der 20er- und 30er-Jahre – der Gottschalk Thomas, der Mälzer Tim und die Gaga Lady kaufen hier ein. Tägl. (außer So) 11–20 Uhr. Alte Schönhauser Str. 14, Ⓤ Weinmeisterstraße, www.herrvoneden.com.

adddress 42, die Damen- (größere Auswahl) und Herrenmode (weniger Auswahl) von Andreea Vrajitoru ist klassisch, lässig und doch unglaublich schick, aber ebenfalls nichts für den kleinen Geldbeutel. Mo–Sa 11–20 Uhr. Weinmeisterstr. 12–14, Ⓤ Weinmeisterstraße, www.adddress.de.

Kaviar Gauche 19, das Berliner Damenlabel entwirft geniale Brautmode, die romantisch und rockig zugleich ist. Mo–Sa 12–19 Uhr. Linienstr. 44, Ⓤ Rosa-Luxemburg-Platz. Vintage-Ableger **7** in der Brunnenstr. 6, Ⓤ Rosenthaler Platz.

Thone Negrón 15, das Label der Designerin Ettina Berrios Negrón. Elegante Abendmode für die Dame und Brautmode, aber auch Alltagskleidung zu noch bezahlbaren Preisen. Passt irgendwie mehr nach Charlottenburg als nach Mitte ... Mo–Fr 12–19 Uhr, Sa bis 18 Uhr. Linienstr. 71, Ⓤ Rosenthaler Platz.

LaLa Berlin 23, dahinter steckt das erfolgreiche Berliner Label der ehemaligen MTV-Redakteurin Leyla Piedayesh. Edle Strickwaren und bunt bedruckte Tücher. Tägl. (außer So) 11–19 Uhr. Alte Schönhauser Str. 3, Ⓤ Rosa-Luxemburg-Platz, www.lalaberlin.com.

Fashion (jung und schräg)

Soma 43, szeniger kleiner Laden mit verrückter Mode für verrückte Mädels, darunter verschiedene Berliner Designer. Dazu Accessoires wie lustig-skurrile Strumpfhosen. Tägl. (außer So) 12–20 Uhr. Alte Schönhauser Str. 27, Ⓤ Weinmeisterstraße, www.soma-berlin.de.

Langhein Berlin 45, hier gibt's mädchenhaft-märchenhafte Feenkleidchen. Tolles Design und tolle Stoffe, sehr außergewöhnlich. Di–Fr 13–19 Uhr, Sa bis 18 Uhr. Rosa-Luxemburg-Str. 25, Ⓤ Rosa-Luxemburg-Platz, www.langhein-berlin.de.

Schuhe, Taschen und Accessoires

Sabrina Dehoff 16, Sabrina Dehoff kreiert Modeschmuck und knallige Knüpfarmbänder genauso wie goldene, mit Edelsteinen besetzte Ringe und Accessoires. Mo–Fr 12–19 Uhr, Sa bis 18 Uhr. Torstr. 175, Ⓤ Rosenthaler Platz, www.sabrinadehoff.com.

Anke Runge Berlin 38, die Ledertaschen – von verspielt bis elegant – stellt Anke Runge in allen Größen in ihrer Werkstatt im Hinterzimmer her. Mo–Fr 10–19 Uhr, Sa 11–19 Uhr. Tucholskystr. 31, Ⓢ Oranienburger Straße oder Ⓤ Oranienburger Tor, www.ankerunge-taschen.de.

Trippen Schuhe, die Berliner Kultschuhe aus naturbelassenen Materialien gibt's im **Flagshipstore 54** in den Hackeschen Höfen (Hof 4 u. 6) ab ca. 200 €. Mo–Fr 11–20 Uhr, Sa ab 10 Uhr. Rosenthaler Str. 40/41, Mitte, Ⓢ Hackescher Markt. Billiger im **Trippen-Outlet 12** (→ Karte S. 160/161), wo Vorjahres-Modelle bereits ab 85 € zum Verkauf stehen. Mo–Sa 10–18 Uhr. Köpenicker Str. 187, Kreuzberg, Ⓤ Schlesisches Tor, www.trippen.com.

Mykita 59, schöne und coole Brillen und Sonnenbrillen aus dem Stadtteil Wedding. Auch Stars wie Brad Pitt oder Sarah Jessica

Parker tragen sie. Mo–Fr 11–20 Uhr, Sa bis 18 Uhr. Rosa-Luxemburg-Str. 6, Ⓤ Weinmeisterstraße, www.mykita.com.

Bagjack-Store 18, schicke Fahrradkurier-Taschen, die von Hipstern aus aller Welt (auch ohne Rad) getragen werden. Di–Fr 14–20 Uhr, Sa 12–18 Uhr. Torstr. 39, Ⓤ Rosa-Luxemburg-Platz, www.bagjack.com.

Jünnemann's Pantoffeleck 18, gleich nebenan und doch eine andere Welt. Reno Jünnemann fertigt das, was schon Papa, Opa und Großopa gefertigt haben: Pantoffeln und Hausschuhe. Solide, klassisch, aber auch in trendigen Farben und gar nicht teuer: ab 15 €. Die Manufaktur ist unbedingt unterstützenswert. Mo–Fr 9–18 Uhr. Torstr. 39, Ⓤ Rosa-Luxemburg-Platz, www.pantoffeleck.de.

Secondhand/Vintage

Das neue Schwarz 28, Designer-Secondhand. Unter anderem Kleider von Vivienne Westwood oder Yves Saint Laurent zu satten Preisen. Ein Hingucker sind allein schon die Verkäufer ... Tägl. (außer So) 12–20 Uhr. Mulackstr. 38, Ⓤ Weinmeisterstraße o. Rosa-Luxemburg-Platz, www.dasneueschwarz.de.

Waahnsinn Berlin 49, neben etwas Neuware vorrangig Vintage: Vom Kaffeeservice aus den 70er-Jahren über Lederjacken bis zu schrägen Sonnenbrillen und sogar Perücken und Möbeln ist alles zu bekommen. Tägl. (außer So) 12–20 Uhr. Rosa-Luxemburg-Str. 17, Ⓤ Weinmeisterstraße o. Rosa-Luxemburg-Platz, www.waahnsinn.com.

Made in Berlin 55, Vintage auf 2 Etagen. Reichhaltige Auswahl für sie und ihn, auch ein beachtliches Sortiment an Schuhen. Tägl. (außer So) 12–20 Uhr. Neue Schönhauser Str. 19, Ⓤ Weinmeisterstraße, www.kleidermarkt-vintage.de.

Souvenirs/Geschenke

Ampelmann 54, alles, was man mit den Ampelmännchen anstellen kann oder worauf sie sich drucken lassen. Mo–Sa 9.30–22 Uhr, So 13–20 Uhr. Hackesche Höfe (Hof V), Ⓤ Weinmeisterstraße. Dazu Filialen u. a. am Potsdamer Platz, am Gendarmenmarkt und im Dom-Aquarée. www.ampelmann.de.

o.k. 40, skurrile Alltagsgegenstände aus aller Welt: Plastiktrash aus Indonesien, Spielzeug aus recycelten Dosen, Flaschentragetaschen aus Kronkorken u. v. m. Tägl. (außer So) 12–20 Uhr. Alte Schönhauser Str. 36/37, Ⓤ Weinmeisterstraße, www.okversand.com.

Bücher

Ocelot 3, was für eine Schönheit von einem Buchladen! Unter der kargen Betondecke lässt sich ausgiebig stöbern, die Auswahl an Berlin-Literatur ist hervorragend, der Service freundlich und sehr persönlich. Und wer mag, holt sich einfach nur einen Kaffee und macht es sich mit einem Kunstmagazin gemütlich. Mo–Sa 10–20 Uhr. Brunnenstr. 181, Ⓤ Rosenthaler Platz, www.genialokal.de.

pro qm 31, in der ehemaligen Metzgerei dreht sich alles um Architektur (auch viel in städtebaulicher Hinsicht zu Berlin), Design und Kunst. Mo–Sa 11–20 Uhr. Almstadtstr. 48–50, Ⓤ Weinmeisterstraße, www.pro-qm.de.

Do you read me? 30, gute Auswahl an Kunst- und Lifestylemagazinen. Wer danach mit einer „Do you read me?"-Tasche herumspaziert, darf sich richtig hip fühlen. Mo–Sa 10–19.30 Uhr. Auguststr. 28, Ⓤ Weinmeisterstraße, www.doyoureadme.de.

Walther König 62, Eldorado für Bildbandfans – riesige Auswahl. Mo–Sa 10–20 Uhr. Burgstr. 27, Ⓢ Hackescher Markt, www.buchhandlung-walther-koenig.de.

Grober Unfug 13, Comicladen mit bestem Ruf und stets auf dem neuesten Stand. Mo–Fr 11–19 Uhr, Sa bis 18 Uhr. Torstr. 75, Ⓤ Rosenthaler Platz, www.groberunfug.de.

Schallplatten

Record Store 2, Vinylfans halten hier nach Soul und Sixties Ausschau, viele Raritäten. Tägl. (außer So) 12–20 Uhr. Invalidenstr. 148, Ⓢ Nordbahnhof.

Leckereien

Absinth Depot Berlin 47, rund 100 exquisite Sorten Absinth in einem schönen, auf nostalgisch gemachten Laden. Tägl. (außer So) 14–24 Uhr. Weinmeisterstr. 4, Ⓤ Weinmeisterstraße, www.absinth-berlin.de.

Bonbonmacherei 46, in den lauschigen Heckmannhöfen werden Bonbons hergestellt wie anno dazumal. Mit Schauküche, wo man sich über den Produktionsprozess informieren kann. Unser Favorit: die Himbeerbonbons. Mi–Sa 12–19 Uhr. Oranienburger Str. 32, Ⓢ Oranienburger Straße o. Ⓤ Oranienburger Tor, www.bonbonmacherei.de.

Spandauer Vorstadt → Karte S. 72/73

Berliner Geschichte hautnah

Tour 5

Entlang der Zimmerstraße trennte einst die Mauer Ostberlin von Westberlin. Heute bildet die Zimmerstraße die Grenze zwischen Kreuzberg und Mitte. Somit befinden sich ein paar der hier beschriebenen Sehenswürdigkeiten genau genommen nicht in Mitte, sondern in Kreuzberg.

- **Checkpoint Charlie**, ehemaliger Grenzübergang kommerziell verramscht, S. 87
- **Topographie des Terrors**, Dokumentationszentrum über den NS-Terror, S. 92
- **Martin-Gropius-Bau**, großes Kunstkino, achten Sie auf aktuelle Ausstellungen, S. 92
- **Jüdisches Museum**, herausragende Architektur, hochinteressante Infos, S. 93

Rund um den Checkpoint Charlie

Ein weiteres Stück neues Berlin erstreckt sich hier, das sich seiner Vergangenheit stellt: An die Schaltzentrale der Nazis erinnert das Dokuzentrum „Topographie des Terrors“, an das geteilte Berlin das Mauermuseum, an das Schicksal der Berliner Juden das Jüdische Museum. Nur an das alte Zeitungsviertel rund um die Kochstraße erinnert bis auf die Verlagsgebäude von Springer und taz wenig. In der Kaiserzeit und der Weimarer Republik war das Eck der größte Presseplatz weltweit. 147 Tageszeitungen erschienen 1928 in Berlin. Die Redaktionen von Ullstein, Mosse und Scherl druckten hier die ersten großen Massenblätter, viele hatten Morgen-, Mittags- und Abendausgaben. Doch mit der Machtergreifung der Nazis war nur noch eine einzige Meinung zulässig. Am 3. Februar 1945 verwandelte sich das Viertel bei Bombenwetter in ein Trümmerfeld. Danach zerschnitt die Mauer den alten Pressestandort. Nach der Wende folgte der Wiederaufbau. Rentabilitätsoptimierte Bürohäuser entstanden, nur wenige mit architektonischer Raffinesse. Zudem zogen Bundesrat und Bundesministerien an die Grenze zwischen Kreuzberg und Mitte. Sie bringen tagsüber Leben, aber schon um 18 Uhr machen viele Cafés dicht, abends ist nicht mehr viel los. Vorher aber laden die hiesigen Museen zu einem Parcoursritt durch die Berliner Geschichte des letzten Jahrhunderts ein.

Tour-Info **Länge** ohne Abstecher ca. 3,5 km, **Dauer** ca. 1:45 Std., **Karte** S. 89.

Spaziergang

Verlässt man den **U-Bahnhof Kochstraße** Richtung „Kochstraße“, liegt geradewegs voraus der einstige Grenzübergang **Checkpoint Charlie**. Ein Leuchtkasten mit dem Brustbild eines russischen Soldaten (rückseitig das Porträt eines US-Soldaten), ein Kunstwerk von Frank Thiel, markiert die Stelle. Direkt davor steht eine verkleinerte Kopie des einstigen US-Wachhauses samt Sandsäcken. Es wurde auf Initiative des → **Mauermuseums** errichtet, um Touristen anzulocken oder anders gesagt: um den Checkpoint zum Cashpoint zu machen. An nur wenigen anderen Stellen wird die Historie Berlins wohl mehr verramscht als in der Ecke um den Checkpoint Charlie. Der „Checkpoint C", nach dem Buchstabieralphabet der US Army „Charlie" genannt, war im geteilten Berlin ein Grenzübergang für Ausländer. Westberliner oder Bundesbürger durften ihn nicht passieren.

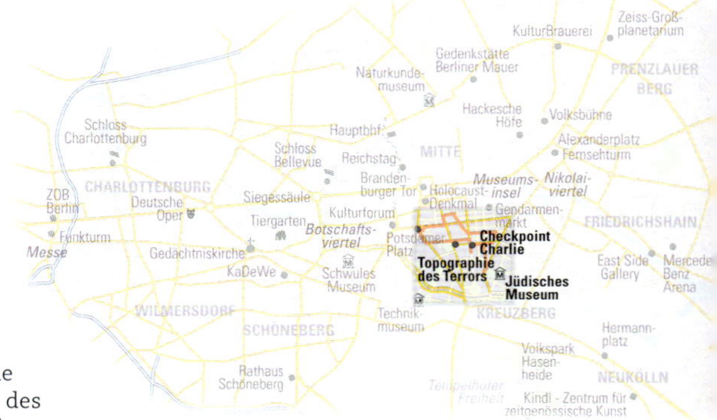

Die Brachen rechts und links der Friedrichstraße auf Höhe der Zimmerstraße sollen bebaut werden, neben Büros und Apartments soll hier auch ein neues Museum, das **Museum des Kalten Krieges**, entstehen. Bis zum Baubeginn (voraussichtlich Mitte 2017) erinnern **Galeriewände** und die **Black Box** (tägl. 10–18 Uhr, 5 €, erm. 3,50 €, www.bfgg.de) an die Teilung Deutschlands, den Kalten Krieg und das Säbelrasseln im Herbst 1961, als sich hier russische und amerikanische Panzer gegenüberstanden und die Welt den Atem anhielt.

Entlang der Zimmerstraße verlief die Mauer, im Teerbelag ist sie durch ein Band aus Pflastersteinen nachgezeichnet. Folgt man der Zimmerstraße gen Westen, passiert man das **Trabi Museum** (Hnr. 14/15, tägl. 10–18 Uhr, 5 €, www.trabi-museum.com). Ein paar Schritte weiter steigt der Weltballon (→ S. 269) in den Himmel über Berlin.

Der Gebäudekomplex rechter Hand hinter der Wilhelmstraße ist das **Detlev-Rohwedder-Haus**. Es trägt den Namen des 1991 ermordeten Präsidenten der Treuhandanstalt, die 1990 hier einzog und die volkseigenen Betriebe der DDR privatisierte. Heute residiert darin das **Bundesfinanzministerium**. Erbaut wurde der Komplex mit über 2000 Räumen als Reichsluftfahrtministerium der Nazis. Am 7. Oktober 1949 wurde hier die DDR gegründet. Nach dem Auszug der Volkskammer war es das „Haus der Ministerien" der DDR – später dazu noch mehr.

Linker Hand geht, nachdem man die Wilhelmstraße überquert hat, das Pflasterstein-Band in ein 200 m langes Mauerstück über. Hinter der Mauer: der Erinnerungsort → **Topographie des Terrors**, der dem Wahnsinn des NS-Regimes nachspürt. Darauf folgt, ebenfalls linker Hand, der → **Martin-Gropius-Bau**, dem gegenüber das neoklassizistische Prunkpalais des **Berliner Abgeordnetenhauses** steht. Im Erdgeschoss befindet sich eine öffentlich zugängliche Kantine (→ Essen & Trinken). Der Festsaal im dritten Stock mit den fünf Tafelbildern *Rot-Blau-Grün* von Gerhard Richter ist hingegen nur im Rahmen einer Führung zu besichtigen (Anmeldung ✆ 23251064, www.parlament-berlin.de).

Über die Stresemannstraße geht es nun auf den Potsdamer Platz zu. Vorbei an einem Umspannwerk und dem Bundesministerium für Umwelt, Naturschutz und Reaktorsicherheit erreicht man die Erna-Berger-Straße, in der noch ein alter **Wachturm der DDR-Grenztruppen** steht.

Noch vor dem Wachturm führt eine Passage an der Ausstellung → **Dalí Berlin** vorbei zum **Leipziger Platz** mit einem (für Touristen etwas verwirrenden) U-Bahnzugang zum Potsdamer Platz. Quer über den Leipziger Platz verlief einst die hintere Sperrmauer, zwei Mauersegmente erinnern noch daran. Die vordere Mauer verlief über die Stresemannstraße und den Potsdamer Platz gen Brandenburger Tor. 1998 wurde der Wiederaufbau des Leipziger Platzes eingeleitet, heute ist er bis auf das Eckgebäude zum Potsdamer Platz (Hnr. 18–19) abgeschlossen. Der „Lückenschluss" soll bis 2019 erfolgen.

Rechts hinter der Passage befindet sich das → **Deutsche Spionagemuseum**. Das nordöstliche Eck des Platzes schloss einst das *Wertheim* ab, das schönste Kaufhaus Berlins und zugleich das größte Europas. Die Kriegsruine hätte man wieder aufbauen können, doch zu DDR-Zeiten wollte man das nicht. Nach dem Abriss blieb nur noch der Tresorraum erhalten, der als Technoclub *Tresor* von 1991 bis 2005 wummernde Geschichte schrieb. Seit 2014 steht hier die **Mall of Berlin** (→ Shopping), die auch „Mall of Shame" genannt wird, weil rumänische Wanderarbeiter jahrelang ihre noch ausstehenden Lohnzahlungen für ihre Arbeit auf der Baustelle der Mall einklagen mussten.

Hinweis: Der Potsdamer Platz, der linker Hand an den Leipziger Platz anschließt, wird in einem separaten Kapitel ab S. 25 beschrieben.

Die Mall erstreckt sich hinter unterschiedlichen, teils historisierenden Fassaden entlang der Leipziger Straße bis hin zur Wilhelmstraße. An der Leipziger Straße, gegenüber der überdachten Piazza der Mall, steht das neoklassizistische Gebäude des **Bundesrats** (zugänglich nur nach Terminvereinbarung monatelang im Voraus, www.bundesrat.de). Die Bronzeskulpturen auf dem Giebel, die den im Krieg zerstörten Figurenschmuck ersetzen, sind ein Kunstwerk von Per Kirkeby (aus der Nähe sollen sie menschliche Körper erkennen lassen).

Geschichtsmeile Wilhelmstraße

Die Wilhelmstraße war im 18. Jh. mit Adelspalästen bebaut. Anfang des 19. Jh. wurde die Straße zum Sitz der wichtigsten Ministerien Preußens, ab 1871 des Deutschen Reichs und später des NS-Staats. Das Gros der Gebäude aus jenen Zeiten, wie z. B. das Preußische Staatsministerium oder Hitlers Neue Reichskanzlei, existiert nicht mehr. Heute wird die Wilhelmstraße von Botschaften, Plattenbauten, Erinnerungsstätten und – z. T. in noch erhaltenen Monumentalbauten aus der Nazizeit befindlichen – Bundesministerien gesäumt. Über die Historie der Wilhelmstraße informiert die Straßenausstellung „Geschichtsmeile Wilhelmstraße" mit 30 Infotafeln.

An der Ecke zur Wilhelmstraße, vor dem **Bundesfinanzministerium** (s. o.), macht sich am Boden das **Denkmal des 17. Juni 1953** breit. Der von Wolfgang Rüppel bearbeitete Ausschnitt einer historischen Fotografie zeigt den Demonstrationszug jenes Tags (→ Stadtgeschichte, S. 239) zu genau diesem Ort, dem damaligen „Haus der Ministerien". Die Platzierung des Denkmals exakt an dieser Stelle ist nicht zufällig. Dahinter prangt in der Pfeilerhalle das von der SED in Auftrag gegebene und von Max Linger geschaffene monumentale Wandbild mit dem Titel „Die Bedeutung des Friedens für die kulturelle Entwicklung der Menschheit und die Notwendigkeit des kämpferischen Einsatzes für ihn." Der Protest am 17. Juni 1953 endete mit 125 Toten.

Zweigt man hier nach links in die Wilhelmstraße ab, trifft man nach 150 m rechter Hand auf die **Tschechische Botschaft**. Das in Anlehnung an den Brutalismus geschaffene Bauwerk aus den

1970ern wurde ursprünglich als Botschaftsgebäude für Nairobi entworfen. Diagonal gegenüber, wo man zu DDR-Zeiten Plattenbauten der besseren Sorte errichten ließ und einst Angela Merkel wohnte, erstreckte sich entlang der Voßstraße (Nordseite) Hitlers **Neue Reichskanzlei**. Deren Front aus gelbem Stuck und grauem Stein maß allein 400 m. Um zu Hitlers Empfangsräumen zu gelangen, mussten Besucher 220 opulent dekorierte Meter zurücklegen (der Führerbunker im Garten lag direkt dahinter, die Stelle markiert heute ein Infoschild an der Gertrud-Kolmar-Straße/Ecke An den Ministergärten).

Vor der Tschechischen Botschaft, zum U-Bahnhof Mohrenstraße hin, liegt der **Zietenplatz**, den bronzene Standbilder preußischer Generäle schmücken. An den Zietenplatz grenzt das **Bundesministerium für Arbeit und Soziales**. Es belegt u. a. Gebäudetrakte, in denen einst Goebbels' Reichsministerium für Volksaufklärung und Propaganda saß.

Von der Ecke zur Glinkastraße, in die wir rechts einbiegen, sieht man bereits das **→ Museum für Kommunikation**, auf dessen Dach drei Atlanten die Weltkugel stemmen. Selbst wenn Sie das Museum nicht besuchen möchten, so lohnt doch ein kurzer Blick in den von Galerien umgebenen Lichthof.

Berlin im Kasten

Die U 6 im geteilten Berlin

Als Berlin noch geteilt war, verband die U-Bahnlinie 6 den amerikanischen Sektor im Süden mit dem französischen Sektor im Norden. Dabei unterquerte die U-Bahn ab Höhe Checkpoint Charlie bis zum Übergang Chausseestraße den Ostteil der Stadt. Alle U-Bahnhöfe im Ostberliner Streckenabschnitt (wie Französische Straße oder Oranienburger Tor) waren zugemauert und – damit sich auch ja kein Ostberliner aus dem Staub machen konnte – zusätzlich durch Grenzpatrouillen gesichert. Lediglich am U-Bahnhof Friedrichstraße durfte der Zug halten, da der Bahnhof zugleich offizieller Grenzübergang war (→ Tränenpalast, S. 43). Wäre man also damals am U-Bahnhof Kochstraße in die U-Bahn in Richtung Alt-Tegel gestiegen, hätte man, sofern man Westberlin nicht verlassen wollte, erst wieder am U-Bahnhof Reinickendorfer Straße aussteigen können. Geisterbahnhöfe gab es auch auf der U-Bahnlinie 8 zwischen Moritzplatz und Voltastraße. Eine kleine Ausstellung zum Thema gibt es im Nordbahnhof (→ S. 81).

Lässt man den Eingang zum Museum rechts liegen, gelangt man zum Bethlehemkirchplatz, an dem eine Lichtinstallation des spanischen Künstlers Juan Garaizábal an die im Krieg beschädigte und in den 1960er-Jahren abgetragene Böhmische Bethlehemskirche erinnert. Das Stahlskelett, das die Umrisse der Kirche maßstabsgetreu nachzeichnet, leuchtet nachts blau.

Im **→ Deutschen Currywurst Museum** in der Schützenstraße 70 dreht sich alles um Berlins Kultsnack, den – statistisch gesehen – jeder Berliner 20-mal im Jahr verschlingt. Die Schützenstraße ist nicht die schönste Straße Berlins, an der Ecke zur Jerusalemer Straße erhebt sich jedoch das **Mosse-Haus**, eine Ikone der Architektur der 1920er-Jahre. Den Entwurf für das einstige Druck- und Verlagshaus des *Berliner Tageblatts*, dessen Herausgeber Rudolf Mosse war, lieferte Erich Mendelsohn. Heute hat dort u. a. die *Dussmann Group* ihren Sitz. Ein neuer spektakulärer Bau nach Plänen des niederländischen Architekten Rem Koolhaas soll gegenüber dem Mosse-Haus entstehen: der sog. **Axel-Springer-Campus** mit einem luftigen, ja „fliegenden" Newsroom, den sich *N24* und *Welt* teilen werden.

Südlich der Zimmerstraße (also direkt hinter der ehemaligen Sektorengrenze) erhebt sich das **Axel-Springer-Hochhaus**. Das Hochhaus war – anders als vielfach behauptet – nie an der Mauer geplant. Vielmehr war es so, dass während des Baus auch der Mauerbau stattfand. Auch gab es auf dem Dach des Hauses während der Zeit des Kalten Krieges entgegen häufiger fälschlicher Behauptungen nie eine Leuchtanzeige, die aktuelle Nachrichten und gegen die SED gerichtete Parolen in den Ostteil der Stadt strahlte. Die Leuchtanzeige des West-Berliner Senats war auf dem nahen alten Bürohaus der GSW installiert. Zum Dach des Axel-Springer-Hochhauses gibt es dennoch eine Anekdote: Ein Moderator des RIAS erlaubte sich im Herbst '69 den Scherz, im Radio zu verkünden, dass die Rolling Stones zum 20. Jahrestag der DDR auf dem Dach des Springerhauses ein Konzert für die Ost-Berliner geben würden. Obwohl die Meldung dementiert wurde, strömte die DDR-Jugend in Scharen hierher. Die Stasi fand das gar nicht lustig und verhaftete 200 Personen.

Durch die Springerpassagen mit mehreren Restaurants und Cafés gelangt man zur **Rudi-Dutschke-Straße**. An der Ecke zur Markgrafenstraße bietet sich ein Abstecher (500 m) zum **→ Jüdi-**

schen Museum an, eines der besten Museen Berlins. Wer das Museum schon gesehen hat, gelangt auf der Rudi-Dutschke-Straße zurück zum U-Bahnhof Kochstraße. Dabei passiert man den **Rocket Tower**, den Firmensitz von *Rocket Internet*. Das Gebäude mit seiner rot-rosa-orangefarbenen Westfassade entstand nach Plänen des Berliner Architekturbüros *Sauerbruch Hutton* (1999).

Keine 100 m weiter steht das alte **taz-Gebäude** (Hnr. 23). Dessen Seitenwand ziert das umstrittene Relief *Friede sei mit Dir*, das auch als „Pimmel über Berlin" bekannt ist. Zentrale Figur ist der ehemalige BILD-Chefredakteur Kai Diekmann. Im *taz*-Gebäude selbst lädt das populäre Café *Tazpresso* mit leckerem und günstigem Mittagstisch zu einer Pause ein, jedoch nur noch bis Anfang 2018. Dann wird die *taz* samt Café in einen megaschicken, superökologischen Neubau in der südlichen Friedrichstraße ziehen.

Sehenswertes

Kommerz am Checkpoint Charlie

Mauermuseum

Das „Haus am Checkpoint Charlie" gibt es bereits seit 1963, ins Leben rief es Dr. Rainer Hildebrandt (1914–2004). Er unterstützte Fluchthelfer, die ihm als Dank Fluchtobjekte – vom Mini-U-Boot bis zum Ultraleichtflugzeug – für seine Sammlung schenkten. Neben der Flucht (spannend) werden u. a. auch der Volksaufstand von 1953, Berlin im Kalten Krieg und selbstverständlich die Geschichte der Berliner Mauer bis zu deren Fall beleuchtet. Die Präsentation ist mittlerweile jedoch alles andere als zeitgemäß, ein Facelifting und größere Räume für die stets viel zu vielen Besucher wären wünschenswert. Wer sich den hohen Eintrittspreis sparen möchte, fährt zur Gedenkstätte Berliner Mauer (→ S. 80).

Friedrichstr. 43–45, Ⓤ Kochstraße. Tägl. 9–22 Uhr. 12,50 €, erm. 9,50 €. www.mauermuseum.com.

Am Eingang zum Mauermuseum

Rund um den Checkpoint Charlie → Karte S. 89

Topographie des Terrors mit Mauerrelikt

Dokuzentrum der NS-Verbrechen

Topographie des Terrors

An der Prinz-Albrecht-Straße (heute Niederkirchnerstraße) und ums Eck an der Wilhelmstraße befand sich über mehrere Gebäude verteilt die Schaltzentrale des NS-Terrors. Am „Ort der Täter" saß ab 1933 die Geheime Staatspolizei (Gestapo), später folgten die SS-Führung, der NSDAP-eigene Geheimdienst SD und die für Reinhard Heydrich und seine Schergen neu geschaffene Zentralbehörde des Reichssicherheitshauptamtes (RSHA). Die Gebäude von einst sind allesamt verschwunden. Heute erstreckt sich hier ein asketischer Ort von fast trostloser Leere mit einem Flachbau am Rande. Das darin untergebrachte Dokumentationszentrum informiert über den NS-Terror und die in Deutschland und den besetzten Ländern verübten Verbrechen.

Niederkirchnerstr. 8, Ⓤ Kochstraße o. Ⓢ Anhalter Bahnhof. Tägl. 10–20 Uhr. Eintritt frei. www.topographie.de.

Ort für Kunst-Spektakel

Martin-Gropius-Bau

Ein angemessener Ort für hochkarätige Ausstellungen. Für das schöne Gebäude in der Formensprache der Renaissance, 1881 als Kunstgewerbemuseum errichtet, zeichnen Heino Schmieden und der namengebende Großonkel des Bauhausarchitekten Walter Gropius verantwortlich. Ein Hingucker ist der glasüberdachte Innenhof. Restaurant mit Sommerterrasse.

Niederkirchnerstr. 7, Ⓢ+Ⓤ Potsdamer Platz o. Ⓢ Anhalter Bahnhof. Tägl. (außer Di) 10–19 Uhr. Eintritt variabel. www.berlinerfestspiele.de.

Surrealismus am Leipziger Platz

Dalí Berlin

Über 450 Werke des großen Surrealisten Salvador Dalí (1904–1989) sind hier zu sehen, eines Künstlers, der wie kaum ein anderer kopiert wurde und selbst im Akkord Blankobögen signiert haben soll. Die hier versammelten Bilder, Grafiken, Arbeitsmappen, Skulpturen und Installationen sind aber allesamt Originale.

Leipziger Platz 7, Ⓢ+Ⓤ Potsdamer Platz. Mo–Sa 12–20 Uhr, So 10–20 Uhr. 12,50 €, erm. 9,50 €. www.daliberlin.de.

James Bond & Co.

Deutsches Spionagemuseum

2015 eröffnete Ausstellung über die Arbeitsweise der Spitzel, Späher und Agenten von den Anfängen bis zur Gegenwart, inklusive James Bond.

Leipziger Platz 9, Ⓢ+Ⓤ Potsdamer Platz. Tägl. 10–20 Uhr. 12 €, erm. 8 €. www.deutsches-spionagemuseum.de.

Prächtiger Bau und prächtige Exponate

Museum für Kommunikation

Der prunkvolle Bau wurde 1898 als Reichspostmuseum eröffnet. Die hervorragenden Sammlungen des Museums dokumentieren die historische Entwicklung des Post- und Fernmeldewesens bis hin zu den Neuen Medien und deren Einfluss auf die Gesellschaft. Die sog. *Schatzkammer*, ein mystisch-dunkler Säulenwald im Untergeschoss, beherbergt die wertvollsten Exponate des Museums, darunter eine rote und eine blaue Mauritius. Im wunderschönen Lichthof wuseln drei lustige Roboter umher – ein Spaß für Kinder. Nach dem Besuch entspannt man sich am besten im Kaffeehaus Dallmayr (→ Essen & Trinken).

Leipziger Str. 16, Ⓤ Mohrenstraße. Di 9–20 Uhr, Mi–Fr 9–17 Uhr, Sa/So 10–18 Uhr. 4 €, erm. die Hälfte. www.mfk-berlin.de.

Alles wurscht

Deutsches Currywurst Museum

Wo kommt die Kultwurst her? Aus Hamburg? Nein! Aus Charlottenburg! Herta Heuwer hat sie erfunden und erstmals am 4. September 1949 über die Theke gereicht. In dieser Erlebnisausstellung erfährt man alles über die Wurst: Songs, das Geheimnis der Soße, Berliner Budenstadtplan, ihr Siegeszug um die Welt, Uwe Timms Roman am falschen Ort und, und, und.

Schützenstr. 70, Ⓤ Stadtmitte. Tägl. 10–18 Uhr. 11 €, erm. 8,50 € (inkl. einer „Currywurst in the Cup"). www.currywurstmuseum.com.

Ein Muss

Jüdisches Museum

Es zählt zu den besten Museen Berlins und das auch aufgrund seiner spektakulären, symbolischen Architektur. Stararchitekt Daniel Libeskind setzte neben das ehemalige barocke Kammergericht aus dem 18. Jh. einen zinkverkleideten, unregelmäßig gezackten

Im Jüdischen Museum

Neubau, der einem geborstenen Davidstern ähnelt. Verbunden sind die beiden Gebäude lediglich unterirdisch. Das Innere besteht u. a. aus sich kreuzenden, schräg verlaufenden Achsen und leeren Räumen, die nach Libeskind die heutige „permanente Abwesenheit" des deutschen Judentums symbolisieren. Die eindrucksvolle, breit gefächerte Dauerausstellung dokumentiert die jüdische Geschichte auf deutschem Boden von ihren Anfängen vor fast 2000 Jahren bis heute – spannend per Audioguide (Dauer 4 Std.). Angeschlossen ist ein Café mit moderner jüdischer Küche. Gegenüber dem Museum verwandelte Libeskind den ehemaligen Blumengroßmarkt in die *W. Michael Blumenthal Akademie* des Jüdischen Museums mit Bibliothek, Archiv- und Veranstaltungsräumen.

Lindenstr. 9–14, Ⓤ Hallesches Tor. Tägl. 10–20 Uhr, Mo bis 22 Uhr. 8 €, erm. 3 €. www.jmberlin.de. Café und Garten können ohne Ticket besucht werden!

Sehenswertes abseits des Spaziergangs

Moderne Kunst aus Berlin

Berlinische Galerie

Das Museum für moderne Kunst, Fotografie und Architektur sammelt und präsentiert in Berlin entstandene Kunst seit 1870. Für die aktuelle Präsentation (alle zwei, drei Jahre wird umgebaut) legte man den Schwerpunkt auf Kunst zwischen 1880 und 1980. Ausgestellt sind u. a. Werke von Max Liebermann, Oskar Kokoschka, Felix Nussbaum, Robert Capa und Georg Baselitz. Das Erdgeschoss dient spannenden Wechselausstellungen.

Alte Jakobsstr. 124–128, Ⓤ Hallesches Tor. Tägl. (außer Di) 10–18 Uhr. 8 €, erm. 5 €, jeden ersten Mo im Monat 4 €. www.berlinischegalerie.de.

Gruseln im alten Luftschutzbunker

Rund um den Anhalter Bahnhof

In dem 1942 errichteten Luftschutzbunker des Anhalter Bahnhofs drängten sich zu Kriegszeiten auf fünf Etagen bis zu 12.000 Reisende. Heute empfängt Sie hier das **Gruselkabinett**, das nichts für zarte Gemüter ist – Profischocker! Im Untergeschoss bietet das **Berlin Story Museum** einen spannenden (tolle Filmaufnahmen) und kurzweiligen Reigen durch die Geschichte Berlins. Von dem 1880 erbauten **Anhalter Bahnhof** steht heute nur noch ein Teil des Portikus, der der Frontfassade vorgelagert war (historische Fotografien im S-Bahnhof Anhalter Bahnhof). Das weiße, einem Tipi ähnelnde Dachgebilde auf dem einstigen Bahnhofsareal gehört zum **Tempodrom**, einer von *Gerkan, Marg und Partner* entworfenen Eventlocation.

Gruselkabinett und Berlin Story Museum, Schöneberger Str. 23 A, Ⓢ Anhalter Bahnhof. Di–Fr 10–19 Uhr, Sa/So 12–20 Uhr. Kombiticket 9,50 €, erm. 7 €. www.berlinstory-bunker.de.

Noch im Entstehen

Dokumentationszentrum der Stiftung Flucht, Vertreibung, Versöhnung

Das Dokumentationszentrum wird in den kommenden Jahren (nicht vor 2018) im sog. *Deutschlandhaus* entstehen, das für diese Zwecke seit 2013 umgebaut wird. Es wird u. a. das Leid der rund 8 Mio. deutschen Flüchtlinge und Vertriebenen nach dem Zweiten Weltkrieg, aber auch den Genozid an den osmanischen Armeniern im Jahr 1915 und die Zwangsumsiedlung der Ostpolen durch die Nazis beleuchten.

Stresemannstr. 90, Ⓢ Anhalter Bahnhof. www.sfvv.de.

Entree zur Berlinischen Galerie

Praktische Infos

→ Karte S. 89

Essen & Trinken

Restaurants

Tim Raue 6, die asiatisch inspirierte Aromenküche Tim Raues ist mit 2 Michelin-Sternen gekrönt. Kosten Sie Köstlichkeiten wie japanische Pizza mit weißen Trüffeln, Schweinekinn mit Ginsengsoße oder Königskrabbe mit Mandarine, Ingwer und Paprika. Verrückte Desserts. Lichtdurchflutetes, modernes Interieur. 6-Gänge-Menü ab 148 €, Lunchmenü (3 Gänge) 48 €. Di–Sa 12–15 u. 19–24 Uhr. Rudi-Dutschke-Str. 26, Ⓤ Kochstraße, ✆ 25937930, www.tim-raue.com.

Nobelhart & Schmutzig 8, zwischen Plattenbauten und Ein-Euro-Shops verbirgt sich eines der aufregendsten Lokale Berlins. „Brutal regional" nennt sich die mit einem Michelin-Stern ausgezeichnete Küche, die keinen Pfeffer und keine Zitronen und ausschließlich Produkte aus Mecklenburg-Vorpommern, Brandenburg und von der Ostsee kennt. Die gepökelten, fermentierten oder eingeweckten Köstlichkeiten gibt es als einheitliches Menü zu 80 €. Gegessen wird an der Theke rund um die offene Küche. Di–Sa ab 18.30 Uhr. Friedrichstr. 218, Ⓤ Kochstraße, ✆ 25940610, www.nobelhartundschmutzig.com.

Sale e Tabacchi 7, feines Ristorante im alten *taz*-Gebäude (wird auch nach dem Umzug der Zeitung vor Ort bleiben). Publikum mit Intellekt, Geld und Kunst am Hut. *Minestrone* wie bei Mama, Spaghetti mit beste Vongole, und unbedingt probiere musse: *Carpaccio di pescespada con vinaigrette al coriandolo*. Hast nicht viel Geld? Wähl eines der Tagesmenüs für 14–25 €. Hofterrasse. Tägl. 10–23.30 Uhr. Rudi-Dutschke-Str. 25, Ⓤ Kochstraße, ✆ 2521155, www.sale-e-tabacchi.de.

> Ins **Nickerchen** geht man, um das Nachmittagstief zu überwinden. Nicht nur Businesspeople aus den Büros rund um den Checkpoint Charlie zieht es hierher, auch Touristen sind in dem Dösladen nach vorheriger Online-Buchung in der Zimmerstr. 27 willkommen. 20 Min. Powernapping ab 8 €. Mo/Mi 13.30–16.30 Uhr, Di/Do/Fr 12–15 Uhr. www.nickerchen-berlin.de.

Kantine

Kantine im Berliner Abgeordnetenhaus 3, etwas biederes Ambiente. In der Küche finden auch Bioprodukte Verwendung. Tägl. meist 5 verschiedene Gerichte zu 4,50–6 €. An den Plenar- und Hauptausschusssitzungstagen (meist Mi u. Do) Einlass für Besucher erst ab 13.30 Uhr, ansonsten i. d. R. Mo–Fr 13–15 Uhr. Niederkirchnerstr. 5, Ⓢ+Ⓤ Potsdamer Platz, ✆ 23251950, www.widynski-roick.de.

Schnelle Küche

Belegschaft 5, das freundliche Selbstbedienungslokal hat sich ganz dem „Organic Quick Food" verschrieben. Alles bio, alles frisch und lecker, egal ob Sandwichs, Suppen oder Eintöpfe. Die Angestellten der umliegenden Büros stehen dafür gerne Schlange. Mo–Do 8–18 Uhr, Fr bis 17 Uhr. Zimmerstr. 23, Ⓤ Kochstraße, ✆ 66403254, www.diebelegschaft.de.

Sapori del Sud 2, kleines italienisches Schnelllokal – so unauffällig, dass man auch schnell daran vorbeiläuft. Der nette Betreiber zaubert tägl. 2 leckere Mittagsgerichte zu 5,50–6,50 €, die allerdings gegen 13 Uhr schon weggefuttert sind. Ganztägig gibt es *Panozzi*, deftig gefülltes neapolitanisches Pizzabrot. Super Espresso! Mo–Fr 9–18 Uhr. Charlottenstr. 79, Ⓤ Kochstraße, ✆ 65707826.

Cafés/Bars

Kaffeehaus Dallmayr 1, im Museum für Kommunikation (→ Sehenswertes). Es besticht durch hohe Decken, rote Brokattapeten und Parkettboden. Tolle Kuchen, dazu wechselnde Tagesgerichte und Snacks wie Quiche und Würstel zu 5,50–14,50 €. Kleine Terrasse im Hof. Di/Sa/So 11–18 Uhr, Mi–Fr bis 17 Uhr. Leipziger Str. 16, ✆ 22488021, www.dallmayr.de.

Shopping

Shoppingmall

Mall of Berlin, auch LP12 genannt. Megashoppingtempel mit rund 270 Läden (viele Händler aber denken wegen hoher Mieten und wenig Umsatz ans Aufgeben), Hotel und Luxus-Lofts. Mo–Sa 10–21 Uhr. Leipziger Platz 12, Ⓢ+Ⓤ Potsdamer Platz, www.mallofberlin.de.

Der „Grenzgänger" vorm Axel-Springer-Hochhaus

Rund um Berlins grüne Lunge

Tour 6

Viel Kunst, Kultur und spannende Architektur bieten das Kulturforum und das Diplomatenviertel. Ruhe vor dem Tohuwabohu der Stadt findet man im angrenzenden Tiergarten.

- **Café am Neuen See**, schönster Biergarten der Stadt, S. 107
- **Siegessäule**, mit der „Goldelse" obenauf, S. 102
- **Gemäldegalerie**, alte Meister gucken, S. 104
- **Philharmonie**, außergewöhnlicher Konzertsaal, außergewöhnliche Konzerte, S. 105

Zwischen Mitte und City West

Tiergarten, Kulturforum und Diplomatenviertel

Der 210 ha große Tiergarten wurde einst als Jagdrevier angelegt, im 19. Jh. in einen Volkspark umgewandelt, nach dem Krieg kahl geschlagen, verheizt und als Kartoffelacker gegen den Hunger genutzt. Heute ist er wieder Berlins grüne Lunge – mit Wiesen, Inselchen, Gärten und vielen, vielen Denkmälern. Hier joggt man, bräunt sich in der Sonne und picknickt – das Grillen ist mittlerweile leider verboten, weil immer so viel Dreck liegen blieb.

> **Nicht verwirren lassen**: Unter „Tiergarten" versteht man sowohl den Park als solchen, wie er hier beschrieben wird, als auch einen Stadtteil des Bezirks Berlin-Mitte.

Durchschnitten wird der Tiergarten von der Straße des 17. Juni, die vom Brandenburger Tor im Osten zum Charlottenburger Tor im Westen führt. Auf etwa halber Strecke umtost der Verkehr die → **Siegessäule**. Zwischen Siegessäule und Brandenburger Tor flankieren zwei *T-34*-Panzer ein **Sowjetisches Ehrenmal** für die im Kampf um Berlin gefallenen Soldaten. Dieser Abschnitt ist zugleich eine beliebte Demonstrations- und Partymeile, am lustigsten geht's am *Christopher Street Day* zu.

Folgt man von der Siegessäule dem Spreeweg gen Nordosten, passiert man das ovale **Bundespräsidialamt** (linker Hand hinter Bäumen versteckt) und dahinter den ersten klassizistischen Schlossbau Preußens, das **Schloss Bellevue** (1785/86). Es ist heute der Amtssitz des Bundespräsidenten. Achten Sie auf die Beflaggung: „Ist der Lappen oben, ist der Lump unten", lästert der Volksmund. Vom Schloss Bellevue bringt Sie die John-Foster-Dulles-Allee zum → **Haus der Kulturen der Welt**.

Von der Siegessäule führt Richtung Nordwesten die Altonaer Straße zum → **Hansaviertel**, einem Viertel, bei dessen Anblick man sich streiten kann, ob die Nachkriegsarchitektur schön oder hässlich ist. Hier befindet sich die Dependance der → **Akademie der Künste** mit immer wieder interessanten Ausstellungen.

Das wasserreiche südwestliche Eck des Tiergartens ist besonders reizvoll. Immer eine Backhendl-und-Weizen-Pause wert ist das **Café am Neuen See** – herrlicher Biergarten. Nahe der Schleuseninsel gibt es ein **Gaslaternen-Freilichtmuseum** mit 90 Laternen aus verschiedenen europäischen Städten (frei zugänglich). Rund 37.000 Gaslaternen sind in Berlin heute noch in Betrieb – mehr als in jeder anderen europäischen Hauptstadt. Leider sollen sie in den kommenden Jahren peu à peu durch LED-Lampen ersetzt werden. Auch sind die Tage des Museums an dieser Stelle gezählt: Da viele Lampen durch Vandalismus zerstört wurden, sollen sie, so die Planungen, ins Technikmuseum nach Kreuzberg umziehen (→ S. 155).

Südlich des Tiergartens bzw. westlich des Potsdamer Platzes erstreckt sich das Kulturforum (s. u.), an welches wiederum das Diplomatenviertel anschließt. Dieses Gebiet war einst die bevorzugte Wohnadresse der Industriellen und großbürgerlichen Gesellschaft. Anfang des 20. Jh. zog es die hohe Diplomatie hierher. Klassizistische und italienisch angehauchte Villen und Wohnhäuser mit Schmuckgärten prägten dieses Eck. Für Speers Germania-Pläne (→ Kasten S. 236) standen ein paar Prunkbauten im Wege und wurden abgerissen, den Rest zerstörte größtenteils der Krieg.

Der Grundstein für das Kulturforum wurde gelegt, als die Stadt noch geteilt war. Ostberlin besaß die Museumsinsel und die Oper „Unter den Linden" – Westberlin hingegen nichts Vergleichbares, bis man das Brachland nahe der Mauer in einen Schmelztiegel der Kunst, Kultur und Wissenschaft verwandelte. Für nette Spaziergänge eignet sich das Kulturforum aber nicht. Einst in Randlage erbaut, präsentiert es sich bis heute wie ein Einkaufs- oder Industriepark am Stadtrand: durchbrochen von breiten Verkehrsschneisen, ohne urbanes Leben. Zum Kulturforum gehören die → **Gemäldegalerie**, das → **Kupferstichkabinett** und die **Kunstbibliothek**, das → **Kunstgewerbemuseum**, die → **Neue Nationalgalerie**, die → **Philharmonie**, das → **Musikinstrumenten-Museum**, die **Staatsbibliothek** (Haus 2), das **Ibero-Amerikanische Institut** (Veranstaltungskalender unter www.iai.spk-berlin.de) und das **Wissenschaftszentrum für Sozialforschung** (spannende Vorträge, Infos unter www.wzb.eu). Als Architekten verwirklichten sich hier u. a. Hans Scharoun, Mies van der Rohe und James Stirling. Zwischen all den modernen Bauten hat einzig und allein die **St.-Matthäus-Kirche**, ein neoromanischer Backsteinbau von August Stüler aus der Mitte des 19. Jh., den Krieg überlebt. Ihr bekanntester Prediger, der Theologe und Widerstandskämpfer Dietrich Bonhoeffer, wurde 1945 im KZ Flossenbürg hingerichtet.

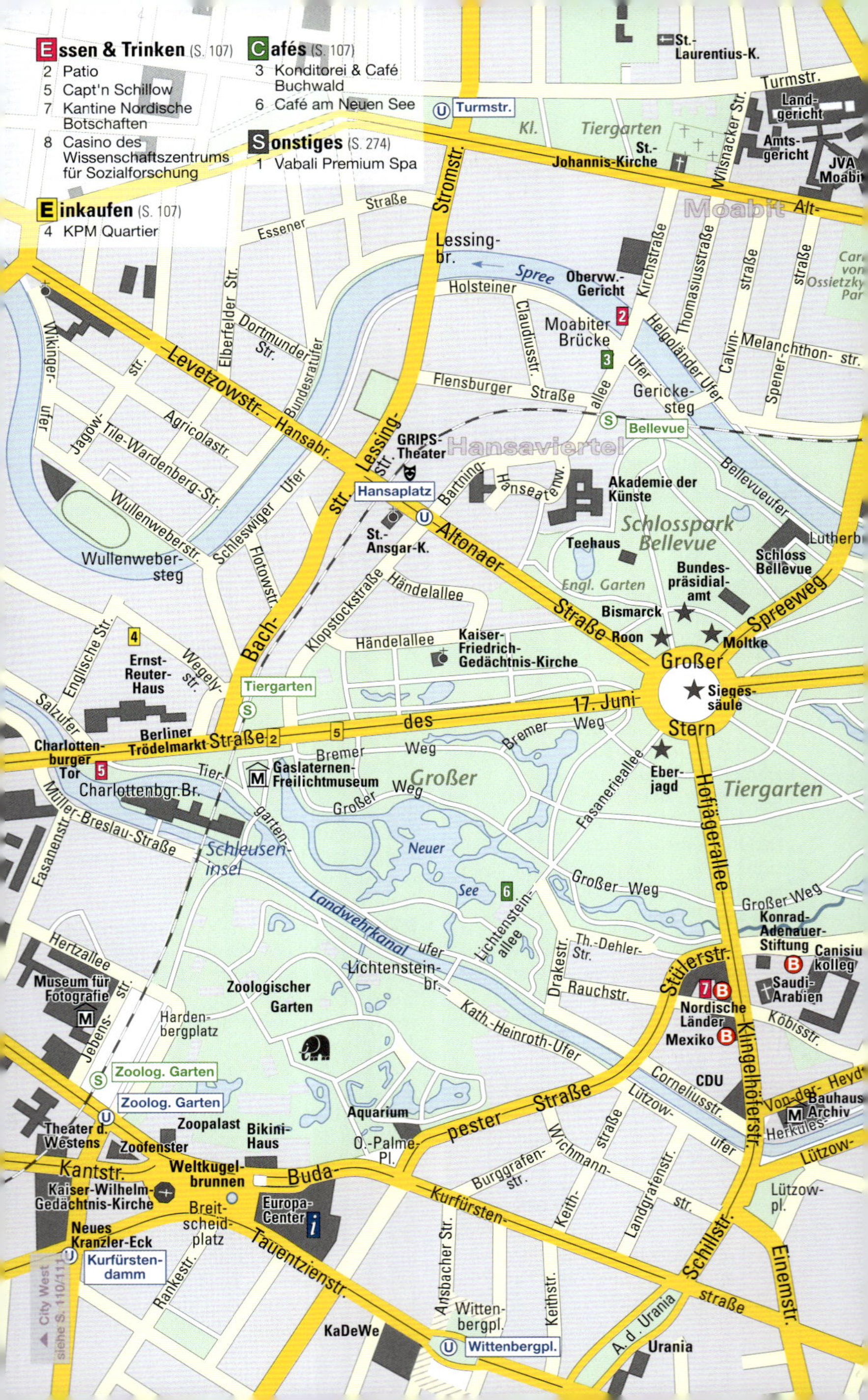

Essen & Trinken (S. 107)
2 Patio
5 Capt'n Schillow
7 Kantine Nordische Botschaften
8 Casino des Wissenschaftszentrums für Sozialforschung
Cafés (S. 107)
3 Konditorei & Café Buchwald
6 Café am Neuen See
Sonstiges (S. 274)
1 Vabali Premium Spa
Einkaufen (S. 107)
4 KPM Quartier
St.-Laurentius-K.
Turmstr.
Land-gericht
Amts-gericht
JVA Moabit
Kl. Tiergarten
St.-Johannis-Kirche
Moabit
Alt-
Wilsnacker Str.
Stromstr.
Lessing-br.
Spree
Holsteiner
Oberverw.-Gericht
Kirchstraße
Thomasiusstraße
Moabiter Brücke
Claudiusstr.
Helgoländer Ufer
Calvin-
Melanchthon-str.
Spener-
Carl-von-Ossietzky-Park
Essener Straße
Elberfelder Str.
Dortmunder Str.
Bundesratufer
Levetzowstr.
Wikinger-ufer
Jagow-str.
Agricolastr.
Tile-Wardenberg-Str.
Hansabr.
Flensburger Straße
Gericke-steg
Bellevue
Hansaviertel
GRIPS-Theater
Lessing-str.
Hansaplatz
Bartning-allee
Hanseatenw.
Akademie der Künste
Bellevueufer
Wullenweberstr.
Wullenweber-steg
Schleswiger Ufer
Flotowstr.
St.-Ansgar-K.
Altonaer Straße
Schlosspark Bellevue
Teehaus
Schloss Bellevue
Lutherbr.
Engl. Garten
Bundes-präsidial-amt
Spreeweg
Bismarck
Roon
Moltke
Händelallee
Klopstockstraße
Kaiser-Friedrich-Gedächtnis-Kirche
Bachstr.
Englische Str.
Ernst-Reuter-Haus
Wegely-str.
Tiergarten
Großer Stern
Siegessäule
Straße des 17. Juni
Salzufer
Charlotten-burger Tor
Berliner Trödelmarkt
Bremer Weg
Eberjagd
Fasanerieallee
Hofjägerallee
Großer Tiergarten
Tiergarten
Tiergartenufer
Gaslaternen-Freilichtmuseum
Großer Weg
Charlottenbgr.Br.
Müller-Breslau-Straße
Schleuseninsel
Fasanenstr.
Neuer See
Landwehrkanal
Lichtenstein-allee
Konrad-Adenauer-Stiftung
Canisius-kolleg
Hertzallee
Museum für Fotografie
Zoologischer Garten
Lichtenstein-br.
Th.-Dehler-Str.
Drakestr.
Rauchstr.
Stülerstr.
Saudi-Arabien
Nordische Länder
Mexiko
Köbisstr.
Jebensstr.
Hardenbergplatz
Kath.-Heinroth-Ufer
Klingelhöferstr.
Zoolog. Garten
Zoolog. Garten
Corneliusstr.
CDU
Von-der-Heydt-
Bauhaus-Archiv
Herkulesbr.
Lützowufer
Theater d. Westens
Zoopalast
Bikini-Haus
Aquarium
Budapester Straße
Wichmannstraße
Lützow-
Zoofenster
Kantstr.
Weltkugel-brunnen
O.-Palme-Pl.
Burggrafenstr.
Keithstr.
Landgrafenstr.
Lützow-pl.
Kaiser-Wilhelm-Gedächtnis-Kirche
Breit-scheid-platz
Europa-Center
Kurfürstenstr.
Neues Kranzler-Eck
Kurfürsten-damm
Tauentzienstr.
Rankestr.
Ansbacher Str.
Schillstr.
Einemstr.
City West siehe S. 110/111
KaDeWe
Witten-bergpl.
Wittenbergpl.
A. d. Urania
Urania

Hamburger Bahnhof
Fritz-Schloß-Park
Spandauer Vorstadt siehe S. 72/73
Europacity
Europaplatz
Hauptbhf.
Hauptbahnhof
Humboldthafen
Ladestr.
Universitätsklinikum
Charité
Luisenstraße
Lehrter Str.
Lesser-Ury-Weg
Claire-Waldoff-Straße
Seydlitz-straße
Otto-Dix-Straße
Invalidenstraße
C.-Jaschke-Str.
Washingtonpl.
Alexanderufer
Bundesministerium für Forschung und Bildung
Schumannstr.
Moabit
B.-Benz-Str.
R.-Hirsch-Str.
G.-Heinemann-Br.
Kapelleufer
Spree
Reinhardtstr.
Paulstraße
Gerhardtstr.
Werftstr.
Innenministerium
Moltkebr.
Willy-Brandt-Str.
Bundespressekonferenz
Karlpl.
Schiffbauerdamm
Parlament der Bäume
Fleming-str.
Alice-Berend-Str.
Ingeborg-Drewitz-Allee
Otto-v.-Bismarck-Allee
Schweiz
Paul-Löbe-Haus
Reichstagufer
Marie-Elisabeth-Lüders-Haus
Bundeskanzleramt
Joachim-Karnatz-Allee
Paul-Löbe-Allee
Bundestag
Marschallbr.
Vom Potsdamer Platz ins Regierungsviertel siehe S. 28/29
Moabiter Werder
Tipi am Kanzleramt
Haus der Kulturen der Welt
B.-v.-Arnim-Ufer
Gr. Querallee
H.-v.-Gagern-Str.
Platz d. Republik
Reichstag
Jakob-Kaiser-Haus
ARD
Sinti- und Roma-Denkmal
Dorotheenstr.
Foster-Dulles-Allee
Carillon
Scheidemannstr.
Besucherzentrum Reichstag
Simsonweg
Tiergarten
Yitzhak-Rabin-Str.
Sowjetisches Ehrenmal
Brandenburger Tor
Pariser Pl.
Hotel Adlon
Platz des 18. März
Straße des 17. Juni
Kleiner Stern
Bremer Weg
Amazone
Tiergartentunnel
Ahornsteig
DZ-Bank
Akademie d. Künste
USA
Behrenstr.
Naturschutz- u. Grünfl.amt
Ebertstr.
(ehem. Verlauf der Berliner Mauer)
Holocaust-Denkmal
Rosengarten
Tiergarten
Hannah-Arendt-Str.
Herkules mit der Lyra
Homos. Denkmal
Bellevueallee
In den Ministergärten
Gertrud-Kolmar-Str.
Friedrich Wilhelm III.
Große Sternallee
Großer Weg
Ahornsteig
Lennéstraße
Beisheim Center
Otto-Bock-Haus
Königin Luise
Musikinstrumentenmuseum
Kemperpl.
Sony Center
Mus. f. Film u. Ferns.
Voßstr.
Wagner
Prinz Wilhelm
Tiergartenstraße
Ebertstraße
Mall of Berlin
Leipziger Pl.
Kunstgewerbemuseum
Philharmonie
Herbert-v.-Karajan-Str.
Panoramapunkt
Potsdamer Platz
Potsdamer Str.
Bundesrat
Türkei
Österreich
Gemäldegalerie
Kulturforum
Diplomatenviertel
Matthäikirchpl.
Voxstr.
Alte Potsd. Str.
Daimler Contemporary
Abgeordnetenhaus von Berlin
Wieck-Str.
Hiroshimastr.
Hildebrandstr.
Friedrich-Ebert-Stiftung
Gedenkstätte Deutscher Widerstand
Kunstbibliothek/ Kupferstichkabinett
Staatsbibliothek
St.-Matthias-K.
Daimler-City
Marlene-Dietrich-Pl.
Stresemannstr.
BM Verteidigung
Stauffenbergstr.
Hitzigallee
Reichpietschufer
Wiss.-Zentr. f. Sozialforschung
Neue Nationalgalerie
Ibero-Am.-Institut
Stage Theater/ Spielbank Berlin
Eichhornstr.
Promenade
Park Kolonnaden
Rund um den Checkpoint Charlie siehe S. 89
Bendlerbr.
Schöneberger Ufer
Potsd. Br.
Elisabeth-Krankenhaus
Linkstr.
Tilla-Durieux-Park
Gabriele-Tergit-Promenade
Bernburger Straße
St.-Lukas-Kirche
Lützowstr.
Magdeburger Pl.
Potsdamer Str.
Am Karlsbad
Bissingzeile
Mendelssohn Barth. Park
Köthener Str.
Hafenpl.
Dessauer Str.
Anhalter Bhf.
Genthiner Str.
Kluckstr.
St.-Jakob-Kirche
Schöneberg siehe S. 178/179
175 m
Tour 6: Tiergarten, Kulturforum und Diplomatenviertel

Mexikanische Botschaft im Diplomatenviertel

Neben der Kirche, zur Potsdamer Straße hin, soll bis 2021 das **Museum der Moderne** entstehen, ein neuer Tempel für die Kunst des 20. Jh. 2016 stand jedoch noch nicht einmal der Architekt fest.

Mit dem Regierungsumzug nach Berlin zog auch die hohe Diplomatie wieder an den Tiergarten. Rund 20 Nationen haben sich im **Diplomatenviertel** z. T. attraktive Visitenkarten geleistet, allen voran Österreich (toller Bau von Hans Hollein), die nordischen Länder (sechs Gebäude, die von einem geschwungenen Band aus Kupferlamellen umgeben sind) und Mexiko (ebenfalls ein sehenswerter Bau der zeitgenössischen Moderne). Aber auch die Friedrich-Ebert- und die Konrad-Adenauer-Stiftung haben das Botschaftsviertel zu ihrer neuen Adresse erkoren, zudem sitzen hier die CDU-Zentrale und ein paar Vertretungen der deutschen Länder. Buntes Großstadtleben jedoch sucht man auch hier vergebens. Dafür gibt es zwei Sehenswürdigkeiten: die → **Gedenkstätte Deutscher Widerstand** und das → **Bauhaus-Archiv**.

Sehenswertes

Von oben grüßt die Goldelse

Siegessäule

1873 wurde die Siegessäule mit der Viktoria obenauf zur Erinnerung an die preußischen Feldzüge gegen Dänemark, Österreich und Frankreich vor dem Reichstag aufgestellt. Der umlaufende Historienfries erinnert an die Schlachten. Die (später vergoldeten) Kanonenrohre, die die Säule zieren, sind Beutestücke. Albert Speer, der das Wahnsinnsprojekt „Germania" verfolgte, ließ die Säule in die Mitte des Großen Sterns verlegen, der Teil der neuen Ost-West-Achse werden sollte (→ Kasten S. 236). Mit dem Umzug der Säule kamen auch die Denkmäler für Bismarck, Moltke und Roon zum Großen Stern, zuvor standen hier 16 Marmorstatuen von Figuren der antiken Mythologie. Von den Berlinern wurden sie als „Puppen“ bezeichnet, wovon sich der Ausdruck „bis in die Puppen“ für eine lange Wegstrecke ableitet. Auch die Viktoria hat einen Spitznamen: „Goldelse“. In den 1930ern galt sie einem billigen Witz nach als die billigste Matrone der Stadt, denn es kostete nur eine Mark, sie zu besteigen ... 285 Stufen sind es hinauf bis zur Aussichtsplattform.

Großer Stern (die Säule ist durch unterirdische Gänge zu erreichen), Ⓢ Bellevue. April–Okt. Mo–Fr 9.30–18.30 Uhr, Sa/So bis 19 Uhr, Nov.–März tägl. 10–17 Uhr. 3 €, erm. 2,50 €.

Schwangere Auster am Wasser

Haus der Kulturen der Welt

Die muschelförmige Kongresshalle von Hugh Stubbins (ehemals Assistent von Walter Gropius) entstand als Beitrag der USA zur *Interbau* 1957 in Berlin. Heute beherbergt sie das „Haus der Kulturen der Welt“ und damit einen Ort für internationale zeitgenössische Kunst und ein Forum für aktuelle Diskussionen. Zur Spree hin lädt die Terrasse des Restaurants „Auster“ auf eine Pause ein, auf der anderen Seite des Gebäudes steht Henry Moores majestätische Skulptur *Schmetterling* inmitten eines Wasserbeckens. Der vierbeinige, 42 m hohe schwarze Turm in der Nähe beherbergt ein Carillon; Glockenspiele stets um 12 und 18 Uhr, Konzerte von Mai bis September meist So um 15 Uhr (www.carillon-berlin.de).

John-Foster-Dulles-Allee 10, Ⓤ Bundestag. Nur zu Veranstaltungen und Ausstellungen geöffnet. Eintritt variabel. www.hkw.de.

Architektur der Nachkriegszeit

Hansaviertel und Akademie der Künste

Das Hansaviertel erstreckt sich zwischen den S-Bahnhöfen Tiergarten und Bellevue. Es entstand zur Internationalen Bauausstellung *Interbau* 1957 und war Ausdruck eines politischen Konkurrenzdenkens: Im Ostteil der Stadt wurde gerade die Stalinallee hochgezogen (→ Kasten S. 153), da lud der Westteil 53 Architekten aus 13 Ländern ein, um eine Stadt von morgen zu kreieren, eine Mustersiedlung mit Kirchen, Geschäften, Büchereien, Kino (heute das GRIPS-Theater, → Kultur, S. 246) und Wohnquartieren im Grünen. Zu den bedeutendsten Bauwerken gehören der neunstöckige Apartmentblock von Walter Gropius (Händelallee 3–9), die Zeilenhochhäuser von Oscar Niemeyer (Altonaer Str. 4–14) und Alvar Aalto (Klopstockstr. 30–32), das Punkthochhaus von Klaus Müller-Rehm und Gerhard Siegmann (Klopstockstr. 2) und das Eternit-Haus von Paul Baumgarten (Altonaer Str. 1).

Auch die *Akademie der Künste* (seit 2005 Hauptsitz am Pariser Platz, → S. 40) liegt im Hansaviertel, war aber nicht für die *Interbau* geplant. Der Flachbau mit einer Statue von Henry Moore davor dient Veranstaltungen und temporären Ausstellungen. Eine Infotafel zu allen Bauten findet man

Am Großen Stern grüßt die Goldelse

Das Haus der Kulturen nennt man auch „Schwangere Auster"

u. a. am S-Bahnhof Bellevue (Richtung Akademie der Künste).

Akademie der Künste, Hanseatenweg 10, Ⓢ Bellevue. Tägl. 10–22 Uhr. Eintritt variabel. www.adk.de.

Malerei des 13. bis 18. Jh.

Gemäldegalerie

Grandios, nur nicht von außen! Die Galerie beherbergt eine umfassende Sammlung europäischer Malerei vom 13. bis zum 18. Jh. Der fast 2 km lange Rundgang durch die verschiedenen Kunstlandschaften und Epochen führt an über 1000 Meisterwerken (u. a. von Raffael, Tizian, Caravaggio, Rubens und Rembrandt) vorbei – allesamt in stilvollen, klassisch proportionierten Sälen und Kabinetten in Szene gesetzt. Was für den einen alte Schinken sind, ist für den anderen ein Highlight seines Berlintrips, aus der ganzen Welt reisen Besucher wegen dieses Museums an. Übrigens – wer den Audioguide durchhören will (10 Std.!), sollte donnerstags kommen: längere Öffnungszeiten …

Matthäikirchplatz 8, Ⓢ+Ⓤ Potsdamer Platz. Di–Fr 10–18 Uhr, Do bis 20 Uhr, Sa/So 11–18 Uhr. 10 €, erm. 5 €. Für die Bereichskarte s. u. www.smb.museum.

Bereichskarte Kulturforum: Dieses Ticket für 12 € (erm. 6 €) gilt für die Gemäldegalerie, das Kupferstichkabinett und die Sonderausstellungen der Kunstbibliothek, das Musikinstrumenten-Museum und das Kunstgewerbemuseum. Weitere Spartipps → S. 279.

Großartige Sammlungen

Kupferstichkabinett und Kunstbibliothek

Der Gebäudetrakt, der an die Gemäldegalerie anschließt, beherbergt einen weiteren Superlativ. Auch die grafischen Sammlungen des Kupferstichkabinetts gehören zu den größten und bedeutendsten weltweit: über 500.000 druckgrafische Werke und etwa 110.000 Zeichnungen, Aquarelle, Pastelle und Ölskizzen aus 1000 Jahren Kunst- und Kulturgeschichte. Wegen der Empfindlichkeit der Kunstwerke gibt es keine permanente Ausstellung. Der unerschöpfliche Fundus lässt aber temporäre Schauen mit Werken von

Botticelli oder Dürer genauso zu wie von Picasso oder Warhol.

Eine Etage darunter befinden sich die Ausstellungsräume der Kunstbibliothek, die ebenfalls über herausragende Bestände verfügt (u. a. Sammlungen von Handzeichnungen, Ornamentstichen, Plakat- und Reklamekunst, Gebrauchsgrafik, Buchkunst und Fotografie). Sie werden in regelmäßigen Abständen in Sonderausstellungen vor Ort, aber auch anderswo in Berlin gezeigt.

Matthäikirchplatz 8, Ⓢ+Ⓤ Potsdamer Platz. Di–Fr 10–18 Uhr, Sa/So 11–18 Uhr. Kupferstichkabinett 6 €, erm. 3 €, Sonderausstellungen der Kunstbibliothek bis zu 10 €, erm. 5 €. www.smb.museum.

Kunsthandwerk vom Mittelalter bis heute

Kunstgewerbemuseum

Die Sammlungen des Kunstgewerbemuseums verteilen sich auf zwei Standorte – auf den hiesigen am Kulturforum und auf den im Schloss Köpenick (→ S. 192). Im Kulturforum steht europäisches Kunsthandwerk vom Mittelalter bis zur Gegenwart im Vordergrund, jedoch kommt die Präsentation etwas altbacken daher. Zu entdecken gibt es unendlich viel an all den schönen Dingen, mit denen sich einst Klerus, Hof, Adel und Patriziat zierten und inszenierten. Zu den Highlights gehören der Welfenschatz und das Lüneburger Ratssilber. Aber auch Mode und Design werden beleuchtet.

Matthäikirchplatz, Ⓢ+Ⓤ Potsdamer Platz. Di–Fr 10–18 Uhr, Sa/So 11–18 Uhr. 8 €, erm. 4 €. Für die Bereichskarte → S. 279. www.smb.museum.

Funktionalistisches Meisterwerk

Neue Nationalgalerie

Alle großen Architekten der Welt haben sich in Berlin verewigt, manche bereicherten das Kompendium der Berliner Bausünden, andere haben Ikonen der Architektur geschaffen. Mies van der Rohes Nationalgalerie ist eine dieser Ikonen. Der „lichte Tempel aus Glas", in welchem die Nationalgalerie ihr Werkspektrum der Kunst des 20. Jh. präsentierte, ist aber voraussichtlich bis 2020 wegen Sanierungs- und Umbauarbeiten geschlossen. Für den Umbau zeichnet David Chipperfield verantwortlich, Kosten voraussichtlich 100 Mio. Euro. Werke aus diesem Haus werden bis zur Wiedereröffnung im Hamburger Bahnhof (→ S. 80) präsentiert.

Potsdamer Str. 50, Ⓢ+Ⓤ Potsdamer Platz. www.smb.museum.

Ein Konzertbesuch ist fast ein Muss!

Philharmonie

Die Philharmonie, 1960–63 von Hans Scharoun im Sinne seiner „demokratischen Architektur" erbaut, ist ein außergewöhnlicher Konzertsaal: Für die 2240 Besucher gibt es keine Ränge, sondern miteinander verbundene Terrassenlandschaften. Das fünfeckige Orchesterpodium bildet den Mittelpunkt. Die Akustik ist grandios, ganze zwei Sekunden hallt der Klang nach. Im Foyer, das mit Reling, Bullaugen und verschiedenen „Decks" an einen Ozeandampfer erinnert, wird Scharouns Faible für den Schiffsbau deutlich. Nach seinen Plänen wurden in den 1980ern auch das rückwärtige Musikinstrumenten-Museum (s. u.) und der Kammermusiksaal (1180 Plätze) daneben erbaut. Die Philharmonie ist Heimat der Berliner Philharmoniker, die mit Chefdirigenten wie Herbert von Karajan, Claudio Abbado und Sir Simon Rattle zu Weltruhm gelangten. 2019 wird Kirill Petrenko die Nachfolge von Sir Simon Rattle antreten.

Vor der Philharmonie, zum Tiergarten hin, befindet sich der *Gedenk- und Informationsort* für die rund 70.000 Euthanasie-Opfer der Nazizeit.

Herbert-von-Karajan-Str. 1, Ⓢ+Ⓤ Potsdamer Platz, ✆ 35488999 (für Tickets). Für die kostenlosen Lunchkonzerte → S. 279. Führungen (1 Std.) tägl. um 13.30 Uhr; früh kommen, da auf 20 Pers. begrenzt. 5 €, erm. 3 €. www.berliner-philharmoniker.de.

Denkmal für die Euthanasie-Opfer und Philharmonie

800 Instrumente vom 17. Jh. bis heute

Musikinstrumenten-Museum

Das Museum im rückwärtigen Anbau der Philharmonie (s. o.) besitzt eine der bedeutendsten Sammlungen an Instrumenten der europäischen Kunstmusik weltweit. Darunter sind solche, die der Laie nicht mal vom Namen her kennt: Bassetthorn, Bumbass, Orphika, Trumscheit, Tenorpommer, Serpent, Musette oder Zister. Eines der kostbarsten Exponate ist das Bach-Cembalo. Selbstverständlich sind auch Bechstein-Klaviere aus Berlin dabei.

Ben-Gurion-Straße, Ⓢ+Ⓤ Potsdamer Platz. Di–Fr 9–17 Uhr, Do bis 20 Uhr, Sa/So 10–17 Uhr. 6 €, erm. 3 €. Auch hier gilt die Bereichskarte Kulturforum (→ S. 104), www.mim-berlin.de.

Ausstellung im Verteidigungsministerium

Gedenkstätte Deutscher Widerstand Berlin

Der Ostflügel des Bendlerblocks (heute zum Verteidigungsministerium gehörend) war während der Nazizeit Sitz des Oberkommandos des Heeres. Unter Führung von General Friedrich Olbricht bildete sich hier das Zentrum des militärischen Widerstands. Am Operationsplan „Walküre" war Oberst Schenk Graf von Stauffenberg beteiligt, jener Mann, dessen Attentatsversuch auf Hitler im Führerhauptquartier Wolfsschanze in Ostpreußen am 20. Juli 1944 misslang. Noch am selben Abend wurden Stauffenberg, Olbricht und weitere Verbündete in genau jenem Hof erschossen, durch den man heute Zutritt zur Gedenkstätte hat. Die Ausstellung „Widerstand gegen den Nationalsozialismus" ist spannend und aufschlussreich, in der Fülle aber etwas erschlagend.

Stauffenbergstr. 13–14, von Ⓤ Wittenbergplatz o. Ⓤ Mendelssohn-Bartholdy-Park mit Bus M 29 bis Haltestelle Gedenkstätte Deutscher Widerstand. Mo–Mi u. Fr 9–18 Uhr, Do bis 20 Uhr, Sa/So 10–18 Uhr. Eintritt frei, öffentliche Führungen So um 15 Uhr. www.gdw-berlin.de.

Museum für Gestaltung

Bauhaus-Archiv

In einem von Walter Gropius, dem Gründer des Bauhauses (1919–1933), entworfenen Gebäude präsentiert das Bauhaus-Archiv bislang eine permanente und stets eine temporäre Ausstellung zur bedeutendsten Schule für Architektur, Design und Kunst des 20. Jh. Das für Besucher und Ausstellungen aber längst zu klein gewordene Haus wird künftig nur noch als Archiv und Bibliothek dienen. 2017/18 soll der Startschuss für einen spannenden Erweiterungsbau erfolgen. Dessen Fertigstellung ist für 2021 angesetzt.

Klingelhöferstr. 14, von Ⓤ Wittenbergplatz o. Ⓤ Mendelssohn-Bartholdy-Park mit Bus M 29 bis Haltestelle Lützowplatz. Tägl. (außer Di) 10–17 Uhr. Mi–Fr 7 €, erm. 4 €, Sa–Mo 8 €, erm. 5 €. www.bauhaus.de.

Praktische Infos

→ Karte S. 100/101

Essen & Trinken

Restaurants

Patio **2**, auf dem Deck des Restaurantschiffs kann man in der Sonne sitzen und Kaffee trinken, darunter in der Lounge gepflegt dinieren und Cocktails schlürfen. Gehobene Küche à la Rote-Bete-Süppchen mit Kokosmilch und Korianderöl oder Hirschkalbsrücken mit Steinpilzen und Bärlauch-Serviettenknödeln. Hg. 15–30 €. Tägl. 11.30–24 Uhr. Kirchstraße/Ecke Helgoländer Ufer, Ⓢ Bellevue, ✆ 40301700, www.patio-berlin.de.

Capt'n Schillow **5**, der blaue Kahn, ein ehemaliger Zementtransporter, liegt idyllisch im Landwehrkanal vertäut. Auf oder unter Deck gibt es neben simpler Fischküche (Spezialität: Labskaus, ein norddeutsches Seemannsessen mit Hering und gepökelter Rinderbrust) auch Handfestes wie Schnitzel oder Eisbein. Außerdem Frühstück. Viele Touristen. Hg. 9–20,50 €. Mai–Sept. tägl. 11–24 Uhr, im Winter verkürzt und Mo/Di geschl. Straße des 17. Juni, Ⓢ Tiergarten, ✆ 31505015, www.capt-schillow.de.

Kantinen

Nordische Botschaften **7**, licht-moderne Kantine im sog. „Felleshus". 3 Tagesgerichte (1-mal Fleisch, 1-mal Fisch, 1-mal vegetarisch, Hg. ab 5 €). Hohe Qualität. Für externe Esser Mo–Fr 13–15 Uhr (am besten erst gegen 13.30 Uhr kommen – großer Andrang). Rauchstr. 1, von Ⓢ+Ⓤ Potsdamer Platz mit Bus 200 bis Haltestelle Nordische Botschaften/Adenauer-Stiftung, www.nordischebotschaften.org.

Casino des Wissenschaftszentrums für Sozialforschung **8**, gut und preiswert (ca. 4,50 €/Mittagessen), Terrasse im begrünten Innenhof zwischen dem repräsentativen Altbau und dem poppig-bunten Neubau von James Stirling. Für Gäste nur werktags 13–14 Uhr. Reichpietschufer 50, von Ⓢ+Ⓤ Potsdamer Platz mit Bus M 48 bis Haltestelle Potsdamer Brücke, www.wzb.eu.

Café

Konditorei & Café Buchwald **3**, gibt's seit 1852 (einst königlicher Hoflieferant) und ist bekannt für den besten Baumkuchen der Stadt. Innen etwas bieder, kleiner Außenbereich. Mo–Sa 8–18 Uhr, So ab 9 Uhr. Bartningallee 29, Ⓢ Bellevue, ✆ 3915931, www.konditorei-buchwald.de.

Draußen

meinTipp **Café am Neuen See** **6**, einer der schönsten und größten Biergärten (2000 Plätze) der Stadt, idyllisch am Neuen See gelegen. Entweder lässt man sich bedienen (kleiner Aufschlag) oder holt sich Brez'n, Pizza oder Brathendl selbst. Innen licht-rustikal und mit Wintergarten. Ruderbootverleih. Tägl. ab 9 Uhr. Lichtensteinallee 2, Bus 200 ab Ⓢ+Ⓤ Potsdamer Platz bis Haltestelle Corneliusbrücke, www.cafeamneuensee.de.

Shopping

Edelporzellan

KPM Quartier **4**, auf dem Gelände der *Königlichen Porzellan-Manufaktur Berlin* kann man sich mit dem weißen Gold eindecken – entweder in der noblen Verkaufsgalerie in der ehem. Ofenhalle oder im Werksverkauf mit 2.-Wahl-Produkten (auch nicht billig). Außerdem gibt es eine Ausstellung zur Geschichte der 1763 von Friedrich dem Großen gegründeten Manufaktur, bei der man eine Schauwerkstatt besichtigen kann (Eintritt 10 €, erm. die Hälfte). Tägl. (außer So) 10–18 Uhr. Wegelystr. 1, Ⓢ Tiergarten, www.kpm-berlin.com.

Flohmarkt

Berliner Trödelmarkt, der bekannteste Flohmarkt Berlins. Viele Profis, viele Touristen, hohe Preise. Glas, Porzellan, Schmuck, Kleintrödel, tolle Lampen. Angeschlossen ein Kunsthandwerksmarkt. Sa/So 10–17 Uhr. Straße des 17. Juni, Ⓢ Tiergarten, www.berlinertroedelmarkt.com.

Unterwegs im alten Westen

Tour 7

Die Baukräne drehen sich unaufhörlich. Aus dem einstigen „Schaufenster des Westens", in der Nachwendezeit etwas erblindet, wird langsam wieder das, was es einst war: das stolze Zentrum Westberlins.

- **Kaufhaus des Westens**, fröhliches Austernschlürfen in der spektakulären Food-Etage, S. 116
- **Kaiser-Wilhelm-Gedächtniskirche**, Berlins berühmte Kriegsruine, S. 116
- **Kurfürstendamm**, wo Kleingeld oft nix bringt ..., S. 113
- **Galerie C/O**, eine der besten Fotogalerien der Stadt, S. 117
- **Zoo und Aquarium**, Tiere gucken mitten in der Stadt, S. 118

Ein Name, drei Stadtteile

City West

Tauentzienstraße, Breitscheidplatz, Bahnhof Zoologischer Garten und natürlich Kurfürstendamm bilden die Mittelpunkte der sog. „City West". Drei Stadtteile teilen sie unter sich auf: Schöneberg, Wilmersdorf und Charlottenburg.

Der Grundstein für das Vergnügungs-, Einkaufs- und Wohnviertel wurde 1885 gelegt, als der „Churfürstendamm", damals ein staubiger Reitweg in Richtung Jagdschloss Grunewald, auf Anordnung Bismarcks zu einem repräsentativen Boulevard verbreitert wurde. Es war die Zeit, als Berlin aus dem Nichts der brandenburgischen Streusandbüchse emporwuchs und die Einwohnerzahl sich innerhalb eines Vierteljahrhunderts fast verdoppelte. Der Geldadel fand es schick, sein Domizil in den damaligen „Neuen Westen" zu verlegen – die großbürgerlichen Wohnviertel nördlich und südlich des Kurfürstendamms sind bis heute eine Augenweide. Die Sogwirkung, die Berlin während der Weimarer Republik auf Künstler und Intellektuelle ausübte, tat das Ihrige, dass sich der Kurfürstendamm schnell in eine quirlig-umtriebige Großstadtmeile verwandelte, mit allem, was dazugehörte: mit Theatern und Kabaretts, Kinos und Kaffeehäusern, mit Kokain und leichten Mädchen.

Im Krieg fiel etwa die Hälfte der Bebauung um den Ku'damm den Bomben zum Opfer. Mit dem Wiederaufbau versuchte man, an die Glanz-und-Glamour-Zeiten anknüpfen. Das alte Herz der Stadt war hinter der Mauer verschwunden, und so sollten die eingeschlossenen Westberliner hier mit funkelnd-glitzernder Urbanität Tag und Nacht bei Laune gehalten werden. Der Kurfürstendamm wurde zum „Schaufenster des Westens". Touristen aus aller Welt sollten sehen, dass diese bunte Meile dem grauen Alexanderplatz überlegen war.

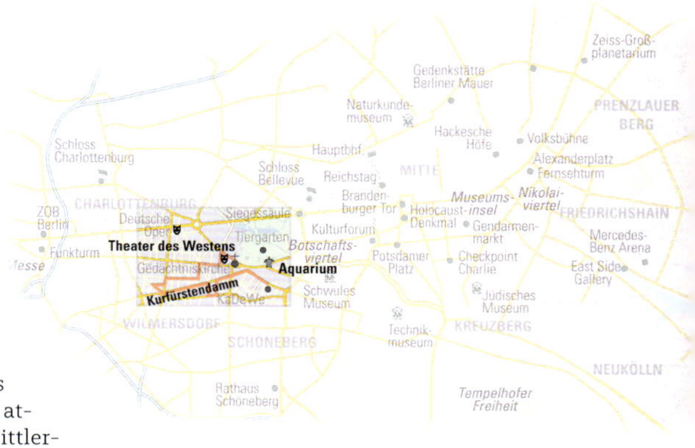

Nach der Wende wurde es stiller um die City West. Die Investoren konzentrierten sich auf den Potsdamer Platz und auf die alten Zentren Ostberlins. Bars und Clubs verschwanden, manche Flagshipstores verlegten ihren Sitz in attraktivere Viertel. Mittlerweile wird die City West aber wieder entdeckt. Der neuerliche Wandel ist spürbar: Allerorts hämmert, kracht und bohrt es, neue architektonische Hingucker entstanden und entstehen, die Raum für Modehäuser für die Massen, aber auch für Nobelboutiquen mit edlen Labels wie *Escada*, *Prada* & Co bieten. Altbewährtes dominiert, aber auch die Modeavantgarde traut sich langsam wieder an den Ku'damm.

Das Facelifting der City West hat auch die Anwohner erfasst, es gibt viel Kunstbräune und selbst *Botox to go*. Die charmanten Terrassenlokale der Nebenstraßen folgen dem neuen Trend weniger. Viele sind alteingesessen, haben ihre Stammkundschaft und müssen nicht, wie z. B. in Mitte, durch ein ausgefallenes Design oder Konzept überzeugen. Ähnliches gilt für die hiesigen Galerien, Antiquariate und Delikatessenläden. Egal was, alles ist etwas gesetzter und gepflegter als anderswo in Berlin, und die Autos vor den Häusern sind eine Nummer größer. Nachts aber ist die City West vergleichsweise unbelebt, die Revitalisierung des Nightlife lässt noch auf sich warten.

Tour-Info **Länge** ca. 5,5 km, **Dauer** ca. 2 Std., **Karte** S. 110/111.

Spaziergang

Der neoklassizistische **U-Bahnhof Wittenbergplatz** aus dem Jahr 1913 ist ein kleines Schmuckstück der City West. Den gleichnamigen Platz mit zwei Brunnen und Currywurstbuden dominiert das **→ Kaufhaus des Westens**, der berühmteste Shoppingtempel Deutschlands. Das KaDeWe mit seiner die Sinne betörenden Foodetage besitzt so viel Anziehungskraft, dass die Tauentzienstraße als umsatzstärkste Flaniermeile der Stadt gilt. Davon profitiert auch Peek & Cloppenburg 100 m weiter im sog. **Weltstadthaus**. Die skelettartige Fassade entwarf der Architekt Gottfried Böhm.

Ein paar Schritte weiter steht in der Mittelpromenade des „Tauentzien" die torartige **Skulptur „Berlin"** des Künstlerpaars Matschinsky-Denninghoff. Sie stammt aus dem Jahr 1987. Damals war die Stadt noch geteilt – die ineinander verschlungenen, aber getrennt aufgestellten Chromnickelstahlröhren symbolisieren dies.

Das Herz der City West

Etwas weiter ragt rechter Hand das **Europa-Center** empor, ein 22 Stockwerke hohes Bürogebäude mit einem sich drehenden Mercedes-Stern obendrauf. In der 20. Etage befindet sich die rundum verglaste Puro Lounge (→ Nachtleben, S. 266) mit einem sensationellen Blick über das nächtliche Berlin.

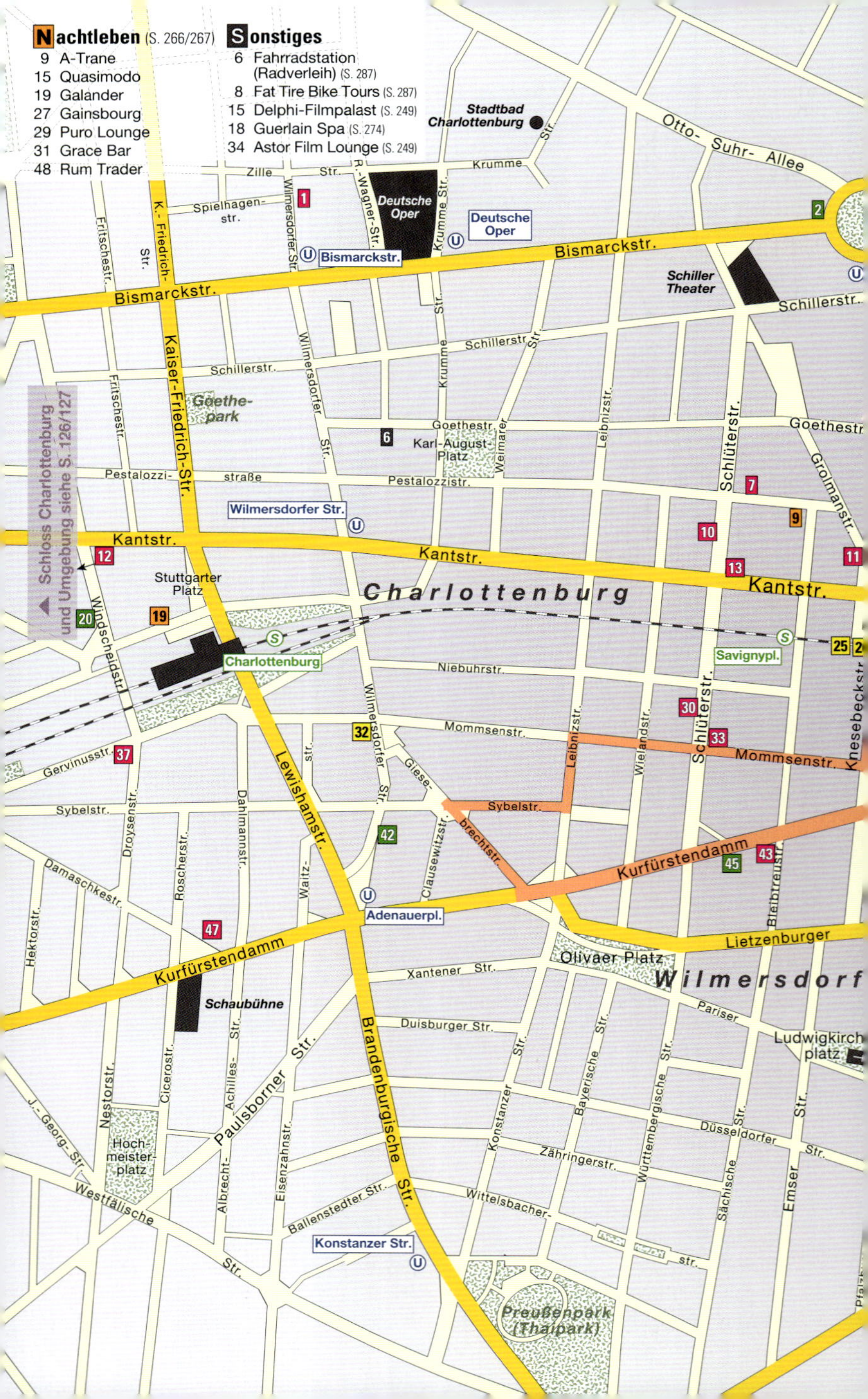
N Nachtleben (S. 266/267)
9 A-Trane
15 Quasimodo
19 Galander
27 Gainsbourg
29 Puro Lounge
31 Grace Bar
48 Rum Trader
S Sonstiges
6 Fahrradstation (Radverleih) (S. 287)
8 Fat Tire Bike Tours (S. 287)
15 Delphi-Filmpalast (S. 249)
18 Guerlain Spa (S. 274)
34 Astor Film Lounge (S. 249)
Stadtbad Charlottenburg
Otto-Suhr-Allee
Deutsche Oper
Bismarckstr.
Schiller Theater
Schillerstr.
Goethepark
Goethestr.
Karl-August-Platz
Pestalozzistr.
Wilmersdorfer Str.
Kantstr.
Charlottenburg
Stuttgarter Platz
Savignypl.
Niebuhrstr.
Mommsenstr.
Sybelstr.
Kurfürstendamm
Adenauerpl.
Lewishamstr.
Lietzenburger
Olivaer Platz
Wilmersdorf
Xantener Str.
Duisburger Str.
Schaubühne
Ludwigkirchplatz
Brandenburgische Str.
Paulsborner Str.
Hochmeisterplatz
Westfälische Str.
Konstanzer Str.
Düsseldorfer Str.
Zähringerstr.
Wittelsbacherstr.
Preußenpark (Thaipark)
Schloss Charlottenburg und Umgebung siehe S. 126/127

Essen & Trinken
(S. 118–122)
1 Rogacki
3 Schleusenkrug
7 Vaust
10 Wirtshaus Wuppke
11 Zwiebelfisch
12 Genazvale
13 Good Friends
17 Neni/Monkey Bar
22 Ottenthal
23 Paris Bar
28 Diener Tattersall
30 Baba Angora
33 Klemkes Wein-Eck
35 Cassambalis
36 La Sepia
37 Charlottchen
39 Witty's
43 Bier's Kudamm 195
44 Diekmann
47 Garage
49 Grüne Lampe
50 Namaskar
Cafés (S. 120–122)
2 Cafeteria Skyline
5 Café Hardenberg
20 Gasthaus Lentz
21 Schwarzes Café
40 Café Wintergarten
41 Berliner Kaffeerösterei
42 Frau Behrens Torten
45 Kaffeehaus Grosz
Einkaufen (S. 122/123)
4 Manufactum
14 Stilwerk
16 Bikini Berlin
24 Rahaus
25 Autorenbuchhandlung
26 Bücherbogen
32 Mientus
38 Solebox
46 Hund und Katz
Tour 7: City West
200 m
Technische Universität
Charlottenburger Tor
Tiergarten
Trödelmarkt
Straße des 17. Juni
Ernst-Reuter-Pl.
Gaslaternen-Freilichtmuseum
Tiergarten, Kulturforum und Diplomatenviertel siehe S. 100/101
Wasserumlauftank
Landwehrkanal
Hardenbergstr.
Renaissance-Theater
Universität der Künste
Fasanenstr.
Hertzallee
Steinplatz
Knesebeckstr.
Museum für Fotografie
Jebensstr.
Hardenbergplatz
Zoologischer Garten
Ludwig-Erhard-Haus
Amerika Haus/Galerie C/O
Carmerstr.
Theater des Westens
Zoofenster/Waldorf Astoria
Zoopalast
Bikini-Haus
Aquarium
Budapester Str.
Savignyplatz
Kantstr.
Camera Work
Weltkugelbrunnen
Olof-Palme-Platz
Kolumbien
Upper West
Breitscheidpl.
Europa-center
Kurfürstenstr.
Grolmanstr.
Uhlandstr.
Neues Kranzler-Eck
Verkehrskanzel
Kaiser-Wilhelm-Gedächtnis-Kirche
Die Stachelschweine
& other Stories
Kurfürstendamm
Tauentzienstr.
Bayreuther Str.
Keithstr.
The Story of Berlin
Literaturhaus
Kunsthandel Wolfgang Werner
Neues Kudamm-Eck
Los-Angeles-Platz
Marburger Str.
Nürnberger Str.
Welt-stadthaus
Wittenbergpl.
Villa Grisebach
Galerie Kornfeld
Augsburger Str.
KaDeWe
Kudamm-Karree
Käthe-Kollwitz-Museum
Fasanenpassage
Meinekestr.
Joachimsthaler Str.
Rankestr.
Eislebener Str.
Passauer Str.
Ansbacher Str.
Lietzenburger Str.
Augsburger-str.
Schaperstr.
Bar jeder Vernunft
Fasanenplatz
Haus der Berliner Festspiele
Bundesallee
Spichernstr.
Ludwigkirchstr.
Meierottostr.
Geisbergstr.
Schöneberg siehe S. 178/179
Regensburger Str.
Uhlandstr.
Hohenzollernpl.

Neues Kranzler-Eck by night

Das Shoppingcenter im vorgelagerten Sockelbau war zu seiner Eröffnung 1965 revolutionär, heute ist sämtlicher Glanz verflogen. Im Untergeschoss sind *Die Stachelschweine* beheimatet, eine der bekanntesten Berliner Kabarettbühnen.

Vor dem Europa-Center befindet sich der ziemlich hässliche **Breitscheidplatz**, einer der Dreh- und Angelpunkte der City West. Der **Weltkugelbrunnen**, auch „Wasserklops“ genannt, ist hier ein beliebter Treffpunkt.

Über die gesamte Nordseite des Breitscheidplatzes erstreckt sich das sog. **Bikini-Haus**. Der Gebäuderiegel erhielt seinen Namen von einem früheren Luftgeschoss – ganz nach dem Motto: „Oben was, unten was und in der Mitte nüscht“. Jüngst aufwendig modernisiert, beherbergt der Bikini-Haus-Komplex heute u. a. die wohl lässigste Mall der Stadt (→ Shopping, S. 122). Gehen Sie hinein, wenn auch nur auf einen Kaffee – mit Blick auf die rotärschigen Paviane am Affenfelsen des rückwärtigen Zoos.

Mitten auf dem Breitscheidplatz erhebt sich der Turm der alten **→ Kaiser-Wilhelm-Gedächtniskirche**. Die noch erhaltene Eingangshalle der flapsig als „hohler Zahn“ bezeichneten Kriegsruine kann besichtigt werden. Auch das Innere der Neuen Kirche nebenan ist einen Blick wert.

Gen Westen schließt das **Upper West** den Breitscheidplatz ab (bei Redaktionsschluss noch im Bau, Fertigstel-

lung voraussichtlich im Frühjahr 2017). Darin befinden sich u. a. ein *Motel One* und auf 110 m Höhe die **Sky Bar** mit Wahnsinnsblick über Berlin. Ein weiterer Meilenstein in der Wiedererweckung der City West ist das **Zoofenster**, ein 118 m hoher Turm in Nachbarschaft zum Upper West. Einer der Mieter: das Waldorf-Astoria, die Luxusmarke der Hiltonfamilie.

Neue Architektur

Am Breitscheidplatz beginnt der **Kurfürstendamm**, eine 53 m breite Shoppingmeile. Ein Potpourri verschiedenster Baustile ist hier zu finden: Gründerzeitschnörkel an Prachtpalästen, Scheußlichkeiten aus der Nachkriegszeit, aber auch spektakuläre neue Architektur.

Wer noch alte Zeiten schmecken will, sollte einen Blick in den Modeladen *& other Stories* linker Hand (Hnr. 234) werfen. Hier war früher die Konditorei Schilling untergebracht, deren prächtige neobarocke Wand- und Deckenausschmückung aus dem Jahr 1901 erhalten ist.

Anders das **Neue Kudamm-Eck**, ebenfalls linker Hand an der Kreuzung zur Joachimsthaler Straße. Für den um die Jahrtausendwende entstandenen wuchtigen Rundbau, den u. a. *C & A* und das *Swissôtel* belegen, zeichnet das Architekturbüro *Gerkan, Marg und Partner (gmp)* verantwortlich. Nebenan kam 2005 das von Jan Kleihues entworfene heutige **Hotel Sofitel** hinzu. Beide Bauten zusammen verleihen der City West einen Hauch von Manhattan. Die **Verkehrskanzel** samt Uhr am Straßeneck gegenüber stammt aus den 1950ern. Ein Verkehrspolizist bediente von dort vier Jahre lang die Ampeln per Hand – dann kapitulierte er vor dem stetig wachsenden Verkehrsaufkommen.

Das dritte erwähnenswerte Eck an dieser Ku'damm-Kreuzung markiert die denkmalgeschützte Rotunde des **Cafés Kranzler**, das es an dieser Stelle schon seit 1958 gibt und das zuletzt dem neuen Flagship-Store der britischen Textilhandelskette *Superdry* angegliedert wurde. Dahinter erhebt sich das sog. **Neue Kranzler-Eck**. Das luftig-leichte Gebäudeensemble stammt wie auch das Sony Center am Potsdamer Platz von Helmut Jahn – die Ähnlichkeit ist unübersehbar. Im Innenhof, zwischen altem Kranzler-Eck und neuem, flattern Sittiche und Papageien in Volieren.

Fasanenstraße – eine Perle

Prunkarchitektur gibt es nicht nur am Ku'damm selbst zu bestaunen, sondern auch in seinen Seitenstraßen. Eine Perle aus der Gründerzeit ist die kreuzende **Fasanenstraße**, in die wir nach links einbiegen. An ihr liegt rechter Hand das sog. **Wintergarten-Ensemble**. Den Auftakt bildet das **Literaturhaus** in

City West → Karte S. 110/111

einer Backsteinvilla (Hnr. 23). Hier werden Lesungen und Ausstellungen veranstaltet, zudem beherbergt es das **Café Wintergarten** mit idyllischer Sommerterrasse (→ Essen & Trinken/Cafés). In der schönen Stadtvilla (Hnr. 24) südlich davon befindet sich das → **Käthe-Kollwitz-Museum**. Wieder eine Tür weiter: die **Villa Grisebach** (Hnr. 25), ein fast märchenhaft wirkendes Gebäude aus den Jahren 1891/92. Heute befindet sich hier u. a. eines der bedeutendsten deutschen Auktionshäuser für Kunst des 19. bis 21. Jh. Mehr dazu und zu den hiesigen Galerien → S. 250.

Kurz darauf führt rechter Hand die **Fasanenpassage** (Durchgang bei Hnr. 28) durch mehrere Höfe zur parallel verlaufenden Uhlandstraße. Dort steht man vorm **Kudamm-Karree**, vielleicht auch vor einer riesigen Baustelle. Der Komplex aus den 1970ern, dessen Hauptfront am Kurfürstendamm liegt, soll umfangreich modernisiert werden. Der Besuch des Atomschutzbunkers (→ **The Story of Berlin**) unter dem Karree soll während der Umbauarbeiten aber weiterhin möglich sein.

Westberliner Noblesse

Nun geht es weiter den Kurfürstendamm entlang. Es folgen Nobelboutiquen wie *Gucci* oder *Louis Vuitton*, dazwischen eines der schönsten Kaffeehäuser Berlins, das **Grosz** (Hnr. 193/194, → Essen & Trinken, S. 120). Bevor der 3,5 km lange Kurfürstendamm jedoch an Reiz verliert und einfache Geschäfte die edlen Stores ersetzen, kehren wir ihm den Rücken.

Über die Giesebrechtstraße, die nach rechts abzweigt, geht es hinein in gehobenere Wohnviertel nördlich des Kurfürstendamms. Herrschaftliche, oft noch reich mit Stuck verzierte Stadthäuser aus dem frühen 20. Jh. sind dort zu entdecken, mit Erkern, Giebeln, herrlichen Treppenaufgängen, liebevoll restaurierten Fahrstühlen und teils riesigen Etagenwohnungen. Auch auf dem weiteren Weg, der über die Sybel-, die Leibnitz- und die Mommsen- in die Knesebeckstraße führt, stehen solche Häuser, zuweilen aber von ihrem Fassadenschmuck befreit.

Symbol für die einst geteilte Stadt: Skulptur *Berlin* an der Tauentzienstraße

Bärlin grüßt im Neuen Kranzler-Eck

Weiter Richtung Zoo

Die Knesebeckstraße verläuft in Richtung Norden zum gärtnerisch gestalteten **Savignyplatz**, den die laute Kantstraße jedoch unschön in zwei Hälften teilt. Lokale mit Freiluftterrassen laden am Platz auf eine Pause ein. Auch in den Bögen des S-Bahn-Viadukts warten Restaurants und bessere Geschäfte auf Kundschaft. Westlich des Platzes erstreckt sich Berlins kleine Chinatown (die Betonung liegt auf „klein") mit asiatischen Imbissen und Lokalen.

Der Spaziergang führt jedoch in entgegengesetzter Richtung weiter gen Osten. Dabei passiert man in der Kantstraße das **Stilwerk**, wo es Designermöbel auf fünf Etagen gibt (→ Shopping, S. 123), und die renommierte Fotogalerie → **Camera Work** (Hnr. 149) gegenüber.

Vor dem **Theater des Westens** (→ Kultur, S. 247) geht es links ab in die Fasanenstraße. Das Theater, heute eine der großen Musical-Bühnen der Stadt, wurde 1884 im Stil des wilhelminischen Historismus erbaut. Schon Josephine Baker, Maria Callas und Enrico Caruso begeisterten hier das Berliner Publikum. Der Bau mit dem Terrassencafé davor ist der schöne **Delphi-Filmpalast** (→ Kultur, S. 249). In dessen Rücken steht in der Fasanenstraße das **Ludwig-Erhard-Haus**. Das 1994–98 errichtete Gebäude von Nicholas Grimshaw wird wegen seiner 15 ellipsenförmigen Stahlbögen auch „Gürteltier" genannt. Es ist heute u. a. Sitz der Berliner Börse. Das Foyer mit schickem Café ist öffentlich zugänglich – hier kann jedermann einen Blick aufs Börsenparkett werfen.

Hält man sich an der Hardenbergstraße rechts, gelangt man, vorbei am sog. Amerika-Haus mit der → **Galerie C/O**, zum Bahnhof „Zoologischer Garten", kurz: zum Bahnhof Zoo. Noch bevor man die Gleise unterquert, bietet sich ein Abstecher nach links in die Jebensstraße zum → **Museum für Fotografie** an.

Der **Bahnhof Zoo** hat mit dem schmuddeligen, von Junkies und Kinderprostituierten bevölkerten Fernbahnhof der Vorwendezeit, bekannt aus *Christiane F. – Wir Kinder vom Bahnhof Zoo*, heute nur noch wenig gemein. Der namengebende → **Zoo** samt → **Aquarium** liegt hinter dem Bahnhof.

City West → Karte S. 110/111

Sehenswertes

Konsumtempel par excellence

Kaufhaus des Westens

Durch das *KaDeWe*, nach dem Londoner *Harrods* das zweitgrößte Kaufhaus Europas, schlendern bis zu 180.000 Besucher täglich. Die Verkaufsfläche (ca. acht Fußballfelder groß) verteilt sich auf neun Etagen, 2000 rührige

KaDeWe: Am Sonntag sind die Tore dicht

Geister sorgen dort für das Wohl der Kunden. Eröffnet wurde das KaDeWe 1907. Nach dem Zweiten Weltkrieg musste es aufwendig restauriert werden, da ein amerikanischer Flieger in das Gebäude gestürzt war. Aktuell geht bei laufendem Betrieb die jüngste Modernisierungswelle über die Bühne, sieben Jahre wird der Umbau dauern. Dabei soll das Haus auch ein neues Glasdach und eine spektakuläre Rolltreppe bekommen. Übrigens ist mittlerweile die thailändische *Central Group* der größte Anteilseigner am KaDeWe.

Das Warensortiment ist erlesen, das Luxussegment gut vertreten, darunter Damenhandtaschen für 150.000 €, aber auch sündhaft teure Designerhalsbänder für den Wauwau. An der Austernbar der riesigen Feinschmeckeretage im 6. Stock werden rund 8000 Austern pro Woche über die Theke gereicht – unter den Augen beeindruckter Zaungäste aus aller Welt. Überhaupt ist die „Fressabteilung" des KaDeWe *der* touristische Hotspot der gesamten City West. Gaumenfreuden an über 30 Gourmetständen, dazu hat man die Wahl zwischen 3400 Wein-, 1300 Käse-, 1800 Wurst- und 400 Brotsorten.

Tauentzienstr. 21–24, Ⓤ Wittenbergplatz. Mo–Sa 10–20 Uhr, Fr bis 21 Uhr. www.kadewe.de.

Der „hohle Zahn"

Kaiser-Wilhelm-Gedächtniskirche

Die einst monumentale neoromanische Kirche wurde unter Wilhelm II. in Gedenken an seinen Großvater Wilhelm I., den ersten deutschen Kaiser, zwischen 1891 und 1895 erbaut. 1943 wurde sie bei einem Bombenangriff zu großen Teilen zerstört, das Hauptschiff daraufhin abgerissen. Seitdem ragt der 68 m hohe Turmtorso, für Walter Gropius „Deutschlands schönste Ruine", als Mahnmal in den Himmel. Erhalten blieb auch die Eingangshalle der Kirche mit prächtigen Gewölbemosaiken, heute die sog. *Gedenkhalle* mit einer kleinen Ausstellung zur Geschichte der Kirche.

Rechts und links der Turmruine stehen die *Neue Kirche*, der *Neue Turm* und die *Neue Gemeindekapelle*. Der Architekt Egon Eiermann entwarf diese umstrittenen Baukörper in den frühen 1960er-Jahren. Ursprünglich sah Eiermanns Projekt den Abriss der Ruine vor, was jedoch für vehemente Proteste unter den Berlinern sorgte. Das Innere der Neuen Kirche in Form eines Oktogons tauchen über 22.000 kleine blaue Glasfenster in ein eigentümliches Licht. Über dem Altar thront eine aus Tombak getriebene mächtige Christusfigur.

Breitscheidplatz, Ⓤ Kurfürstendamm. **Gedenkhalle**, Mo–Fr 10–18 Uhr, Sa/So 12–17.30 Uhr. Eintritt frei, Spende erwünscht. **Neue Gedächtniskirche**, tägl. 9–19 Uhr. Kostenlose Führungen Mo/Fr/Sa um 10.15, 11.15, 12.15, 13.15, 14.15 u. 15.15 Uhr, Di–Do u. So um 12.15, 13.15, 14.15 u. 15.15 Uhr. www.gedaechtniskirche-berlin.de.

Sozialkritische Kunst

Käthe-Kollwitz-Museum

Sozialkritik und expressiv-realistischer Ausdruck bestimmen das Werk von Käthe Kollwitz (1867–1945). Wegen ihres Engagements für den Zusammenschluss der linken Parteien gegen die NSDAP musste sie nach der Machtergreifung der Nationalsozialisten ihr Lehramt an der Preußischen Akademie der Künste aufgeben. 1936 erhielt sie Ausstellungsverbot. Das Museum präsentiert auf vier Etagen Selbstporträts, Kohlezeichnungen, Lithografien, Radierungen, Skulpturen und den bekannten Holzschnitt *Gedenkblatt für Karl Liebknecht* (1921).

Fasanenstr. 24, Ⓤ Uhlandstraße. Tägl. 11–18 Uhr. 7 €, erm. 4 €. www.kaethe-kollwitz.de.

Ausflug in den Atomschutzbunker

The Story of Berlin

Das kommerzielle Museum bietet einen kurzweiligen Einblick in die Geschichte Berlins von den Anfängen bis in die jüngste Vergangenheit. Auch kann ein noch voll funktionsfähiger unterirdischer Atomschutzbunker mit Platz für rund 3600 Menschen besichtigt werden.

Kurfürstendamm 207–208, Ⓤ Uhlandstraße. Tägl. 10–20 Uhr. 12 €, erm. 5–9 € inkl. Bunkerführung (bis 18 Uhr zu jeder vollen Std.). www.story-of-berlin.de.

Spannende Fotokunst – zum Ersten

Camera Work

Berlins bedeutendste Fotogalerie in einer schön restaurierten Hinterhof-Remise präsentiert die Crème de la Crème der internationalen Fotoszene. Dependance (CWC Gallery) in der Spandauer Vorstadt (→ S. 75).

Kantstr. 149, Ⓢ Savignyplatz. Di–Sa 11–18 Uhr. Eintritt frei. www.camerawork.de.

Spannende Fotokunst – zum Zweiten

Galerie C/O

Die ebenfalls renommierte Fotogalerie C/O residiert im Amerika-Haus, einem architektonisch spannenden Gebäude, das 1957 entstand und bis 2006 als kulturelle Begegnungsstätte und Infozentrum der USA diente. Auch hier werden Fotoausstellungen von Weltrang präsentiert. Mit Café.

Hardenbergstr. 22–24, Ⓢ+Ⓤ Zoologischer Garten. Tägl. 11–20 Uhr. 10 €, erm. 6 €. www.co-berlin.org.

Spannende Fotokunst – zum Dritten

Museum für Fotografie – Helmut Newton Foundation

Das Museum in dem neoklassizistischen ehemaligen Offizierskasino widmet sich im EG und im 1. OG dem Leben und Werk Helmut und June Newtons – Helmut Newtons Ehefrau arbeitete ab 1970 unter dem Pseudonym Alice Springs ebenfalls als Fotografin. Helmut Newton selbst wurde 1920 als Helmut Neustädter in Berlin geboren, 2004 verstarb er in Los Angeles. Im schön restaurierten Kaisersaal im Obergeschoss werden wechselnde Ausstellungen aus der Sammlung Fotografie der Kunstbibliothek (→ S. 124) gezeigt.

Jebensstr. 2, Ⓢ+Ⓤ Zoologischer Garten. Di–So 11–19 Uhr, Do bis 20 Uhr. 10 €, erm. 5 €. www.helmut-newton.de bzw. www.smb.museum.

City West → Karte S. 110/111

Klein, aber fein

Zoo

Der älteste deutsche Zoo (1844 eröffnet) befindet sich inmitten der City West. Auf dem mit 34 ha relativ kleinen Areal mit seinen schönen historischen Tierhäusern tummeln sich rund 14.000 Tiere. Zu den Highlights gehören die Flusspferde, denen man dank einer Glaswand auch unter Wasser beim Gähnen zusehen kann. Zum G-20-Gipfel im Juli 2017 will Chinas Premier Li zwei Pandas für den Zoo mitbringen.

Attraktion im Zoo Berlin: die Flusspferde

Hardenbergplatz 8, Ⓢ+Ⓤ Zoologischer Garten. April–Okt. tägl. 9–18.30 Uhr, sonst bis 17 Uhr. 14,50 €, erm. 7,50–10 €, Kombiticket mit Aquarium 20 €, erm. 10–15 €. www.zoo-berlin.de.

Noch mehr Tiere gucken kann man im Tierpark in Friedrichsfelde (Ⓤ Tierpark), Europas größtem Landschaftstiergarten. www.tierpark-berlin.de.

Eintauchen in die Unterwasserwelt

Aquarium

Das 1913 eröffnete, mit ca. 800 Arten und über 9000 Tieren artenreichste Schauaquarium der Welt bietet einen faszinierenden Einblick in die Welt der Fische, Reptilien, Amphibien und Insekten. Highlight ist die Krokodilhalle mit tropischen Temperaturen. Zu sehen gibt es außerdem Riffhaie, Zackenbarsche, Zitteraale, Quallen und Rochen in Landschaftsbecken wie auch Schlangen, Echsen, Schildkröten u. v. m. Wer im Insektarium einen Blick auf die Brasilianische Riesenvogelspinne wagt, überdenkt seine Südamerika-Urlaubspläne vielleicht noch einmal ...

Budapester Str. 32, Ⓢ+Ⓤ Zoologischer Garten. Tägl. 9–18 Uhr. 14,50 €, erm. 7,50–10 €, Kombiticket mit Zoo 20 €, erm. 10–15 €. www.aquarium-berlin.de.

Praktische Infos

→ Karte S. 110/111

Essen & Trinken

Restaurants

Neni **17**, gehört zum heißesten Scheiß der City West. Im 10. Stock des 25hours-Hotels mit abends sensationellem Blick sowohl vom glashausähnlichen Inneren als auch von der umlaufenden Terrasse. Leider hinkt die nahöstliche Küche (*Babaganoush*, Hummus, Mais-Arak-Hühnchen usw.) dem Ambiente hinterher, und auch die Tatsache, dass man sich nach 2 Std. trollen soll, spricht nicht für den Laden. Dennoch ist ein Besuch ein Erlebnis. Man sollte mit ca. 45 €/Pers. rechnen. Wer sich das Geld sparen will, geht einfach auf ein Getränk in die **Monkey Bar** nebenan (→ Bars). Tägl. 12–23.30

Uhr. Budapester Str. 40, Ⓤ Kurfürstendamm, ✆ 120221200, www.neniberlin.de.

Cassambalis **35**, liebevoll dekoriertes, gehobenes Lokal, bis unter die Decke mit Kunst vollgestopft. Bei gutem Wein und frischer mediterraner Küche (Schwerpunkt ist die griechische) lassen sich hier ein paar gemütliche Stunden verbringen. Highlight ist das wunderbare Vorspeisenbüfett, danach gibt es u. a. Pasta oder Risotto, *Keftedes* oder Dorade vom Grill. Hg. 14,50–32,50 €. Mo–Sa 12–2 Uhr, So ab 14 Uhr. Grolmannstr. 35, Ⓤ Uhlandstraße, ✆ 8854747, www.cassambalis.de.

Paris Bar **23**, am Nebentisch können hier auch schon mal Hannelore Elsner oder Iris Berben sitzen. Auch sonst gibt es in diesem charmant-bunten Restaurantklassiker viel zu gucken. Da wird das Essen fast zur Nebensache: Perlhuhnbrust, Seezunge Müllerin oder Steinbuttfilet mit Sauerampfersoße zu 20–36 €. Tägl. 12–1 Uhr. Kantstr. 152, Ⓤ Uhlandstraße, ✆ 3138052, www.parisbar.net.

Ottenthal **22**, weiß gedeckte Tische und Mozartbüsten unterm Tonnengewölbe – das gepflegte Lokal kredenzt klassische wie neue österreichische Küche mit Biofleisch und regional-saisonalen Produkten. Auf der Karte stehen das bekannte Wiener Schnitzel mit Erdäpfel-Vogerl-Salat, Barbarie-Entenbrust auf Marillensoße und Tafelspitz, aber auch interessante vegetarische Gerichte. 250 Weinsorten. Hg. 17,50–35,50 €. Tägl. 17–1 Uhr. Kantstr. 153, Ⓤ Uhlandstraße oder Ⓢ+Ⓤ Zoologischer Garten, ✆ 3133162, www.ottenthal.com.

Diekmann **44**, feines Lokal im charmant-nostalgischen Ambiente einer ehemaligen Kolonialwarenhandlung – die Originalschränke sind noch erhalten. Raffinierte deutsch-französische Küche (vornehmlich Fisch oder Fleisch), günstigerer Businesslunch, Hg. abends 18–25 €. Mo–Sa 12–1 Uhr. Meinekestr. 7, Ⓤ Uhlandstraße, ✆ 8833321, www.diekmann-restaurant.de.

La Sepia **36**, wenn wir Lust auf Seafood haben, zieht es uns in dieses extrem populäre portugiesisch-spanische Lokal. Einer der besten Orte für frisches Meeresgetier in der Stadt! Geniale Fischvitrine, offene Küche, ambitioniertes Personal, Ambiente rustikal mit Schiffssteuerrad- und Fischernetzdeko. Probieren: *Cataplana*, *Caldeirada* oder Dorade im Salzteig. Zuvor gibt's gratis frischen Salat und feine Garnelen, dafür kosten die Hg. ab 15 €, Fisch wird z. T. nach Gewicht berechnet. Tägl. 12–24 Uhr. Marburger Str. 2, Ⓤ Kurfürstendamm, ✆ 2135585, www.lasepia-berlin.de.

Baba Angora **30**, gepflegtes türkisches Restaurant. Hervorragende anatolische Küche: Sehr gute *Meze*, zum Hauptgang kann man wählen zwischen den Klassikern vom Grill (überaus zartes Lammfleisch), gefülltem Gemüse, Fischgerichten oder *Güveç*, einer Leckerei aus dem Steinofen. Zuvorkommender Service. Hg. 11,50–22,50 €. Tägl. 11.30–24 Uhr. Schlüterstr. 29, Ⓢ Savignyplatz, ✆ 3237096, www.babaangora.de.

Namaskar **50**, gehobene indische Küche in eher schlichtem Ambiente. Außergewöhnliche Gerichte aus den verschiedensten Regionen des Landes – Kardamon und Safran stehen für den Norden, scharfe Currys für den Süden, Tandoori-Gerichte für die Punjab-Küche. Empfehlenswert sind die gemischten Platten mit allerlei Leckereien. Sehr herzliche Bewirtung. Hg. 12–23 €, günstige Mittagsmenüs. Mo 17–24 Uhr, sonst ab 12 Uhr. Pariser Str. 56/57, Ⓤ Hohenzollernplatz, ✆ 88680648, www.restaurant-namaskar.de.

Genazvale **12**, georgisches Restaurant mit rustikal-folkloristischem Ambiente. Probieren: *Chatchapuri* (Fladenbrot mit Käse), *Chinkali* (Teigtaschen) oder das zarte Lammschaschlik mit Pflaumen- und Tomatensoße. Dazu auch Vegetarierfreundliches. Alles üppig und würzig – Schnaps oder georgischer Kaffee hinterher sind keine schlechte Idee. Hg. 10–23 €. Tägl. ab 15 Uhr. Windscheidstr. 14, Ⓤ Wilmersdorfer Straße, ✆ 23578292, www.genazvale.de.

Good Friends **13**, authentisches kantonesisches Lokal, groß, laut und immer voll. Einrichtung simpel-unspektakulär, im Fenster hängen marinierte Enten. Die Speisekarte ist so lang wie ein Buch, und nicht alles ist europäischen Gaumen und Augen vertraut: Suppe mit getrockneten Jakobsmuscheln, Tausend-Jahr-Eier mit Qualle, Seegurke mit Fischbauch ... Viel chinesisches Publikum. Am besten kommt man in der Gruppe und lässt sich viele verschiedene Gerichte auftischen. Hg. 10–20 €, günstige Mittagsgerichte. Tägl. 12–1 Uhr. Kantstr. 30, Ⓢ Savignyplatz, ✆ 3132659, www.goodfriends-berlin.de.

Garage **47**, dieses freundlich-familiäre Weinlokal in einer ehemaligen Garage serviert allerbeste Hausmannskost wie Königsberger Klopse, Käsespätzle oder Kaisersülze. Unbedingt kosten: die besten Bratkartoffeln Berlins. Hg. 11–19 €, Flasche Wein ab 15,50 €. Mo–Fr 18–24 Uhr. Damaschkestr. 8, Ⓤ Adenauerplatz, ✆ 45086250, www.weinstube-garage.de.

City West → Karte S. 110/111

Vaust 7, vegane Brauereigaststätte! Das ruhige Lokal mit schöner Kachelwand ist zwar rustikal angehaucht, hat dennoch mit einer derben Bierschenke wenig gemein. Kleine, stetig wechselnde Karte mit Gerichten wie Seitan-Currywurst, Selleriemedaillons mit Sesam-Kruste oder Antipasti-Platte mit gutem Treberbrot. Überaus süffig das hausgebraute Bier, das es in hell und dunkel gibt. Hg. 9,50–14,50 €. Tägl. (außer So/Mo) 17–23 €. Pestalozzistr. 8, Ⓤ Willmersdorfer Straße, ☏ 54599160, www.vaust-berlin.de.

Grüne Lampe 49, die Einrichtung gleicht einem pseudoschicken osteuropäischen Provinzcafé – egal. Das Lokal wurde vom *Gault Millau* schon zum besten russischen Restaurant Deutschlands gekürt. Im *Borschtsch* könnte man baden, die *Pelmeni* sind köstlich, und der Rest ist es auch: der gebeizte Lachs, der *Hering im Pelzmantel* oder die *Blinis* mit Biokaviar. Dazu russisches Bier oder *Kwas*. Regelmäßig leckere Büfetts, sonntags Kaviarbrunch. Viel russisches Publikum. Hg. 8–16,50 €. Mo–Fr 12–22 Uhr, Sa/So ab 10 Uhr. Uhlandstr. 51, Ⓤ Spichernstraße, ☏ 88719393, www.gruene-lampe.de.

Charlottchen 37, familienfreundliches Lokal, → S. 278.

meinTipp **Diener Tattersall 28**, populäres Kneipenrestaurant mit herrlich viel Patina, als wäre die Zeit stehen geblieben – selbst das Telefon klingelt noch wie in Hitchcocks Filmen. Der Name geht auf den früheren Besitzer Franz Diener zurück (gest. 1969), einen bekannten Boxer. Viel älteres Stammpublikum aus Künstler- und Promikreisen. Zu essen gibt's Handfestes wie Bulette mit Kartoffelsalat, Blutwurst oder Hackepeterschnittchen zu günstigen Preisen. Raucherbereich. Tägl. ab 18 Uhr. Grolmannstr. 47, Ⓤ Uhlandstraße, ☏ 8815329, www.diener-berlin.de.

Schnelle Küche/Snacks

Klemkes Wein-Eck 33, originelle Mischung aus Weinladen und Stehimbiss, ist *der* Anlaufpunkt für die schnelle Portion solide-leckerer Hausmannskost wie Wildschweinbolognese oder Schweinekrustenbraten (5–9 €). Sehr beliebt, in Stoßzeiten drängt sich Anzug neben Blaumann an den Stehtischen. Mo–Fr 9–19 Uhr, Sa 9–14.30 Uhr. Mommsenstr. 9, Ⓢ Savignyplatz, ☏ 8811909.

Rogacki 1, ein Berliner Original seit 1928. Mischung aus Fischladen, Metzgerei, Delikatessengeschäft und Schnellimbiss. Unzählige Fischsalate, Räucherfischköstlichkeiten oder Rollmops & Co, die man mit einem Glas Weißwein an Stehtischchen verzehren kann. Mo–Mi 9–18 Uhr, Do 9–19 Uhr, Fr 8–19 Uhr, Sa 8–16 Uhr. Wilmersdorfer Str. 145–146, Ⓤ Bismarckstraße, ☏ 3438250, www.rogacki.de.

Witty's 39, hier gibt's die Currywurst als Bioversion – mit 3,50 € aber auch nicht billig, und die Biosoße zu den Biopommes schlägt mit 0,60 € noch mal extra zu Buche. Mo–Sa 11–21.30 Uhr, So ab 12 Uhr. Wittenbergplatz, Ⓤ Wittenbergplatz, ☏ 63911666, www.wittys-berlin.de.

Bier's Kudamm 195 43, noch ein Currywurst-Klassiker, den es seit 1965 gibt. Gehobenerer Imbiss, den auch Promis hin und wieder aufsuchen. Zur leckeren Wurst (2,90 €, auf Porzellantellern!) gibt's auf Wunsch auch eine Flasche Sekt oder Champagner (69 €). Tägl. 11–5 Uhr. Kurfürstendamm 195, Ⓤ Uhlandstraße, ☏ 8818942.

meinTipp **Thaipark**, so nennt sich der Preußenpark im Süden von Wilmersdorf an schönen Sommerwochenenden, wenn hier Berliner Thais Leckereien aus der Heimat brutzeln und köcheln: aromatische Suppen, Fleischspieße, Frühlingsrollen. Gegessen wird auf Tüchern und Bastmatten unter Sonnenschirmen. Schmeckt 100 % nach Urlaub! Das bunte, illegale Treiben ist den Behörden ein Dorn im Auge, daher Zukunft ungewiss. Ⓤ Fehrbelliner Platz o. Konstanzer Straße.

Feinschmeckerabteilung des KaDeWe, → Sehenswertes.

Cafés/Kneipen/Bar

Monkey Bar 17, hoch über der Stadt im Bikini-Haus-Komplex neben dem Restaurant Neni (→ Restaurants). Fast rundherum verglaste, rauchfreie Bar (preislich noch im Rahmen) mit tollem Blick über die City West und aufs Affenhaus des Zoos. Ein Manko aber sind am Abend zuweilen die Türsteher, die gerne eine Schlange stehen haben, auch wenn es oben gar nicht so voll ist – wirkt einfach cooler. Tägl. 12–2 Uhr. Budapester Str. 40, Ⓤ Kurfürstendamm, ☏ 120221210, www.25hours-hotel.com.

Kaffeehaus Grosz 45, das mondäne Kaffeehaus im Wiener Stil wurde 2012 im denkmalgeschützten Haus Cumberland, einem ehemaligen Luxushotel, eröffnet. Wilhelminische Pracht pur: 8 m hohe Decken, edelholzvertäfel-

Stuck und Gold: Kaffeehaus Grosz am Ku'damm

te Wände, Jugendstilsäulen, Stuck und Marmor satt. Kaffee aus Meißner Tässchen, adrette Kellner, eigene Patisserie. Im hinteren Bereich Restaurantbetrieb (Hg. 15–32 €, günstiger Mittagstisch), dazu ein Innenhof. Typisches Charlottenburger Publikum, gerne auch mal älter. Tägl. 9–1 Uhr. Kurfürstendamm 193/194, Ⓤ Uhlandstraße o. Ⓢ Savignyplatz, ✆ 652142199, www.grosz-berlin.de.

Café Wintergarten 40, wunderschönes Café im Literaturhaus (→ Spaziergang). Goldener Stuck, Kunst an den Wänden, namengebender Wintergarten und idyllische Gartenterrasse. Frühstück, tolle Kuchen, feine Küche (Hg. 15–32 €). Tägl. 9–24 Uhr. Fasanenstr. 23, Ⓤ Uhlandstraße, ✆ 8825414, www.literaturhaus-berlin.de.

Café Hardenberg 5, ein Kaffeehaus wie aus dem Bilderbuch: Marmortischchen, rote Sitzbänke, abgetretener Parkettboden, die Wände gelb vom Nikotin vergangener Jahrzehnte (heute rauchfrei). Buntes Publikum. Frühstück (sonntags Brunch) und einfache Gerichte zu 5,50–10 €. Tägl. 9–1 Uhr. Hardenbergstr. 10, Ⓤ Ernst-Reuter-Platz, ✆ 3122644, www.cafe-hardenberg.com.

Frau Behrens Torten 42, schön altmodisches Café mit Bistrotischchen, Kronleuchter und Piano (das am Wochenende auch gespielt wird). Wunderbare Kuchen und Torten, die in der offenen Backstube hinter der Vitrine gezaubert werden. Rund 2000 Eier werden pro Woche dafür verbraucht. Hübscher gärtnerisch gestalteter Außenbereich. Mittagstisch. Tägl. 10–19 Uhr. Wilmersdorfer Str. 96–97, Ⓤ Adenauerplatz, ✆ 88912864, www.gugelhupf-berlin.de.

Gasthaus Lentz 20, was für ein schönes zweites Wohnzimmer! Mischung aus Kaffeehaus im Wiener Stil und Bierkneipe mit großer Schanktheke. Fröhlich-laut. Zu zivilen Preisen (5–13 €) gibt es ordentliche deutsch-mediterrane Küche (Schnitzel, Buletten, Fischpfanne usw.). Tägl. 9–1 Uhr. Stuttgarter Platz 20, Ⓢ Charlottenburg o. Ⓤ Wilmersdorfer Straße, ✆ 3241619, www.gasthaus-lentz-berlin.de.

Berliner Kaffeerösterei 41, 150 Sorten bester Kaffee, leckere Trinkschokolade, Torten aus der hauseigenen Patisserie, Sandwichs, Quiches und Salate – serviert im Stil traditioneller Kaffeehäuser. Im Laden nebenan kann man den Röstmeistern bei der Arbeit zusehen. Mo–Sa 9–20 Uhr, So 10–19 Uhr. Uhlandstr. 173/174, Ⓤ Uhlandstraße, ✆ 88677920, www.berliner-kaffeeroesterei.de.

Schwarzes Café 21, Rund-um-die-Uhr-Location! In der Vorwendezeit hatte das großräumige, leicht abgeschrammte Kneipencafé auf 2 Etagen einen legendären Ruf. Heute gemischtes Publikum aus illustrem Nachtvolk, Studenten und vielen Touristen. Sandwichs,

City West → Karte S. 110/111

Baguettes, gute Frühstücksangebote und ein paar Hauptgerichten zu 8–19 €. Kantstr. 148, Ⓢ Savignyplatz o. Ⓤ Uhlandstraße, ✆ 3138038, www.schwarzescafe-berlin.de.

Zwiebelfisch 11, gemütliche, gewachsene Kneipe – ebenfalls ein Klassiker. Beliebt bei Leuten zwischen 40 und 60. Lange Theke, die Wände voller Ausstellungsplakate. Jazzmusik und Zeitungen. Günstige Tagesgerichte. Tägl. 12–6 Uhr. Savignyplatz 7, Ⓢ Savignyplatz, ✆ 3127363, www.zwiebelfisch-berlin.de.

Wirtshaus Wuppke 10, einfache, holzvertäfelte Raucherkneipe, der nur das Eck fehlt, um zu den urigsten Berliner Eckkneipen zu gehören. Hier soll Heinz Werner Höber so manchen *Jerry-Cotton*-Roman geschrieben haben. Raucher. Tägl. 11–3 Uhr. Schlüterstr. 21, Ⓢ Savignyplatz, ✆ 31509217, www.wirtshaus-wuppke.de.

Cafeteria

Cafeteria Skyline 2, im 20. Stock des Hochhauses der Technischen Universität – grandioser Rundblick auf halb Berlin, über den Tiergarten, zum Potsdamer Platz und zum Fernsehturm. Frühstück, Snacks und Mittagsgerichte zu 4–5,50 €. Mo–Fr 7.30–16.15 Uhr. Ernst-Reuter-Platz 7, Ⓤ Ernst-Reuter-Platz, www.studentenwerk-berlin.de.

Blick von der Puro-Lounge im 20. Stock des Europa-Centers

Draußen

Schleusenkrug 3, netter Biergarten direkt an der Tiergartenschleuse des Landwehrkanals. Frühstück, zeitgemäß-internationale Küche und Flammkuchen, Hg. 8,50–14,50 €. Gemütlicher Innenbereich für den Winter. Tägl. 10–24 Uhr, im Winter verkürzt. Müller-Breslau-Straße, Ⓢ Tiergarten, www.schleusenkrug.de.

Shopping

Shoppingmall/Kaufhaus

Bikini Berlin 16, die mit Abstand außergewöhnlichste Mall der Stadt. Neben Boutiquen Berliner Designer, Concept- und Flagship-Stores gibt es auf den 3 Etagen auch Pop-up-Stores (hippe Läden, die nur temporär existieren) und die sog. *Berlin Boxes*, Holzschachtel-Geschäfte, die schnell neu vermietet werden können. Tägl. (außer So) 10–20 Uhr. Am Breitscheidplatz, Budapester Str. 38–50, Ⓤ Kurfürstendamm, www.bikiniberlin.de.

KaDeWe, *das* Kaufhaus schlechthin, → S. 116.

Fashion

Mientus 32, geschäftlich in Berlin und den einzigen Anzug mit Currywurstsoße versaut? Das Modekaufhaus für den Mann bietet Ersatz: Auf 4 Etagen *Armani*, *Joop*, *Prada* & Co. Erstklassiger Service. Auch für die Dame ist etwas dabei. Tägl. (außer So) 10–19 Uhr. Flagshipstore in der Wilmersdorfer Str. 72, Ⓤ Wilmersdorfer Straße oder Bismarckstraße, www.mientus.com.

Sneakers

Solebox 38, der Multi-Label-Store ist eine Sneakerfan-Pilgerstätte. Limitierte Modelle, die sonst nur schwer zu bekommen sind. Neben den gängigen Marken auch Raritäten. Hingucker ist ein Industrieroboter hinter Glas, der Schuhmodelle ausgibt. Mo–Sa 12–20 Uhr. Nürnberger Str. 16, Ⓤ Wittenbergplatz, www.solebox.com.

Wohnen

Rahaus 24, klassische, trendige, ausgefallene und doch bezahlbare Möbel. Wer nicht mit dem Lkw angereist ist, findet hier auch hübsche Wohnaccessoires. Tägl. (außer So) 10–

Bikini Berlin: neuer Hingucker neben der Gedächtniskirche

19.30 Uhr. U. a. Kantstr. 151, Ⓢ+Ⓤ Zoologischer Garten, www.rahaus.de.

Stilwerk 14, schräg gegenüber und genau das Gegenteil, zumindest was das „Bezahlbare" angeht. Noble Möbelmall, 52 Einzelgeschäfte auf 5 Etagen – wohnst du noch oder residierst du schon? Tägl. (außer So) 10–19 Uhr. Kantstr. 17, Ⓢ+Ⓤ Zoologischer Garten, www.stilwerk.de.

Antiquitäten und Trödel

Eine Antiquitäten- und Trödelstraße ist die **Keithstraße**, wobei im südlichen Bereich eine Handvoll besserer Händler vertreten ist, die auch Ikonen und asiatische Raritäten anbieten, leider aber i. d. R. nur nach Voranmeldung öffnen. Ⓤ Wittenbergplatz.

Bücher

Bücherbogen 26, Kunstbuchhandlung mit einem riesigen Sortiment an Bildbänden sowie Literatur zu Kunst, Architektur, Städtebau, Film und Mode. Mo–Fr 10–20 Uhr, Sa bis 19 Uhr. Stadtbahnbogen 593, Ⓢ Savignyplatz, www.buecherbogen-shop.de.

Autorenbuchhandlung 25, nahebei. Die unprätentiös-schlichte Buchhandlung, zu deren Begründern im Jahr 1976 u. a. Günter Grass gehörte, steht in dem Ruf, die bestsortierte literarische Buchhandlung Berlins zu sein. Mo–Fr 10.30–20 Uhr, Sa bis 19 Uhr. Else-Uhry-Bogen 599–600, Ⓢ Savignyplatz, www.autorenbuchhandlung.com.

Sonstiges

Manufactum 4, „Es gibt sie noch, die guten Dinge", so lautet das Motto des Versandhauses, das Wert auf qualitativ hochwertige, robuste Alltagsprodukte legt. Im Berliner Manufactum-Warenhaus, einem der schönsten 50er-Jahre-Bauten der Stadt, gibt es auf 2 Etagen Kosmetik, Kleidung, Werkzeug, Schreibwaren, Kleinmöbel u. v. m. Nebenan das **Manufactum brot & butter**, eine Mischung aus Feinkostladen und Bistro. Mo–Fr 10–20 Uhr, Sa bis 18 Uhr. Hardenbergstr. 4–5, Ⓤ Ernst-Reuter-Platz, www.manufaktum.de.

Hund und Katz 46, hier dreht sich alles ums Haustier. Die geschmackvoll eingerichtete „Tierboutique" bietet hochwertige Dinge wie von einem Berliner Sattler gefertigte Halsbänder, lustige Plüschtiere, gedörrte Rinderlunge oder Nassfutter aus artgerechter Haltung. Mo–Fr 10–19 Uhr, Sa 11–18 Uhr. Lietzenburger Str. 62, Ⓤ Uhlandstraße, www.sonnenberg.berlin.

City West → Karte S. 110/111

Heimat der Herthaner

Tour 8

Ein großes Schloss, ein großer Park und ein paar hochkarätige Museen. Etwas weiter kann man der Messe und dem Olympiagelände einen Besuch abstatten.

Schloss Charlottenburg, ein Schloss, wie es Kinder malen, S. 124

Museum Berggruen, Picasso, Klee und Matisse in ehemaliger Kaserne, S. 128

Sammlung Scharf-Gerstenberg, surreale Welten, S. 129

Erbe von Königen und Kunstsammlern

Schloss Charlottenburg und Umgebung

Schloss Charlottenburg wurde einst im Grünen vor den Toren der Stadt erbaut. Anfangs hieß es Schloss Lietzenburg nach dem Dorf Lietzow nahebei. Rund drei Stunden war man damals per Kutsche vom Stadtschloss hierher unterwegs. Heute liegt das Schloss inmitten des gleichnamigen Stadtteils, der gen Osten Teil der City West ist (s. o.). Erst 1920 wurde Charlottenburg zu Berlin eingemeindet. Noch 1875 zählte die Residenzstadt um das Schloss gerade mal 25.000 Einwohner, 1910 waren es bereits 305.000. In der Umgebung des → **Schlosses Charlottenburg** und seines → **Schlossparks** gibt es ein paar Schmankerl für Kunstfreunde: das → **Museum Berggruen**, die → **Sammlung Scharf-Gerstenberg**, das → **Bröhan-Museum** und die → **Abgusssammlung antiker Plastik**.

Publikumsmagneten sind zudem, obwohl sie mit Kunst und Kultur weniger am Hut haben, das weiter südlich gelegene → **Messegelände samt Funkturm** sowie das → **Olympiagelände** weiter im Westen.

Sehenswertes

Residenz der preußischen Monarchen

Schloss Charlottenburg

Die größte erhaltene Hohenzollernresidenz Berlins mit einer Front von 500 m Länge ging aus einem für die Kurfürstin und spätere Königin Sophie-Charlotte zwischen 1695 und 1699 erbauten Lustschlösschen hervor. Bereits ab 1701 wurde das Schloss durch den Architekten Eosander von Göthe umfangreich erweitert. 1705 nannte es Friedrich I. nach dem frühen Tod seiner Gattin in „Charlottenburg“ um, es wurde seine bevorzugte Nebenresidenz. Zuvor hatte der König nur nach Einladung Zutritt zum Schloss gehabt, die Ehe mit Sophie-Charlotte galt als nicht besonders glücklich. Insgesamt sieben Monarchengenerationen prägten das Schloss, zuletzt wohnte hier Kaiser Friedrich III. in seiner nur 99 Tage währenden Regierungszeit im Jahr 1888. Nach dem Zweiten Weltkrieg wurde das zerstörte Schloss nach historischem Vorbild wiederaufgebaut.

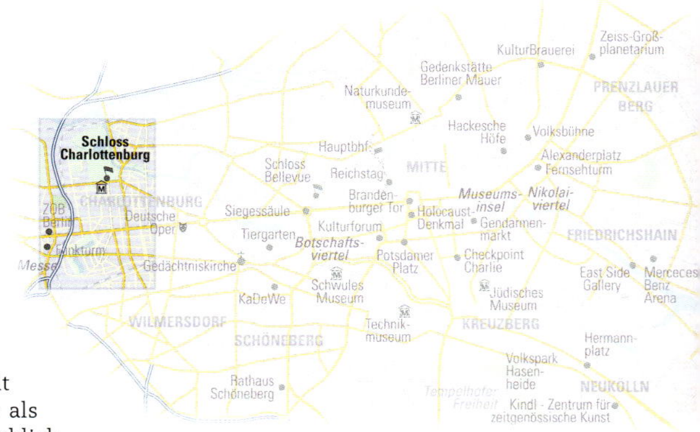

Das **Alte Schloss**, wie der mit Tambour und Kuppel gekrönte Haupttrakt in der Mitte der Schlossanlage genannt wird, ist voraussichtlich noch bis Oktober 2017 nicht zugänglich. Erst nach Abschluss der Restaurierungsarbeiten können die Besucher dort wieder in die Zeit Sophie Charlottes und Friedrichs I. eintauchen. Highlights sind das imposante Porzellankabinett mit 2700 Porzellangefäßen, das Schlafgemach des Königs samt Marmorbad und die prunkvoll ausgestattete Kapelle.

Der Trakt, der gen Westen an das Alte Schloss anschließt, ist die **Große Orangerie**, wo u. a. Zitronen- und Pomeranzenbäume überwinterten, die den Barockgarten im Sommer zierten. Heute finden hier Veranstaltungen und Konzerte im höfischen Stil statt. Den Abschluss der Orangerie bildete einst das **Schlosstheater**, das heute für temporäre Ausstellungen genutzt wird.

Der Trakt gen Osten nennt sich **Neuer Flügel** und entstand unter Friedrich II., Architekten war Georg Wenzeslaus von Knobelsdorff. Als Höhepunkt des friderizianischen Rokoko gilt die dortige Goldene Galerie, ein 42 m langer, herrlicher Tanzsaal. Sehenswert sind auch die sog. Winterkammern, die für Friedrich Wilhelm II. (1744–1797) eingerichtet wurden. Der König verstarb jedoch noch vor deren Fertigstellung. Später machte es sich hier dessen Schwiegertochter Luise (1776–1810) gemütlich, die wohl populärste deutsche Königin überhaupt. Ihre Wohnräume wurden rekonstruiert, so das elegante Schlafzimmer mit stoffdrapierten Wänden, das nach einem Entwurf des damaligen Stararchitekten Karl Friedrich Schinkel entstand.

Spandauer Damm 20–24, Ⓢ Westend o. Ⓤ Richard-Wagner-Platz. **Altes Schloss**, April–Okt., sofern wieder zugänglich, tägl. (außer Mo) 10–18 Uhr, sonst bis 17 Uhr. **Neuer Flügel**, gleiche Öffnungszeiten. 10 €, erm. 7 €. **Tipp**: Mit dem Tagesticket „Charlottenburg plus“ (12 €, erm. 9 €, nach der Wiedereröffnung des Alten Schlosses voraussichtlich 18 €, erm. 13 €) können Sie alle Sehenswürdigkeiten auf dem Schlossareal (inkl. Park) besuchen. www.spsg.de.

Eine grüne Oase in Charlottenburg

Schlosspark

Nördlich des Schlosses schließt der 55 ha große Schlosspark an, der aus einem wunderschönen Barockparterre im französischen Stil und einem naturnahen englischen Landschaftsgarten besteht. Er wird ausgiebig zum Spazierengehen, Joggen und Sonnenbaden genutzt – und damit das so bleibt, gibt es massive Proteste gegen die Erhebung

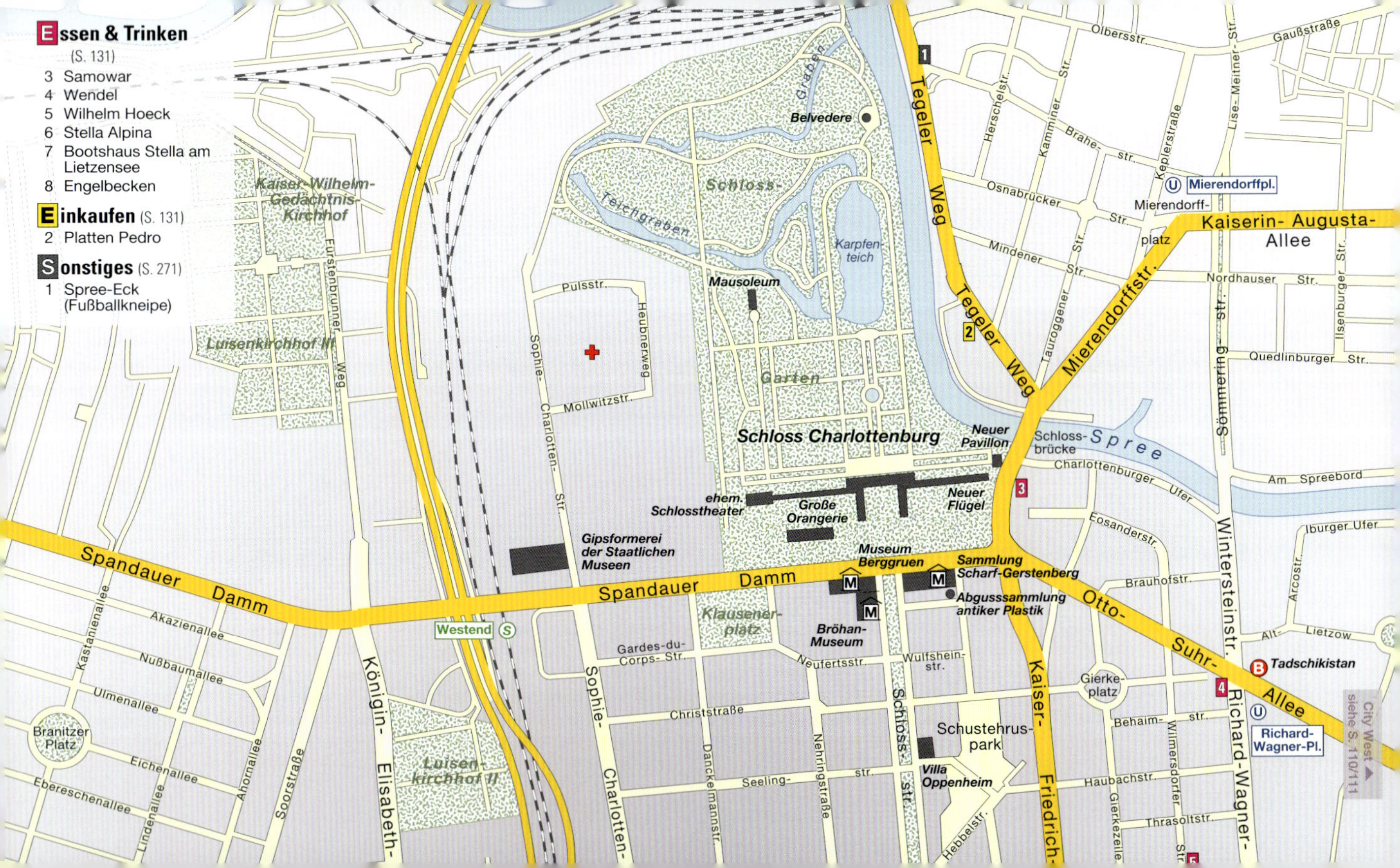

Essen & Trinken (S. 131)
3 Samowar
4 Wendel
5 Wilhelm Hoeck
6 Stella Alpina
7 Bootshaus Stella am Lietzensee
8 Engelbecken
Einkaufen (S. 131)
2 Platten Pedro
Sonstiges (S. 271)
1 Spree-Eck (Fußballkneipe)
City West siehe S. 110/111
Schloss Charlottenburg
Schloss-Garten
Belvedere
Mausoleum
Karpfenteich
Graben
Teichgraben
Neuer Pavillon
Neuer Flügel
Große Orangerie
ehem. Schlosstheater
Museum Berggruen
Sammlung Scharf-Gerstenberg
Abgusssammlung antiker Plastik
Bröhan-Museum
Gipsformerei der Staatlichen Museen
Villa Oppenheim
Schustehrus-park
Klausenerplatz
Gierkeplatz
Branitzer Platz
Kaiser-Wilhelm-Gedächtnis-Kirchhof
Luisenkirchhof III
Luisenkirchhof II
Spree
Schlossbrücke
Mierendorffpl.
Mierendorffplatz
Richard-Wagner-Pl.
Westend
Tadschikistan
Spandauer Damm
Tegeler Weg
Mierendorffstr.
Kaiserin-Augusta-Allee
Otto-Suhr-Allee
Kaiser-Friedrich-Str.
Richard-Wagner-Str.
Wintersteinstr.
Sömmering-str.
Königin-Elisabeth-Str.
Sophie-Charlotten-Str.
Schloss-str.
Fürstenbrunner Weg
Pulsstr.
Heubnerweg
Mollwitzstr.
Gardes-du-Corps-Str.
Neufertsstr.
Wulfshein-str.
Christstraße
Danckelmannstr.
Nehringstraße
Seeling-str.
Hebbelstr.
Haubachstr.
Gierkezeile
Wilmersdorfer Str.
Thrasoltstr.
Behaim-str.
Eosanderstr.
Brauhofstr.
Charlottenburger Ufer
Am Spreebord
Iburger Ufer
Arcostr.
Alt-Lietzow
Olbersstr.
Gaußstraße
Lise-Meitner-Str.
Keplerstraße
Osnabrücker Str.
Mindener Str.
Tauroggener Str.
Brahe-str.
Kamminer Str.
Herschelstr.
Nordhauser Str.
Quedlinburger Str.
Ilsenburger Str.
Kastanienallee
Akazienallee
Nußbaumallee
Ulmenallee
Eichenallee
Ebereschenallee
Lindenallee
Ahornallee
Soorstraße

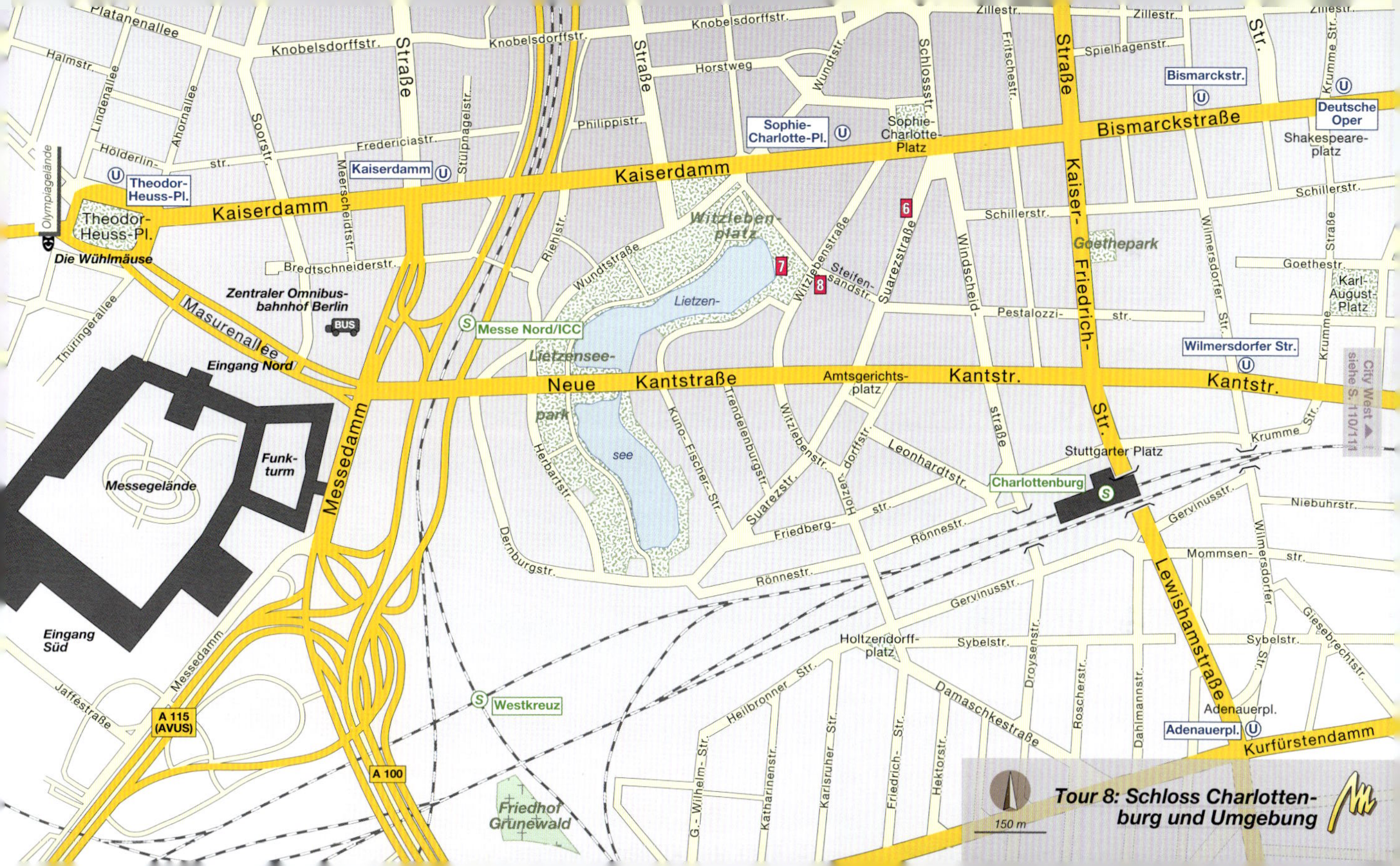

Tour 8: Schloss Charlottenburg und Umgebung
150 m
City West
siehe S. 110/111
Kaiserdamm
Bismarckstraße
Kaiser-Friedrich-Str.
Neue Kantstraße
Kantstr.
Lewishamstraße
Kurfürstendamm
Messedamm
Masurenallee
Lietzensee
Lietzenseepark
Witzlebenplatz
Goethepark
Theodor-Heuss-Pl.
Sophie-Charlotte-Platz
Amtsgerichtsplatz
Stuttgarter Platz
Holtzendorffplatz
Karl-August-Platz
Shakespeareplatz
Adenauerpl.
Deutsche Oper
Bismarckstr.
Sophie-Charlotte-Pl.
Kaiserdamm
Wilmersdorfer Str.
Charlottenburg
Messe Nord/ICC
Westkreuz
Die Wühlmäuse
Olympiagelände
Zentraler Omnibusbahnhof Berlin
BUS
Eingang Nord
Eingang Süd
Funkturm
Messegelände
Friedhof Grunewald
A 100
A 115 (AVUS)
6
7
8

Schloss Charlottenburg: ein Muss für Schlösserfans

eines Eintrittsgeldes. Am Parkrand, direkt neben dem Neuen Flügel des Schlosses, steht der **Neue Pavillon**, den Karl Friedrich Schinkel 1824 als Sommerhaus für Friedrich Wilhelm III. errichtete. Darin wird heute Kunst aus der Schinkelzeit gezeigt. Inmitten des Parks liegt das klassizistische **Mausoleum** aus dem Jahr 1810. Friedrich Wilhelm III. ließ es nach dem plötzlichen Tod seiner Gemahlin Luise errichten. Neben ihrem Marmorsarkophag ruht er selbst. Ihnen leisten Kaiser Wilhelm I. (1797–1888) und Gattin Augusta Gesellschaft. Im Nordosten des Schlossparks kann man noch das **Belvedere** besichtigen, ein dreigeschossiges Gebäude, das 1788 als Teehaus und Aussichtspavillon errichtet wurde. Heute präsentiert man darin eine umfangreiche Sammlung Berliner Porzellans.

Adresse und Anfahrt → Schloss Charlottenburg. **Schlosspark**, tagsüber frei zugänglich, nachts geschl. **Neuer Pavillon**, April–Okt. tägl. (außer Mo) 10–18 Uhr, sonst bis 17 Uhr. 4 €, erm. 3 €. **Mausoleum**, nur April–Okt. tägl. (außer Mo) 10–18 Uhr. 2 €. **Belvedere**, Öffnungszeiten wie Mausoleum. 4 €, erm. 3 €. www.spsg.de.

Picasso & Co.

Museum Berggruen

Direkt gegenüber dem Schloss fallen zwei gleichartige neoklassizistische Gebäude mit weithin sichtbaren Rundtempeln auf den Dächern ins Auge. Sie wurden 1851–1859 von August Stüler als Kasernen für die königliche Leibwache errichtet. Im westlichen der sog. Stülerbauten ist heute die Ausstellung „Picasso und seine Zeit" mit mehr als 120 Werken des spanischen Malers aus allen Perioden zu besichtigen. Bei den Werken handelt es sich quasi um Schenkungen der Berggruens an die *Stiftung Preußischer Kulturbesitz*. Der Berliner Jude Heinz Berggruen (1914–2007) emigrierte 1936 in die USA und arbeitete ab 1947 als erfolgreicher Kunsthändler in Paris, zu seinen Freunden zählte u. a. Pablo Picasso. Das angeschlossene Kommandantenhaus beherbergt vorwiegend Werke von Paul Klee, Henri Matisse, Alberto Giacometti und Paul Cézanne.

Schloßstr. 1, Ⓢ Westend o. Ⓤ Richard-Wagner-Platz. Di–Fr 10–18 Uhr, Sa/So ab 11 Uhr.

10 €, erm. die Hälfte. Das Ticket gilt auch für die Sammlung Scharf-Gerstenberg. www.smb.museum.

Surrealismus zwischen antiken Säulen

Sammlung Scharf-Gerstenberg

Im östlichen Stülerbau wartet die Ausstellung „Surreale Welten" auf Kunstfreunde. Gezeigt werden rund 300 Werke des Surrealismus und seiner Vorläufer aus der Kollektion des Kunstsammlers Dieter Scharf (gest. 2001). Darunter sind Werke von Salvador Dalí, René Magritte, Pablo Picasso, Max Klinger und Victor Hugo (der geniale Romancier konnte auch gut zeichnen). Das imposante Tempeltor von Kalabscha (20 v. Chr.) am Eingang zum angeschlossenen ehemaligen Marstall stammt noch aus der Zeit, als das Gebäude das Ägyptische Museum beherbergte (bis 2005). Das Tor wurde 1963 vor der Flutung des Assuan-Staudamms demontiert. Nach Abschluss der Umbauarbeiten am Pergamonmuseum (→ S. 54) wird es dorthin verlegt werden. Das Gleiche gilt für die Säulen aus dem Totentempel der Sahurê (um 2450 v. Chr.), die derzeit noch das hauseigene Kino schmücken – eine wahrlich surreale Atmosphäre.

Schloßstr. 70, Ⓢ Westend o. Ⓤ Richard-Wagner-Platz. Di–Fr 10–18 Uhr, Sa/So ab 11 Uhr. 10 €, erm. die Hälfte. Das Ticket gilt auch für das Museum Berggruen. www.smb.museum.

Jugendstil, Art déco und Funktionalismus

Bröhan-Museum

Es ist nach seinem Gründer Karl H. Bröhan (1921–2000) benannt. Hier dreht sich alles um die Zeit zwischen 1889 und 1939: Jugendstil, Art déco und Funktionalismus (der allerdings etwas zu kurz kommt). Präsentiert wird Kunsthandwerk (Möbel, Silber-, Porzellan- und Glasarbeiten), aber auch Bildende Kunst. Außerdem finden regelmäßig Wechselausstellungen statt.

Schloßstr. 1 a, Ⓢ Westend o. Ⓤ Richard-Wagner-Platz. Tägl. (außer Mo) 10–18 Uhr. 8 €, erm. 5 €. www.broehan-museum.de.

Gipsskulpturen

Abgusssammlung antiker Plastik

Diese Sammlung von rund 2000 Gipsabgüssen griechischer und römischer Skulpturen dient in erster Linie der Forschung und Lehre, doch auch Zaungäste sind willkommen. Um die Originale zu sehen, müsste man Museen in ganz Europa abklappern. Wer etwas kaufen will, geht in die Gipsformerei (→ Shopping).

Schloßstr. 69 b, Ⓢ Westend o. Ⓤ Richard-Wagner-Platz. Nur Do–So 14–17 Uhr. Eintritt frei. www.abguss-sammlung-berlin.de.

Mit dem Aufzug in den Berliner Himmel

Messe und Funkturm

Die Messe Berlin – Schauplatz der *Grünen Woche*, der *ITB*, der *IFA* u. v. m. (→ Veranstaltungen) – ist ein riesiges Areal mit 160.000 m² Hallenfläche, verteilt auf 26 Messehallen. Dazwischen ragt der **Funkturm** in den Himmel, eine 138 m hohe, filigrane Stahlkonstruktion, die zwischen 1924 und 1926 anlässlich der 3. Deutschen Funkausstellung errichtet wurde. Das Turmrestaurant in luftiger Höhe ist ein Tipp für den besonderen Lunch (mediterrane Gerichte zu 16–24 €) oder das besondere Dinner (Themenbüfetts zu ca. 28 €/Pers.). Zur noch weiter oben gelegenen Aussichtsplattform auf 125 m Höhe bringt Sie ein gläserner Aufzug in atemberaubend schnellen 34 Sekunden. Von dort hat man nicht nur eine tolle Aussicht über den grünen Westen Berlins, sondern auch auf das silberne ICC-Gebäude, das **Internationale Congress Centrum**. Es stammt aus den 1970ern, ist asbestverseucht und seit 2014 geschlossen. Gegenwärtig dient es als Anlaufstelle für Flüchtlinge, ab 2018 soll es saniert werden.

Messedamm 22 (Zugang zum Funkturm von der Masurenallee/Ecke Messedamm), Ⓢ Messe Nord/ICC o. Ⓤ Kaiserdamm. **Funkturm**, Aussichtsplattform, Mo 10–20 Uhr, sonst bis 23

Schloss Charlottenburg und Umgebung → Karte S. 126/127

Uhr. Restaurant (✆ 30382900), Di 18–23 Uhr, Mi–So 11.30–23 Uhr. Aussichtsplattform 5 €, erm. 3 €, nur Restaurant 3 €, erm. 2 €. www.funkturm-messeberlin.de.

Nicht nur für Herthafans von Interesse

Olympiagelände und Umgebung

Das Olympiagelände (ehemals Reichssportfeld) entstand 1934–1936 nach dem Entwurf des Berliner Architekten Werner March. Neben dem **Olympiastadion** umfasst das 132 ha große Areal u. a. ein Hockey-, ein Reit- und ein Schwimmstadion sowie die Waldbühne (→ S. 249). Für die Fußball-WM 2006 wurde das Olympiastadion, zugleich die *Hertha*-Heimstätte mit Platz für 74.244 Zuschauer, vom Architekturbüro *Gerkan, Marg und Partner* aufwendig modernisiert. Auch außerhalb der Spielzeiten ist das Gelände für Besucher geöffnet. Den besten Blick auf das Olympiastadion genießt man vom 76 m hohen **Glockenturm** ganz im Westen des Geländes am *Maifeld*, das für Massenveranstaltungen konzipiert wurde (Ausgang Waldbühne nehmen, dann ausgeschildert). Im Tribünengebäude unter dem Turm informiert eine Ausstellung über die Historie des Ortes. Zudem befindet sich darin die *Langemarck-Halle*, die der im Ersten Weltkrieg gefallenen deutschen Jugend gewidmet war.

Nur wenige Fußminuten südlich des Olympiageländes (und von diesem zu sehen) steht das **Corbusierhaus**, eine „Wohnmaschine" von Le Corbusier aus dem Jahr 1958: 530 Parteien auf 17 Etagen. Im Foyer gibt es eine Ausstellung über das Gebäude. Ein Blick in eine Musterwohnung ist nur zu besonderen Gelegenheiten wie zum „Tag des offenen Denkmals" möglich. Für Gruppen werden nach Anmeldung (Informationen auf der Webseite, s. u.) jedoch Führungen angeboten – wer nachfragt, kann sich eventuell einer Gruppe anschließen.

Olympiastadion, Besucherzentrum Osttor, Ⓢ+Ⓤ Olympiastadion. Olympiastadion April–Okt. 9–19 Uhr, im Winter 10–16 Uhr. Glockenturm April–Okt. 9–18 Uhr, www.glockenturm.de. Termine für Führungen unter www.olympiastadion-berlin.de. Olympiastadion 7 €, erm. 5,50 €, Glockenturm 4,50 €, erm. 3 €.

Corbusierhaus, Flatowallee 6, Ⓢ Olympiastadion. Tägl. 6–22 Uhr. www.corbusierhaus-berlin.org.

Olympiastadion: volles Haus beim Hertha-Spiel

Praktische Infos

→ Karte S. 126/127

Essen & Trinken

Restaurants

Engelbecken 8, karg-schlichtes, sehr sympathisches Restaurant mit allerbester alpenländischer Küche. Hervorragender Krustenbraten, fluffige Knödel, aber auch feine vegetarische Gerichte (Hg. 12–22 €). Dazu passt fränkisches Landbier vom Fass. Fleisch fast ausschließlich in Bioqualität. Reservierung empfohlen. Mo–Fr 17–1 Uhr, Sa ab 16 Uhr, So ab 12 Uhr. Witzlebenstr. 31, Ⓤ Sophie-Charlotte-Platz, ✆ 6152810, www.engelbecken.de.

Stella Alpina 6, ein fröhlich-lauter, gemütlicher Nachbarschaftsitaliener (norditalienische Küche) mit gar nicht so geringer Promidichte. Hierher kommt man auf einen Teller *Penne Puttanesca* oder *Spaghetti Vongole* genauso wie zum feinen Mehrgänge-Menü. Alles von allerbester Qualität! Spezialität: *Pappardelle al Tartuffo*, die im Parmesanrad geschwenkt werden. Fair kalkulierter Hauswein. Würde der Laden bei uns ums Eck liegen, wären wir ständig dort. Hg. 10,50–24 €. Mo–Fr ab 17 Uhr, Sa/So ab 12 Uhr. Suarezstr. 4, Ⓤ Sophie-Charlotte-Platz, ✆ 3222805, www.stellaalpina.de.

Samowar 3, in diesem altmodisch-verspielt eingerichteten Lokal gibt es gute russische Küche: *Borschtsch*, *Pelmeni* (eine Art Maultaschen mit Schmand), Rindfleischtopf „Grusinische Art“, aber auch spannende Wildgerichte wie z. B. Elchbraten. Ausnehmend freundlicher Service. Hg. 7,50–22,50 €. Für das hochgelobte sonntägliche Büfett (9–16 Uhr, 15,50 €) sollte man reservieren. Mo–Sa ab 11 Uhr. Luisenplatz 3, Ⓤ Richard-Wagner-Platz, ✆ 3414154, www.restaurant-samowar.de.

mein Tipp **Wilhelm Hoeck 5**, deftige Küche im absolut urigen Ambiente einer Likörwein-Probierstube von 1892 – ein Überbleibsel alter Berliner Gasthauskultur. Und das Beste (oder das Schlimmste): Es darf geraucht werden! Für Nichtraucher gibt es einen Nebenraum mit offener Küche. Bratwurst, Ochsenbäckchen, Schnitzel oder Eisbein zu 9–16 €. Megaportionen, aber keine Gourmetambitionen. Viel älteres Publikum, das oft nur auf ein Bier hereinschaut. Mo–Sa 11–1 Uhr. Wilmersdorfer Str. 149, Ⓤ Bismarckstraße o. Richard-Wagner-Platz, ✆ 3418174, www.wilhelm-hoeck.de.

Wendel 4, geht in die gleiche Richtung, ist aber nicht ganz so urig – trotz Altherren-Kartenrunde am Nebentisch. Ein Berliner Original mit 100-jähriger Geschichte. Schon viele Prominente (Curd Jürgens, Paul Lincke, Martin Benrath) gingen hier ein und aus, doch das ist schon ein Weilchen her. Solide Hausmannskost zwischen Roulade, Schnitzel, Steaks und Wurstsalat – Vegetarier gehen besser woandershin. Hg. 9,50–22 €. Mo–Fr 16–0.30 Uhr, Sa ab 17 Uhr. Richard-Wagner-Str. 57, Ⓤ Richard-Wagner-Platz, ✆ 3416784.

Draußen

Bootshaus Stella am Lietzensee 7, ein Stück Stadtidylle. Holzhaus mit Terrasse direkt am See. Kuchen, Pizza, Würste, Frühstück. Selbstbedienung. April tägl. 11–20 Uhr, Mai–Okt. tägl. 10–23 Uhr, Nov. und Feb./März Sa/So 11–18 Uhr, Dez./Jan. geschl. Witzlebenplatz, Ⓤ Sophie-Charlotte-Platz, www.bootshausamlietzensee.de.

Shopping

Skulpturen

Gipsformerei, die Gipsformerei der Staatlichen Museen zu Berlin fertigt erschwingliche Gipsrepliken historischer Skulpturen, Statuen und Statuetten an, die im Original in Berliner und europäischen Museen zu bewundern sind. Von der klassischen Antike bis zum 20. Jh. ist alles dabei. Mo–Fr 9–16 Uhr, Mi bis 18 Uhr. Jeden 1. und 3. Mi um 10 oder 16 Uhr Führungen durch die Werkstätten (4 €, Infos und Reservierung unter www.smb.museum). Sophie-Charlotten-Str. 17/18, Ⓢ Westend.

Antiquitäten

Eine Antiquitäten- und Trödelstraße ist die **Suarezstraße** zwischen Kant- und Bismarckstraße, wo sich Laden an Laden reiht und es edle Stücke aller Stilepochen gibt. Ⓤ Sophie-Charlotte-Platz.

Schallplatten

Platten Pedro 2, wer auf der Suche nach Raritäten ist, für den lohnt es sich, hierher zu fahren. Platten Pedro treibt jede Rarität auf – was er nicht selbst hat, hat zumindest ein Bekannter oder ein Bekannter eines Bekannten ... Keine CDs. Mo–Fr 10.07–16.53 Uhr, Sa 10–13 Uhr. Tegeler Weg 102, Charlottenburg, Ⓤ Mierendorffplatz. www.platten-pedro.de.

Durch den Mutti-Kiez

Tour 9

Über kaum einen Berliner Stadtteil zerreißen sich die Medien so das Maul wie über Prenzlauer Berg, eines der schönsten Gründerzeitviertel der Stadt.

Kastanienallee, shoppen und Leute gucken, S. 136

Konnopke's Imbiß, eine Institution in Sachen Currywurst, S. 143

Kollwitzplatz, Herz des Stadtteils, S. 137

Schöne heile Welt

Prenzlauer Berg

„Bionade-Biedermeier", „Pregnancy Hill", „Latte-Macchiatisierung", „Gutmenschenbiotop", „Mutti-Spießertum" – Lifestyle-Journalisten aus ganz Deutschland schmückten ihre Beschreibungen zu Prenzlauer Berg in den letzten Jahren mit immer gewagteren Wortschöpfungen. Und das Stadtmagazin Zitty prüfte gar schon die gängigen Klischees über die hiesigen Familien mit der Überschrift „Anatomie eines Feindbildes".

Der Stadtteil hat im Laufe seiner Existenz erstaunliche Wandlungen durchlebt. Aus dem traditionellen Arbeiterviertel wurde zu DDR-Zeiten ein Rückzugsort der Unangepassten und Bürgerrechtler, die in verfallenen Altbauten, oft ohne Bad und nur mit Außentoilette, lebten, liebten und debattierten. Zu ihnen gesellten sich nach der Wende – ähnlich wie in Friedrichshain – all jene, die die Abenteuer der Jugend suchten, dazu die nachts aktive und tags verkaterte Boheme. Sie ließen sich in den maroden Altbauwohnungen nieder – mit oder ohne Mietvertrag. Es war eine aufregende Zeit, improvisierte Kneipen eröffneten an allen möglichen und unmöglichen Orten, manche nur über Dächer oder Kellerlöcher erreichbar, weil der eigentliche Hauseingang zugemauert war.

Das alles ist passé. Der Gentrifizierungshammer hat in „Prenzlberg" so zugeschlagen wie nirgendwo sonst in der Stadt. Die meisten Straßenzüge des im Krieg von Bomben weitestgehend verschonten Stadtteils wurden saniert und aufpoliert. Steigende Mieten führten zu einem fast kompletten Austausch der Bevölkerung. Die wenigen verbliebenen Altbewohner haben heute Nachbarn, die man stereotyp so skizzieren kann: Akademiker, zwischen 40 oder 50, politisch korrekt, Hornbrille, das neueste Smartphone und Kind im

Designerbuggy. „Wir sind ein Volk! Und Ihr seid ein anderes" wurde schon gegen die Zugezogenen plakatiert. „Stuttgart-Sindelfingen: 600 Kilometer. Ostberlin wünscht gute Heimfahrt": Solche Shirtaufdrucke sind kein Witz! Vor allem in den Schwaben sehen viele Ossi-Urgesteine die westdeutsch-spießbürgerliche Vereinnahmung des Stadtteils personifiziert. Dass tatsächlich aber mehr Sachsen oder Niedersachsen in Prenzlauer Berg leben, interessiert dabei nicht.

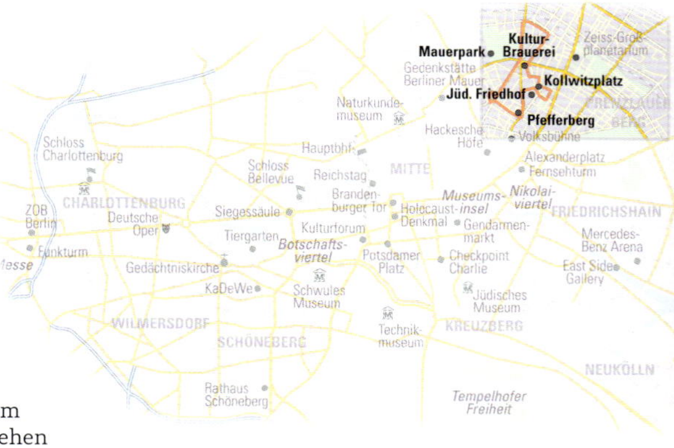

Gewiss, Prenzlauer Berg ist im letzten Jahrzehnt immer ruhiger, schicker und braver geworden. Man entspannt mit Yoga und gönnt dem Vierbeiner Biohundekekse. Aber hausbacken? Sicher nicht. Prenzlauer Berg ist, v. a. rund um den Kollwitzplatz, den Helmholtzplatz und entlang der Kastanienallee, in erster Linie charmant. Hier lehnt man sich zurück in Cafés und Bars mit fantasievollen Namen, geht shoppen in Lädchen junger Berliner Designer und besucht Restaurants mit außergewöhnlichen kulinarischen Konzepten. Eines aber fehlt dem am dichtesten besiedelten Viertel Berlins: schöne Grünflächen.

Tour-Info **Länge** 6 km, **Dauer** ohne Besichtigungen und Abstecher ca. 2:30 Std., **Karte** S. 134/135.

Spaziergang

Der Rundgang durch Prenzlauer Berg beginnt und endet am **Senefelder Platz** (U-Bahnhof, Ausgang Schwedter Straße), benannt nach Alois Senefelder (1771–1834), dem Erfinder der Lithografie. Dort, an der Schönhauser Allee bergab, kann man ein typisches grünes **Café Achteck** begutachten, Männer auch von innen. Unter „Café Achteck" versteht man in Berlin nämlich kein Kaffeehaus, sondern ein historisches gusseisernes Pissoir mit oktogonalem Grundriss. In der Achteck-Blütezeit im frühen 20. Jh. gab es rund 140 davon in der Stadt, 25 sind geblieben. Sieben Pinkler können darin bequem nebeneinander stehen. Nur wenige „Cafés" besitzen auch ein Damenabteil.

Spaziert man auf der anderen Straßenseite die Schönhauser Allee bergab, steht man schon gleich vor einem Torbogen, dem Zugang zur einstigen **Brauerei Pfefferberg** (rechter Hand, Hnr. 176) aus der Mitte des 19. Jh. Steigen Sie die Stufen hinauf – heute wird in den Klinkerbauten Kunst, Kultur und Gastronomie geboten, im Biergarten der **Brauerei Pfefferbräu** lässt sich eine nette erste Pause einlegen. Spannendes zu Architektur und Stadtentwicklung erfährt man in der Galerie **AEDES** (Di–Fr 11–18.30 Uhr, Sa/So 13–17 Uhr; Eintritt frei, www.aedes-arc.de) und im **Museum der Tchoban Foundation** (Mo–Fr 14–19 Uhr, Sa/So 13–17 Uhr; 5 €, erm. 3 €, www.tchoban-foundation.de). Übrigens haben auf dem Gelände die Starkünstler Ai Weiwei und Olafur Eliasson ihre Ateliers.

Auf der anderen Seite des Brauereiareals (nehmen Sie den Weg am Hostel vorbei) gelangt man zum **Teutoburger**

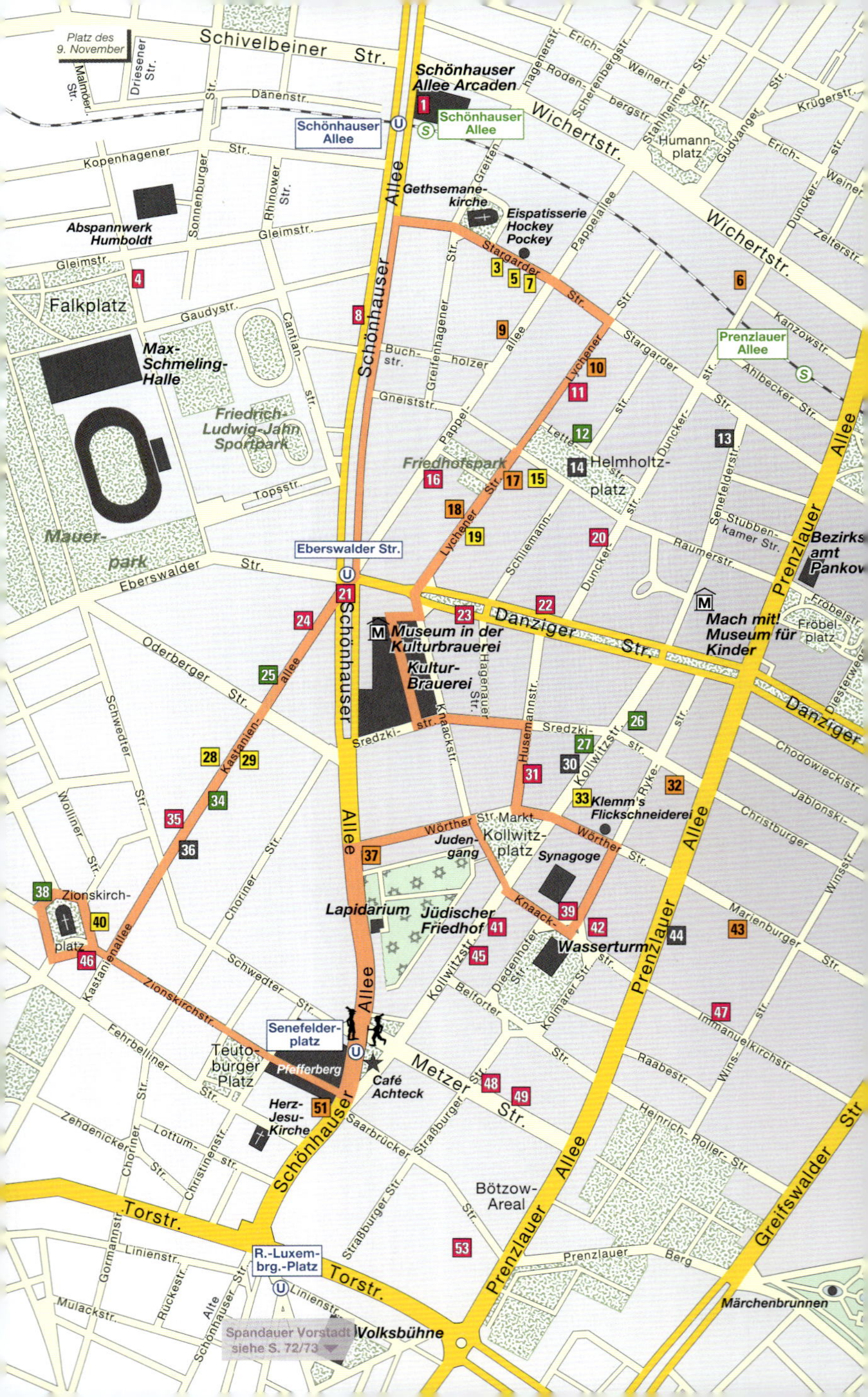

Platz des 9. November
Schivelbeiner Str.
Malmöer Str.
Driesener Str.
Dänenstr.
Schönhauser Allee Arcaden
Schönhauser Allee
Schönhauser Allee
Wichertstr.
Hagenerstr.
Erich-Weinert-Str.
Roden-bergstr.
Scherenbergstr.
Stahlheimer Str.
Humann-platz
Gudvanger Str.
Krügerstr.
Erich-Weinert-Str.
Kopenhagener Str.
Sonnenburger Str.
Rhinower Str.
Gleimstr.
Abspannwerk Humboldt
Gethsemane-kirche
Greifenhagener Str.
Eispatisserie Hockey Pockey
Pappelallee
Stargarder Str.
Dunckerstr.
Zelterstr.
Falkplatz
Gaudystr.
Max-Schmeling-Halle
Cantianstr.
Schönhauser Allee
Buchholzer Str.
Gneiststr.
Friedrich-Ludwig-Jahn Sportpark
Lychener Str.
Stargarder Str.
Prenzlauer Allee
Kanzowstr.
Ahlbecker Str.
Lettestr.
Helmholtz-platz
Friedhofspark
Topsstr.
Mauerpark
Senefelderstr.
Stubbenkamer Str.
Raumerstr.
Schliemannstr.
Bezirksamt Pankow
Eberswalder Str.
Eberswalder Str.
Danziger Str.
Museum in der Kulturbrauerei
Kultur-Brauerei
Mach mit! Museum für Kinder
Fröbelstr.
Fröbel-platz
Diesterwegstr.
Oderberger Str.
Kastanienallee
Hagenauer Str.
Knaackstr.
Husemannstr.
Sredzkistr.
Kollwitzstr.
Rykestr.
Chodowieckistr.
Jablonskistr.
Christburger Str.
Schwedter Str.
Wolliner Str.
Klemm's Flickschneiderei
Wörther Str.
Markt
Kollwitz-platz
Judengang
Synagoge
Winsstr.
Choriner Str.
Zionskirch-platz
Lapidarium
Jüdischer Friedhof
Marienburger Str.
Wasserturm
Diedenhofer Str.
Kolmarer Str.
Belforter Str.
Immanuelkirchstr.
Zionskirchstr.
Fehrbelliner Str.
Senefelder-platz
Teuto-burger Platz
Pfefferberg
Café Achteck
Metzer Str.
Raabestr.
Heinrich-Roller-Str.
Herz-Jesu-Kirche
Saarbrücker Str.
Straßburger Str.
Zehdenicker Str.
Lottumstr.
Christinenstr.
Bötzow-Areal
Greifswalder Str.
Torstr.
Linienstr.
Gormannstr.
R.-Luxemburg-Platz
Prenzlauer Berg
Rückerstr.
Mulackstr.
Alte Schönhauser Str.
Märchenbrunnen
Spandauer Vorstadt siehe S. 72/73
Volksbühne
1 3 4 5 6 7 8 9 10 11 12 13 14 15 16 17 18 19 20 21 22 23 24 25 26 27 28 29 30 31 32 33 34 35 36 37 38 39 40 41 42 43 44 45 46 47 48 49 51 53

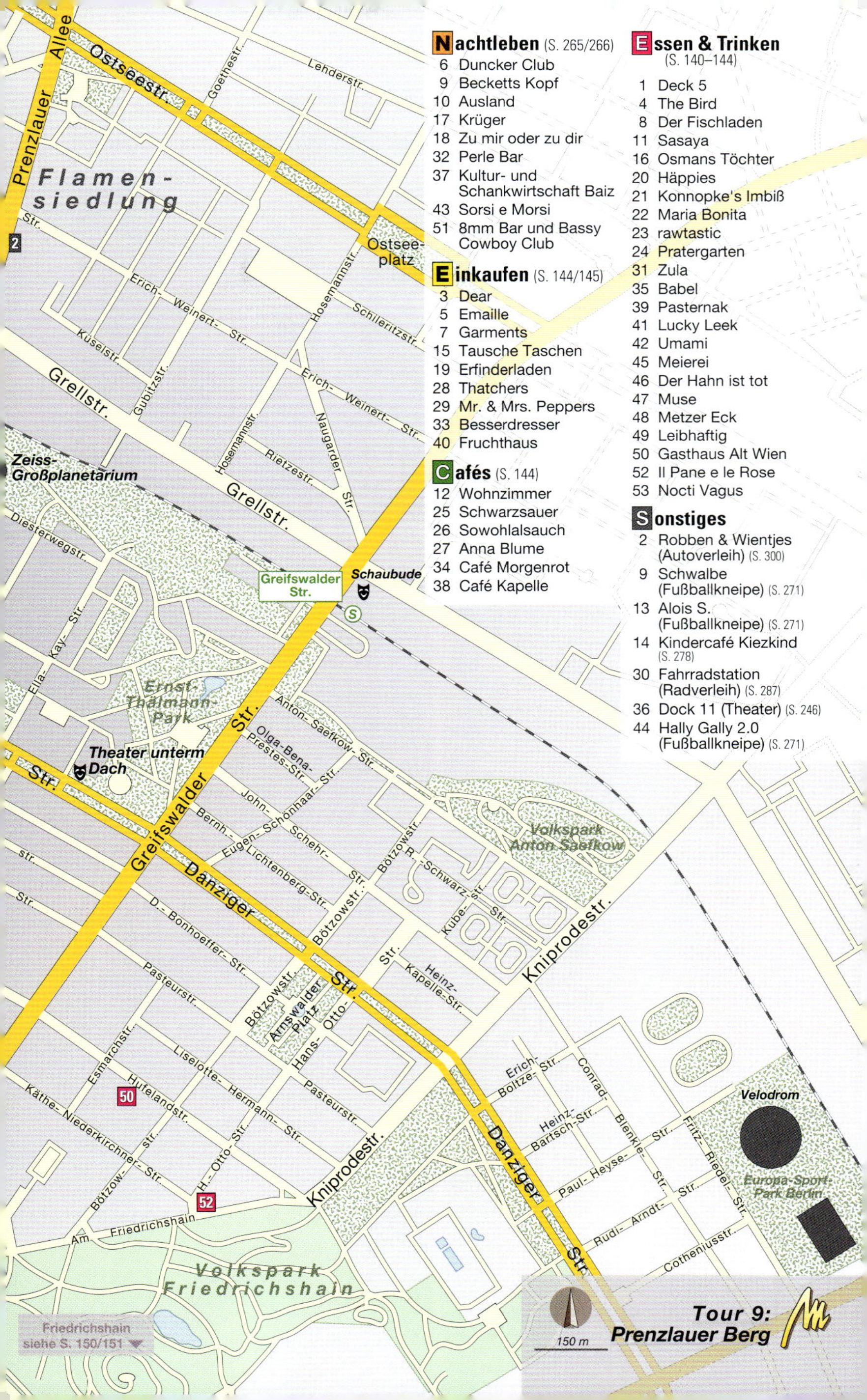
Nachtleben (S. 265/266)
6 Duncker Club
9 Becketts Kopf
10 Ausland
17 Krüger
18 Zu mir oder zu dir
32 Perle Bar
37 Kultur- und Schankwirtschaft Baiz
43 Sorsi e Morsi
51 8mm Bar und Bassy Cowboy Club
Einkaufen (S. 144/145)
3 Dear
5 Emaille
7 Garments
15 Tausche Taschen
19 Erfinderladen
28 Thatchers
29 Mr. & Mrs. Peppers
33 Besserdresser
40 Fruchthaus
Cafés (S. 144)
12 Wohnzimmer
25 Schwarzsauer
26 Sowohlalsauch
27 Anna Blume
34 Café Morgenrot
38 Café Kapelle
Essen & Trinken (S. 140–144)
1 Deck 5
4 The Bird
8 Der Fischladen
11 Sasaya
16 Osmans Töchter
20 Häppies
21 Konnopke's Imbiß
22 Maria Bonita
23 rawtastic
24 Pratergarten
31 Zula
35 Babel
39 Pasternak
41 Lucky Leek
42 Umami
45 Meierei
46 Der Hahn ist tot
47 Muse
48 Metzer Eck
49 Leibhaftig
50 Gasthaus Alt Wien
52 Il Pane e le Rose
53 Nocti Vagus
Sonstiges
2 Robben & Wientjes (Autoverleih) (S. 300)
9 Schwalbe (Fußballkneipe) (S. 271)
13 Alois S. (Fußballkneipe) (S. 271)
14 Kindercafé Kiezkind (S. 278)
30 Fahrradstation (Radverleih) (S. 287)
36 Dock 11 (Theater) (S. 246)
44 Hally Gally 2.0 (Fußballkneipe) (S. 271)
Prenzlauer Allee
Ostseestr.
Lehderstr.
Goethestr.
Flamensiedlung
Ostseeplatz
Erich-Weinert-Str.
Hosemannstr.
Schieritzstr.
Küselstr.
Gubitzstr.
Grellstr.
Naugarder Str.
Rietzestr.
Zeiss-Großplanetarium
Diesterwegstr.
Greifswalder Str.
Schaubude
Ella-Kay-Str.
Ernst-Thälmann-Park
Anton-Saefkow-Str.
Olga-Benario-Prestes-Str.
Theater unterm Dach
John-Schehr-Str.
Eugen-Schönhaar-Str.
Bernh.-Lichtenberg-Str.
Bötzowstr.
R.-Schwarz-Str.
Volkspark Anton Saefkow
Kube-Str.
Danziger Str.
Kniprodestr.
D.-Bonhoeffer-Str.
Pasteurstr.
Heinz-Kapelle-Str.
Arnswalder Platz
Hans-Otto-Str.
Esmarchstr.
Liselotte-Hermann-Str.
Hufelandstr.
Käthe-Niederkirchner-Str.
Erich-Boltze-Str.
Conrad-Blenkle-Str.
Heinz-Bartsch-Str.
Paul-Heyse-Str.
Fritz-Riedel-Str.
Velodrom
Europa-Sport-Park Berlin
Rudi-Arndt-Str.
Cotheniusstr.
H.-Otto-Str.
Am Friedrichshain
Volkspark Friedrichshain
Friedrichshain siehe S. 150/151
150 m
Tour 9: Prenzlauer Berg

Coole Schnitte für wenig Geld: Haare lassen in der Stargarder Str. 76

Platz, der im Volksmund einfach „Teute" genannt wird. Weiter geht es entlang der Zionskirchstraße, die – über die Kastanienallee hinweg – direkt zum **Zionskirchplatz** führt, den die gleichnamige 1866 erbaute Kirche dominiert. Drum herum eine Reihe netter Cafés (ohne Achteck).

Kastanienallee

Die kunterbunte **Kastanienallee** ist alles andere als ein Prachtboulevard, dennoch Prenzlbergs berühmteste Straße, auch wenn der große Hype mittlerweile vorüber ist. Passende Plätze fürs Peoplewatching beim Nachmittagsfrühstück gibt es auf jeden Fall noch genug – vielleicht läuft ja Heike Makatsch vorbei. Dazu trendige Schnickschnackläden für kleine Statussymbole, aber auch coole Fahrräder für lässige 3000 €. Fast absurd dagegen der Spruch an Hausnummer 86: „Kapitalismus normiert zerstört tötet". Er stammt noch aus der Zeit, als Prenzlauer Berg vornehmlich Heimat alternativer Visionäre war.

Die Oderberger Straße mit ihren vielen unkonventionell-originellen Läden und Cafés kreuzt die Kastanienallee. Nach links führt sie zum **Mauerpark** (→ Sehenswertes abseits des Spaziergangs), wo sonntags ein Flohmarkt stattfindet – ein netter Abstecher.

Vorbei am beliebten Biergarten **Pratergarten** erreicht man die Schönhauser Allee. Dort steht, direkt unter den Hochbahngleisen, **Konnopke's Imbiß,** eine Institution in Sachen Currywurst (→ Essen & Trinken).

LSD-Viertel

Nachdem man den **Hochbahnhof Eberswalder Straße** unterquert hat, geht es nun parallel zur Hochbahn bis zur Stargarder Straße und auf dieser hinein ins sog. **LSD-Viertel**. „LSD" hat in diesem Fall nichts mit Drogen zu tun, sondern bezeichnet die Gegend um die **L**ychener Straße zwischen der **S**targarder Straße im Norden und der **D**anziger Straße im Süden. Aufpolierte Altbauten und z. T. holprige Pflasterstraßen prägen das Viertel, das zuletzt auch durch den Zuzug des *Suhrkamp Verlags* in die Pappelallee aufgewertet wurde.

Gleich zu Beginn kommt man an der **Gethsemanekirche** vorbei, ein gotisierender Klinkerbau aus dem Jahr 1893. Sie entstand nach Plänen August Orths, einem Schüler August Stülers. In der Vorwendezeit nutzten Oppositionelle die Kirche als Plattform, eine kleine Ausstellung erinnert daran (leider oft geschlossen). Dahinter passiert man die **Eispatisserie Hokey Pokey** mit fast schon verboten gutem Eis: Tonkabohne mit Macadamia, Gurke-Gin-Tonic, Apfel-Basilikum, Passionsfruchtsorbet ... In die Schlagzeilen geriet die Eisdiele, als es wegen langer Schlangen vor der Tür Anwohnerproteste hagelte. Hokey Pokey versuchte die Massen mit starker Preiserhöhung (Kugel 1,80 €!) vom Schlecken abzuhalten – vergeblich.

Die Lychener Straße (hier rechts einbiegen) tangiert den **Helmholtzplatz**, ein begrüntes Karree mit Spielplatz, Kindercafé und meist ein paar Suffköpfen, die die Parkbänke belegen – ein Unding für dieses Viertel. Nächstes Ziel ist die **KulturBrauerei**. Das zum Ende des 19. Jh. entstandene denkmalgeschützte, monumentale Backsteinensemble der einstigen Schultheiss-Brauerei nimmt ein ganzes Straßengeviert ein. Mit der Bierproduktion war hier schon 1967 Schluss. Heute saniert, dient das Areal der Kunst, der Kultur und dem Gewerbe – mehrere Clubs, Restaurants und Kinos sorgen für stetigen Zulauf. Sonntags findet auf dem Areal von 12–18 Uhr ein Street-Food-Markt statt. Zudem führt das → **Museum in der Kulturbrauerei** in den „Alltag in der DDR" ein. Spazieren Sie in Ruhe über das Gelände – rein geht es von der Knaackstraße, heraus kommt man an der Sredzkistraße (dort links halten).

Kollwitzkiez

Von hier sind es nur ein paar Katzensprünge zur **Husemannstraße** (rechts ab), einer Bilderbuchstraße mit nostalgischen Straßenschildern, historischen Wasserpumpen und stuckverzierten Häusern samt schmiedeeisernen Balkonen. Zur 750-Jahr-Feier Berlins (1987) wurde die Straße in ein Freilichtmuseum verwandelt, mit putzigen Handwerkerstuben, einem Museum, das ins Arbeiterleben um 1900 entführte, sowie mit Läden und Gaststätten im Stil jener Zeit. Die obersten Genossen führten hier gerne Staatsgäste herum. Nichts davon hat die Zeiten überlebt: Heute ist die Husemannstraße in erster Linie eine schmucke Wohnstraße mit saftigen Mieten.

Die Husemannstraße führt direkt auf den grünen, dreieckigen **Kollwitzplatz** zu – besonders nett zur samstäglichen Wochenmarkt-Kiezparade. Dass der Platz sich heute so charmant präsentiert, ist der Wende zu verdanken. Sie kam zu schnell für die DDR-Städteplaner, die hier die maroden Altbauten durch Platte ersetzen wollten. Benannt ist der Platz nach der Künstlerin und einstigen Anwohnerin Käthe Kollwitz, (1867–1945, → S. 117). Noch heute wohnen hier Leute, deren Namen einmal Plätze schmücken könnten, z. B. Wolfgang Thierse oder Marianne Birthler.

Über die Wörther Straße geht's weiter. Werfen Sie dort einen Blick in **Klemmi's Flickschneiderei** (Hnr. 31), eine herrliche Mischung aus Schneiderladen und verstaubtem Museum rund ums Handarbeiten.

Die **Rykestraße** punktet mit etlichen schönen Boutiquen, die die hiesige Kaufkraft widerspiegeln. Vor Haus-

Im Kollwitzkiez

Prenzlauer Berg → Karte S. 134/135

nummer 53 steht i. d. R. ein Polizist – in dem neoromanischen Backsteinbau befindet sich eine *Jeschiwa*, eine Lehreinrichtung für jüdische Talmud- und Thorastudenten. Die **Synagoge** im Hof nebenan stammt aus dem Jahr 1903. Den Krieg überstand sie als Pferdestall der SA-Truppen, heute finden hier rund 1200 Gläubige Platz (für die Öffentlichkeit leider nicht zugänglich).

Nur ein paar Schritte weiter steht das Wahrzeichen von Prenzlauer Berg, der „Dicke Hermann". Der 30 m hohe backsteinerne **Wasserturm** wurde 1877 errichtet. Zusammen mit dem schlanken Steigrohrturm und zwei unterirdischen Wasserspeichern versorgte er einst den gesamten Nordosten Berlins mit Wasser. 1933 richteten die Nazis im heute nicht mehr existenten Maschinenhaus ein Konzentrationslager ein. 1952 wurde die gesamte Anlage stillgelegt. Die ehemaligen Werkswohnungen im Turm (tortenstückförmige Zimmer!) sind begehrt. Die Reservoirs werden zuweilen für kulturelle Veranstaltungen genutzt – tolle Atmosphäre.

Über die Knaackstraße, die Wörther Straße und die Schönhauser Allee gelangt man zurück zum Senefelder Platz. An der Schönhauser Allee passiert man dabei noch den Eingang zum → **Jüdischen Friedhof**.

Sehenswertes

DDR-Alltag

Museum in der Kulturbrauerei

Hier präsentiert die staatliche Stiftung *Haus der Geschichte* die Ausstellung „Alltag in der DDR". Widersprüche zwischen planwirtschaftlicher DDR-Wirklichkeit und Gründungsmythen bzw. Bedürfnissen und Wünschen der Bevölkerung werden hier anschaulich aufgezeigt. Man erfährt, was Bückware, Delikat-Läden und Kaffee-Mix waren, was auf DDR-Speisekarten stand und was sich in Westpaketen verbarg.

Knaackstr. 97, Ⓤ Eberswalder Straße. Tägl. (außer Mo) 10–18 Uhr, Do bis 20 Uhr. Eintritt frei. www.hdg.de.

In der Kulturbrauerei

Am Platz des 9. November

Prenzlauer Berg → Karte S. 134/135

Wo Max Liebermann begraben ist

Jüdischer Friedhof mit Lapidarium

Der 1829 eröffnete Friedhof mit rund 23.000 Gräbern ist heute ein entrückt-melancholischer Ort – viele Grabsteine sind umgefallen oder efeuüberrankt. Die prominentesten Gräber sind die des Malers Max Liebermann (gest. 1935) und des Verlegers Leopold Ullstein (gest. 1899). Sie liegen nahe beieinander ganz im Osten der Anlage. Im angeschlossenen Lapidarium sind Grabsteine aufbewahrt, deren ursprünglicher Standort nicht mehr rekonstruierbar ist.

Schönhauser Allee, Ⓤ Senefelder Platz. Mo–Do 8–16 Uhr, Fr 8–13 Uhr. Männer müssen eine Kopfbedeckung tragen, die man am Eingang im Lapidarium erhält. www.jg-berlin.org.

Sehenswertes abseits des Spaziergangs

Unterm Sternenhimmel

Zeiss-Großplanetarium

Das 1987 eröffnete Sternetheater in einer riesigen silbernen Dreiviertelkugel wurde jüngst aufwendig modernisiert und zählt heute zu den modernsten Wissenschaftstheatern Europas. Tausende Sterne funkeln am künstlichen 3D-Universumshimmel. Neben unterschiedlichen Streifzügen durch die Astronomie stehen auch Hörspiele, Theater u. v. m. auf dem Programm.

Prenzlauer Allee 80, Ⓢ Prenzlauer Allee. Veranstaltungsprogramm auf www.sdtb.de, Eintrittspreise 8–16 €, erm. 6–12 €.

Vom Zeiss-Großplanetarium sind es nur ein paar Schritte zum **Bezirksamt Pankow** (Eingang Prenzlauer Allee 70). Im Keller des sog. Hauses 3 richtete der sowjetische Geheimdienst NKWD 1945 eine Haft- und Verhörstätte ein, die 1950 an die Stasi übergeben wurde. Auf einem schwarzen das Haus umspannenden Band stehen heute Fragen wie „Wer verschwand im Keller?“ oder „Wer schloss die eiserne Tür?“ – eine Installation von Karla Sachse.

Erinnerung an den Mauerfall

Platz des 9. November

Auf das Codewort „Wir fluten jetzt" traten am 9. November 1989 am Grenzübergang Bornholmer Straße gegen 23.30 Uhr die DDR-Grenzsoldaten zur Seite und ließen die Ostberliner ungehindert in den Westen. Eine kleine Gedenkstätte in der Nachbarschaft des einstigen Grenzübergangs erinnert an jenen Tag. Da auch noch 155 m der alten hinteren Sperrmauer erhalten sind, kann man sich die ehemalige Teilung der Stadt hier besonders gut vorstellen. Der Übergang Bornholmer Straße war einer der insgesamt sieben innerstädtischen Grenzübergänge. Vom Platz des 9. November bietet sich eine Radtour entlang des Mauerradwegs an, mehr dazu auf S. 287. Dabei passiert man u. a. das Brandenburger Tor, den Potsdamer Platz, den Checkpoint Charlie und die Eastside Gallery.

Ⓢ Bornholmer Straße.

Graffiti, Flohmarkt und Karaoke

Mauerpark

Die längliche Wiese am ehemaligen Mauerverlauf zwischen Prenzlauer Berg und Wedding zieht sich von der Bernauer bzw. Eberswalder Straße für rund 1 km nach Norden. Sie ist – obwohl zuweilen recht vermüllt – ein beliebter Treffpunkt im Sommer, man grillt, trommelt und jongliert oder trinkt einfach nur ein Bierchen am bunt bemalten Amphitheater. Dort gibt es von April bis Oktober zudem sonntags ab 15 Uhr Karaoke, um die 1000 Zuschauer wohnen dem Spaß oft bei. An einem Teilstück der ehemaligen hinteren Sperrmauer toben sich die Sprayer aus. Gegen den Widerstand von Bürgerinitiativen wurde ein Bebauungsplan für den nördlichen Rand des Parks beschlossen. Für den Flohmarkt am Mauerpark → Shopping.

Zugang u. a. von der Bernauer Str., Ⓤ Bernauer Straße. www.mauerpark.info.

Praktische Infos

→ Karte S. 134/135

Essen & Trinken

Restaurants

Nocti Vagus 53, ein Erlebnis! Hier isst man in vollkommener Dunkelheit, bedient von Blinden. Zur Auswahl stehen 4 Menüs: vegetarisch, Fleisch, Fisch oder die „Überraschung". Letzteres sorgt tatsächlich für Überraschung – die Sinne fahren Karussell, und man hält Kalbfleisch für Geflügel und Zucchini für Schwarzwurzel … Mo programmloser „Schnupperabend" (4-Gänge-Menü 39 €), ansonsten meist kulturelles Begleitprogramm (dann 4-Gänge-Menü ab 49 €). Saarbrücker Str. 36–38, Ⓤ Senefelder Platz oder Rosa-Luxemburg-Platz, ✆ 74749123, www.noctivagus.com.

Lucky Leek 41, vegane Küche auf Gourmetniveau in gepflegt-legerem Ambiente. Auch ein Erlebnis für Fleischesser! Es gibt ein 3-Gänge- (33 €) und ein 5-Gänge-Menü (55 €). Fr/Sa werden nur die Menüfolgen serviert, sonst dürfen einzelne Gänge auch à la carte bestellt werden (Hg. dann ca. 18 €). Gute Weine. Mi–So ab 18 Uhr. Reservierung empfohlen. Kollwitzstr. 54, Ⓤ Senefelder Platz, ✆ 66408710, www.lucky-leek.com.

Pasternak 39, gehobenes russisches Restaurant, dessen Räumlichkeiten an ein aristokratisches Wohnzimmer erinnern. Mit netter Sommerterrasse. Sehr gute Küche. Schaschlik, *Pelmeni* (Nudeltaschen mit Geflügelfüllung und Schmand) oder *Tabakà* (Perlhuhn mit Kartoffel-Knoblauch-Soße) zu 11–25 €. Sonntags russischer Brunch (13,90 €). Tägl. 9–1 Uhr. Knaackstr. 22–24, Ⓤ Senefelder Platz, ✆ 4413399, www.restaurant-pasternak.de.

Gasthaus Alt Wien 50, herrlich unprätentiös für den Stadtteil, einer rustikalen österreichischen Gastwirtschaft nachempfunden. Hierher pilgert man der Wiener Schnitzel wegen (die bis über den Tellerrand reichen). Aber auch der Schweinsbraten mit überdimensioniertem Semmelknödel, das Tafelspitz und das Eierschwammerlgulasch sind *leiwand*. Dazu süffiges Hirter-Pils und fair kalkulierte Weine. Reservieren! Di–Sa 18–24 Uhr, So ab 12 Uhr. Hufelandstr. 22, von Ⓢ+Ⓤ Alexanderplatz mit Tram M 4 bis Hufelandstraße, ✆ 70129610, www.altwien-berlin.de.

Im Mauerpark ist immer was los

Der Hahn ist tot 46, das nach dem gleichnamigen französischen Kanon benannte, legerstilsichere Lokal hat sich der französischen Landküche verschrieben. Wechselnde 4-Gänge-Menüs um die 21 €. Suppe gibt's aus der Kanone. Der Coq au Vin hält stets die Stellung, dazu Fisch, Fleisch und Vegetarisches mit ausgefeilten Soßen. Tägl. (außer Mo) ab 19 Uhr. Zionskirchstr. 40, Ⓤ Senefelder Platz, ✆ 65706756, www.der-hahn-ist-tot.de.

Sasaya 11, für das Sasaya, eines der besten und authentischsten japanischen Lokale der Stadt, sollte man besser reservieren. Im puristischen Ambiente wird außergewöhnlich gutes und extravagantes Sushi der mittleren bis gehobenen Preisklasse kredenzt, z. B. mit Süßkartoffeln und Seeigel. Do–Mo 12–15 u. 18–23 Uhr. Lychener Str. 50, Ⓢ+Ⓤ Schönhauser Allee, ✆ 44717721, www.sasaya-berlin.de.

Osmans Töchter 16, türkisch mal anders. Kein Orientkitsch und keine Schnauzbärte, dafür weiße Holzmöbel und unaufgeregte Kargheit. Neben den Klassikern wie Linsensuppe oder *Köfte* mit *Bulgur* gibt es auch Dorade mit Traubensoße oder Kürbis mit *Tulum*-Käse. Wunderbar zudem die gemischte Vorspeisenplatte. Laut-fröhliche Atmosphäre. Hg. 11–18 €. Tägl. ab 17.30 Uhr. Pappelallee 15, Ⓤ Eberswalder Str., ✆ 32663388, www.osmanstoechter.de.

Il Pane e le Rose 52, großes, helles Ecklokal von unaufdringlicher Eleganz. Gute Pasta (ca. 12–14,50 €), gute Pizzen (teuerste 12 €) und stets ein paar wechselnde feine Hg. auf der Tageskarte (15–23 €). Wenn Sie meinen, Daniel Brühl am Nebentisch zu sehen – er ist es wirklich! Außenbereich. Tägl. 12–24 Uhr. Am Friedrichshain 6, von Ⓢ+Ⓤ Alexanderplatz mit Bus 200 bis Haltestelle Bötzowstraße, ✆ 4231916.

rawtastic 23, hier ist alles roh (nicht ganz, bis 40 °C darf erhitzt werden) und vegan: Lasagne, Tex-Mex-Schale, RAWioli oder „Pizzatastic". Wenn man einfach nur mal das Geschmackserlebnis haben möchte und nicht so richtig weiß, was man will, kann man auch zu „Teste das Beste" greifen, den Probehappen auf einer Platte (15 €). Dazu hausgemachter *Kombucha*. Innen zeitgemäß ausgestattet, davor ein paar Bierbänke auf dem Gehweg. Danziger Str. 16, Ⓤ Eberswalder Str., ✆ 15258705349, www.rawtastic.de.

Umami 42, Szene-Asiate. So beliebt, dass man unbedingt reservieren sollte, selbst mittags sehr voll. In dem wunderschön dekorierten, gemütlich-holzigen Lokal kommt indochinesische Fusionküche auf den Tisch: Großgarnelen auf Süßkartoffelnestern mit Ingwer-Vinaigrette, Entenfilets mit Thaibasilikum-Pesto, Calamares mit Kimchi und Satésoße oder Burger im Bao-Brötchen mit Mango-Chili-Dip. Mann, war das lecker! Hg. 7,50–16 €, und damit sehr gutes Preis-Leistungs-Verhältnis. Tägl. 12–23.30 Uhr. Knaackstr. 16–18, Ⓤ Senefelder Platz, ✆ 28860626, www.umami-restaurant.de.

Leibhaftig 49, in diesem kleinen, rustikal-modernen Souterrainlokal serviert man zu selbst gebrautem Bier (Weizen, Dunkles und Pils) leckere bayrische Tapas (!) wie Obatzt'n, Nürnberger Bratwürste mit Kraut, Kartoffelsalat oder Sülze mit Eisbeinfetzen (!). Die Portiönchen kosten 4–6 €, fürs Sattwerden braucht man mindestens 3 Stück. Schöne Gehwegterrasse. Besser reservieren. Tägl. (außer So) 18–24 Uhr. Metzer Str. 30, ✆ 54815039, www.leibhaftig.com.

The Bird 4, wird als einer der besten Burgerspots der Stadt gehypt (unter amerikanischer Leitung). Dementsprechend populär – knallvoll schon am frühen Abend. Zu lautem Grunge verzehrt man 250-Gramm-Burger aus gutem, frisch und grob durch den Wolf gedrehtem Fleisch, dazu gibt's handgeschnitzte Pommes und Bier aus Humpen. Auf Etikette legt man wenig Wert: etwas klebrige Speisekarten, Zewa statt Serviette, ohnehin ist der Laden alles andere als stilvoll. Wurscht, schmecken soll's und das tut's. Burger 9,50–14 €. Mo–Do ab 18 Uhr, Fr ab 16 Uhr und Sa/So ab 12 Uhr. Am Falkplatz 5, Ⓢ+Ⓤ Schönhauser Allee, ✆ 51053283, www.thebirdinberlin.com.

Metzer Eck 48, wie schön, dass es ein solches Kneipen-Urgestein im Bobo-Stadtteil noch gibt. Familienbetrieb seit 1913, mittlerweile in der 4. Generation. Uriges holzvertäfeltes Interieur, kleiner Pseudobiergarten davor. Solide, frische Hausmannskost wie Bulette, Matjes, Kartoffelpuffer oder Schnitzel. Hg. 6,60–9,50 €. Mo–Fr 16–1 Uhr, Sa ab 18 Uhr. Metzer Str. 33, Ⓤ Senefelder Platz, ✆ 4427656.

Muse 47, eher gemütliches Esszimmer als Restaurant. Mo–Fr von 12–22 Uhr gibt es simple, oft wechselnde, durch und durch handgemachte Gerichte wie Burger, Sandwichs und Currys, die den Indern in der gleichen Straße den Rang ablaufen. Hg. um die 9 €. An Samstagabenden wird das Restaurant zum Supperclub, dann versammelt sich eine bunte internationale Crowd an den langen Tischen und schaut, was die Hausköche selbst oder auch Gastköche so auftischen. Tolles Erlebnis, nur

Picknicken am Wasserturm

mit Reservierung! Mehr-Gänge-Menüs dann ca. 45 € (ohne Wein). Immanuelkirchstr. 31, Ⓤ Senefelder Platz, ✆ 40056289, www.museberlin.de.

Zula 31, das israelisch geführte Caférestaurant steht ganz im Zeichen der Kichererbsen-Sesam-Paste Hummus, die in den verschiedensten Varianten (vegetarisch oder mit Fleisch) und Portionen (Hg. oder Snack) daherkommt. Dazu gibt's warmes Pitabrot, scharfe Koriandersoße, Eingelegtes und Oliven. Sehr freundlich, lecker und günstig. Tägl. ab 11 Uhr. Husemannstr. 10, Ⓤ Eberswalder Straße, ✆ 41715100, www.zulaberlin.com.

Schnelle Küche/Snacks

Babel 35, libanesisches Schnellrestaurant von ungebrochener Popularität. *Schawarma, Falafel* & Co, entweder als Sandwich oder in verschiedenen Kombinationen auf dem Teller (7–16 €). Draußen Bierbänke. Tägl. 11–1 Uhr. Kastanienallee 33, Ⓤ Senefelder Platz.

Häppies 20, in dem schicken kleinen Imbiss bekommt man Germknödel nicht nur mit Pflaumenmus und Mohnstreuseln, sondern auch mal herzhaft gefüllt: mit Rindfleisch und Speckbirnen, mit Ziegenkäse und Rucolapesto, mit Tofu und Mango-Curry usw. 2 gemischte Knödel mit Salat 7,90 €. Di–Fr 12–20 Uhr, Sa/So bis 18 Uhr. Dunckerstr. 85, Ⓤ Eberswalder Straße.

Der Fischladen 8, sympathische kleine Mischung aus Fischverkauf, Imbiss und Restaurant. Neben verschiedenen Fischbrötchen gibt's auch Thunfisch- oder Kabeljau-Burger, Pasta mit Meeresgetier oder als Klassiker Fish'n'Chips. Außerdem guter Mittagstisch zu ca. 7,50 €. Handgemacht und überzeugend. Mo–Sa 10–22 Uhr, So ab 13 Uhr. Schönhauser Allee 128, Ⓢ+Ⓤ Schönhauser Allee, ✆ 40005612, www.derfischladen.com.

Maria Bonita 22, simpel-liebenswertes mexikanisches Bistro für den schnellen Hunger: farbenfrohe Wände, offene Küche, Kitschecke mit Madonna, nur die Kakerlaken fehlen. Die superaromatischen Tacos, Flautas, Enchiladas oder Burritos (6–9 €) schmecken fast wie in Mexiko. Do–Mo 12–23 Uhr. Danziger Str. 33, Ⓤ Eberswalder Straße, www.mariabonita.de.

Konnopke's Imbiß 21, traditionsreiche Currywurstbude (im Wurstgeschäft seit 1930, mittlerweile aber im neuen Kiosk!) unter den Hochbahngleisen am U-Bahnhof Eberswalder Straße. Für viele Berliner die beste Currywurst der Stadt (ohne Darm!) – auch Promis schauen vorbei. Die hausgemachte Soße ist Familiengeheimnis. Ab 1,90 €/Portion. Mo–Fr 9–20 Uhr, Sa ab 11.30 Uhr. Schönhauser Allee 42, www.konnopke-imbiss.de.

Meierei 45, alpenländische Leckereien in hoher Qualität – egal ob Leberkassemmel, Engadiner Nusstorte oder Weißwürscht. Frühstück mit bestem Brot. Gehwegterrasse und netter Hinterhof. Mo–Fr 7.30–18 Uhr, Sa ab 9 Uhr, So ab 10 Uhr. Kollwitzstr. 42, Ⓤ Senefelder Platz, ✆ 92129573, www.meierei.net.

Cafés/Bars

Café Morgenrot 34, linkes Café mit veganer Ausrichtung. Dielenartig, ein bisschen Industriedesign, ein bisschen Trödel, dunkeltürkise Wände. Fr–So Frühstücksbüfett für 9–12 €. Di-Do ab 9 Uhr, Fr–So ab 11 Uhr. Kastanienallee 85, Ⓤ Eberswalder Straße, ✆ 44317844.

Schwarzsauer 25, Klassiker in der Kastanienallee. Feucht-fröhliche Raucherbar mit typisch Prenzlberger Publikum. Stets voll. Mo–Fr 17–5 Uhr, Fr–So ab 16 Uhr. Kastanienallee 13, Ⓤ Eberswalder Straße, ✆ 4485633.

Sowohlalsauch 26, Kaffeehaus in klein: rote Lederbänke, Marmortischchen, Kronleuchter, Thonet-Stühle. Nicht selten muss man auf einen Tisch warten (oder man reserviert), denn Kuchenjunkies (superleckerer Kuchen!) gibt es in Prenzlberg so viele wie Mamis mit Baby. Draußen nette Gehwegterrasse. Auch das **Anna Blume** 27 schräg gegenüber ist zu empfehlen. Tägl. 8–2 Uhr. Kollwitzstr. 88, Ⓤ Eberswalder Straße, ✆ 4429311, www.tortenundkuchen.de.

Wohnzimmer 12, heißt so, wie's ist. Plüschiges Mobiliar auf uralten Dielenböden, supergemütlich die Chaiselongue im Eingangsbereich. In manchen Zimmern darf geraucht werden. Frühstück und Snacks. Wird abends zur netten Bar. Betont intellektuelles Prenzlberg-Publikum. Tägl. ab 10 Uhr. Lettestr. 6, Ⓤ Eberswalder Straße, ✆ 4455458, www.wohnzimmer-bar.de.

Café Kapelle 38, das hübsche Café war 1992 mit das erste, das die Gegend um den Zionskirchplatz belebte. Hier wird Wert auf Qualität (Bioprodukte) und Frische gelegt. Gutes Frühstück, rheinischer Flammkuchen. Tägl. ab 9 Uhr. Zionskirchplatz 22–24, Ⓤ Senefelder Platz, Rosenthaler Platz o. Bernauer Straße, ✆ 44341300, www.cafe-kapelle.de.

Draußen

Pratergarten 24, Berlins ältester Biergarten (seit 1837). 600 Sitzplätze unter alten Kastanien. Man isst Krakauer mit Kartoffelsalat und trinkt *Prater Schwarzbier*. April–Sept. tägl. ab 12 Uhr. Kastanienallee 7–9, Ⓤ Eberswalder Straße, www.pratergarten.de.

Deck 5 1, witzig inszenierte Strandillusion auf dem Parkdeck der Schönhauser-Allee-Arkaden – mit sandigen Füßen und einem Cocktail in der Hand genießt man den schönen Blick über Prenzlauer Berg. Mai–Sept. bei gutem Wetter ab 12 Uhr. Schönhauser Allee 50, Zugang tagsüber über den Fahrstuhl im Shoppingcenter („P5" drücken), ab 21.30 Uhr über das Treppenhaus an der Greifshagener Straße, Ⓢ+Ⓤ Schönhauser Allee, ✆ 64497522, www.freiluftrebellen.de.

Shopping

Fashion (schick und elegant)

Thatchers 28, hinter diesem Modelabel, das konservative Assoziationen weckt, stecken Ralf Hensellek und Thomas Mrozek. Dennoch keine steifen Kostüme für eiserne Ladys, sondern körperbetonte Mode mit wunderschönen Details für die elegante Dame. Kleider ab 90 €, Jacken ab 200 €. Mo–Sa 11–19 Uhr. Kastanienallee 21, Prenzlauer Berg, Ⓤ Eberswalder Straße, www.thatchers.de.

Fruchthaus 40, aufregende, nicht ganz billige Damenbekleidung, die sich an alle möglichen Epochen anlehnt: Bleistiftröcke, Petticoats, dazu die passenden Schuhe und Perücken. Ausdrücklich für „Frauen mit Kurven". Mo–Sa 12–18.30 Uhr. Zionskirchstr. 39, Prenzlauer Berg, Ⓤ Senefelder Platz, www.fruchthaus-berlin.de.

Fashion (jung und schräg)

Mr. & Mrs. Peppers 29, René Eger entwirft Mode, die durch Sixties-Einflüsse besticht. Tolle Herrenhemden, aber auch Ausgefallenes für Damen. Mo–Sa 11–20 Uhr. Kastanienallee 91–92, Prenzlauer Berg, Ⓤ Eberswalder Straße, www.mrandmrspeppers.de.

Besserdresser 33, die Damenmode der Designerin Andrea Faupel ist mädchenhaft, teils romantisch, in jedem Falle witzig. Werkstatt im UG. Gibt's die passende Größe gerade nicht, wird diese auf Wunsch nachgeschneidert. Kleider ab ca. 160 €. Mo–Sa 12–18.30 Uhr. Kollwitzstr. 72, Prenzlauer Berg, Ⓤ Senefelder Platz, www.besserdresser.de.

Secondhand/Vintage

Garments 7, gute Adresse im Vintage-Eldorado Stargarder Straße. Hier bekommt man auch Klamotten, die bereits bei Filmproduktionen Verwendung fanden. Regelmäßig wird umdekoriert. Mo–Sa 12–19 Uhr. Stargarder Str. 12/A, Prenzlauer Berg, Ⓢ+Ⓤ Schönhauser Allee, www.garments-vintage.de.

Ein paar Türen weiter lohnt auch der Laden **Dear** (Hnr. 9, **3**) einen Besuch, allerdings richtet er sich eher an Männer.

Taschen

Tausche Taschen 15, Foto-, Laptop- oder Handtaschen aus Lkw-Plane mit austauschbaren Deckeln. Sehr witzige Motive. Preise ab ca. 45 € inkl. 2 Wechseldeckeln. Mo–Fr 10–20 Uhr, Sa bis 18 Uhr. Raumerstr. 8, Prenzlauer Berg, Ⓤ Eberswalder Straße, www.tausche.de.

Souvenirs und Geschenke

Erfinderladen 19, hier werden skurrile Erfindungen (sinnlose wie sinnvolle) verkauft: DDR-Brausepulver, Trikots für Kickerfiguren, Berliner Luft in Dosen – alles ist möglich. Mo–Sa 11–20 Uhr. Lychener Str. 8, Prenzlauer Berg, Ⓤ Eberswalder Straße, www.erfinderladen-berlin.de.

Emaille 5, hier ist alles aus Emaille: Schaumlöffel, Nudelsiebe, Seifenschalen, Töpfe, Milchkannen. Für Nostalgiker. Mo–Fr 10–19 Uhr, Sa 11–18 Uhr. Stargarder Str. 9, Prenzlauer Berg, Ⓢ+Ⓤ Schönhauser Allee, www.emaille-shop.de.

Märkte

Trödelmarkt Arkonaplatz, netter, kleiner Flohmarkt. Gut sortierter Retrokram, Schnäppchen sind allerdings selten zu machen. So 10–16 Uhr. Mitte, Ⓢ Bernauer Straße, www.troedelmarkt-arkonaplatz.de.

Flohmarkt am Mauerpark, größerer bunter Flohmarkt, immer viel los, auch bei Touristen sehr beliebt. Wohnmüll, Schrilles, Platten ... und dazu geiles Streetfood. So 8–18 Uhr. Prenzlauer Berg, Ⓤ Bernauer Straße, www.flohmarktimmauerpark.de.

Märkte am Kollwitzplatz, reiner Ökomarkt am Do (12–19 Uhr). Der bunte Wochenmarkt am Sa (9–16 Uhr) hat Kultstatus und ist *der* Treffpunkt im Viertel. Prenzlauer Berg, Ⓤ Senefelder Platz, www.wochenmarkt-deutschland.de.

Dong Xuan Center, *der* Asiamarkt Berlins liegt nicht in Prenzlauer Berg, sondern im östlich daran angrenzenden Lichtenberg. 250 Händler (aus Vietnam, Indien, China und Pakistan) in tristen Hallen. Es gibt Läden, die die merkwürdigsten Kräuter und selbst lebende Krebse verkaufen, authentische vietnamesische Restaurants, aber auch Friseure, Nagelstudios und, so weit das Auge reicht, Plastikkitsch und Plastikramsch. Tägl. (außer Di) 10–20 Uhr. Herzbergstr. 128–139 (von Ⓤ Rosa-Luxemburg-Platz mit Tram M 8 bis Haltestelle Herzbergstraße/Industriegebiet), www.dongxuan-berlin.de.

Prenzlauer Berg → Karte S. 134/135

Retro und kein Ende: Flohmarkt auf dem Arkonaplatz

Mauer, Spree und Stalinbauten

Tour 10

Jung und partyfreudig, viele Hunde, viele, viele bunte Tattoos – Friedrichshain ähnelt ein wenig Kreuzberg, nur sorgen hier v. a. ausländische Touristen und Erasmus-Studenten für Multikulti-Flair.

East Side Gallery, Touristen im Selfie-Wahn vor einem quietschbunt bemalten Stück Mauer, S. 152

Boxhagener Platz, am besten zu den Markttagen am Wochenende kommen, S. 149

Karl-Marx-Allee, Kopf in den Nacken beim Anblick der Stalinbauten, S. 153

Landebahn der Easyjetter

Friedrichshain

Friedrichshain war bis zum Fall der Mauer ein traditioneller Arbeiterbezirk. Zu Kaisers Zeiten lebten in der Gegend um den heutigen Ostbahnhof (dem früheren Schlesischen Bahnhof) v. a. arme Zuzügler aus den östlichen Provinzen Preußens. Sie malochten in den Fabriken an der Spree und im Osthafen. Und sie hausten in engen, lichtarmen Löchern voller Wanzen und Dreck, ein einziger Raum musste einer ganzen Familie genügen. Damals hatte Friedrichshain dreimal so viele Einwohner wie heute.

Zwischen den Weltkriegen lebte hier auch – zusammen mit einer Prostituierten – der Sohn eines Pastors, der sein Studium abgebrochen hatte, sich mit Gelegenheitsjobs über Wasser hielt und verblendet-pathetische Verse schrieb. Sein Name: Horst Wessel. Im Jahr 1930 wurde er im Alter von nur 22 Jahren erschossen und von den Nazis zum Märtyrer hochstilisiert. Die braunen Hosen benannten gar den Stadtteil nach ihm um, von 1933 bis 1945 hieß Friedrichshain Horst-Wessel-Stadt. Heute lauern die Neonazis, so heißt es, im benachbarten Lichtenberg, weswegen Friedrichshains linke Kiezguerilla stets in kampfbereiter Montur parat steht. Doch das ist eine andere Geschichte.

Die Trümmerfelder aus dem Krieg bepflasterte man zu DDR-Zeiten mit riesigen Plattenbaukonglomeraten und stalinistischen Prunkklötzen (→ Kasten S. 149). Die verbliebenen Altbauten ließ man verfallen. Noch zur Wendezeit hatten 60 Prozent der Wohnungen nur Außentoiletten, viele standen leer – eine ideale Spielwiese für die rebellische westdeutsche Jugend. In den 1970ern und 80ern wäre sie noch nach Kreuzberg gezogen, nun war Friedrichshain hip. Es formierte sich ein neuer Szenebezirk und um den Boxhagener Platz ein Viertel, in dem man sich amüsiert. Das blieb auch den Touristen nicht verborgen – was passieren kann, wenn zu viele kommen, ist an der Simon-Dach-Straße abzulesen: Sie verwandelte sich zur Kommerz-Trinkmeile mit wie geklont wirkenden Cocktailbars und Restaurants. Abseits davon aber gibt Friedrichshain noch immer viel her: verrückte Clubs an verrückten Orten, alternative Hausprojekte, witzige Läden mit noch witzigeren Namen und einen guten Flohmarkt (→ Shopping).

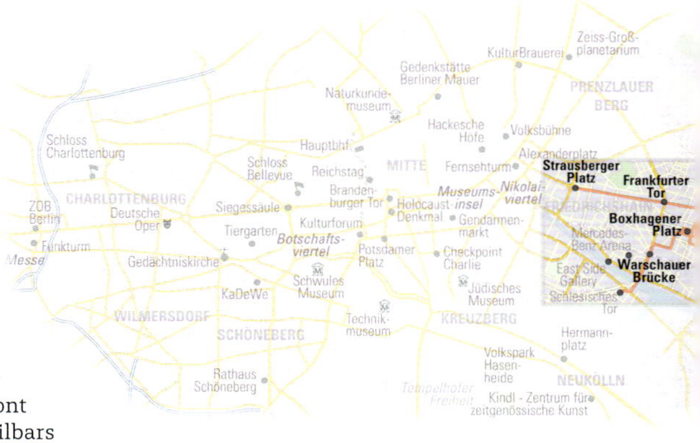

Tour-Info **Länge** ohne Abstecher ca. 5 km, **Dauer** ca. 2:45 Std., **Karte** S. 150/151.

Spaziergang

Die schönste und meistfotografierte Brücke Berlins ist die **Oberbaumbrücke**, die Kreuzberg mit Friedrichshain verbindet. Damit man die Aussicht von ihr genießen kann – v. a. abends schön, wenn sich die Lichter der Stadt in der Spree spiegeln –, beginnt der Spaziergang durch Friedrichshain in Kreuzberg am **U-Bahnhof Schlesisches Tor**. Von dort folgt man der Hochbahn bzw. der Oberbaumstraße, und schon steht man auf der Brücke. 1894 bis 1896 wurde sie im Stil der märkischen Backsteingotik mit Zinnen und Türmen erbaut. Im geteilten Berlin war sie ein Grenzübergang, den lediglich Westberliner Fußgänger benutzen durften. Erst seit 1995 rollen wieder U-Bahnen über das Viadukt.

Linker Hand, gen Westen, sieht man von der Brücke den Fernsehturm und den Turm des Roten Rathauses aus der Skyline Berlins ragen, rechter Hand erhebt sich aus der Spree der sog. **Molecule Man**. Das 30 m hohe, durchlöcherte Monumentalwerk des amerikanischen Künstlers Jonathan Borofsky (1999) besteht aus drei aufeinander zugehenden und sich berührenden Metallmännern. Jeder steht für einen der umliegenden Stadtteile: Treptow, Friedrichshain und Kreuzberg.

Mediaspree

An der Uferzeile links des Molecule Man fällt ein Gebäudekomplex mit einem silbernen vorragenden Baukörper darüber ins Auge. Es ist das **Nhow Hotel**, das erste Musikhotel Europas (→ Übernachten, S. 294). Direkt an der Brücke in einem ehemaligen Eierkühlhaus: *Universal Music Deutschland*. Die Terrasse davor gehört zur Kantine (→ Essen & Trinken).

Entlang des Spreeufers in westliche Richtung zieht sich noch ein Stück der Berliner Mauer. Auf der flussabgewandten Seite wurde sie nach der Wende bunt bemalt und ist als → **East Side Gallery** heute eine Touristenattraktion. Noch davor steht der alte Mühlenspeicher (heute das Clubrestaurant *Pirates Berlin*), obenauf ist ein alter Wachturm der DDR-Grenzposten zu erkennen.

Rechts der East Side Gallery, auf der anderen Seite der Mühlenstraße, erstreckt sich das sog. Anschutz-Areal (benannt nach dem millionenschweren US-amerikanischen Investor Philip F. Anschutz, dem auch die *Eisbären* gehören). Hier entsteht gerade rund um die **Mercedes-Benz-Arena** ein neues Stadtquartier mit Restaurants, Büros, Hotels, einem „Entertainment District" nach amerikanischem Vorbild und einer Shoppingmall, der sog. *East Side Mall* (mit über 120 Läden, Eröffnung voraussichtlich Frühjahr 2018). Deren künftige Adresse: Mercedes-Platz.

Von der Oberbaumbrücke geht es – sofern man keinen Abstecher zur East Side Gallery macht – geradewegs weiter in die **Warschauer Straße**, vorbei am gleichnamigen U-Bahnhof. Östlich (also rechts der Warschauer Brücke) erstreckt sich die **Oberbaum-City**, einst auch „Lampenstadt" genannt, da von hier die 1918 gegründeten *OSRAM*-Werke Glühlampen in die ganze Welt exportierten. Zu DDR-Zeiten wurde daraus das *Narva-Kombinat*, dessen Betrieb 1993 eingestellt wurde, Tausende von Arbeitsplätzen gingen damit flöten. Neue kamen wieder, nachdem die alten Fabrik- und Verwaltungsbauten entkernt und zu Bürohäusern umgebaut worden waren. Unter anderem residiert hier *BASF Services Europe* im sog. „Lichtturm", einem der augenfälligsten Gebäude der Oberbaum-City.

RAW-Gelände und Boxi

Die Warschauer Brücke, die über ein Wirrwarr an Gleisen führt, wird tagtäglich von Zehntausenden Menschen frequentiert. Tag und Nacht ist hier die Hölle los. Vorbei an Roma-Combos oder Punks mit lieben Hunden geht es rechts ab in die Revaler Straße. Dort lohnt rechter Hand ein Blick auf das **RAW-Gelände**. Das 70.000 m² große Areal des ehemaligen Reichsbahnausbesserungswerks ist heute ein kunterbunt-versiffter Szenetreff. Diverse Clubs haben sich in den ruinösen Hallen niedergelassen, zuweilen gibt's Streetfood-Events, außerdem eine Skaterhalle, Ateliers, einen Biergarten, einen Bunker für Kletterer und selbst eine Poolbar inmitten einer dachlosen Ruine (→ Essen & Trinken). Die Zu-

Molecule Man, ein Eyecatcher in der Spree

Berlin im Kasten

Mediaspree versenken – Spreeufer für alle!

Kater Holzig († 2014), *Kiki Blofeld* († 2011), *Strandgut* und *Oststrand* (beide † 2013) – diese Spreeclubs und Strandbars gibt es nicht mehr. Sie waren beliebte Sommerspots für die Anwohner von Kreuzberg und Friedrichshain, beflügelten auch Berlins Mythos als Partystadt und zogen viele junge Besucher an – mehr als die Museumsinsel oder das Kulturforum. Weitere Clubs an den Spreeufern zwischen Jannowitz- und Elsenbrücke sollen verschwinden und mit ihnen die Brachflächen, die alten Industrieanlagen, die morbiden Gewerbehöfe, die Künstler und Studenten, die die verlassenen Fabriketagen wiederbelebten. Dafür sollen im Rahmen des sog. *Mediaspree*-Projekts gläserne Büro- und Hotelpaläste sowie schicke Lofts entstehen. Die Ansiedlung von Unternehmen der Medien- und Kommunikationsbranche ist gewünscht, *Universal Music Deutschland* und *MTV* sind schon da. Wer aber letztendlich herzieht, entscheidet der Investor. Zuletzt kamen die *Daimler*-Vertriebszentrale, die Deutschlandzentrale von *Coca-Cola* (beide * 2013) und der Online-Versandhandel *Zalando* (* 2014).

Die Proteste gegen die Bebauung des Ufers sind groß (aktuell gegen die Bebauung des Treptower Spreeufers, der Cuvry-Brache und der Rummelsburger Bucht), zumal Berlin genügend Brachflächen andernorts zu bieten hat.

„Kiez statt Profitwahn – Spreeufer für alle!" lautet der Slogan des *Initiativkreises Mediaspree versenken!* Weitere Infos unter www.ms-versenken.org.

Friedrichshain → Karte S. 150/151

kunft des Areals ist ungewiss. Zwar soll das RAW-Gelände als Kulturstandort dauerhaft erhalten bleiben – ob als räudiger „Technostrich" wie bisher oder in einer eher glattgebügelten Form, bleibt abzuwarten. Bebauungspläne und die zunehmende Drogenkriminalität lassen größere Veränderungen erwarten.

Von der Revaler Straße zweigt links die bekannteste Straße Friedrichshains ab: die **Simon-Dach-Straße**. In ihrem nördlichen Abschnitt reiht sich Bar-Restaurant an Bar-Restaurant – bei manchen dauert die Happy Hour den ganzen Tag.

Einen Häuserblock weiter – u. a. über die Krossener Straße zu erreichen – liegt der „Boxi", wie die Berliner den grünen, denkmalgeschützten **Boxhagener Platz** liebevoll nennen. Viel los ist hier an den Marktagen (Sa Wochenmarkt, So Flohmarkt, → Shopping).

In den Straßen rund um den Boxi findet man kleine Lädchen und skurrile Boutiquen, u. a. von Schmuckdesignern oder witzigen Berliner Labels. Lassen Sie sich hier ein wenig treiben, bevor Sie den Spaziergang fortsetzen. Nette Straßen sind die Grünberger, die Krossener und die Wühlischstraße. Die beiden letzteren verbindet u. a. die **Knorrpromenade** mit herrschaftlichen Altbauten samt säulengeschmückten Balkonen. Im Glauben, der Arbeiterbezirk Friedrichshain wandele sich zu

Essen & Trinken
(S. 155–157)

5 Frittiersalon
7 Butterhandlung
11 Nil
12 Kurhaus Korsakow
15 Papaya
17 Burgeramt
21 Yaam Beach
23 Spätzle & Knödel
24 Trattoria Libau
25 Mutzenbacher
27 Agüevo
30 Fischschuppen
31 Haubentaucher
32 Sommergarten Cassiopeia
34 Transit
36 Restaurant des Hotels Michelberger
39 Kantine von Universal Music

Cafés (S. 156)

2 Café Sibylle
14 Aunt Benny

Nachtleben (S. 263–265)

1 Kosmetiksalon Babette
3 Briefmarken Weine
9 Berghain
10 Goldfisch
13 Kater Blau
16 Himmelreich
18 Feuermelder
19 Die Tagung
22 Hops & Barley
26 Süß war gestern
28 Zum schmutzigen Hobby
29 Astra Kulturhaus
33 Cassiopeia
35 Monster Ronson's Ichiban Karaoke
37 Die Busche
40 Salon zur wilden Renate

Einkaufen (S. 157)

4 Pinkernell's Brandlager
6 Savage Store
20 This City Rocks

Sonstiges (S. 271)

8 MP III (Fußballkneipe)
38 Glühlampe (Fußballkneipe)

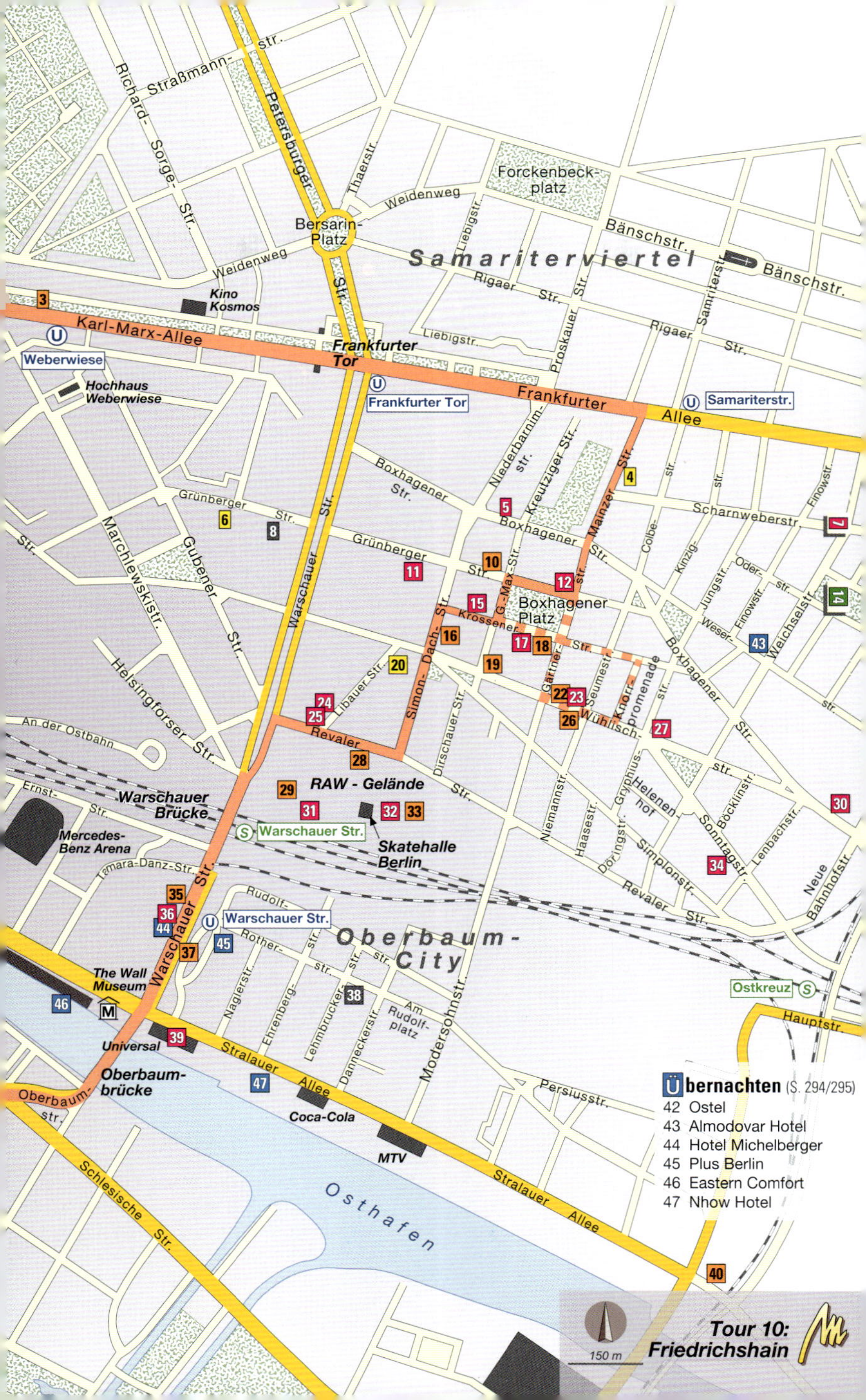
Samariterviertel
Oberbaum-City
Osthafen
Forckenbeckplatz
Bersarin-Platz
Frankfurter Tor
Boxhagener Platz
Kino Kosmos
Hochhaus Weberwiese
Weberwiese
Frankfurter Tor
Samariterstr.
Warschauer Str.
Warschauer Str.
Ostkreuz
RAW - Gelände
Skatehalle Berlin
Mercedes-Benz Arena
Warschauer Brücke
The Wall Museum
Universal
Oberbaumbrücke
Coca-Cola
MTV
Karl-Marx-Allee
Frankfurter Allee
Petersburger Str.
Warschauer Str.
Stralauer Allee
Revaler Str.
Boxhagener Str.
Grünberger Str.
Simon-Dach-Str.
Mainzer Str.
Wühlischstr.
Schlesische Str.
Oberbaumstr.
Übernachten (S. 294/295)
42 Ostel
43 Almodovar Hotel
44 Hotel Michelberger
45 Plus Berlin
46 Eastern Comfort
47 Nhow Hotel
150 m
Tour 10: Friedrichshain

einer gutbürgerlichen Adresse, hatte eine Wohnungsbaugesellschaft im frühen 20. Jh. dafür alte Mietskasernen abreißen lassen. Doch das Proletariat blieb drum herum wohnen. Und damit es nicht zum Betteln kam, war die Promenade durch Tore gesichert.

Vom Boxhagener Platz gelangt man über die Gärtnerstraße in die **Mainzer Straße**. Heute geht es hier sehr friedlich zu, was nicht immer so war: Rund 120 Häuser wurden zur Wendezeit in Ostberlin besetzt, 90 im Lauf der Zeit legalisiert, der Rest geräumt. In der Mainzer Straße war damals fast die Hälfte der Häuser besetzt – diese machten einen so erbärmlichen Eindruck, dass die DDR-Führung seinerzeit deren Abriss geplant hatte. Bei der Räumung der Häuser im November 1990 lieferten sich Besetzer und Polizei zwei Tage und zwei Nächte lang erbitterte Straßenschlachten. In den Zeitungen war von „bürgerkriegsähnlichen Zuständen" die Rede.

Stalinistische Architektur

Die Mainzer Straße trifft auf die verkehrsreiche Frankfurter Allee, an der einst Alfred Döblin seine Praxis hatte. Nördlich davon erstreckt sich das beschauliche **Samariterviertel**. Folgt man der Frankfurter Allee nach links gen Fernsehturm, wird aus ihr nach rund 200 m ein breiter Boulevard, der als Stalinallee die Stadtgeschichte prägte (→ Kasten S. 153). Auf den ersten Metern machen die monumentalen Wohnblöcke mit ihrem zerfallenden Fliesenschmuck z. T. noch einen etwas maroden Eindruck. Ab dem **Frankfurter Tor** aber sind die meisten Bauten bereits saniert. Die Kuppeln der dortigen Türme imitieren übrigens die Domkuppeln am Gendarmenmarkt. Mit wenigen Unterbrechungen reihen sich nun über eine Länge von ca. 2 km die Zuckerbäckerbauten im stalinistischen Neoklassizismus aneinander. Das Ende markieren zwei 14-stöckige Turmhäuser am Strausberger Platz.

Wer den Weg abspaziert, passiert schon wenige Meter hinter dem Frankfurter Tor rechter Hand das 1961/62 errichtete **Kino Kosmos**. Mit 1001 Plätzen war es einst das größte Filmtheater Ostberlins. 2005 wurde der Kinobetrieb eingestellt, der keramikverkleidete Saal dient heute als Event-Location.

500 m weiter liegt, ebenfalls rechter Hand, das **→ Computerspielemuseum** und wiederum 300 m weiter, auf der anderen Straßenseite, das **Café Sibylle** (→ Essen & Trinken/Cafés). Kurz darauf, hinter der kreuzenden Koppenstraße, unterbrechen rechts und links der Straße Plattenbauten die architektonische Einheit. Der Komplex rechter Hand erhebt sich an jener Stelle, an der im Rahmen des Stalinallee-Projekts eine gigantische Sporthalle errichtet worden war, die man aber bereits 1971 wegen Bauschäden wieder abreißen musste. Gegenüber thronte einst das knapp 5 m hohe Stalindenkmal; des Diktators Ohr und ein Teil des Schnurrbarts befinden sich heute im Café Sibylle. Von hier sind es noch rund 400 m bis zum Strausberger Platz.

Sehenswertes

Open-Air-Galerie mit Museum

East Side Gallery

„Politik ist die Fortsetzung des Krieges mit anderen Mitteln" – solche und andere Sprüche sind hier zu lesen, dazu gibt es jede Menge farbenprächtige, oft mit politischem Symbolkitsch beladene Großbilder. Der rund 1,3 km lange Mauerstreifen, der in der Wendeeuphorie von über 100 Künstlern aus aller Welt bemalt wurde, zieht sich von der Oberbaumbrücke bis zum Ostbahnhof. Die Malereien mussten, da immer wieder übersprüht und verschmiert, schon

Berlin im Kasten

Moskau lässt grüßen: Monumentalbauten an der Karl-Marx-Allee

Über 2 km erstreckt sich zwischen Strausberger Platz und Frankfurter Tor die einstige „antiimperialistische" Prachtmeile des Arbeiter- und Bauernstaates. Vor dem Krieg hieß die heutige Karl-Marx-Allee „Frankfurter Straße". Nach dem Krieg gab es die Straße zwar noch, doch die Häuser, wie auch jene in den Seitenstraßen, lagen größtenteils in Trümmern. Für ganz Friedrichshain wurden 1945 nur noch 41 % der Gebäude als bewohnbar eingestuft. Am 21. Dezember 1949, zum 70. Geburtstag Stalins, wurde die Straße in „Stalinallee" umbenannt. Im Rahmen des „Nationalen Aufbauprogramms" erfolgte am 3. Februar 1952 die Grundsteinlegung der „Arbeiterpaläste" in der Stalinallee. Mit den sieben- bis neungeschossigen Bauten im stalinistisch-neoklassizistischen Stil wollte man der Wohnungsnot Herr werden, aber noch mehr die Stärke und Ingenieurskunst des neuen Staates repräsentieren und den Sozialismus von seiner schönsten Seite zeigen. Die Fassaden entlang des auf 90 m verbreiterten Boulevards wurden mit ornamentaler Keramik (u. a. aus Meißen), Mosaiken, Säuleneingängen und imposanten Balustraden versehen. Und nach Moskauer Vorgaben sollten auch nationale Elemente – dafür bediente man sich der Schinkelzeit – eingearbeitet werden. Bereits im Januar 1953 waren die ersten Wohnungen bezugsfertig. Rund 40 % der rund 2300 Wohnungen wurden über ein Losverfahren vergeben. Wer 300 Arbeitsstunden für den Wiederaufbau verrichtet hatte, konnte daran teilnehmen. Die hellen und großzügig geschnittenen Wohnungen mit Einbauküche, Müllschlucker, Aufzug, gefliesten Bädern und teils sogar mit Parkettböden waren begehrt. Die Geschäfte in der Allee gehörten zu den bestbestückten im ganzen Land. 1961 wurde die Stalinallee in „Karl-Marx-Allee" umbenannt. Mit der Umbenennung verschwand auch die hiesige Bronzestatue des Diktators – sie wurde eingeschmolzen, das Metall für Tierfiguren im Tierpark verwendet. Als welches Tier Stalin reinkarniert wurde, ist allerdings nicht bekannt ... Heute tut sich die Karl-Marx-Allee schwer, an ihren einstigen Glanz als attraktive Wohnstraße, Einkaufs- und Flaniermeile anzuknüpfen. Matratzendiscounter, Hörgeräteläden und Billigfleischer bestimmen das Bild, auch wenn die eine oder andere Galerie schon versucht hat, hier Fuß zu fassen.

Tipp: Wer einen Blick in eine der Wohnungen werfen will, schließt sich am besten einer Wohnungsbesichtigung an.

Friedrichshain → Karte S. 150/151

Touristenhotspot East Side Gallery

mehrmals erneuert werden. Sie befinden sich auf jener Mauerseite, entlang welcher einst der Todesstreifen verlief.

Für den jüngst errichteten Wohnturm *Living Levels* (Quadratmeterpreis bis zu 15.000 €) wurden unter großem Protest mehrere Mauersegmente entfernt, auch zwei urgemütliche Strandbars fielen dem Bau zum Opfer. Ebenfalls neu ist das **The Wall Museum** im 2. Stock des Mühlenspeichers am östlichen Ende der East Side Gallery. Es ist der x-te Versuch in Berlin, mit der deutschen Teilung, dem Kalten Krieg und der Wiedervereinigung Bares zu verdienen (Eintritt 12,50 €, erm. 6,50 €, www.thewallmuseum.com), was schwer sein wird, da man die Infos anderswo in der Stadt kostenlos erhält (→ S. 80).

Mühlenstraße, Ⓢ+Ⓤ Warschauer Straße. www.eastsidegallery-berlin.de.

Daddeln bis zum Abwinken

Computerspielemuseum

Willkommen bei *Super Mario*, *Pacman* & Co! Das Museum führt mit über 300 Exponaten (darunter 21 interaktive) in die Geschichte des Computerspiels ein. Man sollte aber nicht nur an den Konsolen daddeln, sondern auch ein bisschen lesen: spannende kulturgeschichtliche Bezüge!

Karl-Marx-Allee 93 A, Ⓤ Weberwiese. Tägl. 10–20 Uhr. 8 €, erm. 5 €. www.computerspielemuseum.de.

Sehenswertes abseits des Spaziergangs

Freizeitpark mit Märchenbrunnen

Volkspark Friedrichshain

Der 52 ha große Park liegt ganz im Norden Friedrichshains an der Grenze zu Prenzlauer Berg (→ Karte S. 134/135). Auffällig sind zwei Hügel von immerhin 48 und 78 m Höhe, der größere wird auch *Mont Klamott* genannt. Es handelt sich dabei um Trümmerberge – der Kriegsschutt, den man über Flaktürme aus der Nazizeit kippte, kam per Zug hierher, die Gleise hatte man extra dafür verlegt. Heute wird hier im Winter gerodelt.

Im Sommer bietet der Park mit dem Caférestaurant Schönbrunn ein gemütliches Terrassenlokal samt Biergarten (deutsch-österreichische Gerichte zu 11,50–18,50 €), ein idyllisches Freiluftkino, Teiche und den zauberhaften **Märchenbrunnen** ganz im Nordwesten, der als einer der schönsten Brunnen Berlins gilt. Die neobarocke Anlage mit Kaskaden, Arkaden, Wasser speienden Fröschen und Delfinen sowie zahlreichen Märchenfiguren von Aschenputtel bis Rotkäppchen wurde 1913 eingeweiht.

Zugänge u. a. von der Landsberger Allee und der Straße Am Friedrichshain (→ Karte S. 134/135), von Ⓢ+Ⓤ Alexanderplatz mit Straßenbahn M 5 bis Haltestelle Platz der Vereinten Nationen o. mit Bus 200 bis Haltestelle Bötzowstr. **Märchenbrunnen**, Ostern bis Ende Okt. 9–22 Uhr.

Praktische Infos

→ Karte S. 150/151

Essen & Trinken

Restaurants

meinTipp **Butterhandlung 7**, unser Lieblingsrestaurant in Friedrichshain. Wo früher Butter verkauft wurde, befindet sich heute dieses legere und doch gehobene, mit Fingerspitzengefühl gestylte Lokal. Auf den Tisch kommen mediterrane Gerichte mit einem guten Schuss Brasilien (von dort stammt der Küchenchef). Kleine Karte, lauschiger Außenbereich. Wir hatten Steak *Picanha* mit Knoblauch-Confit und Maniokmehl sowie ein wunderbar cremiges Risotto mit Minze und *Scamorza*. Hg. 16–26 €. Mi–Fr ab 17 Uhr, Sa/So ab 12 Uhr. Scharnweberstr. 54, Ⓤ Samariterstraße, ✆ 68915679, www.barbobu.de.

Transit 34, in dem angesagten roten Schlauch sitzt man unter kunterbunten Vogelkäfigen und isst aromatische thailändisch-indonesische Küche in Tapas-Portionen: Garnelen im Reisteig *(Almost nude)*, frittierte Hühnerhaut mit Wasserkastanien und Tamarindensoße *(Chicken little)* oder Ente im Pfannkuchen *(Duck in Pyjamas)*. Extrem lecker und preislich sehr fair: 3,50 €/Schälchen, zum Sattwerden braucht man ca. 3 Stück. Tägl. 11–1 Uhr. Sonntagsstr. 28, Ⓢ Ostkreuz, ✆ 26948415, www.transit-restaurants.com.

Restaurant des Hotels Michelberger 36, so cool und stylish wie gemütlich – very Berlin. Im Michelberger (→ Übernachten, S. 294) trifft sich ein buntes, kreatives Völkchen. Stetig wechselnde kleine deutsch-internationale Karte, auch für Veganer ist gesorgt. Mittags (Mo–Fr 12–15 Uhr) kosten die Hg. 6–12 €. Für das Dinner (Di–Sa 18–22 Uhr) sollte man reservieren, die Hg. kosten dann 9–18 €. Netter Innenhof. Warschauer Str. 39, Ⓢ+Ⓤ Warschauer Str., ✆ 29778590, www.michelbergerhotel.com.

Mutzenbacher 25, liebevoll-nostalgisch eingerichtetes Lokal mit guter österreichischer Küche. Neben den Standards wie Jausenplatte, Spinatknödel oder Backhendlsalat gibt es tägl. wechselnde Specials. Dazu passt die leckere Limo *Marillenkracherl*. Freundlicher Service. Hg. 10–23 €. Mo–Do 16–24 Uhr, Fr–So ab 12 Uhr. Libauer Str. 11, Ⓢ+Ⓤ Warschauer Straße, ✆ 95616788, www.mutzenbacher-berlin.de.

Fischschuppen 30, Mischung aus Fischladen und Fischrestaurant. Angenehme Atmosphäre, sympathische Jungs, gebrutzelt wird in der offenen Küche, draußen ein paar Tische. Serviert wird alles zwischen *Fish'n'Chips*, feiner Dorade, Pasta mit Meeresfrüchten oder Backfisch mit Kartoffelsalat. Für den kleinen Hunger gibt's Fischbrötchen. Hg. 10–20 €. Mo–Sa 11–22 Uhr, So ab 12 Uhr. Boxhagener Str. 68, Ⓢ Ostkreuz, ✆ 22435039, www.fischschuppen-berlin.de.

Trattoria Libau 24, mit Tischen vollgestopfte, alles andere als stilvoll eingerichtete Pizzeria. Vornehmlich studentisches Publikum, das sich die Klinke in die Hand gibt – an Wochenenden ist ohne Reservierung kaum etwas zu machen. Neben Pizzen auch Primi und Secondi zu günstigen Preisen. Zügiger Service. Tägl. ab 16 Uhr. Libauer Str. 10, Ⓢ+Ⓤ Warschauer Straße, ✆ 25768529.

Papaya 15, der beliebteste Thai im Kiez – so populär, dass es mittlerweile noch 4 andere Papayas in der Stadt gibt, einen weiteren sogar in derselben Straße. Nicht verkitscht, sondern eher reduziert eingerichtet. Offene Küche, in der die Mama Leckereien brutzelt, vielfach mit

Friedrichshain → Karte S. 150/151

Neuland-Fleisch. Große Portionen. Hg. 8–15 €. Tägl. 12–23 Uhr. Krossener Str. 11, Ⓤ Samariterstr., ✆ 29771231, www.papaya-service.de.

Spätzle & Knödel 23, schnell mal eine Brotzeit, Käsespätzle oder Schweinebraten mit Breznknödel? Dazu eine süffige Halbe? Dann is(st) man in dem kleinen, schlicht-rustikalen Lokal ziemlich richtig. Die Qualität ist okay, die Preise sind niedrig, Hg. ab 7 €. Mo–Fr ab 17 Uhr, Sa/So ab 15 Uhr. Wühlischstr. 20, Ⓤ Samariterstraße, ✆ 27571151, www.spaetzleknoedel.de.

Burgeramt 17, ansprechendes Burger-Restaurant: gekachelte Wände, bunte Plakate an der Decke, Che Guevara an der Wand. Schmackhafte Charolais-Rind-Burger (ab 5,90 €), dazu Köfte-, Bacon- und Chickenburger, aber auch an Vegetarier wird gedacht. Super Beilage: der hausgemachte Krautsalat mit Cranberries. Tägl. ab 11.30 Uhr, Fr/Sa bis 4 Uhr, sonst bis 1 Uhr. Krossener Str. 21–22, Ⓤ Samariterstraße, ✆ 66763453, www.burgeramt.com.

Agüevo 27, ein Lesertipp, dem wir uns anschließen. Rustikal-holzige Latino-Kneipe, Musik zwischen Nirvana und Sonic Youth, sehr freundlicher, wenn auch manchmal etwas unkoordinierter Service. Die Hauptsache aber ist das Essen – das schmeckt nach Mexiko: blaue (!) Maisfladen, Blutwurst-Tortilla, Huhn mit Schokosoße, Kaktus ... Hg. 11–16 €. Viele Sorten Tequila und zum Glück kein Corona. Mo–Do u. So 17–23 Uhr, Fr/Sa ab 12 Uhr und open end. Wühlischstr. 12, Ⓢ+Ⓤ Warschauer Straße, ✆ 33853395, www.aguevo.de.

Kurhaus Korsakow 12, gemütliche „Speise- und Schankwirtschaft" mit etwas Retrotouch, Mustertapete und Hirschköpfen an der Wand. Junge deutsche Küche, die wöchentlich wechselt, Hg. 9–15 €. Dazu ein „Raucherstüberl". Sa/So Frühstücksbüfett. Mo–Fr ab 17 Uhr. Grünberger Str. 81, Ⓤ Samariterstraße, ✆ 54737786, www.kurhaus-korsakow.de.

Kantine

Universal Music 39, das licht-schicke Kantinencafé von Universal Music hat mit herkömmlichen Kantinen wenig gemein. Zu zeitgemäß-internationaler Küche wie Ziegenkäsepasta oder Blumenkohl-Pilaw (6–7,50 €) genießt man einen tollen Spreeblick, von drinnen genauso wie von der Terrasse direkt am Fluss. Mo–Fr 8–18 Uhr, Mittagstisch 11.45–15 Uhr. Stralauer Allee 1, Ⓢ+Ⓤ Warschauer Straße.

Snacks

Frittiersalon 5, *Neuland*-Currywurst mit hausgemachten Soßen und handgeschnitzten Pommes, dazu diverse *Neuland*-Burger und selbst vegetarische Currywurst. Di–Fr 12–22 Uhr, Sa/So bis 23 Uhr. Boxhagener Str. 104, Ⓤ Frankfurter Tor, www.frittiersalon.de.

Nil 11, sudanesischer Imbiss – die Alternative zu Döner & Co! Fleisch- und Falafelgerichte im Brot oder auf dem Teller (3–7 €), den Kick bringt die Erdnusssoße. Tägl. 11–24 Uhr. Grünberger Str. 52, Ⓤ Frankfurter Tor, www.nil-imbiss.de.

Cafés/Bar

Aunt Benny 14, karg eingerichtetes Café etwas abseits des Geschehens, bei der digitalen Boheme sehr beliebt (Sa/So jedoch Laptopverbot!). Frühstück, tolle Kuchen, lecker belegte Panini, sehr guter Kaffee. Brunch am So (Reservierung nicht möglich). Im 2. Raum die Bar für den Abend: Bier von der Brauerei *Berliner Berg*, Cocktails und feines Barfood. Di–Fr 9–19 Uhr, Sa/So ab 10 Uhr, Bar stets bis 1 Uhr. Oderstr. 7 (Eingang Jessnerstr.), Ⓢ+Ⓤ Frankfurter Allee, ✆ 66405300, www.auntbenny.com.

Café Sibylle 2, das Kaffeehaus stammt aus der Anfangszeit der Stalinallee und hieß damals noch „Milchtrinkhalle". Teils existiert die alte Wandbemalung noch. Eisbecher, Kuchen und Snacks zu fairen Preisen. Viele Touristen, da im Café eine interessante Ausstellung zur Geschichte der Karl-Marx-Allee zu besichtigen ist. Tägl. 11–19 Uhr. Karl-Marx-Allee 72, Ⓤ Strausberger Platz, ✆ 29352203, www.cafe-sibylle.de.

Draußen

Yaam Beach 21, günstiger kommt man kaum in die Karibik oder nach Afrika. Viel schwarze Haut, warmer Sand, Getrommel und Marihuanaschwaden. Außerdem: kunterbunte Bretterbuden mit Ethnofood, Beachvolleyball und oft Konzerte oder Partys (vorrangig Reggae und Dancehall). An schönen Tagen tägl. ab 11 Uhr. An der Schillingbrücke 3, Ⓢ Ostbahnhof, www.yaam.de.

Haubentaucher 31, 20-m-Pool samt Strandbar inmitten der dachlosen Ruine einer alten Halle auf dem RAW-Gelände. Auf den Liegen wälzt sich v. a. ein junges, aufgedonnertes Vorstadtpublikum. DJ-Beschallung. 5 € Eintritt. Liegen bekommt man bei wenig Andrang kostenlos, wenn viel los ist, wird zuweilen ein Mindestverzehr (25 €) verlangt. Bei gutem Wetter

Berlins schönste Brücke: die Oberbaumbrücke

tägl. 10–1 Uhr. Revaler Str. 99, Ⓢ+Ⓤ Warschauer Straße, www.haubentaucher.berlin.

Sommergarten Cassiopeia **32**, ebenfalls auf dem RAW-Gelände. Der zum gleichnamigen Club gehörende Biergarten ist ein gemütliches Plätzchen. Es gibt Kleinigkeiten zu essen. Am Hochbunker nebenan toben sich Kletterer aus. Günstig. Mo–Fr ab 16 Uhr, Sa/So ab 13 Uhr. Revaler Str. 99, Ⓢ+Ⓤ Warschauer Straße, www.cassiopeia-berlin.de.

Shopping

Fashion

Savage Store **6**, wer schon immer mal „leichtes Mädchen" spielen wollte, kann sich bei Heidi Pulkkinen ausstaffieren lassen ... Neben ihrem Latex-Label *Savage Wear* gibt es ziemlich heiße Schuhe und jede Menge noch heißere Masken. Di/Mi 13–18 Uhr, Do/Fr 13–20 Uhr, Sa 11–18 Uhr. Grünberger Str. 16, Ⓤ Frankfurter Tor, www.savage-wear.com.

Souvenirs

This City Rocks **20**, Wohnaccessoires (schöne Decken und Kissen), Accessoires (Stofftaschen und bunte Strümpfe) und T-Shirts, auf denen die typischen Berliner Motive wie Brandenburger Tor oder Fernsehturm so dezent verarbeitet wurden, dass sie erst auf den zweiten Blick auffallen. Hat Stil. Mo–Sa 11–18 Uhr. Libauer Str. 23, Ⓢ+Ⓤ Warschauer Straße, www.thiscityrocks.de.

Spirituosen

Pinkernell's Brandlager **4**, Klaus Pinkernell hat über 700 Sorten Whisk(e)y im Angebot, dazu Gin, Rum und ausgezeichneten Cognac. Regelmäßig Degustationen. Mo–Fr 12–20 Uhr, Sa bis 16 Uhr. Mainzer Str. 20, Ⓤ Samariterstraße, www.cadenhead-berlin.de.

Märkte

RAW-Flohmarkt, kleiner, freakig-szeniger Flohmarkt, der aber schon bessere Zeiten gesehen hat und eher zu den schwächeren der Stadt gehört. Aber wenn man schon mal in der Ecke ist ... So ab 9 Uhr. Revaler Str. 99, Ⓢ+Ⓤ Warschauer Straße, www.raw-flohmarkt-berlin.de.

Flohmarkt auf dem Boxhagener Platz, gleich ums Eck, jedoch deutlich professioneller. Auch Neuware, dazu Retrodesign, Klamotten, Möbel, Bücher, Bier und Bulette, zuweilen spielen auch Combos auf. So 10–18 Uhr. Ⓢ+Ⓤ Warschauer Straße.

Wochenmarkt am Boxhagener Platz, viele Produkte von Bauern aus der Umgebung, dazu hochwertige Lebensmittel und ein bisschen Kunsthandwerk. Gibt es schon seit über 100 Jahren. Sa 9–15.30 Uhr. Ⓢ+Ⓤ Warschauer Straße.

Von einem Kiez zum nächsten

Tour 11

Der Multikulti-Stadtteil ist das pralle Leben: voll liebenswerten Wahnsinns, aber alles andere als geleckt.

- **Bergmannkiez**, Trödlerlädchen zum Stöbern und Restaurants für jeden Geschmack, S. 162
- **Oranienstraße**, an der umtriebigen Ader ist Tag und Nacht die Hölle los, S. 163
- **Wrangelkiez**, charmante Märkte in der Markthalle Neun, S. 164

Frech und kunterbunt

Kreuzberg

„Und jetzt alle mal die Hand aufs Portemonnaie – wir sind in Kreuzberg." Solche oder ähnliche Sprüche zählen zuweilen zum Repertoire von Reiseleitern, die Besuchergrüppchen zum Kottbusser Tor dirigieren. Touristen hören sie gerne. Die Klischees von vermummten Krawallheinis, verstrahlten Junkies, radikalen Hausbesetzern und schnorrenden Punks gehören nun mal zu Kreuzberg, einem zu Kalte-Kriegs-Zeiten an die Mauer gedrängten Stadtteil im toten Winkel. Noch 1990 bezeichnete ihn das Reisehandbuch *Anders Reisen* als das „Harlem Berlins".

Doch die wildesten Jahre sind vorbei. Vieles hat sich verändert, manches ist geblieben. Noch immer ist Kreuzberg ein frech-fröhlich-bunter, von den Alt-68ern geprägter Stadtteil. Klein-Anatolien und Klein-Libanon gehören genauso zu Kreuzberg wie Kreative aus dem Rest der Welt und Hartz-IV-Lebenskünstler. Multikulti wird aktiv gelebt und hat seinen großen Höhepunkt beim alljährlichen „Karneval der Kulturen". Von der wild-vernarrten Radikalität früherer Zeiten ist ein politisches Bewusstsein geblieben, ein großes Maul gegenüber der Obrigkeit. Gegen was wird nicht alles demonstriert! Gegen „Faschos und sonstige Idioten" (geht immer), gegen die Fällung von Bäumen am träge dahinfließenden Landwehrkanal (richtig so!) oder gegen steigende Mieten und Gentrifizierung (oberste Priorität!). Trotz alledem kommt das alternativ-angeranzte Kreuzbergflair auch bei der reich-schick-schönen Upperclass an. Für sie gibt es mehr und mehr topsanierte Altbauten und stylishe Lofts – so manchem Ur-Kreuzberger geht dabei das Messer in der Tasche auf. Kein Wunder, dass man den Porsche besser in der Tiefgarage versteckt oder in Mitte parkt …

Die Kreuzberger Kieze – durch die schönsten führt der Spaziergang – sind sehenswert auch ohne große Sehenswürdigkeiten. Eine Vielzahl eigenwilliger kleiner Geschäfte gibt es dort, hervorragende Restaurants und viel Lokalkolorit. Dazu eine geballte Ladung an schrägen Vögeln und Touristen, die sich die Nächte in den unzähligen Bars und Clubs um die Ohren schlagen. Hotspots sind die Gegenden um das Schlesische Tor und die Oranienstraße, das Zentrum des alten Postbezirks *SO 36*, wie dieses Eck noch immer genannt wird („SO" = Süd-Ost). Etwas „bürgerlicher" geht es im ehemaligen *SW 61* südlich des Landwehrkanals zu. Zentren sind dort die Bergmann- und die Graefestraße.

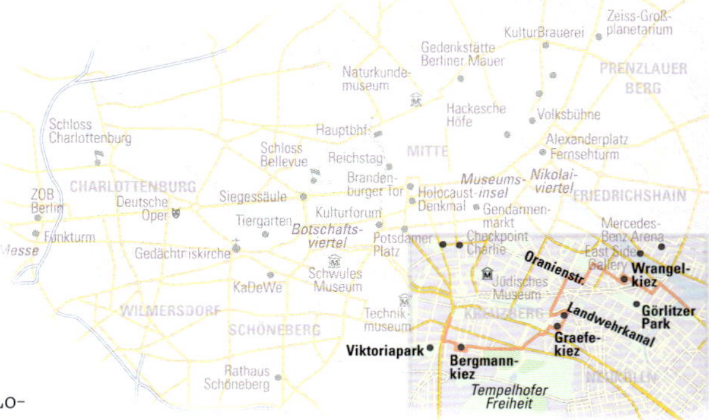

Abseits davon, in unattraktiver Randlage, kann man mit dem Technischen Museum eines der spannendsten Museen Berlins besuchen.

Tour-Info **Länge** ca. 7,5 km, **Dauer** 3 Std., **Karte** S. 160/161.

Hinweis: Die Gegend um den Checkpoint Charlie, die ebenfalls zu Kreuzberg gehört, wird in einem Extrakapitel (S. 86) behandelt.

Spaziergang

Ausgangspunkt des Spaziergangs ist der **U-Bahnhof Mehringdamm**. Nimmt man den Ausgang „Yorckstraße", gelangt man bei einem kitschburgartigen Komplex ans Tageslicht, der Mitte des 19. Jh. als Kaserne errichtet wurde und heute das Finanzamt Kreuzberg beherbergt – der Stein gewordene Albtraum der Autoren. Der Friedhof auf der anderen Straßenseite ist der **Begräbnisplatz der Jerusalems- und Neuen Kirche**.

Gen Süden (kehren Sie also dem Finanzamt den Rücken) führt der breite und verkehrsreiche Mehringdamm in Richtung des ehemaligen innerstädtischen Flughafens **Tempelhof** (→ Kasten S. 167). Es geht vorbei an **Mustafa's Gemüse Kebap** – die Schlange geduldiger Chicken-Döner-Fans reicht nicht selten bis zum rund 40 m dahinter liegenden, ebenfalls äußerst populären Imbiss **Curry 36** (→ Essen & Trinken). Hinter der Belle-Alliance-Apotheke – in dem Haus lebte und praktizierte von 1917 bis 1935 der Hautarzt und Dichter Gottfried Benn – überquert man die Yorckstraße und hält dann auf die neogotische Backsteinkirche St. Bonifatius zu. Wenige Schritte hinter der Kirche zieren Atlanten das Portal zu **Riehmers Hofgarten**. Das Areal mit rund 300 Wohnungen in 20 Häusern entstand Ende des 19. Jh. für Offiziere und betuchte Kaufleute. Heute stehen hier rund 40 Wohnungen aus Spekulationsgründen leer. Verlässt man das Areal an der Hagelberger Straße und hält sich links-rechts-links, gelangt man in die Bergmannstraße.

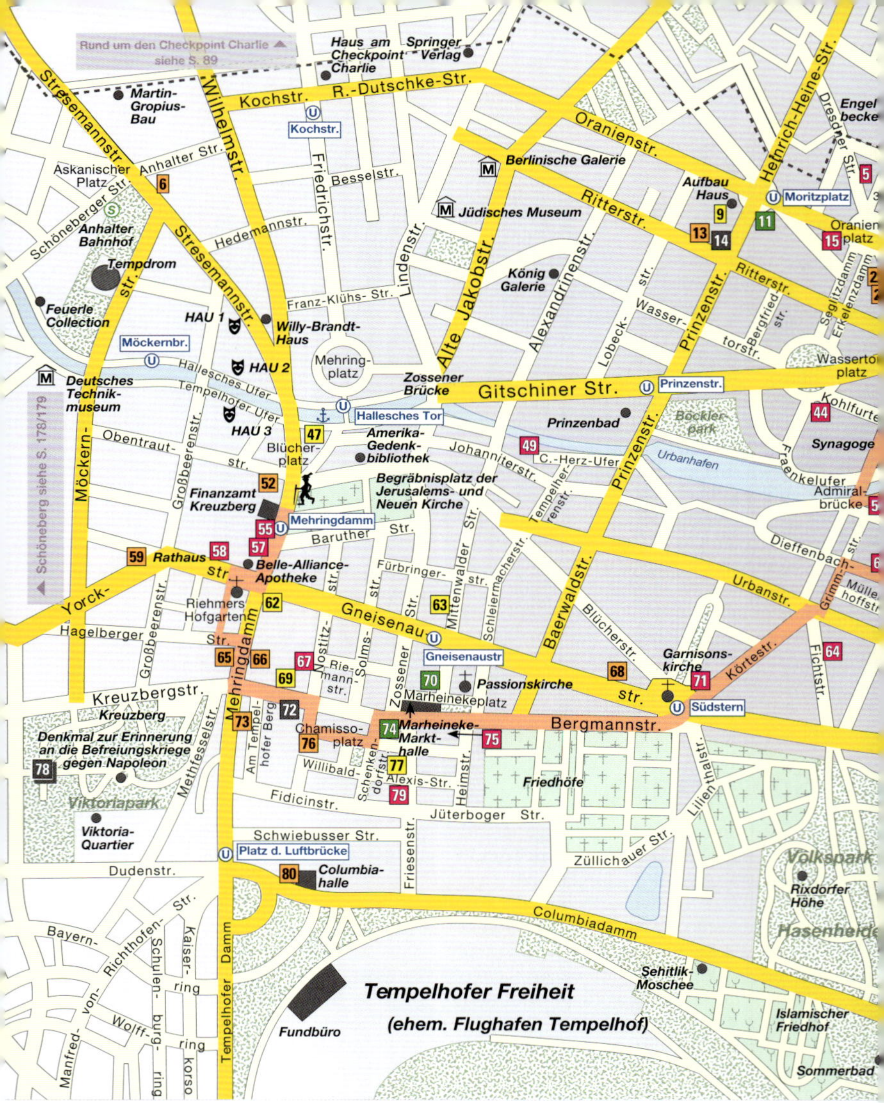

Essen & Trinken (S. 168–172)

3 Zur Henne
4 3 Schwestern
5 Kleine Markthalle
8 Long March Canteen
15 Max und Moritz
21 Burgermeister
24 Hasır
29 Hello Good Pie
36 Freischwimmer
39 White Trash Fastfood
40 Doyum Grillhaus
42 Club der Visionäre
44 Viasko
46 Cocolo Ramen und Zola
49 Brachvogel
53 Il Casolare
54 Volt
55 Mustafa's Gemüse Kebap
57 Curry 36
58 Kantine im Rathaus Kreuzberg
61 Weinblatt
64 Herz & Niere
67 Antonello's Cevicheria
71 Seerose
75 Austria
79 Restaurant Z

Cafés (S. 170–172)

10 Kuchenkaiser
11 Prinzessinnengarten
17 Vögelchen
22 Brasserie Ora
30 Café Kotti
34 Café Eliza
38 Morena Bar
70 Chapter One
74 Barcomi's Kaffeerösterei

N achtleben (S. 258–261)

1 Tresor
6 Solar
7 FluxBau
13 Ritter Butzke
16 Trinkteufel
17 Schwarze Traube
18 Watergate
20 Kirk
22 Würgeengel
23 Bi Nuu
25 Privatclub
26 Möbel Olfe
27 SO 36
28 Myśliwska
31 Madame Claude
32 Fahimi Bar und Paloma Bar/Monarch
33 Lido
36 Ipse (S. 172)
41 Wild at Heart
43 Madonna
48 Rummels Perle
50 Ankerklause
51 Mandy's
52 Gretchen
56 Bellman
59 Yorckschlösschen
65 Rauschgold
66 Melitta Sundström
68 Die Legende von Paula und Ben
73 BarbieBar
76 Haifischbar
80 Columbia Theater

E inkaufen (S. 172/173)

2 Exil Wohnmagazin und Zalando Outlet
9 Modulor
12 Trippen-Outlet
35 Peter's Werkstatt
45 Hard Wax
47 Hallesches Haus
60 Kadó Lakritzfachgeschäft
62 Schwarze Risse
63 Tutus Welt
69 Colours Berlin
77 Zeha

S onstiges

14 Robben & Wientjes (Autoverleih) (S. 300)
19 Koka 36 (Ticketvorverkauf) (S. 247)
37 Intertank (Fußballkneipe) (S. 271)
72 Fahrradstation (Radverleih) (S. 287)
78 Martinique (Fußballkneipe) (S. 271)

200 m

Tour 11: Kreuzberg

Bergmannkiez

Köfte oder Curry, Batikkleidchen oder Vintage-Pelzmantel? Die **Bergmannstraße** ist das bunte, sehr touristische Zentrum des gleichnamigen Kiezes, mit Imbissen, Cafés, Trödlern und Boutiquen. Am schönsten ist die Straße im Sommer, wenn sich die Trottoirs in eine einzige große Terrasse verwandeln und Straßenmusiker ihre Runden drehen. Ohnehin sind hier wie fast überall in Kreuzberg die Tische immer bestens belegt – als gäbe es nur Feiertage.

Beliebteste Wohnadresse der Gegend ist der **Chamissoplatz** südlich der Bergmannstraße, ein grünes Karree mit Spielplatz, stuckverzierten Häusern, Kopfsteinpflaster und antiken Laternen. Dass der unter Denkmalschutz stehende Bilderbuchplatz (samstags kleiner Ökomarkt) in seinem heutigen Antlitz erscheint, ist „Instandbesetzern" der 1980er zu verdanken, die sich vehement gegen den Abriss der damals heruntergekommenen Altbauten einsetzten.

Vorbei an der **Marheineke-Markthalle** (→ Essen & Trinken) und weitläufigen Friedhofsanlagen (atmosphärisches Café in der ehemaligen Aufbahrungshalle) erreicht man den **Südstern**, den die neogotische **Garnisonskirche** aus dem späten 19. Jh. dominiert.

Graefekiez

Über die Körte-, Grimm- und die Dieffenbachstraße gelangt man in die Graefestraße, wo ebenfalls nette Läden und Cafés zum Stöbern und auf eine Pause einladen. Die Straße endet am Landwehrkanal, einem 11 km langen Seitenarm der Spree, der Mitte des 19. Jh. gebaut wurde. Am Maybachufer rechter Hand findet dienstags und freitags ein bunter Türkenmarkt statt (→ Shopping). Wir halten uns jedoch links, wo schöne Gründerzeitbauten die grünen Ufer des Kanals säumen. Sie gehören mit zum Begehrtesten, was Berlin an Wohnraum zu bieten hat.

Wer allerdings zu nahe an der **Admiralbrücke** wohnte, den bissen bis vor Kurzem die Hunde. Die Brücke war plötzlich zu einem bevorzugten allabendlichen Sommertreff geworden. Zum fröhlichen Picheln spielten – teils verstärkerverstärkt – kleine Combos auf, während Leergutsammler wie Geier um die Menge kreisten. Es hagelte Proteste von Anwohnern – wie schnell wechselt man doch die Seiten, wenn die eigenen wilden Jahre vorbei sind. Reisebuchverlage wurden angeschrieben und aufgefordert, die Brücke als Szenetreff in ihren Führern zu streichen. Mittlerweile sorgt die Polizei ab 22 Uhr für die Einhaltung von Ruhe und Ordnung.

SO 36

Über die Admiralbrücke geht es geradewegs auf den „Kotti" zu, wie die Berliner den lauten, unschönen Verkehrsknotenpunkt samt Hochbahn am (längst nicht mehr vorhandenen) **Kottbusser Tor** nennen. Der „Platz der Verdammten" (Spiegel Online) ist wahrlich kein feines Eck, eher ein sozialer Brennpunkt mit vielen armen Teufeln (die Junkies sind harmlos) und zwielichtigen Gestalten, die sich in den Gängen des sog. *Zentrums Kreuzberg* herumtreiben – einem Fanal für die fehlgeleitete Städtebaupolitik der 1970er. Seit neuerdings raubende Jugendbanden hinzukamen, haben sich die Taschendiebstähle vervierfacht. Immerhin bietet der Klotz neben billigen Wohnungen auch Platz für nette Kneipen. Pläne, den Komplex abzureißen, stoßen auf Widerstand. Denn die Mischung macht's, und was würde auf die Vertreibung der sozial Schwachen folgen?

Über das *Zentrum Kreuzberg* und über noch viel mehr Details aus der Geschichte Kreuzbergs informiert das nahe **Friedrichshain-Kreuzberg Museum** in der Adalbertstraße 95 A (tägl. außer Mo 10–19 Uhr, Eintritt frei, www.fhxb-museum.de).

Die Adalbertstraße führt hinein nach SO 36, jenen Teil Kreuzbergs, der alle

Kreuzberg-Klischees vereinigt: SO 36 ist chaotisch-bunt, teils ziemlich türkisch und ziemlich links. Besonders farbenfroh präsentiert sich die **Oranienstraße**. Jede Menge Szeneläden gibt es hier, alternative Buchhandlungen, orientalische Nussshops, einen rund um die Uhr geöffneten Blumenladen und Kneipen über Kneipen. Zwischen den mit Plakaten überklebten Hauseingängen und sgraffitibesprühten Wänden der „O-Straße" liegt auch der Zugang zum originellen → **Werkbundarchiv – Museum der Dinge**.

An der Ecke zum Heinrichplatz fällt linker Hand ein Gebäude (Hnr. 18) ins Auge, dessen apricotfarbene Fassade türkische Verb-Endungen zieren. Die Installation der in İstanbul und Berlin lebenden Künstlerin Ayşe Erkmen steht für einen Dialog der Kulturen.

Hinter dem Gebäude geht es links ab direkt auf den Mariannenplatz zu. Dominiert wird der Platz, eigentlich mehr Park als Platz, von der neoromanischen **Thomaskirche** und dem mächtigen **Haus Bethanien**. Der Backsteinbau mit zwei Türmchen überm Portal wurde Mitte des 19. Jh. als Diakonissen-Krankenhaus errichtet und beherbergt heute als „Kunstquartier Bethanien" neben Ateliers, Ausstellungsräumen und Werkstätten noch immer jene historische Apotheke, in der Theodor Fontane 1848/49 tätig war (nur selten geöffnet, aber stets durch eine Glastür einsehbar). Das ehemalige Schwesternwohnheim nördlich davon ging als **Georg-von-Rauch-Haus** (benannt nach einem von der Polizei erschossenen RAF-Sympathisanten) in die Berliner Hausbesetzer-Annalen ein, verewigt durch den *Rauch-Haus-Song* der Ton Steine Scherben: „Der Mariannenplatz war blau, so viel Bullen waren da ...". Die Rauchhäusler provozierten aber nicht nur die Westberliner Polizei, sondern auch die DDR-Grenzposten mit Spiegel-Blendattacken und revolutionären Songs aus Megaboxen; die Mauer verlief direkt hinter dem Haus. Noch heute ist das Rauch-Haus ein alternatives Wohnprojekt.

Karneval der Kulturen

Das Badeschiff in der Spree

Wrangelkiez

Über die Muskauer Straße und die Wrangelstraße führt der Spaziergang hinein in den Wrangelkiez. Dienstags, freitags und samstags bietet sich ein Schlenker über die **Markthalle Neun** an: An diesen Tagen findet ein netter Wochenmarkt statt, donnerstagabends lädt man zum *Streetfood Thursday* (→ S. 16). Für Sven-Regener-Fans hingegen ist der Schlenker an allen Tagen ein Muss. Auf dem Weg passiert man nämlich das rustikale **Weltrestaurant Markthalle** (Eingang Pücklerstr. 34), das Stammlokal des klugscheißenden *Herrn Lehmann*, der hier schon morgens um 11 Uhr seinen Schweinebraten wollte. Mittlerweile macht das Lokal zwar erst um 12 Uhr auf, den legendären Schweinebraten mit Weinsauerkraut gibt's aber noch immer.

Zur bunten Kneipen- und Ladenmeile wird die Wrangelstraße, nachdem man die Hochbahn unterquert hat. Horden von Die-Sau-raus-Lassern aus aller Welt suchen sie jede Nacht auf, sehr zum Verdruss der Anwohner. Auch entlang der Falckensteinstraße (nach links einbiegen) und der Schlesischen Straße (nach rechts folgen) lässt es sich nett schlendern.

200 m weiter überquert man den Landwehrkanal und kurz darauf den Flutgraben, die ehemalige Sektorengrenze – der alte Grenzwachturm ist noch erhalten. Am Flutgraben gibt es originelle Freiluftlokale direkt am Wasser, und auch das nahe Badeschiff bietet sich für einen Drink am Ende des Spaziergangs an (→ Essen & Trinken/Draußen).

Sehenswertes

Produktkultur des 20. und 21. Jh.

Werkbundarchiv – Museum der Dinge

Zu sehen sind jede Menge Alltagsgegenstände des 20. und 21. Jh., designhistorisch bedeutsame Objekte genauso wie Kitsch und Geschmacksverirrungen aus Ost und West („Guck mal, Tante Luise hatte doch auch so eine Kanne!"). Zudem der Nachbau einer sog. *Frankfurter Küche* aus den 1920er-Jahren, die zum Vorbild für die moderne Einbauküche wurde.

Oranienstr. 25, Ⓤ Kottbusser Tor. Do–Mo 12–19 Uhr. 6 €, erm. 4 €. www.museumderdinge.de.

Sehenswertes abseits des Spaziergangs

Der Berg ruft

Viktoriapark mit Kreuzberg

Mit stolzen 66 m ist der „Berg" im Viktoriapark die höchste natürliche Erhebung im Zentrum Berlins. Drum herum steile Wege, abschüssige Wiesen, ein Biergarten und ein kaskadenartiger Bachlauf, in dem im Sommer fleißig geplanscht wird. Obenauf thront seit 1821 das 20 m hohe, von Schinkel entworfene neogotische *Denkmal zur Erinnerung an die Befreiungskriege gegen Napoleon*. Das Kreuz, das das gusseiserne Denkmal krönt, gab dem Berg seinen Namen. Die Aussicht von dort ist ideal für einen rotweingeschwängerten Sonnenuntergang.

Zugänge von der Kreuzberg-, Methfessel-, Duden- und Katzbachstraße aus, Ⓤ Mehringdamm o. Platz der Luftbrücke.

Gras und Grillerei

Görlitzer Park

Der „Görli" ist ein sehr junger Park. Er entstand erst in den späten 1980ern auf dem Gelände des abgerissenen Görlitzer Bahnhofs, von dem hier und da noch Reste zu erkennen sind. Schön ist das baumarme Gelände nicht wirklich, dafür im Sommer sehr lebendig. Nett sitzt man auf der Bierterrasse des Restaurants Edelweiss ganz im Westen des Parks. Türkische Familien grillen Berge von Hammelkoteletts, Hunde jagen Frisbeescheiben hinterher, anderswo drehen Weinflaschen und Joints ihre Runden, auch wenn der Görli mittlerweile Null-Toleranz-Zone ist – mit Null-Erfolg.

Zugänge u. a. von der Görlitzer und der Wiener Str. aus, Ⓤ Görlitzer Bahnhof. Achtung: Nachts gilt der Park als No-go-Area!

Für Groß und Klein

Deutsches Technikmuseum

Das Museum ist einfach riesig, planen Sie mehrere Stunden dafür ein. Spektakulär ist nicht nur die Abteilung, die sich der Luft- und Schifffahrt widmet: Dort befinden sich u. a. eine *Ju 52*, ein Rosinenbomber (über der Terrasse), das Flugzeugwrack, mit dem Tierfilmer

Schlechter Ruf, aber sehr beliebt: Görlitzer Park

Kreuzberg → Karte S. 160/161

Michael Grzimek 1959 nach dem Zusammenstoß mit einem Geier (!) über der Serengeti abstürzte, und ein 36 m langer Kaffenkahn, der im 19. Jh. in der Havel sank. Außerdem: der Nachbau des ersten Computers der Welt, den der Berliner Konrad Zuse 1936 zusammenschraubte, 40 Schienenfahrzeuge im Lokschuppen, ein Filmschneideraum aus den 1970ern, eine historische Brauerei, Windmühlen im Park, eine Autoschau u. v. m. Das dazugehörige *Science Center Spectrum* mit rund 250 Experimentierstationen bietet Spaß für Alt und Jung.

Gen Süden schließt an das Museum der *Park am Gleisdreieck* an, lange Zeit eine unzugängliche Brache. Erst 2013 wurde das Areal, durchzogen von Schienensträngen und gespickt mit alten Prellböcken, der Öffentlichkeit zugänglich gemacht.

Trebbiner Str. 9, Ⓤ Gleisdreieck o. Möckernbrücke. Di–Fr 9–17.30 Uhr, Sa/So 10–18 Uhr. 8 €, erm. 4 €. www.sdtb.de.

Das ganz andere Kunsterlebnis

Feuerle Collection

Der hauptsächlich in Asien lebende Kunstsammler Désiré Feuerle zeigt in einem behutsam restaurierten Telekommunikationsbunker aus dem Zweiten Weltkrieg zeitgenössische Kunst (u. a. von Anish Kapoor und Zeng Fanzhi), aber auch historische chinesische Möbel und uralte Khmer-Kunst. Ein Gesamtkunstwerk und Raumerlebnis der besonderen Art. Kinder unter 12 Jahren unerwünscht!

Hallesches Ufer 70, Ⓤ Mendelssohn-Bartholdy-Park. Nur nach Voranmeldung (Buchungssystem auf der Webseite). 18 €. www.thefeuerlecollection.org.

Schinkel-Denkmal auf dem Kreuzberg

In der Wrangelstraße

Berlin im Kasten

Flughafen Tempelhof: Vom Paradeplatz zum Kiter-Eldorado

Radfahrer, Skater und Kite-Boarder bevölkern die alten Landebahnen des zugigen Areals, dazwischen wird gegrillt, im Winter kommen Langläufer. „Tempelhofer Freiheit" nennt sich heute das rund 500 (!) Fußballfelder große ehemalige Flugfeldareal. Für dessen Umgestaltung hatte man schon viele Pläne, jedes Jahr einen neuen, darunter auch einen für einen 60 m hohen Kletterberg mit Alexander von Humboldt obenauf. Die Randbebauung des Areals mit 1700 Wohneinheiten und einer neuen Zentralbibliothek wurde 2014 per Volksentscheid abgelehnt. Die Bebauung ist dennoch nicht vom Tisch: Die *IHK*, der die Meinung des Volkes ziemlich schnuppe ist, fordert die Aufhebung des gesetzlichen Bauverbots auf dem Areal; die Initiative „100% Tempelhofer Feld" kämpft dagegen (www.thf100.de).

Der Flugbetrieb auf dem Tempelhofer Feld, einst ein Aufmarschplatz der preußischen Potentaten, wurde 1923 aufgenommen – 19 Stunden brauchte man zu jener Zeit von Berlin nach Moskau. Neben einem kleinen „Terminal", nicht mehr als eine Baracke, einem Post- und Zollamt gab es damals auch „eine Hammelherde zur Erhaltung der Grasnarbe" (*Straube-Führer Berlin*, 1925). Das megalomane Flughafengebäude, heute u. a. ein „Special Event Center" (auch findet hier 2-mal jährlich die Modemesse *Bread & Butter* statt), entstand bis 1940 nach Plänen des Architekten Ernst Sagebiel. Ein würdiges Eingangstor ins Tausendjährige Reich sollte es sein. Doch der Flughafenbau wurde nie vollendet, ursprünglich hätte das Gebäude um ein Drittel größer werden sollen – dabei galt das 1,2 km lange Flughafengebäude mit 9000 Büros und sieben Flugzeughallen zu jener Zeit ohnehin schon als das größte Gebäude der Welt. Das Dach war als Zuschauerterrasse konzipiert, von wo Hunderttausende den Flugschauen beiwohnen sollten.

Während der Berliner Blockade 1948/49 (→ Stadtgeschichte, S. 238) wurde Tempelhof für die sog. *Rosinenbomber* der Westmächte genutzt, die mit rund 400 Flugzeugen und fast 280.000 Flügen ganz Berlin für über ein Jahr mit Kohle, Medikamenten und Lebensmitteln versorgten. Alle drei Minuten landete ein Flugzeug mit jeweils 10 t

Fracht. An diese Zeit erinnert am Platz der Luftbrücke vor dem Flughafengebäude ein „Hungerharke" genanntes Denkmal mit drei Betonzacken, die die drei Luftkorridore symbolisieren.

Für den zivilen Flugbetrieb wurde Tempelhof 1951 wiedereröffnet. Im Oktober 2008 hob der letzte Flieger von hier ab. Durch das denkmalgeschützte Gebäude werden spannende Führungen angeboten. In den nächsten Jahren sollen die Hallen und Hangars (zuletzt die Heimat mehrerer Tausend Flüchtlinge) für die Kreativwirtschaft umgebaut werden. Die Dachterrasse mit Weitblick bis zum Teufelsberg im Westen und den Müggelbergen im Osten soll bereits bis Ende 2017 der Öffentlichkeit zugänglich gemacht werden – mit Restaurants, Tangoclub, Cafés und einer Geschichtsgalerie.

Zugänge zur Tempelhofer Freiheit u. a. vom Columbiadamm (Ⓤ Südstern), vom Tempelhofer Damm (Ⓤ Tempelhof) oder von der Oderstraße (Ⓤ Leinestraße). Geöffnet von Sonnenauf- bis -untergang. Start der Führungen ist stets der GAT-Bereich rechts des Haupteingangs (Ⓤ Platz der Luftbrücke), ausgeschildert. Infos dazu unter www.tempelhoferfreiheit.de.

Kreuzberg → Karte S. 160/161

Praktische Infos

→ Karte S. 160/161

Essen & Trinken

Restaurants

Volt **54**, gehobenes Hallenrestaurant in einem ehemaligen Umspannwerk aus dem Jahr 1928. Industrialambiente, davor eine nette Terrasse zum Landwehrkanal hin. Innovative internationale Küche mit Schwenk zur Gourmetcuisine, so stehen auf der Karte hin und wieder Tafelspitz vom Weidekalb mit rotem Mangold, Schwertfisch mit Passionsfrucht oder Rauchkürbis mit Topfenknödel. 5-Gänge-Menü 58–87 €. Di–Sa ab 18 Uhr. Paul-Lincke-Ufer 21, Ⓤ Schönleinstraße, ✆ 338402320, www.restaurant-volt.de.

MeinTipp **Long March Canteen** **8**, ein Erlebnis, Chinese einmal anders: düsteres, stylishes Ambiente mit langen Holzbänken, ein bisschen Maokitsch und authentischer Küche, die in Appetizer-Portionen auf den Tisch kommt. Glauben Sie uns: Hühnerfüße mit Bohnensoße, Quallencarpaccio und tausendjährige Eier können herrlich schmecken. Unbedingt empfehlenswert sind zudem die unterschiedlich gefüllten *Dumplings*. Zum Fingerablecken. Um satt zu werden, sollte man mind. 40 € einplanen. Reservierung empfohlen. Tägl. 18–24 Uhr. Wrangelstr. 20, Ⓤ Görlitzer Bahnhof, ✆ 0178/8849599, www.longmarchcanteen.com.

Restaurant Z **79**, für viele „Bergmann-Kiezer" so etwas wie der Grieche ihres Vertrauens, entsprechend gut besucht. Leckere „neuhellenische Küche" (Eigenwerbung), wir empfehlen die abwechslungsreiche Vorspeisenplatte und die *Calamarakia*, die mit panierten Gummiringen so ganz und gar nichts zu tun haben. Ambiente ganz ohne Kitschsäulen! Hg. 12,50–23 €. Tägl. 17–24 Uhr. Friesenstr. 12, Ⓤ Platz der Luftbrücke, ✆ 6922716, www.restaurant-z.de.

Austria **75**, rustikales österreichisches Lokal der gehobeneren Preisklasse. Spezialitäten: das riesige Wiener Schnitzel vom Kalb mit Erdäpfel- und Gurkensalat (19,80 €), das Pressburger Gulasch und der Schweinebraten. Wenn danach noch Platz im Bauch ist, gibt es Kaiserschmarrn und gefüllte Buchteln. Zipferbier. Wechselnde Tagesangebote. Mo 18–23 Uhr, sonst ab 12 Uhr. Bergmannstr. 30, Ⓤ Gneisenaustraße, ✆ 6944440, www.austria-berlin.de.

Antonello's Cevicheria **67**, der gute Antonello serviert in seinem bunten, leicht provisorisch wirkenden Restaurant eine spannende Mischung aus sizilianischen Streetfood-Gerichten (*Caponata*, Kichererbsen-Burger, *Arancina*) und

Volles Haus beim Kreuzberger Myfest

verschiedenen lateinamerikanischen *Ceviche*-Varianten – schmeckt toll. Aufgelockert wird die Standardkarte von wöchentlich wechselnden Specials. 5–18,50 €/Portion, nur von einer wird man nicht satt. Tägl. (außer Mo) 12–23 Uhr. Nostitzstr. 22, Ⓤ Gneisenaustraße, ✆ 81492544.

Hasır **24**, hier soll er erfunden worden sein, der Döner im Brot, der dann als grandioser Re-Import seinen Weg in die Türkei fand. Lecker ist er immer noch, nicht selten steht man dafür Schlange. Aber Hasır bietet noch mehr: im „Stammhaus" eine lebendig-umtriebige Atmosphäre, gute Vorspeisen und leckere Kebabs, in der „Ocakbaşı"-Filiale 2 Türen weiter einen offenen Grill. Preise im Mittelmaß. Mittlerweile 6-mal in Berlin vertreten. Reservierung abends empfohlen. 24 Std. geöffnet! Adalbertstr. 10, Ⓤ Kottbusser Tor, ✆ 6142373, hasir.de.

Herz & Niere **64**, „From nose to tail" ist das Motto dieses freundlichen, unprätentiösen Souterrainlokals. Alles vom Tier ist es wert, verarbeitet zu werden, meinen die jungen Küchenchefs. So gibt es hier Ochsenmaulsalat, rosa gebratene Leber oder Herz-Nieren-Teller – je nach Saison und Laune ganz unterschiedlich zubereitet. Ein Esserlebnis der anderen Art. Übrigens wird auch an Vegetarier gedacht. Zum Nachkochen gibt's ein auf Herz und Niere geprüftes Kochbuch ... 3-Gänge-Menü 38 €, Hg. 16–19,50 €. Tägl. (außer Mo) ab 18 Uhr. Fichtestr. 31, Ⓤ Südstern, ✆ 69001522, www.herzundniere.berlin.

Cocolo Ramen **46**, nicht nur die Ästhetik dieses japanischen Lokals mit seinem derben Steinboden, den freigelegten Backsteinwänden, den langen Holztischen und dem hübschen Vorgarten macht Laune, auch das Essen selbst. Auf der Karte ein paar Vorspeisen und dazu nicht mehr als 7 *Ramen*-Gerichte zu 8–10 €. Die superleckeren Nudelsuppen kann man mit Einlagen wie geräuchertem Hühnchen oder Garnelen-Wantans bestellen. Keine Reservierung möglich. Tägl. 12–23 Uhr. Paul-Lincke-Ufer 39, Ⓤ Kottbusser Tor o. Schönleinstraße, ✆ 98839073, www.kuchi.de. Zusatztipp: Im Hinterhof serviert das Schnelllokal **Zola** **46**, affenstarke neapolitanische Holzofenpizza.

3 Schwestern **4**, legeres Caférestaurant unter tollem Gewölbe im ehemaligen Speisesaal des Bethanien-Krankenhauses (→ Spaziergang). Ambitionierte neudeutsche Küche wie Schnitzel vom Thüringer Duroc-Schwein oder Spinat-Ricotta-Nockerl. Mittagstisch zu 7,50 €, abends Hg. 15–23 €. Toller Kuchen. Schöner Garten. Tägl. ab 11 Uhr. Mariannenplatz 2, Ⓤ Kottbusser Tor, ✆ 600318600, www.3schwestern-berlin.de.

Max und Moritz **15**, hier geht's in die rustikale Richtung. Das 1902 zum 70. Geburtstag von Wilhelm Busch eröffnete Wirtshaus (in dem übrigens in den 1970ern die *Alternative Liste* gegründet wurde) konnte seine spezielle Atmosphäre bis in die Gegenwart retten. Allerdings auch sehr touristisch. Solide deutsche Küche mit Berliner Spezialitäten wie Eisbein mit Erbspüree oder *Hoppel-Poppel* (Bauernfrühstück mit Kassler). Dazu sollte man eine *Kreuzberger Molle* trinken, ein leckeres Bier, das es in den Varianten „natürlich" oder „ungefiltert" gibt. Hg. 10,50–19,50 €. Tägl. ab 17 Uhr. Oranienstr. 162, Ⓤ Moritzplatz, ✆ 69515911, www.maxundmoritzberlin.de.

Zur Henne **3**, urig-holzvertäfelte Altberliner Gaststätte, in der man eng an eng sitzt. Kein Reiseführer, der dieses Lokal nicht empfiehlt, entsprechend viele Touristen. Viel mehr als sehr knuspriges Jungmast-Brathähnchen (8,60 €) mit Kraut- oder Kartoffelsalat (3,70 € extra) sowie leckerem Brot gibt es nicht. Gegessen wird mit Finger und Gabel. Fränkischer Edelbrand zur Verdauung. Reservierung empfehlenswert. Di–Sa ab 18 Uhr, So ab 17 Uhr. Leuschnerdamm 24, Ⓤ Moritzplatz, ✆ 6147730, www.henne-berlin.de. Wer keinen Tisch bekommt, kann auch zur **Kleinen Markthalle** **5** ums Eck am Legiendamm wechseln. Auch hier gute Hähnchen, dazu ein netter Biergarten.

Il Casolare **53**, über die originelle Pizzeria wird viel gelästert, v. a. über das arrogante Personal. Die ewig volle Bude besitzt aber auch eine große Fangemeinde. Laut-fröhliche Atmosphäre und Pizzen wie aus dem Bilderbuch. Absolute Empfehlung: die *Buon Gustaio* mit Bresaola, Büffelmozzarella und Basilikum (10 €). Wechselnde Tagesgerichte. Große Terrasse zum Landwehrkanal hin. Tägl. 12–24 Uhr. Grimmstr. 30, Ⓤ Kottbusser Tor, ✆ 69506610.

Viasko **44**, junges veganes Restaurant mit nettem Biergarten. Fleischküche wird gekonnt simuliert, so gibt es würziges Paprika-Soja-Gulasch, Seitansteak oder veganes Gyros mit Zaziki. Hg. 10–13 €. Mi–Fr ab 17 Uhr, Sa/So ab 11 Uhr (Brunch). Kein Zutritt für Pelzträger mit weniger als 3 Beinen! Erkelenzdamm 49, Ⓤ Kottbusser Tor, ✆ 88499785, www.viasko.de.

Weinblatt **61**, Mischung aus Feinkostladen und kuscheligem Restaurant mit bester türkischer Hausmannskost. Hier kann man sich verschiedene Antipasti-Teller mit Leckereien aus

Kreuzberg → Karte S. 160/161

der Vitrine selbst zusammenstellen, schmackhafte Eintöpfe essen oder zu *Gözleme* greifen, einer Art gefülltem Pfannkuchen. Dazu super Frühstück. Günstig. Tägl. 9–23 Uhr. Dieffenbachstr. 59, Ⓤ Schönleinstraße, ✆ 69517365, www.feinkost-weinblatt.de.

Seerose 71, vegetarisches Self-Service-Restaurant unter iranischer Leitung – mediterran-nahöstliche Küche (viele Zutaten aus Bioanbau) und knackige Salate. Man wählt aus der Appetit anregenden Vitrine (gemischter Teller ab 5,50 €) und isst zu klassischer Musik in bewusst altmodisch-gediegen gehaltenem Ambiente. Außenbestuhlung. Mo–Sa 9–24 Uhr, So 12–23 Uhr. Körtestr. 38, Ⓤ Mehringdamm, ✆ 69815927, www.seerose-berlin.de.

Kantine

Kantine im Rathaus Kreuzberg 58, im 10. Stock und zu weiten Teilen verglast – super Blick zum Potsdamer Platz! Rustikale Küche, die auch an Vegetarier denkt. Hg. 4–6 €, Frühstück. Mo–Fr 7–15 Uhr. Yorckstr. 4–11, Ⓤ Mehringdamm, www.kantine-kreuzberg.de.

Schnelle Küche/Snacks

Burgermeister 21, origineller Imbiss in einem ehemaligen Klohäuschen (nicht davon abschrecken lassen!) direkt am U-Bahnhof Schlesisches Tor. Superleckere Burger zu 4,40–7,30 €, für Vegetarier gibt's Tofuburger mit Erdnusssoße. So–Do 11–3 Uhr, Fr/Sa bis 4 Uhr. Oberbaumstr. 8, www.burger-meister.de.

Curry 36 57, einer der Currywurst-Hotspots der Stadt, gibt's seit 1981. Leicht erkennbar an der Menschentraube davor. Die Wurst (Biofleisch vom Havelländer Apfelschwein) kostet 1,60 €. Tägl. 9–5 Uhr. Mehringdamm 36, Ⓤ Mehringdamm, www.curry36.de.

Marheineke-Markthalle, die Markthalle im Bergmannkiez bietet viele Leckereien, oft auch in Bioqualität. Empfehlenswert für ein schnelles Mittagessen. Mo–Fr 8–20 Uhr, Sa 8–18 Uhr. Marheinekeplatz, Ⓤ Gneisenaustraße, www.meine-markthalle.de.

MeinTipp **Doyum Grillhaus 40**, das verkachelte türkische Schnelllokal direkt am Kotti, in dem zu Recht stets der Bär brummt, ist für uns die Kreuzberger Nr. 1 in Sachen Grillfleisch und Döner. Sehr gute Fleischqualität und sehr authentisch. Probieren Sie den *İskender Kebap* mit Röstbrot, Joghurt und Tomatensoße – besser als in der Türkei. Alkoholfrei. Tägl. ab 11 Uhr. Admiralstr. 36, Ⓤ Kottbusser Tor, www.doyum-restaurant.de.

Mustafa's Gemüse Kebap 55, Hähnchendöner mal anders – mit gebratenem Gemüse, Schafskäse, frischer Minze und einem Spritzer Zitrone. Für die Leckerei zu 3,20 € steht man gerne auch mal Schlange. Auch vegetarischer Döner. Tägl. ab 10.30 Uhr. Mehringdamm 32, Ⓤ Mehringdamm, www.mustafas.de (unbedingt anklicken – herzerfrischend!).

Hello Good Pie 29, in diesem mit wenig Mitteln liebevoll gestylten Lädchen werden leckerste irische Pies gezaubert, jeden Tag anders gefüllt, vegetarisch oder mit Fleisch. Dazu sucht man sich Kartoffelpüree, Salate und Soßen aus. Junges internationales Publikum. Mittagsgericht mit Getränk 7 €. Tägl. (außer So) 11–21 Uhr. Falckensteinstr. 9, Ⓤ Schlesisches Tor, www.hellogoodpie.de.

Cafés/Kneipen

Café Eliza 34, puristisch geht anders – das liebevoll überdekorierte Puppenstubencafé bietet neben rein vegetarischen Snacks und Kuchen auch hübsche Souvenirs. Draußen Stadtidylle pur: weiße Lampions, Topfblümchen und Schaukelpferd. Di–Fr 9–18.30 Uhr, Sa/So ab 10 Uhr. Sorauer Str. 6, Ⓤ Görlitzer Bahnhof, ✆ 91909555, www.elizaberlin.de.

Brasserie Ora 22, Cafébar in einer historischen Apotheke, mit viel Retroschnickschnack bestückt – eine Augenweide. Es gibt leckeren Kuchen, fein belegte Brote oder Kleinigkeiten aus der Bistroküche wie konfiertes Brandenburger Huhn oder gebeizte Lachsforelle (ca. 8–10 €). Tägl. 9.30–1 Uhr. Erkelenzdamm 1, Ⓤ Kottbusser Tor.

Ankerklause 50 → Nachtleben/Kreuzberg, S. 259.

Café Kotti 30, multikultureller, simpler Szenetreff in der Betonhässlichkeit des *Zentrums Kreuzberg*. Hat mit „Café" eher weniger zu tun. Junges linksgerichtetes Publikum (darunter viele Türken) – Kreuzberg at its best. Mitgenommene Sofas, buntbemalte Decken, gute Musik. Rassisten und Homophobe sind nicht erwünscht. Der Rest wird mit einem hingemalten „Hoş geldiniz" („Wilkommen") herzlich begrüßt. Raucher. Tägl. ab 9 Uhr. Adalbertstr. 96 (1. Stock), Ⓤ Kottbusser Tor, ✆ 0173/6173226, www.cafekotti.de.

Vögelchen 17, plüschige, verspielt eingerichtete Wohnzimmerbar mit einer riesigen Bahnhofsuhr als Blickfang. Die jungen internationa-

Hippe Sommerlocation: Club der Visionäre

len Hipster essen Kuchen und rauchen dazu. Durch den Wandschrank (!) geht es in den Partykeller. Hin und wieder kleine Konzerte und Kleinkunst. Mo–Sa ab 14 Uhr, So ab 17 Uhr. Eisenbahnstr. 6, Ⓤ Görlitzer Bahnhof, ✆ 60031865, www.birdstoldme.blogspot.de.

MeinTipp **Chapter One 70**, Note 1 mit Stern für dieses Café bzw. diese *Brew Bar* (ein Wort, das wir auch erst lernen mussten). Aufgebrühter Kaffee ist schwer im Kommen, und wohl nirgendwo wird diese Kunst ernster genommen als an diesem kleinen, duftenden, wunderbar ästhetischen Ort – vergessen Sie alles, was Sie bisher mit Filterkaffee in Verbindung gebracht haben ... Mo–Sa 9–18 Uhr, So 11–18 Uhr. Mittenwalder Str. 30, Ⓤ Gneisenaustraße, ✆ 25922799, www.chapter-one-coffee.com.

Kuchenkaiser 10, großräumiges Caférestaurant, eine Institution. Schon 1866 befand sich hier ein Kaffeehaus, das allerdings 1957 pleiteging. Erst 1998 wurden die Räumlichkeiten unter gleichem Namen wieder eröffnet. Die guten Kuchen (rund 30 Sorten!) gibt es immer noch, allerdings nicht mehr aus der hauseigenen Backstube. Dazu gehaltvolle Gerichte und gutes Frühstück, sonntags als Brunchbüfett, dann besser reservieren. Gemischtes Publikum. Außenbereich. Tägl. ab 9 Uhr. Oranienplatz 11–13, Ⓤ Moritzplatz oder Kottbusser Tor, ✆ 61402697, www.kuchenkaiser.blogspot.de.

Morena Bar 38, hübsche, in portugiesisch-spanischem Stil verkachelte Cafébar. Tagsüber kommt man zum Frühstücken, auf einen Burger oder ein Stück Kuchen, abends zum fröhlichen Picheln oder Fußball gucken – alle wichtigen Spiele werden übertragen. Tägl. ab 9 Uhr. Wiener Str. 60, Ⓤ Görlitzer Bahnhof, ✆ 6113578, www.morena-berlin.com.

Barcomi's Kaffeerösterei 74, das weiß-rosafarben gehaltene Café der US-Amerikanerin Cynthia Barcomi überzeugt durch köstlichen Kaffee (13 hausgeröstete Sorten), leckere süße Stückchen (der Renner ist der *New York Cheesecake*) und gute Bagels. Alles auch *to go*. Tägl. 9–21 Uhr. Bergmannstr. 21, Ⓤ Gneisenaustraße, ✆ 6948138, www.barcomis.de.

Draußen

Brachvogel 49, nettes Gartenrestaurant am Landwehrkanal – leider verdecken Büsche den Blick auf diesen. Große Salate, Pizzen, Leberkäse, Ofenkartoffeln, Steaks, Hg. 8–18 €. Sonntags Brunch (9,90 €). Nebenan kann man Minigolf spielen. Tägl. ab 9 Uhr. Carl-Hertz-Ufer 34, Ⓤ Prinzenstraße, ✆ 6930432, www.brachvogel-berlin.de.

Club der Visionäre 42, liegt genau genommen schon in Treptow. Luftig-lustige, leicht gammelige Partyadresse am Flutgraben, einem idyllischen Seitenarm der Spree. Hier chillt ein hippes Volk im Schatten einer Trauerweide auf

Holzpontons am Ufer, darunter viele Touristen. Oft überfüllt und obendrein arrogante Türsteher. Kleine DJ-Pauschale. An Draußensitztagen zuweilen rund um die Uhr geöffnet, ansonsten Mo–Fr ab 14 Uhr, Sa/So ab 12 Uhr. Am Flutgraben 1, Ⓤ Schlesisches Tor, www.clubdervisionaere.com.

Freischwimmer 36, gleich gegenüber. Nettes Bar-Restaurant mit langer, schmaler Pontonterrasse auf dem Wasser – super, aber absolut nichts für Leute mit Spinnenphobie. Liegestühle auf Holzplattformen. Essen so lala. Auch im Winter geöffnet. So Brunch. Im Sommer Mo–Fr ab 12 Uhr, Sa/So ab 10 Uhr. Zum Restaurant gehört auch der Open-Air-Club **Ipse 36** nebenan. Vor dem Schlesischen Tor 2a, Ⓤ Schlesisches Tor, ✆ 61074309, www.freischwimmer-berlin.com.

Badeschiff → Sport, Spaß und Spa, S. 273. Auch wer nicht ins Wasser will, kann in dieser witzigen Pudersand-Strandbar mit DJ-Beschallung ein paar gemütliche Abendstunden verbringen. Junges, flirtfreudiges Multikulti-Publikum, Bratwurst und Steaks.

White Trash Fastfood 39, familienfreundlicher Touristenhotspot, Mischung aus Kneipe, Restaurant und Club. Im witzig-verwinkelten, großen Biergarten plätschert ein Brünnchen, drinnen ein bisschen Baracke, ein bisschen Plüsch, ein bisschen Industrial und ein Tattoo-Shop. Überall dicke Burger mit *Fuck you Fries* (10,50–14,50 €), von denen der Octopusburger mit einem ganzen (!) Meeresgetier hervorzuheben ist. Abends zahlt man eine kleine Bandzulage für die Livemusik, die sich zwischen Blues und Punk bewegt. Achtung: Der Laden meldete 2016 Insolvenz an, die Party soll jedoch erst mal weitergehen. Tägl. ab 12 Uhr. Am Flutgraben 2, Ⓤ Schlesisches Tor, ✆ 551506587, www.whitetrashfastfood.com.

Prinzessinnengarten 11, wo sich bis 2009 ein vermülltes Trümmergrundstück befand, erstreckt sich heute eine grüne Kiezoase zwischen Tankstelle und Brandwänden. Der Nachbarschaftsgarten mit zig Beeten und einem Robinienwäldchen beherbergt auch ein nettes Gartencafé. Die soliden Gerichte mit Zutaten von den eigenen Beeten (günstiger Mittagstisch) spült man am besten mit Wurzelsaftschorle hinunter. Schnell hin, denn die Zukunft des grünen Fleckchens ist vorerst nur bis 2018 gesichert. Im Sommer tägl. 11–22 Uhr. Prinzenstr. 35–38, Ⓤ Moritzplatz, http://prinzessinnengarten.net.

Shopping

Fashion

Zalando Outlet 2, um Zugang zum Outlet-Store dieses Berliner Online-Händlers zu haben, bedarf es der *Zalando Outlet Card*, mehr dazu unter www.zalando-outlet.de. Mo–Sa 10–20 Uhr. Köpenicker Str. 20, Ⓤ Schlesisches Tor oder Heinrich-Heine-Straße.

Zeha 77, edle Sneakers mit Kultstatus – trug schon die Boheme der 20er-Jahre, trugen aber auch die Olympiamannschaften der DDR, UdSSR und ČSSR. Nach der Pleite 1993 wurde das Design 2002 in Berlin wiederbelebt. Ein Shop u. a. in der Friesenstr. 7 (Mo–Fr 11–19 Uhr, Sa bis 18 Uhr), Ⓤ Gneisenaustraße, www.zeha-berlin.de.

Trippen-Outlet 12, → Trippen-Schuhe, Spandauer Vorstadt/Shopping, S. 84.

Secondhand/Vintage

Colours Berlin 69, Secondhand-Klamotten-Laden über eine ganze Etage. Vieles nach Farben sortiert, die guten Sachen sind nicht billig, der Plunder wird nach Gewicht bezahlt. Mo–Sa 11–19 Uhr. Bergmannstr. 102 (Hinterhaus), Kreuzberg, Ⓤ Gneisenaustraße o. Mehringdamm, www.kleidermarkt-vintage.de.

Peter's Werkstatt 35, hat sich auf den Verkauf und die Reparatur von Retro-Plattenspielern, -TVs, -Boxen und -Radios spezialisiert. Di–Fr 10–18 Uhr. Skalitzer Str. 46 b, Ⓤ Görlitzer Bahnhof, www.peterswerkstatt.de.

Souvenirs/Geschenke

Tutus Welt 63, die Künstlerin Tutu Frahsa malt Berliner Stadtlandschaften im Keith-Haring-Pop-Art-Stil, zum Glück nicht nur den Fernsehturm, sondern auch skurrile Kreuzberger Details. In ihrem kleinen Laden, einer Mischung aus Atelier und Shop, gibt es Bilder, witzige Postkarten, bemaltes Porzellan und auf Wunsch auch „Umarmungen und viel Lachen". Sehr faire Preise. Mo–Fr 13–19 Uhr, Sa 12–16 Uhr. Mittenwalderstr. 16, Ⓤ Gneisenaustraße, www.tutus-welt.de.

Hallesches Haus 47, ein luftig-heller General Store („Gemischtwarenladen") im ehemaligen Backstein-Postamt für qualitativ hochwertige, schöne Dinge, die man teils braucht, teils auch nicht. Kulinarische Geschenke, Haushaltswaren, Kosmetik, witziger Wohnmüll. Nebenan eine stilsichere Hipster-Kantine mit günstigen und gesunden Lunchangeboten. Mo–Fr 9–19 Uhr, Sa 11–16 Uhr. Tempelhofer Ufer 1, Ⓤ Hallesches Tor, www.hallescheshaus.com.

Wohnen

Exil Wohnmagazin 2, coole Möbel und Accessoires in riesiger Auswahl, schön präsentiert in einer sanierten Industriehalle. Di–Fr 11–19 Uhr, Sa bis 18 Uhr. Köpenicker Str. 18–20, Ⓤ Schlesisches Tor, www.exil-wohnmagazin.de.

Buchhandlung

Schwarze Risse 62, Underground-Buchladen mit politischer Belletristik und Sachbüchern zu fast allem, was auf „-ismus" endet: Feminismus, Imperialismus, Kolonialismus, Antifaschismus, Anarchismus. Das Sortiment ist so gut, dass selbst Polizei und Staatsschutz zuweilen vorbeischauen. Mo–Fr 10–19 Uhr, Sa 11–15 Uhr. Gneisenaustr. 2 a, Ⓤ Mehringdamm, www.schwarzerisse.de.

CDs und Schallplatten

Hard Wax 45, eine Legende in Sachen Techno, Electro, House und Dubstep. DJs wie Paul van Dyk schauen hier vorbei. Mo–Sa 12–20 Uhr. Paul-Linke-Ufer 44a (Aufgang 2. Hinterhof), Kreuzberg, Ⓤ Kottbusser Tor, https://hardwax.com.

Süßes

Kadó Lakritzfachgeschäft 60, der Laden für Lakritzfans – rund 400 unterschiedliche Sorten aus etlichen Ländern. Di–Fr 9.30–18.30 Uhr, Sa 9.30–15.30 Uhr. Graefestr. 20, Kreuzberg, Ⓤ Schönleinstraße, www.kado.de.

Künstlerbedarf

Modulor 9, Megastore für Künstlerbedarf im Aufbau-Haus, wo einst *C. Bechstein* Pianos fabrizierte. Im gleichen Haus, einem Zentrum der Kreativwirtschaft, sitzt auch der *Aufbau Verlag* selbst. Mo–Fr 9–18 Uhr, Sa ab 10 Uhr. Prinzenstr. 85, Ⓤ Moritzplatz, www.modulor.de.

Märkte

Hallentrödelmarkt Treptow, viel Ramsch, Haushaltswaren und Sanitärprodukte. Wer aber Lust auf Wühlen und Stöbern hat, kann hier in Sachen Kleidung oder Lampen so manch Nettes ausgraben. Zeit mitbringen. Sa/So 10–16 Uhr. Eichenstr. 4 (Arena-Gelände), Ⓢ Treptower Park, www.hallentrödelmarkt-berlin-treptow.de.

Wochenmärkte in der Markthalle Neun, → Spaziergang. https://markthalleneun.de.

Am Landwehrkanal

Kreuzberg → Karte S. 160/161

Wenig Hype, viel Charme

Tour 12

Ein facettenreicher, regenbogenbunter Stadtteil, der viel Szenegeschrei nicht nötig hat. Hübsche Wohn- und Kneipenstraßen gibt es hier, aber auch eine Schmuddelecke, die gerade die Kunstavantgarde für sich entdeckt.

- **Winterfeldtplatz und Umgebung**, populärer Samstagsmarkt, ein paar Lederboys, hübsche Lädchen und nette Cafés, S. 175
- **Schwules Museum**, gut kuratierte Dauerausstellung, S. 175
- **Potsdamer Straße**, zwischen schäbig und schnieke, S. 175

Queeres Berlin, aber nicht nur

Schöneberg

Um den früheren Westberliner Ausgehbezirk ist es etwas ruhiger geworden. Das heißt, nicht ganz: Für die schwullesbische Szene ist die Gegend → **südlich des Nollendorfplatzes** noch immer *der* Place-to-be. Mit dem → **Schwulen Museum** ist der Gayszene gar ein eigener Ausstellungsort gewidmet.

Weiter südwestlich erstreckt sich rund um den Bayerischen Platz das → **Bayerische Viertel**. Zwischen den Kriegen lebten hier viele besser situierte Juden, weswegen das Viertel auch „Jüdische Schweiz“ genannt wurde. Am Rande des Bayerischen Viertels erhebt sich das **Schöneberger Rathaus**, ein trutzburgähnlicher Kasten mit 70 m hohem Turm aus dem Jahr 1914. Als die Stadt geteilt war, diente es dem Westberliner Senat als Sitz. Vor dem Rathaus, vor Hunderttausenden von Berlinern, tat John F. Kennedy am 26. Juni 1963 seinen meistzitierten Ausspruch (→ S. 77). Drei Tage nach seiner Ermordung wurde der Rathausplatz nach ihm umbenannt.

Den Osten des Stadtteils dominiert die von drei Bahnlinien umschlossene sog. **Rote Insel**, ein traditioneller Arbeiterbezirk und heute eine ruhige Wohngegend. Hier, in der Leberstraße 65 (ehemals Sedanstraße), wurde Marlene Dietrich 1901 geboren. Und nur ein paar Häuser weiter (Hnr. 68) wuchs Hildegard Knef auf. Auf der Roten Insel befindet sich auch der **Gasometer** aus dem frühen 20. Jh., der 1995 außer Betrieb genommen wurde und heute als Eventlocation dient. Bis Ende 2015 moderierte hier Günther Jauch seinen sonntäglichen Polittalk.

Auf der anderen Seite der Bahngleise, in der Hauptstraße 155, wohnte von 1976 bis 1978 David Bowie, gleich daneben Iggy Pop – hier entstanden Songs wie *Heroes* und *The Passenger*. Nahebei lohnt in der hübschen Crellestraße das winzige wie witzige → **Museum der unerhörten Dinge** für einen Besuch.

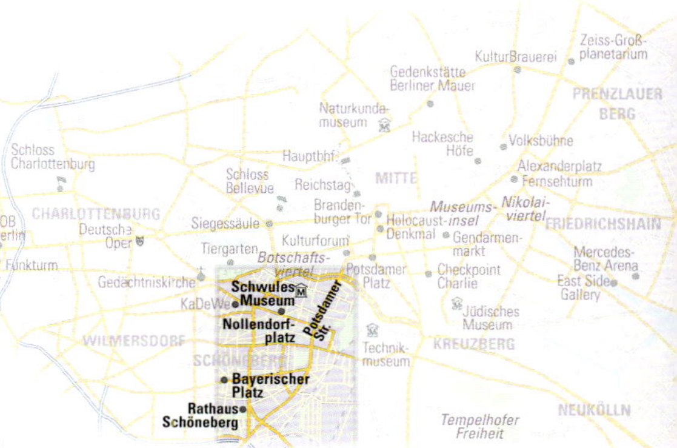

Von hier ist es nicht mehr weit zur berühmt-berüchtigten **Potsdamer Straße**, der „Potse". Sie ist bunt, verkehrsreich, laut und lebendig, aber alles andere als fein. Der Wandel aber hat begonnen. Während die Gegend um den U-Bahnhof Kurfürstenstraße noch vom Straßenstrich geprägt ist, eröffnet nördlich davon gen Potsdamer Platz im rasanten Tempo Galerie neben Boutique – zwischen Dönerbuden und Ramschläden etabliert sich hier gerade eine spannende neue Mode- und Kunstmeile (→ S. 252). Ums Eck in der Bülowstraße wird Mitte 2017 das → **Urban Nation/Museum for Urban Contemporary Art** eröffnen, das die Street-Art-Szene feiert.

Sehenswertes

Unter dem Regenbogen

Südlich des Nollendorfplatzes

Zentren des fröhlich-queeren Nachtlebens sind die Motzstraße, die Fuggerstraße und die Maaßenstraße mit ihren vielen Bars und Diskotheken zwischen zart und ledrig. Vielerorts weht die Regenbogenfahne, nicht nur über Clubs, sondern auch über Apotheken und Metzgereien. Die Maaßenstraße mündet in den Winterfeldtplatz, wo samstags der schönste Berliner Wochenmarkt abgehalten wird (→ Shopping). Weiter südlich findet man entlang der Goltzstraße und deren Verlängerung, der Akazienstraße, nette Cafés, Restaurants, Weinhandlungen, Boutiquen, Trödelgeschäfte und Buchläden.

Einzigartig in der Welt

Schwules Museum

Die Dauerausstellung widmet sich der Geschichte, dem Alltag und der Kultur homosexueller Frauen und Männer, insbesondere ab dem 18. Jh. Zudem interessante Wechselausstellungen, die der Typisierung und Stigmatisierung von Homosexuellen entgegenwirken.

Lützowstr. 73, Ⓤ Kurfürstenstraße. So/Mo/Mi/Fr 14–18 Uhr, Sa bis 19 Uhr, Do bis 20 Uhr. 7,50 €, erm. 4 €. www.schwulesmuseum.de.

Denkzeichen an Laternenpfählen

Bayerisches Viertel

Viele Persönlichkeiten lebten schon hier, Juden wie Nichtjuden, darunter Albert Einstein, Alfred Kerr, Arno Holz und Erich Fromm. An die schrittweise Ausgrenzung der Juden während der Nazizeit erinnern heute, über das ganze Viertel verteilt, Schilder in vandalensicherer Höhe an 80 Laternenpfählen. Darauf Verordnungen und Gesetze aus der NS-Zeit wie: „Juden dürfen keine Bücher mehr kaufen". Oder: „Berliner Badeanstalten und Schwimmbäder dürfen von Juden nicht betreten werden." *Orte des Erinnerns* nennt sich die Installation von Renata Stih und Frieder Schnock.

Heinrich-von-Kleist-Park

Museum for Urban Contemporary Art

Kurios

Museum der unerhörten Dinge

Es ist eines der kuriosesten Museen Berlins. Zu den Exponaten zählen ein Bonsai-Hirschfell, ein Stück Eisen aus Tschernobyl, Bernstein aus dem Bernsteinzimmer, der Einschlag eines Gedankenblitzes etc. – lassen Sie sich überraschen.

Crellestr. 5–6 Ⓤ Kleistpark o. Ⓢ Julius-Leber-Brücke. Mi–Fr 15–19 Uhr, Eintritt frei. www.museumderunerhoertendinge.de.

Vom öffentlichen Raum ins Museum

Museum for Urban Contemporary Art

Schon die Fassade des Gründerzeitbaus fällt durch haushohe Street Art ins Auge. Drinnen zeigt man unter dem Leitmotiv „Connect. Create. Care." neben temporären Ausstellungen die Sammlung des Berliner Street-Art-Projekts *Urban Nation* und Werke der amerikanischen Fotojournalistin Martha Cooper, die Street Art seit ihrer Entstehung in den 1970er-Jahren dokumentiert. Durch die Auflösung der Geschosse im Gebäude ist es möglich, die riesigen Kunstwerke in ihrer Originalgröße zu bewundern.

Bülowstr. 7, Ⓤ Bülowstraße. Eröffnung Mitte 2017.

Praktische Infos

→ Karte S. 178/179

Essen & Trinken

Restaurants

WeinGut 30, nur 8 Tische und einen kleinen Außenbereich bietet dieses gemütliche, gehobene Weinlokal. Die freundlichen jungen Damen beraten hervorragend. Auf der Karte gibt es nur wenige Gerichte, darunter wunderbare Vorspeisen (z. B. Saiblingsroulade mit Tomaten-Chili-Marmelade). Hg. 19–25 €. Di–Sa ab 18 Uhr. Vorbergstr. 10 a, Ⓤ Eisenacher Straße, ✆ 78959001, www.weingut-berlin.de.

Trattoria Muntagnola 10, fröhlicher Familienbetrieb, wo die einfach-ländliche süditalienische Küche der Basilikata auf den Tisch kommt. Als Vorspeise empfehlen wir die *Caponata*, ein leckeres Auberginengemüse mit Rosinen und Pinienkernen. Auch Pizza. Sehr populär, besser reservieren. Hg. 7–25 €. Tägl. 17–24 Uhr. Fuggerstr. 27, Ⓤ Wittenbergplatz, ✆ 2116642, www.muntagnola.de.

Renger-Patzsch 32, großräumiges, elegant-rustikales Restaurant mit S/W-Bildern des Landschaftsfotografen Albert Renger-Patzsch.

Flammkuchen gibt's immer, dazu auf der wechselnden Karte feine neudeutsche Küche mit französischen Anklängen wie Elsässer Blutwurst mit Kartoffel-Bärlauch-Salat oder Spanferkelrücken mit Zwiebelkompott. Hg. 8 € (Flammkuchen) bis 22 €. Tägl. (außer So) ab 18 Uhr (besser reservieren). Wartburgstr. 54, Ⓤ Eisenacher Straße, ✆ 7842059, www.renger-patzsch.com.

Martha's 28, 2015 eröffnet. In der Küche steht der junge Manuel Schmuck, der zuvor schon im 2-Sterne-Restaurant Reinstoff (→ S. 81) wirkte. Das merkt man der raffinierten Küche an, nicht aber dem legeren Ambiente dieses Restaurants, das trotz seiner reduzierten Einrichtung recht gemütlich daherkommt. Kosten Sie in Tonkabohnen und Riesling gegarte Artischocke, Havelländer Short Ribs mit Mais-Gnocchi und Patisson oder Krake mit Fenchelsamen-Crostini und Chipotle. Hg. 20–35 €, Vorspeise nötig. Tägl. 18–23 Uhr. Grunewaldstr. 81, Ⓤ Kleistpark o. Eisenacher Straße, ✆ 78006665, www.marthas.berlin.

Weinwirtschaft Lochner 25, das eher bodenständige Lokal des freundlichen, um seine Gäste bemühten Ehepaars Lochner ist Weinbar und Restaurant in einem. Zu feinen Weinen (vornehmlich aus Deutschland) gibt es köstliche „Tapas" wie Salat vom Rauchmatjes, Backhendl oder Pastete vom Brandenburger Reh. Zudem wird allabendlich ein wunderbares Menü kredenzt (3 Gänge 36 €). Tägl. (außer Mo) 16–0.30 Uhr (Küche 17–22 Uhr). Eisenacher Str. 86, Ⓤ Eisenacher Straße, ✆ 23005220, www.lochner-weinwirtschaft.de.

Joseph-Roth-Diele 4, liebenswert-nostalgisch eingerichtetes Lokal ganz im Zeichen des österreichischen Literaten. Nennt sich nicht umsonst „Gast- und Lesestube": Schmökern kann man in Zeitungen, aber auch in Roths Romanen. Neben Schweinebraten oder Käsespätzle (Hg. 7–12,50 €) gibt es belegte Stullen und dazu Bier in zünftigen Steinkrügen. Besser reservieren. Mo–Fr 10–24 Uhr. Potsdamer Str. 75, Ⓤ Kurfürstenstraße, ✆ 26369884, www.joseph-roth-diele.de.

Atlantik Fischrestaurant 16, nicht vom Namen verwirren lassen – türkischer geht's nicht. Wer im Sommer auf der Terrasse sitzt und sich die laute Straße vor der Nase wegdenkt, fühlt sich fast wie unter der Galatabrücke. Den frischen Fisch in allen Varianten kann man sich im angeschlossenen Fischladen selbst aussuchen, dazu gibt's knackigen Salat, geröstetes Brot, Rakı oder *Efes*-Bier. Einfaches Ambiente, der Gastraum ist extrem unspektakulär. Hg. 9–15 €. Tägl. 10–24 Uhr. Potsdamer Str. 166, Ⓤ Bülowstraße, ✆ 20051494, www.atlantik-fisch-restaurant.de.

Chay Village 26, es gibt schönere vietnamesische Lokale und es gibt hässlichere. Dieses

Das alte Gasometer

Schöneberg → Karte S. 178/179

hier ist auf jeden Fall meist rappelvoll und bietet ausschließlich vegetarische und vegane Speisen an, die zudem noch glutamatfrei zubereitet werden. Sehr lecker, vielfältig und günstig, Hg. 6–8 €. Tägl. 11.30–22 Uhr. Eisenacher Str. 40, Ⓤ Eisenacher Straße, ✆ 89204554.

Schnelle Küche

Ixthys 18, koreanischer Imbiss mit handgeschriebenen Bibelzitaten an der Wand. Super Fleisch-, Fisch- und vegetarische Gerichte. Als Beilage kann man *Kimchi* bestellen, ein Vitaminpaket, das selbst vor Krebs schützen soll. Essen mit Getränk ab 10 €. Kein Klo! Tägl. (außer So) 12–21.30 Uhr. Pallasstr. 21, Ⓤ Nollendorfplatz o. Eisenacher Straße, ✆ 81474769.

Maiden, Mother & Crown 7, große, laute Hipsterkantine und u. E. Schönebergs Lunchspot Nr. 1. Nur 2 Gerichte mit arabisch-israelischem Einschlag gibt es pro Tag (6–8 €), davon ein vegetarisches. Am Tresen mit offener Küche wird bestellt, die kulinarischen Wunder werden wenig später auf Holzbrettern und in tönernen Schmorgefäßen an den Tisch gebracht, z. B. Hackfleischbällchen mit Zimt und Reis auf fruchtiger Tomatensoße, Rote-Bete-Hummus und Rettichsalat. Dazu: Eistee, Wasser oder libanesischer Wein. Punkt. Mo–Fr 12–18 Uhr. Potsdamer Str. 93, Ⓤ Kurfürstenstraße, ✆ 55601417.

Cafés

Café Bilderbuch 35, schönes Kaffeehaus mit ruhiger Atmosphäre, alten Büchern und Omas Wohnzimmerbüfett. Abends oft kulturelle Veranstaltungen. Frühstück (So Brunch), Snacks, Gerichte zu 9–11 €. Tägl. 10–24 Uhr. Akazienstr. 28, Ⓤ Eisenacher Straße, ✆ 78706057, www.cafe-bilderbuch.de.

Café Sorgenfrei 20, schnuckelige, nett verkachelte Kaffeestube ganz im Stil der 50er- und 60er-Jahre – man kann hier auch Retrokram erstehen. Eis, Kuchen, kleine Gerichte. Kein Alkohol! Di–Fr 12–19 Uhr, Sa 10–18 Uhr, So 13–18 Uhr. Goltzstr. 18, Ⓤ Nollendorfplatz, ✆ 30104071, www.sorgenfrei-in-berlin.de.

Winterfeldt Schokoladen 17, Mischung aus Schokoladenverkauf und Café in den behaglich-nostalgischen Räumlichkeiten einer historischen Apotheke. Frühstück, Kuchen und zig Sorten Trinkschokolade. Mo–Fr 9–20 Uhr, Sa 9–18 Uhr, So 12–19 Uhr. Goltzstr. 23, Ⓤ Nollendorfplatz, ✆ 23623256, www.winterfeldt-schokoladen.de.

Tour 12: Schöneberg
175 m
Cafés (S. 178–180)
3 Café Einstein
17 Winterfeldt Schokoladen
19 Café M
20 Café Sorgenfrei
31 Double Eye
35 Café Bilderbuch
Nachtleben (S. 267/268)
1 40 seconds
2 Kumpelnest 3000
3 Lebensstern
5 Victoria Bar
9 Prinzknecht
11 Heile Welt
12 Hafen
13 Café Berio
15 Green Door
22 Leydicke
23 Rote Beete Bar
27 Zoulou Bar
34 Möve im Felsenkeller
Essen & Trinken (S. 176–178)
4 Joseph-Roth-Diele
7 Maiden, Mother & Crown
10 Trattoria Muntagnola
16 Atlantik Fischrestaurant
18 Ixthys
25 Weinwirtschaft Lochner
26 Chay Village
28 Martha's
30 WeinGut
32 Renger-Patzsch
Einkaufen (S. 180/181)
6 Andreas Murkudis und Fiona Bennett
8 Mr Dead & Mrs Free
14 Prinz Eisenherz
21 Chatwins
24 Mimi Berlin
29 Dodo Beach
33 Deko Behrendt
Tiergarten, Kulturforum und Diplomatenviertel siehe S. 100/101
Kreuzberg siehe S. 160/161
Galerie Esther Schipper
Galerie Loock
Elisabeth-Krankenhaus
Schwules Museum
Apostelkirche
ehem. Tagesspiegel-Gebäude
Museum for Urban Contemporary Art
Lutherkirche
St.-Matthias-Kirche
BVG-Fundbüro
Heinrich-von-Kleist-Park
Kammergericht
Universität der Künste
Türkenmarkt
Alter Matthäus-Friedhof
Museum der unerhörten Dinge
Kino Xenon
Gasometer
Park am Gleisdreieck
Nollendorfpl.
Kurfürstenstr.
Bülowstr.
Gleisdreieck
Yorckstr.
Kleistpark
Julius-Leber-Brücke
Schöneberg
Potsdamer Straße
Kurfürstenstraße
Bülowstr.
Pallasstraße
Goebenstr.
Yorckstr.
Hauptstr.
Kolonnenstraße
Rote Insel

Vintage ohne Ende: Café Sorgenfrei

mein Tipp **Café Einstein 3**, wunderschönes, in einer Stadtvilla untergebrachtes Kaffeehaus im Wiener Stil: altes Parkett, riesige Spiegel, Thonet-Stühle, adrette Kellner. Tolles Frühstücksangebot. Zum angeblich besten Apfelstrudel Berlins trinkt man einen Einspänner oder einen Kleinen Braunen. Zudem gehobene österreichisch-internationale Küche zwischen Tafelspitz und Lammkarree mit Olivenkruste (Hg. 17–28 €, günstiger Mittagstisch). Im Sommer sitzt man im schönen Hof unter Obstbäumen. Übrigens nutzte Quentin Tarantino das Café in seinem Film *Inglourious Basterds* als Kulisse. Tägl. 8–24 Uhr. Kurfürstenstr. 58, Ⓤ Nollendorfplatz, ✆ 2639190, www.cafeeinstein.com.

Double Eye 31, viel mehr als eine Kaffeemaschine und ein paar Stehtische gibt es hier nicht. Neben genialem Espresso (für manche der beste Berlins, 1,30 €) auch andere leckerste Kaffeesorten, und das sehr günstig. Dazu *Pasteis de Nata* (portugiesische Puddingtörtchen) und Croissants – das war's. Die stetige Schlange verwundert nicht. Mo–Fr 9.30–18.30 Uhr, Sa 10–15.30 Uhr. Akazienstr. 22, Ⓤ Eisenacher Straße, ✆ 0179/4566960, www.doubleeye.de.

Café M 19, mehr Bar als Café, ein Klassiker im Kiez seit 1979. Die freundlich-alternative Raucher-Location hat bis heute ihr 80ies-Flair behalten, sowohl das Design als auch die Musik betreffend (schön, mal wieder *Kraftwerk* zu hören!). Hier gingen schon Nick Cave und Blixa Bargeld ein und aus. Publikum zwischen 30 und 60, faire Preise, man kann auch Kleinigkeiten essen. Mo–Fr ab 9.30 Uhr, Sa/So ab 12 Uhr. Goltzstr. 33, Ⓤ Nollendorfplatz, ✆ 2167092.

Shopping

Fashion

Mimi Berlin 24, in dem nostalgischen Laden kann man textile Antiquitäten aus den Jahren 1850–1950 kaufen oder leihen. Außerdem Maßanfertigung nach historischen Vorlagen. Mo–Fr 12–19 Uhr, Sa 11–16 Uhr. Goltzstr. 5, Ⓤ Eisenacher Straße, www.mimi.berlin.

Andreas Murkudis 6, der stylishe Concept Store von Andreas Murkudis bietet auf rund 1000 m² schöne Dinge für Männer und Frauen. Im Sortiment v. a. lässiger Luxus, auch die kunstvollen Schöpfungen von Andreas' Bruder Kostas sind vertreten. Tägl. (außer So) 10–20 Uhr. Potsdamer Str. 81 E, Ⓤ Kurfürstenstraße, www.andreasmurkudis.com.

Fiona Bennett 6, Fiona Bennett fertigt Hüte und abgefahrenen Kopfschmuck, rund 80 Modelle vom Panama-Hut bis zum Wagenrad fürs nächste Pferderennen. Ab 150 € ist man dabei.

Bennetts Laden ist von betörender Ästhetik – anschauen! Mo–Sa 10–19 Uhr. Potsdamer Str. 81–83, Ⓤ Kurfürstenstraße, www.fionabennett.de.

Buchhandlungen

Prinz Eisenherz 14, der schwul-lesbische Buchladen besteht bereits seit 1978. Belletristik, Reiseliteratur, Bildbände, Comics und DVDs. Tägl. (außer So) 10–20 Uhr. Motzstr. 23, Ⓤ Nollendorfplatz, www.prinz-eisenherz.com.

Chatwins 21, der Tipp für Globetrotter – hier dreht sich alles ums Reisen. Super Auswahl an Reisehandbüchern und Reiseliteratur jeder Art. Mo–Fr 10–19 Uhr, Sa bis 16 Uhr. Goltzstr. 40, Ⓤ Eisenacher Straße, www.chatwins.de.

CDs und Schallplatten

Dodo Beach 29, cooler Vinyl-only-Laden. Lustig: der Heavy-Metal-Keller, zu dem ein mit Pornobildchen beklebter Treppengang führt. Mo–Fr 10–20 Uhr, Sa ab 11 Uhr. Vorbergstr. 8, Ⓤ Eisenacher Straße, www.dodobeach.de.

Mr Dead & Mrs Free 8, eine Institution seit 1983. Pop, Folk, Indie und Country, CDs und Vinyl. Mo–Fr 12–19 Uhr, Sa 11–16 Uhr. Bülowstr. 5, Ⓤ Nollendorfplatz.

Süßes

Winterfeldt Schokoladen 17, → Cafés.

Kostüme/Scherzartikel

Deko Behrendt 33, Karnevals- und Mottopartyfans finden hier Perücken, falsche Bärte, Verkleidungen jeglicher Art und Fußballnasen für die nächste WM. Fachkundige Beratung: „Als Affe sehen Sie besser aus!" Mo–Fr 10–19 Uhr, Sa 10–16 Uhr. Hauptstr. 18, Ⓤ Kleistpark, www.dekobehrendt-berlin.de.

Wochenmärkte

Märkte am Winterfeldtplatz, samstags (8–16 Uhr) zieht es halb Schöneberg zum Schwätzchen hierher. Sehr bunt (Obst und Gemüse, Käse, orientalische Leckereien, frisch gepresste Säfte, selbst gestrickte Socken u. v. m an rund 250 Ständen), gilt nicht umsonst als schönster Wochenmarkt der Stadt. Kleinausgabe am Mi (8–14 Uhr). Ⓤ Nollendorfplatz.

Türkenmarkt Crellestraße, Mi u. Sa 10–15 Uhr. Sehr authentisch, viel Geschrei („Heute billig, morgen teuer"). Neben Obst und Gemüse auch Gewürze, Eingelegtes u. v. m. Ⓤ Kleistpark (Ausgang Langenscheidtstraße, dann den Kopftüchern hinterher).

Schöneberg → Karte S. 178/179

Hut-Designerin Fiona Bennett in ihrem wunderschönen Laden

Undercut und Jutebeutel

Tour 13

Kreativ- und Problemkiez, Multikultihochburg und Biedermannhausen – Neukölln hat ganz unterschiedliche Gesichter. Spannend ist der Norden des Bezirks rund um den Reuterkiez, dem momentan dynamischsten Eck der Stadt.

Weser- und Weichselstraße, seien Sie Zaungast beim Tanz der bärtigen Spargeltarzane, S. 262

Ehemalige Kindl-Brauerei, Zentrum für zeitgenössische Kunst – wenn's denn mal endgültig offen hat, S. 183

Hip und räudig in einem

Neukölln

„Neukölln rockt!" titelte schon das Stadtmagazin *Zitty*. Damit wussten es auch die Letzten: Das junge und wilde Berlin ist nun hier zu suchen. Was mit ein paar rockenden Bars nördlich des Hermannplatzes begann, entwickelte sich zu einem neuen Spot der Kneipen- und Gastroszene abseits des Establishments. Es vergeht kein Monat, in dem nicht neue Bars aufmachen mit Lampen und Sofas vom Trödler, mit Natur-Wein und Handwerksbier. Dazu entstehen witzige Galerien, verrückte Projekträume und mit dem → **Kindl – Zentrum für zeitgenössische Kunst** eine neue Spielwiese für die Großen unter den Kreativen. Selbst einen eigenen Namen hat man für den an Kreuzberg grenzenden Szenekiez geschaffen: Kreuzkölln. Bald aber wird der Name nicht mehr passen, denn Jahr für Jahr, Straße für Straße dehnt sich der Szenekiez gen Osten und Süden aus.

Dass der Norden Neuköllns noch immer zu den Problemvierteln der Stadt gehört, darf bei all der Euphorie nicht vergessen werden. Mit dem großen industriellen Absturz nach der Wende schwand die Arbeitswelt der hier lebenden Migranten – rund 160 Nationen sind versammelt.

Neukölln hat mancherorts eine Arbeitslosenquote von über 20 % und kämpft mit den Stigmata der Kriminalität, der gescheiterten Integration und Gettoisierung. Die Neuköllner Hauptarterien, ob Sonnenallee oder Karl-Marx-Straße, spiegeln auch wahrlich alles andere als Prosperität wider: Arabische Wohnzimmerausstatter gibt es dort, Wettbüros, Sexshops, Videotheken, Matratzendiscounter und Ein-Euro-Shops.

Schon immer war Neukölln, das ehemalige Rixdorf, ein Viertel der einfachen Leute, eine „Arbeiterschlafstube" mit vielen zwielichtigen Tanzlokalen, die stets für einen Skandal gut waren.

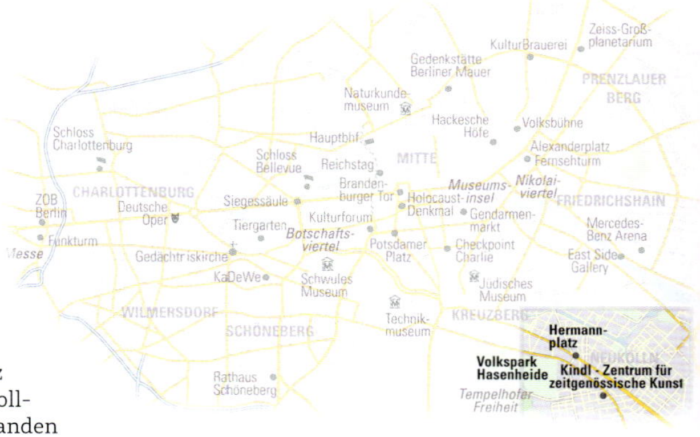

Um sich vom schlechten Ruf zu befreien, änderte man 1912 einfach den Namen: Aus Rixdorf wurde Neukölln. Dass Rixdorf tatsächlich einmal ein Dorf war, lässt sich am beschaulichen Richardplatz noch bestens nachvollziehen. Nahebei fanden einst übrigens protestantische böhmische Glaubensflüchtlinge im 18. Jh. eine neue Heimat – das Eck wurde „Böhmisch-Rixdorf" genannt. Auch die Rixdorfer Höhe, ein Trümmerberg im nahen → **Volkspark Hasenheide**, erinnert an den alten Namen.

Südlich des S-Bahn-Rings liegen die Neuköllner Stadtteile Britz, Buckow und Rudow. Hier präsentiert sich Neukölln so ganz anders: Reihenhäuser mit Gartenzwergen hinter gestutzten Hecken, Wohnblocks aus den Wirtschaftswunderjahren und dazwischen der → **Britzer Garten**, der schon unter die zehn schönsten Parks Deutschlands gewählt wurde.

Sehenswertes

Kunst in der alten Brauerei

Kindl – Zentrum für zeitgenössische Kunst

In dem kolossalen Backsteinbau auf dem Kindl-Areal (der Braubetrieb wurde 2005 eingestellt) wurde im Herbst 2016 ein neuer spektakulärer Kunstraum eröffnet. Verantwortlich zeichnet das Züricher Sammlerehepaar Burkhard Varnholt und Salome Grisard. Im coolen Industrialambiente werden wechselnde Ausstellungen von internationalem Rang präsentiert.

Am Sudhaus 2, Ⓤ Rathaus Neukölln o. Boddinstraße. Mi–So 12–18 Uhr. 5 €, erm. 3 €. www.kindl-berlin.de.

Etwas schmuddelig, aber schön

Volkspark Hasenheide

Im 50 ha großen, baumbestandenen Park treibt sich ein kunterbuntes Völkchen herum: Gassigeher (Hundewiese), Familien (Spielplätze, Tiergehege), Filmfans (tolles Freiluftkino), Budget-Trinker (günstiger Biergarten im 50er-Jahre-Stil), Musiker (die beim Üben zu Hause Stress mit den Nachbarn bekämen), Sonnenanbeter (auch FKK) und viele harmlose Kleindealer („Scht, scht, psst ...").

Zugang u. a. von der Straße Hasenheide, Ⓤ Südstern o. Hermannplatz.

Wie geleckt und eintrittspflichtig

Britzer Garten

Das Gegenprogramm zur Hasenheide – ohne Hundekacke und Radfahrer, dafür auch gebührenpflichtig. Der 90 ha große, überaus gepflegte Park entstand für die Bundesgartenschau 1985. Es gibt Aussichtshügel, Biotope, je nach Jahreszeit unterschiedlich bepflanzte Blumenbeete, eine Seenlandschaft, Cafés und herrliche Wiesen mit bereitgestellten Liegestühlen.

Sangerhauser Weg 1, von Ⓢ+Ⓤ Hermannstraße mit Bus M 44 bis Haltestelle Britzer Garten. Tägl. ab 9 Uhr bis Sonnenuntergang. Eintritt je nach Jahreszeit variabel (2–3 €). www.gruen-berlin.de.

Praktische Infos

Essen & Trinken

Restaurants

eins44 **14**, Fine-Dining auf 2 Ebenen in einer ehemaligen Destillerie: historische Kacheln unter Kappendecken, schwere Industriemöbel, alte Werkstattlampen. Terrasse. Die deutsch-französischen Kompositionen tragen minimalistische Namen wie „Ibericoschwein Blumenkohl Papaya Mangold" oder „Heilbutt Möhre Haselnuss Lavendel" – seien Sie gespannt auf das, was aufgetischt wird. 3 Gänge 43 €, 4 Gänge 53 €, Flasche Wein ab 28 €. Preiswerte Mittagsgerichte. Lunch Di–Fr 12.30–14.30 Uhr, Dinner Di–Sa 19–24 Uhr. Elbestr. 28/29 (versteckt im 3. Hinterhof), Ⓤ Rathaus Neukölln, ✆ 62981212, www.eins44.com.

meinTipp **Beuster Bar** **13**, war 2016 unser Lieblingslokal in Neukölln. Hier passt einfach alles für einen fröhlich-legeren Abend bei perfektem Essen. Beeindruckende Location mit dunkelgrünen Wandfliesen und wunderschöner Schanktheke. Neudeutsch-französische Bistroküche zum Reinlegen, für das Gebotene (Hg. 15,50–24 €) fair kalkuliert, glücklich machende Portionsgrößen. Da das Lokal auch eine Bar ist, wo man nur auf ein Fassbier oder ein Weinchen an der Theke vorbeischaut, ist es nicht der ruhigste Ort. Reservieren! Tägl. ab 18 Uhr. Weserstr. 32, Ⓤ Hermannplatz, ✆ 41959780, www.beusterbar.com.

Tabibito **18**, zwischen Perückenladen und Modediscounter versteckt sich dieser super Japaner – einer, der ganz ohne stylishes Ambiente, sondern eher simpel-urig und ziemlich kitschig daherkommt. Nur wenige Tische, daher besser reservieren. Nicht billig. Empfehlung: *Sushi Bento*, eine schöne gemischte Platte mit Miso-Suppe vorab (26 €). Tägl. 12–23 Uhr. Karl-Marx-Str. 56, Ⓤ Rathaus Neukölln, ✆ 6241345.

Caligari **23**, italienische Küche zu bezahlbaren Preisen im angesagten Schillerkiez. Im kargen Shabby-Chic-Ambiente des Bistros gibt es ein tägl. wechselndes kleines Angebot an extrem leckeren Pastagerichten (z. B. Oliven-Fettuccine mit Doradenfilet oder Pappardelle mit Salsiccia und Auberginen). Auch die Vorspeisen

Vernissage in der alten Kindl-Brauerei

und die Weine können sich sehen lassen. Hg 8–15,50 €. Tägl. 18–23 Uhr. Kienitzer Str. 110 Ⓤ Leinestraße, ✆ 52649841.

Chicha Berlin **2**, sehr angesagter und v. a. sehr lauter Laden – zum Unterhalten geht man besser woanders hin. Peru in Neukölln! Hierher kommt man zum *Ceviche*-Essen. Neben dem feinen Rohfisch-Gericht (Portion 8,50–10,50 €, man braucht mehr!), das es in verschiedenen Varianten gibt, bietet die kleine Karte *Anticucho corazon* (Rinderherzenspieße). *Yuquitas* (Maniokbällchen) oder *Chicharron de Cerdo* (frittierten Schweinebauch). Dazu natürlich: *Pisco Sour*! Mi–So 18–24 Uhr. Friedelstr. 34, Ⓤ Schönleinstraße, ✆ 62731010, www.chicha-berlin.de.

Gastón **11**, der kleine spanische Hipsterladen serviert in völlig entspanntem Ambiente (in der Deko irgendwo zwischen Weinbar und alternativer Männer-WG) Tapas, Andechser Bier und ordentlichen Wein. Coole spanische Musik zwischen Klaviergeplänkel und Ska. Und das Schönste: Wer hier einen fröhlichen Abend lang Oktopus mit Kartoffeln, frittierte Sardinen, *Pimentos* und Hackfleischbällchen futtert, wird nicht gleich arm. Reservieren! Tägl. 15–1 Uhr. Weichselstr. 18, Ⓤ Rathaus Neukölln, ✆ 0162/8199853.

Feiern auf dem Parkdeck: Open-Air-Bar Klunkerkranich

Blaue Tische 8, in dem kleinen, gemütlichen Lokal kommt griechische Küche auf den blauen Tisch – keine fetttriefenden Fleischmonster, sondern leichte, frische, größtenteils vegetarische Gerichte. Gute Vorspeisenauswahl, noch besser aber sind die Hauptspeisen wie *Halloumi*-Käse auf Blattsalat, *Pastizio* mit Biofleisch oder Shrimps mit Spinatsalat. Freundlich und günstig. Hg. 6,50–11 €. Tägl. (außer Di) ab 18 Uhr. Friedelstr. 56, Ⓤ Hermannplatz, ✆ 23472592, www.blaue-tische.de.

Schnelle Küche

Hamy 9, vietnamesisches Lokal, klein und schnell voll. Überschaubare Karte (hauptsächlich Suppen), dazu ein paar Tagesgerichte. Das Essen wird in der offenen Küche zubereitet, ist superfrisch und sehr aromatisch. Hg. um die 5 €. Tägl. 12–24 Uhr. Hasenheide 10, Ⓤ Hermannplatz, ✆ 61625959, www.hamycafe.com.

Berlin Burger International 10, in diesem punkig-bunten *Hole in the Wall* werden die mit Abstand besten Burger (7–8 €) südlich des Landwehrkanals verkauft – dafür steht man gerne auch mal Schlange. Hochwertige Salat-Toppings, super Fleisch, klasse Soßen, die das Essen allerdings auch zur kleinen Sauerei werden lassen, zumal es kaum Sitzmöglichkeiten gibt. Im Sommer stellt man draußen immerhin ein paar Bierbänke auf. Mo–Sa 12–24 Uhr, So bis 22 Uhr. Pannierstr. 5, Ⓤ Hermannplatz, ✆ 0160/4826505, www.berlinburgerinternational.de.

Hummus in der Sonnenallee: Die einfachen arabischen Imbisslokale in der Sonnenallee sind bekannt für ihre authentische, preisgünstige Küche. Hervorragend schmecken Hummus, *Foul* oder *Tabouleh* z. B. bei **Azzam 16** in der Sonnenallee 54.

Ban Ban Kitchen 26, noch mal Burger, aber ganz anders. In diesem Hipsterimbiss in eher unschöner Lage kommt eine koreanische Fusion-Variante auf den Teller bzw. ins Körbchen. Mit scharfem Kimchi und Sojasoße, wechselweise mit Hühnchen, supersaftigem Rindfleisch oder vegan/vegetarisch. Auch zu empfehlen: die Nori-Tacos aus Seealgen – hmm! Mo/Di/Do/Fr 17–22 Uhr, Sa/So ab 13 Uhr. Hermannstr. 205, Ⓤ Boddinstraße.

Cafés

Café Rix 27, prächtiger Saal, in den es nicht nur die Besucher des Theaters „Heimathafen Neukölln" zieht. Buntes Publikum. Gutes Frühstück (So Brunch), ansprechende Tageskarte und Neuköllner Rollberg-Bier. Tische im Hof unter der Kastanie. Tägl. 10–24 Uhr. Karl-Marx-Str. 141, Ⓤ Karl-Marx-Straße, ✆ 6869020, www.caferix.de.

Roamers Coffee & Booze 12, wohnzimmergroßes, komplett selbst gebasteltes und üppig grünes California-Style-Café mit nur 5 Tischen – immer belegt, wen wundert's? Die Sandwichs, Kuchen, French Toasts und Eiergerichte (*Hue-*

vos Rancheros – hmm!) sind schlicht die Wucht. Reservierungen sind nicht möglich. Tägl. (außer So) 10–19 Uhr. Pannierstr. 64, Ⓤ Hermannplatz, www.roamersberlin.tumblr.com.

Toll brunchen kann man Sa/So auch in der Bar **Geist im Glas** **6** (→ Nachtleben, S. 261), die sonst nur abends geöffnet hat.

Prachtwerk **21**, Kaffeehaus in einem kargen, mit Vintagemöbeln bestückten Saal. Kunst an den Wänden, ein Klavier steht an der Wand, Bühne für regelmäßige kulturelle Veranstaltungen. Das Besondere: Nur fair gehandelter Kaffee findet Verwendung, alle Zutaten auf den Frühstückstellern und im Kuchen sind bio, und alle Reingewinne fließen in soziale Projekte. Ein Ort für Gutmenschen. Tägl. ab 10 Uhr. Ganghoferstr. 2, Ⓤ Karl-Marx-Straße o. Rathaus Neukölln, ✆ 0176/61474750, www.prachtwerkberlin.com.

Draußen

Klunkerkranich **19**, *die* Sommeradresse Neuköllns. Das Parkdeck 6 der Neukölln Arcaden dient als begrünter Dachgarten mit spektakulärer Rundumsicht – unbedingt zum Sonnenuntergang kommen. DJs und Konzerte, beim Trinken schaut der Klunkerkranich zu. Kuscheliger Innenbereich für die kalten Monate. Im Sommer bei gutem Wetter (oft Warteschlangen!) Mo–Sa 10–1.30 Uhr, So ab 12 Uhr, im Winter deutlich verkürzt. Karl-Marx-Str. 66 (Aufzug bis Parkdeck 5 nehmen, dann laufen), Ⓤ Rathaus Neukölln, www.klunkerkranich.org.

Shopping

Accessoires

Rita in Palma **29**, das Projekt der Modedesignerin Ann-Kathrin Carstensen verbindet integrative Arbeit mit High Fashion. Türkische Frauen häkeln für sie kostbare, filigrane Spitzenkragen und Halstücher. Ein Kragen kann schon mal 120 € kosten – bei einer Arbeitszeit von 10 Std. sogar billig. Mo–Fr 10–17 Uhr. Kienitzerstr. 101, Ⓤ Leinestraße, www.rita-in-palma.com.

Schallplatten

OYE Kreuzkoelln **7**, Vinyl, Vinyl, Vinyl, alles richtet sich an Fans der elektronischen Musik. Manchmal legen DJs auf. Mo–Fr 13–20 Uhr, Sa ab 14 Uhr. Friedelstr. 49, Ⓤ Hermannplatz.

Wohnen

Upcycling **3**, in seiner Ladenwerkstatt verwandelt François Rossier alte, vielleicht nutzlos gewordene Dinge in schöne neue Möbelstücke. Sehr spannend, aber auch nicht für einen Appel und ein Ei zu haben. Mo–Fr 10–15 Uhr. Hobrechtstr. 54, Ⓤ Schönleinstraße, www.upcycling.mobi.

Märkte

Nowkoelln Flowmarkt, von Ende März bis Ende Nov. jeden 2. So am Maybachufer (Höhe Reuterstr., 10–18 Uhr, Termine auf www.nowkoelln.de). Viele Amateure, viele Schnäppchen, viel Schrott, aber angenehme Atmosphäre. Hipsterpublikum. Ⓤ Schönleinstraße.

Wochenmarkt am Maybachufer, etwas weiter westlich am Maybachufer zur Kottbusser Brücke hin. Berlins bekanntester Türkenmarkt, Di u. Fr 11–18.30 Uhr. Obst, Gemüse, Fisch und Geflügel, dazwischen der eine oder andere Stand für Touristen und die junge Neuköllner Szene: Biogemüse und Modeschnickschnack. An gleicher Stelle findet Sa von 11–17 Uhr ein **Stoff- und Designermarkt** statt (www.neukoellner-stoff.de). Ⓤ Schönleinstraße.

Seen, Strände, Parks ...

Jwd

Jwd, sprich „jottweedee", meint „janz weit draußen" – spannende Ziele rund um die zentralen Stadtteile.

Treptower Park, S. 188
Köpenick, S. 191
Friedrichshagen und Müggelsee, S. 195
Stasimuseum Lichtenberg, S. 198
Gedenkstätte Hohenschönhausen, S. 199
Gärten der Welt Marzahn, S. 200
Spandau, S. 201
Dahlem, S. 204
Grunewald, S. 207
Wannsee, S. 210

... und hochkarätige Museen

Raus aus der City

„Die Umgebung von Berlin ist ein Sandmeer. Man muss den Teufel im Leib gehabt haben, als man hierher eine Stadt baute" (Stendhal). Und man muss den Teufel im Leib haben, will man auch nur ansatzweise innerhalb eines Jahres alles erkunden, was es an Spannendem rund um Berlin zu sehen gibt. Dieses Kapitel könnte lässig hundert Seiten mehr haben. Denn außer Sand gibt es Schlösser, Seen und Wälder, Gärten und Parklandschaften, Altstädte, Museen und Industriedenkmäler, Wohnsiedlungen, die UNESCO-Welterbe sind, und Plattenbausiedlungen, die es hoffentlich niemals werden. Und vieles, vieles mehr. Im Folgenden eine kleine Auswahl an Zielen, die Kultur- und Naturliebhaber genauso ansprechen wie Architektur- und Geschichtsinteressierte. Alle beschriebenen Ziele sind schnell und unkompliziert vom Zentrum aus zu erreichen.

Treptower Park

Der Park im Südosten Berlins, direkt am S-Bahnring und an der Spree gelegen, ist eine beliebte Sommerlocation: Hier wird jongliert, gejoggt, geschmust, gegrillt oder auch nur ganz faul auf der Wiese gelegen. Nahe der gleichnamigen S-Bahnstation liegt der Treptower Hafen, von wo Ausflugsschiffe nach Köpenick und zum Müggelsee starten. Spaziert man vom Hafen am Ufer entlang, gelangt man zum idyllischen Biergarten Zenner. Von diesem blickt man auf die **Insel Berlin**. Zu DDR-Zeiten nannte man sie „Insel der Jugend" und nochmals früher „Abteiinsel", da darauf ein romantisches Restaurant im Stil einer Klosterruine (1914 abgebrannt) stand. Der Name der Brücke dorthin, übrigens Deutschlands erste Stahlbetonbrücke (1916), erinnert noch daran. Die Abteibrücke besitzt zwei

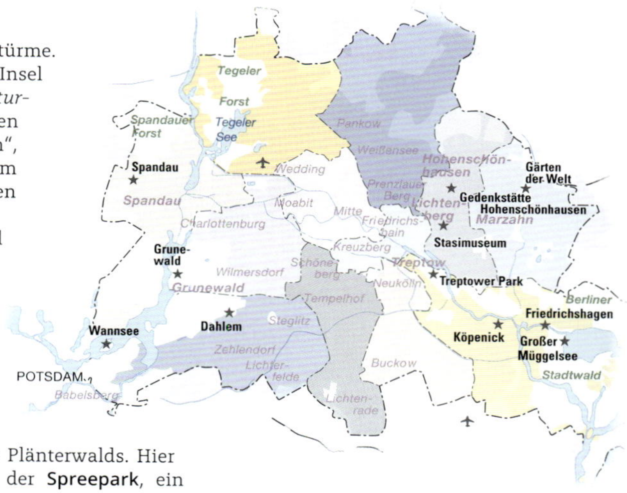

hübsche Brückentürme. In jenem auf der Insel betreibt *kultur-ALARM e. V.* den Club „Insel Berlin", ebenfalls mit einem netten Biergarten (Veranstaltungen unter www.inselberlin.de).

Spaziert man weiter an der Spree entlang, stößt man nach wenigen Schritten auf ein umzäuntes Areal inmitten des Plänterwalds. Hier befand sich einst der **Spreepark**, ein riesiges Vergnügungsareal mit Riesenrad, Achter- und Wildwasserbahn, Karussells, mit Hunderevuen und Stuntshows, Los- und Imbissbuden und vielem, vielem mehr – heute holt sich die Natur das Areal zurück. Nach der Wende wurden Millionen investiert, der größte Freizeitpark Deutschlands sollte hier entstehen. Mangels Parkplätzen kamen aber zu wenige Besucher, 2001 musste Insolvenz angemeldet werden. Der Geschäftsführer versuchte daraufhin sein Glück in Peru, 2004 kam er zurück, mit 167 kg Kokain in einem Karussell versteckt (die Vorlage für den Film *Achterbahn* von 2009). 2016 übernahm die landeseigene *Grün Berlin GmbH* das Areal und will es als Natur-, Kultur- und Erholungspark wieder mit Leben füllen. Über Events auf dem Gelände informieren www.gruen-berlin.de und www.kulturspreepark.de.

Südwestlich der Puschkinallee liegen die **Archenhold-Sternwarte** mit dem längsten beweglichen Linsenfernrohr der Welt (21 m) und das **Ehrenmal für die gefallenen Soldaten der Roten Armee** mit der Monumentalstatue des *Großen Soldaten*, der mit Kind im Arm und Schwert in der Hand auf einem zerborstenen Hakenkreuz steht. Im Kampf um Berlin ließen allein in den letzten zwei Kriegswochen 22.000 sowjetische Soldaten ihr Leben. 7000 Rotarmisten wurden hier beigesetzt.

Praktische Infos

→ Karte S. 190

Anfahrt/Ausflugsschiffe

Der Treptower Hafen liegt direkt an der Haltestelle Ⓢ Treptower Park. Näher an den Biergärten, an der Sternwarte und dem Spreepark liegt die Haltestelle Ⓢ Plänterwald.

Ausflugsschiffe fahren vom Treptower Park (Abfahrt 10, 11, 13.30 u. 15 Uhr von Mai bis Anfang Okt., lassen Sie sich die Abfahrtszeiten bestätigen!) über Köpenick zum Müggelsee. Dauer bis Friedrichshagen ca. 1:30–2 Std., zurück fahren von dort die Schiffe um 11.50, 13.05, 15.20 u. 16.50 Uhr, einfach 11 €, retour 15,50 €. Von Köpenick zum Müggelsee (Abfahrt 11, 12, 14.30 u. 16 Uhr) und zurück 11 €. Infos unter ✆ 5363600, www.sternundkreis.de.

Öffnungszeiten

Ehrenmal für die gefallenen Soldaten der Roten Armee, frei zugänglich.

Archenhold-Sternwarte, Mi–So 14–16.30 Uhr. Besichtigung frei, Führungen (Do 20 Uhr, Sa/So 15 Uhr) 6 €, erm. 3 €. Vorträge, Nacht-

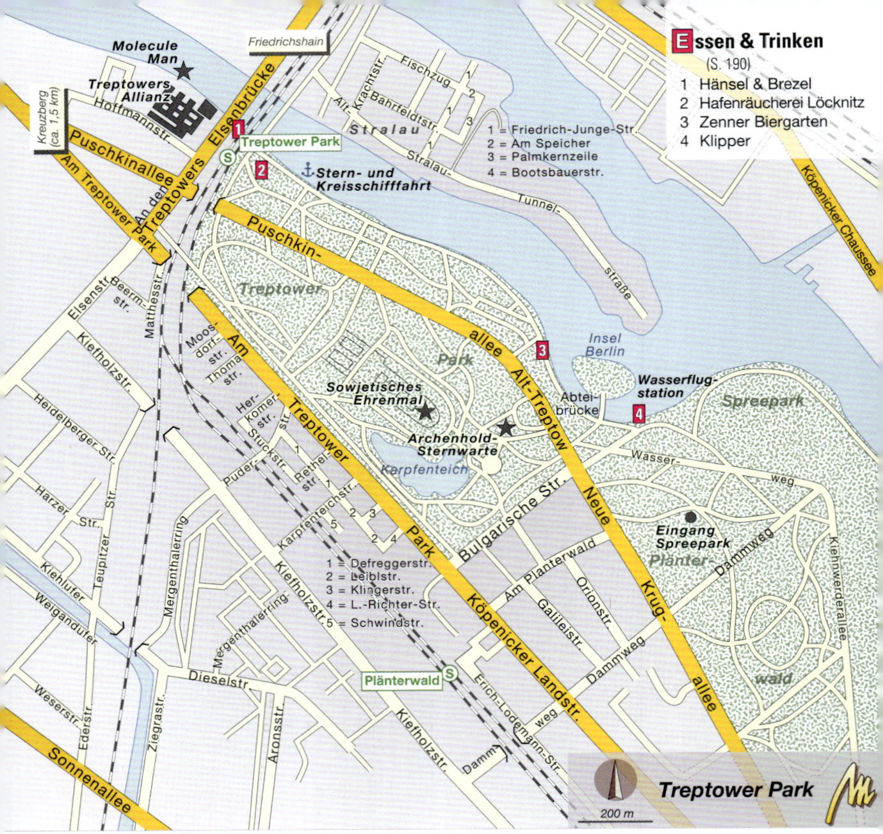

termine zum Sternegucken usw. unter www.sdtb.de.

Bootsverleih

Mehrere Anbieter, z. B. **Floß & los** beim Restaurantschiff Klipper (Preise → Friedrichshagen und Müggelsee, S. 197) oder **Rent a Boat Berlin** (www.rent-a-boat-berlin.com) bei der Abteibrücke. Ruderboot 9 €/Std., Tretboot 12 €/Std.

Essen & Trinken

Klipper 4, das Restaurant in dem über 100 Jahre alten Zweimaster serviert Köstlichkeiten aus der eigenen Räucherei, dazu einen internationalen kulinarischen Mix, Frühstück und hausgebackene Kuchen. Schöne Terrasse. Hg. ab 13 €. Tägl. 10–1 Uhr. Bulgarische Straße, ✆ 53216490, www.klipper-berlin.de.

Zenner Biergarten 3, in Bayern kann's auch nicht schöner sein. 1500 Plätze am Wasser. Im Zenner Restaurant daneben So Brunch (14,90 €). Biergarten bei schönem Wetter tägl. ab 12 Uhr, Restaurant Mo Ruhetag. Alt-Treptow 14–17, ✆ 5337370, www.hauszenner.de.

meinTipp **Hafenräucherei Löcknitz 2**, leckere Fischbrötchen! Der Imbiss mit 2 Räucheröfen liegt direkt am Treptower Hafen (Richtung Brücke). April–Okt. tägl. 10–18 Uhr. ✆ 53697839, www.fischerei-loecknitz.de.

Hänsel & Brezel 1, coole Mischung aus Biergarten und Sommer-Spreeclub, mit Mehrpersonen-Hängematte direkt überm Fluss, Strandkörben, Sitzlandschaft und guter Mucke zur Geräuschkulisse der Elsenbrücke. Zu frisch gezapftem Pilsner Urquell gibt's Obatzd'n, Brezeln und Weißwürste. Di–Sa ab 14 Uhr Biergartenbetrieb (wochentags ruhig und angenehm), So wird ab 12 Uhr ausgiebig geravet und montags geschlafen. An den Treptowers 10, ✆ 0157/82038466, www.else.tv.

Köpenick

Ein prächtiges Barockschloss, eine Altstadt mit schmuckem Rathaus und schöne Brunchadressen am Wasser machen Köpenick zu einem beliebten Ausflugsziel.

Vor allem an Sommerwochenenden steht die Altstadt Köpenicks hoch im Kurs, es locken Blues- und Jazz-Konzerte, dazu tolle Terrassen am Wasser zum Sonntagsbrunch. Unter der Woche ist dagegen wenig los, die Altstadt wirkt verschlafen, zumal sie nicht das Geschäftszentrum Köpenicks ist.

Die von Klinkerbauten durchsetzte Altstadt befindet sich auf einer Insel am Zusammenfluss der Spree und der Dahme. Sie liegt traumhaft, rundherum von Wasser umgeben, zu viel pittoresken Charme sollte man aber nicht erwarten. Der Verfall, nicht der Krieg, hat Baulücken gerissen. Rund um die **Laurentiuskirche** stehen noch ein paar Fachwerkhäuser, im südlichen **Fischerkietz** (Kietz und Gartenstraße) kann man noch ein paar alte einstöckige Dorfhäuser mit Zunftzeichen entdecken. Und an Köpenicks Rändern – von der Altstadt aus nicht zu sehen – Megaplattenbauten von mehreren Hundert Metern Länge.

Eine Dominante in der Altstadt ist das → **Rathaus**, vor dem man dem legendären Hauptmann von Köpenick ein Denkmal setzte. Ein paar Schritte südlich davon erstreckt sich der beschauliche Schlossplatz. Auf ihm ein gläserner Pavillon mit Braukessel: die **Schlossplatzbrauerei Köpenick**, die laut Eigenwerbung kleinste Brauerei Deutschlands. Unter anderem werden hier ein süffiges Helles, ein Dunkles, ein gewöhnungsbedürftiges Kirsch-Chili-Bier, ein Rauchbier und ein Babylonisches Bier gebraut. Für Letzteres, so die Wirtin, entschlüsselte das Vorderasiatische Museum Berlin die Rezeptur aus Keilschrifttexten vom Hofe des Königs Hammurapi aus dem 2. Jt. v. Chr. Das dem Platz seinen Namen gebende → **Schloss** selbst steht südlich davon auf der Schlossinsel.

Mit dem Ausflugsschiff durch Köpenick

Köpenick → Karte S. 193

Sehenswertes

Wo der Hauptmann zur Legende wurde

Rathaus

Das Rathaus im Stil der märkischen Backsteingotik wurde 1905 erbaut, 15 Jahre später wurde das ältere Köpenick dem jüngeren Berlin eingemeindet. Eng in Verbindung gebracht wird das Rathaus mit dem sog. *Hauptmann von Köpenick*, der allerdings gar kein Hauptmann war: Am 16. Oktober 1906 stieg Wilhelm Voigt, Schuster und Zuchthäusler, der schon 27 Jahre Tegel auf dem Buckel hatte, in die Uniform eines Hauptmanns, ließ den Bürgermeister verhaften und konfiszierte die Stadtkasse. Über den Streich lachte die ganze Welt, die Geschichte wurde mehrfach verfilmt und machte Voigt berühmt. Nachdem er seine Haftstrafe abgebüßt hatte, bekam er Engagements in Varietés, selbst in Übersee. Im Rathaus erinnert eine kleine Ausstellung an Voigt. Und im Sommer, stets mittwochs und samstags um 11 Uhr, marschiert der Hauptmann mit seiner Garde in historischen Kostümen im Rathausinnenhof auf.

Alt-Köpenick 21, www.tkt-berlin.de.

Heimat des Kunstgewerbemuseums

Schloss

Der Barockbau für den Kurprinzen Friedrich aus der zweiten Hälfte des 17. Jh. war als dreiflügelige Anlage geplant, wurde jedoch nie vollendet. In den Sälen mit ihren prächtigen Stuckdecken präsentiert heute das *Kunstgewerbemuseum* Werke der Raumkunst aus Renaissance, Barock und Rokoko – sehenswert. An Exponaten gibt es u. a. großformatige Tapisserien, edle Ledertapeten, ein Kabinett mit barocken Kunstkammerschränken, kostbare Tafelaufsätze, Porzellan, Fayencen und Silber. Gegenüber dem Schloss befinden sich die hübsche *Schlosskapelle*

Elegant: Schloss Köpenick

Essen & Trinken (S. 194)
1 Freiheit Fünfzehn
2 Lehmofen
5 Waschhaus Alt-Köpenick
6 Ratskeller Köpenick
7 Krokodil
Sonstiges (S. 194)
4 Aquaris (Bootsverleih)
Cafés (S. 194)
3 Milchkaffee
Köpenick
Stadion Alte Försterei
Thürnagelstr.
Parrisiusstr.
Borgmannstr.
Kiekebuschstr.
Weinbergstr.
Gelnitzstr.
Amtsgericht Köpenick
Mandrellaplatz
Seelenbinderstr.
Hämmerlingstr.
Langerhansstr.
Bahnhofstr.
Kinzerallee
Gedenkst.
Pucnanstr.
Annenallee
Cardinalstr.
Oettingstr.
Joachimstr.
Friedrichshain
Lindenstr.
Bellevuepark
Friedrichshagener Str.
Friedrichshagen (3 km)/Müggelsee
Am Generalshof
Platz des 23. April
Spreestr.
Alte Spree
Spree
Baumgarteninsel
Am Krusenick
Mentzelpark
Bootsverleih
Katzengrabensteg
Freiheit
Katzengraben
Altstadt Köpenick
Laurentiuskirche
Kirchstr.
Lüdersstr.
Schiffsanlegestelle
Flemmingstr.
Gutenbergstr.
Alt-Köpenick
Rosenstr.
Jägerstr.
Alter Markt
Heimatmuseum
Nixenweg
Neptunsweg
Frischkanal
Rathaus
Grünstr.
Kietzer Str.
Schlossplatz
Schlossplatzbrauerei Köpenick
Oberspreestr.
Amtsstr.
Landjägerstr.
Müggelheimer Str.
Wendenschlossstr.
Am Schloßberg
Schloss
Kunstgewerbe-Museum
Schlosskapelle
Schlossinsel
Frauentog
Grünauer Str.
Kietz
Gartenstr.
Spitzerstr.
Karlstr.
Fischerkietz
Luisenstr.
Pohlestr.
Dorotheenstr.
Ausflugslokal Rübezahl (4 km)/Müggelsee
Glienicker Str.
Dahme
Mahlower Str.
Freibad
85 m

und das *Schlosscafé* mit einer herrlichen Terrasse am Wasser (sonntags Brunch, www.schlosscafe-koepenick.de).

Schlossinsel 1. April–Sept. tägl. (außer Mo) 11–18 Uhr, sonst nur Do–So 11–17 Uhr. 6 €, erm. 3 €. www.smb.museum.

Praktische Infos

→ Karte S. 193

Anfahrt/Ausflugsschiffe

Mit der **S-Bahn** bis Köpenick (Ticket AB ausreichend). Von dort in die Altstadt entweder zu Fuß (Ausgang Bahnhofsstraße nehmen, dann noch 1,5 km, ausgeschildert) oder per Straßenbahn (Nr. 62 o. 68).

Für **Ausflugsschiffe** (Anlegestelle vorm Rathaus) zum Müggelsee oder zum Treptower Hafen → Treptower Park, S. 190. Infos auch bei der Tourist Information vor Ort.

Tipp: Kombinieren Sie Ihren Köpenickbesuch mit der An- oder Abreise per Schiff oder einer Boots- oder Fahrradtour zum Müggelsee.

Information

Tourist Information, Am Schlossplatz, Alt-Köpenick 31–33, ✆ 6557550, www.tkt-berlin.de. Mo–Fr 9–18.30 Uhr, Sa im Sommer bis 16 Uhr, im Winter bis 13 Uhr.

Baden

→ Essen und Trinken/Krokodil.

Bootsverleih

Mehrere Anbieter, u. a. **Aquaris** **4** beim Waschhaus (Katzengraben 19, ✆ 67818084, www.aquaris.info). Im Angebot Tret-, Ruder- und Motorboote (führerscheinfrei), dazu Kajaks. Ohne Motor ab 5 €/Std., mit Motor ab 13 €/Std.

Vorm Rathaus Köpenick ...

Essen & Trinken

Ratskeller Köpenick **6**, rustikaler Gewölbekeller im Rathaus. Auf der Karte Deftiges wie Eisbein und Brandenburger Landente (Hg. 9–16 €, nur die Steaks sind teurer). Angeschlossen ein Jazzkeller (Veranstaltungsprogramm unter www.ratskeller-koepenick.de). Mo–Sa 11–24 Uhr, So bis 22 Uhr. Alt-Köpenick 21, ✆ 6555178.

Lehmofen **2**, aus dem Ofen kommen keine italienischen Pizzen, sondern gute anatolische Spezialitäten. Leckere Vorspeisen. Tolle Terrasse, sonntags Brunch. Hg. 11–18,50 €. Tägl. 12–24 Uhr. Freiheit 12, ✆ 6557044, www.lehmofen-berlin.de.

Waschhaus Alt-Köpenick **5**, 648 km von München entfernt, gibt's hier bayerische Klassiker wie Schweinshax'n und gute Brotzeiten. Hg. 10–22 €. Ebenfalls nette Terrasse am Wasser, ebenfalls sonntags Brunch. Di–Fr 12–24 Uhr, Sa/So ab 11 Uhr, im Winter nur Fr 17–24 Uhr und Sa/So 11–24 Uhr. Am Katzengraben 19, ✆ 65498319, www.waschhausaltkoepenick.de.

Milchkaffee **3**, sympathisches Café, in dem fast alles bio ist – vom fantastischen Kuchen über die leckeren Mittagsgerichte bis zum Wein. Auch gutes Frühstück. Di–Sa 9–18 Uhr, So ab 10 Uhr. Kirchstr. 5, www.milchkaffee-köpenick.de.

Freiheit Fünfzehn **1**, gemütliche Location am Wasser, bestehend aus einem netten Biergarten, der Duke Bar (teure, aber leckere Cocktails), dem Eventschiff Ars Vivendi und einem Veranstaltungssaal. Freiheit 15, ✆ 65887812, www.freiheit15.com.

Krokodil **7**, die tolle Terrasse direkt am Wasser ist noch eine weitere Sonntagsbrunchadresse. Internationale Küche, Hg. 8–15 €. Daneben das Flussbad Gartenstraße. Mo–Sa 16–24 Uhr, So 11–23 Uhr. Gartenstr. 46–48, ✆ 65880094, www.der-coepenicker.de.

Im Strandbad Müggelsee

Friedrichshagen und Müggelsee

Der Müggelsee ist der größte Berliner See, und die alte Künstlerkolonie Friedrichshagen ein charmantes Städtchen an dessen Ufer. Doch die Idylle am Wasser ist durch Überflüge vom neuen Hauptstadtflughafen bedroht.

Reist man mit dem Ausflugsschiff an (S-Bahn geht schneller), gelangt man, vorbei an Köpenick, nach Friedrichshagen, einem gepflegten, wohlhabenden Städtchen, das genau an jener Stelle liegt, wo der Müggelsee in eine sich wieder windende Spree übergeht. Der Ort wurde Mitte des 18. Jh. für böhmische und schlesische Baumwollspinner gegründet, die hier die Seidenraupenzucht begründen sollten. Das klappte aber nicht so recht, und so verlegte man sich auf die Besenbinderei. Mit dem Anschluss an die Eisenbahn wandelte sich Friedrichshagen Mitte des 19. Jh. in eine Sommerfrische und in einen Villenvorort. Im ausgehenden 19. Jh. bildete sich hier ein Dichter- und Trinkerkreis, dem u. a. Bruno Wille, Gerhart Hauptmann, August Strindberg und Wilhelm Bölsche angehörten. Nach Wilhelm Bölsche ist heute auch die Hauptgeschäftsmeile des Ortes benannt, die vom S-Bahnhof zum **Müggelpark** führt, einer kleinen, schattigen Grünanlage, vor der die Ausflugsschiffe haltmachen. Die Straße säumen schmucke Stadt- und kleine Kolonistenhäuser. Am unteren Ende liegt die aufgegebene Brauerei *Berliner Bürgerbräu* (Braubetrieb 2011 nach Weißensee verlegt). Nahebei findet man nette Terrassenlokale mit Blick aufs Wasser. An Sommerwochenenden ist hier oft kein Platz mehr zu bekommen.

Folgt man dem Müggelseedamm gen Osten, vorbei am **Strandbad Friedrichshagen** (s. u.), erreicht man nach rund 1 km das Wasserwerk Friedrichshagen, ein weitläufiges Areal mit einem Ensemble roter Backsteinbauten im märkisch-neogotischen Stil. Als es 1893 in Betrieb genommen wurde, war es das größte und modernste Wasserwerk Europas. In einem liebevoll restaurierten Schöpfmaschinenhaus mit altem Originalmaschinenpark (Betrieb 1979 eingestellt) befindet sich mittlerweile das

Museum im Wasserwerk, das über die Geschichte der Wasserver- und -entsorgung Berlins informiert. Der Müggelsee liefert noch heute das Trinkwasser für ein Viertel aller Berliner. Nur – wie lange noch? Mit der Eröffnung des neuen Hauptstadtflughafens sollen bei Ostwind täglich bis zu 122 Maschinen in 600 m Höhe über den Müggelsee donnern – Abgase und abgelassenes Kerosin können die Wasserqualität langfristig gefährden.

Der **Müggelsee** selbst ist der größte aller Berliner Seen: 4,4 km lang und 2,6 km breit. Da er keine 8 m tief ist, gleicht er einer Badewanne, die sich im Sommer auf bis zu 28 °C erwärmt. Rund um den See gibt es diverse Einstiegsmöglichkeiten (→ Baden und Kasten „Radtour"). Auf der Südseite des Sees erheben sich die **Müggelberge**, die höchste natürliche Erhebung Berlins (115 m ü. d. M.). Damit man über die Baumwipfel gucken kann, gibt es einen Aussichtsturm, der einen Blick gen Süden auf Dahme und Langen See erlaubt.

Praktische Infos

Anfahrt/Ausflugsschiffe

Mit der **S-Bahn** bis Station Friedrichshagen, ein AB-Ticket ist ausreichend.

Für **Ausflugsschiffe** nach Köpenick und zum Treptower Park → Treptower Park, S. 189.

Müggelsee-Rundfahrten per Schiff werden von Friedrichshagen aus bis zu 7-mal tägl. angeboten. Dauer 1 Std., 7 €. Halt u. a. in Müggelhort und beim Ausflugslokal Rübezahl, eine Strecke 3–7 €. ✆ 5363600, www.sternundkreis.de.

Öffnungszeiten

Museum im Wasserwerk, April–Okt. Fr/Sa 10–18 Uhr, So 10–16 Uhr. 5 €, erm. 3,50 €. Müggelseedamm 307, www.berliner-unterwelten.de.

Müggelturm, tägl. ca. 10–16 Uhr. 2 €. www.mueggelturm.berlin.

Baden

Strandbad Friedrichshagen, rund 250 m östlich des Schiffsanlegers. Strandkörbe, Sand-

Friedrichshagener Ufer

strand und „Sup Surfing"-Center. Eintritt 5 €. Müggelseedamm 216. www.seebad-friedrichshagen.de.

Strandbad Müggelsee, bei Rahnsdorf, Tram 61 ab der S-Bahnstation Erkner hält davor. Weitläufiges Areal, ebenfalls mit Sandstrand, dazu FKK-Bereich und Beachvolleyballfelder. Freier Eintritt, Spende erwünscht. Fürstenwalder Damm 838.

Zudem findet man bei einer Radtour rund um den See viele kleine Badestellen (→ Kasten).

Bootsverleih

Floß & los, im Strandbad Friedrichshagen. Verleiht Flöße, auf denen man wie ein Trapper durch die umliegenden Gewässer ziehen kann (Fuchsschwanz, Grill und Bierkasten nicht vergessen!). Auf die hölzernen Flöße (führerscheinfrei) mit Sonnendeck und Kajütenaufbau passen je nach Größe des Floßes 5–15 Pers. Für 8 Pers. ab 100 €/Tag. ✆ 6455756, www.flossundlos.de.

Zudem können im Strandbad Tretboote (10 €/Std.), Ruderboote und Kanus (8 €/Std.) gemietet werden.

Radverleih

Fahrrad im Kietz (Bennos Fahrradverleih) 1, in Friedrichshagen. Ladengeschäft Bölschestr. 20, Verleihstation Müggelseedamm 188 (Eingang Scharnweberstraße). 12 €/Tag, E-Bike 25 €/Tag. Tägl. 9.30–19.30 Uhr. ✆ 71570851, www.fahrradimkietz.de.

Essen & Trinken Friedrichshagen

Domaines 4, charmantes, kleines französisches Caférestaurant nahe dem Fähranleger, jedoch etwas zurückversetzt im Müggelseepark. Netter Außenbereich. Überschaubare Karte mit Hirschfilet, Kalbsnierchen, Bouillabaisse, Lamm in diversen Variationen und anderen Köstlichkeiten. Hg. 12,50–19,50 €. Tägl. ab 12 Uhr. Josef-Nawrocki-Str. 22, ✆ 64091879, www.domaines-berlin.de.

Bräustübl 2, urgemütliche Altberliner Atmosphäre. Auf den Tisch kommt vornehmlich schwere Kost (Hg. 10–15 €), Mo Eisbeinessen, So Juni–Sept. Grillbrunch (16,95 € inkl. Bier u. Wein). Zuweilen Tanztees und -abende. Tägl. 11–24 Uhr. Müggelseedamm 164, ✆ 37446769, www.braeustuebl-mueggelsee.de.

Waimea 3, kleines verglastes Caférestaurant in einem Pavillon mit charmantem Biergarten direkt am Wasser. Immer gut für ein Getränk, es gibt auch eine überschaubare Karte mit leichter Küche zu 10–17 €. Neben dem Eingang zum Spreetunnel. Josef-Nawrocki-Str. 16, ✆ 0152/26154973.

Berlin im Kasten

Radtour: Rund um den Müggelsee

Die Tour ist herrlich, ohne Abstecher ca. 15 km lang, aber nur am Wochenende machbar, da dann auch die Fähre verkehrt. Badehose und Picknickkorb nicht vergessen. Den Weg kann man kaum verfehlen: Verlassen Sie **Friedrichshagen** über den Müggelseedamm gen Osten. Halten Sie 600 m hinter dem **Museum im Wasserwerk** nach einem Forstweg (als Privatweg gekennzeichnet) Ausschau. Dieser führt am See entlang bis zu einem Jugendferiendorf. Dann radelt man – vorbei am **Strandbad Müggelsee** – auf dem Radweg entlang dem Fürstenwalder Damm nach **Rahnsdorf**. Dort geht es weiter parallel zur Hauptstraße (fortan die Fürstenwalder Allee), bis unmittelbar hinter einer Tankstelle die beschilderte Abzweigung „Fischerdorf Rahnsdorf Personenfähre" auftaucht. (Bevor Sie hier nach rechts abzweigen, lohnt noch ein Abstecher: Fahren Sie dazu ca. 750 m geradeaus weiter und biegen dann nach rechts ab in den Rialtoring. So gelangen Sie nach **Neu Venedig**, ein von Kanälen durchzogenes Viertel, wo jedes Haus und jede Gartenlaube sowohl eine Straßenzufahrt als auch eine Bootsanlegestelle hat. Einladend ist dort das Ausflugslokal „Neu Venedig" mit netter Wiesenterrasse am Kanal, ausgeschildert.) Im alten, dörflich wirkenden Ortskern von Rahnsdorf finden Sie neben der Kirche beim Fähranleger einen Biergarten. Lassen Sie sich beim Übersetzen vom Rudermann den weiteren Weg zum Südufer des Müggelsees erklären. Ab **Müggelhort** radelt man wieder parallel zum Ufer. Es geht, vorbei an einem Kongresshotel, zum **Ausflugslokal Rübezahl** (von diesem gelangt man, hält man sich „landeinwärts", vorbei am **Teufelsee** zum Aussichtsturm auf dem **Müggelberg**, ca. 1,5 km). Das Areal um den Turm wirkt ziemlich morbide, soll aber modernisiert werden. Lässt man den Abstecher außer Acht, geht es vom Ausflugslokal Rübezahl weiter entlang des Ufers bis zum **Spreetunnel**, einer Fußgängerunterführung hinüber nach Friedrichshagen.

Fähren in Rahnsdorf: Für die BVG-Fähre F 24 von der Kruggasse zu den Spreewiesen sind 12 Ruderschläge nötig. Mai bis Ende Sept. Sa/So u. feiertags 11–19 Uhr (falls die Fähre am anderen Ufer ist: Winkewinke).

Stasimuseum Lichtenberg

Wer nicht für die SED war, war gegen sie. Und nahezu jeder, der nicht für die DDR war, geriet ins Visier der Staatssicherheit, dem Geheimdienst der SED, dem „Schild und Schwert der Partei". 91.000 hauptamtliche Mitarbeiter und ca. 189.000 inoffizielle (IM) hatte die Staatssicherheit. Das Ministerium für Staatssicherheit (MfS) lag in Lichtenberg. Es erstreckte sich über ein 22 ha großes Areal zwischen Frankfurter Allee und Zoschke-Stadion und war hermetisch von der Außenwelt abgeriegelt. 8000 Angestellte wurden hier von Erich Mielke (1993 wegen Mordes verurteilt) kommandiert und hinterließen einen Aktenbestand von 111 km Länge.

Im sog. Haus 1, dem Kern des Komplexes, kann man nicht nur die weitgehend im Originalzustand erhaltenen Arbeitsräume Mielkes durchlaufen, sondern auch einen so spannenden wie erschreckenden Überblick über die Machenschaften und Methoden der Stasi gewinnen.

Im Innenhof erinnert eine Open-Air-Ausstellung an den Mauerfall.

Ruschestr. 103, Ⓤ Magdalenenstraße. Mo–Fr 10–18 Uhr, Sa/So 11–18 Uhr. 6 €, erm. 4,50 €. www.stasimuseum.de.

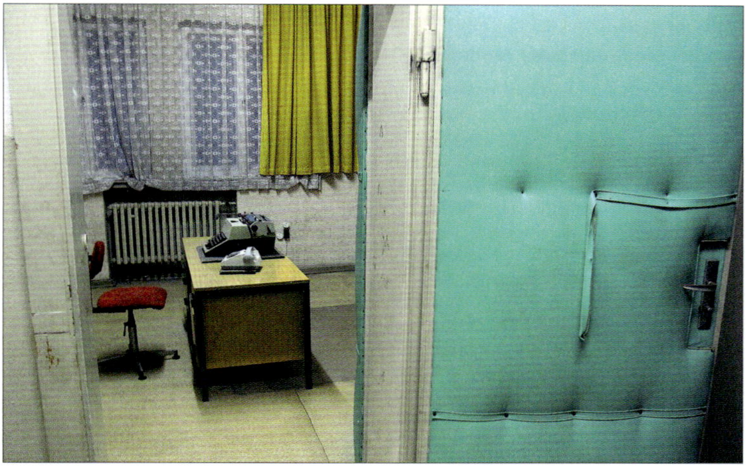

So spannend wie erschütternd: Gedenkstätte Hohenschönhausen

Gedenkstätte Hohenschönhausen

Das Ministerium für Staatssicherheit (MfS) unterhielt 17 Untersuchungsgefängnisse in der DDR. Das bedeutendste befand sich in Hohenschönhausen und war aus einem sowjetischen Internierungslager hervorgegangen. Bis zum Fall der Mauer war dieser Ort ein weißer Fleck auf allen Karten der DDR, ein Sperrbezirk und absolut geheim. In getarnten Fahrzeugen verschwanden hier Oppositionelle (darunter viele Prominente) und Personen, die Fluchtversuche geplant oder unternommen hatten. Aber auch DDR-Kritiker aus dem Westen, die vom MfS entführt wurden, kamen nach Hohenschönhausen. Die Häftlinge wussten nicht, wo sie waren, wurden streng isoliert (längste bekannte Einzelhaft in der DDR zehneinhalb Jahre) und schikaniert, oft monatelang verhört. Man vermutet, dass in Hohenschönhausen einem Gefangenen acht MfS-Leute gegenüberstanden. Wie viele Tausend Menschen im Laufe der Jahre hier einsaßen, ist weitestgehend unbekannt. Wie die Stasi hier arbeitete, ebenfalls. Alles, was man weiß, beruht auf den Angaben ehemaliger Insassen. Die Wärter wie auch das Vernehmungspersonal von einst – manche von ihnen wohnen nur ein paar Straßen weiter – weigern sich, an der Aufklärung mitzuarbeiten.

Durch die Haftanstalt führen neben Historikern auch ehemalige Häftlinge. Deren Touren (ca. 1:30 Std.) gehören mit zum Schockierendsten, aber auch zum Spannendsten, was man in Berlin über die DDR erfahren kann. Davor oder danach lohnt ein Besuch der multimedialen Dauerausstellung mit weiteren hochinteressanten Details zum Gefängnis, die in ihrer Fülle fast erschlagend ist.

Genslerstr. 66, von Ⓢ+Ⓤ Alexanderplatz mit Tram 6 bis Genslerstraße oder mit Tram 5 bis Freienwalder Straße. Führungen März–Okt. tägl. 10–16 Uhr zu jeder vollen Std., Nov.–Feb. Sa/So ebenfalls 10–16 Uhr zu jeder vollen Std., Mo–Fr jedoch nur um 11, 13 u. 15 Uhr. Keine Besichtigung der Haftanstalt ohne Führung. 6 €, erm. 3 €. Die Dauerausstellung auf dem Gelände ist tägl. von 9–18 Uhr geöffnet, Eintritt frei. www.stiftung-hsh.de.

Berlin im Kasten

Berliner Siedlungen der Moderne – UNESCO-Welterbe seit 2008

Zwischen 1913 und 1934 entstanden in Berlin sechs Siedlungen, die zum Vorbild für den sozialen Wohnungsbau im 20. Jh. wurden. Die Siedlungen sollten eine Antwort auf die Wohnungsnot jener Zeit nach dem Ersten Weltkrieg sein und waren damals nach sozialen und hygienischen Gesichtspunkten geradezu revolutionär. Moderne, bezahlbare Wohnungen mit Küche, Bad und Balkon, in Häusern ohne Hinterhof und Seitenflügel, dafür von Licht und Luft durchflutet, zeichnen die **Tuschkastensiedlung Falkenberg** (Altglienicke, Ⓢ Grünau), die **Hufeisensiedlung Britz** (Neukölln, Ⓤ Parchimer Allee), die **Siedlung Schillerpark** (Wedding, Ⓤ Rehberge) und die **Wohnstadt Carl Legien** (Prenzlauer Berg, Ⓢ+Ⓤ Schönhauser Allee) aus, deren Entwürfe federführend Bruno Taut leitete. Für die **Weiße Stadt** (Reinickendorf, Ⓤ Residenzstraße) zeichneten Otto Salvisberg, Bruno Ahrends und Wilhelm Büning verantwortlich. An der **Siemensstadt** (Spandau, Ⓤ Halemweg) beteiligten sich mehrere Architekten, u. a. Hans Scharoun und Walter Gropius. So wegweisend die Siedlungen für das 20. Jh. waren, so oft wurden sie später auch kopiert. Für den Architekturlaien von heute sind sie keine besondere Attraktion mehr.

Gärten der Welt Marzahn

Die Gärten der Welt liegen in Marzahn, einem Stadtteil, der einst für seine Plattenbautristesse berüchtigt war. Heute sind viele der Modularbauten saniert. Die Parklandschaft umfasst zehn Themengärten: den „Chinesischen Garten des wiedergewonnenen Mondes“ (größter chinesischer Garten Europas), einen italienischen Renaissancegarten, einen englischen *Cottage-Garden*, einen Staudengarten, den von einem Zen-Priester entworfenen japanischen Garten, einen orientalischen Garten mit Wasserspielen, einen koreanischen Garten mit Totempfählen, einen balinesischen Garten mit Familientempel, einen christlichen Garten und ein Irrgarten-Labyrinth. Zwischen alldem grüne Wiesen, auf denen die Berliner das tun, was sie am liebsten tun: herumliegen und Bier trinken. Zur *Internationalen Gartenausstellung Berlin 2017* sollen u. a. ein neues Besucherzentrum, eine Freilichtbühne, eine Tropenhalle und eine 30 m hohe Aussichtsplattform hinzukommen (wenn's die Berliner so anstellen, wie sie's am liebsten anstellen, wird's eh nicht fertig).

Frühling in den Gärten der Welt

Eingang u. a. an der Eisenacher Str. 99, von Ⓢ Marzahn mit Bus 195 bis Haltestelle Erholungspark Marzahn. Wegen der Vorbereitungen zur *IGA* bleiben die Gärten 2017 bis zum 13. April geschlossen. Während der IGA von 9 Uhr morgens bis zum Einbruch der Dunkelheit geöffnet. 20 €, erm. 5–18 €. Nach dem 15. Okt. 2017 werden die Gärten der Welt wieder tägl. von 9–18 Uhr geöffnet sein, von April–Sept. gar bis 20 Uhr. Keine Hunde erlaubt! 5 €, erm. 1,50 €. www.gruen-berlin.de.

Spandauer Zitadelle

Spandau

Kombiniert mit einer Rückfahrt per Ausflugsschiff oder einer Weiterfahrt gen Wannsee oder Potsdam, ist Spandau mit seiner Altstadt und der Zitadelle immer einen Zwischenstopp wert.

Wenn der Spandauer sagt, er geht in die Stadt, geht er in die Spandauer Altstadt und nicht nach Berlin – die Zitadellenstadt am Zusammenfluss von Havel und Spree ist sich selbst genug und braucht kein Berlin. Man hat ein ausgeprägtes Wir-Gefühl (untermauert durch ein Abonnement auf die Wasserballmeisterschaft, bereits 34. Titel) und im Vergleich zu Berlin auch die längere Stadthistorie. Dass der westlichste Berliner Bezirk gleichzeitig mit vielen sozialen Problemen (Überschuldung, Arbeitslosigkeit, niedriges Bildungsniveau) konfrontiert ist, tut dem keinen Abbruch. Man hat ja die **Altstadt**, von fließendem Wasser und Verkehr umgeben. Gerne wird sie als die schönste Berlins gepriesen. Das mag stimmen; Vergleichen mit wirklich pittoresken Altstadtensembles anderer deutscher Städte hält sie jedoch nicht stand. Hier ist man stolz auf ein wenig Fachwerk und ein gotisches Haus, anderswo stehen solche Häuser in Reihe. Das war einst auch in Spandau so, doch im Zweiten Weltkrieg war der Stadtteil als Zentrum der Rüstungsindustrie ein bevorzugtes Ziel der Bomber. Heute erinnert Spandau trotz liebevollen Wiederaufbaus eher an eine typisch westdeutsche Mittelstadt – mit *Karstadt* und *C & A* in der Fußgängerzone und einem *Woolworth* am Hauptplatz, hier „Markt" genannt. Die Altstadt ist weitestgehend verkehrsberuhigt, das macht sie im Sommer, wenn die Wirte im Freien eintischen, reizvoll. Mittwochs und samstags findet ein Markt statt.

Kommt man am U-Bahnhof **Spandauer Rathaus** ans Tageslicht, so steht man schon vor dem mächtigen Amtsgebäude mit seiner über 100 m breiten Front. Es wurde zwischen 1911 und 1913 errichtet, als Spandau noch eine eigenständige Stadt war (bis 1920). Schräg gegenüber liegt der gläserne Spandauer Bahnhof, wie der Berliner

Spandau → Karte S. 203

Hauptbahnhof von *Gerkan, Marg und Partner* entworfen. Spaziert man in die entgegengesetzte Richtung, gelangt man zum bereits angesprochenen Markt und zur **St.-Nikolaikirche**, eine Hallenkirche aus dem 14. Jh. Nördlich der Straße Am Juliusturm (links der Falkenseer Platz – fast nirgendwo in Berlin kracht's öfter) erstreckt sich der sog. **Kolk**, das charmanteste Eck der Altstadt. Rechts davon thront auf einer Insel in der Havel die → **Zitadelle**, die mit Abstand größte Sehenswürdigkeit Spandaus.

Sehenswertes

Renaissancefestung

Zitadelle

Die Spandauer Zitadelle, eine der besterhaltenen Renaissancefestungen Deutschlands, ging aus einer slawischen Burganlage hervor. Mal war sie Grenzfeste, mal Sitz der brandenburgischen Markgrafen und Kurfürsten. Zum Schutz der Residenzstadt Berlin wurde sie zwischen 1560 und 1594 zu ihrer heutigen Form als Quadrat mit vier spitzwinkligen Bastionen an den Ecken um- und ausgebaut. Nur einmal war die Festung umkämpft, das war 1813. Die Preußen verteidigten sie jedoch nicht, ganz im Gegenteil: Sie belagerten das von Napoleons Truppen besetzte Spandau. Heute beherbergt die Festung u. a. Ateliers, Werkstätten und Kunsträume, das *Stadtgeschichtliche Museum Spandau* (im Zeughaus), eine *Ausstellung zur Geschichte der Zitadelle* (im Kommandantenhaus), eine *Kanonenausstellung* (in der Exerzierhalle), die Ausstellung *Berlin und seine Denkmäler*, darunter der 3,5 t schwere Leninkopf, der wie so manch anderes Denkmal einst das Stadtbild prägte und mittlerweile entfernt wurde (im Proviantmagazin), ein *Puppentheater* (Programm auf www.theater-zitadelle.de) und den *Fledermauskeller*, ein Schaugehege mit rund 200 Tieren. Dieses wird vom Berliner Artenschutzteam geleitet, das im Sommer auch Führungen durch die Kasematten anbietet, die bis zu 10.000 Fledermäusen als Winterquartier dienen. Zudem kann man den *Juliusturm* besteigen, das älteste profane Bauwerk Berlins (13. Jh.), 146 Stufen sind es hinauf. Im Sommer ist der Hof der Zitadelle Schauplatz des *Citadel Music Festivals* (→ Veranstaltungen, S. 254) und vieler größerer Open-Air-Konzerte.

Gerne wird die Zitadelle mit dem einstigen Spandauer Kriegsverbrechergefängnis der Alliierten verwechselt, in dem sieben NS-Größen einsaßen. Dieses lag an der Wilhelmstraße und wurde nach dem Tod von Rudolf Heß, des letzten Insassen, abgerissen. Der Toilettenspruch „Rudolf Hess, all alone, dancing the Spandau Ballet" in einem Berliner Club soll eine britische Popband zur Umbenennung ihres Namens angeregt haben …

Am Juliusturm 64. **Zitadelle**, tägl. 10–17 Uhr. 4,50 €, erm. 2,50 € (Ticket gilt für alle Ausstellungen). **Fledermauskeller**, tägl. 12–17 Uhr. **Fledermausführungen** meist Fr/Sa, Anmeldung unter www.bat-ev.de erforderlich. **Zitadellenführungen** Mitte März bis Ende Okt. Sa/So und feiertags um 11, 13 u. 15 Uhr. 3 €, erm. 2 €. www.zitadelle-spandau.de.

Praktische Infos

Anfahrt/Ausflugsschiffe

Stationen der Ⓤ **7** nahe der Zitadelle, in der Altstadt und am Rathaus (Ticket AB ist ausreichend, Dauer ab Ⓤ Mehringdamm ca. 35 Min.). Vom Hauptbahnhof fahren zudem die Ⓢ **3** und Ⓢ **75** nach Spandau (nicht viel schneller), dazu die **RB 4** u. **14** (ca. 15 Min.) und diverse **ICE**s (superschnell).

Von Mitte Mai bis Mitte Sept. bieten sich Rückfahrten in die City per **Schiff** an, entweder Fr um 19 Uhr mit der MS Heiterkeit der Reederei *Lüdicke* (www.reederei-luedicke.de, 1:30 Std., 12 €) oder Mi um 16.30 Uhr mit der Reederei *Stern und Kreis Schifffahrt GmbH* (www.sternundkreis.de). Abfahrt am Lindenufer/Altstadt.

Von dort sind im Sommer mit den gleichen Reedereien auch viele weitere Touren möglich: 7-Seen-Fahrten (Großer und Kleiner Wannsee, Stölpchen- und Griebnitzsee, Babelsberg, Potsdam und zurück – vorbei an der Pfaueninsel – nach Spandau), 10-Seen-Fahrten, Schlösserrundfahrten Caputh, Werder retour, Tagesausflüge nach Brandenburg usw. Genaue Zeiten und Preise auf den jeweiligen Webseiten. Lassen Sie sich alle Abfahrtszeiten vor Antritt der Tour bestätigen!

Information

Tourist Information, im gotischen Haus. Darüber eine Ausstellung zum Thema „Bauen und Wohnen" des Stadtgeschichtlichen Museums. Mo–Sa 10–18 Uhr. Breite Str. 32, ✆ 3339388, www.partner-fuer-spandau.de.

Essen & Trinken

Brauhaus in Spandau **1**, in einem roten Backsteingebäude mit Schlot (1880 übrigens als Garnisons-Waschanstalt errichtet). Braukesselambiente, draußen ein gemütlicher Biergarten. Überschaubare Karte. Spezialität ist der *Spandauer Lümmel* (Fleischwurstring mit Kartoffel-Gurkensalat), dazu passt das süffige untergärige Vollbier des Hauses. Hg. 8–14,50 €, günstiger Mittagstisch. Tägl. 10–24 Uhr. Neuendorfer Str. 1, ✆ 3539070, www.brauhaus-spandau.de.

Hasır **3**, gute türkische Küche, ein Ableger aus Kreuzberg (→ S. 169). Breite Str. 43, ✆ 35304792, hasir.de.

Zitadellen Schänke **2**, im düsteren Backsteingewölbe der Zitadelle (→ Sehenswertes). Hier speist man bei flackerndem Kerzenlicht, zuweilen auch mit Bardengesang – das Mittelalter lässt grüßen. Serviert wird Deftiges, Festungsgelage (Menü) 49,50 €/Pers., Hg. 12–18 €. Di–Fr 16–24 Uhr, Sa 11–24 Uhr, So 10–16 Uhr. ✆ 3342106, www.zitadellenschaenke.de.

Konditorei Fester **4**, falls Sie der Oma Spandau zeigen, landen Sie hiermit einen Volltreffer. Tolle Kuchen und Torten (auch für Diabetiker), Pralinen und hausgemachte Marmelade zum Mitnehmen. Auch ein paar Tische im Freien am Hauptplatz. Mo–Sa 8–18 Uhr, So ab 11 Uhr. Markt 4, ✆ 3335872, www.konditorei-fester.de.

Dahlem

Drei in einem: Dahlem präsentiert sich als feudale Wohngegend, Univiertel samt Forschungsstätte und Museumsstandort.

Ruhig, grün und gepflegt ist Dahlem im Südwesten Berlins, ein Stadtteil mit Kurortcharakter – hier ist die Welt noch in Ordnung. Ein Dorf ist Dahlem jedoch längst nicht mehr, wie der U-Bahnhof „Dahlem-Dorf" mit seinem reetgedeckten Fachwerkgebäude vielleicht suggeriert. Nur der historische Dorfanger samt Wirtshaus und die **Domäne Dahlem**, ein uraltes Rittergut und beliebtes Ausflugsziel für Familien (→ S. 275), sind geblieben. Heute gehört Dahlem v. a. VIPs aus Politik und Wirtschaft, die in noblen Villen ohne Namen am Klingelschild residieren, dazu Diplomaten und den rund 29.000 Studenten der Freien Universität. Die Freie Universität wurde 1948 als Gegenpol zur Berliner Universität (ab 1949 Humboldt-Universität) gegründet, nachdem dort die kommunistische Einflussnahme auf Bildung und Forschung immer größer geworden war. Die Universitätsgebäude liegen weitverstreut, man lehrt, forscht und lernt in teils schönen, alten Villen oder in innovativen Neubauten.

Ausflugsgäste gibt es auch, schließlich hat Dahlem einige Sehenswürdigkeiten zu bieten. Doch es werden weniger. Unter dem Oberbegriff „Museen Dahlem" vereinten sich bis Anfang 2017 die großartigen Sammlungen des Ethnologischen Museums, des Museums für asiatische Kunst und des Museums europäischer Kulturen unter einem Dach. Wegen des Umzugs der Sammlungen

ins Humboldt Forum (→ S. 55) wurden das Ethnologische Museum und das Museum für asiatische Kunst bereits geschlossen. Lediglich das **→ Museum europäischer Kulturen** bleibt vorerst am Standort Dahlem erhalten. Keinen Kilometer von diesem entfernt breitet sich der wunderschöne **→ Botanische Garten** aus. Und inmitten einer Villensiedlung nahe dem Grunewald schließlich gibt es Kunst des Expressionismus und der Nachkriegsmoderne im **→ Brücke Museum** und im **→ Kunsthaus Dahlem** zu bestaunen.

Sehenswertes

Grüner wird's nicht!

Botanischer Garten

Die zwischen 1897 und 1910 angelegte Pflanzenschatzkammer der Freien Universität Berlin ist einer der bedeutendsten und größten botanischen Gärten überhaupt. Auf einer Fläche so groß wie der Vatikanstaat werden 22.000 verschiedene Pflanzenarten aus aller Welt kultiviert. Verlieren kann man

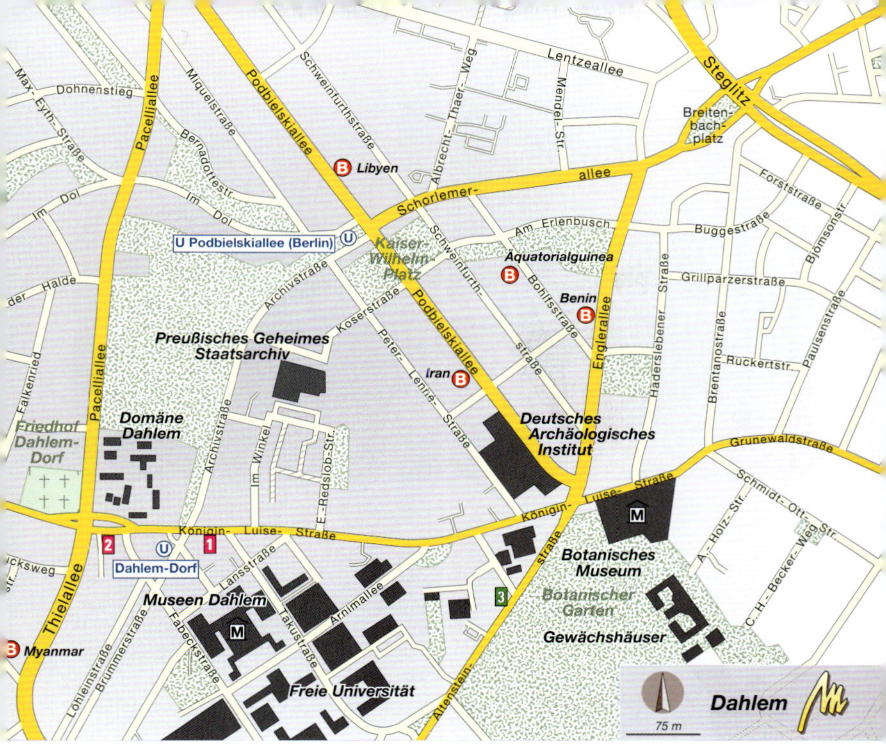

sich in den Schaugewächshäusern (6000 m² Fläche), wo ganze Tropenlandschaften nachgebaut wurden. Dazu gibt es ein 14 ha großes Arboretum, einen Duft- und Tastgarten, einen Sumpf- und Wassergarten, einen japanischen Pavillon und vieles, vieles mehr. Im angeschlossenen *Botanischen Museum* kann man der Entwicklungsgeschichte der Pflanzen auf den Grund gehen. Der Garten dient übrigens auch als Eventlocation und Theaterbühne: Toll, wenn in den Tropenhäusern *Das Dschungelbuch* inszeniert wird.

Zugang zum Museum und zum Garten vom Königin-Luise-Platz/Königin-Luise-Str. 6–8, zudem im Süden von der Straße Unter den Eichen (Ⓢ Botanischer Garten oder Ⓤ Rathaus Steglitz). **Botanischer Garten**, Nov.–Jan. tägl. 9–16 Uhr, Feb. bis 17 Uhr, März u. Okt. bis 18 Uhr, Sept. bis 19 Uhr, April u. Aug. bis 20 Uhr, Mai–Juli bis 21 Uhr. **Museum**, tägl. 10–18 Uhr. Kombiticket Garten und Museum 6 €, erm. die Hälfte. www.botanischer-garten-berlin.de.

Leben in Europa vom 18. Jh. bis heute

Museum europäischer Kulturen

Die ständige Ausstellung trägt den Titel „Kulturkontakte. Leben in Europa". Sie zeigt u. a., wie Reisen, Handel und Migrationsbewegungen den europäischen Raum in den letzten Jahrhunderten prägten und veränderten. Leider werden nur rund zwei Prozent der 275.000 Objekte des Museums präsentiert. Die Highlights: eine 700 kg schwere, venezianische Prachtgondel mit üppigem Reliefschnitzwerk, ein wunderschön bemalter Eselskarren aus Sizilien und ein mechanischer „Weihnachtsberg" aus dem Erzgebirge mit über 300 Figuren.

Arnimallee 25, Ⓤ Dahlem-Dorf. Di–Fr 10–17 Uhr, Sa/So 11–18 Uhr. 8 €, erm. die Hälfte. www.smb.museum.

Dahlem → Karte S. 204/205

Im Botanischen Garten

Die Moderne vor und nach den Kriegen

Brücke Museum und Kunsthaus Dahlem

Das Brücke Museum präsentiert wechselnde Ausstellungen mit Werken der 1905 in Dresden gegründeten expressionistischen Künstlergruppe *Brücke*, der u. a. Emil Nolde (1867–1956) und Max Pechstein (1881–1955) angehörten. 2015 wurde, nur durch einen Garten vom Brücke Museum getrennt, im einstigen Staatsatelier des Nazi-Bildhauers Arno Breker (1900–1991), das Kunsthaus Dahlem eingeweiht – von außen eine düstere Trutzburg, von innen fast irritierend luftig und modern. Gezeigt wird Kunst der Nachkriegsmoderne zwischen 1945 und 1961 (vornehmlich Plastiken).

Bussardsteig 9 (Brücke Museum) bzw. Käuzchensteig 8 (Kunsthaus Dahlem). Von Ⓤ Fehrbelliner Platz mit Bus 115 bis Haltestelle Finkenstraße oder von Ⓤ Dahlem-Dorf mit Bus X 83 bis Haltestelle Königin-Luise-Str./Clayallee (von dort noch ca. 800 m Fußweg). Beide Museen haben tägl. (außer Di) von 11–17 Uhr geöffnet. Kombiticket für beide Museen 8 €, erm. 5 €. www.bruecke-museum.de bzw. www.kunsthaus-dahlem.de.

Praktische Infos

→ Karte S. 204/205

Essen & Trinken

Alter Krug 2, charmant-rustikaler Speisesaal, außerdem herrlicher, großer Biergarten mit Hollywoodschaukeln. Auf den Teller kommt verfeinerte saisonale Hausmannskost mit mediterranen Anklängen, auch wird gegrillt. Hg. 9–21,50 €, So Brunch (15,50 €). Tägl. 10–23 Uhr. Königin-Luise-Str. 52, Ⓤ Dahlem-Dorf, ✆ 8327000, www.alter-krug-berlin.de.

Luise 1, großräumiges Kneipenrestaurant in einer schönen Gründerzeitvilla, mit dabei ein Biergarten unter alten Bäumen. Anständige internationale Küche zwischen Steinofenpizza, Pasta, Fisch und Fleisch. Viele Studenten, die hier donnerstags Rabatt bekommen. Hg. 6,50–18,50 €, So Brunch für 16,90 €. Tägl. 10–1 Uhr. Königin-Luise-Str. 40–42, Ⓤ Dahlem-Dorf, ✆ 8418880, www.luise-dahlem.de.

Café in der Gartenakademie 3, in der „Königlichen Gartenakademie", einer Gärtnerlehranstalt aus dem 19. Jh., heute ein gehobenes Gartenbaucenter. Schöne, nostalgisch angehauchte Atmosphäre im ehemaligen Palmenhaus, außerdem ein idyllischer Garten. Leichte Küche zu ca. 12–15 €, guter Kuchen. Di–Sa 10–19 Uhr, So bis 16 Uhr, im Winter verkürzt. Altensteinstr. 15 a, Ⓤ Dahlem-Dorf, ✆ 832209029, www.dascafeindergartenakademie.de.

Grunewald

Unter „Grunewald" versteht man nicht nur das bekannteste Forstareal Berlins, sondern auch das gleichnamige Villenviertel, das es sich zwischen Wald und Kurfürstendamm bequem macht – die Beletage Berlins ist dort zu Hause. Durch den weitläufigen 3000 ha großen Forst selbst spaziert, joggt und radelt an schönen Wochenenden gefühlt halb Berlin – zum Schrecken der heimischen Wildschweinfamilien. Allzu viel Einsamkeit sollte man daher nicht erwarten.

Aufgrund der großen Entfernungen wählt man für die Erkundung des Grunewalds am besten das Fahrrad. Ein möglicher Ausgangspunkt ist der **S-Bahnhof Grunewald**, ein Ort mit schrecklicher Geschichte. Während des Dritten Reiches wurden hier über 50.000 Juden in Güterwaggons gepfercht und in den Tod geschickt. Daran erinnern zwei Mahnmale, eines auf Gleis 17, das andere neben dem Bahnhof (Ausgang Fontanestraße nehmen und nach Verlassen des Bahnhofs links halten): Eine 18 m lange Betonwand zeigt die Negativabdrücke menschlicher Körper und symbolisiert damit den Deportationszug.

Vom S-Bahnhof Grunewald führen diverse Wege zum 120 m hohen **Teufelsberg**, einem Trümmerberg: Unter Kriegsschutt begraben liegen hier auch die Rohbauruinen der von den Nazis geplanten Wehrtechnischen Fakultät. Obenauf bastelten sich die Amerikaner im Kalten Krieg eine Abhör- und Störstation mit riesigen weißen Antennenkuppeln. Die bizarre Anlage ist heute im Verfall begriffen und war zuletzt nur mit Führung zugänglich (s. u.). Im Winter jagt man mit dem Schlitten die Hänge hinab, selbst Ski wird gefahren. Auf dem Drachenberg nahebei lässt man Drachen steigen und kann den herrlichen Weitblick in alle Richtungen und bis zum Fernsehturm genießen.

Der **Teufelssee** südlich des Bergs hat eher etwas von einem Tümpel, was die Berliner jedoch nicht hindert, im Sommer in Scharen hineinzuhüpfen und an seinen Ufern splitternackt dem ausgiebigen Sonnenbraten zu frönen.

In der Fischerhütte am Schlachtensee

Grunewald → Karte S. 209

Ebenfalls zum Baden locken die im Süden des Forsts gelegenen Seen **Krumme Lanke** und **Schlachtensee**, der auch eifrig zum Angeln genutzt wird. Der **Grunewaldsee** ist hingegen der Badesee für Hunde! Er kann zudem mit einer Sehenswürdigkeit punkten – dem idyllisch gelegenen **Jagdschloss Grunewald** aus dem 16. Jh. Das Schlösschen gilt als einer der wenigen erhaltenen, wenn auch später barockisierten Renaissancebauten der Stadt. Im Inneren kann man u. a. rund 30 Werke von Lucas Cranach dem Älteren und dem Jüngeren bewundern.

Die Havel, die im Süden in den Wannsee übergeht, markiert das westliche Ende des Grunewalds. Die buchtenreiche Havellandschaft lässt sich vom 86 m hohen **Grunewaldturm** an der Havelchaussee überblicken (204 Stufen!). Der Turm im Stil der märkischen Backsteingotik entstand Ende des 19. Jh., ihm zu Füßen ein gemütliches Ausflugsrestaurant mit Biergarten.

Nördlich davon träumt der verwunschene, mitten im Wald gelegene **Friedhof Grunewald-Forst** vor sich hin. Prominentestes Grab ist das von Christa Päffgen (1938–1988), besser bekannt als Nico. Die Ikone des Underground ruht in einem unscheinbaren, von Fans jedoch liebevoll dekorierten Grab.

Praktische Infos

Anfahrt/Radverleih

Ausgangspunkt für die Erkundung des nördlichen Grunewalds ist der S-Bahnhof Grunewald (neben dem Bahnhof verleiht das Restaurant Scheune Räder für 12 €/Tag, ✆ 8924903, www.scheune-restaurant.de), für den Süden der S-Bahnhof Schlachtensee o. Ⓤ Krumme Lanke, vom Zentrum in rund 30 Min. zu erreichen. Für die Wegbeschreibungen zu den Sehenswürdigkeiten und Restaurants s. u.

Öffnungszeiten

Teufelsberg, Ⓢ Grunewald, von dort zu Fuß oder per Rad weiter. Mo–Sa von 10–20 Uhr zu jeder vollen Std. Führungen (60 Min., 7 €), ausführlichere Touren Sa/So um 13 Uhr (15 €). Start der Touren am Haupttor, Teufelsseechaussee 10, www.teufelsberg-berlin.eu.

Jagdschloss Grunewald, von Ⓤ Dahlem-Dorf mit Bus X 83 bis Haltestelle Königin-Luise-Straße/Clayallee, dann weiter zu Fuß. Jan./Feb. geschl. April–Okt. tägl. (außer Mo) 10–18 Uhr, Nov./Dez. u. März nur Sa/So Führungen um 10, 11, 13 u. 15 Uhr. 6 €, erm. 5 €. www.spsg.de.

Grunewaldturm, von Ⓢ Heerstraße mit Bus 218 bis Haltestelle Grunewaldturm. Tägl. 10 Uhr bis Restaurantschließung. 4 € (davon 1 € Verzehrgutschein).

Friedhof Grunewald-Forst, von Ⓢ Heerstraße mit Bus 218 bis Haltestelle Havelweg, dann zu Fuß weiter (mit unscheinbaren Holzschildern ausgeschildert). Im Sommer 7–20 Uhr, im Winter 8–16 Uhr.

Baden

Badestellen (keine offiziellen Freibäder) gibt es rund um die **Krumme Lanke** (die eher etwas von einem ruhigen Fluss denn von einem See hat, Ⓤ Krumme Lanke) und den **Schlachtensee**, der einer der saubersten Berliner Badeseen ist. An bzw. nahe seinen Ufern pompöse Villen und ein tolles Ausflugsrestaurant (Ⓤ Krumme Lanke o. Ⓢ Schlachtensee).

Essen & Trinken

Forsthaus Paulsborn **2**, in einer schönen Neorenaissancevilla ganz im Süden des Grunewaldsees. Da zurückversetzt, leider kein Seeblick von der wunderbaren Sommerterrasse. Gehobene deutsche Küche mit viel Wild, Hg. 10,50–21,50 €. Nebenan ein einfacherer Biergarten mit Selbstbedienung. Kein Problem, wenn Sie hier einen über den Durst getrunken haben: Es werden auch Zimmer vermietet. Tägl. ab 11 Uhr, So ab 10 Uhr. Hüttenweg 90, Anfahrt → Baden/Grunewaldsee, ✆ 8181910, www.paulsborn.de.

meinTipp **Fischerhütte am Schlachtensee** **3**, in idyllischer Lage direkt am Wasser. Gediegenes Weinrestaurant in der Fischerhütte (gehobenere Preisklasse). Draußen schöne Terrassenlandschaft mit Selbstbedienungs-Kiosk (billiger). Überall gute Küche und viele freche

Vögel, die diese von den Tellern stibitzen wollen. Tägl. ab 10 Uhr. Fischerhüttenstr. 136, Ⓤ Krumme Lanke, ✆ 80498310, www.fischerhuette-berlin.de.

Alte Liebe 1, gemütliches Restaurantschiff am Havelufer. Eher rustikale Speisekarte (Bauernfrühstück, Berliner Sülze, diverse Fischgerichte, Hg. 14–19 €), große Portionen. In der warmen Jahreszeit sitzt man schön auf der neuen Holzstegterrasse. Im Sommer tägl. ab 12 Uhr, im Winter verkürzt. Havelchaussee 107, von Ⓢ Heerstraße mit Bus 218 bis Haltestelle Postfenn, ✆ 3048258, www.alte-liebe-berlin.de.

Wannsee

„Pack' die Badehose ein und dein kleines Schwesterlein, und dann nischt wie raus nach Wannsee." Das Ausflugsziel lockt aber auch Kunst- und Kulturfreunde an.

Der Gassenhauer des Kinderstars Conny Froboess machte die „Badewanne Berlins" 1951 deutschlandweit berühmt. Das Strandbad Wannsee ist eine Institution mit über 100-jähriger Tradition. In den Anfangsjahren aber war das „Baden mit dreieckiger Unterhose nicht gestattet!" – so stand's auf den Verbotsschildern. Unter „Wannsee" versteht man übrigens nicht nur den See als solchen, sondern auch den gleichnamigen Ortsteil des Bezirks Steglitz-Zehlendorf, eine von einer See-Fluss-Kanal-Landschaft eingerahmte Insel.

Die Umgebung ist wie geschaffen für Radtouren vorbei an idyllischen Biergärten, Ruder- und Yachtclubs sowie prächtigen Villen. In einer davon, der → **Liebermann-Villa**, erweist man einem der Wegbereiter der modernen Malerei in Deutschland die Reverenz. Eine andere, heute die Gedenkstätte → **Haus der Wannsee-Konferenz**, behandelt hingegen eines der schwärzesten Kapitel der deutschen Geschichte.

Als Teil der Potsdamer Parklandschaft stehen die → **Pfaueninsel** sowie → **Park und Schloss Glienicke** seit 1990 als herausragende Zeugnisse der preußischen Kultur auf der UNESCO-Welterbeliste. In der Nachbarschaft des Schlosses Glienicke führt die **Glienicker Brücke** hinüber nach Potsdam. In Zeiten des Kalten Krieges war sie eine tote Brücke, die eher trennte, als verband. Als Schauplatz für den einen oder anderen Agentenaustausch zwischen den verfeindeten Mächten erlangte sie Berühmtheit.

Sehenswertes

Impressionismus am Wannseeufer

Liebermann-Villa

Die schmucke Villa am Wannseeufer ließ sich Max Liebermann, einer der Hauptvertreter des deutschen Impressionismus, 1909 von dem Architekten Paul Otto Baumgarten errichten. Bis zu seinem Tod verbrachte Liebermann hier in Gesellschaft der Berliner High Society seine Sommer. Im Garten entstanden rund 200 Gemälde, einige davon sind im ersten Stock der Villa, heute ein Museum, ausgestellt. Das Erdgeschoss widmet sich der wechselvollen Geschichte der Villa nach Liebermanns Tod. Angeschlossen ist ein Café mit herrlicher Terrasse.

Colomierstr. 3, von Ⓢ Wannsee mit Bus 114 bis Haltestelle Liebermann-Villa. April–Sept. tägl. (außer Di) 10–18 Uhr, Do/So bis 19 Uhr, sonst tägl. (außer Di) 11–17 Uhr. 7 €, erm. 4 €. www.liebermann-villa.de.

Erschütternde Gedenkstätte

Haus der Wannsee-Konferenz

Am 20. Januar 1942 fand hier, in der *Villa Marlier*, unter Vorsitz des SS-Obergruppenführers Reinhard Heydrich die Konferenz über die „Endlösung der Judenfrage" statt. Die Villa dient heute als Gedenkstätte. In 15 Räumen, darunter dem eigentlichen Konferenzsaal, werden Besucher in die Geschehnisse detailgenau eingeführt, auch geschichtliche Hintergründe des Antisemitismus werden thematisiert. So informativ wie erschütternd.

Am Großen Wannsee 56–58, von Ⓢ Wannsee mit Bus 114 bis Haltestelle Haus der Wannsee-Konferenz. Tägl. 10–18 Uhr. Eintritt frei. www.ghwk.de.

Sommertag im Wannseebad

Märcheninsel mit Schlösschen

Pfaueninsel

Das märchenhafte 68 ha große Eiland in der Havel ist ein Gesamtkunstwerk. An der Südwestspitze der Insel steht ein weißes *Holzschlösschen* im Stil eines verfallenen römischen Landhauses – Friedrich Wilhelm II. ließ es 1794 erbauen. Für die Innenausstattung – sie ist im Originalzustand erhalten – war seine Mätresse Wilhelmine von Lichtenau zuständig. Das runde Bambushüttenzimmer spiegelt das Faible jener Zeit für die gerade entdeckte Südsee wider. Zudem ließ Friedrich Wilhelm II. als Ausdruck der königlichen Sehnsucht nach dem einfachen Landleben auf der Nordseite der Insel eine als gotische Ruine konzipierte *Meierei* errichten.

An der wild-romantischen Inselszenerie fand auch Nachfolger Friedrich Wilhelm III. Gefallen. Er beauftragte den Gartenbaumeister Peter Joseph Lenné mit der Anlegung eines *Rosengartens* (mit heute noch rund 1000 Stöcken) und einer Menagerie. Darin tummelten sich über 800 Tiere, darunter vier Kängurus, drei Bären und selbst ein Löwe. Nach dem Tod Friedrich Wilhelms III. fand sich niemand mehr, der die Pracht auf der Pfaueninsel förderte.

Heute leben noch 18 Personen auf dem Eiland – sie sind die einzigen, die motorisiert unterwegs sein dürfen. Otto Normaltourist hingegen darf nicht einmal ein Rad auf die Insel mitnehmen. Auch Ballspielen und Rauchen ist verboten. Dafür darf und soll man ausgiebig spazieren, vorbei an Blumengärten, Brunnen, uralten Eichen und stolzen Pfauen. Rund 30 der namengebenden Vögel gibt es noch auf der Insel, sechs bis acht werden jährlich nachgezogen.

Von Ⓢ Wannsee mit Bus 218 bis Haltestelle Pfaueninsel, von dort weiter mit der Fähre (Mai–Aug. tägl. 9–20 Uhr, April u. Sept. bis 19 Uhr, März u. Okt. bis 18 Uhr, sonst 10–16 Uhr, 4 €/Pers., erm. 3 €). **Schloss**, April–Okt. tägl. (außer Mo) 10–17 Uhr. Nur mit Führung (25 Min.). 6 €, erm. 5 €. **Meierei**, April–Okt. Sa/So 10–17.30 Uhr, sonst geschl. 2 €. www.spsg.de.

Sacrower Heilandskirche

Sommersitz des Preußenprinzen

Park und Schloss Glienicke

Das vormalige Gut im Westen der Wannseeinsel wurde 1824 von Prinz Carl von Preußen als Sommersitz erworben und danach von Karl Friedrich Schinkel zu einer Landvilla im italienischen Stil umgebaut. Heute führt man dort in die fürstliche Wohnkultur der ersten Hälfte des 19. Jh. ein, zudem gibt es ein kleines Museum, das über die preußischen Hofgärtner informiert. Leider ist von der Originaleinrichtung so gut wie nichts erhalten geblieben.

Für die wunderschöne 100 ha große Park- und Gartenlandschaft drum herum zeichnete wieder einmal Peter Joseph Lenné verantwortlich. Sie wurde bestückt mit zahlreichen kleineren Gebäuden wie dem sog. *Casino*, einem klassizistischen Gästehaus am Havelufer, romantisierenden Bauten wie der sog. *Teufelsbrücke*, Brunnenanlagen und vielen lauschigen Plätzchen. Immer wieder trifft man auf Aussichtspunkte, die einen schönen Blick freigeben – so auf die *Sacrower Heilandskirche* auf der anderen Seite der Havel. Sie stand bis 1989 im Niemandsland inmitten der deutsch-deutschen Grenze. 1989 fand in dem schwer mitgenommenen Gotteshaus der erste Gottesdienst nach knapp drei Jahrzehnten statt.

Königsstr. 36, von Ⓢ Wannsee mit Bus 316 bis Haltestelle Schloss Glienicke. **Park**, tagsüber stets zugänglich. **Schloss**, April–Okt. tägl. (außer Mo) 10–18 Uhr, Jan./Feb. geschl., sonst Sa/So bis 17 Uhr. 6 €, erm. 5 €. Nur mit Führung (45 Min.). www.spsg.de.

Praktische Infos

→ Karte S. 213

Anfahrt/Ausflugsschiffe

Bis Ⓢ Wannsee vom Hauptbahnhof ca. 25 Min. Von Ⓢ Wannsee fahren Busse zu den Sehenswürdigkeiten (siehe dort).

Von April–Sept. bietet die **Stern und Kreisschifffahrt GmbH** (Anlegestelle ca. 250 m von Ⓢ Wannsee entfernt, ausgeschildert) diverse Fahrten an, z. B. die 7-Seen-Rundfahrt (2 Std., 11,50 €) oder Fahrten nach Potsdam und Werder (hin und zurück 5:30 Std., 19,50 €). ✆ 5363600, www.sternundkreis.de.

Baden

Strandbad Wannsee, 1907 als Familienbad eröffnet. Weitläufige terrassierte Anlage. Netter, oft recht voller und lauter, ca. 1 km langer Strandbereich mit Strandkörben und Pudersand aus Travemünde an der Ostsee. Es geht sehr flach ins Wasser. FKK-Bereich. 5,50 €, erm. 3,50 €. Wannseebadweg 25. Am besten fährt man bis Ⓢ Nikolassee und läuft von dort (ca. 10 Min.). Der Bus 312, der direkt zum Bad fährt, verkehrt nur Juli/Aug. www.berliner baeder.de.

Zudem mehrere **Badestellen** zwischen Haus der Wannsee-Konferenz und Pfaueninsel.

Bootsverleih

Solar Water World, gleich neben dem Wannseebad, vorm Haupteingang zum Bad den Waldweg links am Zaun entlang nehmen. Tret-, Paddel- und Segelboote (Tretboot für 4 Pers. 12 €/Std.). Wannseebadweg 12, ✆ 0157/ 4247689, www.solarwaterworld.de.

Radverleih

Über einen **namenlosen Kiosk 3** an der S-Bahnstation Wannsee (Ausgang Schiffsanlegestelle). Reservierung empfohlen, da nur 10 Räder vorhanden. 10 €/Tag. Kronprinzessinnenweg 5, ✆ 80108943.

Essen & Trinken

Remise 5, von *Lutter & Wegner* betriebenes, gediegenes Restaurant mit Sommerterrasse in

Fast bayerische Idylle: Wirtshaus Moorlake

Auch der Wannsee hat seine Beachboys

Berlin im Kasten

Radtour: Vom Großen Wannsee zum Griebnitzsee

Tolle, abwechslungsreiche Tour (Länge ca. 14 km), die zu vielen Zwischenstopps einlädt. Der Weg ist kaum zu verfehlen. Vom **S-Bahnhof Wannsee** (Ausgang Schiffsanlegestelle) sind die **Liebermann-Villa** und das **Haus der Wannsee-Konferenz** bereits ausgeschildert – schöne Villengegend. Direkt hinter dem Haus der Wannsee-Konferenz biegt man rechts zum Wasser hin ab und findet dort, neben der Statue des sog. Flensburger Löwen, den Einstieg zum idyllischen Uferweg, der, mal als Waldweg und mal asphaltiert, bis zur Glienicker Brücke führt. Dabei passiert man die Fähranlegestelle zur **Pfaueninsel** (samt Wirtshaus zur Pfaueninsel), das **Wirtshaus Moorlake**, den **Park des Schlosses Glienicke** und die **Sacrower Heilandskirche** (auf der anderen Uferseite). Bei der **Glienicker Brücke** (rechts geht es nach Potsdam) hält man sich links und folgt nun stets der Beschilderung zum S-Bahnhof Griebnitzsee bzw. „Mauerradweg". Dabei durchfährt man das beschauliche Dorf **Klein-Glienicke** mit seinen schönen Schweizerhäusern aus dem 19. Jh. Klein-Glienicke war bis 1989 übrigens eine Ost-Enklave in West-Berlin, eine „Sonder-Sicherheitszone", rundherum von der Mauer umgeben und nur durch eine Kanalbrücke mit Potsdam und damit der DDR verbunden. Vorbei an herrlichen Villen am Ufer des **Griebnitzsees** gelangt man schließlich zum gleichnamigen S-Bahnhof (Achtung: Für die Rückfahrt nach Berlin ist von hier ein Anschlussfahrschein nötig, falls Sie nur einen Fahrschein für den Tarifbereich AB besitzen!).

der Remise des Schlosses Glienicke (→ Sehenswertes). Feine neudeutsche Küche wie gebratene Maispoulardenbrust auf Stielmus oder gebeizter Saibling auf getrüffelter gelber Bete. Hg. 18,50–34 €. Tägl. (außer Mo) ab 11 Uhr. Königstr. 36, Bus 316 ab Ⓢ Wannsee bis Haltestelle Schloss Glienicke, ✆ 8054000, www schloss-glienicke.de.

Garage du Pont 6, bereits in Potsdam, aber nur einen Katzensprung von der Glienicker Brücke entfernt. → S. 226.

Wirtshaus zur Pfaueninsel 1, rustikales Wirtshaus mit Terrasse und schönem „Wassergarten" (falls bewirtschaftet). Urdeutsche Karte. Überraschungen nur in der Spargel- und Pfifferlingsaison. Sonst Königsberger Klopse, Matjes oder Zigeunerschnitzel zu 11–17,50 €. Im Sommer tägl. 10–20 Uhr, im Winter Mo/Di geschl. Pfaueninselchaussee 100, Bus 218 ab Ⓢ Wannsee bis Endstation, ✆ 8052225, www.pfaueninsel.de.

Wirtshaus Moorlake 4, das romantische Forsthaus im bayerischen Stil (selbst die Geranien am Balkon fehlen nicht) ist bereits seit 1896 eine beliebte Ausflugsgaststätte. Superidyllische Lage, toller Biergarten. Überwiegend deftige Berliner Küche: Bollenfleisch, Eisbein, Kalbsleber mit Äpfeln. Hg. 11,80–19,50 €. Tägl. ab 11 Uhr. Moorlakeweg 6, Bus 316 ab Ⓢ Wannsee bis Haltestelle Nikolskoer Weg, von da noch 900 m zu Fuß, ✆ 8055809, www.moorlake.de.

Blockhaus Nikolskoe 2, König Friedrich Wilhelm III. ließ das urige Holzhaus hoch über dem Wannsee im Jahr 1819 in nur 6 Wochen für seine Tochter Charlotte und deren Gatten, den Zaren Nikolaus, errichten. Heute genießt man von der Traumterrasse einen tollen Havelblick. Satt machende Küche: Rouladen, Eisbein, Schnitzel und ein paar vegetarische Gerichte. Hg. 12,50–19 €. In der Nachbarschaft steht die St.-Peter-und-Paul-Kirche, ebenfalls im russischen Stil. Bei gutem Wetter tägl. 10.30–20 Uhr. Nikolskoer Weg 15, Bus 218 ab Ⓢ Wannsee bis Endstation, dann noch 700 m Fußweg den Berg hinauf, ✆ 8052914, www.blockhaus-nikolskoe.de.

Wannsee → Karte S. 213

Ausflug nach Potsdam

Mit ihren vielen Schlössern, allen voran Sanssouci, ist die Landeshauptstadt Brandenburgs eigentlich eine eigene Reise wert. Kurz reinschnuppern in Preußens Glanz und Gloria geht aber auch: Vom Berliner Hauptbahnhof ist man mit der S-Bahn in einer halben Stunde dort.

Schloss und Park Sanssouci, nicht umsonst UNESCO-Welterbe, S. 221

Alexandrowka und Holländisches Viertel, das Erbe von Russen und Holländern, S. 221

Filmpark Babelsberg, Spaß für Groß und Klein, S. 224

Berlins kleine Schwester

Potsdam mit seinen rund 164.000 Einwohnern boomt. Im Gegensatz zu vielen anderen ostdeutschen Städten herrscht hier Zuzug und nicht Abwanderung. Und was zuzieht, hat Bildung und/oder Geld, arbeitet bei Film und Fernsehen im nahen Babelsberg, an der Universität Potsdam, am Fraunhofer- oder Max-Planck-Institut. Oder genießt einfach nur seine Ruhe. Es ist schick, in den Villen am Griebnitzsee und am Heiligen See zu wohnen. Jauch und Joop machten den Anfang, andere Promis folgten.

Hinweis: In diesem kurzen Ausflugskapitel sind nicht alle Sehenswürdigkeiten Potsdams beschrieben. Auch das, was im Folgenden gerafft aufgeführt ist, kann an einem einzigen Tag nicht besichtigt werden. Viele Schlösser und Museen haben montags geschlossen, andere wiederum dienstags. Kleinere Sehenswürdigkeiten öffnen nur samstags und sonntags. Am Wochenende muss man vor den größeren Sehenswürdigkeiten mit längeren Warteschlangen rechnen. Am besten startet man also mittwochs, donnerstags oder freitags so früh wie möglich. Für eine Fahrt nach Potsdam benötigen Sie ein Ticket des Tarifbereichs ABC.

Potsdam ist eine Stadt im Wandel. Das merkt man schon auf den ersten Metern vom Hauptbahnhof ins Zentrum – Abriss und Wiederaufbau bestimmen das Bild, oder anders gesagt: immer wieder Baustellen. Jüngst wiederaufgebaut wurden das Stadtschloss am Alten Markt und das Palais Barberini (2017 fertiggestellt, → Sehenswertes). Drum herum sollen das ehemalige Interhotel (zuletzt Mercure) und die Fachhochschule aus DDR-Zeiten abgerissen werden. Die Neubebauung soll historischen Stadtstrukturen folgen. Auch soll die barocke Garnisonkirche mit ihrem 88 m hohen Turm (1968 gesprengt) an der Breiten Straße rekonstruiert werden. In Potsdams Zentrum hat die Vergangenheit Zukunft.

Das Viertel zwischen Brandenburger Tor und Bassinplatz geht schon jetzt in die Richtung einer charmanten Museumsstadt mit Geschäften, die den Wohlfühlfaktor betonen: gesund essen, genussvoll trinken, stilvoll shoppen. In den gepflegten, sauberen Straßen kommt einem Berlin plötzlich weit weg vor: Hier führt keiner sein Bierchen spazieren, Spätkaufs gibt es sowieso nicht. Für was auch: Am Abend werden die Bürgersteige früh hochgeklappt.

Potsdam hat aber nicht nur Stil und Schick, sondern auch trostlose Plattenbausiedlungen wie z. B. Drewitz im Südosten. Deren Einwohner sind im Zentrum kaum unterwegs, Hartz IV grenzt aus.

Geschichtlicher Abriss

Die Inkarnation des Preußentums in Potsdam begann unter Friedrich Wilhelm, dem Großen Kurfürsten, der Mitte des 17. Jh. das damalige Fischerdorf mit einer Burganlage zur Residenz neben Berlin ausbauen ließ, ganz nach dem Motto: „Das ganze Eyland muss ein Paradies werden …“. In die Tat setzten dies insbesondere die nachfolgenden Friedrichs und Wilhelms um, v. a. Friedrich der Große (mit dem Architekten Georg Wenzeslaus von Knobelsdorff) und – noch vor seiner Krönung zum Kronprinzen – Friedrich Wilhelm IV. (der engagierte u. a. den Architekten Karl Friedrich Schinkel und den Gartenbaumeister Peter Joseph Lenné).

Verheerend für die Kulturlandschaft war der Zweite Weltkrieg – auch deswegen, weil die Nazis alles einschmelzen ließen, was zur Waffenherstellung taugte, selbst gusseiserne Fensterumrahmungen. Und auch die Zeit des Sozialismus hinterließ Narben – zu DDR-Zeiten tat man nicht viel für den Erhalt des kulturellen Erbes.

Nikolaikirche und Altes Rathaus

Essen & Trinken
(S. 225/226)
1 Brauhaus Meierei
3 Alexandrowka
4 Krongut Bornstedt
5 Restaurant & Café Drachenhaus
6 Zum fliegenden Holländer
8 Maison Charlotte
10 Mea Culpa
11 Babelsberger Küche
Cafés (S. 226)
2 Garage du Pont
7 Café Heider
12 Kaffeerösterei Junick
Nachtleben (S. 226)
9 Hafthorn
Volkspark im Bornstedter Feld
Erich-Mendelsohn-Allee
Kirschallee
Habichtweg
Kiepenheuerallee
G.-Hermann-Allee
Charles-Tellier-Platz
Johan-Bouman-Platz
Schulplatz
Pappelallee
Ruinenberg
Ruinenbergstr.
Ribbeckstr.
Bornstedter See
Bornstedter Str.
Eichenallee
Amundsenstr.
Belvedere (Klausberg)
Krongut Bornstedt
Voltaireweg
Hist. Mühle
An der Orangerie
Maulbeerallee
Orangerieschloss
Gregor-Mendel-Str.
Schloss Sanssouci
Weinbergstr.
Neue Kammern
Bildergalerie
Schopenhauerstr.
Obelisk
Lindstedter Weg
Park Sanssouci
Communs
Neues Palais
Hauptallee
Chinesisches Teehaus
Friedenskirche
Lindenstr.
Hermann-Elflein-Str.
Brandenburger Tor
Am Grünen Gitter
Luisenplatz
Ökonomieweg
Ticketschalter Neues Palais
Römische Bäder
Zimmerplatz
Park Charlottenhof
Lennéstr.
Feuerbachstr.
Naturkundemuseum
Breite Str.
Am Neuen Palais
Lindenavenue
Sellostr.
Dampfmaschinenhaus
Schloss Charlottenhof
Zeppelinstr.
Neustädter Havelbucht
Auf dem Kiewitt
Wall am
Park Sanssouci
Charlottenhof
Geschwister-Scholl-Str.
Schillerplatz
Forststr.
Feldweg
Maybachstr.
Werderscher Weg
Kantstr.

Potsdam
150 m
Jungfernsee
Schloss Cecilienhof
Höhenstr.
Am Hang
Am Pfingstberg
Belvedere (Pfingstberg)
Weinmeisterstr.
Am Neuen Garten
Neuer Garten
Freibad
Nedlitzer Str.
Puschkinallee
Große Weinmeisterstr.
Alexander-Newski-Kirche
Russische Kolonie
Alexandrowka
Marmor-palais
Schwanenallee
Böcklinstr.
Menzelstr.
Glienicker Brücke
Wannsee
Ludwig-Richter-Str.
Berliner Str.
Am Schragen
Freibad
Seestr.
Rubensstr.
Heiliger See
Alleestr.
Reiterweg
Eisenhardtstr.
Am Neuen Garten
Mangerstr.
Berta-von-Suttner-Str.
Otto-Nagel-Str.
Schloss Babelsberg
Behlert-str.
Hebbelstr.
Tiefer See
Friedrich-Ebert-Str.
Jägerallee
Kurfürstenstr.
Behlertstr.
Nauener Tor
Mittelstr.
Flatowturm
Strandbad
Holländ. Viertel
Schiffbauergasse
Hans-Otto-Theater
Hegelallee
museum FLUXUS+
Benkertstr.
Humboldtbrücke
Park Babelsberg
Gutenbergstr.
Bassin-platz
Holzmarkt-str.
Brandenburger Str.
Türkstr.
Kindermann-see
Französische Str.
Grenzstr.
Charlottenstr.
H.-Geist-Str.
Lindenstr.
Am Kanal
Dortustr.
Yorckstr.
Mühlenstr.
Humboldtring
Wollestr.
Tuchmacherstr.
Kutsch-stall
Alter Markt
Nikolai-kirche
Nowawes
Altes Rathaus/ Potsdam Museum
Alt
Garnisons-kirche
Breite Str.
Stadt-schloss
Freundschafts-insel
Marchwitza-Ring
H.-
Garnstr.
Palast Barberini
Nuthepark
Filmmuseum Potsdam
Theaterschiff
Lotte-Pulewka-Str.
Hotel Mercure
Lange Brücke
R.-Breitscheid-Str.
Am Lustgartenwall
Wiesenstr.
Kiez
Schiffs-anleger
Nuthestr.
Glasmeisterstr.
Potsdam Hbf.
Fr.-List-Str.
Johannsenstr.
Karl-Liebknecht-Str.
Havel
Potsdam Hbf.
1 = Max-Planck-Str.
2 = Brauhausberg
Friedrich-Engels-Str.
Leipziger Str.
WissenschaftsPark Albert Einstein/Einsteinturm
Griebnitzsee, Filmpark Babelsberg

1990 erklärte die UNESCO die Schlösser und Parks von Sanssouci und Babelsberg sowie den Neuen Garten mit Marmorpalais und Schloss Cecilienhof zum Welterbe. In den Jahren 1992 und 1999 wurde das Welterbegebiet um 14 Denkmalbereiche erweitert, darunter u. a. die Russische Kolonie Alexandrowka und der Pfingstberg mit dem Belvedere. Seitdem fließen Millionen in die Renovierung und Wiederinstandsetzung.

Sehenswertes

Highlights in der Altstadt

Im Zentrum

Am **Alten Markt** steht das 2010–2013 mit ein paar wenigen Originalfragmenten wieder aufgebaute **Stadtschloss**. Es wurde im Krieg zerstört, seine Ruinen wurden 1959/60 gesprengt und abgetragen. Heute beherbergt das Schloss den Landtag. Daneben erhebt sich die mächtige Kuppel der **Nikolaikirche**, zwischen 1830 und 1850 nach Plänen von Schinkel erbaut und nach dem Krieg wiedererrichtet. Der Bau rechts davon, mit dem vergoldeten Atlas auf dem Dach, der die Weltkugel stemmt, ist das **Alte Rathaus**, in dem heute das **Potsdam Museum** sitzt. Dieses versteht sich als Forum für Kunst (temporäre Ausstellungen) und Stadtgeschichte (permanente Ausstellung). Das nächste Gebäude rechter Hand ist das **Palais Barberini**. Das darin untergebrachte Museum zeigt drei Ausstellungen im Jahr und greift dabei auf die Kunstsammlung des Unternehmers und Mäzens Hasso Plattner zurück. Schwerpunktmäßig werden Werke des Impressionismus präsentiert, aber auch alte Meister und Werke des 21. Jh. Auf der anderen Seite des Schlosses belegt das **Filmmuseum Potsdam**, das mit der Hochschule für Film und Fernsehen zusammenarbeitet, den ehemaligen königlichen Marstall. Luftlinie keine 100 m weiter dient der ehemalige Kutschstall als **Haus der Brandenburgisch-Preußischen Geschichte (HBPG)** mit einer kleinen, netten Dauerausstel-

Auch Potsdam hat sein Brandenburger Tor

Schloss Sanssouci, die prächtige Sommerresidenz Friedrichs II.

lung zum Thema, dazu oft spannende Wechselausstellungen.

Die lebendige **Friedrich-Ebert-Straße** führt durch das Zentrum vorbei am **Holländischen Viertel** und durch das playmobilartige **Nauener Tor** zur **Kolonie Alexandrowka**. Das **Holländische Viertel** – vier Karrees mit Bauten im typisch holländischen Stil – ließ Friedrich Wilhelm I. in der ersten Hälfte des 18. Jh. anlegen. Holländische Handwerker sollten damit nach Potsdam gelockt werden, um die sumpfige Landschaft trockenzulegen. Die 1826 fertiggestellte **Kolonie Alexandrowka**, die aus 14 weit im Grünen verstreuten Blockhausimitaten mit Schnitzverzierungen an Giebeln, Fenstern und Balkonen besteht, entstand für die Mitglieder eines russischen Chors, der beim 1. Garderegiment singend mitmarschieren musste.

Eine weitere bedeutende Straße im Zentrum ist die **Brandenburger Straße**, die als Fußgängerzone durch die schmuck-aufgeräumte Altstadt gen Westen zum Brandenburger Tor (eine bescheidene Ausgabe der Berliner Version) führt. In entgegengesetzter Richtung, am Kulturstandort Schiffbauergasse, wo das **Hans-Otto-Theater** mit seiner aufgefächerten Dachkonstruktion zum Tiefen See hin liegt, befindet sich zudem das **museum FLUXUS+**, das der Fluxusbewegung um Wolf Vostell die Reverenz erweist.

Potsdam Museum, Am Alten Markt 9. Di/Mi und Fr 10–17 Uhr, Do bis 19 Uhr, Sa/So bis 18 Uhr. 5 €, unter 18 J. frei. www.potsdam-museum.de. **Museum Barberini**, Humboldtstr. 5–6. Tägl. 11–19 Uhr, Do bis 22 Uhr. 12 €, unter 18 J. frei. www.museum-barberini.com. **Filmmuseum Potsdam**, Breite Str. 1 A. Tägl. (außer Mo) 10–18 Uhr. 5 €, erm. 4 €. www.filmmuseum-potsdam.de. **HBPG**, Am Neuen Markt 9. Di–Do 10–17 Uhr, Fr–So bis 18 Uhr. 4,50 €, erm. 3,50 €. www.hbpg.de. **museum FLUXUS+**, Schiffbauergasse 4 f. Mi–So 13–18 Uhr. 7,50 €, erm. 3–6 €. www.fluxus-plus.de.

Das preußische Versailles

Park Sanssouci

Das Ensemble der Gartenanlagen und Schlösser im Park Sanssouci, das gerne als „preußisches Versailles" bezeichnet wird, spiegelt die Vorlieben für bestimmte Kunstrichtungen und die

Ausflug nach Potsdam → Karte S. 218/219

Koketterie am preußischen Hofe des 18. und 19. Jh. wider. Am besten kommt man in den Genuss der Pracht, wenn man vom **Obelisken** (an der Schopenhauerstraße) der knapp 2 km langen Hauptallee zum Neuen Palais folgt und auf dem Weg dorthin den einen oder anderen Abstecher zu den zahlreichen Architekturschöpfungen unternimmt. Gleich linker Hand erhebt sich die **Friedenskirche** im Stil romanischer Sakralbauten. Sie besitzt ein Mosaik in der Apsis, das aus Byzanz stammen könnte, jedoch im 13. Jh. einer venezianischen Kirche gestiftet und von Kronprinz Friedrich Wilhelm IV. 1834 ersteigert wurde. Rechter Hand folgt die **Bildergalerie** aus der Mitte des 18. Jh., in deren mit Golddekor ausgestattetem prunkvollem Saal Werke der Hochrenaissance und des Barock gezeigt werden, darunter Gemälde von Anton van Dyck, Caravaggio, Carlo Maratta und Peter Paul Rubens.

Anschließend passiert man das über Weinbergterrassen thronende, leuchtend gelb gestrichene **Schloss Sanssouci** („Ohne Sorge"), 1745–47 als Sommerresidenz für Friedrich II. im Stil eines französischen Lustschlosses errichtet. Die vom Marmorsaal in der zentralen Rotunde abgehenden Zimmer bewohnte gen Osten der König. Gen Westen brachte man Gäste unter, darunter längere Zeit Voltaire. Die Ausstattung der Räume im friderizianischen Rokoko ist üppig, das Audienzzimmer etwas zu klein geraten. Friedrich II., der im Schloss verstarb, liegt neben dem Schloss begraben. Über ihm die Skulptur einer nackten Frau – im wahren Leben sollen ihm, wie Spötter sagen, solche Freuden verwehrt geblieben sein.

Linker Hand wird Schloss Sanssouci von den **Neuen Kammern** flankiert, dem architektonischen Pendant zur Bildergalerie. Die Kammern wurden als Orangerie erbaut, dann zu Gästeapartments umgewandelt. Ein Schmuckstück ist der sog. Jaspissaal, zudem entführen allerorts Bildnisse in die antike Mythologie.

Etwas weiter erhebt sich rechter Hand der Hauptallee das **Orangerieschloss**, das sich in der Gestalt an italienische Renaissancevillen anlehnt, aber größer ist. Friedrich Wilhelm IV. wollte dort einziehen, doch er verstarb, ehe der 300 m lange Bau 1864 vollendet werden konnte. Im Mittelbau befindet sich zwischen den Pflanzenhallen der imposante Raffaelsaal, den man im Rahmen einer Führung besichtigen kann. Er birgt über 50 Kopien von Gemälden Raffaels aus dem 19. Jh., darunter die *Sixtinische Madonna*.

Das **Neue Palais** (1763–69) ist mit 200 Zimmern und Kabinetten, mehreren Festsälen und einem Theater das größte und pompöseste Schloss im Park. Von der Hauptallee kommend, bildet es rückseitig mit den zwei sog. Communs, die durch eine Säulenhalle miteinander verbunden sind, ein einheitliches Ensemble. Die Communs beherbergten die Wirtschaftsräume des Schlosses, heute gehören sie zur Universität Potsdam. Das Neue Palais selbst zeigt die Prahlsucht Friedrichs II. und stellt guten Geschmack auf die Probe: 250.000 Muscheln zieren z. B. den Grottensaal. Von den acht Wohnungen für Gäste und Familienangehörige besitzt jene Friedrichs des Großen die kostbarste Ausstattung. Der letzte deutsche Kaiser, der hier wohnte, war Wilhelm II. (bis 1918). Wegen Restaurierungsarbeiten werden diverse Trakte des Schlosses bis 2018 nicht zugänglich sein.

Weitere Sehenswürdigkeiten im Park Sanssouci sind eine wiederaufgebaute **Mühle**, der Ruinenberg mit dem **Normannischen Turm** (dient der Wasserversorgung der Fontänen), ein goldverzierter chinoiser Pavillon, der **Chinesisches Haus** genannt wird, der tempelartige Aussichtspavillon **Belvedere** auf dem Klausberg, die **Römischen Bäder**, die einem pompejischen Bad nachempfunden sind, und **Schloss Charlottenhof**, das im Stil einer kleinen klassizistischen Landvilla gehalten ist. Für dessen Interieur und Exterieur zeichnete Schinkel verantwortlich.

Das Marmorpalais im Neuen Garten

Park Sanssouci, geöffnet tägl. von 8 Uhr bis zum Einbruch der Dunkelheit. Freiwilliger (!) Parkeintritt 2 €. **Friedenskirche**, Mai bis Mitte Okt. Mo–Sa 10–18 Uhr, So ab 12 Uhr, im Winter nur Sa 11–16 Uhr u. So 12.30–16 Uhr. Eintritt frei. **Schloss Sanssouci**, April–Okt. tägl. (außer Mo) 10–18 Uhr, den Rest des Jahres bis 17 Uhr. 12 €, erm. 8 €. **Neues Palais**, April–Okt. Mi–Mo 10–18 Uhr, sonst bis 17 Uhr. 8 €, erm. 6 €.

Orangerieschloss (4 €, erm. 3 €), **Bildergalerie** (6 €, erm. 5 €), **Neue Kammern** (6 €, erm. 5 €), **Schloss Charlottenhof** (Führung 6 €, erm. 5 €), **Römische Bäder** (5 €, erm. 4 €) und **Chinesisches Haus** (3 €, erm. 2 €) sind nur Mai–Okt. tägl. (außer Mo) 10–18 Uhr zugänglich, der **Normannische Turm** und das **Belvedere** waren zuletzt nur zu Sonderveranstaltungen zugänglich.

Tipp: Mit dem Tagesticket „sanssouci plus" (19 €, erm. 14 €, für Familien 49 €) können Sie fast alle hier beschriebenen Schlösser Potsdams besichtigen, Ausnahme ist das Belvedere auf dem Pfingstberg (s. u.). Mehr Infos unter www.spsg.de.

Zwischen Jungfernsee und Heiligem See

Neuer Garten

Der 15 ha große Neue Garten zwischen Heiligem See und Jungfernsee wurde im späten 18. Jh. unter Friedrich Wilhelm II. als Landschaftsgarten angelegt. Anders als bei den streng symmetrischen barocken Gartenanlagen sollte hier die Illusion ursprünglicher Natur erweckt werden. Bis zum Mauerfall verlief am Ufer des Jungfernsees im Norden des Parks der „antiimperialistische Schutzwall". Im Neuen Garten steht das 1917 für Kronprinz Wilhelm und seine Cecilie fertiggestellte **Schloss Cecilienhof**, der letzte Schlossbau der Hohenzollern in Potsdam. Das Backstein-Fachwerk-Palais im englischen Landhausstil besitzt 176 Räume und Säle, die sich um fünf Höfe gruppieren. Im Sommer 1945 fand im Schloss Cecilienhof die *Potsdamer Konferenz* statt, bei der Truman, Stalin und Churchill über das weitere Vorgehen im besetzten Deutschland beratschlagten. Der Konferenzsaal und die Arbeitszimmer der Delegationen können besichtigt werden. Eine separate Tour führt durch die Privaträume des Kronprinzenpaares im Obergeschoss – Wilhelm und Cecilie lebten noch bis Anfang 1945 in Schloss Cecilienhof.

Weiter südlich pflegte Friedrich Wilhelm II. im frühklassizistischen **Marmorpalais** (1787–1791) in herrlichster

Ausflug nach Potsdam → Karte S. 218/219

Lage am Ufer des Heiligen Sees seine Sommer zu verbringen. Viel Marmor wurde im Palast verbaut, daher der Name. Im Erdgeschoss befinden sich die reich ausgeschmückten Wohnräume des Königs, das Obergeschoss war Partygesellschaften vorbehalten. Highlight ist dort das orientalische Zeltzimmer, wunderbar kitschig ausgestattet mit Straußenfedern und leopardenfellgemusterten Stoffen – so stellte man sich im ausgehenden 18. Jh. das Morgenland vor.

Einen grandiosen Ausblick über die Potsdamer Kulturlandschaft genießt man vom **Belvedere** auf dem Pfingstberg. Die Doppelturmanlage mit Säulengängen und Wasserbecken entstand Mitte des 19. Jh. nach dem Vorbild eines italienischen Renaissanceschlosses.

Schloss Cecilienhof, April–Okt. tägl. (außer Mo) 10–18 Uhr, sonst bis 17 Uhr. 6 €, erm. 5 €. Wohnung des Kronprinzenpaares (nur mit Führung um 10, 12, 14 u. 16 Uhr) 4 € extra, erm. 3 €. Vom Zentrum (Bassinplatz) mit Bus 603 bis Haltestelle Schloss Cecilienhof. **Marmorpalais**, rund 700 m südlich des Schlosses. Mai–Okt. tägl. (außer Mo) 10–18 Uhr, Nov.–April nur Sa/So bis 16 Uhr. 6 €, erm. 5 €. **Belvedere auf dem Pfingstberg**, April–Okt. tägl. 10–18 Uhr, März u. Nov. nur Sa/So 10–16 Uhr. 4,50 €, erm. 3,50 €. Vom Zentrum (Hauptbahnhof o. Alter Markt) mit Bus 638 o. 639 bis Haltestelle Am Pfingstberg. Mehr Infos unter www.spsg.de.

Flatowturm

Park und Filmstudios

Babelsberg

Park Babelsberg, die dritte große Potsdamer Gartenanlage, entstand in der Mitte des 19. Jh. u. a. nach Plänen von Peter Joseph Lenné. Malerische Aussichtsplätze und romantische, meist neogotische Bauten verleihen dem Park etwas Märchenhaftes. Das auf einem Hügel thronende **Schloss Babelsberg** wurde zwischen 1833 und 1849 als Sommerresidenz für den späteren Kaiser Wilhelm I. und seine Gattin Augusta im Stil der englischen Tudorgotik errichtet: Türme, Zinnen und Erker satt. Auch die Räumlichkeiten – Highlight ist der achteckige Festsaal – sind neogotisch eingerichtet. Die schönste Aussicht über die herrliche Landschaft, den Tiefen See und die Glienicker Lake genießt man vom **Flatowturm** (1853–56), der dem Eschenheimer Torturm von Frankfurt/Main nachempfunden ist.

Ein Touristenhotspot ganz anderer Art ist der **Filmpark Babelsberg** auf dem Gelände der Filmstudios Babelsberg (ehemals *UFA* bzw. *DEFA*). Der Erlebnispark bietet Spaß und Action: So kann man u. a. eine interaktive Making-of-Show des 3-D-Kinofilms *Die drei Musketiere* erleben, durch ein Westernstädtchen spazieren, gefährlichen Stunts beiwohnen und mit Glück beim Außendreh von *Gute Zeiten, Schlechte Zeiten* oder bei Live-TV-Shows hautnah dabei sein.

Schloss Babelsberg, wegen Restaurierungsarbeiten bis voraussichtlich April 2017 geschl., Infos dazu auf www.spsg.de. **Flatowturm**, Mai–Okt. nur Sa/So 10–18 Uhr. 2 €. www.spsg.de. Von Potsdam Hbf. mit Bus 694 bis Schloss Babelsberg. **Filmpark Babelsberg**, April–Okt. tägl. 10–18 Uhr, aber immer wieder Schließtage (Zeiten auf www.filmpark-babelsberg.de). 21 €, erm. 14 €, Fam. 60 €. Von Potsdam Hbf. mit Bus 690 bis Haltestelle Filmpark.

Das Neue Palais aus der Vogelperspektive

Architekturikone

Einsteinturm

Im *WissenschaftsPark Albert Einstein* südlich des Potsdamer Zentrums steht der Einsteinturm, eine Architekturikone des 20. Jh. Das exzentrisch-schwungvolle Bauwerk von Erich Mendelsohn (1924 fertiggestellt), dessen Formensprache dem Expressionismus zugeordnet wird, dient bis heute als Sonnenobservatorium.

Telegrafenberg 1, vom Hbf. Potsdam mit Bus 691 bis Haltestelle Telegrafenberg (nur Mo–Fr), zu Fuß ca. 20 Min. Von außen kann der Turm jederzeit besichtigt werden (einfach beim Pförtner melden). Termine und Anmeldung für Führungen unter ✆ 0331/291741, www.urania-potsdam.de.

Praktische Infos

→ Karte S. 218/219

Information

Tourist Information, im Hauptbahnhof. Mai–Okt. Mo–Sa 9.30–20 Uhr, sonst bis 18 Uhr, So stets bis 16 Uhr. ✆ 0331/27558899, www.potsdamtourismus.de.

Radverleih

Pedales, im Hauptbahnhof, am Ausgang Babelsberger Straße und auf dem Bahnsteig der S-Bahn. Rad ab 11 €/Tag, E-Bike ab 25 €. Mo–Fr 7–20 Uhr, Sa/So 9.30–20 Uhr. ✆ 0331/88719917, www.potsdam-per-pedales.de.

Schiffsrundfahrten

Vom Schiffsanleger an der Langen Brücke werden von März bis Ende Okt. Schlösserrundfahrten (1:30 Std., 14 €), Havelseenrundfahrten (2:45 Std., 16 €) und andere Touren angeboten. Infos z. B. unter ✆ 2759210, www.schifffahrt-in-potsdam.de.

Achtung: In den Parks Sanssouci, Neuer Garten und Babelsberg gibt es nur wenige Wege, auf denen das Mitführen (d. h. das Fahren und Schieben!) eines Rades erlaubt ist. Die Pläne an den Parkeingängen informieren über die Radwege.

Essen & Trinken

Zentrum

Maison Charlotte **8**, im Holländischen Viertel. Charmantes Restaurant im Stil eines französischen Landgasthofs, hübscher Garten. Hier

Ausflug nach Potsdam → Karte S. 218/219

kann man sich so richtig verwöhnen lassen – mit frischen Austern, bretonischer Fischsuppe oder Kalbsfilet unter Waldmeisterkruste. Dazu leckere Flammkuchen aus dem Steinbackofen. Günstige Mittagsgerichte, Hg. sonst 8,50–25 €. Tägl. 12–23 Uhr. Mittelstr. 20, ✆ 0331/2805450, www.maison-charlotte.de.

Zum Fliegenden Holländer 6, nett-rustikales Restaurant nahebei. Neben holländisch angehauchten Gerichten (holländischer Käsesalat, Matjesvariationen) auch Deutsch-Deftiges wie Eisbeinsülze oder mit Backpflaumen gefüllter Schweinebraten. Gehwegterrasse. Hg. 11–18,50 €. Tägl. ab 10 Uhr. Benkertstr. 5, ✆ 0331/275030, www.zumfliegendenhollaender.de.

Alexandrowka 3, Restaurant und Teestube in einem Holzhaus der Alexandrowka-Kolonie. In dörflich-nostalgischem Ambiente wird russische Küche zwischen *Ucha* (Fischsuppe), *Sakuska* (Vorspeise aus marinierten Pilzen), *Pelmeni* (russische Maultaschen) und Spiegelkarpfen (gebratene Karpfenfilets) kredenzt. Dazu eine Birkenlimonade? Schönes Sommergärtchen. Hg. 9–14,50 €. Tägl. (außer Mo) ab 11.30 Uhr, je nach Jahreszeit schließt man abends zwischen 18 und 22 Uhr. Russische Kolonie 1, ✆ 0331/2006478, www.alexandrowka-haus1.de.

Mea Culpa 10, extrem populäres Tapasrestaurant, abends besser reservieren. Nettes Ambiente, man kann auch draußen sitzen. Tapas ab 3,80 €, Hg. ab 9,80 €. Tägl. 12–1 Uhr. Dortustr. 1, ✆ 0331/2011780, www.meaculpa-potsdam.de.

Babelsberger Küche 11, einfach und preiswert, hier gehen die Handwerker essen. Hg. um die 5 €. Mo–Fr 7–15 Uhr. Gutenbergstr. 100, ✆ 0331/2013556, www.babelsbergerkueche.de.

Kaffeerösterei Junick 12, selbst gerösteter Kaffee und hausgemachte Kuchen. Dazu Snacks wie Bagels, Ofenkartoffeln und Sandwichs. Auch Frühstück. Tägl. 9–19 Uhr, So ab 10 Uhr. Lindenstr. 57, ✆ 0331/2011789, www.kaffeeroesterei-junick.de.

Café Heider 7, charmantes Kaffeehaus mit Terrasse am Nauener Tor. Das selbst ernannte „Wohnzimmer der Stadt" besteht seit 1878. Frühstück, Mo–Fr günstiger Mittagstisch, zum Abendessen aber (Hg. 9–21,50 €) würden wir woanders hingehen. Mo–Fr ab 8 Uhr, Sa ab 9 Uhr, So ab 10 Uhr. Friedrich-Ebert-Str. 29, ✆ 0331/2705596, www.cafeheider.de.

Hafthorn 9, abends hat Potsdam nicht arg viel zu bieten, in dieser lebendigen Szenekneipe ist jedoch immer was los. Zum *Atlantik Ale* oder tschechischen *Litovel*-Bier kann man Riesenburger oder Chili con Carne verdrücken. Netter Hofgarten. Tägl. ab 18 Uhr. Friedrich-Ebert-Str. 90, ✆ 0331/2800820, www.hafthorn.de.

Park Sanssouci

Restaurant & Café Drachenhaus 5, in einer chinesischen Pagode, deren Dach Drachen zieren. Nette Terrasse, innen gediegen-bieder. Gehobenere deutsche Küche, dazu Gambas in Megaportionen (Hg. 15,50–24,50 €). April–Okt. tägl. ab 11 Uhr, sonst Di–So 12–18 Uhr. Maulbeerallee 4a, ✆ 0331/5053808, www.drachenhaus.de.

meinTipp **Krongut Bornstedt 4**, das ehemalige Mustergut der Hohenzollern beherbergt heute kleine Manufakturen, Galerien, ein Zinnfigurenmuseum, eine „Hofbäckerei" mit tollem Kuchen, einen Biergarten, Shops und v. a. das rustikale Brauhaus Krongut, das unter weißgetünchtem Backsteingewölbe den *Bornstedter Büffel* braut und dazu Deftiges wie Gulasch, Bachforelle oder Schweinshaxe serviert (Hg. 9,50–24,50 €). Ribbeckstr. 6/7, ✆ 0331/5506548, www.krongut-bornstedt.de.

Neuer Garten und Umgebung

Garage du Pont 2, originelles französisches Caférestaurant (mit kleinem angeschlossenem Oldtimermuseum), das es sich auf dem Gelände einer Tankstelle aus den 1930ern gemütlich gemacht hat. Draußen hübsche Terrasse zwischen nostalgischen Zapfsäulen, drinnen auch sehr nett. Mittags gibt es leichte Lunchgerichte oder Flammkuchen, abends Schweinekotelett mit Cidresoße oder Wolfsbarsch auf Weißweinrisotto zu 14–26,50 €. Leider eher vegetarierunfreundlich. Mo–Sa 12–23 Uhr, So ab 10 Uhr. Berliner Str. 88 (nahe der Glienicker Brücke), ✆ 0331/87093272, www.garagedupont.jimdo.de.

Brauhaus Meierei 1, die burgähnliche Meierei aus dem Jahr 1790 lag zur Zeit des Eisernen Vorhangs als Brandruine unzugänglich innerhalb des Mauerstreifens. Heute ist sie eine der schönstgelegenen Ausflugsgaststätten der Stadt mit Terrasse am Ufer des Jungfernsees. Verschiedene hausgebraute Biersorten, wer es langsam angehen lassen will, wählt ein *Potsdamer* – halb Bier, halb Fassbrause. Essen aber kann man anderswo besser – Busgruppenabsteige! Im Sommer Di–So 12–22 Uhr, im Winter verkürzt. Im Neuen Garten 10, ✆ 0331/7043211, www.meierei-potsdam.de.

Einsteinturm

Fotostopp vor der East Side Gallery

Nachlesen & Nachschlagen

Stadtgeschichte ▪ S. 230
Kunst und Kultur ▪ S. 244
Veranstaltungen ▪ S. 253
Nachtleben ▪ S. 256
Sport, Spaß und Spa ▪ S. 269
Berlin mit Kindern ▪ S. 275
Berlin (fast) umsonst ▪ S. 279
Ankommen in Berlin ▪ S. 281
Rumkommen in Berlin ▪ S. 283
Übernachten ▪ S. 288
Berlin von A bis Z ▪ S. 298
Was bringt der Bär auf die Waage? ▪ S. 304

Kompakt Museen ▪ S. 307
Kompakt Restaurants ▪ S. 310
Kompakt Shopping ▪ S. 315

Immerfort werden, niemals sein

Stadtgeschichte

Berlin ist ein vergleichsweise junges Ding und hat es doch faustdick hinter den Ohren. Die letzten zwei Jahrhunderte hatten es in sich: Aufstieg unter den Preußen mit all ihren Friedrichs und Wilhelms, Weltstadt und Kulturmetropole in den Goldenen Zwanzigerjahren, Stadt des Grauens unter den Nazis, Zerstörung und Neuaufbau, geteiltes, aber längst nicht halbes Leid, Mauerfall und Wieder-Hauptstadt-Werden. Die Stadt kennt Aufstieg und Fall wie keine andere Metropole. Berlin ist die Stadt der Brüche zwischen Einst und Jetzt, noch heute voller Narben und Brachen. Jede Ecke atmet Geschichte.

Berlin-Cölln – eine Spätgeburt

Während in Europa schon Weltreiche auf- und untergegangen waren, andernorts schon Kathedralen dem Himmel entgegenstrebten, war Berlin noch ein vergessener, von Sand und Wäldern umgebener Flecken. Die Stadt erwuchs im 13. und 14. Jh. aus zwei Siedlungen: Da war Cölln (1237 erstmals urkundlich erwähnt) auf der Spreeinsel, wo Fischer und Schiffer lebten und die Dominikaner ein Kloster gegründet hatten. Und da war am Ufer gegenüber – dort, wo heute das Nikolaiviertel liegt – die Kaufmannssiedlung Berlin (1244 erstmals erwähnt). Beide Siedlungen verband der Mühlendamm, der bereits Ende des 12. Jh. als Spreeübergang angelegt worden war.

1432 schlossen sich Berlin und Cölln zu einer Doppelstadt zusammen. Bald darauf ließen die Hohenzollern die Burg *Zwing Cölln* errichten. 1486 machte Johann Cicero von Brandenburg Berlin-Cölln zur Residenzstadt der brandenburgischen Kurfürsten. Mehr als vier Jahrhunderte lang sollten nun die Hohenzollern Stadt und Land prägen.

Um 1500 zählte Berlin-Cölln rund 12.000 Einwohner, die meisten Häuser waren aus Holz, mit Schweinekoben, Hühnerstall und Misthaufen davor – von Glanz und Glamour keine Spur.

Das änderte sich Mitte des 16. Jh. ein wenig, als Kurfürst Joachim II. Hektor die abweisende Burg abtragen und durch ein repräsentatives Renaissanceschloss ersetzen ließ. Noch vor dem Dreißigjährigen Krieg gewährte Kurfürst Johann Sigismund die Religionsfreiheit. Er ging als großer Trinker in die Geschichte ein, verdoppelte aber auch die Größe des Kurfürstentums, das nun von den Niederlanden bis Polen reichte und erstmals in der europäischen Politik Beachtung fand. Der Dreißigjährige Krieg (1618–1648) bedeutete für Berlin-Cölln Niedergang und Neuanfang: Ein Drittel der Häuser wurde zerstört oder verfiel, die Einwohnerzahl sank auf rund 6000.

Nach dem Krieg wurde Berlin-Cölln in Form eines Sterns mit 13 Bastionen ausgebaut. Um Handwerk und Handel zu fördern, forcierte Friedrich Wilhelm, der Große Kurfürst, den Zuzug von Glaubensflüchtlingen. Rund um die Stadt siedelten nun österreicherische Juden, französische Hugenotten und Protestanten aus dem sächsisch-thüringisch-anhaltischen Raum, aus der Pfalz und der Schweiz. 1709, als die umliegenden Vororte mit dem Zentrum zu Berlin vereinigt wurden, zählte die Stadt rund 55.000 Einwohner.

Ein König für Berlin

Mit der Krönung des Kurfürsten Friedrich III. 1701 zum König Friedrich I. wurde Berlin königliche Residenzstadt. Als Kurfürst und König ahmte Friedrich die Hofkultur des Sonnenkönigs Ludwig XIV. nach. Er förderte die Künste und Wissenschaften, ließ für seine Frau Schloss Charlottenburg (→ S. 124) errichten, für sich durch Andreas Schlüter das städtische Schloss um- und die Stadt selbst zu einer prächtigen barocken Residenzstadt ausbauen.

Sein Nachfolger, Friedrich Wilhelm I., der 1713 den Thron bestieg, verabscheute all den Prunk und Pomp. Er lenkte sein Augenmerk aufs Militär, machte Berlin zur Garnisonsstadt und ging als Soldatenkönig in die Geschichte ein. Er leistete sich auch ein Regiment, und zwar das der sog. „langen Kerle" – Soldaten von über 6 Fuß Größe (ca. 1,90 m), darunter viele Iren und Schweden. Unter Friedrich Wilhelm I. wurde aber auch die Schulpflicht eingeführt, zudem kamen böhmische Glaubensflüchtlinge nach Berlin.

Der Alte Fritz

Friedrich II., auch „Friedrich der Große" und später „Der Alte Fritz" genannt (Regierungszeit 1740–1786), hegte hingegen wieder ein ausgeprägtes Interesse an Kunst und Wissenschaften. Er korrespondierte mit Voltaire, komponierte und musizierte auf der Querflöte, fertigte u. a. den Entwurf zu seinem Sommersitz Sanssouci (Potsdam) an, ließ die Straße Unter den Linden zum Prachtboulevard ausbauen, das Opernhaus, die St.-Hedwigs-Kathedrale und die Alte Bibliothek errichten, schaffte die Folter ab, führte die Kartoffel ein, war bekannt für seine Tafelrunden, aß – wann immer möglich – Kirschen, raubte nebenbei Schlesien und bestätigte seine Toleranz gegenüber religiösen Minderheiten mit dem bekannten Ausspruch: „Jeder soll nach seiner Façon selig werden", was den Zuzug weiterhin förderte. Unter Friedrich II. entwickelte sich Berlin zu einem Zentrum der Aufklärung, deren führende Köpfe Gotthold Ephraim Lessing, Friedrich Nicolai und Moses Mendelssohn waren. Am Ende der Regierungszeit Friedrichs II. hatte Berlin bereits rund 147.000 Einwohner.

Von den Ideen der Aufklärung und der Religionsfreiheit war sein Nachfolger und Neffe Friedrich Wilhelm II. nicht sonderlich angetan – er liebte die Musik und die Frauen. Seine Regierungszeit steht für Günstlingswirtschaft, Korruption und Sittenlosigkeit. In seine Ära fällt aber auch der Beginn der Industrialisierung Berlins.

Rauchende Schlote

Bereits 1795 war die erste Dampfmaschine aufgestellt worden, keine zehn Jahre später wurde die *Königliche Eisengießerei* gegründet, die die erste Dampflokomotive Deutschlands bauen sollte. 1806–1808 besetzte Napoleon Berlin. Friedrich Wilhelm III., der 1797 den Thron bestiegen hatte, war geflohen, „Unser Dämel ist in Memel" sangen die Straßenkinder. 1810 nahm die Universität (die heutige Humboldt-Universität) den Lehrbetrieb auf, schon bald zog sie bedeutende Wissenschaftler an. Im gleichen Jahr trat Karl Friedrich Schinkel seinen Dienst an der Bauakademie an. Er wurde nach den Befreiungskriegen „Hofarchitekt" Friedrich Wilhelms III. und führte den Klassizismus in Deutschland zu seinem Höhepunkt. Für Friedrich Wilhelm III. erbaute Schinkel u. a. die Neue Wache, das Schauspielhaus am Gendarmenmarkt und das heute „Altes Museum" genannte Museum auf der Museumsinsel.

1822 schrieb Heinrich Heine: „Wirklich, ich kenne keinen imposanteren Anblick, als (...) nach den Linden hinaufzusehen". 1826 brannten dort die ersten Gaslaternen – noch heute gibt es über 37.000 in der Stadt. 1837 eröffnete August Borsig vor dem Oranienburger Tor seine *Eisengießerei und Maschinenbauanstalt*. „Feuerland" wurde jenes Eck daraufhin genannt, wegen des Scheins der Schmiedefeuer über dem Nachthimmel. Drum herum entstanden weitere Manufakturen, sie alle sorgten für neue Zuwanderung. Als Friedrich Wilhelm III. 1840 starb, zählte Berlin bereits 330.000 Einwohner. 1844 wurde der Zoo angelegt, zwei Jahre später fuhren die ersten Omnibusse, damals noch von Pferden gezogen, nach festem Fahrplan. 1847 begründete Werner von Siemens mit der *Telegraphenbau-Anstalt* die Berliner Elektroindustrie.

Märzrevolution

Doch Wohlstand – und daran sollte sich in den nächsten Jahrzehnten nichts ändern – brachte all der Fortschritt nur wenigen. 1847 nahmen 40 % der Berliner die Armenfürsorge in Anspruch. Hungerlöhne und der Drang, sich von den feudalen Fesseln zu befreien, führten zur Märzrevolution

Sockelbereich der Siegessäule

1848. Doch noch im November desselben Jahres verschaffte sich König Friedrich Wilhelm IV. (Regierungszeit 1840–1858) durch das preußische Militär wieder Respekt. Er war ein Träumer und Romantiker, der lieber Architekt als König geworden wäre. Seine Entwürfe für diverse Repräsentationsbauten in Berlin und Potsdam ließ er v. a. von Friedrich August Stüler, einem Schüler Schinkels, umsetzen.

Kaiserliches Berlin

Industrialisierung und Bevölkerungszuzug prägten auch die zweite Hälfte des 19. Jh. Fast täglich entstanden neue Unternehmen und Industriebetriebe wie beispielsweise 1864 *Schering*. Die Zuwanderer kamen v. a. aus Schlesien und Osteuropa. 1871, in dem Jahr, als König Wilhelm I. – ein Soldat durch und durch – Deutscher Kaiser, Berlin zur Hauptstadt des Kaiserreichs und Bismarck Reichskanzler wurde, zählte man bereits 826.000 Einwohner. Zehn Jahre später erschien das erste Telefonbuch der Stadt (187 Einträge) und fuhr die erste Straßenbahn der Welt durch Berlin, damals „Elektrische" genannt. 1883 wurde die *DEG* gegründet, aus der die *AEG* hervorging, fünf Jahre später mit dem *BFC Germania* der erste Fußballclub Deutschlands – er besteht noch heute. Rund um die Stadt, in Moabit, Wedding, im heutigen Kreuzberg und Neukölln, sprossen Mietskasernen empor, meist fünfstöckig, auf vier Seiten von Straßen umgeben und zusammengesetzt aus Waben von Hinterhäusern und Remisen. In diesen Mietskasernen lebten mehr schlecht als recht, vom feuchten Keller aufwärts, Hunderte von Familien. Private Küchen oder Toiletten gab es zu jener Zeit nicht. Zahlreiche Familien hausten in nur einem einzigen Zimmer, viele Arbeiter hatten nicht mal ein eigenes Bett – je nach Schicht wechselten sich diese sog. „Schlafgänger" auf den Matratzen ab. Von Heinrich Zille stammt der dazu passende Satz: „Mit einer Wohnung kann man einen Menschen erschlagen."

Der letzte Hohenzoller

1888 bestieg Wilhelm II. als letzter Hohenzoller den Thron, den er bis zu seiner Abdankung 1918 innehatte. 1891, in jenem Jahr, in welchem dem Berliner Maschinenfabrikanten und Luftfahrtpionier Otto Lilienthal der erste sichere Gleitflug der Geschichte gelang, zählte man bereits über 1,5 Mio. Einwohner – aber nicht einmal ein Zehntel davon hatte andere Sorgen als den täglichen Überlebenskampf. 1892 wurde in Berlin das erste Automobil zugelassen, 1894 das neue Reichstagsgebäude für das Parlament der Kaiserzeit eingeweiht – für Wilhelm II. „der Gipfel der Geschmacklosigkeit." 1902 fuhr die erste Untergrundbahn. 1910 gab es schon über 30 große Theater, 1912 zählte man mehr als 2 Mio. Einwohner. Mit ungeahnter Schnelligkeit war Berlin zu einer Weltstadt geworden, dazu Wissenschafts- und Kulturmetropole, die mit Nobelpreisen geadelt wurde. Max Planck holte Albert Einstein an die Preußische Akademie der Wissenschaften, Fritz Haber lehrte an der Universität. Die Cafés wurden Treffpunkte der Berliner Boheme – Richard Strauss, Oskar Kokoschka, Frank Wedekind, Alfred Kerr, Max Liebermann, Else Lasker-Schüler u. v. m. trieben sich dort herum.

Novemberrevolution

Die Jahre des Ersten Weltkriegs führten zu Versorgungsengpässen, v. a. zum Kriegsende hin wurde die Not der Arbeiter immer drückender. Gegen Ausbeutung, Krieg und Monarchie kämpfte die *Spartakusgruppe* (1916 gegründet), die Keimzelle der KPD. Ihre Symbolfiguren Karl Liebknecht und Rosa Luxemburg wurden kurz nach Kriegsende von Freikorpssoldaten ermordet, ihre Leichen in den Landwehrkanal geworfen. Die Unterzeichnung der Freisprüche für die für die Morde verantwortlichen Offiziere durch einen Sozialdemokraten verschärfte den Bruch zwischen Sozialdemokraten und Kommunisten.

Noch vor Kriegsende kam es zu Massenstreiks und mit der Novemberrevolution zur Abdankung des Kaisers. Die Straßenschlachten und Aufstände dauerten aber auch nach dem Krieg noch an. Im Februar 1919 trat die neue Nationalversammlung daher nicht im Reichstag, sondern abseits der Tumulte in Weimar zusammen. Und in all den Wirren der Zeit gaben die Dadaisten Geräuschkonzerte und ließen Schreib- und Nähmaschine um die Wette laufen.

Die Goldenen Zwanziger

1920 stieg Berlin durch die Eingemeindung der umliegenden Städte wie Charlottenburg, Wilmersdorf oder Neukölln mit 3,8 Mio. Einwohnern zur drittgrößten Stadt der Welt auf. Berlin war nun *der* „place to be", eine ewige Party – aber nur für jene, die es sich leisten konnten. Für die Masse folgte ein Jahrzehnt des Elends und der Verzweiflung. Der Ausweg daraus war, wenn auch nur für ein paar Stunden, die Pinte: „Sauf, sauf, Brüderlein, sauf! Lasse die Sorgen zu Haus. Sauf, sauf, Brüderlein, sauf. Meide den Kummer und meide den Schmerz. Dann ist das Leben ein Scherz." Für das Gros der Berliner Bevölkerung waren die 20er-Jahre weit weniger golden als der Mythos glauben machen will. Als die Demokratie verspielt war, lebte jeder vierte männliche Bewohner von Sozialhilfe.

Die 20er-Jahre stehen u. a. für Autorennen auf der *AVUS* (1921 eröffnet), für Sechstagerennen und Boxkämpfe im Sportpalast (1910 an der Pallasstraße in Schöneberg eröffnet, heute nicht mehr existent), für die Geburtsstunde des deutschen Rundfunks (1923) und für die Hyperinflation im selben Jahr: Noch im Januar hatte ein Brot 4300 Papiermark gekostet, im Oktober waren es 480 Millionen. Die Entwertung des Geldes kurbelte den Sextourismus an, ohnehin entwickelte sich Berlin zur freizügigsten Stadt des Kontinents. Die teuersten Mädels warteten am Ku'damm auf Kundschaft, Kokain gab es an jeder Straßenecke. Auch war Berlin bekannt für seine Homosexuellenlokale – oft getarnt als Lotterie- oder Sparvereine, denn die Razzien des *Polizeidezernats für sexuelle Verwirrungen* waren gefürchtet. Mit dem *Celly de Rheydt Ballet* trat in Berlin Deutschlands erste Nackttanztruppe auf. „Was interessiert das Publikum? Hunger, Elend, Not von Millionen? Dass Tausende im Zuchthaus verrecken – interessiert das das Publikum? I wo, der nackte Hintern der Anita Berber, der interessiert das Publikum" (Maurus Pacher in *Sehn Sie, das war Berlin*). Anita Berber war *das* Sexsymbol der 20er-Jahre, auf der Bühne wie im Kino.

Fritz Lang, Ernst Lubitsch und Friedrich Wilhelm Murnau machten Berlin zu einer führenden Filmstadt. Bereits 1917 war die *Universum Film AG (UFA)* gegründet worden. Zehn Jahre später kam mit Walter Ruttmanns Film *Berlin – die Sinfonie der Großstadt* ein nie wieder erreichter Metropolenklassiker heraus. Und mit *Der blaue Engel* (1930) hatte Marlene Dietrich ihren Durchbruch.

Berlin war in den 20er-Jahren aber nicht nur Filmmetropole und Spielwiese funktionalistischer Architekten wie Walter Gropius, Mies van der Rohe oder Erich Mendelsohn, sondern auch *das* Zentrum für Kunst und Literatur. Verbunden mit dem Berlin dieser Zeit sind Namen wie Gottfried Benn, George Grosz, Billy Wilder, Otto Dix, Alfred Döblin, Bertolt Brecht, Kurt Tucholsky, Joseph Roth, Gustaf Gründgens u. v. m.

Unterm Hakenkreuz

Anfang der 1930er verglich Erich Kästner Berlin mit „einem Irrenhaus. Im Osten residiert das Verbrechen, im Zentrum die Gaunerei, im Norden das Elend, im Westen die Unzucht, und in allen Himmelsrichtungen wohnt der Untergang." Ab Januar 1933 war mit der Machtübernahme der Nazis der

In der Gedenkstätte für die Opfer der Kriege und Gewaltherrschaft

Untergang nicht mehr aufzuhalten. Dies war möglich geworden, weil sich die linken Parteien nicht verbünden konnten. Deutschlandweit hatte bei den Reichstagswahlen zwei Monate zuvor nur einer von drei Wählern für die NSDAP gestimmt, in Berlin einer von vier. Berlin, die Stadt der Freiheit und Toleranz, gab es fortan nicht mehr. Der für die Nazis willkommene Reichstagsbrand in der Nacht vom 27. auf den 28. Februar 1933 (einige Quellen gehen davon aus, dass er von Göring und Goebbels selbst organisiert wurde) brachte den Ausnahmezustand, der Bürgerrechte außer Kraft setzte, wodurch Hitler bequem seine Gegner aus dem Weg räumen konnte. Im Juli 1933 wurden alle Parteien außer der NSDAP verboten. Die antisemitische Hetze begann, durch die Flucht vieler Künstler und Wissenschaftler wurde der geistige Niedergang Berlins eingeläutet. Tausende linker Aktivisten wurden verfolgt, in den Gestapo-Kellern der Prinz-Albrecht-Straße (heute Niederkirchner Straße) gefoltert und in Konzentrationslager deportiert. Lediglich zu den Olympischen Spielen 1936 lebte Berlin noch einmal auf. Die Polizeistunde wurde aufgehoben, Straßenmusik und Jazz wurden wieder erlaubt, sämtliche antisemitischen Plakate wurden entfernt. Speziell beauftragte Malkolonnen sorgten dafür, dass die durch den Widerstand angebrachten nazifeindlichen Parolen in U-Bahnhöfen und auf Häuserwänden wieder verschwanden – die Besucher aus aller Welt sollten die Illusion eines vorbildlichen und heilen Deutschlands erleben, ohne Judenverfolgung und ohne Unterdrückung.

Zwei Jahre später brannten in der Reichspogromnacht die Synagogen. Von den rund 172.000 Berliner Juden, die vor der Machtergreifung der Nazis in Berlin lebten, konnten bis 1941 rund 90.000 ins Ausland emigrieren. Rund 1400 überlebten die Schreckensherrschaft im Untergrund, ca. 60.000 wurden Opfer des Holocaust. Nur 2000 kamen nach dem Krieg aus den Konzentrationslagern zurück nach Berlin.

Bomben auf Berlin

Als am 1. September 1939 der Angriff auf Polen erfolgte, herrschte in Berlin keine Kriegsbegeisterung, auch wenn dies Goebbels' Propagandaministerium glauben machen wollte. Vielmehr herrschte Angst. Die Sorgen waren berechtigt – zwei Tage später erklärten Frankreich und England Deutschland den Krieg. Schon im März 1940 wurden in Berlin Kellerwände zwischen den Häuserblocks durchbrochen, um im Falle eines Treffers bei einem Luftangriff Fluchtwege zu schaffen. Es wurden Grünflächen vorgetäuscht, indem man Tarnnetze über ganze Straßenzüge spannte, um die Orientierung der feindlichen Piloten zu erschweren. Dazu wurden rund um Berlin fünf Attrappenstädte gebaut, die nächtens beleuchtet wurden, während Berlin im Dunkeln lag. Bei den ersten Luftangriffen der *Royal Air Force* warfen die Bomber noch Flugblätter ab, die dünn, geschmeidig und deswegen auch sehr begehrt waren: Vieles war streng rationiert, selbst das Klopapier, das so braun und steif war wie die Partei.

1942 lebten 4.478.102 Menschen in Berlin, eine Zahl, die nie wieder er-

Berlin im Kasten

Größenwahn Germania

„Berlin wird als Welthauptstadt nur mit dem alten Ägypten, Babylon oder Rom vergleichbar sein! Was ist London, was ist Paris dagegen!" Noch im März 1942 ließ sich Hitler zu derartiger Euphorie hinreißen. Die Bomben auf Berlin störten ihn nicht, sie besorgten und erleichterten das, was er ohnehin vorhatte: die Zerstörung und den Abriss ganzer Stadtteile. Hitler hasste das alte Berlin, nur ein Viertel der Einwohner hatte ihn gewählt. Ein neues Berlin sollte entstehen, monumental und gigantisch, alles Bisherige in den Schatten stellend, für die Ewigkeit geschaffen. Ganz nach dem Motto: Klein ist der Einzelne, groß Germania. Und keiner verstand es besser, Architektur als machtpolitische Geste zu missbrauchen und umzusetzen, als Hitlers Generalbauinspektor Albert Speer. Die Pläne für die neue Welthauptstadt Germania sahen u. a. eine *via triumphalis* für die siegreichen deutschen Truppen vor, die als Ost-West-Achse zwischen Alexanderplatz und Olympiagelände verlaufen sollte. Darüber hinaus war eine 120 m breite Nord-Süd-Achse geplant, die einen neuen Nordbahnhof in Moabit mit einem neuen Südbahnhof in Tempelhof verbinden sollte. Vor dem Südbahnhof sollte ein Triumphbogen entstehen, 170 m breit und 117 m hoch (das entspricht der neunfachen Größe des Pariser Arc de Triomphe!). Allein für die Schaffung der Achsen hätten Hunderttausende Berliner umgesiedelt werden müssen. Am Schnittpunkt beider Achsen (neben dem Reichstag) sollte die *Große Halle*, eine Ruhmeshalle, errichtet werden, das größte Bauwerk der Welt: 20 Fußballfelder einnehmend, mit einer Kuppel, deren Durchmesser 250 m und deren Höhe 290 m betragen hätte (die Kugel des Fernsehturms befindet sich vergleichsweise auf rund 200 m Höhe). 180.000 Menschen sollten darin Hitler zujubeln können – infolge des sich bildenden Kondenswassers vermutlich aber unter Regenschirmen. Neben der Großen Halle, dort, wo heute das Bundeskanzleramt steht, sollte Speer für Hitler einen neuen „Führerpalast" bauen – mit einem 900 m² großen Arbeitszimmer. Der sandige Untergrund Berlins aber war ein Risiko für die Standfestigkeit der Monumentalbauten, die in ihrem Erscheinungsbild allesamt an die Antike angelehnt sein sollten. Um das Setzungsverhalten des Bodens zu testen, wurde daher an der Stelle, wo der Triumphbogen entstehen sollte, ein Schwerbelastungskörper errichtet. Der Stahlbetonzylinder, 14 m hoch, 21 m im Durchmesser und 12.500 t schwer, steht noch heute leicht geneigt an der Ecke General-Pape-Straße/Loewenhardtdamm.

reicht wurde. Darunter befanden sich zu Anfang des Jahres noch 40.000 Juden, die v. a. in der Rüstungsindustrie arbeiten mussten und von den Lebensmittelrationierungen am härtesten betroffen waren. Auf der Wannsee-Konferenz (→ S. 210), wo die Endlösung der Judenfrage beraten wurde, kam man überein, sie durch Zwangsarbeiter aus den besetzten Gebieten zu ersetzen.

Mehr Informationen zu den Verbrechen der Nazis im Dokumentationszentrum „Topographie des Terrors" und im Deutschen Historischen Museum, zum Schicksal der europäischen und Berliner Juden im Jüdischen Museum und im Ort der Information des Holocaust-Denkmals und zum Widerstand in Berlin in der Gedenkstätte Deutscher Widerstand.

Als im Frühjahr 1943 die Luftangriffe der Briten (nachts) und Amerikaner (tagsüber) erheblich zunahmen, wurden die Lücken und Trümmerfelder in der Stadt immer größer. Ab Herbst heulten die Sirenen teils rund um die Uhr, während die Berliner hungernd und verängstigt in ihren Kellern saßen. Allein die Luftangriffe im November 1943 machten fast eine halbe Million Menschen obdachlos. Die Kaiser-Wilhelm-Gedächtniskirche, das Schloss, das Zeughaus, die Universität, die St.-Hedwigs-Kathedrale und die Staatsbibliothek wurden in nur einer einzigen Nacht zerstört. Als die Bomber von Luftmarschall Arthur Harris die Tiere im Zoo erwischten, tauchten diese nur wenig später auf den Speiseplänen auf. Der Hunger hatte infolge der stetigen Kürzungen der Lebensmittelrationen schon solche Ausmaße angenommen, dass es zu tödlich endenden Streitigkeiten um Lebensmittelmarken kam.

Der größte Luftangriff auf die Stadt ereignete sich am 15. Februar 1944: 891 Flugzeuge waren von England aus gestartet, innerhalb von 22 Minuten fielen 2643 t Bomben auf Berlin. Noch schlimmer als die Berliner litten die Zwangsarbeiter unter den Luftangriffen, denn sie durften nicht einmal die Schutzbunker oder Keller aufsuchen. Der Galgenhumor gipfelte in Sätzen wie: „Die Lage ist ernst, aber nicht hoffungslos. Wirklich ernst wird sie erst, wenn man mit der U-Bahn an die Ostfront fahren kann."

Ein Jahr später war die Stadt von den Russen umschlossen. Kinder wurden auf Fahrrädern, mit Panzerfäusten bewaffnet, an die Front geschickt. Zum Abschied sagte man: „Bleib übrig." Von den Laternenpfählen baumelten Leichen, von den Nazis wegen angeblich versuchter Desertion, Feigheit oder Defätismus aufgeknüpft. Hitler, der mittlerweile unter Amphetamin stehende Wackeldackel, dachte nicht an Kapitulation. Seine Politik der verbrannten Erde sollte auch für die Hauptstadt gelten: „Wenn der Krieg verloren geht, wird auch das Volk verloren sein." Denn „was nach dem Kampf übrig bleibt, sind ohnehin nur die Minderwertigen, denn die Guten sind gefallen."

Ende in Trümmern

Am 30. April 1945 nahm sich Hitler das Leben, am 1. Mai wehte die russische Fahne auf dem Reichstag, obgleich in den Kellern des Gebäudes noch gekämpft wurde. Am 2. Mai 1945 um sechs Uhr morgens war der Nazispuk vorbei: Die Wehrmacht kapitulierte. „Frau, komm!" wurde nun zur meistgefürchteten Aufforderung. Über 90.000 vergewaltigte Berliner Mädchen und Frauen suchten in den kommenden Monaten Kliniken auf, Tausende begingen Selbstmord, wie viele über ihr Schicksal schwiegen, weiß man nicht.

Berlin war nichts anderes mehr „als ein Schutthaufen bei Potsdam" (Bertolt Brecht). Rund 440.000 Bomben waren über Berlin niedergegangen. Experten schätzen, dass noch heute 3000 Blindgänger (750 t) unentdeckt im Stadtgebiet lauern. Ein Sechstel der Trümmermassen ganz Deutschlands vereinigte die Stadt auf sich. Zum Abtransport des Trümmerschutts wurden durch die ganze Stadt Schienen verlegt, rund

60.000 Trümmerfrauen waren im Einsatz. 610.000 Berliner Wohnungen waren zerstört, dazu Kunst- und Kulturschätze von unermesslichem Wert. Bis heute arbeiten die Staatlichen Museen zu Berlin daran, ihre Verluste zu dokumentieren: Acht Kataloge wurden bislang herausgebracht, 30 sind geplant.

Rosinenbomber

In Dahlem wurde nach dem Krieg der Sitz der Alliierten Kommandantur eingerichtet, die fortan die gemeinsame Verwaltung der in vier Sektoren aufgeteilten Stadt regeln sollte. Eine der größten Herausforderungen war die Versorgung der hungernden und frierenden Berliner. Der russische Sektor umfasste acht Berliner Bezirke (1,1 Mio. Einwohner). Die Amerikaner, Franzosen und Engländer verwalteten insgesamt zwölf Bezirke (1,7 Mio. Einw.), das spätere West-Berlin. Der nach dem Krieg wieder entflammte Ost-West-Konflikt entlud sich auch in Berlin. Wie keine andere Stadt wurde Berlin zum Symbol des aufziehenden Kalten Krieges. Von Juni 1948 bis Mai 1949 blockierten die Sowjets die Zufahrtswege von den amerikanischen, französischen und englischen Besatzungszonen im Westen Deutschlands durch die sowjetische Besatzungszone nach Berlin. Die Berlin-Blockade beantworteten die Amerikaner, Franzosen und Engländer mit einer Luftbrücke, um ihre Sektoren mit Lebensmitteln (darunter die berühmten Care-Pakete), Kohle und Medikamenten versorgen zu können (→ Kasten S. 167). Als sich General Lucius D. Clay am 15. Mai 1949 ver-

Nach dem Zweiten Weltkrieg: Berlin in Trümmern

abschiedete, standen für den „Vater der Berliner Luftbrücke" eine halbe Million Berliner am Straßenrand Spalier und winkten zum Dank. Mit der Blockade endete die gemeinsame Verwaltung, und es begann die Teilung der Stadt.

Aufstand im Osten

Am 23. Mai 1949 wurde die BRD gegründet, für Berlin blieb der alliierte Sonderstatus bis zur deutschen Wiedervereinigung erhalten. Am 7. Oktober folgte die Gründung der DDR, deren Hauptstadt Ost-Berlin wurde. Noch zu jener Zeit, vier Jahre nach Kriegsende, war in Ost- und West-Berlin die Enttrümmerung der Stadt im Gange. Im Rahmen des Wiederaufbaus kam es am 17. Juni 1953 in der DDR zu zahlreichen Aufständen, deren Zentrum Berlin war. Die DDR-Regierung hatte es u. a. bis dato nicht geschafft, die Versorgungslage zu verbessern, Lebensmittelmarken waren noch immer an der Tagesordnung. Im Westen Deutschlands dagegen hatten schon längst die Wirtschaftswunderjahre eingesetzt – das Volk im Osten war verbittert. Und als das SED-Regime die Arbeitsnormen erhöhte, was einer Lohnkürzung gleichkam, begannen die Arbeiter an der Stalinallee (→ S. 153), dem Prestigeprojekt der SED, zu streiken: „Ulbricht, Pieck und Grotewohl, dass euch drei der Teufel hol." Aus dem Streik und Protest wurde ein Volksaufstand, den die SED mit sowjetischen Panzern blutig niederschlagen ließ. Die Abwanderung in den Folgejahren war eine „Abstimmung mit den Füßen" für den Westen und gegen die DDR, die erst der Mauerbau (→ Kasten S. 240) stoppen konnte.

Frontstadt des Kalten Krieges

Mit dem Mauerbau wurde West-Berlin zu einer Insel, zur östlichsten Stadt des Westens und zur westlichsten Stadt des Ostens. Von heute auf morgen fehlten West-Berlin 56.000 Berufspendler, zudem setzte eine Abwanderung aus der ohnehin nicht mehr attraktiven „Frontstadt des Kalten Krieges" ein. Trotz aller Bemühungen gegen diese Entwicklung reduzierte sich die Bevölkerung im Westteil der Stadt bis Ende der 1970er-Jahre um über 300.000 Einwohner. Aber auch Konzerne verlegten ihren Sitz nach Westdeutschland.

Um West-Berlin am Leben zu erhalten und um Arbeitskräfte nach Berlin zu holen, wurde auf das Nettogehalt die sog. „Zitterprämie" geschlagen. Unternehmen erhielten satte Investitionszulagen und Steuervergünstigungen. Jede zweite Mark, die die Stadt ausgab, wurde aus Bonn zugeschossen. Es kamen viele Schwaben, und es kamen viele Türken, Letztere hielten Kreuzberg am Leben.

Aufstand im Westen

Auch der Ostteil der Stadt wurde künstlich aufgepäppelt zu Lasten der Entwicklung in anderen Landesteilen der DDR. Aber im Gegensatz zum Westteil der Stadt blieb es im Osten Ende der 60er ruhig. Die SED feierte Erfolge wie „Die Dauerleistungskuh Bojarin wurde geboren" und hatte die Stasi, um oppositionelles Gedankengut zu unterdrücken. Im Westteil der Stadt hingegen brodelte es, Studenten waren auf der Straße. Sie wandten sich gegen den Vietnamkrieg, gegen gesellschaftliche Zwänge, verkrustete Strukturen und die vorherrschenden Moralvorstellungen: „Wer zweimal mit derselben pennt, gehört schon zum Establishment." Polizei und *BILD* heizten die Stimmung auf. Der Student Benno Ohnesorg wurde im Juni 1967 bei einer Anti-Schah-Demonstration erschossen (Gedenkrelief vor der Deutschen Oper), der Studenten- und APO-Führer Rudi Dutschke im April 1968 niedergeschossen. Es entstanden Kommunen mit antibürgerlichem Lebensstil wie die *Wielandkommune* oder die *Kommune 1*, und es entstanden Untergrundbewegungen wie der *Zentralrat der umherschweifenden Haschrebellen* – ein sozialer Umbruch kündigte sich an.

Am Brandenburger Tor kurz nach dem Mauerbau

Berlin im Kasten

Die Mauer, die vom Himmel fiel

Noch kurz vor dem Mauerbau hatte DDR-Staatsoberhaupt Walter Ulbricht verkündet: „Niemand hat die Absicht, eine Mauer zu errichten." Und dann war sie auf einmal da. Teilte Stadt, Straßen und Familien, ganze 28 Jahre, zwei Monate und 28 Tage lang. Der Ring um West-Berlin betrug 155 km, 106 km davon bestanden aus einer Stahlbetonmauer.

Mit der Abriegelung West-Berlins am 13. August 1961 hatte die DDR die Notbremse gezogen, um die Abwanderung aufzuhalten. 2,7 Mio. Bürger hatten seit der Gründung des Arbeiter- und Bauernstaates die DDR verlassen, viele über Berlin, da die Zonengrenze zur BRD bereits in den 1950ern zur Festung ausgebaut worden war. Nach 28 Monaten nahezu völliger Trennung kam es im Dezember 1963 zum ersten Passagierscheinabkommen, das West-Berlinern Tagesbesuche bis zum 5. Januar 1964 ermöglichte. Erst mit Inkrafttreten des Viermächteabkommens 1972 konnten die West-Berliner wieder regelmäßig ihre Verwandten im Osten besuchen, wofür sie einen Einreiseantrag stellen (westdeutsche Staatsbürger bekamen ein Visum direkt an der Grenze) und 25 DM 1:1 umtauschen mussten.

Für Ostdeutsche aber, die nach West-Berlin wollten, ging i. d. R. nichts. Lediglich Senioren durften reisen – allen anderen blieb nur die Flucht: Über 5000 Menschen konnten zwischen 1961 und 1989 die Berliner Mauer über- bzw. unterwinden, die meisten in den Anfangsjahren, als die Sperranlagen noch nicht so ausgereift waren. Der „antifaschistische Schutzwall", meist aus vorderer und hinterer Sperrmauer bestehend, wurde stetig verbessert. Das zuletzt verwendete Mauersegment war der L-förmige Typ, 3,60 m hoch und 2,6 t schwer, den man selbst mit einem Panzer nicht mehr durchbrechen konnte. Für die Grenzsicherung beschäftigte das Ministerium für Staatssicherheit 12.000 Mitarbeiter. 2500 Grenzsoldaten waren rund um die Uhr im Einsatz – nicht nur zur Mauersicherung, sondern auch zur gegenseitigen Bewachung, denn in Berlin traten mehr als 500 Grenzsoldaten selbst die Flucht an.

Wie viele Menschen ihren Fluchtversuch mit dem Leben bezahlten, steht bis heute nicht fest, 138 Fälle sind mittlerweile an der Berliner Mauer dokumentiert, weitere 872 an der innerdeutschen Grenze. Viele Flüchtlinge wurden erschossen, die Mörder ausgezeichnet. Aber nicht nur bei dramatischen Fluchtversuchen kamen Menschen um. In der Spree ertranken fünf West-Berliner Kinder, die beim Spielen ins Wasser gefallen waren, die DDR-Grenzsoldaten schauten zu. Die westlichen Rettungstrupps mussten das ebenfalls tun – die Spree gehörte zum Osten, und der Weg ins Wasser wäre Selbstmord gewesen.

33.000 DDR-Bürger – Regimegegner wie auch Personen, die bei Fluchtversuchen an der innerdeutschen Grenze gefasst worden waren – kaufte die BRD aus den Stasi-Gefängnissen frei. Auf Republikflucht standen Freiheitsstrafen von bis zu acht Jahren. Anfangs bezahlte der Westen den Menschenhandel mit Eisenbahnwaggons, Düngemitteln und Maislieferungen, dann wurden 40.000 DM pro Person fällig, in den 80er-Jahren waren es 100.000 DM. Etwa 3,5 Milliarden Mark überwies der Westen an Honecker & Co, für die DDR dringend benötigte Devisen. Auch für die Transitstrecken nach Westdeutschland bezahlte die Bundesregierung Milliarden. Diese Zahlungen und auch die Abwanderung Oppositioneller – freiwillig wie genötigt – verlängerten die Existenz des SED-Regimes.

Honeckers Orakelspruch im Januar 1989 „Die Mauer wird in 50 und auch in 100 Jahren noch bestehen bleiben" entpuppte sich wie Ulbrichts Mauerleugnung von 1961 als falsch. Am 9. November 1989 fiel die Mauer. Und bald darauf war sie verschwunden, mit Bulldozern abtransportiert, in Einzelteilen an Museen verscherbelt, von Mauerspechten zerstückelt. Im September 1990 kam es dabei zum allerletzten Maueropfer: Ein Schüler wurde beim Mauerpicken von einem umkippenden Mauerstück erschlagen.

An die Mauer und ihre Opfer erinnern heute u. a. die **Gedenkstätte Berliner Mauer** (→ S. 80) und das **Mauermuseum am Checkpoint Charlie** (→ S. 91). Mauerteile sind u. a. an der **East Side Gallery** (→ S. 152), am **Platz des 9. November** (→ S. 140) und am **Potsdamer Platz** (→ S. 25) erhalten. Die **Bundeszentrale für politische Bildung** hat zudem eine spannende Mauer-App herausgebracht. Der Verlauf der Mauer ist mancherorts durch Pflastersteine im Straßenbelag gekennzeichnet. Zum Berliner Mauerweg → S. 287.

Am ehemaligen Grenzstreifen

Eine neue Ostpolitik, die auch die Berliner Mauer durchlässiger machen sollte, führte Willy Brandt als Bundeskanzler (1969–1974, von 1957–1966 Regierender Bürgermeister von Berlin) herbei. 1971, in jenem Jahr, in dem Brandt den Friedensnobelpreis erhielt, konnte man erstmals wieder „nach drüben" telefonieren. Darüber hinaus erleichterten neue Transitabkommen den Verkehr in die Bundesrepublik.

Kahlschlagsanierungen veränderten Mitte der 1970er die Zentren im Osten wie im Westen Berlins. Um der Wohnungsnot Herr zu werden, wurde auch an den Stadträndern fleißig gebaut, im Osten entstanden riesige Plattenbausiedlungen. So errichtete man beispielsweise in Marzahn ab 1976 62.000 Wohnungen, in Hellersdorf wurde ab 1980 Wohnraum für 90.000 Bürger geschaffen. Auch im Westen baute man Satellitenstädte wie die Gropiusstadt mit 18.500 Wohnungen (1962–1975) oder das Märkische Viertel mit 17.000 Wohnungen (1963–1974).

Legal, illegal, scheißegal

Gleichzeitig standen hüben wie drüben zahlreiche Wohnungen leer. Im Westen waren es Ende der 1970er knapp 10.000, im Osten hatte man aufgrund der vielen Karteileichen keinen wirklichen Überblick über die Wohnungssituation. Der Leerstand beruhte v. a. auf den geplanten Flächensanierungsmaßnahmen: Ganze Straßenzüge sollten abgerissen und neu bebaut werden. Doch das setzte voraus, dass erst einmal alle Häuser leer standen. Aber noch bevor der letzte Mieter draußen war, zogen in die unbewohnten Häuser in der Nachbarschaft schon wieder die ersten Hausbesetzer ein. Eines der Zentren der Hausbesetzerszene im Westteil wurde Anfang der 1980er Kreuzberg – Räumungen gingen oft mit regelrechten Straßenschlachten einher. Wo nicht geräumt wurde, wurden aus den Hausbesetzern „Instandbesetzer", die später Miet- oder Kaufverträge erhielten und denen Berlin heute einige der schönsten Straßenzüge zu verdanken hat. Auch in Ost-Berlin wurden Häuser besetzt. Dort aber betrachtete das Regime Hausbesetzer nicht als Problem. Bei dem herrschenden Wohnungsmangel war man eher froh, wenn sich Studenten selbst um eine Unterkunft kümmerten. Auch Angela, die spätere Kanzlerin, wählte die Hausbesetzung als Notlösung, weil die Behörden nicht in der Lage waren, ihr eine Wohnung zuzuweisen.

Die Mauer verlieh dem Westteil nicht nur etwas Bedrohliches, sondern auch etwas Kuscheliges. Das freie West-Berliner Leben ganz nach dem Motto „Tu-Nix, Geht-Nix, Macht-Nix" wurde zum Mythos. Wer dem Wehrdienst im Westen entfliehen wollte, verlegte seinen Wohnsitz hierher. Hier war die Sponti-Bewegung aktiv, die aus der 68er-Bewegung hervorgegangen war. Deren großer „Tunix"-Kongress (1978 an der TU) gilt als die Geburtsstunde der *Grünen*, der *taz* und des Berliner *Christopher Street Day*. Berlin, zumindest der Westteil, war wieder eine spannende Stadt geworden, die nicht mehr nur als Stadt des Kalten Krieges wahrgenommen wurde. Am neuen Image hatten auch David Bowie und Iggy Pop mitgewirkt, die in der zweiten Hälfte der 1970er nach Schöneberg gezogen waren – der genialen Krautmusik, der legendären Hansa-Studios und des Drogenentzugs wegen. Letzteres dürfte verdammt schwer gewesen sein in der damaligen „Hauptstadt der Fixer" *(Die Zeit)*. West-Berlin stand Anfang der 1980er für Punk, Rock und die Neue Deutsche Welle. Auch Nick Cave war von der damaligen Stimmung angetan und kam. In den Clubs spielten die Einstürzenden Neubauten, Ideal und Nina Hagen. Und Udo Lindenberg rockte mit seinem Panikorchester gar den Palast der Republik (1983).

Wir wollen raus!

Auch im Ostteil der Stadt gab es eine lebendige Subkultur- und Undergroundszene: Die Blueser- bzw. Kundenszene, deren Anhänger den Hippies nacheiferten, später Punks und Popper. Künstler, die sich mit dem System arrangieren konnten (und das konnten viele), hatten leichtes Spiel und durften auch in den Westen reisen. Wer aber das Regime kritisierte, erhielt Publikations- bzw. Auftrittsverbot oder wurde ins Exil gezwungen. In die entgegengesetzte Richtung hatte es in den 1970er-Jahren tatsächlich auch einen US-Musiker nach Ost-Berlin verschlagen: Dean Reed, den „Roten Elvis", dessen Lebensgeschichte schon Tom Hanks verfilmen wollte. Als bekennender Sozialist war er gekommen, als Zweifler 1986 in einem See bei Berlin ertrunken.

Ende der 1980er war in der DDR die öffentliche Kritik am System, an der Mangelwirtschaft, am Wahlbetrug und an der politischen Bevormundung nicht mehr zu unterdrücken. Damaliger Tenor: „Wir wollen raus!" Trotz aller repressiven Gegenmaßnahmen wurden mit Verweis auf die KSZE-Verträge immer mehr Ausreiseanträge gestellt, 1987 über 100.000. Im selben Jahr rief Ronald Reagan in seiner berühmten Rede vor dem Brandenburger Tor: „Mr. Gorbachev, open this gate. Mr. Gorbachev, tear down this wall!" Vor Gorbatschows Forderungen nach Glasnost und Perestroika verschloss die SED-Führung die Augen, die DDR-Bürgerrechtler aber griffen sie auf. Das *Neue Forum* mobilisierte die Massen: Am 4. November 1989 demonstrierten 500.000 Menschen auf dem Alexanderplatz. Die SED-Führung hielt dem Druck nicht mehr stand, am 9. November 1989 gab Politbüro-Mitglied Günter Schabowski bekannt: „Privatreisen nach dem Ausland können ohne Anliegen von Voraussetzungen (...) beantragt werden, Genehmigungen werden kurzfristig erteilt." Nur wenige Stunden später waren die Grenzbeamten dem Andrang nicht mehr gewachsen. Am folgenden Tag titelte die *BZ*: „Die Mauer ist weg! Berlin ist wieder Berlin!" Und Willy Brandt sagte vor dem nun offenen Brandenburger Tor: „Nun muss zusammenwachsen, was zusammengehört." Das galt der Gesellschaft genauso wie ihren Institutionen, aber auch der städtischen Infrastruktur wie beispielsweise der Kanalisation oder der U-Bahn.

Neue alte Hauptstadt

Mit dem sog. „Zwei-plus-Vier-Vertrag", der am 12. September 1990 in Moskau unterzeichnet wurde, erlosch der Vier-Mächte-Status Berlins und wurde die Einheit Deutschlands völkerrechtlich geregelt. Die Wiedervereinigung erfolgte am 3. Oktober 1990, Berlin war fortan wieder die Hauptstadt Deutschlands. Im Juni 1991 beschloss der Deutsche Bundestag, Regierung und Parlament nach Berlin zu verlegen. Die Berlinprognosen jener Zeit waren rosig. Fachleute prophezeiten der Stadt eine rasante Entwicklung, eine Zukunft als dominierendes Kultur- und Wirtschaftszentrum mit sechs Mio. Einwohnern im Jahr 2010. Aber es kam anders. Kaum ein großes Unternehmen verlegte seinen Sitz zurück in die neue alte Hauptstadt. In der Industrie gingen in den ersten 20 Jahren nach der Wende rund 184.000 Arbeitsplätze verloren. Erst seit 2005 steigt die Einwohnerzahl wieder kontinuierlich an, seit 2010 herrscht auch ein stabiles Wirtschaftswachstum (→ Wirtschaft, S. 305).

Eine Stadt, die niemals ist

Berlin ist „verdammt, immerfort zu werden und niemals zu sein". Das Zitat von Karl Scheffler ist über 100 Jahre alt und noch immer aktuell. Seit der Wiedervereinigung hat sich Berlin neu erfunden, die Stadt pulsiert und zieht an. Mit dem Strukturwandel geht in vielen Vierteln aber auch die Angst vor Gentrifizierung einher – die Angst, durch Aufwertung eines Viertels nicht mehr dazugehören zu können oder zu wollen.

Mehr zur jüngsten Geschichte in den einzelnen Stadtteilkapiteln.

Originelle Bühne

Kunst und Kultur

Bühnenzauber

Dahin oder dorthin? Viel Spaß beim Streiten! Egal ob Musical, Kabarett, Oper, modernes Schauspiel oder Tanztheater – die Bandbreite ist riesig und reicht von Sir Simon Rattle mit den Berliner Philharmonikern bis zum *Grindchor*, dem Original Oberkreuzberger Nasenflötenorchester. Es gibt allein rund 40 größere Bühnen, dazu unzählige kleinere mit freien Produktionen. Einen guten Programmüberblick bieten die Seiten www.tg-berlin.de, www.berlin.de und www.berlin-buehnen.de. Viele Häuser präsentieren einen genreübergreifenden Spielplan, die Auflistung hier erfolgt nach deren Schwerpunkt. Spielpause herrscht auf vielen Bühnen von Anfang/Mitte Juli bis Mitte/Ende August.

Theater

Deutsches Theater → Karte S. 28/29. Ein rotweiß-goldener Traum aus dem späten 19. Jh. Nette „Box-Bar" für den Drink vorm Stück. Neben etablierten Regisseuren kommen hier auch die Stars von morgen zum Zuge. Auf dem Spielplan Klassiker genauso wie Stücke zeitgenössischer Autoren. Schumannstr. 13 a, Mitte, Ⓤ Oranienburger Tor, ✆ 28441221, www.deutschestheater.de.

Berliner Ensemble → Karte S. 28/29. 1928 wurde hier Brechts *Dreigroschenoper* uraufgeführt. Nach der Rückkehr Bertolt Brechts aus dem Exil (1949) gründete sich um ihn herum das Berliner Ensemble, dem das Theater am Schiffbauerdamm 1954 übergeben wurde. Der von außen eher schlichte Theaterbau (1892 erbaut) besitzt eine üppigst-ornamentale neobarocke Innenausschmückung. Bis heute überwiegt klassisch-aufklärerisches, manchem Kritiker zu biederes Theater, was sich aber ändern kann: Ab 2017 bekommt das Theater mit Oliver Reese einen neuen Intendanten. Bertolt-Brecht-Platz 1, Mitte, Ⓢ+Ⓤ Friedrichstraße, ✆ 28408155, www.berliner-ensemble.de.

Sophiensaele → Karte S. 72/73. Einer der wichtigsten deutschen Produktionsorte für freies Theater und Tanz. Tolles Ambiente im 1905 erbauten Handwerkervereinshaus. Oft genreübergreifende Produktionen, führend in der Off-Szene. Sophienstr. 18, Mitte, Ⓤ Weinmeisterstraße, ✆ 2835266, www.sophiensaele.de.

Volksbühne → Karte S. 72/73. Das den Rosa-Luxemburg-Platz beherrschende Gebäude wurde 1913–1915 als Volkstheater errichtet und im Zweiten Weltkrieg zerstört. Der Wiederaufbau erfolgte in einfacherer Form, seitdem ist auch das Innere weniger prunkvoll. Noch bis Sommer 2017 tobt sich hier Intendant und „Stückezertrümmerer" Frank Castorf mit experimentellen und politischen Stücken aus – in jedem Fall spannend (auch wenn man nicht immer alles versteht)! Zu seinem Nachfolger wurde der Belgier Chris Dercon berufen, wogegen das Ensemble der Volksbühne noch 2016 in einem offenen Brief rebellierte. Rosa-Luxemburg-Platz 2, Mitte, Ⓤ Rosa-Luxemburg-Platz, ✆ 24065777, www.volksbuehne-berlin.de.

Maxim Gorki Theater → Karte S. 28/29. Das recht kleine Theater mit dem klassizistischen Giebel entstand 1824–1827 als Sing-Akademie nach Entwürfen Schinkels. Es sah u. a. schon Franz Liszt und Felix Mendelssohn Bartholdy. Nach dem Zweiten Weltkrieg wurde das Innere einfach, aber charmant restauriert. Seit 2013 rockt Intendantin Shermin Langhoff das Theater mit lebendigen, realitätsnahen und oft sehr politischen Stücken. „Das aufregendste Theater der Republik", jubelt das Feuilleton. Wir meinen: unbedingt hingehen! Am Festungsgraben 2, Mitte, Ⓢ+Ⓤ Friedrichstraße, ✆ 20221115, www.gorki.de.

Ballhaus Naunynstraße → Karte S. 160/161. Das 2008 gegründete Theater ist ein Kristallisationspunkt der migrantischen und postmigrantischen Kulturszene. Schönes Ambiente im alten Ballsaal, keine Bühne, gespielt wird direkt auf dem ehemaligen Tanzparkett. Naunynstr. 27, Kreuzberg, Ⓤ Kottbusser Tor, ✆ 75453725, www.ballhausnaunynstrasse.de.

Schaubühne → Karte S. 110/111. Experimentelles, kritisches Autoren- und Repertoiretheater, dazu zeitgenössische Interpretationen klassischer Theaterstücke. Das architektonisch interessante Gebäude entstand als Kino in den 1920er-Jahren nach einem Entwurf von Erich Mendelsohn und erinnert heute im Foyer an eine Mischung aus Flughafenterminal und Hallenbad (Schließfächer statt Garderobe). Kurfürstendamm 153, City West, Ⓤ Adenauerplatz, ✆ 890023, www.schaubuehne.de.

Hebbel am Ufer → Karte S. 160/161. Das Kreuzberger Kombinat aus 3 nahe beieinanderliegenden Häusern bietet eines der wildesten Theater der Stadt, schräg und experimentell. Kein eigenes Ensemble, oft spannende internationale Gastspiele. **HAU 1** (Stresemannstr. 29) ist ein tolles 1907/1908 errichtetes Jugendstiltheater mit der wohl originellsten Theaterbar Berlins (man achte auf den ausgestopften Fuchs in der Schanktheke). **HAU 2** (Hallesches Ufer 32) und **HAU 3** (Tempelhofer Ufer 10) sind deutlich kleiner und besitzen eher simples Kinosaalambiente. Vor oder nach dem Stück geht man ins WAU (neben dem HAU 2), ein jugendliches Restaurant mit mediterraner Küche und so etwas wie die Kantine des HAU. Kreuzberg, Ⓤ Hallesches Tor, ✆ 25900427, www.hebbel-am-ufer.de.

Renaissance-Theater → Karte S. 110/111. Garantiert ein intimes Theatererlebnis in herrlichem Art-déco-Ambiente – tolle Intarsienarbeiten, die Motive aus der *Commedia dell'arte* zeigen (1927). Intendant Horst-H. Filohn bringt geistreiche, auch elegant-amüsante, dabei der Gegenwart durchaus kritisch gegenüberstehende Stücke auf die Bühne. Knesebeckstr. 100, City West, Ⓤ Ernst-Reuter-Platz, ✆ 3124202, www.renaissance-theater.de.

Schlossparktheater Steglitz, künstlerischer Leiter dieses kleinen neoklassizistischen Theaters ist Dieter Hallervorden, der viel Geld in die Sanierung des einst heruntergekommenen Hauses steckte und „kein Bildungs-, kein Boulevardtheater, kein Schenkelklopftheater, sondern Stücke zum Schmunzeln" zeigt. Oft mit prominenter Besetzung. Schloßstr. 48, Steglitz, Ⓢ+Ⓤ Rathaus Steglitz, ✆ 7895667100, www.schlosspark-theater.de.

Heimathafen Neukölln → Karte S. 185. Bezeichnet sich selbst als „Neuberliner Volkstheater" und präsentiert junges Theater für Neuköllner und mit Neuköllnern. Buntes Programm im schönen historischen Ballsaal: Multikulti, Sozialgrotesken, aber auch Tanz, Konzerte und Laienproduktionen. Karl-Marx-Str. 141, Neukölln, Ⓤ Karl-Marx-Straße, ✆ 56821333, www.heimathafen-neukoelln.de.

Theaterdiscounter → Karte S. 28/29. Hier tobt sich die freie Szene aus, und zwar im ziemlich schrägen Ambiente eines Hauses, das aussieht wie kurz vorm Abriss – die nächsten Jahre scheinen jedoch gesichert. Von der Bar bis zur Kulisse: alles ziemlich simpel. Platz hat's für rund 45 Theaterfreunde. Repertoire von Klassik bis Trash. Klosterstr. 44, Mitte, Ⓤ Klosterstraße, ✆ 28093062, www.theaterdiscounter.de.

Theater unterm Dach → Karte S. 134/135. Kleines Theater (max. 80 Plätze) im Verwaltungsgebäude eines ehemaligen Gaswerks. Frei produzierte, oft spannende Stücke noch junger

Regisseure. Danziger Str. 101, Prenzlauer Berg, Tram M 4 ab Ⓢ+Ⓤ Alexanderplatz bis Haltestelle Greifswalder Straße/Danziger Straße, ✆ 902953817, www.theateruntermdach-berlin.de.

Berliner Kriminaltheater → Karte S. 150/151. Auf dem Programm des Theaters im ehemaligen Umspannwerk Ost steht ausschließlich – wie der Name schon sagt – Kriminaltheater, unterhaltsam, aber teils auch etwas klamaukig-boulevardesk. Viele Reisegruppen im Rentenalter. Palisadenstr. 48, Friedrichshain, Ⓤ Weberwiese, ✆ 47997488, www.kriminaltheater.de.

Schaubude → Karte S. 134/135. Das kleine Theater ist *die* Berliner Adresse für Puppen-, Figuren- und Objekttheater. Macht Kindern und Erwachsenen Spaß. Greifswalder Str. 81–84, Prenzlauer Berg, Ⓢ Greifswalder Straße, ✆ 4234314, www.schaubude-berlin.de.

GRIPS-Theater → Karte S. 100/101. Kinder- und Jugendtheater, das aber durchaus auch Stücke für Erwachsene im Programm hat. Schon fast legendär ist das U-Bahn-Musical *Linie 1*, das 1986 uraufgeführt wurde und bis heute läuft. Altonaer Str. 22, Tiergarten, Ⓤ Hansaplatz, ✆ 39747477, www.grips-theater.de.

Dock 11 **36** → Karte S. 134/135. Tanztheater mit spannendem Programm in der Halle eines historischen Fabrikkomplexes. Kastanienallee 79, Prenzlauer Berg, Ⓤ Eberswalder Straße oder Rosenthaler Platz, ✆ 4481222, www.dock11-berlin.de.

Oper/Operette/Ballett

Staatsoper im Schiller Theater → Karte S. 110/111. Wegen Sanierungsarbeiten der **Staatsoper Unter den Linden** (→ S. 41) ist die Heimat des Staatsopernchors und der Staatskapelle bis Herbst 2017 das Schillertheater. Mit Daniel Barenboim als Generalmusikdirektor reicht das Programm von der Barockoper über die zentralen Werke der klassischen, romantischen und modernen Opernliteratur bis zu Uraufführungen von Werken zeitgenössischer Komponisten. Bismarckstr. 110, City West, Ⓤ Ernst-Reuter-Platz, ✆ 20354555, www.staatsoper-berlin.de.

Komische Oper → Karte S. 28/29. Nicht von der schmucklos-klotzigen Fassade verwirren lassen! Die einstige neobarocke Fassade des Hauses wurde im Zweiten Weltkrieg fast vollständig zerstört, erhalten blieben aber das Treppenhaus und der wunderbar puttige Zuschauerraum. Auf dem Spielplan überwiegend Singspiele, Musikdramen und Opern von Mozart über Wagner bis Lehár. Behrenstr. 55–57, Mitte, Ⓤ Französische Straße, ✆ 47997400, www.komische-oper-berlin.de.

Deutsche Oper Berlin → Karte S. 110/111. Das Haus aus den Jahren 1956–61 wirkt von außen ziemlich nüchtern, dem karg-eleganten Inneren mit 1900 Plätzen kann man aber einen besonderen Reiz nicht absprechen. Tolle Akustik. Auf dem Spielplan dominieren Opern von Verdi, Rossini, Bizet und Wagner – meist überaus schön, aber nicht allzu mutig inszeniert. Bismarckstr. 35, City West, Ⓤ Deutsche Oper, ✆ 34384343, www.deutscheoperberlin.de.

Staatsballett Berlin: Es präsentiert über 100 Vorstellungen im Jahr, und zwar auf den Bühnen der Staatsoper, der Deutschen Oper und der Komischen Oper. Was wo auf dem Programm steht, erfahren Sie unter www.staatsballett-berlin.de.

Neuköllner Oper → Karte S. 185. Berlins innovativstes und kreativstes Musiktheater gilt als charmanteste Off-Bühne der Stadt. Neben Opern auch populäre Inszenierungen. Karl-Marx-Str. 131–133, Neukölln, Ⓤ Karl-Marx-Straße, ✆ 68890777, www.neukoellneroper.de.

Von innen eine Augenweide: Komische Oper

Kabarett, Kleinkunst, Comedy

Die Stachelschweine → Karte S. 110/111. Politische Satire seit 1949, heute im UG des Europa-Centers. Sehr aktualitätsbezogen, viele Kalauer und derber Humor. Auf den besseren Plätzen darf man Getränke an kleinen Tischen zu sich nehmen, auf den schlechteren schmuggelt man das Bier einfach an den Platz ... Tauentzienstr. 9–12, City West, Ⓤ Kurfürstendamm, ✆ 2614795, www.diestachelschweine.de.

Distel → Karte S. 110/111. 1953 auf Beschluss des Ostberliner Magistrats gegründet, sollte die Distel den sozialistischen Aufbau mit Humor begleiten. Später jedoch richteten sich ihre Stacheln oft gegen das eigene Regime. Zensoren griffen ein, manchmal wurden sogar Premieren gekippt. Die Veranstaltungen waren immer restlos ausverkauft. Als privates Theater verkauft man heute immer noch spritzig-stacheligen Humor. Saal mit 420 Plätzen in Nachbarschaft des Admiralspalasts. Friedrichstr. 101, Mitte, Ⓢ+Ⓤ Friedrichstraße, ✆ 2044704, www.distel-berlin.de.

Wühlmäuse → Karte S. 126/127. Neben satirisch-politischem Kabarett auch Comedy und prominente Gastkünstler. Stolz ist man darauf, bis heute ohne Subventionen auszukommen. Dieter Hallervorden ist für den Spielplan zuständig. Pommernallee 2–4, Charlottenburg, Ⓤ Theodor-Heuss-Platz, ✆ 30673011, www.wuehlmaeuse.de.

Bar jeder Vernunft → Karte S. 110/111. Ein wunderbarer Ort für Kleinkunst, Kabarett und Varieté. In dem auf dem Dach einer Garage (!) aufgestellten Spiegel-Jugendstil-Zelt aus den 20er-Jahren kann man u. a. İdil Baydar, Meret Becker oder Desirée Nick begegnen. Dazu gibt's Essen. Nicht billig, aber ein sehr schönes Erlebnis. Eine weitere Spielstätte ist das **Tipi am Kanzleramt** (Große Querallee, Tiergarten, Ⓤ Bundestag). Schaperstr. 24, City West, Ⓤ Spichernstraße, ✆ 8831582, www.bar-jeder-vernunft.de.

Musicals

Theater des Westens → Karte S. 110/111. In dem 1894 eröffneten, innen sehr plüschigen Haus (→ City West/Spaziergang, S. 115) widmete man sich schon immer der leichten Muse. Früher gab es Operetten, heute gibt's Musicals. Kantstr. 12, City West, Ⓢ+Ⓤ Zoologischer Garten, ✆ 01805/4444 (14 Cent/Min.), www.stage-entertainment.de.

Stage Theater am Potsdamer Platz → Karte S. 28/29. Von Renzo Piano erbautes Musicaltheater für die ganz großen Kracher (wie die Blue Man Group). 1800 Sitzplätze. Wird zur Berlinale zum Berlinale-Filmpalast. Marlene-Dietrich-Platz 1, Ⓢ+Ⓤ Potsdamer Platz, ✆ 01805/4444 (14 Cent/Min.), www.stage-entertainment.de.

Varieté und Revue

Admiralspalast → Karte S. 28/29. Neben Varieté und Revuen auch Comedy und Konzerte. Zuletzt ziemlich dürftiges Programm. Friedrichstr. 101, Mitte, Ⓢ+Ⓤ Friedrichstraße, ✆ 47997499, www.admiralspalast.de.

Bar jeder Vernunft → Kabarett, Kleinkunst, Comedy.

Friedrichstadtpalast → Karte S. 28/29. Als Kulturpalast für Bagdad entworfen, als „Honeckers Vergnügungsbude" erbaut, heute Showpalast mit Revuetheater vom Feinsten. 1895 Plätze vor der größten Bühne der Welt (mit Haupt-, Seiten-, Hinter- und Vorbühne, Eisfläche und Wasserbecken). Friedrichstr. 107, Mitte, Ⓢ+Ⓤ Friedrichstraße, ✆ 23262326, www.palast.berlin.

Chamäleon **56** → Karte S. 72/73. Musik, Theater und Varieté, das auch jüngere Leute anspricht – und das alles im herrlichen Ambiente eines ehemaligen Jugendstil-Ballsaals. Rosenthaler Str. 40/41 (Hackesche Höfe), Mitte, Ⓢ Hackescher Markt, ✆ 4000590, www.chamaeleonberlin.de.

Ticketvorverkauf: Bieten u. a. die **Berlin Tourist Infos** (→ Information, S. 299), **Hekticket** (→ Berlin fast umsonst, S. 279; u. a. Hardenbergstr. 29 d, City West, Ⓢ+Ⓤ Zoologischer Garten, www.hekticket.de) und **Koka 36** (**19**, → Karte S. 160/161, Oranienstr. 29, Kreuzberg, Ⓤ Kottbusser Tor, www.koka36.de). **Onlinetickets** u. a. auf www.eventim.de.

Klassische Musik

Konzerthaus → Karte S. 28/29. Hier erlebte Webers *Freischütz* seine legendäre Uraufführung, hier dirigierte Wagner seinen *Fliegenden Holländer*. Das Konzerthaus (4 Säle, grandios die Akustik im Großen Saal mit der prachtvollen Jehmlich-Orgel) ist heute Heimat des Konzerthausorchesters Berlin. Dazu regelmäßig Gastspiele. Für Architektur und Anfahrt → S. 42. ✆ 203092101, www.konzerthaus.de.

Hochschule für Musik Hanns Eisler Berlin → Karte S. 28/29. Klassische Konzerte und spannende Musiktheaterinszenierungen der Stars von morgen. Als Bühnen dienen v. a. der Krönungskutschensaal, der Galakutschensaal und die Marstall-Bühne im Neuen Marstall (Schlossplatz 7, Mitte, Ⓤ Hausvogteiplatz) sowie der Kammermusiksaal und der Studiosaal am Gendarmenmarkt (Charlottenstr. 5, Mitte, Ⓤ Stadtmitte). Eintritt teils frei, teils 8 €, selten mehr als 20 €. ☏ 203092101, www.hfm-berlin.de.

Französischer Dom → Karte S. 28/29. Regelmäßig Konzerte in der Französischen Friedrichstadtkirche (→ S. 42). ☏ 20649922, www.franzoesische-kirche.de.

Philharmonie → Sehenswertes, S. 105, und Berlin (fast) umsonst, S. 279.

Berliner Dom → Karte S. 53. Hier finden regelmäßig Orgelkonzerte statt (→ S. 52). Gleiches gilt für die St.-Marienkirche (→ S. 66) und die Nikolaikirche (→ S. 65).

MeinTipp **Classic Lounge im Watergate**, ca. 1-mal im Monat treffen sich im spektakulär an der Spree gelegenen Club Watergate (→ Nachtleben, S. 261), wo sonst die Bässe bis zum Morgen wummern, junge Klassikfans zur Kulturradio-Classic-Lounge. Ungezwungene Clubatmosphäre, gutes Programm, und das alles zu günstigen Preisen (ab 5 €). Weitere Infos unter www.water-gate.de.

Diverses

Radialsystem V → Karte S. 150/151. „Hier kauft man sich offenbar Eintrittskarten, ohne zu wissen, was läuft" *(FAZ)*. Das architektonisch überaus spannende Gebäude – ein ehemaliges Pumpwerk an der Spree – bietet in mehreren Hallen und Studios Experimentelles jeglicher Couleur: zeitgenössischen Tanz, klassische Musik, Lesungen usw. Die angeschlossene Cafébar mit genialer Spreeterrasse hat unregelmäßig geöffnet, in jedem Fall aber an den Veranstaltungsabenden. Holzmarktstr. 33, Friedrichshain, Ⓢ Ostbahnhof, ☏ 288788588, www.radialsystem.de.

Roter Salon und Grüner Salon **26** → Karte S. 72/73. Die beiden Salons in der Volksbühne (→ Theater) bieten ein abwechslungsreiches kulturelles Programm: DJ-Abende, Lesungen, Partys, Liveacts (Franz Ferdinand z. B. begannen ihre Karriere u. a. im Roten Salon) u. v. m. Der Rote Salon, ein schöner Spiegelsaal in plüschigem Rot, ist dabei reizvoller als der Grüne Salon. ☏ 24065777, www.volksbuehne-berlin.de.

Admiralspalast → Varieté und Revue.

Huxleys Neue Welt → Karte S. 185. Konzertlocation, oft Top Acts. Tolles Ambiente im sog. Großen Saal, einst Teil des ab 1880 entstandenen Vergnügungsareals Neue Welt, über das schon Döblin in *Berlin Alexanderplatz* be-

Klare Worte bei der Technoparade „Zug der Liebe"

richtet. Hasenheide 107–113, Neukölln, ✆ 78099846, www.huxleysneuewelt.com.

Postbahnhof → Karte S. 150/151. Toll restauriertes Backsteinensemble. Panoramafenster. Verschiedenste Veranstaltungen, darunter oft auch Großevents mit bekannteren Acts. Straße der Pariser Kommune 8, Friedrichshain, Ⓢ Ostbahnhof, ✆ 69812820, www.postbahnhof.de.

Urania → Karte S. 110/111. Populärer Veranstaltungsort mit einem einmaligen Bildungs- und Kulturprogramm auf der Bühne, im Kino, im Ausstellungs- oder Vortragssaal. An der Urania 17, Schöneberg, Ⓤ Wittenbergplatz, ✆ 2189091, www.urania.de.

Max-Schmeling-Halle → Karte S. 134/135. Großveranstaltungen jeglicher Art, → S. 271.

Mercedes-Benz Arena → Karte S. 150/151. Ebenfalls Großveranstaltungen jeglicher Art, → S. 271.

Tempodrom → Karte S. 89. Das zeltartige Gebäude (→ S. 94) mit 2 Arenen (eine für 3800 Zuschauer und eine für 400) bietet ein kunterbuntes Programm: Ballett, Oper und Musicals, aber auch Paul Kalkbrenner oder Boy. Möckernstr. 10, Kreuzberg, Ⓢ Anhalter Bahnhof, ✆ 01805/554111 (0,20 €/Anruf), www.tempodrom.de.

Velodrom → Karte S. 134/135. Der abgefahrene futuristische Bau des französischen Stararchitekten Dominique Perrault entstand anlässlich der Berliner Bewerbung um die Olympischen Spiele 2000. Gesamtkapazität: 12.000 Zuschauer. Neben Radrennen auch Großveranstaltungen jeder Art. Paul-Heyse-Str. 26, Prenzlauer Berg, Ⓢ Landsberger Allee, ✆ 4430443, www.velodrom.de.

Freiluftbühnen

Waldbühne, von den Nazis als Teil des Reichssportfeldes errichtet, bietet die mitten im Grünen gelegene Bühne heute Platz für rund 22.000 Zuschauer. Großveranstaltungen jeglicher Art. Glockenturmstr. 1, Westend, Ⓢ Pichelsberg, ✆ 74737500, www.waldbuehne-berlin.de.

Kindl-Bühne Wuhlheide, die Bühne, einem Amphitheater ähnlich, liegt im gleichnamigen Volkspark und ist nach der Waldbühne die zweitgrößte Open-Air-Location der Stadt (17.000 Zuschauerplätze in Sitz- und Stehbereichen). Ⓢ Wuhlheide, ✆ 5307953, www.wuhlheide.de.

Zitadelle Spandau → Karte S. 202. Die Spandauer Festung ist ein atmosphärischer Ort für Open-Air-Konzerte (→ S. 254).

Lichtspiel

Wo was läuft, erfahren Sie u. a. auf www.berlinien.de, www.kino.de oder www.zitty.de. Im Folgenden eine kleine Auswahl an Kinos, wie Sie sie vielleicht von zu Hause nicht kennen. Wissenswertes zur Berlinale → S. 253.

Kinos

Zoo Palast → Karte S. 110/111. Ein wiederbelebter Klassiker aus dem Jahr 1957. Nostalgisch-elegantes Ambiente in 7 Sälen, nagelneue Technik, schöner Lobbybereich, extrem bequeme Sessel mit viel Platz. Hier wird Kino zum Erlebnis. Hardenbergstr. 29A, Ⓤ Kurfürstendamm, www.zoopalast-berlin.de.

Astor Film Lounge **34** → Karte S. 110/111. *Die* Adresse für das stilvoll-gehobene Kinoerlebnis. Denkmalgeschützter Kinosaal, neueste Technik. Für den Eintrittspreis ab 14,50 € kann man sein Auto parken lassen und bekommt an der plüschigen Bar einen kostenlosen Aperitif. Während des Vorprogramms wird auf Wunsch Fingerfood an den Platz geliefert. Komfortable, verstellbare Ledersessel (auch Paarsessel ohne Lehne dazwischen), viel Beinfreiheit. Kurfürstendamm 225, City West, Ⓤ Kurfürstendamm, www.astor-filmlounge.de.

Babylon Mitte → Karte S. 72/73. Das 1929 erstmals bespielte Kino besitzt im großen Saal die deutschlandweit einzige am Originalstandort erhaltene Kinoorgel – sie kommt bei den beeindruckenden Stummfilmreihen zum Einsatz. Sehr gutes Programm, dazu auch Lesungen und Konzerte. Austragungsort der Berlinale. Rosa-Luxemburg-Str. 30, Mitte, Ⓤ Rosa-Luxemburg-Platz, www.babylonberlin.de.

International → Karte S. 150/151. Architektonisch herausragendes Großraumkino (600 Plätze) aus DDR-Zeiten. Erichs Sitzplatz war: Reihe 8, Platz 15. Wellenförmige Decken, blaue Sitze, holzvertäfelte Wände. Schöne, verglaste Bar mit Protzleuchtern. Karl-Marx-Allee 33, Friedrichshain, Ⓤ Schillingstraße, www.yorck.de.

Delphi-Filmpalast **15** → Karte S. 110/111. Bilderbuchkino ganz in Rot, 1949 aus dem kriegsbeschädigten Delphi-Tanzpalast hervorgegangen. Großes Café angegliedert. Kantstr. 12 A, City West, Ⓢ+Ⓤ Zoologischer Garten, www.delphi-filmpalast.de.

Xenon → Karte S. 178/179. Unprätentiöses, kleines Kino, das den Fokus auf schwul-lesbische Filme legt. Gute Auswahl an Nischenfilmen. Kolonnenstr. 5/6, Schöneberg, Ⓤ Kleistpark oder Ⓢ Julius-Leber-Brücke, www.xenon-kino.de.

Zeughauskino → Karte S. 28/29. Hier kommen u. a. Klassiker auf die Leinwand. Im Deutschen Historischen Museum (→ S. 41), www.dhm.de.

Il Kino → Karte S. 185. Kleines Programmkino (52 Plätze), das Filme zeigt, die in den großen Kinos nicht zu sehen sind. Alle Filme laufen im Original (OmU oder OmeU, mit engl. Untertiteln). Mit nettem Café. Nansenstr. 22, Neukölln, Ⓤ Hermannplatz, www.ilkino.de.

Arsenal → Karte S. 28/29. Das Institut für Film- und Videokunst zeigt Innovatives, Retrospektiven, Experimentelles u. v. m. Eine der spannendsten Filmbühnen der Stadt. Potsdamer Str. 2 (Sony Center), Ⓢ+Ⓤ Potsdamer Platz, www.arsenal-berlin.de.

CineStar Event Cinema → Karte S. 28/29. Imax-Kino im Sony Center. Potsdamer Str. 4, Ⓢ+Ⓤ Potsdamer Platz, www.cinestar.de.

Freiluftkinos

Freiluftkino Volkspark Hasenheide → Karte S. 185. Tolles, von vielen Bäumen umgebenes Freiluftkino – man fühlt sich fast wie im Wald. Neukölln, Ⓤ Südstern, www.freiluftkino-hasenheide.de.

Freiluftkino im Volkspark Friedrichshain → Karte S. 134/135. Ebenfalls sehr schön im Park gelegen. Von Ⓢ+Ⓤ Alexanderplatz mit Tram M 5 bis Haltestelle Platz der Vereinten Nationen, www.freiluftkino-berlin.de.

Sommerkino Kulturforum → Karte S. 100/101. Freiluftkino mit Großstadtinszenierung direkt am Kulturforum. Gemütliches Strandstuhlambiente. Matthäikirchplatz, Ⓢ+Ⓤ Potsdamer Platz. www.yorck.de.

Kunstszene

Geschätzte 3000 Vernissagen stehen pro Jahr in den Hunderten von **Galerien**, nichtkommerziellen Showrooms und Off-Spaces an. Die boomende Berliner Galerienszene zählt mittlerweile zu den bedeutendsten weltweit. Der stetige Zuzug einflussreicher Sammlungen sorgt zudem dafür, dass sich auch das obere Preissegment zunehmend etabliert. Noch aber besorgen zwei Drittel des Umsatzes Kunden von außerhalb, die sich in Berlin nach Newcomern umsehen. Junge Künstler aus aller Welt arbeiten in Berlin, denn hier sind die Lebenshaltungskosten noch verhältnismäßig niedrig und Ateliers nicht nur am Stadtrand zu bekommen. Aber auch viele bekannte Künstler wie Olafur Eliasson, Daniel Richter, John Bock oder Isa Genzken nennen Berlin ihre (neue bzw. zweite) Heimat. Der Senat gibt die Zahl der bildenden Künstler mit über 5000 an.

Einen guten Ausstellungskalender bietet www.berliner-galerien.de, einen spannenden Einblick in die Berliner Kunstszene eine *GoArt!*-Führung (→ Stadtführungen, S. 303). Weitere interessante Internetseiten zur Kunstszene sind www.galerien-berlin-mitte.de, www.art-in-berlin.de und www.museumsportal-berlin.de.

Im Folgenden ein kleiner Überblick über die angesagten Galerienviertel und sonstige ausgewählte Orte zum Kunstgucken – ohne Anspruch auf Vollständigkeit. Alle wichtigen Kunstmuseen finden Sie im Reiseteil.

Mitte

Noch ist die Spandauer Vorstadt *das* Galerien-Mekka Berlins, doch steigende Mieten veranlassen mehr und mehr Kunsthäuser, sich nach neuen Orten umzusehen. Galerien-Hotspots sind dort die **Linienstraße** und die **Auguststraße**, führende Kunstzentren und -sammlungen das **KW Institute for Contemporary Art** (→ S. 77), die **Sammlung Hoffmann** (→ S. 75), der **me Collectors Room** (→ S. 77), die **Galerie Eigen + Art** (→ S. 78) und die **Galerie Neugerriemschneider** (→ S. 77).

Ein außergewöhnliches Konzept hat die **Galerie Zagreus** (www.zagreus.net), die sich im 2. Hinterhof des spannenden Wohn- und Atelierhauses von Arno Brandlhuber in der Brunnenstr. 9a befindet (Ⓤ Rosenthaler Platz). Deren Ausstellungen, die das Thema „Essen" als Schwerpunkt haben, gehen mit Dinnerabenden einher, zu denen man sich anmelden muss.

Berlin im Kasten

XOOOOX, Nomad, EMESS – Street Art in Berlin

Street Art (auch „Urban Art") hat in Berlin Tradition. Welche andere Stadt bot auch schon eine kilometerlange Mauer als Megamalblock zum Üben und Experimentieren? Heute steht Berlin für eine der dynamischsten Street-Art-Szenen Europas. Nicht nur wegen der ansässigen Künstler, sondern auch, weil die Stadt – v. a. in Kreuzberg und Friedrichshain – noch immer genügend Flächen für Kunst im öffentlichen Raum parat hält: hier riesige Häuserwände an klaffenden Baulücken, dort stillgelegte Fabriken mitten im Stadtgebiet. Street Art provoziert Augen und Sinne und macht aus Straßen und Vierteln Galerien. Dabei geht es nicht um lieblos gesprühte Graffitis, die man gemeinhin als Schmiererei abtun kann. Street Art ist eine künstlerische Ausdrucksform, die ganz unterschiedlich daherkommen kann: als *Stencils* (Schablonengraffiti), *Paste-ups* (plakatierte Streetart), *Stickerart* (Aufkleber) oder durch direkten Farbauftrag per Pinsel oder Spraydose. Großflächige Arbeiten, die ganze Wandflächen einnehmen (meist die seitlichen Brandschutzwände), nennt man *Murals*. Manche Kunstwerke entstehen legal, die meisten illegal, weshalb viele Künstler unter Pseudonymen arbeiten wie XOOOOX (Berlin), EL Bocho (Berlin), Nomad (Berlin), Blu (Bologna), just (Berlin), EMESS (Berlin), Alias (Berlin), DOLK (Norwegen) oder Tower (Berlin). Auch Banksy (angeblich aus Bristol), dessen Werke schon sechsstellige Summen erzielten und von Mauerspechten zuweilen wieder abgeklopft werden, war schon in Berlin unterwegs. Über Street-Art-Ausstellungen in Berlin informiert www.atmberlin.de, Infos zum Thema u. a. auch auf http://fk.1just.de und www.reclaimyourcity.net. Im Jaron Verlag erschien der Bildband „Street Art in Berlin" mit Fotos von Kai Jakob, der schon mehrere Auflagen hinter sich hat. Und in Schöneberg eröffnet 2017 mit dem „Museum for Urban Contemporary Art" Berlins erstes Street-Art-Museum (→ S. 176).

Mural von Blu im Kreuzberger Wrangelkiez

Weitere spannende Adressen in Mitte sind: **Galeriehaus Am Kupfergraben 10**, → S. 46, **Sammlung Boros**, → S. 46, und die **Galerie Sprüth Magers**, → S. 76.

Tiergarten

Erst in den letzten Jahren entdeckte der Kunstmarkt die bunte, in Teilen aber auch noch recht schäbige **Potsdamer Straße** an der Grenze zwischen Tiergarten und Schöneberg (→ Karte, S. 178/179). Seitdem entstehen dort im und rund um das ehemalige **Gebäude des Tagesspiegels** (Potsdamer Str. 77/78, Ⓤ Kurfürstenstraße) in atemberaubendem Tempo neue Galerien – die noch recht günstigen Mieten sind ein Grund dafür. Einen Blick lohnen u. a.: **Galerie Loock** (Potsdamer Str. 63, www.loock.info; immer wieder mit spannenden Expositionen japanischer Künstler), **Galerie Esther Schipper** (Schöneberger Ufer 65, www.estherschipper.com; oft kühle Konzeptkunst) und die **Galerie Helga Maria Klosterfelde** (Potsdamer Str. 97, www.helgamariaklosterfelde.de), die in einem ehemaligen Schreibwarenladen (Originaleinrichtung!) untergebracht ist.

Kreuzberg

Auch über Kreuzberg verteilen sich viele Galerien. Ein Hotspot hier ist das **Berlin Gallery District** genannte Gebiet zwischen Leipziger Straße und Halleschem Ufer (www.berlingallerydistrict.com). Kunst unterschiedlichster Art und oft politisch motiviert bietet dort das **Galerienhaus** (www.galerienhaus.com, Lindenstr. 34/35, Ⓤ Kochstraße), ein recht nobles Ausstellungshaus mit Marmorhallen und Mosaiken. Spannendes zeigt auch das nahe **Galerienhaus Rudi-Dutschke-Straße 26**, Heimat von rund 10 Galerien und Sternekoch Tim Raue (→ S. 96). Im außergewöhnlichen Ambiente einer brutalistischen Kirche aus den 1960ern präsentiert die **König Galerie** medienübergreifende Kunst sowohl aufstrebender als auch etablierter Künstler (www.koeniggalerie.com, Alexandrinenstr. 118, Ⓤ Prinzenstraße). Eine weitere spannende Adresse ist die **Feuerle Collection** (www.thefeuerlecollection.org, → S. 166).

City West

Im alten Westen ist die **Fasanenstraße** gerade schwer im Kommen, hier hat das **Auktionshaus Grisebach** seinen Sitz (präsentiert in Hnr. 25 hochkarätige Auktionsobjekte und in Hnr. 27 sehenswerte Ausstellungen, www.grisebach.com, → S. 114). Immer einen Besuch wert ist dort auch die **Galerie Kornfeld** (Hnr. 26, arbeitet mit vielen jungen Künstlern zusammen, www.galeriekornfeld.com), zu der auch der Projektraum **68project** gehört (Hnr. 68, www.68projects.com). Des Weiteren sind zu nennen: **Arndt Art Agency** (Hnr. 28, www.arndtartagency.com; Schwerpunkt China und Südostasien), der **Kunsthandel Wolfgang Werner** (Hnr. 72, viele große Namen im Repertoire, www.kunsthandel-werner.de) und die **Galerie Bucholz** (Hnr. 30, ein Global Player mit Hauptsitz in Köln, www.galeriebuchholz.de). Abseits der Fasanenstraße ist **C/O Berlin** für zeitgenössische Fotografie die Topadresse (www.co-berlin.org, → S. 117).

Keine Trockenhaube, sondern eine Installation!

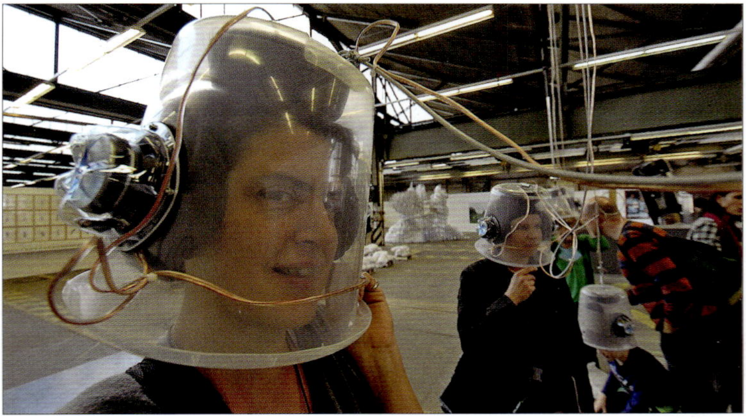

Christopher Street Day

Veranstaltungen

Ob Pillow Fight Day (2016 fand die Kissenschlacht vorm Brandenburger Tor statt), Hipstercup (mit Hornbrillenweitwurf und Skinny-Jeans-Tauziehen) oder die traditionelle Kiezschlacht auf der Oberbaumbrücke (dabei versuchen sich die Kreuzberger und Friedrichshainer gegenseitig von der Brücke zu drängen und bewerfen sich mit verfaultem Obst und Gemüse) – irgendwas Durchgeknalltes findet immer statt. Im Folgenden nur eine kleine Auswahl an größeren Events; Festivals, die mehrere Monate andauern, sind in Kästen vermerkt. Mega-Veranstaltungen wie Grüne Woche, Berlinale, ITB, IFA oder das Festival of Lights gehen i. d. R. mit verkaufsoffenen Sonntagen einher. Mehr Veranstaltungstipps in den Stadtmagazinen, aber auch unter www.kulturprojekte-berlin.de, www.gaesteliste030.de, www.berlinerfestspiele.de.

Januar

Berliner Sechstagerennen – ein Klassiker (gibt es mit Unterbrechung seit 1909). Im Velodrom (→ S. 249), Tickets ab 20 €. www.sechstagerennen-berlin.de.

Fashion Week Berlin – dazu gehören u. a. die Modemessen *Premium Exhibitions*, *Show & Order*, *bright*, *Seek* und *Panorama*. Messe, Präsentationen und Catwalks finden an den unterschiedlichsten Orten statt. Die Veranstaltungen im Rahmen der Showroom-Days stehen jedem offen. Insgesamt sind rund 3000 Brands, Labels und Designer am Start. Von den rund 200.000 Besuchern sind die Hälfte Einkäufer und Journalisten aus dem In- und Ausland. Auch im Juli. www.fashion-week-berlin.com.

Internationale Grüne Woche – weltgrößte Messe für Ernährung, Landwirtschaft und Gartenbau. In der zweiten Januarhälfte auf dem Messegelände am Funkturm. www.gruenewoche.de.

Lange Nacht der Museen – Kombiticket 18 € (inkl. Shuttlebusse). Auch im August. Genaues Datum unter www.lange-nacht-der-museen.de.

Februar

Berlinale International Film Festival – das alljährliche Filmfestival lockt rund 16.000 Filmschaffende und 4000 Journalisten aus aller Welt an. Filme laufen in verschiedenen Kinos der Stadt, frierende Stars auf rotem Teppich sieht man vorm Berlinale-Palast (→ S. 38). www.berlinale.de.

März

Internationale Tourismusbörse Berlin (ITB) – die Welt zu Gast in Berlin, über 11.000 Aussteller. Auf dem Messegelände am Funkturm. Am Wochenende freier Publikumsverkehr. www.itb-berlin.de.

MaerzMusik – internationales Festival zeitgenössischer Musik an verschiedenen Orten in der Stadt, viele Erstaufführungen. www.berlinerfestspiele.de.

April

Ab jetzt und bis Ende Juni isst man **Beelitzer Spargel** bis zum Abwinken. Die Tradition des Spargelanbaus verschwand in Beelitz (rund 60 km südwestlich von Berlin) übrigens mit dem Mauerbau und wurde erst 1991 wiederbelebt.

Berliner Festtage – ein Opern- und Konzertreigen im Schillertheater und in der Philharmonie. www.staatsoper-berlin.de.

Halbmarathon – manchmal auch schon Ende März. Infos und Anmeldung unter www.scc-events.com.

Gallery Weekend – Ende April/Anfang Mai treffen sich Künstler, Sammler, Kritiker und Kuratoren zu einer Vielzahl an Vernissagen. www.gallery-weekend-berlin.de.

Mai

1. Mai – ein friedliches Gegenprogramm zu den Auftritten der Anarchoproleten und Antisemiten bietet das bunte Myfest in der Oranienstraße (→ Kreuzberg) mit Konzerten und internationaler Küche aus den Töpfen der Anwohner. Zudem zig weitere Veranstaltungen in der Stadt, u. a. in der Kulturbrauerei und am Mauerpark in Prenzlauer Berg, Kundgebungen am Brandenburger Tor usw.

Baumblütenfest in Werder – Remmidemmi mit Riesenrad, Karussells, Buden, mehreren Bühnen und einer halben Million Besucher (nicht allen bekommt der süße Obstwein). Nach Werder fährt der Regionalexpress 1 u. a. vom Hauptbahnhof (Tarifzone ABC). Anfang Mai. www.werder-havel.de.

Theatertreffen – über 500 Inszenierungen in 17 Tagen auf diversen Bühnen der Stadt. www.berlinerfestspiele.de.

DFB-Pokalfinale – hurra, hurra, wir fahren nach Berlin! Im Olympiastadion gewinnt Bayern München.

Velothon – das Berlin-Radrennen für jedermann. 2 Distanzen (60 u. 120 km) stehen zur Auswahl. Meist Ende Mai oder Anfang Juni. Anmeldung unter www.velothon-berlin.de.

Citadel Music Festival – Konzerte von Mai bis August in der Spandauer Zitadelle (→ S. 202). www.citadel-music-festival.de.

Juni

Lange Nacht des Buches – Lesungen, Buchpräsentationen und künstlerische Darbietungen an rund 50 Orten rund um die Oranienstraße (→ Kreuzberg). Zuletzt Anfang Juni, fand aber auch schon Mitte Mai statt. www.lange-buchnacht.de.

Berlin Summer Rave – Anfang Juni (manchmal Ende Mai) für gewöhnlich in den Hangars des alten Tempelhofer Flughafens. Eine neue Location ist angedacht. www.berlin-summer-rave.de.

Christopher Street Day (CSD) – die Parade startet am Kurfürstendamm und endet an der Straße des 17. Juni vor dem Brandenburger Tor. Im Vorfeld das Berlin Pride Festival. Manchmal auch im Juli, Datum auf www.csd-berlin.de.

Fête de la Musique – ein Mega-umsonst-und-draußen-Event. Über 700 Bands und DJs auf über 80 Bühnen. Jedes Jahr zum kalendarischen Sommeranfang am 21. Juni. www.fetedelamusique.de.

Karneval der Kulturen – Straßenfest mit 4 Bühnen in Kreuzberg, Musik und Leckereien aus aller Welt (Ⓤ Hallesches Tor). Höhepunkt ist der große bunte Umzug am Sonntag (Start Hermannplatz, Ⓤ Hermannplatz), rund 4000 Teilnehmer aus 80 Nationen machen mit. Stets Pfingsten. Zukunft des Spektakels jedoch ungewiss. www.karneval-berlin.de.

Köpenicker Sommer – traditionelles Volksfest mit historischem Festumzug, mehreren Bühnen, Feuerwerk und Markttreiben. Meist Mitte Juni. www.kietzersommer.de.

Lange Nacht der Wissenschaften – rund 70 Wissenschaftseinrichtungen nehmen daran teil, öffnen ihre Pforten oder veranstalten ein interessantes Programm an ausgefallenen Orten. Meist Mitte Juni, mehr dazu auf www.langenachtderwissenschaften.de.

48 Stunden Neukölln – 2 Tage der offenen Tür in zig Galerien, Ateliers, Kultureinrichtungen usw. Das spannendste Wochenende im Jahr, um Neukölln kennenzulernen. Meist Ende

Juni. Bevor man startet, stellt man sich am besten auf www.48-stunden-neukoelln.de sein persönliches Programm zusammen.

Bergmannstraßenfest, im gleichnamigen Kiez in Kreuzberg. Musik auf 5 Bühnen. Meist Ende Juni. www.kiez-und-kultur.de.

Juli

Classic Open Air – 5-tägiger Klassik-Reigen auf dem Gendarmenmarkt. www.classic openair.de.

Fashion Week Berlin → Januar. Diesmal werden die Kollektionen für die kalten Tage präsentiert.

Foreign Affairs – 12-tägiges internationales Festival zeitgenössischer Kunst, vorrangig aus den Bereichen Tanz, Theater und Performance. Verschiedene Bühnen. www.berliner-festspiele.de.

Lesbisch-schwules Stadtfest – Europas größtes Stadtfest dieser Art (rund 350.000 Besucher). Zuletzt Mitte Juli (manchmal auch Mitte Juni) rund um den Nollendorfplatz in Schöneberg. www.regenbogenfonds.de.

August

Internationales Berliner Bierfestival – über 300 Brauereien aus über 80 Ländern machen die Karl-Marx-Allee zur Biermeile. www.bier festival-berlin.de.

Pop Kultur – aus der *Berlin Music Week* hervorgegangen. Konzerte und Veranstaltungen, die meisten davon in Kreuzberger und Friedrichshainer Clubs. www.pop-kultur.berlin.

Lange Nacht der Museen – genaues Datum unter www.lange-nacht-der-museen.de.

September

Berlin Art Week (www.berlinartweek.de) – 6 Tage lang Intensivprogramm rund um die Kunst mit hochkarätigen Ausstellungen, Vernissagen und Sonderveranstaltungen. Dazu die **abc – art berlin contemporary**, eine Art Leistungsschau der Berliner Galerien (www. artberlincontemporary.com).

Berlin Marathon – Infos und Anmeldung unter www.berlin-marathon.de.

IFA – die Internationale Funkausstellung ist die weltweit größte Messe für Consumer Electronics (1200 Aussteller). Messegelände am Funkturm. www.ifa-berlin.de.

Internationales Literaturfestival Berlin – die Lesungen fanden zuletzt vornehmlich im Haus der Berliner Festspiele in der City West statt. www.literaturfestival.com.

48 Stunden Neukölln: Installation auf dem Parkdeck

Pyronale – Feuerwerks-World-Championat mit Pyrotechnikern aus verschiedenen Ländern. In manchen Jahren auf dem Flugfeld Tempelhof, in manchen auf dem Maifeld am Olympiastadion. www.pyronale.de.

Oktober

Festival of Lights – beim 12-tägigen Lichterfestival werden große Berliner Bauwerke farbig illuminiert – am schönsten zu fotografieren in der Blauen Stunde. www.festival-of-lights.de.

November

JazzFest Berlin – 6 Tage im Zeichen des Jazz. Megaprogramm, als Veranstaltungsorte dienen diverse Clubs. www.berlinerfestspiele.de.

Dezember

Weihnachtsmärkte – zu den schönsten zählen der in der Altstadt von **Spandau**, der am **Gendarmenmarkt** (stilvoll, kostet aber auch Eintritt) und jener vor der Kulisse des **Charlottenburger Schlosses**. Aus der Reihe fällt der nichtkommerzielle Rixdorfer Weihnachtsmarkt am **Richardplatz** in Neukölln, der jedoch nur an 3 Tagen im Dezember stattfindet (am Wochenende nach dem 1. Advent).

Silvester – die größte Party geht am Brandenburger Tor über die Bühne. Klasse Ausblicke auf die Feuerwerkslandschaft hat man vom 66 m hohen Kreuzberg. Toll, aber voll!

Das Ä: Neukölln

Nachtleben

Das Berliner Nightlife ist cool, freizügig und v. a. bezahlbar, in der einen oder anderen kleineren Location wird gar kein Eintritt oder nur eine kleine DJ-Pauschale verlangt. Im Folgenden unsere Auswahl an Adressen – da dürfte für jeden etwas dabei sein. Es gibt jedoch noch viel, viel mehr. Die Dynamik ist enorm, jeden Monat eröffnen neue Locations, genauso viele schließen aber auch.

Mitte

Picheln

Weingalerie Nö! 21 → Karte S. 28/29. Eine Oase in der sterilen Ecke um die Friedrichstraße. 2 urgemütliche, kleine Gasträume mit viel Plunder zwischen Jugendstillampen und Kuckucksuhr. Sorgfältig ausgewählte Weine (guter Hauswein, ½ l ca. 11 €), darunter auch sehr edle Tröpfchen. Dazu gibt es alles, was gut zu Wein passt: Oliven, Käse- und Vorspeisenplatten, Flammkuchen, warme Blutwurst auf Baguette u. v. m. Mo–Fr 12–1 Uhr. Glinkastr. 23, Ⓤ Französische Straße, ✆ 2010871, www.cafe-noe.de.

Neue Odessa Bar 12 → Karte S. 72/73. Plüschig-coole Bar mit schick-coolem Publikum, Kerzenlicht und riesigen Blumensträußen. Sound zwischen 80s und Electrolounge. Abgefahrene Gemeinschaftstoilette! Ab 21 Uhr wird es rappelvoll, später kontrolliert ein Türsteher den Zulauf. Gute Drinks, aber nicht ganz billig. Rauchen erlaubt. Tägl. ab 19 Uhr. Torstr. 89, Ⓤ Rosenthaler Platz, ✆ 0171/8398991, www.neueodessabar.de.

Bar 3 33 → Karte S. 72/73. Ideal für das Glas Kölsch nach der Volksbühne. Hat Stil, obwohl sehr simpel: halbrunder Raum mit weiß getünchten Wänden, Sitzmöglichkeiten auf den tiefen Fensterbrettern, runde Theke in der Mitte. Künstler und Kreative mittleren Alters. Raucher. Di–Sa ab 21 Uhr. Weydinger Str. 20, Ⓤ Rosa-Luxemburg-Platz, ✆ 97005106.

Cordobar 41 → Karte S. 72/73. „Restalcohol is a powerful drug" prangt an der Wand dieser so stilvollen wie lässigen deutsch-österreichischen Weinbar. Rund 60 offene Weine im Ausschank, erfahrene Sommeliers, fein zubereitete Kleinigkeiten zum Wein. Wer nicht an der Bar, sondern am Tisch sitzen will, sollte reservieren. Ein Abend (mit Restalkohol) geht hier allerdings ganz schön ins Geld. Di–Sa 18–2 Uhr. Große Hamburger Str. 32, Ⓤ Weinmeisterstraße, ✆ 27581215, www.cordobar.net.

Anna Koschke 50 → Karte S. 72/73. Charmante Kneipe mit einem Tick hin zur Altberliner Kaffeestube: Spiegel, Ölgemälde, Wanduhren, Kerzenlicht. Zum Allgäuer *Büble Bier* oder Berliner Pilsner gibt's Toast Hawaii, Erbseneintopf oder Bulette. Raucher. Tägl. ab 17 Uhr. Krausnickstr. 11, Ⓢ Hackescher Markt oder Ⓤ Weinmeisterstraße, ✆ 2835538, www.anna-koschke.de.

Fire Bar 51 → Karte S. 72/73. Niedliche, simple, an allen Ecken und Enden illuminierte Souterrainbar. Skurrile Wohnzimmer-Atmosphäre, kitschiges Interieur (man beachte das Kaminprogramm auf dem Retrofernseher!). Für die Lage günstige Preise. Gute Cocktails, bei denen an Alkohol nicht gespart wird. Rauchen erlaubt. Tägl. ab 20 Uhr. Krausnickstr. 5, Ⓢ Oranienburger Straße oder Ⓤ Oranienburger Tor, ✆ 0173/6009339, www.fire-club.de.

Mein Haus am See 10 → Karte S. 72/73. Schrammelig-cooler Laden, Café, Bar und Club in einem. Rund um die Uhr geöffnet, jedoch nicht am See, sondern am Rosenthaler Platz. Brunnenstr. 197/198, Ⓤ Rosenthaler Platz, ✆ 27590873, www.mein-haus-am-see.club.

Keyser Soze → S. 83.

Eschschloraque Rümschrümp → S. 84.

Cocktails schlürfen

La Banca Bar 13 → Karte S. 28/29. Klassisch-gediegene, gemütliche Bar des noblen Hotel de Rome, Fr/Sa legen DJs Electro Soul und Sensual Lounge auf. Zuweilen auch sanfte Livemusik am Abend. Im Sommer wechselt man besser nach oben auf die Dachterrasse und genießt bei einem Aperol Spritz oder einem Burger Royal den schönen Blick auf den Bebelplatz. Kleingeld taugt hier nur als Trinkgeld! Tägl. 9–1 Uhr. Behrenstr. 37, Ⓤ Französische Straße, ✆ 4606090, www.roccofortehotels.com.

Reingold 21 → Karte S. 72/73. Hinter einer Metalltür warten ein endloser Tresen und Kellner mit Fliege und Schiebermütze – die 20er-Jahre lassen grüßen. An der Wand ein eindrucksvolles Bild von Klaus und Erika Mann. Im Hinterhof eine nette Terrasse. Di–Sa ab 19 Uhr. Novalisstr. 11, Ⓢ Nordbahnhof oder Ⓤ Oranienburger Tor, ✆ 28387676, www.reingold.de.

Newton Bar 22 → Karte S. 28/29. Klassische gehobene Bar am Gendarmenmarkt mit Tresen aus Edelholz und schweren roten Ledersesseln. Die *Big Nudes* an der Wand hat Starfotograf Helmut Newton noch zu Lebzeiten selbst zur Verfügung gestellt. Businesspublikum zwischen 30 und 65 (viele der jüngeren Gäste haben irgendwie Ähnlichkeit mit Prinz William ...). Geraucht wird nur oben. Cocktails ab 10 €. Tägl. ab 11 Uhr. Charlottenstr. 57, Ⓤ Französische Straße o. Hausvogteiplatz, ✆ 20295421, www.newton-bar.de.

Clubs

Felix 16 → Karte S. 28/29. Einer der Glamourläden Berlins, unterm Hotel Adlon. Aufgedonnertes und flirtfreudiges Publikum mit Geld. Sehen und gesehen werden. Viel House und R'n'B. Mit Restaurant. Mo/Fr/Sa ab 23 Uhr, Do (Afterworkparty) ab 19 Uhr. Behrenstr. 72, Ⓢ+Ⓤ Brandenburger Tor, ✆ 301117152, www.felix-clubrestaurant.de.

Weekend 1 → Karte S. 61. Auch hier macht man auf elitär – harte Tür! Dennoch in der Szene als Touristenbunker verschrien (aber alles halb so schlimm). Tolle Location im 12. Stock des sog. „Hauses des Reisens". 3 Stockwerke darüber geht die Party weiter, dazu eine Dachterrasse (im Sommer ab 19 Uhr geöffnet) für den unvergesslichen Sonnenaufgang. Hochkarätige DJs, House, Deephouse und Techno. Do–Sa ab 23 Uhr (manchmal auch Di/Mi). Um die 10 € Eintritt, manchmal etwas mehr, manchmal auch etwas weniger. Alexanderstr. 7, Ⓢ+Ⓤ Alexanderplatz, ✆ 0152/24293140, www.houseofweekend.berlin.

Zosch 39 → Karte S. 72/73. In einem unsanierten, efeubewachsenen Haus. Oben rustikale Kneipe mit toller weißer Schanktheke, schönen Fliesen und kleiner Auswahl an Gerichten. Im Bühnenkeller gutes Konzertprogramm (viel Jazz) – oft eng, verraucht und schweißtreibend! Viele Touristen. Tägl. ab 16 Uhr. Tucholskystr. 30, Ⓤ Oranienburger Tor, ✆ 2807664, www.zosch-berlin.de.

Schokoladen 8 → Karte S. 72/73. Witziger, leicht schrammeliger Laden, den es schon seit Ewigkeiten gibt (und der immer wieder vor dem Aus steht). Regelmäßig Partys, Konzerte (vorwiegend Punk, Folk, Independent und Ska) und Lesungen. Tägl. ab 20 Uhr. Ackerstr. 159, Ⓤ Rosenthaler Platz, ✆ 2826527, www.schokoladen-mitte.de.

Kaffee Burger 20 → Karte S. 72/73. Im schön konservierten Ostalgie-Ambiente des ehemaligen Kaffeehauses gibt es neben Livemusik und DJ-Partys (vornehmlich Rock, Pop und Funk) auch immer wieder Lesungen. Tägl. ab 21 Uhr. Torstr. 60, Ⓤ Rosa-Luxemburg-Platz, ✆ 28046495, www.kaffeeburger.de.

Clärchens Ballhaus 35 → Karte S. 72/73. *Der* Tipp für Freunde des Paartanzes – und das seit 1913. Im herrlich altmodischen Tanzbistro (Lamettadekor!) im EG oder im tollen Spiegelsaal wird ein Programm zwischen Walzer, Salsa und Tango geboten. Zum Ringelpiez mit Anfassen gibt's Bulette oder Pizza – auch draußen im supergemütlichen Hofgarten (ab 11 Uhr geöffnet). Veranstaltungen beginnen i. d. R. zwischen 20 und 21 Uhr, So 15–19 Uhr Tanztee. Auguststr. 24, Ⓤ Weinmeisterstraße oder Rosenthaler Platz, ✆ 2829295, www.ballhaus.de.

Tresor 1 → Karte S. 160/161. Die Technolegende, deren Namen DJs wie Sven Väth, Paul van Dyk und Tanith in alle Welt trugen, gibt es seit 1991, nun im alten Heizkraftwerk Mitte. Der legendäre Keller des alten Tresors (→ S. 88) wurde fast komplett wieder aufgebaut – abgefahren. Mo, Mi und Fr/Sa (zuweilen auch Do) ab 23.59 Uhr. Köpenicker Str. 70, Ⓤ Heinrich-Heine-Straße, ✆ 69537721, www.tresorberlin.de.

Jazz

b-flat 58 → Karte S. 72/73. Eine Institution, seit 2016 mit neuer Adresse und eine Etage tiefer (jetzt Kellerclub). Ausgesuchter Jazz, gerne auch mal experimentell und modern, gerne auch mal internationale Überraschungen und Worldmusic. Konzertbeginn tägl. gegen 21 Uhr. Dircksenstr. 40, Ⓢ+Ⓤ Alexanderplatz, ✆ 2833123, www.b-flat-berlin.de.

Zosch, → Livemusik.

Viele Tipps in Sachen Jazz auch auf der Seite www.jazzinitiative-berlin.de.

Kreuzberg → Karte S. 160/161

Picheln

Möbel Olfe 26, immervolle, rauchgeschwängerte „Trinkhalle" (Eigenbezeichnung) im Betonkonglomerat des *Kreuzberger Zentrums*. Ein Klassiker seit 1983, bei Homos und Heteros gleichermaßen beliebt. Cool-kitschige Einrichtung, nette Musik, polnisches Bier. Tägl. (außer Mo) ab 18 Uhr. Reichenberger Str. 177, Ⓤ Kottbusser Tor, ✆ 23274690, www.moebel-olfe.de.

Myśliwska 28, die „Jägerstube" ist seit 1991 eine Kultbar, als die Gegend um das Schlesische Tor noch keinesfalls angesagt war. Simples, minimalrestauriertes Ambiente. Viel Indiesound, manchmal auch live. Besser unter der Woche kommen – Fr/Sa wird jungen Easyjettern leichter Partysound serviert. Übelst ver-

Clärchens Ballhaus: Schwofen bis zum Abwinken

qualmt! Tägl. ab 19 Uhr. Schlesische Str. 35, Ⓤ Schlesisches Tor, ✆ 6114860.

Würgeengel 22, Kreuzberger Institution und immer gerammelt voll. Perfekte Cocktails und Tapas für den kleinen Hunger. Die stilvolle Bar mit einem Tick Abgeranztheit ist benannt nach dem gleichnamigen Film von Luis Buñuel (1962), in dem eine Partygesellschaft von einer geheimen Kraft am Verlassen der Feier gehindert wird ... Rauchen erlaubt. Tägl. ab 19 Uhr. Dresdner Str. 122, Ⓤ Kottbusser Tor, ✆ 6155560, www.wuergeengel.de.

Trinkteufel 16, das selbst ernannte „Tor zur Hölle". Manchmal junges punkiges Publikum, manchmal älteres punkiges Publikum, manchmal ganz altes punkiges Publikum. Und einmal schon Peter O'Doherty mittendrin. Er wäre fast rausgeflogen (das will hier schon was heißen) und demolierte im Anschluss ein Auto vor der Tür ... Mo–Do 13–4 Uhr, Fr/Sa durchgehend. Naunynstr. 60, Ⓤ Kottbusser Tor, ✆ 6147128, www.trinkteufel.de.

Kirk 20, schöne Bar, leicht angestaubt und völlig verraucht, was man Stuck und Decken ansieht. An der Wand prangt der Slogan „Fuck Yoga". Gute Drinks, Augustiner vom Fass und gemischtes Publikum, das so laut schwätzt, dass die Musik (Blues und Jazz) manchmal kaum mehr zu hören ist. Im Winter mit Kaminfeuer. Tägl. ab 19 Uhr. Skalitzer Str. 75, Ⓤ Schlesisches Tor, ✆ 0176/21885145, www.kirkbar-berlin.de.

Bellman 56, unprätentiöse Raucherbar im Shabby Chic, nostalgisches Flair, viel Patina: schwarz gestrichene Stuckdecken, Kerzenlicht, ruhige Jazzmusik, ein altes Klavier steht herum. Hier sitzt der Hipster neben dem Graubart. Gelungene Cocktails, Punktabzug für das Bierangebot. Tägl. ab 18 Uhr. Reichenberger Str. 103, Ⓤ Görlitzer Bahnhof, ✆ 61280334.

Ankerklause 50, *der* Treff direkt am Landwehrkanal – die Balkonplätze sind begehrt. Publikum jeden Alters, Jukebox mit lustiger Auswahl, kleine Gerichte. Im vorderen Bereich darf geraucht werden. Übrigens soll hier schon Quentin Tarantino mit einer Berliner Burlesque-Queen gekuschelt haben. Mo ab 16 Uhr, sonst ab 10 Uhr. Am 1. Do im Monat wird die Bar zum Club. Kottbusser Damm 104, Ⓤ Schönleinstraße, ✆ 6935649, www.ankerklause.de.

Madonna 43, gemütliches Kreuzberger Urgestein. Unter einem originellen Deckengemälde und der namengebenden Madonna versammelt sich ein buntes Völkchen, hört rockig-folkige Musik, raucht und trinkt fleißig Bier oder Whiskey – über 250 Sorten sind im Angebot. Tägl. ab 15 Uhr. Wiener Str. 22, Ⓤ Görlitzer Bahnhof, ✆ 6116943.

Morena Bar → S. 171.

Yorckschlösschen → Jazz.

Club der Visionäre → S. 171.

Vögelchen → S. 170.

Cocktails schlürfen

Die Legende von Paula und Ben 68 kleine, spärlich dekorierte Bar mit golden bemalten Decken und Kronleuchter. Adrette Barkeeper, riesige Auswahl an guten Cocktails, auch die Weine können sich sehen lassen. Tapas. Musik in Richtung Jazz/Bossa Nova. Im Sommer Bestuhlung auf dem Gehweg. Raucher. Tägl. ab 18 Uhr. Gneisenaustr. 58, Ⓤ Südstern, ✆ 28034400, www.paulaundben.de.

Haifischbar 76, beliebte, mit Bedacht gestylte, aber längst nicht überstylte Bar. Kölsch oder Mojito? Dazu auch hier leckere Tapas (sonntags ist die Küche jedoch dicht). Raucher- und Nichtraucherbereich. Tägl. ab 19 Uhr. Arndtstr. 25, Ⓤ Gneisenaustraße, ✆ 6911352, www.haifischbar-berlin.de.

Schwarze Traube 17, in der kleinen, schönschummrigen Retro-Bar gibt es keine Karte, sondern ein täglich wechselndes Angebot an hervorragend gemixten Drinks. „Chef-Alchemist" Atalay Aktaş wurde schon zum besten Barkeeper Deutschlands gekürt. Tägl. ab 19 Uhr. Wrangelstr. 24, Ⓤ Görlitzer Bahnhof oder Schlesisches Tor, ☏ 23135569.

Fahimi Bar **32**, eine der „gediegeneren" Locations rund ums Kottbusser Tor, im OG eines heruntergekommenen Häuserblocks, tolle Panoramafenster zur Hochbahn hin. Klar-nüchterne Einrichtung, im Mittelpunkt steht die schön illuminierte Bartheke. Hierher kann man, wenn's sein muss, auch mal mit den Eltern gehen ... Raucher. Tägl. (außer Mo) ab 20 Uhr. Skalitzer Str. 133 (unauffälliger Eingang), Ⓤ Kottbusser Tor, ☏ 61656003, www.fahimibar.de.

Mandy's **51**, legere Cocktailbar in Mandy's alter Bierstube (die rustikalen Tische und holzverkleideten Wände erinnern noch daran), mit Chesterfield-Ledersofas und Kerzenlicht. Auch nett: die **Rummels Perle** **48** in der gleichen Straße (Hnr. 47), wo man allerdings eher Bier trinkt. Mi–Sa ab 20 Uhr. Reichenberger Str. 61, Ⓤ Görlitzer Bahnhof.

Solar **6**, zum Cuba Libre gibt's hier, im 17. Stock, einen traumhaften Blick über Berlin (was sich nachts einfach besser macht als tagsüber). Auf den loungigen Sitzlandschaften vor den bodentiefen Panoramafenstern ein Publikum zwischen 25 und 60. Eine Etage darunter das Restaurant. Raucherseparee. Wer zu spät kommt, kann Pech haben – oft voll. Gepflegtlegeres Outfit wird erwartet. Tägl. ab 18 Uhr. Stresemannstr. 76 (etwas zurückversetzt, nach dem gläsernen Aufzug am Gebäude Ausschau halten), Ⓢ Anhalter Bahnhof, ☏ 0163/7652700, www.solarberlin.com.

Clubs

White Trash Fastfood → S. 172.

Wild at Heart **41**, der schummrige, überdekorierte Laden (Totenköpfe, Elvisplakate, Lichterketten in Löwenkopfform) ist seit 1995 *die* Adresse für lustige kleine Punkrockkonzerte (mehrmals wöchentl.). Hinterher bearbeiten DJs die Turntables. Auch älteres Publikum. Do–Sa und bei Konzerten ab 20 Uhr. Wiener Str. 20, Ⓤ Görlitzer Bahnhof, ☏ 61074701, www.wildatheartberlin.de.

Gretchen **52**, Club und Konzertlocation, die – von außen mag man es nicht glauben – im Inneren etwas von einer dreischiffigen Basilika hat. Breites Spektrum an Veranstaltungen, alle Stilrichtungen kommen zum Zuge. Konzertbeginn i. d. R. nicht vor 22.30 Uhr. Obentrautstr. 19–21, Ⓤ Hallesches Tor o. Mehringdamm, ☏ 25922702, www.gretchen-club.de.

Lido **33**, das ehemalige Kino im 50er-Jahre-Design fasst ca. 600 Zuschauer und zählt zu den besten Konzertbühnen der Stadt. Dazu immer wieder spaßige Partys (z. B. Balkan-Partys). Cuvrystr. 7, Ⓤ Schlesisches Tor, ☏ 69566840, www.lido-berlin.de.

SO 36 **27**, den Klassiker der alternativen Subkultur, hervorgegangen aus der Punk- und Besetzerszene, gibt es mit Unterbrechung seit 1978. Buntes Programm: Technonächte, Schlagerpartys, schwul-lesbische Events, Nachtflohmarkt, gute Konzerte usw. Oranienstr. 190, Ⓤ Kottbusser Tor, ☏ 61401306, www.so36.de.

Columbia Theater **80**, ehemaliges Alliierten-Kino. Immer wieder nett, wenn die richtige Band spielt (☏ 69817584, www.columbia-theater.de). Größere Namen treten in der **Columbiahalle** nebenan auf (☏ 69812814, www.columbiahalle.berlin). Columbiadamm 9–11 bzw. 13–21, Ⓤ Platz der Luftbrücke.

Bi Nuu **23**, hier steigt die Party mitten im U-Bahnhof! Unter schönem Gewölbe wird mehrmals wöchentl. ein buntes, alternatives Programm zwischen Live-Auftritten (Punk, Hardcore, Rock'n'Roll etc.) und DJ-Partys geboten. Ⓤ Schlesisches Tor, ☏ 61654455, www.binuu.de.

Privatclub **25**, schlicht-netter Club im imposanten Backsteingebäude der Post. Retro-Ambiente und spannendes Programm (originelle Konzerte weniger bekannter Bands. Skalitzer Str. 85–86, Ⓤ Schlesisches Tor, ☏ 61675962, www.privatclub-berlin.de.

MeinTipp **FluxBau** **7**, der luftige, schön-schrabbelige Hang-out von *Flux FM*, dem alternativen Radio. Mit toller Terrasse über der Spree. Diverse Events von Lesungen über Konzerte bis hin zu Partys, nur dann auch geöffnet. Pfuelstr. 5 (Hofeingang bei der Spree nehmen), Ⓤ Schlesisches Tor, ☏ 0157/58093713, www.fluxfm.de.

Madame Claude **31**, schrabbelig-charmanter Kellerclub. Kopf in den Nacken: Hier hängt das Interieur verkehrt herum von der Decke, vom Waschbecken über die Nachttischlampe bis zum Beistelltischchen. Barbetrieb tägl. ab 19 Uhr, Konzerte (alles Mögliche von Folk über Rock und Elektro bis hin zu experimentellen Klängen) beginnen i. d. R. gegen 21.30 Uhr. Junges internationales Publikum. Lübbener

Str. 19, Ⓤ Schlesisches Tor, ✆ 84110859, www.madameclaude.de.

Monarch 32, simple DJ-Bar am Kottbusser Tor – durch die Fensterfronten Blick auf die Hochbahn. Von *Lonely Planet* gehypt und deswegen stets voll bis überfüllt mit jungen Easyjettern. Gute DJs, gut verraucht, kleiner Eintritt, günstig. Richtig los geht's erst gegen 2 Uhr. Nicht einfach zu finden: Rechts neben der Dönerbude Mısır Çarşısı geht es durch die Stahltür (die Treppe *links* der Dönerbude führt zur **Paloma Bar 32**, ähnliche Location, nur mehr Elektronisches vom Plattenteller). Di–Sa ab 21 Uhr. Skalitzer Str. 134, Ⓤ Kottbusser Tor, ✆ 61656003, www.kottimonarch.de.

meinTipp **Watergate 18**, es gibt wohl kaum einen schöneren Platz, um in Berlin dem Morgen (oder Mittag?) entgegenzufeiern. Der minimalistisch eingerichtete Club mit Terrasse über der Spree bietet einen sensationellen Blick auf Fluss und Oberbaumbrücke. Musik: Elektronisches zwischen Drum'n'Bass, Techhouse und Deephouse, am DJ-Pult zuweilen Stars wie Paul Kalkbrenner oder Richie Hawtin. Nicht billig und strenge Türpolitik! In der Regel Mi und Fr/Sa ab 24 Uhr. Falckensteinstr. 49, Ⓤ Schlesisches Tor, ✆ 61280394, www.water-gate.de.

Ritter Butzke 13, guter Elektroclub, super Sound, auch Konzerte. Je nach Veranstaltung sind bis zu 3 Floors offen, dazu ein Open-Air-Bereich. Sehr coole Einrichtung im Retrostil, auch die fast in den Club integrierten Toiletten (!) haben was. Junges studentisches Publikum. Do–Sa ab 24 Uhr. Ritterstr. 26, Ⓤ Moritzplatz, ✆ 322970107, www.ritterbutzke.com.

Jazz

Yorckschlösschen 59, schöne, große Kneipe, eine Kreuzberger Institution mit viel Patina. Buntes Kiezpublikum, auch ältere Semester. Mi/Sa/So (im Winter auch Do/Fr) Konzerte zwischen Jazz, Soul, Blues und Funk (Musikzuschlag 4–8 €). Man kann auch deftig essen, und das zu sehr fairen Preisen. Hübscher Sommergarten. Mo–Sa 17–3 Uhr, So ab 11 Uhr (Jazzbrunch). Yorckstr. 15, Ⓤ Mehringdamm, ✆ 2158070, www.yorckschloesschen.de.

Schwul-lesbisch

Melitta Sundström 66, charmanter, schwul-lesbischer Klassiker im Kiez. Tagsüber Café mit Kuchenangebot, abends gemütliche Bar. Raucher- und Nichtraucherbereich. Außenbestuhlung. Benannt wurde der Laden nach der legendären Berliner Tunte Melitta Sundström (gest. 1993). Tägl. 13–6 Uhr. Mehringdamm 61, Ⓤ Mehringdamm, ✆ 6924414, www.melitta-sundstroem.de.

Möbel Olfe → Picheln.

Rauschgold 65, witzige kleine Bar mit Plastikpalme. Publikum jeden Alters und jeder Couleur. Oft schräge Events. Zu trinken gibt's u. a. Rollberg-Bier aus Neukölln. Heterofreundlich. Raucher. Tägl. ab 20 Uhr. Mehringdamm 62, Ⓤ Mehringdamm, ✆ 92274178, www.rauschgold.berlin.

Auf zur Gayhane! 1-mal im Monat findet die türkische Schwulen-, Lesben- und Transen-Party des Clubs **SO 36** (→ Kreuzberg/Clubs) statt, ein unglaublicher Spaß, auch für Heteros. Beginn um 23 Uhr, beste Stimmung bis in den frühen Morgen (Termine auf www.so36.de).

BarbieBar 73, niedlich-kitschige Bar, mit Barbie und Ken dekoriert. Nachmittags gibt's Kuchen, abends Cocktails und tschechisches *Staropramen* vom Fass. Heterofreundlich. Raucher. Tägl. ab 14 Uhr. Mehringdamm 77, Ⓤ Mehringdamm, ✆ 69568610, www.barbiebar.de.

Neukölln

→ Karte S. 185

Picheln

Bergschloss Berlin 28, 2015 eröffnete Mikrobrauerei dreier junger Bierfreaks. Neben einem kleinen Kernsortiment (Pale Ale, Lager und Irish Stout) gibt es immer wieder unorthodoxe Kreationen, die sich nicht ums Reinheitsgebot scheren ... Getrunken wird all das im behutsam restaurierten ehemaligen Verkaufsraum einer Schmalzfabrik. Do–Sa 19–1 Uhr. Kopfstr. 59, Ⓤ Karl-Marx-Straße, ✆ 64435906, www.berlinerberg.com.

Geist im Glas 6, kuschelig-kerzenlichtige Bar, in der die hässlichsten Massivholzschränke richtig gut aussehen. Der Name kommt nicht von ungefähr: Es gibt diverse hausgemachte Likörchen und Geistchen aus hübschen Flaschen. Buntes, internationales Völkchen. Mo–Fr ab 18 Uhr, Sa/So ab 10 Uhr (dann trifft man sich hier zum deftigen amerikanisch-mexikanischen Brunch). Lenaustr. 27, Ⓤ Schönleinstraße, ✆ 0176/55330450.

Mama 5, nette Kneipe mit kahlen Wänden, ein bisschen Ziertapete und Retromobiliar.

Neukölln – keine Woche ohne neue Bar

Eine Besonderheit ist das leckere *Svijany*-Bier aus Tschechien. Manko: im Winter teils saukalt. Raucher. In die ähnliche Richtung geht die Bar **Raumfahrer** **3** in derselben Straße (Hnr. 61). Tägl. ab 19 Uhr. Hobrechtstr. 61, Ⓤ Schönleinstraße, ✆ 0157/73864042.

Wild Things **17**, unkonventionelle, schlicht-undesignte Weinbar, in der sog. Naturweine im Vordergrund stehen, d. h. Weine, für deren Herstellung auf Hilfsmittel und Zusatzstoffe weitgehend verzichtet wurde. Schmeckt nicht selten gewöhnungsbedürftig und hat seinen Preis: 5–10 €/Gläschen (0,15 l). Dazu tolle Snacks wie Oktopus-Kartoffelsalat, *Ceviche* mit Stachelbeeren oder *Gazpacho* mit Kirschen. Tägl. ab 18 Uhr. Weserstr. 172, ✆ 62731567, Ⓤ Rathaus Neukölln, www.wildthingsberlin.de.

Damen-Salon **4**, erst Fischladen, dann Damenfriseur, heute eine wunderschöne Bar mit viel Patina, tollen Wandfliesen, dem tschechischen *Krušovice*-Bier vom Fass und einer netten Gehwegterrasse für den Sommer. Rauchen erlaubt. Tägl. (außer So) ab 19 Uhr. Reuterstr. 39, Ⓤ Schönleinstraße, www.damensalonbar.com.

Froschkönig **25**, schön-schummrige, unprätentiöse Raucherbar mit spannendem Kulturprogramm zwischen Stummfilm und Pianoabend. Gemischtes Publikum, super-freundliche Leutchen hinter der Theke und leckeres Rollberg-Bier aus Neukölln. Tägl. ab 18 Uhr. Weisestr. 17, Ⓤ Boddinstraße, ✆ 53792283, www.froschkoenig-berlin.de.

Syndikat **22**, „kein Ort für Nazis!" steht am Fenster – willkommen im punkigen Neukölln! Bunte, laute Atmosphäre, manchmal politische Veranstaltungen, Rauchen erlaubt. Tägl. ab 20 Uhr. Weisestr. 56, Ⓤ Boddinstraße.

Ä **15**, große, etablierte „Programmwirtschaft" mit DJ-Pult, Omas Stehlampen, Nebenraum für kleinere Konzerte und ausgebautem Keller für Veranstaltungen. Meist knallvoll, davor eine Rauchertraube. Tegernseer Bier aus der Flasche. Tägl. ab 17 Uhr. Weserstr. 40, Ⓤ Rathaus Neukölln, ✆ 30648751, www.ae-neukoelln.de.

Alter Roter Löwe Rein **30**, einst ein Pub namens „Old Red Lion Inn", heute ein weiträumiges, rustikales Schmuckstück von einer Kneipe, mit Fischgrätenparkett, langen Tischen, Trophäen an der Wand, einer Schanktheke zum Verlieben und gut gezapftem Bier – Wirtshaus mal anders. Raucher. Regelmäßig Jazz-Sessions und andere Events. Tägl. (außer Mo) ab 18 Uhr. Richardstr. 31, Ⓤ Karl-Marx-Straße, ✆ 0151/20688670, www.loewerein.de.

Cocktails schlürfen

Bürkner Eck **1**, mit das Gehobenste, das Neukölln zu bieten hat. Stilvolle Cocktailbar, die früher einmal eine *Schultheiss*-Eckpinte war – aus jener Zeit stammt auch die wunderschöne

Schanktheke. Sehr adrette, freundliche Barkeeper. Auch für ältere Semester okay. Raucher. Tägl. (außer So) ab 20 Uhr. Hobrechtstr. 39, Ⓤ Schönleinstraße, ✆ 0157/36223829.

Velvet 21, schön-düsterer Ort für einen gepflegten Cocktail. Samtige Polstersessel und Vorhänge in Grün, knarrende Holzböden, goldene Wände. Raucher- und Nichtraucherbereich. Mi–Sa ab 18 Uhr. Ganghoferstr. 1, Ⓤ Rathaus Neukölln, ✆ 0176/93119702.

Club

Griessmühle 24, liebenswert-cooles Schrabbelhütten-Konglomerat auf dem Gelände einer ehemaligen Nudelfabrik, mit zig skurrilen Outdoor-Sitzmöglichkeiten und Ausblick auf Industrie am Teltowkanal. Fr/Sa feiern hier Mittzwanziger ab 22 Uhr entspannte Raves, ansonsten gibt es auf dem Areal auch Theater, Nachtflohmärkte usw., schauen Sie ins Programm. Sonnenallee 221, Ⓢ+Ⓤ Sonnenallee, www.griessmuehle.de.

Schwul-lesbisch

SchwuZ 20, das „Schwule Zentrum" ist schwul-lesbische Plattform und Club in einem. Do–Sa lustige Partys, zudem auch andere Veranstaltungen in einer ehemaligen Lagerhalle der Kindl-Brauerei. 3 Tanzflächen, 1500 m^2 zum Abfeiern. Sympathisches Publikum. Rollbergstr. 26, Ⓤ Boddinstraße, ✆ 57702270, www.schwuz.de.

Friedrichshain → Karte S. 150/151

Picheln

Kosmetiksalon Babette 1, die Bar im architektonisch spannenden Glaskubus trägt den Namen des Schönheitssalons, der hier von 1965 bis zur Wende untergebracht war. Simpel und karg, aber doch stilvoll, mit DJ-Beschallung. Neben Bier auch Cocktails und Tapas. Tägl. ab 18 Uhr. Karl-Marx-Allee 36, Ⓤ Schillingstraße, ✆ 0176/38388943, www.barbabette.com.

Briefmarken Weine 3, eine der wenigen gediegeneren Oasen Friedrichshains. Im denkmalgeschützten, liebevoll erhaltenen Briefmarken-Laden aus DDR-Zeiten gibt es zu erstklassigen Weinen (ab 5 € für das 0,13-l-Glas) auch Kleinigkeiten zu essen. Reservieren Sie! Mo–Sa 19–24 Uhr. Karl-Marx-Allee 99, Ⓤ Weberwiese, ✆ 42025292, www.briefmarkenweine.de.

Hops & Barley 22, nette, kleine Mikrobrauerei in einer ehem. Fleischerei. Zur Auswahl stehen Pils, Weizen, Dunkles und immer ein „Spezial-Bier", dazu hausgemachter Cider. 2 Räume, in einem darf geraucht werden. Hier treffen sich auch Borussia-Fans zum Fußballgucken. Mo–Fr ab 17 Uhr, Sa/So ab 15 Uhr. Wühlischstr. 22/23, Ⓢ+Ⓤ Warschauer Straße, ✆ 29367534, www.hopsandbarley-berlin.de.

Süß war gestern 26, chillige DJ-Bar mit Retro-Mobiliar, guter elektronischer Musik und viel jungem Volk, das heftig raucht! Kicker und Flipper. Tägl. ab 20 Uhr. Wühlischstr. 43, Ⓢ+Ⓤ Warschauer Straße, ✆ 0176/24412940.

Feuermelder 18, punkige Eckkneipe am „Boxi". Vor lauter Totenköpfen könnte man meinen, es wäre der St.-Pauli-Fanclub ... Kicker, Flipper und Billard. Ab 21 Uhr wird geraucht. Mo–Sa ab 15 Uhr, So ab 13 Uhr. Krossener Str. 24, Ⓢ+Ⓤ Warschauer Straße oder Ⓤ Samariterstraße, ✆ 2911937.

Die Tagung 19, lustige Kneipe mit gemischtem Kiezpublikum und süffigem tschechischem Bier. Das Besondere: Der Laden ist komplett mit DDR-Reminiszenzen dekoriert: Marx, Lenin – alle da. Rauchen erlaubt. Tägl. ab 19 Uhr. Wühlischstr. 29, Ⓢ+Ⓤ Warschauer Straße, ✆ 2928756.

Hier wurde früher tatsächlich manikürt

Selbstgebrautes Bier gibt es bei Hops & Barley in Friedrichshain

Cocktails schlürfen

Goldfisch 10, eine der schickeren Locations in Friedrichshain: weißes Leder vor Backsteinwänden, dazu gut gemischte Drinks. Tägl. ab 19.30 Uhr. Grünberger Str. 67, Ⓤ Samariterstraße oder Frankfurter Tor.

Clubs

Kater Blau 13, Motto: „Nachts sind alle Katzen blau." Der Nachfolger des legendären Kater Holzig mit feinen Elektrosounds und vielen schrägen Vögeln. Gnade Ihnen jedoch vor der resoluten Türsteherin, die jeden Langweiler sofort erkennt und i. d. R. nur die Verpeiltesten einlässt. Der zusammengezimmerte Club (Fr–So geöffnet, manchmal auch tagelange Partymarathons) direkt an der Spree liegt inmitten der wohl spannendsten Baustelle der Stadt, dem sog. Holzmarkt, auf dem in den nächsten Jahren ein urbanes Kreativdorf entstehen soll. Auf dem Gelände kann man zudem im Sommer in der „Pampa" am Ufer gemütlich abhängen (Do/Fr ab 16 Uhr, Sa/So ab 14 Uhr bei gutem Wetter). Holzmarktstr. 25, Ⓢ Ostbahnhof, www.katerblau.de.

Astra Kulturhaus 29, schöner Club für Liveacts (Pop, Rock, Indie und Elektro, Programm auf der Webseite, s. u.). Hat zur Akustikverbesserung Wandpaneele aus dem ehem. Rundfunkhaus der DDR verbaut, was man am guten Ton im Hause hört. Revaler Str. 99, Ⓢ+Ⓤ Warschauer Straße, ✆ 20056767, www.astraberlin.de.

Postbahnhof → S. 249.

Berghain 9, viel besungener Technoladen in einem düsteren ehem. Heizkraftwerk (das nie in Betrieb gegangen ist). Wird immer wieder unter die besten Clubs der Welt gewählt. Top DJ-Line-up, Sexspielplätze, viel schwules Publikum und noch viel mehr Touristen. Berliner kommen eher am Sonntagvormittag oder -mittag hierher, wenn in der angeschlossenen Panorama Bar noch gute Partys am Laufen sind. Nebenan der nette Biergarten Bierhof Rüdersdorf zum Vorglühen oder zum Verstrahlte-Freaks-Beobachten (So ab 10 Uhr, sonst ab 16 Uhr, Zukunft jedoch ungewiss). Lange Warteschlange und strenge Türpolitik. Club Fr/Sa ab 24 Uhr. Am Wriezener Bahnhof, Ⓢ Ostbahnhof, ✆ 29360210, www.berghain.de.

Cassiopeia 33, simpler, spärlich dekorierter Club auf dem RAW-Gelände. Auch hier kunterbuntes Programm, live oder vom Plattenteller. Stets Di *Super Tuesday* mit Hits der 80er bis heute, stets Mi *Bass Club* mit Reggae und Dancehall. Cooler Biergarten. Meist Di–Sa ab 23 Uhr. Revaler Str. 99, Ⓢ+Ⓤ Warschauer Straße, ✆ 47385949, www.cassiopeia-berlin.de.

Monster Ronson's Ichiban Karaoke 35, origineller Karaoke-Laden, in dem man auch private Kabinen mieten kann. Wechselndes spaßiges Programm, das immer wieder für Überraschungen sorgt. Viel junges Publikum, eher Schluckspechte als Goldkehlchen. Tägl. ab 19 Uhr. Warschauer Str. 34, Ⓢ+Ⓤ Warschauer Straße, ✆ 89751327, www.karaokemonster.de.

Salon zur wilden Renate 40, hier feiert die Technoszene (darunter viele Touristen) auf den unterschiedlichen Etagen eines heruntergekommenen ehem. Mietshauses, und zwar laut, bunt und schrill, i. d. R. dauern die Partys ein ganzes Wochenende lang. Mit netter Bar und „Lustgarten zum Abaftern". Immer Fr/Sa ab Mitternacht, für andere Events schaut man auf die Webseite. Die Türsteher sind nicht ohne, schräges Outfit erwünscht, zu viel Alk dagegen nicht. Alt-Stralau 70, Ⓢ Ostkreuz oder Treptower Park, ✆ 25041426, www.renate.cc.

Schwul-lesbisch

Berghain → Clubs.

Zum schmutzigen Hobby 28, kultige Bar in einem alten Feuerwehrhäuschen auf dem RAW-Gelände. Schrill, kitschig und einfach lustig – je später der Abend, desto witziger wird's. Oft schräge Events, Außenbereich für den Sommer. Tägl. ab 18.30 Uhr. Revaler Str. 99, Ⓢ+Ⓤ Warschauer Straße, ✆ 36468446.

Himmelreich 16, Bar-Oase mit 2 behaglich-trödeligen Räumen mit Wohnzimmertouch. Di *Ladies Lounge* (Männer kommen dann nur in weiblicher Begleitung rein), am Wochenende gibt's selbst gebackenen Kuchen. Raucher- und Nichtraucherbereich. Mo–Sa ab 18 Uhr, So ab 16 Uhr. Simon-Dach-Str. 36, Ⓢ+Ⓤ Warschauer Straße, ✆ 70728306, www.himmelreich-berlin.de.

Die Busche 37, schwul, lesbisch, transig oder hetero – die Diskothek ist für alle offen. Zu den aktuellen Charts, dem Sound der 80er- und 90er-Jahre oder alten Schlagern wird ausgiebigst gefeiert. Mi u. Fr/Sa ab 22 Uhr. Warschauer Platz 18, Ⓢ+Ⓤ Warschauer Straße, ✆ 2960800, www.diebusche.de.

Prenzlauer Berg → Karte S. 134/135

Picheln

Sorsi e Morsi 43, simpel-nette italienische Weinbar mit einem (auch mal baggerfreudigen) Publikum, wie es prenz'lbergiger nicht sein kann: um die 40, gebildet, stylish. Weine und Antipasti (man bekommt stets einen kleinen Teller spendiert) von guter Qualität. Mo–Sa ab 18 Uhr. Marienburger Str. 10, Ⓤ Senefelder Platz, ✆ 44038216, www.sorsiemorsi.de.

Zu mir oder zu dir 18, coole DJ-Bar mit viel studentischem Publikum. Die namengebende Frage wird auf den Polsterlandschaften öfters gestellt. Rauchen erlaubt. Tägl. ab 20 Uhr. Lychener Str. 15, Ⓤ Eberswalder Straße, ✆ 0176/24412940, www.zumiroderzudir.com.

Kultur- und Schankwirtschaft Baiz 37, lebendige, übelst verrauchte Anarchokneipe. *Ton Steine Scherben* oder *Nina Hagen* aus den Boxen. Hier gibt es das wohl billigste Bier im Viertel (die Flasche ab 2,20 €!). Tägl. ab 16 Uhr. Schönhauser Allee 26/A, Ⓤ Senefelder Platz, www.baiz.info.

8mm Bar 51, schummrige, schwarz gestrichene Raucherkneipe, in der sich Indie-Fans und Musiker treffen, manchmal spielen auch Bands unplugged. Auf der kleinen Leinwand laufen kultige Filme. Hier kann man den Abend bestens starten oder ausklingen lassen. Tägl. ab 20 Uhr. Schönhauser Allee 177 B, Ⓤ Senefelder Platz, ✆ 40500624, www.8mmbar.com.

Krüger 17, größere kerzenlichtige Raucherkneipe im Retrostil – etwas überdekoriert mit Hang zum Trash. Unbedingt besuchenswert sind die Toiletten! Gemischtes Publikum, viele Biere, viele Cocktails. Gehwegterrasse. Mo–Sa ab 18 Uhr. Lychener Str. 26, Ⓤ Eberswalder Straße, ✆ 44733551, www.krueger-in-berlin.de.

Wohnzimmer → S. 144.

Cocktails schlürfen

Becketts Kopf 9, im Stil einer Absinthbar aus den 20er-Jahren. Rote Ledersessel, fantastische Drinks in alten Gläsern (8–14 €), gut ausgewählte Musik. Einlass nur, wenn Sitzplätze frei

In der linken Kneipe Baiz an der Schönhauser Allee herrschen klare Worte

sind – wer auf Nummer sicher gehen will, reserviert besser. Tägl. ab 20 Uhr. Pappelallee 64 (Erkennungsmerkmal ist die grüne Lampe), Ⓢ+Ⓤ Schönhauser Allee, ✆ 44035880, www.becketts-kopf.de.

Perle Bar 32, dezente, hübsche Cocktailbar, in der kreative und qualitativ hochwertige Drinks gemixt werden. Dabei wird auch auf Allergien, Abneigungen und Vorlieben Rücksicht genommen. Raucher. Gehwegterrasse. Gemischtes Publikum zwischen hetero und gay. Cocktails 10–12 €. Tägl. (außer Mo) ab 19 Uhr. Sredzkistr. 64, Ⓤ Eberswalder Straße, ✆ 49853450, www.bar-perle.de.

Clubs

KulturBrauerei, auf dem weitläufigen Areal gibt es verschiedene Clubs und Konzertlocations wie das **Kesselhaus** (Disco, Theater, Pop- und Rockkonzerte, www.kesselhaus.net), den Club **frannz** (Theater, Lesungen, Tanzpartys, Sommergarten, www.frannz.com) und den Club **Soda** (Latino, Chartsmusik, Terrasse, www.soda-berlin.de). Schönhauser Allee 36, Ⓤ Eberswalder Straße, www.kulturbrauerei.de.

Bassy Cowboy Club 51, der etwas verlebte, mit Totenköpfen und Galgen dekorierte Club für Cowboys und -girls steht ganz im Zeichen der 50er- und 60er-Jahre: Twist, Surf, Rockabilly usw., live oder vom Plattenteller. Schönhauser Allee 176, Ⓤ Senefelder Platz, ✆ 37448020, www.bassy-club.de.

Ausland 10, Souterrainladen mit interessantem Programm zwischen Improvisation, neuer Musik und Performances. Auch für Jazzfans ist stets etwas dabei. Juli/Aug. Sommerpause. Lychener Str. 60, Ⓤ Eberswalder Straße, ✆ 4477008, www.ausland-berlin.de.

Duncker 6, Klassiker in einem ehem. Pferdestall. Hier tanzte man schon zu DDR-Zeiten. Viel Gothic, Indie, New Wave und Alternative. Jeden Do „gnadenlos kostenlos" mit Band. Hinterhofgarten für die Raucher. Dunckerstr. 64, Ⓢ+Ⓤ Schönhauser Allee, ✆ 4459509, www.dunckerclub.de.

City West

→ Karte S. 110/111

Picheln

Zwiebelfisch → S. 122.

Schwarzes Café → S. 121.

Diener Tattersall → S. 120.

Monkey Bar → S. 120.

Wirtshaus Wuppke → S. 122.

Cocktails schlürfen/Club

Grace Bar 31, wenn schon Hotelbar, dann die edel-dekadente Bar des Hotels Zoo. Gedämpftes Licht, grüne Samtsessel, man kommt sich fast vor wie in einer Filmkulisse. Im Sommer geht es hinauf auf die Rooftop Bar, die kleine, schicke Dachterrasse. Publikum: neben dem einen oder anderen Promi viele Wichtigtuer. Türpolitik mittelstreng (letztlich aber kommt nahezu jeder rein, der halbwegs angemessen gekleidet ist), hohe Preise. Tägl. (außer Mo) 10–2 Uhr. Kurfürstendamm 25, ✆ 884370, www.hotelzoo.de.

Galander 19, bewusst nostalgisch gehaltene Raucherbar, Leder und Brauntöne. Lockere Atmosphäre mit viel Stammpublikum aus dem Kiez. Die Karte ist hier ein Tablet (kein Tablett!), das von Gast zu Gast gereicht wird. Die Barkeeperinnen shaken so ambitioniert, dass den Autoren schon der Mixer um die Ohren flog ... Tägl. 18–2 Uhr. Stuttgarter Platz 15, Ⓢ Charlottenburg oder Ⓤ Willmersdorfer Straße, ✆ 36465363, www.galander-berlin.de.

Rum Trader 48, seit 1976 gibt es diese gepflegte Bar, die damit als älteste Cocktailbar Berlins gilt. Im selbst ernannten „Institut für fortgeschrittenes Trinken" haben nicht mehr als 20 Leute Platz. Di–Fr 20–1 Uhr, Sa 21.30–2 Uhr. Fasanenstr. 40, ✆ 8811428, Ⓤ Spichernstraße.

Gainsbourg 27, oben rumpelt die S-Bahn im Minutentakt, unten trinkt sich ein Publikum zwischen 25 und 60 hinter Backsteinwänden gemütlich durch die Nacht. Ein Klassiker im Kiez rund um den Savignyplatz. Hin und wieder Livemusik. Rauchen erlaubt. Tägl. ab 17 Uhr. Jeanne-Mammen-Bogen 576/577, Ⓢ Savignyplatz, ✆ 3137464, www.gainsbourg.de.

Puro Lounge 29, rundum verglaste schicke Clublounge im 20. Stock des Europa-Centers. Grandioser Blick über das nächtliche West-Berlin, ein Cocktail hier ist ein umwerfendes Erlebnis! Gemischtes, schniekes Publikum. Nur Do–Sa, Do/Sa Party (House, Elektro, R'n'B, ab 23 Uhr Eintritt), Fr gemütliche Loungeatmosphäre, Bar öffnet Do–Sa ab 20 Uhr. Tauentzienstr. 11, Ⓤ Kurfürstendamm, ✆ 26367875, www.puroberlin.de.

Jazz

Quasimodo 15, einer der ältesten Jazzclubs Berlins (seit 1975). Als Aftershowlocation auch

Sommerparty am Badeschiff

bei Stars beliebt, schon Prince griff hier zu später Stunde ein zweites Mal in die Saiten. Super Akustik. Die Konzerte beginnen gegen 22 Uhr. Neben Jazz viel Funk, Soul und Blues. Kantstr. 12 A (unterm Delphi-Filmpalast), Ⓢ+Ⓤ Zoologischer Garten, ✆ 31804560, www.quasimodo.de.

A-Trane 9, auch schon fast eine Legende in Sachen Jazz (Schwerpunkt Modern Jazz), gibt's immerhin seit 1992. Tägl. ab 20 Uhr, Konzertbeginn 21 Uhr, die internationale Szene ist genauso vertreten wie die lokale. Publikum jeder Alters. Bleibtreustr. 1, Ⓢ Savignyplatz ✆ 3132550, www.a-trane.de.

Schöneberg und Tiergarten

→ Karte S. 178/179

Picheln

Café M 19 → S. 180.

Möve im Felsenkeller 34, schlauchförmiges Berliner Kneipen-Unikat mit wunderschöner Einrichtung aus den 1920ern. Etliche Sorten bestens gezapftes Bier, Knacker mit selbst gemachtem Kartoffelsalat, auf Musik verzichtet man bewusst. Viel Stammpublikum zwischen 30 und 60, oft sehr voll – der Katzentisch zwischen den beiden Toiletten ist aber meistens noch frei. Mo–Fr ab 16 Uhr, Sa ab 12 Uhr. Akazienstr. 2, Ⓤ Eisenacher Straße, ✆ 7813447.

Kumpelnest 3000 2, Augen auf und durch! Heftige Abstürze sind garantiert in dieser ehemaligen Rotlichtbar, deren Interieur weitgehend beibehalten wurde. Kitsch ist hier Prinzip: die Wände sind mit Auslegware verklebt, Discokugeln, Lametta. Lauter Discosound zwischen gestern und heute. Je später der Abend, desto bizarrer das Publikum – am Wochenende geht die Party meist bis in den Vormittag. Rauchen erlaubt. Tägl. ab 19 Uhr. Lützowstr. 23, Ⓤ Kurfürstenstraße, ✆ 2616918, www.kumpelnest3000.com.

Rote Beete Bar 23, unprätentiöse, gewachsene Kiezbar, in der der eine oder andere Hipster neben der einen oder anderen grauhaarigen Szeneeminenz sein Pilsner Urquell trinkt. Ein bisschen Trödel, ein paar Malereien an der Wand, gute Musik aus allen Zeiten und sehr freundliches Personal. Tägl. ab 13 Uhr. Gleditschstr. 71, Ⓤ Eisenacher Straße oder Kleistpark, ✆ 23635011, www.rotebeete.com.

Leydicke 22, seit 1877 wird dieses Schöneberger Kneipenoriginal von derselben Familie geführt. Berlins Favorit für die UNESCO-Welttrinkstätteliste! Komplett verräucherte Stuckdecke (die angeblich noch nie gestrichen wurde), bildhübsches Büfett und viel Krimskrams aus den letzten Jahrzehnten. Die diversen Liköre und Fruchtweine werden bis heute im Keller destilliert. Hin und wieder spaßige Konzerte (Jazz, Rock'n'Roll, Country), bei denen die Gäste zwischen 30 und 70 so richtig ausrasten. Auf der Suche nach dem speziellen Berlin kommen zuweilen auch Busgruppen vorbei. Rauchen erlaubt. Tägl. 18–1 Uhr. Mansteinstr. 4, Ⓢ+Ⓤ Yorckstraße, ✆ 2162973, www.leydicke.com.

Cocktails schlürfen

Zoulou Bar 27, kleine, liebenswerte Cocktailbar. Schon seit über 2 Jahrzehnten beliebt, auch die Einrichtung hat sich seitdem wenig verändert. Adrette Barkeeper mit schwarzem Hemd und roter Krawatte, Publikum jeden Alters, ein paar Stammtrinker am Tresen. Cocktails, die es in sich haben! Rauchen erlaubt. Tägl. ab 20 Uhr. Hauptstr. 4, Ⓤ Kleistpark, ✆ 0172/3140207, www.zouloubar.de.

Lebensstern 3, stilvolle Cocktailbar im OG einer herrlichen Villa – traumhafte Terrasse für laue Sommernächte. Mega-Spirituosenkarte, allein über 600 Flaschen Rum stehen zur Auswahl. Zuvorkommender Service. Rauchen erlaubt. Tägl. 19–3 Uhr. Kurfürstenstr. 58, Ⓤ Nollendorfplatz, ✆ 26391922, www.lebens-stern.de.

Green Door 15, klassisch-legere Cocktailbar für kultivierte Trinker. Wenn es zu voll im Schlauch wird, bleibt die grüne Metalltür mit Bullauge geschlossen – da kann man noch so lange klingeln. Perfekte Drinks. Rauchen erlaubt. Tägl. ab 18 Uhr. Winterfeldtstr. 50, Ⓤ Nollendorfplatz, ✆ 2152515, www.greendoor.de.

Zu mir oder zu dir?
Bar in Prenzlauer Berg

Victoria Bar 5, in dieser schrabbeligen Gegend mit dem Straßenstrich ums Eck eine Anlaufadresse mit Stil und Geschmack. Klasse Beratung, klasse Drinks, dazu dezenter Jazz. Viele (auch ältere) Stammkunden. Kleine Gerichte. Zur Happy Hour von 18.30–21.30 Uhr kosten alle Cocktails 8,50 €. Geraucht wird ab 22 Uhr. Tägl. ab 18.30 Uhr. Potsdamer Str. 102, Ⓤ Kurfürstenstraße, ✆ 25759977, www.victoriabar.de.

Club

40 seconds 1, exakt 40 Sekunden braucht der Aufzug bis zu diesem Club im 8. Stock. Geniale Rundumsicht auf das nächtliche Berlin, dazu auch noch 2 Dachterrassen. Sehr stylishes Ambiente und aufgedonnertes Publikum (strenge Türpolitik), das gerne ins Solarium geht. House und R'n'B überwiegen. Fr/Sa ab 23 Uhr. Potsdamer Str. 58, Ⓤ Mendelssohn-Bartholdy-Park, ✆ 89064210, www.40seconds.de.

Schwul-lesbisch

Heile Welt 11, nette, gepflegte Cocktailbar mit ebensolchem Publikum unterschiedlichen Alters. Schwule, Lesben und Heteros im bunten Mix. Leichter Plüschtouch (Kunstfell statt Tapete). Discomusik. Zu späterer Stunde meist sehr voll. Raucher- und Nichtraucherbereich. Tägl. 20–3 Uhr. Motzstr. 5, Ⓤ Nollendorfplatz, ✆ 21917507.

Café Berio 13, Gay-Cafébar auf 2 Etagen (oben etwas stickig). Frühstück und gute Kuchen, man kann auch richtig essen. Discomusik. Draußen große Gehwegterrasse für's ausgiebige Peoplewatching. Heterofreundlich. Rund um die Uhr geöffnet! Maaßenstr. 7, Ⓤ Nollendorfplatz, ✆ 2161946, www.cafeberio.de.

Hafen 12, flirten, feiern, Drinks und gute Musik – darum geht's im Hafen, einer lustig gestylten Gaybar mit stets guter Stimmung, v. a. zu den regelmäßig stattfindenden Tanzpartys. Tägl. ab 20 Uhr. Motzstr. 19, Ⓤ Nollendorfplatz, ✆ 2114118, www.hafen-berlin.de.

Prinzknecht 9, beliebte Lederkneipe für Bier- und Tanzdurstige. Locals und Besucher bunt gemischt. Lustige Partys. Auch wenn man sich „Männerkneipe“ nennt: Frauen dürfen rein. Tägl. ab 15 Uhr. Fuggerstr. 33, Ⓤ Wittenbergplatz, ✆ 23627444, www.prinzknecht.de.

Mit dem Air Service in den Himmel über Berlin

Sport, Spaß und Spa

Es muss nicht immer Sightseeing sein. Mit bleibenden Eindrücken fährt auch der nach Hause, der vom Berliner Himmel auf die Stadt geblickt, die Füße im Wannseesand vergraben oder aufs falsche Pferd gesetzt hat. Im Folgenden ein paar Tipps zum Schwitzen, Zuschauen oder Müßiggehen.

Ausblicke

In den Himmel über Berlin

Rundflüge mit dem Helikopter (ab 129,80 €/ Pers. vom Flughafen Schönefeld) oder Wasserflugzeug (Start auf der Spree im Treptower Park beim Restaurantschiff *Klipper*, → S. 190, 199,80 €/ Pers. inkl. Champagner) bietet **Air Service Berlin**. Nähere Infos unter ✆ 53215321, www.air-service-berlin.de. Weitere Rundfluganbieter sind u. a. **LTS Flugdienste** (www.classic-antonov.de) und die **Deutsche Lufthansa Berlin Stiftung** (www.dlbs.de).

Weltballon, in den Himmel über Berlin (max. Höhe 150 m) gelangt man in diesem Fall mit einem heliumgefüllten, am Boden verankerten Fesselballon, der ebenfalls von Air Service Berlin (s. o.) betrieben wird. Er trägt das *WELT*-Zeitungslogo, daher der Name, darunter hängt keine Gondel, sondern ein ringförmiger Umgang (auch für Rollstuhlfahrer geeignet). Ganzjähriger Betrieb, sofern keine starken Winde wehen (Windhotline ✆ 226678811). April–Okt. 9–22 Uhr, Nov.–März 10–18 Uhr, Start alle 15 Min. Kostenpunkt 19,90 €, erm. 16,90 €. Abflugstelle Wilhelmstr./Ecke Zimmerstr., Ⓤ Kochstraße (→ Karte S. 89), www.air-service-berlin.de.

Die besten Aussichtspunkte

Fernsehturm am Alexanderplatz → S. 66.

Aussichtsterrasse des Hotels Park Inn → S. 59.

Siegessäule → S. 102.

Panoramapunkt Potsdamer Platz → S. 38.

Funkturm → S. 129.

Glockenturm am Olympiagelände → S. 130.

Puro Lounge → S. 266.

Monkey Bar → S. 120.

Solar → S. 260.

Club Weekend → S. 257.

Club 40 seconds → S. 268.

Cafeteria Skyline der TU → S. 122.

Kreuzberg → S. 165.

Base Flying

Dabei springt bzw. fliegt man, gesichert durch eine Abseilwinde, vom Hochhausdach des Hotels Park Inn am Alexanderplatz, bis zu 90 km/h werden dabei erreicht. Den Thrill gibt's ab 49,90 €. Nur Fr–So, Infos im Park Inn, unter ✆ 089/70809010 und auf www.base-flying.de.

Bootsverleih

Aufs Wasser – zum Treten, Flößen oder Rudern. Bootsverleiher finden Sie u. a. hier:

Tiergarten → Café am Neuen See, S. 107.

Treptower Park → S. 188.

Köpenick → S. 191.

Friedrichshagen → S. 195.

Wannsee → S. 210.

Casino

Die **Spielbank Berlin** unterhält am Potsdamer Platz das größte Casino Deutschlands (weitere Dependancen u. a. in der Hasenheide und am Kurfürstendamm). Im UG stehen mehrere Hundert Slotmaschinen (Auszahlungsquote 92–97,5 %). Das Pokerherz schlägt im EG: tägliche Turniere (Tickets im Voraus besorgen oder unter ✆ 25599210 reservieren). Im 2. OG, dem sog. *Casino Royale*, frönt man den klassischen Spielen Roulette und Black Jack. Gepflegte Kleidung ist erwünscht, auch wenn sich nicht jeder daran hält. Tägl. bis mindestens 3 Uhr. Marlene-Dietrich-Platz 1, Ⓢ+Ⓤ Potsdamer Platz, → Karte S. 28/29, www.spielbank-berlin.de.

Eislaufen

In bitterkalten Wintern kann man über die gefrorenen Seen und Kanäle gleiten, so über den **Neuen See** im Tiergarten (→ S. 107) oder über den **Landwehrkanal**. Ansonsten stehen künstliche Eisbahnen zur Verfügung, u. a. die kostenlosen Mini-Anlagen am Potsdamer Platz (Nov./Dez.) und am Alexanderplatz (rund um den Neptunbrunnen, nur Dez.). Cool zudem: die Eisbahn auf der Terrasse des **Bikini-Hauses** (→ S. 122, Dez.–Feb.) in der City West. Des Weiteren möglich in diversen Eisstadien wie im **Horst-Dohm-Eisstadion** mit einem 400-m-

Hoch hinaus: Kletterbunker in Friedrichshain

Ring. Okt.–Feb., Fritz-Wildung-Str. 9, Ⓢ Hohenzollerndamm, www.eissport-service.de.

Golf

Im Stadtgebiet liegen die Plätze des **Golf Clubs Gatow** (18 u. 6 Loch, Sparnecker Weg 100, ✆ 3650006, www.golfclubgatow.de), des **Golf Resorts Berlin Pankow** (18 u. 9 Loch, Blankenburger Pflasterweg 40, ✆ 50019490, www.golf-pankow.de) und des **Golf- und Landclubs Berlin Wannsee** (18 u. 9 Loch, Golfweg 22, ✆ 8067060, www.wannsee.de). Tipp: Lassen Sie sich für 30 € vom **Golfverband Berlin-Brandenburg** (Forststr. 34, 12163 Berlin, ✆ 8236609, www.gvbb.de) den Berlin-Brandenburg-Golf-Pass zuschicken. Damit erhalten Sie auf vielen Plätzen Sonderkonditionen.

Hochseilgarten/Klettern

MountMitte → Karte S. 72/73. Weltweit der erste Hochseilgarten aus Stahl! 16 m hoch, 2000 m², 3 Etagen, 6 Parcours und 90 Kletterelemente. Mit Strandbar. 21 €, erm. 18 €. Bei gutem Wetter ab 14 Uhr, Sa/So ab 10 Uhr. Caroline-Michaelis-Str. 8, Mitte, Ⓢ Nordbahnhof, ✆ 555778922, www.beachberlin.de.

Der Kegel → Karte S. 150/151. Der alte Bunker in Form eines mittelalterlichen Rundturms ist mit 18,70 m der höchste Kletterturm Berlins. Wer sich einmal ins Gipfelbuch eintragen will, bezahlt 7 €. Equipmentverleih. Daneben eine Boulderhalle und ein freakiger Biergarten. Ganzjährig. Revaler Str. 99 (RAW-Gelände), Friedrichshain, Ⓢ+Ⓤ Warschauer Straße, www.derkegel.de.

In die Arena – wer spielt wo

Fußball

Hertha BSC, Olympiastadion (74.250 Plätze), → S. 130. Ⓢ+Ⓤ Olympiastadion, www.herthabsc.de.

Union Berlin, An der alten Försterei (18.400 Plätze). An der Wuhlheide 263, Ⓢ Köpenick, www.fc-union-berlin.de.

Handball

Füchse Berlin, Max-Schmeling-Halle (9000 Plätze), → Karte S. 249. Am Falkplatz, Ⓢ+Ⓤ Schönhauser Allee, www.fuechse-berlin.de.

Eishockey

EHC Eisbären, Mercedes-Benz-Arena (bis zu 14.200 Zuschauer), → Karte S. 249. Mühlenstr. 12–30, Ⓢ Ostbahnhof oder Ⓢ+Ⓤ Warschauer Straße, www.eisbaeren.de.

Basketball

ALBA Berlin, Mercedes-Benz-Arena (→ Eishockey), www.albaberlin.de.

Bundesliga – wer guckt wo?

Zur Südtribüne der **BVB-Fans** (www.bvb-supporters-berlin.de) wird der „Intertank" **37**, → Karte S. 160/161, Manteuffelstr. 47, Ⓤ Görlitzer Bahnhof. Die **Mia-sin-Mia-Fraktion** (www.fcb-hss.jimdo.com) trifft sich im „Martinique" **78**, → Karte S. 160/161, Monumentenstr. 29, Ⓢ+Ⓤ Yorckstraße, die **Badenser** (www.spree-bobbele.com) zieht's in die Gaststätte „Tante Käthe", Bernauer Str. 63, Ⓤ Bernauer Straße, die **Fohlen** (www.spreeborussen.de) ins „Spree-Eck" **1**, → Karte S. 126/127, Tegeler Weg 24, Ⓢ+Ⓤ Jungfernheide, und die **Kölner** (www.sektion-westpolen.de) in die „Schwalbe" **9**, → Karte S. 134/135, Pappelallee 65, Ⓤ Eberswalder Straße. Die Hauptstadtvertretung der **Königsblauen** (www.koenigsblau-berlin.de) ist der „Berliner Hof", Hildegardstr. 14, Ⓤ Bundesplatz o. Blissestraße. Das **Rote Berlin** (www.dasroteberlin.de) pilgert ins „Niedersachsenstadion" **1**, → Karte S. 185, Hobrechtstr. 39, Ⓤ Schönleinstraße, die **Werder**-Fans zum „Alois S." **13**, → Karte S. 134/135, Senefelder-Str. 18, Ⓤ Schönhauser Allee. Der **Volkspark-Ersatz** (www.hsv-fanszeneberlin.de) ist die Kneipe „Hally Gally 2.0" **44**, → Karte S. 134/135, Prenzlauer Allee 32, Ⓤ Senefelder Platz. Die Stammbar von **BruchwegSehnsucht** (http://bruchweg.fussball-fans.org) ist die Cafébar „MP III" **8**, → Karte S. 150/151, Grünberger Str. 28, Ⓤ Frankfurter Tor. Für die Eintracht-Fans (www.efcadlerberlin.net) gibt's Äppelwoi in der „Glühlampe" **38**, → Karte S. 150/151, Lehmbruckstr. 1, Ⓢ+Ⓤ Warschauer Straße. **Hertha** kann man natürlich in jeder Eckpinte schauen. **Ingol- und Darmstädter**, **Wolfs-** und **Augsburger**, **Leverkusener**, **Hoffenheimer** und **Leipziger** müssen den Wirt bestechen, damit er ihre Spiele zeigt.

Plantschen wie ein König im Stadtbad Neukölln

Ins Wasser

Über 60 Frei- und Hallenbäder werden von den Berliner Bäderbetrieben (www.berlinerbaeder.de) unterhalten, gemanagt oder verpachtet. Von den im Folgenden aufgelisteten Bädern gehört nur das Badeschiff nicht dazu. Unter der einheitlichen Rufnummer ✆ 22190011 erfahren Sie die Öffnungszeiten – vor dem Besuch eines Hallenbades unbedingt anrufen, um nicht wegen Schulklassen oder Vereinsschwimmen vor verschlossener Tür zu stehen. Egal ob Hallen- oder Freibäder – mit wenigen Ausnahmen kostet der Eintritt 5,50 €, erm. 3,50 €. Hier eine kleine Auswahl der schönsten Bäder:

Drinnen

Alte Halle des Stadtbads Charlottenburg → Karte S. 110/111. Eines der schönsten Bäder Berlins, neoromanische Züge und Jugendstilelemente. 1898 als Volksbad eröffnet. Bis zur Restaurierung 2007–2009 gab es noch Wannenbäder (bis in die 1990er-Jahre gingen viele Berliner zum Duschen in Badeanstalten). In der Alten Halle gibt es ein 25-m-Becken, 29 °C warm, dazu mehrere Saunen. Krumme Str. 9, Ⓤ Deutsche Oper oder Bismarckstraße.

Stadtbad Neukölln → Karte S. 185. Ebenfalls ein herrliches altes Bad mit Säulen, Rundbögen und Wasser speienden Walrossen. 2 Hallen mit je einem 25-m- und einem 19-m-Becken. Dazu Sauna, römisches und griechisches Dampfbad, Caldarium, Sanarium, Massage. Als das Bad 1914 eröffnet wurde, war es eines der größten und modernsten Bäder Europas und für bis zu 10.000 Besucher tägl. ausgelegt. Ganghofer Str. 3, Ⓤ Neukölln.

Stadtbad Mitte → Karte S. 72/73. Bad im Stil des Funktionalismus (1930 eröffnet), tolle lichtdurchflutete Dachkonstruktion. Kunst gibt es hier auch: Den Sichtschutz der Fenster im Dampfbad bildet der Zyklus *Vier Jahreszeiten* des Brücke-Künstlers Max Pechstein. Gartenstr. 5, Ⓢ Nordbahnhof.

Seen und Freibäder

Prinzenbad → Karte S. 160/161. Eigentlich „Sommerbad Kreuzberg". Oft überfüllt, laut und voller Arschbombenfreaks am Beckenrand. Bekannt durch Film *(Prinzessinnenbad)* und Literatur (*Herr Lehmann* geht wegen Katrin baden). Dabei gar nichts Besonderes: nur zwei 50-m-Becken und eine große Liegewiese. Messer (!) und Shisha-Rauchen (!) verboten.

Prinzenstr. 113–119, Kreuzberg, Ⓤ Prinzenstraße.

Badeschiff → Karte S. 160/161. Hier badet man in der Spree, ohne Kontakt mit ihr zu haben. Der schwimmende Pool (32 x 9 m) versteckt sich im Winter unter einem weißen futuristischen Raupendach, dann gibt es auch 2 Saunen mit Spreeblick. Im Sommer ist der Pool offen, davor eine coole Strandbar mit DJ-Beschallung und viel jungem, flirtfreudigem Publikum (→ S. 172). www.arena.berlin. Eichenstr. 4, Treptow, Ⓤ Schlesisches Tor.

Strandbad Plötzensee, Sandstrand, Liegewiesen, Kinderspielplätze, FKK-Bereich, Strandkörbe, Strandliegen, Seilzirkus, Imbisse. Achtung – bis zur Schließung des Flughafens Tegel donnern hier immer wieder Flugzeuge über die Badelustigen hinweg! Nordufer 26, Wedding, von Ⓤ Seestraße mit Tram 50 oder M 13 bis Haltestelle Virchow-Klinikum, dann für wenige Min. in Fahrtrichtung weiter, dann ausgeschildert.

Strandbad am Weißen See, am fast runden Weißen See mit Fontäne in der Mitte. Mehr Strandbar (gemütlich zum Sonnenuntergang mit einem Cocktail im Liegestuhl) als Strandbad. Abends des Öfteren Veranstaltungen und Partys, zuweilen wird gegrillt. Nebenan Tretbootverleih. Berliner Allee 155, Weißensee, von Ⓢ+Ⓤ Alexanderplatz mit Tram M 4 bis Haltestelle Berliner Allee/Indira-Gandhi-Straße.

Freibad Orankesee, idyllisches, traditionsreiches Strandbad am gleichnamigen See in Hohenschönhausen. Breiter Sandstrand samt Strandkörben, Liegewiesen und einer 52 m langen Rutsche in den See. Gertrudstr. 7, Hohenschönhausen, von Ⓢ+Ⓤ Alexanderplatz mit Tram M 4 bis Haltestelle Buschallee/Hansastraße.

Strandbad Friedrichshagen → S. 196.

Strandbad Müggelsee → S. 197.

Strandbad Wannsee → S. 214.

Schlachtensee/Krumme Lanke → S. 208.

Kart-Bahn → Berlin mit Kindern, S. 278

Picknick und BBQ

Nette zentrale Plätzchen für ein Picknick findet man an den Ufern des **Landwehrkanals** (v. a. beim Urbanhafen in Kreuzberg) und der **Spree** (am Spreebogen zwischen Hauptbahnhof und Haus der Kulturen der Welt), auf dem **Kreuzberg** (mit Aussicht, → S. 165), im **Schlosspark Charlottenburg** (→ S. 125), in der **Hasenheide** (viel Dope unterwegs, → S. 183) und auf der **Wiese vorm Bundestag** (nur Touristen, → S. 43). Parks mit offiziellen Grillplätzen sind:

Monbijoupark, nahe der Oranienburger Straße, → S. 71.

Schlesischer Busch, am Flutgraben nahe der Puschkinallee in Treptow, → Karte S. 190.

Volkspark Friedrichshain, beim kleinen Bunkerberg, → S. 154.

Mauerpark, → S. 140.

Görlitzer Park, 2 ausgewiesene Flächen, → S. 165.

Tempelhofer Freiheit, neben der Landebahn nahe dem Terminal, → S. 167.

Hinweis: Kaufen Sie Ihre Würstchen erst, wenn Sie sich auf www.berlin.de vergewissert haben, dass das Grillen am geplanten Ort noch erlaubt ist (mancherorts ist ein Grillverbot in der Diskussion). Grillen Sie nur an dafür ausgewiesenen Stellen und verwenden Sie auf Wiesen nur Grills, die einen Mindestabstand von 20 cm zum Boden haben (die meisten Einweggrills weisen diesen Abstand nicht auf!).

Pferderennen

Hoppegarten, die Galopprennbahn vor den Toren der Stadt zählt zu den schönsten Deutschlands. Rundherum alte Gebäude in klassischer Klinkerbauweise. In den Lounges auf der Tribüne die feinere Gesellschaft Berlins. Auf der Wiese davor picknicken junge Familien. Rennen von April–Okt., Termine unter www.hoppegarten.com. Wettmindesteinsatz 1 €. Goetheallee 1, Ⓢ Hoppegartenmark (Fahrzeit vom Zentrum etwa 30 Min., Tarifbereich C).

Mariendorf, die modernste Trabrennbahn Deutschlands feierte 2013 ihr 100-jähriges Bestehen. Trabrennen finden das ganze Jahr über statt, Infos unter www.berlintrab.de. Wettmindesteinsatz 1 €. Mariendorfer Damm 222, von Ⓤ Alt-Mariendorf mit Bus M 76 o. 179 bis Haltestelle Trabrennbahn.

Skateboarden

Skateparks gibt's in diversen Parks wie z. B. im Park am Gleisdreieck. Etwas Besonderes ist die **Skatehalle auf dem RAW-Gelände** in Friedrichshain mit einer 19 m breiten Indoor-Halfpipe. Dazu Skatercafé und Sommerbar. Tagesticket 6 €. Revaler Str. 99, Ⓢ+Ⓤ Warschauer Straße, www.skatehalle-berlin.de.

TV – live dabei

In Berlin unterhalten die öffentlich-rechtlichen und viele private Sender Hauptstadtstudios im oder nahe dem Regierungsviertel. Der Medienstandort Adlershof und die Studios in Babelsberg (→ S. 224) machen Berlin zu einem wichtigen Zentrum der Filmindustrie, rund 300 Filme werden jährlich in Berlin gedreht, rund 35.000 Personen sind in der Berliner Film- und TV-Branche tätig. Bei folgenden TV-Sendungen können Sie u. a. live dabei sein:

ZDF-Morgenmagazin, **Maybrit Illner**, **aspekte**, ZDF-Hauptstadtstudio (→ S. 31). Tickets über ticketservice.zdf.de.

Anne Will, Studio Berlin, Am Studio 20 b, Ⓢ Adlershof. Tickets über www.tvtickets.de.

Hart aber fair, Studio Berlin (Studio C), Am Studio 20 b, Ⓢ Adlershof. Tickets über karten.hart-aber-fair@wdr.de.

Nuhr im Ersten, Radialsystem V, Holzmarktstraße 33, Ⓢ Ostbahnhof. Zuweilen wird die Sendung aber auch an anderen Orten aufgezeichnet. Tickets über www.rbb-ticket service.de.

Das literarische Quartett, Berliner Ensemble, Bertolt-Brecht-Platz 1, Ⓢ+Ⓤ Friedrichstraße, Tickets über www.ticketservice.zdf.de.

Wellness und Spa

Liquidrom **9** → Karte S. 89. Urbane Badekultur in minimalistischer Architektur. Diverse Saunen, Aufgüsse und Massagen. Grandios am Abend, wenn man schwerelos mit seiner Badenudel im Salzwasser schwebt, in den Kuppelsaal Mondlicht fällt und Walgesänge, klassische oder elektronische Musik das entspannte Ohr betören. Tägl. 9–24 Uhr. 19,50 €/2 Std. Möckernstr. 10 (Tempodrom), Kreuzberg, Ⓤ Möckernbrücke, www.liquidrom-berlin.de.

Vabali Premium Spa **1** → Karte S. 100/101. Saunalandschaft auf 20.000 m² – eine der größten Deutschlands. Schmeckt nach Urlaub! Die im Fritz-Schloß-Park gelegene Anlage ist im Stil eines balinesischen Dorfs konzipiert. 11 Saunen, Innen- und Außenpool, diverse Anwendungen. Tägl. 9–24 Uhr. Ab 19,50 €/2Std. Seydlitzstr. 6, Tiergarten, Ⓢ+Ⓤ Hauptbahnhof, www.vabali.de.

Ono Spa **29** → Karte S. 28/29. Wellness- und Beauty-Oase in puristischem Weiß im 11. Stock des Mandala Hotels – toller Blick über Berlin. Saunen, Fitnessbereich u. v. m. Für bis zu 4 Std. 80 €, Massagen, Gesichtsbehandlungen usw. extra. Mo–Sa 10–22 Uhr, So bis 20 Uhr. Potsdamer Str. 3, Tiergarten, Ⓢ+Ⓤ Potsdamer Platz, www.onospa.de.

Guerlain Spa **18** → Karte S. 110/111. Der Beauty-Verwöhn-Wahnsinn im Waldorf Astoria. Satte Preise. Tägl. 10–21 Uhr. Hardenbergstr. 28, Ⓢ+Ⓤ Zoologischer Garten, www.waldorf astoriaberlin.com.

Spa-Bereiche der Luxusklasse bieten zudem die Hotels **Grand Hyatt** und **Adlon Kempinski** (→ S. 290 bzw. S. 27).

Willkommen bei Knut und Bobby im Naturkundemuseum

Berlin mit Kindern

Eine Liste aller Abenteuerspielplätze und diverse Anregungen für Unternehmungen mit Kindern finden Sie auf www.ytti.de. Auch geben die Stadtmagazine Sonderausgaben für Familien heraus, die eine Vielzahl an Tipps bereithalten. Wann Kinderführungen und Ausstellungsgespräche in den Staatlichen Museen zu Berlin stattfinden, erfahren Sie unter www.smb.museum. Hier unsere Empfehlungen:

Stadtführungen

Stattreisen: Im Angebot sind spannende Führungen (z. B. „Vor der Mauer – hinter der Mauer") und Stadtrallyes (z. B. auf der Museumsinsel) für Kinder zwischen 8 und 12 Jahren. Das Ganze dauert jeweils eineinhalb bis zwei Stunden und kostet nicht die Welt: 5 € pro Kind und 8 € für begleitende Erwachsene.

Treffpunkte und weitere Infos unter www.stattreisenberlin.de.

Berlin mit Kindern: Hier ist der Spaß deutlich teurer (30 €/Kind, 15 €/Erwachsene), allerdings ist man ca. drei Stunden und damit um einiges länger on tour als bei Stattreisen. Außerdem hat der Anbieter auch Führungen ausschließlich für Kinder im Programm, d. h., Sie haben frei und können für ein paar Stunden tun und lassen, was Sie wollen. So ein komplett kinderfreier Nachmittag hat allerdings seinen Preis: Drei Stunden kosten 160 €.

Weitere Infos unter ✆ 33029870 und www.berlin-mit-kindern.de.

Outdoor

Domäne Dahlem: Das uralte Rittergut wird heute als (Freilicht-)Museum genutzt – mit Kühen, Pferden, Weiden, Äckern, Streuobstwiesen, alten Handwerksbetrieben (Schmiede, Töpferei etc.), mit Treckerfahren, Tierefüttern und, und, und. Im Museum im alten Herrenhaus gibt's einen historischen Kaufmannsladen, und das CULINARIUM im sanierten Pferdestall aus dem 19. Jh. präsentiert unter dem Titel „Vom Acker bis zum Teller" eine Ausstellung zur Kulturgeschichte der Ernährung. Die Erklärungen sind „zweisprachig":

für Erwachsene und speziell für Kinder. Wer kleinere Kinder hat, schickt sie ins Dachgeschoss des CULINARIUMS mit vielen Mitmach-Stationen zum Rumtüfteln. Das Gelände ist täglich von 8–19 Uhr (Mai–Sept. bis 20 Uhr) frei zugänglich, für Erwachsene wird aber eine Spende von 2 € erbeten. Wer ins Museum will (montags geschlossen), zahlt als Erwachsener 4 €, Kinder und Jugendliche bis 18 Jahren haben freien Eintritt.

Königin-Luise-Str. 49. Ⓤ Dahlem-Dorf.

Floßfahrt auf dem Müggelsee: Klar, schwimmen und plantschen kann man im Müggelsee auch, z. B. im Strandbad Friedrichshagen (→ S. 196). Wer es ein bisschen spektakulärer haben will, mietet ein Floß und schippert damit über den See und die umliegenden Gewässer (u. a. Dämmeritzsee, Gosener Kanal, Langensee). Die Flöße sind motorbetrieben und ähneln schwimmenden Holzhäuschen. Das kleinste ist das Tipi-Floß für fünf Personen, wer die Großfamilie dabeihat, kann bis zum Zwölferfloß aufstocken. Ganz billig ist das nicht (ab 100 €/Tag), aber dafür hat man auch wirklich viel Zeit.

Mit der S-Bahn bis Station Friedrichshagen, ein AB-Ticket ist ausreichend. → Friedrichshagen und Müggelsee, S. 195.

Kinderfreibad im Monbijou-Park: Gegenüber der Museumsinsel, wo einst ein schmuckes Schloss und dann lange Jahre eine nicht mehr so schmucke kriegszerstörte Schlossruine stand, erstreckt sich heute ein kleiner Park. Darin liegt ein Schwimmbad. Das ist nicht allzu groß, aber es ist ja auch für kleine Gäste zum Spielen und Toben gedacht. Geöffnet ist es von Mitte Juni bis Anfang September täglich von 11–19 Uhr. Kinder ab 5 Jahre 3,50 € (jüngere haben freien Eintritt), Erwachsene 5,50 €, Familienkarte 11,50 €.

Oranienburger Str. 78, Ⓢ Oranienburger Straße oder Hackescher Markt. → Karte S. 72/73.

Zoo: Der Berliner Zoo ist der älteste Deutschlands. Nicht nur für Kinder nett ist das Flusspferdhaus, denn dort kann man durch große Panoramascheiben sehen, was die Tiere so alles unter Was-

Spontanes Affentheater

ser treiben. Speziell für kleine Kinder ist der Streichelzoo, ältere beteiligen sich an einer Zoo-Rallye, auf der allerlei Fragen zu allerlei Tieren beantwortet werden müssen (Rallye-Bögen zum Download unter www.zoo-berlin.de, dann „Besuch planen" und weiter „Tipps für Kinder"). Wem der Zoo allein nicht reicht, kann anschließend noch einen Blick ins Aquarium werfen. Das liegt auf dem Zoogelände, kann aber auch separat besucht werden (siehe unter „Indoor"). Einzeltickets für Kinder von 4–14 Jahren kosten 7,50 €, Erwachsene zahlen 14,50 €, das Familienticket kostet 39 €, Kombitickets mit dem Aquarium sind für 10 € (Kinder), 20 € (Erw.) bzw. 50 € (Familien) zu haben. Von April bis Oktober hat der Zoo von 9–18.30 geöffnet, sonst bis 17 Uhr.

Hardenbergplatz 8, Ⓢ+Ⓤ Zoologischer Garten. www.zoo-berlin.de. → Tour 7, S. 118.

Botanischer Garten: Besonders gut hat man's hier am ersten Sonntag im Monat, dann steht jeweils um 14 Uhr eine Kinderführung auf dem Programm (Voranmeldung unter ✆ 3444157 erbeten, in den Sommerferien finden Kinderführungen auch zu anderen Terminen statt). Große Augen bekommen Kinder im Tropenhaus mit Palmen, Lianen und Riesenbambus. Kleiner werden sie dann wieder im angeschlossenen Botanischen Museum, das doch eher ein Erwachsenenprogramm bietet.

Zugang vom Königin-Luise-Platz/Königin-Luise-Str. 6–8, zudem im Süden von der Straße Unter den Eichen (Ⓢ Botanischer Garten oder Ⓤ Rathaus Steglitz). → Dahlem, S. 204.

Fez Berlin: Riesiges Kinder- und Familienzentrum im Waldpark Wuhlheide im Bezirk Treptow-Köpenick. Hier wird es keinem langweilig: Schwimmhalle, eigener Badesee, Spielplätze, Theater, Museum und zig Veranstaltungen. Je nach Ferien- oder Schulzeit unterschiedliche Öffnungszeiten, → www.fez-berlin.de.

Straße zum FEZ 2, von Ⓢ Wuhlheide ca. 15 Min. Fußweg.

Indoor

Aquarium Berlin: Fische (natürlich auch Haie!), Reptilien, Amphibien, Insekten und was sonst noch kreucht und fleucht sind die Helden im Aquarium, das sich auf dem Gelände des Berliner Zoos befindet. Eines der Highlights ist die Krokodilhalle mit der mittigen Holzbrücke, von der aus man den Tieren beim Rumkriechen und Rumliegen mit beruhigendem Sicherheitsabstand zuschauen kann. Das besondere Event für Kinder sind die Abendführungen mit Taschenlampe, die von Mitte Oktober bis März zweimal im Monat jeweils ab 18 Uhr angeboten werden (genaue Termine im Internet). Die Tickets fürs Aquarium kosten 7,50 € (Kinder bis 15 J.), 14,50 € (Erw.) und 39 € (Familien). Kombitickets mit dem Zoo → „Outdoor".

Budapester Str. 32, Ⓢ+Ⓤ Zoologischer Garten. www.aquarium-berlin.de. → Tour 7, S. 118.

Labyrinth Kindermuseum: Lustige temporäre und interaktive Ausstellungen nach dem Motto: Schaut mal über den Tellerrand! Gemacht ist das Ganze für Kinder zwischen 3 und 11 Jahren, untergebracht ist das Labyrinth in einer alten Zündholzmaschinenfabrik. Geöffnet ist das Kindermuseum allerdings nur freitags und am Wochenende (Fr/Sa 13–18 Uhr, So 11–18 Uhr). Kinder ab 2 Jahren und Erwachsene 5,50 € (freitags 4,50 €), das Familienticket kostet 16 €. Hausschuhe oder Stoppersocken nicht vergessen!

Osloer Str. 12, Ⓤ Osloer Straße o. Pankstraße, www.labyrinth-kindermuseum.de.

Legoland Discovery Centre: Was kann man nicht alles mit Legosteinen nachbauen, wenn man nur genug davon hat! Außerdem: Space-Mission, 4-D-Kino, Drachenbahnfahrt u. v. m. Shop angegliedert. Tägl. 10–19 Uhr. 18,50 € (Online-Tickets billiger).

Potsdamer Str. 4 (Sony Center), Ⓢ+Ⓤ Potsdamer Platz, www.legolanddiscoverycentre.de. → Karte S. 28/29.

MACHmit!!: Das Museum in einer ehemaligen Kirche bietet im halbjährlichen Wechsel interessante Ausstellungen, die die Kleinen zum Ausprobieren, Entdecken und Erforschen animieren. Dazu ein Spiegelkabinett, eine Druckerei, ein historischer Seifenladen usw. Tägl. (außer Mo) 10–18 Uhr. Ab 3 Jahren 5,50 €, Familienticket 20 €.

Senefelder Str. 5, Ⓤ Eberswalder Straße, www.machmitmuseum.de. → Karte S. 134/135.

Technikmuseum: Ein Klassiker für Familien mit Kindern. Es gibt jede Menge voluminöse Exponate (z. B. Flugzeuge und Dampfloks), die schon ohne jede Erklärung offene Münder hervorrufen. Wer doch lieber den erklärenden Fachmann dabeihat, kommt sonntags um 11 oder 14 Uhr, dann werden kostenlose Familienführungen veranstaltet, die auch auf die Bedürfnisse der Kinder zugeschnitten sind. Für Kinder zwischen 8 und 14 Jahren gibt's darüber hinaus eine spezielle Audioguide-Tour. Selbst mit Technik experimentieren können Kinder und Erwachsene im angeschlossenen *Science Center Spektrum*. Geöffnet ist das Museum Di–Fr 9–17.30 Uhr und Sa/So 10–18 Uhr. Kinder 4 €, Erw. 8 €.

Trebbiner Str. 9, Ⓤ Gleisdreieck o. Möckernbrücke. www.sdtb.de. → Tour 11, S. 165.

Naturkundemuseum: Natürlich gibt's Saurier, ausgestellt sind sie (oder das, was von ihnen übrig blieb ...) im zentralen Lichthof des Museums, darunter *Brachiosaurus brancai*, das größte je rekonstruierte Dinosaurierskelett. Nicht im Lichthof, sondern ein paar Hallen weiter ist auch ein *Tyrannosaurus Rex* zu sehen. Für einige Ausstellungsbereiche, darunter „Die Welt im oberen Jura", „Kosmos und Sonnensystem" oder „Evolution" werden spezielle Audiotouren für Kinder ab 6 Jahren angeboten. Geöffnet ist Di–Fr 9.30–18 Uhr und Sa/So 10–18 Uhr. Kinder 5 €, Erw. 8 €.

Invalidenstr. 43, Ⓤ Naturkundemuseum. www.naturkundemuseum-berlin.de. → Tour 4, S. 79.

Mobikart Fun Racing: Auf der 430 m langen Indoorkartbahn drehte schon David Coulthard seine Runden. 4-PS-Karts für Kinder ab 1,28 m Größe. Familien- bzw. Kindertage Sa/So 10–13 Uhr. Ab 10 €/10 Min.

Plauener Str. 161, Ⓢ Gehrenseestraße, www.mobi-kart.de.

Essen, Trinken, Spielen

Restaurant Charlottchen: Restaurant mit Spielzimmer und Theater, die Kindervorstellungen kosten 6 € pro Person (Programm unter www.restaurant-charlottchen.de). Im Restaurant wird vorwiegend deutsche Küche zu Preisen von 6–14 € angeboten, für die Kleinen gibt's Klassiker wie Fischstäbchen oder Schnitzel mit Pommes. Am Wochenende und an Feiertagen kann man zwischen 10 und 13 Uhr zum Familienfrühstück kommen (für Kinder von 4–12 Jahren 4 €, Erwachsene zahlen 8,50 €). Der Betreiber *Mosaik* fördert Menschen mit Behinderungen.

Mo–Fr ab 15 Uhr, Sa/So ab 10 Uhr. Droysenstr. 1, Ⓤ Wilmersdorfer Straße oder Ⓤ Adenauerplatz, ✆ 3244717. **37** → Karte S. 110/111.

Kindercafé Kiezkind: Der Glaspavillon mitten auf dem Helmholtzplatz ist Treffpunkt der schicken Kinderwagen (noch vor dem Auto das Statussymbol in Prenzlauer Berg). Nebenan ein kleiner Abenteuerspielplatz. Drum herum auch immer wieder Kinderflohmarkt, Termine auf www.mein-kiezkind.de. Im Sommer tägl. 9–19 Uhr geöffnet, im Winter ab 12 Uhr.

Ⓤ Eberswalder Straße, ✆ 40057850. **14** → Karte S. 134/135.

Zum Schluss kurz erwähnt

Filmpark Babelsberg, → S. 224.

Imax-Kino, → S. 250.

Schaubude, Puppentheater, → S. 246.

Theater Zitadelle, in Spandau, → S. 202.

Berlin (fast) umsonst

Ankommen

Am billigsten und bequemsten reisen Sie an oder ab, wenn Sie die zweite Tageshälfte am Freitag und Sonntag außer Acht lassen. Wie Sie am schnellsten und billigsten nach Berlin kommen, erfahren Sie u. a. auf www.goeuro.de und www.qixxit.de.

Rumkommen

Für die verschiedenen Tickets, Tarife und Tarifbereiche der Berliner Verkehrsbetriebe → S. 283. Familien mit Kindern ist die **Berlin WelcomeCard** für den Tarifbereich ABC zu empfehlen (s. u.). Für Familien und Paare, die z. B. für vier Tage von Fr–Mo nach Berlin kommen, ist auch die Anschaffung einer **Sieben-Tage-Umweltkarte** eine Überlegung wert, da man die Karte abends/nachts und Sa/So zusammen nutzen kann.

Das beste Kombiticket ist die **Berlin WelcomeCard** (www.berlin-welcomecard.de): Dieses Ticket erlaubt freie Fahrt in den gewählten Tarifbereichen, zudem erhalten Sie Rabatte (25–50 %) bei rund 190 Partnern (u. a. bei diversen Museen, Läden, Restaurants, Bars, Stadtführungen, Theatern und Schlössern). Das AB-Ticket ist nur für eine Person gültig, das ABC-Ticket erlaubt die Mitnahme von bis zu 3 Kindern (nicht jedoch das ABC-Ticket inkl. Museumsinsel). Die WelcomeCard gibt es für 48 o. 72 Std., zudem für 4, 5 o. 6 Tage, inkl. der Museumsinsel nur als 72-Std.-Ticket. Preisbeispiel: **48-Std.-Ticket** für den Tarifbereich AB 19,50 €, für ABC 21,50 €. **72-Std.-Ticket**: AB 27,50 €, ABC 29,50 €. **72-Std.-Ticket inkl. Museumsinsel** (freier Eintritt in alle Häuser der Museumsinsel, gilt jedoch nicht für Sonderausstellungen): AB 42 €, ABC 44 €. **5-Tage-Ticket**: AB 35,50 €, ABC 40,50 € (Stand Aug. 2016). Wo Sie die Tickets bekommen, → S. 284.

Unterkommen

Die Übernachtungspreise halten sich im europäischen Vergleich im Rahmen, sofern Sie nicht zu den großen Messen anreisen, → Veranstaltungen, S. 253.

Veranstaltungen

Auf kostenlose Events macht u. a. **www.gratis-in-berlin.de** aufmerksam. Ermäßigte Tickets für diverse Theater- und Konzertveranstaltungen (z. T. zum halben Preis) bietet **www.hekticket.de** (→ S. 247) tägl. ab 14 Uhr.

MeinTipp **Lunchkonzerte in der Philharmonie!** Jeden Di um 13 Uhr finden von Sept. bis Ende Juni im Foyer der Philharmonie kostenlose Lunchkonzerte statt. Mehr zur Philharmonie und zum Kammermusiksaal → S. 105.

Für weitere preiswerte Konzerte → Kultur ab S. 247.

Kantine statt Nobellokal

Viele Berliner Kantinen sind auch externen Gästen zugänglich und bieten ein meist exzellentes Preis-Leistungs-Verhältnis. Adressen finden Sie bei den Essenstipps der jeweiligen Stadtteile.

Immer gut für einen Snack: Markthalle Neun in Kreuzberg

Ins Museum

Wer sein Sightseeing-Programm vorab ein wenig durchdenkt, kann viel Geld sparen. **Die besten Museen und Sehenswürdigkeiten für umme** setzen sich meist mit der Geschichte Deutschlands auseinander: Neue Wache, Deutscher Dom, Tränenpalast, Gedenkstätte Berliner Mauer, Knoblauchhaus, Topographie des Terrors, Gedenkstätte deutscher Widerstand, Museum in der Kulturbrauerei und das Haus der Wannseekonferenz. Ganz nebenbei: Auch viele Kunstgalerien kosten keinen Eintritt.

Ins Museum unter 18

Für Jugendliche ist der Besuch der Staatlichen Museen zu Berlin kostenlos.

Ins Museum über 18

Der **Museumspass Berlin** ist ein 3-Tage-Ticket und gilt für den Besuch aller Dauerausstellungen der Staatlichen Museen zu Berlin (dazu gehören u. a. alle Museen der Museumsinsel, aber noch viele mehr, man erkennt sie an der Webseite www.smb.museum) und diverser privater Museen. 24 €, erm. 12 € für Freiwilligendienstleistende, Studenten, Arbeitslose, Schwerbehinderte usw., nicht jedoch für Rentner. Erhältlich an den Kassen aller teilnehmenden Museen, zudem bereits vor der Reise über www.visitberlin.de buchbar. Für Bereichskarten der Staatlichen Museen zu Berlin → Kulturforum, S. 104, und Museumsinsel, S. 52.

Tax-Free-Shopping

Schweizer Staatsbürger und andere Reisende aus Nicht-EU-Ländern, die in Geschäften mit einem Tax-Free-Symbol am Schaufenster einkaufen, können sich bei der Ausreise an den Berliner Flughäfen die Mehrwertsteuer von 19 % abzüglich einer Bearbeitungsgebühr zurückerstatten lassen. Dafür bedarf es eines vollständig ausgefüllten Tax-Free-Schecks vom Verkäufer, weitere Infos auf www.globalblue.com.

Sightseeing mit der BVG

Wer sich ohnehin ein Tages- oder Mehrtagesticket der BVG kauft, kann die Doppeldeckerbusse (oben hat man die bessere Aussicht) oder S-Bahnen auf folgenden Linien auch für Stadtrundfahrten nutzen.

Bus 100: Die Stadttour mit dem Doppeldeckerbus führt von Ⓢ+Ⓤ Alexanderplatz zu Ⓢ+Ⓤ Zoologischer Garten, Dauer 30 Min. Route: Alexanderplatz (Karl-Liebknecht-Straße) – Fernsehturm (l.) – Marienkirche und Rotes Rathaus (l.) – Humboldtforum/Stadtschloss (l.) gegenüber (r.) Berliner Dom, Lustgarten und Altes Museum – Staatsoper Unter den Linden (l.) gegenüber (r) Humboldt-Universität – Überquerung Friedrichstraße – Brandenburger Tor (voraus, der Bus biegt vorher rechts ab) – Reichstag (r.) – Bundeskanzleramt (r.) – Tiergarten mit Haus der Kulturen der Welt (r.), Schloss Bellevue (r.) und Siegessäule (l.) – Zoo (r.) – Breitscheidplatz mit Gedächtniskirche (l.) – Bahnhof Zoologischer Garten.

Bus 200: Dieser Doppeldeckerbus bringt Sie von Ⓢ+Ⓤ Zoologischer Garten zurück zu Ⓢ+Ⓤ Alexanderplatz, Dauer ebenfalls 30 Min. Route: Bahnhof Zoologischer Garten (Hardenbergplatz) – Breitscheidplatz mit Gedächtniskirche (r.) – Zoo (l.) – Tiergarten mit Siegessäule (l.) – Philharmonie (l.) – Potsdamer Platz mit Sony Center (l.) und Kollhoff-Tower (r.) – Leipziger Platz – Unter den Linden mit Humboldt-Universität (l.), Staatsoper (r.) und Zeughaus (l.) – Lustgarten mit Altem Museum und Berliner Dom (l.) – Humboldtforum/Stadtschloss (r.) – Rotes Rathaus (r.) – Marienkirche (r.) – Fernsehturm (r.) – Alexanderplatz.

Bus M 29: Dieser Bus fährt vom Hermannplatz (Neukölln) ins Villenviertel Grunewald; es reicht, die Strecke bis Ⓤ Kurfürstendamm mitzufahren, Dauer dann ca. 45 Min. Route: Hermannplatz (Urbanstraße, Zustieg vor dem Karstadt) – Görlitzer Bahnhof – Oranienstraße – Checkpoint Charlie (r.) – Anhalter Bahnhof (l.) – Neue Nationalgalerie (r.) – Bendlerblock (Verteidigungsministerium, r.) – Wittenbergplatz mit KaDeWe (Kaufhaus des Westens, l.) – Breitscheidplatz mit Gedächtniskirche (r.) – Ⓤ Kurfürstendamm.

Ⓢ 3, Ⓢ 5 oder Ⓢ 7: Mit der S-Bahn (hier Hochbahn) vom Westkreuz zum Ostkreuz oder andersrum. Dabei passiert man u. a. Ⓢ+Ⓤ Alexanderplatz, die Museumsinsel, die Friedrichstraße, den Hauptbahnhof und den Tiergarten. Vom Zug aus kann man in Museen und Büros blicken!

Im Hauptbahnhof

Ankommen in Berlin

Mit dem Flugzeug

Der neue **Hauptstadtflughafen Berlin Brandenburg Willy Brandt** am Schönefelder Flugfeld sollte bereits 2012 eröffnet werden – Ende 2017 soll es nun so weit sein. Vielleicht aber auch erst 2018. Bis zur Eröffnung des neuen Hauptstadtflughafens fliegen Sie **Berlin-Schönefeld** oder **Berlin-Tegel** an. Nach der Eröffnung, so sehen es die Planungen vor, soll der Flugbetrieb in Berlin-Tegel eingestellt und die Terminals von Berlin-Schönefeld geschlossen werden. Da aber die Kapazitäten des neuen Hauptstadtflughafens voraussichtlich nicht ausreichen (für jährlich 27 Mio. Passagiere ausgelegt), bleiben aller Wahrscheinlichkeit nach die alten Terminals von Berlin-Schönefeld bis zum Ausbau des Hauptstadtflughafens in Betrieb.

Ausführliche Informationen (Parken, An- und Abflugzeiten, Übersichtspläne usw.) zu allen Berliner Flughäfen auf www.berlin-airport.de.

Flughafen Berlin Brandenburg Willy Brandt (BER)

Orientierung/Nahverkehrstickets: Auf E 0 (Ebene 0) befindet sich der Ankunftsbereich mit dem *Berlin Brandenburg Welcome Center* (eine Touristeninformation, die auch BVG-Tickets verkauft, für Fahrten ins Zentrum benötigen Sie ein Ticket der Tarifzone ABC), auf E 1 der Check-in-Bereich. E 4 bildet die Besucherterrasse. Auf der Unterebene 2 befindet sich der Fern- und S-Bahnhof.

Transfer mit dem AirportExpress: Vom Flughafen ins Zentrum verkehrt – sofern der Flughafen eröffnet ist – der AirportExpress der Deutschen Bahn (zugleich die Regionalbahnen 7 und 14) von 4.30–23 Uhr im 15-Min.-Takt über Ⓢ Ostbahnhof, Ⓢ+Ⓤ Alexanderplatz, Ⓢ+Ⓤ Friedrichstraße, Ⓢ+Ⓤ Hauptbahnhof (Dauer ca. 20 Min.) und Ⓢ+Ⓤ Zoologischer Garten nach Ⓢ Charlottenburg. Viele Züge fahren weiter bis Spandau.

... **mit dem Taxi**: Zum Bahnhof Zoo ca. 46 €, zum Alexanderplatz ca. 42 € (Dauer jeweils ca. 40–60 Min.).

Flughafen Berlin-Schönefeld (SXF)

Orientierung/Nahverkehrstickets: Eine Touristinformation für Berlin und Brandenburg (tägl. 7–22 Uhr), die auch BVG-Tickets verkauft, befindet sich in der Haupthalle von Terminal A. Für Fahrten ins Zentrum benötigen Sie ein Ticket der Tarifzone ABC.

Transfer mit dem Bus X 7: Verkehrt tägl. im 20-Min.-Takt (lediglich Sa/So morgens alle 30 Min.) zwischen Flughafen Schönefeld und dem U-Bahnhof Rudow (Dauer 7 Min.). Von dort fährt die Ⓤ 7 in die Innenstadt, Dauer bis Ⓤ Mehringdamm 22 Min.

... **mit dem Bus N 7**: So–Do nachts im 30-Min.-Takt vom Flughafen nach Rudow, dann folgt der Bus der Route der Ⓤ 7. Fr/Sa, wenn die U-Bahn rund um die Uhr fährt, verkehrt der Nachtbus N 7 lediglich zwischen Ⓤ Rudow und Flughafen.

... **mit dem Bus 171**: Verkehrt zwischen Flughafen Schönefeld und Ⓤ Rudow mit Zwischenhalt am S-Bahnhof Berlin-Schönefeld im 20-Min.-Takt.

... **mit dem AirportExpress**: Den S-Bahnhof Berlin-Schönefeld erreichen Sie vom Flughafen mit Bus 171 (s. o.) oder zu Fuß in ca. 6 Min. Von dort fährt der AirportExpress (zugleich die RB 7 u. 14) der Deutschen Bahn tägl. von 4.30–23 Uhr im 30-Min.-Takt über Ⓢ Ostbahnhof, Ⓢ+Ⓤ Alexanderplatz, Ⓢ+Ⓤ Friedrichstraße, Ⓢ+Ⓤ Hauptbahnhof und Ⓢ+Ⓤ Zoologischer Garten nach Ⓢ Charlottenburg. Viele Züge fahren von dort weiter bis Spandau.

... **mit dem Taxi**: Zum Bahnhof Zoo ca. 39 €, zum Alexanderplatz ca. 34 € (Dauer jeweils ca. 40–60 Min.).

Liebe Schweizer, aufgepasst! Falls Sie in Berlin an Bankomaten Euros ziehen wollen, verzichten Sie darauf, sich den Euro-Betrag in Franken umrechnen zu lassen – andernfalls können satte Gebühren anfallen!

Otto-Lilienthal-Flughafen Berlin-Tegel (TXL)

Orientierung/Nahverkehrstickets: Eine *Berlin Tourist Info* (tägl. 8–21 Uhr) befindet sich in der Haupthalle (Terminal A) auf Höhe von Gate 1, eine BVG-Verkaufsstelle (7–22 Uhr) am Übergang zu Terminal B; für Fahrten ins Zentrum benötigen Sie ein Ticket der Tarifzone AB.

Transfer mit dem Bus TXL: Verkehrt von frühmorgens bis etwa Mitternacht (von 7–22 Uhr im 5- bis 10-Min.-Takt) zwischen Tegel und Ⓢ+Ⓤ Hauptbahnhof.

... **mit dem Bus X9**: Verkehrt zwischen Tegel und Hertzallee und passiert u. a. die Haltestellen Ⓤ Ernst-Reuter-Platz und Ⓢ+Ⓤ Zoologischer Garten. Tagsüber im 10-Min.-Takt, frühmorgens und abends weniger Fahrten.

... **mit dem Bus 109**: Hält auf seinem Weg nach Tegel u. a. an den Haltestellen Ⓢ Charlottenburg, Ⓤ Adenauerplatz, Ⓤ Uhlandstraße und Ⓢ+Ⓤ Zoologischer Garten. Tagsüber alle 10 Min.

... **mit dem Taxi**: Zum Bahnhof Zoo ca. 19 € (Dauer 20–30 Min.), zum Alexanderplatz ca. 25 € (Dauer 30–40 Min.).

Mit dem Zug

Fernzüge steuern i. d. R. nicht nur den **Berliner Hauptbahnhof** (→ S. 46) an. Je nachdem, woher Sie kommen bzw. wohin der Zug weiterfährt, hält der ICE auch an den Fernbahnhöfen **Südkreuz, Gesundbrunnen, Ostbahnhof, Flughafen Berlin Brandenburg Willy Brandt** oder **Spandau**.

Orientierung Hauptbahnhof: Im EG u. a. die Touristeninformation (8–22 Uhr, hier auch Verkauf von BVG-Tickets), im 1. OG Gepäckaufbewahrung (6–22 Uhr), DB-Lounge und Apotheke, im 1. UG DB-Reisezentrum und Schließfächer (oft ab 10 Uhr alle belegt). Bei Verspätungen kann man im Hopfingerbräu die Zeit mit Weißbier totschlagen (1. OG, mit Außenterrasse). Im 1. UG finden Sie zudem den Supermarkt Kaiser's (mit Imbiss).

Mit dem Bus

Der **Zentrale Omnibusbahnhof Berlin** (ZOB, www.iob-berlin.de) liegt in Charlottenburg an der Masurenallee 4–6 gegenüber dem ICC (International Congress Center). Im ZOB finden Sie ein Café und Schließfächer. Je nachdem, woher die Fernbusse kommen bzw. wohin sie starten, halten sie auch am **S-Bahnhof Südkreuz** in Schöneberg, am **U-Bahnhof Alt-Tegel**, am **Ostbahnhof** in Friedrichshain, am **Bahnhof Alexanderplatz** (Höhe Alexanderstr. 3) in Mitte und am **Bahnhof Zoo** (Hardenbergplatz) in der City West. Zusätzliche Fernbusbahnhöfe sollen eingerichtet werden. Die billigste und beste Verbindung finden Sie auf www.buslinien suche.de.

Transfer vom ZOB in die Innenstadt: Rund um die Uhr (tagsüber im 10-Min.-Takt, nachts alle 30 Min.) hält Bus M 49 direkt am ZOB; zu- bzw. aussteigen kann man u. a. an Ⓢ+Ⓤ Zoologischer Garten. Nächster U-Bahnhof ist Kaiserdamm (400 m nordöstlich), von dort fährt die Ⓤ 2 über Ⓢ+Ⓤ Potsdamer Platz und Ⓢ+Ⓤ Alexanderplatz (28 Min.) zur Schönhauser Allee. Der nächste S-Bahnhof (400 m östlich) ist Messe Nord/ICC, der an der Ringbahn liegt (Ⓢ 41/42).

U-Bahnhof Kottbusser Tor

Rumkommen in Berlin

Einen Streckennetzplan der Berliner S- und U-Bahnen finden Sie auf der herausnehmbaren Karte in diesem Buch. Leider gibt es keine handlichen Pläne des öffentlichen Nahverkehrs, die Bus- und Straßenbahnlinien mit aufführen. Den schnellsten Weg unter Berücksichtigung sämtlicher Verkehrsmittel findet man mit der BVG-Fahrinfo-Plus-App und auf www.bvg.de.

Öffentlicher Nahverkehr

Die Berliner Verkehrsbetriebe (BVG) betreiben Busse, U- und Straßenbahnen (Tram) sowie Fähren. Gemeinsam mit der Deutschen Bahn (verantwortlich für die Regionalbahnen), der S-Bahn Berlin (unter DB-Regie) und diversen kleineren privaten Transportunternehmen bildet die BVG den Verkehrsverbund Berlin-Brandenburg (VBB). Ein VBB-Fahrschein gilt für sämtliche dem Verkehrsverbund angeschlossenen Transportmittel.

Für **Sightseeingtouren** mit öffentlichen Verkehrsmitteln → S. 280.

VBB-Tarifzonen

Der Verkehrsverbund kennt 3 Tarifzonen: A, B und C. Die Tarifzone A umfasst die zentralen Stadtteile und wird vom S-Bahnring, der selbst noch zur Tarifzone A gehört, umschlossen. Viele Besucher kommen nie über A hinaus, sofern Sie nicht mit dem Flugzeug anreisen. Einem breiten Gürtel gleich umringt die Tarifzone B die Tarifzone A. Der Tarifbereich C umfasst das Berliner Umland (dazu gehören Potsdam, der Flughafen Schönefeld und der Flughafen Berlin Brandenburg Willy Brandt).

Tickets für einen einzigen Tarifbereich gibt es nicht, man kann nur wählen zwischen den Tarifbereichen AB, BC oder ABC.

VBB-Tickets

Der ermäßigte Tarif (in Klammern) gilt für Kinder ab 6 bis einschließlich 14 Jahren, Kinder unter 6 Jahren fahren kostenlos. Ermäßigungen für Senioren gibt es nur beim Kauf von Jahreskarten. Die wichtigsten Tickets (Stand Aug. 2016) im Überblick:

Einzelfahrausweis: Tarifzone AB 2,70 € (1,70 €), ABC 3,30 € (2,40 €). Gültig für 2 Std. in eine Fahrtrichtung; Rund- u. Rückfahrten sind nicht erlaubt. Das AB-Ticket gibt es auch als sog. 4-Fahrten-Karte (4 Einzelfahrscheine) zu 9 € (5,60 €).

Kurzstreckenfahrausweis: 1,70 € (1,30 €), als 4-Fahrten-Karte 5,60 € (4,40 €). Gültig für bis zu 3 S- o. U-Bahn-Stationen (Umsteigen möglich) oder für bis zu 6 Bus- oder Straßenbahnhaltestellen (kein Umsteigen).

Anschlusskarte: 1,60 € (keine Ermäßigung). Diese ist nötig, falls Sie z. B. ein 7-Tage-Ticket für die Tarifzone AB haben und einmal an einen Ort fahren wollen, der im Tarifbereich C liegt (z. B. Potsdam oder Flughafen Berlin Brandenburg Willy Brandt).

Tageskarte: AB 7 € (4,70 €), ABC 7,60 € (5,30 €). Gültig bis 3 Uhr morgens am Folgetag.

Kleingruppen-Tageskarte: AB 17,30 €, ABC 17,80 € für bis zu 5 Pers.

7-Tage-VBB-Umweltkarte: AB 30 €, ABC 37,20 €. Zeitlich gleitend und übertragbar. Zudem ermöglicht dieses Ticket Sa/So und feiertags ganztägig sowie werktags von 20–3 Uhr die Mitnahme eines weiteren Erwachsenen sowie von 3 Kindern.

Monatskarten: VBB-Umweltkarte AB 81 €, ABC 99,90 € (das Pendant zur 7-Tage-VBB-Umweltkarte, ebenfalls gleitend erhältlich), 10-Uhr-Monatsticket AB 59,10 €, ABC 72,50 € (erlaubt keine Fahrten zwischen 3 und 10 Uhr morgens).

Touristentickets → Berlin (fast) umsonst, S. 279.

Schwarzfahren: 60 € Strafe!

Wo bekommt man die Tickets?

Alle oben erwähnten Tickets und die *Berlin WelcomeCard* (→ S. 279) sind an den Automaten in den S- und U-Bahnhöfen erhältlich, zudem bei den BVG-Verkaufsstellen und in Reisemärkten, u. a. am Alexanderplatz (Vorhalle Richtung Weltzeituhr), am Wittenbergplatz (Vorhalle), am Hauptbahnhof (Touristeninformation, EG) und an den Flughäfen (siehe dort). In den Bussen kann man die Tickets beim Fahrer lösen (jedoch nur Einzelfahrscheine und Tagestickets, keine Zeitkarten), in den Straßenbahnen an den Automaten.

VBB-Verkehrsmittel

Die BVG hat mehr als 1300 Omnibusse, 1200 U-Bahnwagen und knapp 400 Straßenbahnwagen im Einsatz. Alle diese Fahrzeuge legen täglich eine Strecke zurück, die 18-mal um die Erde führen würde.

Busse: Bei Bussen steigt man vorne ein und zeigt dem Fahrer unaufgefordert das Ticket. Alle Busse tragen Nummern; jene, die nicht zusätzlich durch einen Buchstaben gekennzeichnet sind, starten meist um 4.30 Uhr und stellen den Betrieb um 0.30 Uhr ein. Busse mit der Kennung **N** sind Nachtbusse. Die Nachtbusse 1–9 folgen mehr oder weniger den Routen der U-Bahnlinien mit derselben Nummer in den Nächten von So/Mo bis Do/Fr (Fr/Sa u. Sa/So fahren die U-Bahnen auch nachts). Lediglich auf der Strecke der Ⓤ4 (Nollendorfplatz –

U-Bahn fahren ist einfach knorke!

Innsbrucker Platz) und der U 55 (Hauptbahnhof – Brandenburger Tor) gibt es weder Nachtbus noch Nachtbetrieb am Wochenende.

Metrobusse haben die Kennung **M** und fahren rund um die Uhr.

Straßenbahnen: Verkehren bislang vorrangig im Osten der Stadt, das Netz wird aber laufend ausgebaut. Straßenbahnen tragen ebenfalls Nummern und fahren von ca. 5–0.30 Uhr, manche Linien stellen aber den Betrieb schon um 19 Uhr ein. MetroTrams haben die Kennung **M** und fahren rund um die Uhr.

U-Bahn: Die U-Bahn fährt von 4.30–0.30 Uhr in den Nächten So/Mo bis Do/Fr, in den Nächten Fr/Sa u. Sa/So hingegen rund um die Uhr. Ausnahmen: Ⓤ 4 u. Ⓤ 55 (kein Nachtbetrieb am Wochenende).

S-Bahn: Nimmt i. d. R. gegen 4 Uhr den Betrieb auf. In den Nächten So/Mo bis Do/Fr fahren sie meist bis 0.30 Uhr, Fr/Sa u. Sa/So rund um die Uhr.

Fähren: Die von der BVG betriebenen Fähren am Wannsee und am Langen See verkehren ganzjährig, jene am Müggelsee nur April–Okt.

Umweltschonend Taxi fahren

Taxi

Rund 7200 Taxis sind in der Stadt unterwegs. Der **Kurzstreckenpauschaltarif** (max. 2 km, auch „Winkemann-Tarif", weil Sie für diesen Tarif ein fahrendes Fahrzeug stoppen müssen) beträgt 5 € – vereinbaren Sie den Tarif beim Einsteigen! Ansonsten beträgt der **Grundpreis** 3,90 €; pro Kilometer kommen für die ersten 7 km 2 € hinzu, für jeden weiteren Kilometer 1,50 € (Stand Juli 2016), sofern man nicht im Stau steht (30 €/Std.) und bar bezahlt (per Kreditkarte 1,50 € extra).

Falls Sie keine Taxi-App installiert haben: **Taxi-Berlin**: ✆ 030/202020, **Taxifunk**: ✆ 030/443322, **Quality Taxi**: ✆ 030/2630000, **Würfelfunk**: ✆ 030/210101.

Velotaxi

Radtaxen (www.velotaxi.de, Velotaxiruf ✆ 030/28031609) stehen im Sommer an den touristischen Hotspots. Man bezahlt für den ersten Kilometer offiziell 7,50 €, für jeden weiteren 5 €. Sightseeingtouren kosten 42 €/Std. – aber alles ein bisschen Verhandlungssache.

Carsharing

Fahrzeuge von car2go (www.car2go.com) und DriveNow (https://de.drive-now.com) sind überall im Stadtgebiet zu finden. Um als registrierter DriveNow-Kunde aus Österreich in Berlin fahren zu können, müssen Sie die hiesigen AGBs bestätigen (können Sie in jeder Sixt-Filiale tun), als österreichischer car2go-Kunde brauchen Sie ein Moovel-Konto, über das Sie sich registrieren. Übrigens ist die Moovel-App für Berlin hervorragend geeignet.

Ausflugsschiffe

Berlin besitzt 197 km Wasserstraßen. Die meisten Ausflugsschiffe dümpeln aber auf den immer gleichen Kilometern. Fahrten durch die City finden – je nach Wetter – von März/April bis

Oktober/November statt. Die Getränkepreise an Bord sind bei den meisten Anbietern fair. Empfehlenswert ist die „große Brückentour", an den meisten Sehenswürdigkeiten der „kurzen Spreetour" spaziert man beim Berlin-Sightseeing ohnehin vorbei.

Touren

Kurze Spreetour: Auch „Stadtkernfahrt" genannt, Dauer ca. 1 Std. Dabei tuckert das Schiff auf der Spree zwischen Nikolaiviertel und Haus der Kulturen der Welt, man passiert u. a. den Reichstag und das neue Regierungsviertel. Kostenpunkt 12–14 €.

Große Brückenfahrt: Spannend, aber nicht vergessen: Kopf einziehen! Dauer 3–3:30 Std., Länge ca. 23 km (abends besonders schön). Bei der Rundfahrt über die Spree und den Landwehrkanal lässt man rund 60 Brücken hinter sich. Auf der Tour passiert man (bei einem Start auf Höhe der Friedrichstraße) u. a.: die Museumsinsel (r.), den Berliner Dom (r.), das Humboldt Forum (Stadtschloss, r.), das Nikolaiviertel (l.), die Mühlendammschleuse, das Märkische Ufer (r.), die Jannowitzbrücke, die East Side Gallery und die Mercedes-Benz Arena (beide l.), die Oberbaumbrücke, den Osthafen und die Oberschleuse. Über den Landwehrkanal geht es dann durch Kreuzberg, vorbei am Türkenmarkt (l., nur Di u. Fr), an der Amerika-Gedenkbibliothek (l.) und am Deutschen Technikmuseum (l.). Nun folgen die Daimler-City am Potsdamer Platz (r.), die Philharmonie (r.), das Verteidigungsministerium (r.) und der Zoologische Garten (l.). Danach passiert man die Unterschleuse und das Charlottenburger Tor. Bei der Dovebrücke trifft man wieder auf die Spree, manche Schiffe machen von hier aus einen Abstecher zum Schloss Charlottenburg. Vorbei am Hansaviertel (r.), dem Tiergarten mit Schloss Bellevue und dem Haus der Kulturen der Welt (beides r.), dem Bundeskanzleramt (r.) und dem Hauptbahnhof (l.) geht es ins Regierungsviertel. Kostenpunkt 20–24 €.

Weitere Touren: Die großen Schifffahrtsgesellschaften haben zudem Fahrten rund um Berlin (Dauer 9 Std.), BBQ- und Mauerfahrten u. Ä. im Programm. Ein Erlebnis sind auch die **Historischen Stadtrundfahrten mit dem Schiff**, die von der Berliner Geschichtswerkstatt e. V. angeboten werden, darunter Stasi-Touren, Litera-Touren, Rio-Reiser-Touren u. v. m. (Infos unter ✆ 2154450 o. www.berliner-geschichtswerkstatt.de).

Für Ausflugsfahrten von Spandau oder Wannsee nach Potsdam oder vom Treptower Park nach Köpenick und Friedrichshagen/Müggelsee: siehe in den jeweiligen Kapiteln.

Anbieter und Ablegestellen

Einen Überblick über alle möglichen Fahrten gibt der Reederverband Berlin (www.reederverband-berlin.de).

Reederei Riedel, Ablegestellen für Stadtkernfahrten u. a. am Haus der Kulturen der Welt (Ⓤ Bundestag), für Brückenfahrten u. a. am Märkischen Ufer (Ⓢ+Ⓤ Jannowitzbrücke) und gegenüber Ⓤ Hallesches Tor. ✆ 67961470, www.reederei-riedel.de.

Stern und Kreisschiffahrt, Stadtkernfahrten u. a. vom Weidendamm (Ⓢ+Ⓤ Friedrichstraße), Brückenfahrten u. a. vom Ufer bei Ⓢ+Ⓤ Jannowitzbrücke. ✆ 5363600, www.sternundkreis.de.

Reederei Bruno Winkler, Stadtkernfahrten vom Reichstagsufer (Ⓢ+Ⓤ Friedrichstraße), Brückentouren u. a. ab Schlossbrücke Charlottenburg (Ⓤ Richard-Wagner-Platz). ✆ 3499595, www.reedereiwinkler.de.

Scooter

Mehrere Verleiher, z. B. **scooter2go** **48** (→ Karte S. 72/73), die u. a. Djangos und Vespas im Angebot haben. Ab 19 €/Tag, Kaution (150 €) bar mitbringen! Oranienburger Str. 27 (Kunsthof), Mitte, Ⓢ Oranienburger Straße, ✆ 44044600, www.scooter2go.de.

Für Segway-Touren → S. 303.

Fahrrad

Keine Berge und über 650 km Radwege: Es macht Spaß, Berlin und v. a. das Berliner Umland mit dem Rad zu erkunden. Viele Radwege verlaufen auf Trottoirs. An manchen Kreuzungen gibt es für Radfahrer eigene Ampeln. Der größte Radevent der Stadt ist der **Berliner Velothon**, → Veranstaltungen, S. 254. Wer das Rad mit in die S- oder U-Bahn nehmen will (nur in entsprechend gekennzeichnete Abteile), benötigt einen „Einzelfahrschein Fahrrad":

AB 1,90 €, ABC 2,50 €, Tageskarte AB 4,80 €, ABC 5,40 € (Stand Aug. 2016). Geführte Radtouren kosten je nach Länge (die meisten dauern 4–6 Std.) um die 18–25 € inkl. Rad.

Eine gute, kostenlose Fahrrad-Routenplaner-App ist **BBBike**. Tourenvorschläge auch für das Umland über www.adfc-berlin.de.

Radverleih und geführte Touren

Fahrradstation verleiht gute Räder (auch E-Bikes, Tandems usw., ab 15 €/Tag) und bietet geführte Thementouren an (Mauer, Highlights, durch den Osten der Stadt usw.). Filialen in **Mitte**: Dorotheenstr. 30, Ⓢ+Ⓤ Friedrichstraße, ✆ 28384848, **8** → Karte S. 28/29; Leipziger Str. 56, Ⓤ Hausvogteiplatz oder Ⓤ Stadtmitte, ✆ 66649180, **25** → Karte S. 28/29; Auguststr. 29 a, Ⓤ Weinmeisterstraße, ✆ 28599661, **27** → Karte S. 72/73. **Kreuzberg**: Bergmannstr. 9, Ⓤ Mehringdamm, ✆ 2151566, **72** → Karte S. 160/161. **Prenzlauer Berg**: Kollwitzstr. 77, Ⓤ Senefelder Platz, ✆ 93958130, **30** → Karte S. 134/135. **Charlottenburg**: Goethestr. 46, Ⓤ Wilmersdorfer Straße oder Ⓢ Charlottenburg, ✆ 93952757, **6** → Karte S. 110/111. März–Okt. Mo–Fr 10–19.30 Uhr, Sa 10–18 Uhr, So (nur Station Dorotheenstraße) 10–16 Uhr. Weitere Infos auf www.fahrradstation.de.

Berlin on Bike, bietet u. a. Touren zu vergessenen und versteckten Winkeln unter dem Motto „Oasen der Großstadt" an. Radverleih ab 10 €/Tag. Mitte März–Okt. tägl. 8–20 Uhr, im Winter kürzer und So geschl. Knaackstr. 97 (Kultur-Brauerei), Prenzlauer Berg, Ⓤ Eberswalder Straße, ✆ 43739999, www.berlinonbike.de.

Fat Tire Bike Tours **8** → Karte S. 110/111, verleihen Cruiser für 14 €/Tag und bieten ebenfalls diverse Touren an (auch durch Potsdam). März–Okt. tägl. 9.30–18 Uhr (im Sommer bis 20 Uhr, im Winter geschl.). Hardenbergplatz 9–11 (dort auch Start aller Touren), City West, Ⓢ+Ⓤ Zoologischer Garten, ✆ 68836217. Verleihstation zudem in der Panoramastr. 1 a, Mitte, Ⓢ+Ⓤ Alexanderplatz. ✆ 24047991, www.stadtundrad.de.

Berlin im Kasten

Mauerradweg: Vom S-Bahnhof Bornholmer Straße zur Oberbaumbrücke

Der Berliner Mauerweg, ein 160 km langer Rad- und Wanderweg, verläuft entlang der ehemaligen Westberliner Außengrenze und folgt in vielen Teilen dem Kolonnenweg der DDR-Grenztruppen. Der Rad- und Wanderweg ist bestens ausgeschildert und gut frequentiert, Tafeln informieren entlang des Weges über die einst geteilte Stadt. Der hier vorgestellte Abschnitt durchs Zentrum beträgt ca. 16,5 km und beginnt am S-Bahnhof Bornholmer Straße. Nach Verlassen des S-Bahnhofs hält man sich auf der Bösebrücke rechts. Am Ende der Brücke liegt linker Hand der Platz des 9. November (→ S. 140). Rechter Hand führt hingegen eine Treppe hinunter zur Norwegerstraße, der man gen Zentrum folgt. Am Ende der Straße sieht man die ersten Mauerweg-Schilder. Nun kann nichts mehr schiefgehen. Die Route in Kürze: Gleimtunnel (r., die 130 m lange Eisenbahnunterführung zwischen Wedding und Prenzlauer Berg war zu DDR-Zeiten zugemauert) – Max-Schmeling-Halle (l.) – Mauerpark – Gedenkstätte Berliner Mauer (l. u. r.) – Französischer Friedhof II (l.) – ehem. Grenzwachturm am Spandauer Schifffahrtskanal (l.) – Invalidenfriedhof (l.) – Hamburger Bahnhof (r.) – Charité mit Medizinhistorischem Museum (l.) – Hauptbahnhof (r.) – Bundeskanzleramt (r.) – Reichstag (r.) – Brandenburger Tor (l.) – Holocaust-Denkmal (l.) – Potsdamer Platz – Martin-Gropius-Bau und Topographie des Terrors (beide r.) – Checkpoint Charlie (r.) – Georg-von-Rauch-Haus (r.) – East Side Gallery (r.) – Oberbaumbrücke – Ⓢ+Ⓤ Warschauer Straße. Weitere Radtourenvorschläge → S. 198 und 215.

Großstadtinszenierung am Potsdamer Platz

Karte S. 292/293

Übernachten

Designhotel, Etagenpension oder Partyhostel? Berlin hat alles zu bieten – selbst Betten in Särgen und idyllische Parkbänke mit Spreeblick.

Preise: Die Übernachtungspreise in Berlin sind im Vergleich zu anderen europäischen Metropolen mehr als moderat und liegen in etwa bei der Hälfte Londons. Die von uns angegebenen Preise sind als Richtwerte zu verstehen, da sie sich bei vielen Hotels oft täglich ändern. Kräftig aufgeschlagen wird zu den großen Messen, ansonsten sind saisonale Unterschiede eher gering. Schnäppchen, v. a. bei der Mittel- und Luxusklasse, lassen sich oft über Buchungsportale im Internet finden. Kleine Häuser hingegen bieten ihre Betten über die hoteleigene Seite oft billiger an. Für Ferienwohnungen und Privatzimmer → S. 297.

Schlagzeilen in der internationalen Presse wie „Hip Berlin: Europe's Capital of Cool" *(Times Magazine)* haben einen Hype um Berlin ausgelöst, der dafür sorgte, dass sich die Übernachtungszahlen in den letzten zehn Jahren auf heute mehr als 30 Mio. pro Jahr verdoppelt haben – europaweit übertrumpft nur von London und Paris. 140.000 Hotelbetten stehen in der Stadt zur Verfügung, jede Kategorie wird bedient – wenn Sie wollen, können Sie eine Suite für den Preis eines Kleinwagens buchen, aber es geht natürlich auch billiger. Ein Tipp sind Ferienwohnungen, was viele Berliner aber nicht gern hören – durch die Zweckentfremdung von Wohnraum fehlt nicht nur Wohnraum für die Berliner, sondern steigen auch die Mieten.

Etwas Berlinbesonderes sind die sog. **Etagenhotels** oder **-pensionen,** die vorrangig in der City West zu finden sind. In diesen meist recht charmanten, persönlich geführten Unterkünften in riesigen Altbauwohnungen weht noch der Duft Charlottenburger Großbürgerlichkeit durch die Räume. In den Berliner **Hostels** trifft sich der partyfreudige Easyjetset aus halb Europa. Die meisten Hostels bieten auch Zimmer mit privaten Bädern an. Im Vergleich zu Pensionen, Ferienwohnungen oder Privatzimmern ist das Preis-Leistungs-Verhältnis der Hostels jedoch nicht immer das beste, zumal Handtücher, Bettzeug und Frühstück oft extra berechnet werden.

Zum Thema **Campen**: Leider fehlt in Berlin ein innerstädtischer Campingplatz, die nächstgelegenen Plätze ab S. 297.

City West

***** **Hotel am Steinplatz** **17**, traditionsreiches Haus in einem Jugendstilgebäude von August Endell, der auch für die Hackeschen Höfe verantwortlich zeichnete – eine Augenweide! Heute zur *Autograph Collection* der Marriott-Gruppe gehörend. 87 überaus komfortable Zimmer und Suiten, die für unseren Geschmack nur einen Tick zu protzig eingerichtet sind. Edelrestaurant, Bar, Spa-Bereich. EZ/DZ ab 175 €. Steinplatz 4 (10623), Ⓤ Ernst-Reuter-Platz, ✆ 55444440, www.hotelsteinplatz.com.

***** **Hotel Zoo** **19**, Gründerzeitpalast im völlig neuen Gewand, 1920er-Jahre treffen auf Gegenwart. Überschwänglich designt ist untertrieben, eher schon inszeniert ist alles in dem elitären Haus. 131 Zimmer und 14 Suiten, lustig die historischen Telefone. Toll die Panoramazimmer mit bodentiefen Fenstern und fürstlichem Blick über den Ku'damm. Promilastige Bar (→ Nachtleben, S. 266), Restaurant und Dachterrasse. DZ ab 160 € ohne Frühstück. Kurfürstendamm 25 (10719), Ⓤ Kurfürstendamm, ✆ 884370, www.hotelzoo.de.

**** **Hotel Ellington** **24**, in einem 1928–1931 im Stil der Neuen Sachlichkeit errichteten Bürogebäude – das denkmalgeschützte Treppenhaus ist ein Hingucker. Vorübergehend befand sich im Haus u. a. die Szenedisco *Dschungel*, in der David Bowie und Mick Jagger wilde Feten steigen ließen. Heute geht es geruhsamer zu. 285 schicke Zimmer in 4 Kategorien, vornehmlich in Weiß gehalten, größtenteils mit offen ins Zimmer integrierten Bädern. Tipp: die beiden sonnigen Turmsuiten, in denen man König von Berlin spielen kann. Schöner Sommergarten mit Bar. EZ ab 110 €, DZ ab 120 € ohne Frühstück. Nürnberger Str. 50–55 (10789), Ⓤ Wittenbergplatz, ✆ 683150, www.ellington-hotel.com.

Hotel Q! **20**, die extravagante, aber mittlerweile leicht angeschrammte Designherberge gewann schon mehrere Preise. Verantwortlich dafür zeichnet das Berliner Architektenbüro Graft, die Hofbaumeister von *Brangelina*. Wände, die rechte Winkel ignorieren, Böden, die Falten werfen, Zimmer und Bad als Wohnlandschaften ohne Trennwände. Ebenso stylish das Restaurant und die Bar. Und das Beste: Das Hotel ist auch noch bezahlbar. EZ ab 110 €, DZ ab 115 €, Frühstück 20 € extra. Knesebeckstr. 67 (10623), Ⓤ Uhlandstraße, ✆ 8100660, www.hotel-q.com.

mein Tipp **25hours Hotel** **18**, schickes und dennoch sehr gemütliches Hotel im sog. „Kleinen Hochhaus" des Bikinihaus-Komplexes. Hinter der ausgefallenen Gestaltung der 149 Zimmer steckt der Berliner Designer Werner Aisslinger, der auch schon für das Hotel Michelberger in Friedrichshain (s. u.) verantwortlich zeichnete. Besonders schön sind die *Jungle*-Zimmer mit Hängematte, Plüschäffchen, Blick aufs Affen- und Elefantenhaus des Zoos und offen in den Raum integrierter Dusche. Außerdem: Sauna mit Zooblick, hauseigene Holzofenbäckerei, Wohnzimmer mit Sofalandschaft, Rooftop-Bar und Restaurant samt umlaufender Terrasse (→ S. 118). DZ ab 128 €. Budapester Str. 40 (10787), Ⓢ+Ⓤ Zoologischer Garten, ✆ 1202210, www.25hours-hotels.com.

**** **Hotel Bleibtreu** **27**, aus den Gästen „Charlottenburger auf Zeit" zu machen, ist das Ziel des Bleibtreu-Teams. Allergikerfreundliches Ökodesign, bei dem unbehandeltes Holz und hochwertige Textilien eine wichtige Rolle spielen. 60 Zimmer in 2 Kategorien, die günstigeren sind ziemlich klein. Bonus: kostenlose Minibar und Wellnessbereich. Und der Ku'damm ist nur einen Katzensprung entfernt. EZ ab 73 €, DZ ab 83 €. Bleibtreustr. 31 (10707), Ⓤ Uhlandstraße, ✆ 884740, www.bleibtreu.com.

Pension Nürnberger Eck **25**, komplett verplüschte, schon seit den 1920ern existierende Etagenpension in unmittelbarer Ku'damm-Nähe. Blümchentapeten, Frisierkommödchen, dicke Teppiche, Möbel aus allen möglichen Epochen. Hier schliefen schon Gert Fröbe und Hanns Eisler. 8 altmodisch-charmante Zimmer, 5 davon mit privaten Bädern. EZ je nach Kategorie 45–60 €, DZ 70–92 €. Nürnberger Str. 24 a (10789), Ⓤ Augsburger Straße, ✆ 2351780, www.nuernberger-eck.de.

Midi Inn **29**, ebenfalls ein Etagenhotel. 17 behagliche Zimmer (individuell eingerichtet, viele mit abgetretenen Parkettböden, alle mit Du/WC) im 2. Stock eines herrschaftlichen Hauses. Eine Augenweide ist auch das Treppenhaus mit Brokattapeten und einem Aufzug aus dem frühen 20. Jh. Sehr freundlicher Service.

DZ ca. 79 €, Suite ca. 99 €, Frühstück extra. In einer ruhigen Seitenstraße des Ku'damms. Wielandstr. 26 (10707), ✆ 70221356, http://kudamm.midi-inn.de.

Propeller Island City Lodge 28, komplett abgefahren! 5 Jahre brauchte der Künstler Lars Stroschen, um aus einem Hotel eine Traumwerkstatt zu machen. Man schläft in begehbaren Kunstwerken mit schiefen Böden, von der Decke hängenden Möbeln, in an Seilen hängenden Betten, in Särgen, Käfigen, in surrealen Holzburgen oder in komplett verspiegelten Zimmern. Nichts für jedermann, man sollte jung sein und über so manche schlecht geputzte Ecke hinwegsehen können. Zudem nicht alle Zimmer mit privaten Bädern. Vorausbuchung nötig. EZ ab 69 €, DZ ab 94 €, Frühstück 7 €/Pers. extra. Albrecht-Achilles-Str. 58 (10709), Ⓤ Adenauerplatz, ✆ 8919016, www.propeller-island.de.

Zimmer ohne Frühstück?

Frühstück gibt's in vielen Berliner Cafés bis 16 Uhr, manchmal noch länger, am Wochenende oft als reichhaltiges Brunchbüfett. Sollten Sie sich aber beim Bäcker versorgen, müssen Sie beachten, dass Sie mit Begriffen wie „Wecken", „Semmel" oder „Rundstück" nicht weit kommen. Die Standardbrötchen heißen **Schrippen** (Weizenbrötchen mit Längskerbe) oder **Schusterjungen** (quadratische, etwas dunklere Brötchen). Was andernorts „Krapfen" oder „Berliner" genannt wird, ist in Berlin ein **Pfannkuchen**. Was man hingegen sonst unter einem Pfannkuchen versteht, nennt sich in Berlin **Eierkuchen**.

Hotel-Pension Funk 26, Etagenpension mit einer derartigen Belle-Époque-Nostalgie, dass auch Filmteams immer wieder zum Dreh vorbeischauen. Antiquitäten, Blümchentapeten, Häkeldeckchen, Lüster. 14 Zimmer, nicht alle mit privaten Bädern. In der Wohnung lebte von 1931–37 übrigens der Stummfilmstar Asta Nielsen, in ihrem ehemaligen Salon wird heute gefrühstückt. EZ je nach Kategorie 34–95 €, DZ 52–129 €. Fasanenstr. 69 (10719), Ⓤ Uhlandstraße, ✆ 8827193, www.hotel-pensionfunk.de.

Tiergarten/Potsdamer Platz

***** **Hotel Das Stue 15**, 81-Zimmer-Boutiquehotel in der ehemaligen dänischen Gesandtschaft und einem Neubau daneben. „Stue" ist dänisch und heißt „Stube". Soll heißen: Schick-gemütliches Wohlfühlambiente statt der formellen Kühle vieler Designhotels. Dazu ruhige Lage beim Zoo – von einigen Fenstern blickt man auf Kängurus und Strauße. Sternerestaurant, Spa-Bereich und Innenpool. EZ ab 200 €, DZ ab 250 €. Drakestr. 1 (10787), von Ⓢ+Ⓤ Potsdamer Platz mit Bus 200 bis Haltestelle Corneliusbrücke, ✆ 3117220, www.das-stue.com.

***** **Hotel Grand Hyatt 16**, von den 5-Sterne-Herbergen rund um den Potsdamer Platz die beste Wahl, und zwar deshalb, weil der Spa-Bereich mit Dachterrasse und Pool schlicht genial ist. Top-Restaurant und tolle Bar mit über 300 Whisky-Sorten und Live-Jazz. DZ ab ca. 230 €. Marlene-Dietrich-Platz 2 (10785), Ⓢ+Ⓤ Potsdamer Platz, ✆ 25531234, www.berlin.grand.hyatt.com.

Mitte

***** **Rocco Forte Hotel de Rome 14**, vor 100 Jahren war das Gebäude am Bebelplatz die Zentrale der Dresdner Bank, den einstigen Juwelentresor füllt heute der Pool des *Spa de Rome*. Haute Cuisine im Restaurant, dazu eine Open-Air-Lounge auf der Dachterrasse zum Champagnertrinken unterm Sternenhimmel. 146 glamourös-modern ausgestattete Zimmer (DZ ab 295 €) und Suiten, z. T. unter 5 m hohen Decken. Top: die 105 m² große Bebel-Suite (7000 €/Nacht). Behrenstr. 37 (10117), Ⓤ Französische Straße, ✆ 4606090, www.hotelderome.de.

Hotel Casa Camper 11, hinter dem Designhotel des mallorquinischen Labels Camper verbirgt sich die gleiche Philosophie wie hinter dem Schuhwerk: Qualität und Nachhaltigkeit. Hier übernachtet man nicht, hier wohnt man. Heimelige 32 m² große Zimmer mit halboffenen Bädern, schönen Holzfußböden samt Camper-Pantöffelchen. Dazu eine Lounge mit Panoramablick, wo man rund um die Uhr mit feinen Snacks, Softdrinks und Kaffee versorgt wird – alles im Preis inbegriffen. EZ ab 135 €, DZ ab 160 €. Weinmeisterstr. 1 (10178), Ⓤ Weinmeisterstraße, ✆ 20003410, www.casacamper.com.

Honigmond Garden Hotel 7, komfortables Boutiquehotel in einem Gebäude aus dem Jahr 1845, das nicht überdesignt, sondern eher plüschig-nostalgisch daherkommt: alte Dielenböden, antike Bilder, Spiegel mit pseudobarocker Rahmung. Jedes Zimmer sieht anders

Lässig wohnen: *Jungle*-Zimmer im 25hours Hotel

aus, buchen Sie eines nach hinten zum bildschönen Hinterhofgarten mit Teich, Wasserfall, Palmen und quakenden Fröschen. EZ ab 124 €, DZ ab 134 €. Invalidenstr. 122 (10115), Ⓤ Naturkundemuseum, ✆ 28445577, www.honigmond.de.

Gorki Apartments 6, stylishe, individuell und warm eingerichtete Komfort-Altbau-Apartments in allerbester Hipsterlage über dem gleichnamigen nostalgischen Café. Schwarzweiß geflieste Bäder, Boxspringbetten, Raindance-Duschen, Fischgrätenparkett. Neben Apartments (für 2 Pers. ab 136 €) auch 2 Penthouses ab 900 €. Weinbergsweg 25 (10119), Ⓤ Rosenthaler Platz, ✆ 48496480, www.gorkiapartments.de.

Amano Hotel 9, das Stammhaus der Berliner Amano-Kette, in bester Lage, Einkaufs- und Ausgehmöglichkeiten ums Eck. 163 stilsichere Zimmer mit Klimaanlage und Parkettboden. Elegant-glamouröse Bar. Wahnsinnsdachterrasse mit dem absoluten Über-Blick. Radverleih. Oft gute Specials, dann DZ mit Glück ab 85 €, Frühstück 15 € extra. Auguststr. 43 (10119), Ⓤ Rosenthaler Platz, ✆ 809415-0, www.amanogroup.de.

Arte Luise Kunsthotel 13, würden alle Türen offen stehen, ginge das Haus als Galerie durch. Die Zimmer wurden von unterschiedlichen Künstlern gestaltet, jedes ist ein Unikat. Auf der Internetseite können Sie sich Ihr Lieblingszimmer aussuchen (nehmen Sie aber keines zu den Bahngleisen hin). DZ mit Bad ab 99 €, mit Etagenbad ab 59 €, Frühstück extra. Luisenstr. 19 (10117), Ⓢ+Ⓤ Friedrichstraße oder Ⓤ Oranienburger Tor, ✆ 284480, www.luise-berlin.com.

Calma Hotel 10, „Calma" ist das spanische Wort für „Ruhe", und ruhig ist es in dem historischen Gewerbehof tatsächlich – trotz hervorragender Mitte-Lage. Schlicht-reduziert eingerichtete Zimmer in Weiß-Grau, die es in 4 verschiedenen Kategorien von *Economy* (12 m²) bis *Lifestyle Plus* (40 m²) gibt. DZ 108 € ohne Frühstück. Linienstr. 139/140 (10115), Ⓤ Oranienburger Tor, ✆ 526854909, www.hotel-calma-berlin.de.

Baxpax downtown 12, von den Berliner Baxpax-Hostels das u. E. schönste. Freundliche Zimmer (EZ, DZ und 3-Bett-Zimmer stets mit privatem Bad), dazu Studios mit Küche und Schlafsäle in verschiedenen Größen. Absoluter Pluspunkt: die tolle Dachterrasse mit kleinem Planschpool. EZ ab ca. 60 €, DZ ab ca. 85 €, im Schlafsaal ab ca. 25 €/Pers., Frühstück extra. Ziegelstr. 28 (10117), Ⓤ Oranienburger Tor, ✆ 27874880, www.baxpax.de.

Übernachten

1 Linnen
2 Hotel Oderberger
3 Ackselhaus und Bluehome
4 Yes-Residenz
5 Pfefferbett Hostel
6 Gorki Apartments
7 Honigmond Garden Hotel
8 Pension Mädchenkammer
9 Amano Hotel
10 Calma Hotel
11 Casa Camper
12 Baxpax downtown
13 Arte Luise Kunsthotel
14 Rocco Forte Hotel de Rome
15 Das Stue
16 Grand Hyatt
17 Hotel am Steinplatz
18 25hours Hotel
19 Hotel Zoo
20 Hotel Q!
21 Die Fabrik
22 Ferienwohnungen des Ausbildungswerks Kreuzberg e.V.
23 Rock'n Roll Herberge
24 Hotel Ellington
25 Pension Nürnberger Eck
26 Hotel-Pension Funk
27 Hotel Bleibtreu
28 Propeller Island City Lodge
29 Midi-Inn
30 Hotel Axel
31 Art Hotel Connection
32 36 Rooms
33 freiraum
34 Grand Hostel
35 Stars Guesthouse
36 Hotel Johann
37 Lekker Urlaub
38 Hotel Sarotti-Höfe
39 Hotel Matzbach
40 Hüttenpalast
41 Scube Park Columbia
42 Ostel (siehe Karte Friedrichshain, S. 150/151)
43 Almodovar Hotel (siehe Karte Friedrichshain, S. 150/151)
44 Hotel Michelberger (siehe Karte Friedrichshain, S. 150/151)
45 Plus Berlin (siehe Karte Friedrichshain, S. 150/151)
46 Eastern Comfort (siehe Karte Friedrichshain, S. 150/151)
47 Nhow Hotel (siehe Karte Friedrichshain, S. 150/151)

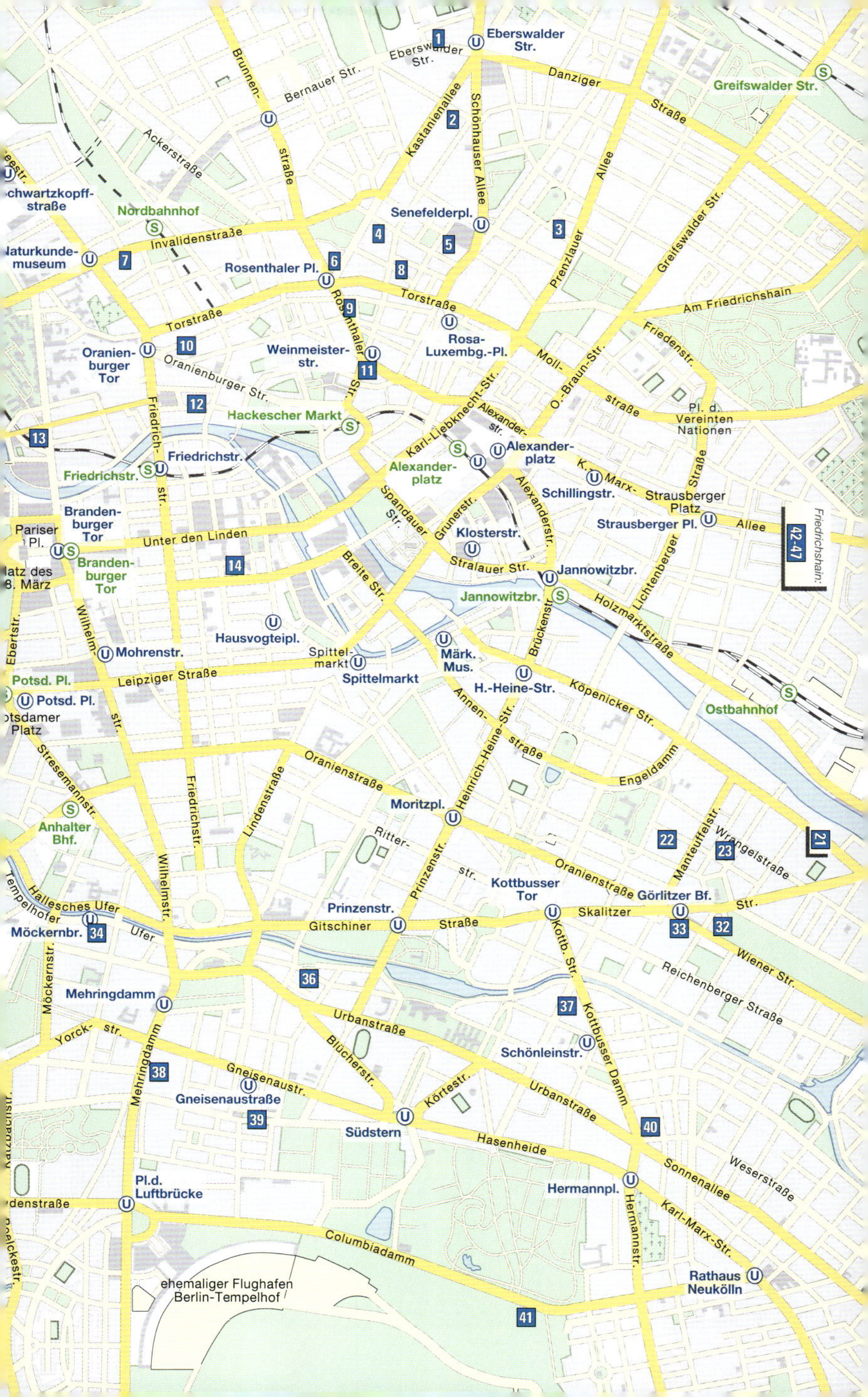

Eberswalder Str.
Eberswalder Str.
Danziger Straße
Greifswalder Str.
Bernauer Str.
Brunnenstraße
Kastanienallee
Schönhauser Allee
Ackerstraße
Schwartzkopffstraße
Nordbahnhof
Invalidenstraße
Senefelderpl.
Prenzlauer Allee
Greifswalder Str.
Naturkundemuseum
Rosenthaler Pl.
Torstraße
Am Friedrichshain
Friedenstr.
Rosenthaler Str.
Rosa-Luxembg.-Pl.
Torstraße
Oranienburger Tor
Weinmeisterstr.
Mollstraße
O.-Braun-Str.
Oranienburger Str.
Karl-Liebknecht-Str.
Alexanderstr.
Pl. d. Vereinten Nationen
Hackescher Markt
Friedrichstr.
Friedrichstr.
Alexanderplatz
Alexanderplatz
K.-Marx-Allee
Schillingstr.
Strausberger Platz
Strausberger Pl.
Spandauer Str.
Grunerstr.
Alexanderstr.
Klosterstr.
Friedrichshain:
Pariser Pl.
Brandenburger Tor
Unter den Linden
Brandenburger Tor
Platz des 18. März
Breite Str.
Stralauer Str.
Jannowitzbr.
Jannowitzbr.
Brückenstr.
Holzmarktstraße
Lichtenberger Straße
Ebertstr.
Wilhelmstr.
Hausvogteipl.
Mohrenstr.
Märk. Mus.
Spittelmarkt
Spittelmarkt
Potsd. Pl.
Leipziger Straße
H.-Heine-Str.
Köpenicker Str.
Potsd. Pl.
Potsdamer Platz
Ostbahnhof
Annenstraße
Stresemannstr.
Oranienstraße
Engeldamm
Lindenstraße
Friedrichstr.
Heinrich-Heine-Str.
Moritzpl.
Anhalter Bhf.
Ritterstr.
Manteuffelstr.
Wrangelstraße
Prinzenstr.
Kottbusser Tor
Oranienstraße
Görlitzer Bf.
Hallesches Ufer
Tempelhofer Ufer
Prinzenstr.
Gitschiner Straße
Skalitzer Str.
Möckernbr.
Wilhelmstr.
Kottb. Str.
Wiener Str.
Reichenberger Straße
Möckernstr.
Mehringdamm
Urbanstraße
Kottbusser Damm
Yorckstr.
Blücherstr.
Schönleinstr.
Mehringdamm
Gneisenaustr.
Körtestr.
Urbanstraße
Gneisenaustraße
Südstern
Hasenheide
Sonnenallee
Weserstraße
Pl.d. Luftbrücke
Hermannpl.
Karl-Marx-Str.
Hermannstr.
Columbiadamm
Rathaus Neukölln
ehemaliger Flughafen Berlin-Tempelhof
1
2
3
4
5
6
7
8
9
10
11
12
13
14
21
22
23
32
33
34
36
37
38
39
40
41
42-47

Pension Mädchenkammer 8, die ideale Unterkunft für Budgetreisende (die keine Mädchen sein müssen). Zentral und doch ruhig. Freundlich-jugendliche Zimmer, alle mit Bad und Kühlschrank. Garten mit alten Bäumen. Vorausbuchung nötig, da keine Rezeption. Ab 25 €/Pers. Lottumstr. 20 (10119), Ⓤ Rosenthaler Platz o. Rosa-Luxemburg-Platz, ✆ 0171/3167825, www.maedchenkammer.de.

Friedrichshain

Nhow Hotel 47, dieses vom New Yorker Designer Karim Rashid gestaltete Hotel (Pink und Rosa sollte man mögen) der NH-Kette ganz im Zeichen der Musik hat es sich passenderweise gleich neben *Universal Music* am Spreeufer gemütlich gemacht. 304 komfortable, spacige Zimmer, die kleineren (Kategorie *Standard*) gehen leider allesamt nach hinten zur langweiligen Straße hinaus. Die größeren Suiten bieten einen tollen Spreeblick. Auf Wunsch bekommt man eine E-Gitarre samt Verstärker ins Zimmer gebracht. Bar-Restaurant mit ebenfalls super Flussblick und genialer Terrasse, dort gibt es auch das Frühstück. Eigenes Tonstudio. Fitnessbereich mit Biosauna. DZ ab ca. 135 €, Frühstück extra. Stralauer Allee 3 (10245), Ⓢ+Ⓤ Warschauer Straße, ✆ 2902990, www.nhow-hotels.com.

Almodovar Hotel 43, mehr *political correctness* als in diesem heimeligen 60-Zimmer-Haus ist wohl kaum drin: Man schläft in Palisadenholzbetten (die Hölzer dafür stammen aus nachhaltiger Bewirtschaftung), holt sich die Yogamatte aus dem Schrank, bedient sich aus der Biominibar und pflegt sich mit biozertifizierter Naturkosmetik. Im angeschlossenen Bistro gibt es vegetarische Bioküche, an der Bar Bioweine und Biococktails. Im Spa-Bereich oben auf dem Dach kann man sich so richtig verwöhnen lassen, u. a. mit *Shirodhara* und *Rasayana*. EZ ab 97 €, DZ ab 102 € zzgl. vegetarisch-veganem Frühstück. Boxhagener Str. 83, Ⓤ Samariterstraße, ✆ 692097080, www.almodovarhotel.de.

Hotel Michelberger 44, hinter dem etwas altbackenen Namen verbirgt sich kein Gutshof, sondern eine coole, bezahlbare Unterkunft in einem alten Fabrikgebäude. Konzept: Weniger ist mehr. 119 liebevoll und clever gestylte Zimmer in 5 verschiedenen Kategorien – von *Cosy* (klein, relativ simpel, mit Bad, für Einzelpersonen und Pärchen) bis Luxus (genial!), außerdem auch familiengerechte Zimmer. Relaxte, schöne Bar und Restaurant (→ Friedrichshain/Essen & Trinken, S. 155). DZ ab 95 €. Warschauer Str. 39/40 (10243), Ⓢ+Ⓤ Warschauer Straße, ✆ 29778590, www.michelbergerhotel.com.

Schlafen auf der Spree: Hostel Eastern Comfort

Eastern Comfort 46, Hostel in einem ausrangierten Boot, das vor der Eastside Gallery bzw. neben der Oberbaumbrücke auf der Spree dümpelt – beste Lage für Nachtschwärmer und komfortabler als der Bruder *Western Comfort* nebenan (dort nur Gemeinschaftsduschen). Dennoch alles ziemlich beengt. Im Sommer sind die unteren Zimmer weniger heiß. Lounge und Sonnendecks – ideal, um Leute kennenzulernen. EZ mit Bad ab 58 €, DZ ab 68 €, in der Mehrbettkabine mit Gemeinschaftsdusche ab 16 €/Pers., Bettzeug/Handtücher 5 €, Frühstück jeweils 6 € extra. Mühlenstr. 73 (10243), Ⓢ+Ⓤ Warschauer Straße, ✆ 66763806, www.eastern-comfort.com.

Plus Berlin 45, Mischung aus Hostel und Hotel. Ruhige Lage in der Oberbaum-City, aber nur einen Katzensprung von U- und S-Bahn sowie den Ausgehvierteln entfernt. Über 200 Zimmer, stylish und behutsam restauriert, zeitgemäß ausgestattet. Das riesige Backsteingebäude mit zig Gängen diente einst als Schule, Nicht verlaufen unmöglich. Hübscher Indoorpool und begrünter Innenhof mit Kaninchen. Jedes Zimmer und Dormitory mit eigenem Bad. DZ ab 68 €, im Schlafsaal ab 22 €/Pers., Frühstück 7 € extra. Warschauer Platz 6–8 (10245), Ⓢ+Ⓤ Warschauer Straße, ✆ 311698820, www.plushostels.com.

Ostel 42, witzig-buntes Hostel für Ostalgiker! Ruhig gelegen in einem restaurierten Plattenbau. Pfiffige, individuell möblierte DDR-Retro-Zimmer – von den Lampen über die Betten bis zum Erich an der Wand. Neu (zum Glück): die Laminatböden und die Bäder. Es gibt EZ und DZ mit und ohne Bad, dazu eine (meist belegte) DDR-Ferienwohnung für 4 Pers. Leider ist die Umgebung (Wohnblocks und *Netto* als Nachbarn) nicht der Renner. EZ mit Bad ca. 42 €, DZ 59 €, Frühstück extra. Wriezener Karree 5 (10243), Ⓢ Ostbahnhof, ✆ 25768660, www.ostel.eu.

Prenzlauer Berg

Ackselhaus und **Bluehome 3**, unter einer Leitung. 2 benachbarte Gründerzeithäuser, die zum Viertel passen wie der Milchschaum zum Kaffee. Sehr charmant, sehr komfortabel und so entspannend wie ein Urlaub am Mittelmeer. Liebevoll bis ins Detail eingerichtete, teils einem bestimmten Thema („Ozean", „Rom", „Safari" usw.) gewidmete und teils mit Balkönchen geschmückte Zimmer und Apartments. Verwunschener Hofgarten. Für 2 Pers. ab 120 €. Belforter Str. 21 (10405), Ⓤ Senefelder Straße, ✆ 44337633, www.ackselhaus.de.

Hotel Oderberger 2, 1902 als Volksbadeanstalt eröffnet, 2016 nach 5-jähriger Restaurierung als Hotel. Toll der Mix aus modernem Design und alten Kacheln bzw. Türen. Das Bad selbst dient auch wieder als solches, aber auch als Eventlocation. DZ ab 155 €. Oderberger Str. 56/57 (10435), Ⓤ Eberswalder Straße, ✆ 780089760, www.hotel-oderberger.de.

Yes-Residenz 4, nimmt unter den skurrilsten Unterkünften der Stadt einen vorderen Platz ein. Der Architekt Julian Marhold verwandelte ein ehemaliges Ladenlokal in ein Apartment (für 1–4 Pers.), in dem man sich ganz wie beim Campen im Wald fühlt: Waldtapete, Feldbetten unter Zeltplanen, „Romantikdusche", Campinggeschirr in der Küche. Vorausbuchung erforderlich. Für 2 Pers. 66 €, für 4 Pers. 88 €. Fehrbelliner Str. 83 (10119), Ⓤ Senefelder Platz o. Rosenthaler Platz, www.yesberlin.de.

Linnen 1, Guesthouse mit 4 Zimmern und einer Suite in einem Gründerzeithaus. Café angeschlossen. Sparsam eingerichtet, aber nicht simpel, dazu geschmackvoll, aber nicht überdesignt. Das kleinste Zimmer hat kuscheligen Blockhüttencharakter und ist auch das leiseste (die Straße nach vorne ist verkehrsreich). In Prenzlauer Berg und Mitte werden zudem Studios und Apartments in weiteren Häusern vermietet. Für 2 Pers. ab ca. 130 €. Eberswalder Str. 35 (10437), Ⓤ Eberswalder Straße, ✆ 47372440, www.linnenberlin.com.

Pfefferbett Hostel 5, schönes Hostel in der spannenden Architektur der über 150 Jahre alten ehemaligen Brauerei Pfefferberg, Lobby mit 6 m hohen Kappendecken. Ruhige Lage, Garten, Bar, Radverleih. Hübsche Zimmer, EZ, DZ und viele Schlafsäle (für 4–8 Pers.) mit privaten Bädern. Gute Lage mit vielen Ausgehmöglichkeiten. Stets sehr gut gebucht. DZ ab ca. 73 €, im Schlafsaal ab 15 €/Pers. (auch Frauenschlafsaal), Frühstück 6,70 € extra. Schönhauser Allee 176 (10119), Ⓤ Senefelder Platz, ✆ 93935858, www.pfefferbett.de.

Schöneberg

**** **Hotel Axel 30**, aufgebrezeltes Gayhotel mitten im Schöneberger Queer-Kiez, ausdrücklich aber auch heterofreundlich. Gold und Schwarz überwiegen. 87 stylishe, komfortable Zimmer. Wellnessabteilung. 2 Bars, davon eine auf dem Dach – herrlicher Sommerspot. Burger-Restaurant angeschlossen. DZ ab 109 €, starke saisonale Schwankungen, Frühstück extra. Lietzenburger Str. 13–15 (10789), Ⓤ Wittenbergplatz, ✆ 21002893, www.axelhotels.com.

Art Hotel Connection **31**, charmantes Gay-Etagenhotel (3. Stock) in einem schönen Altbau – toller Aufzug hinauf. Ebenfalls heterofreundlich. 17 dunkel möblierte, schicke Zimmer. DZ ab 75 €. Fuggerstr. 33 (10777), Ⓤ Wittenbergplatz, ✆ 210218800, www.arthotel-connection.de.

Stars Guesthouse **35**, ebenfalls in einem hübschen Altbau in ruhiger und doch zentraler Lage. 10 individuell eingerichtete, geräumige Zimmer auf verschiedenen Etagen, größtenteils mit Stuck und Parkett, manche mit Balkon, manche mit privatem Bad auf dem Gang. Zudem Vermietung von Apartments. DZ ab 81 €, Suite für 2 Pers. ab 94 €. Welserstr. 10–12 (10777), ✆ 21014514, www.stars-guesthouse.com.

Kreuzberg

*** **Hotel Sarotti-Höfe** **38**, recht nette Herberge in der alten Sarotti-Schokoladenfabrik. Die recht gemütlichen Zimmer (mit dunklem Mobiliar, Teppichböden und farbenfroh gestrichenen Wänden) liegen zum Hinterhof, sind daher zwar ruhig, aber auch etwas dunkel. Es gibt sie in verschiedenen Kategorien, die *Deluxe*-Zimmer sind 25 m² groß und besitzen private Terrassen. Außerdem ein Apartment mit Küche. Hundefreundlich. Rezeption des Hotels im Café. EZ ab 71 €, DZ ab 101 €. Mehringdamm 57 (10961), Ⓤ Mehringdamm, ✆ 60031680, www.hotel-sarottihoefe.de.

Hotel Johann **36**, kleineres Haus in einem eher ruhigen Eck Kreuzbergs (ein Kinderspielplatz ist zwar schräg gegenüber, aber der stört nicht). Zeitgemäß eingerichtete Zimmer, mit Corbusier-Armchairs aufgepeppt. Kleine Bar und Hinterhofgarten. Sehr freundlicher Service. EZ ab 69 €, DZ ab 84 €. Johanniterstr. 8 (10961), Ⓤ Prinzenstraße, ✆ 2250740, www.hotel-johann-berlin.de.

Grand Hostel **34**, das in einem schönen, behutsam restaurierten Gründerzeitgebäude untergebrachte Hostel wurde schon mehrmals unter die besten Deutschlands gewählt. Freundliche Zimmer (keine Stockbetten!). Nach vorne mit Blick auf den Landwehrkanal, aber ohne Bad und mit lauter Straße davor (geht aber), die Privatzimmer mit Bad gehen zum Hinterhof. Sehr gepflegt. Nette *Library Bar*. Radverleih. Stolze Preise: DZ 98 €, ohne Bad 70 €, im Schlafsaal ab 24 €/Pers., Frühstück extra. Tempelhofer Ufer 14 (10963), Ⓤ Möckernbrücke, ✆ 20095450, www.grandhostel-berlin.de.

Hotel Matzbach **39**, für dieses kleine Hotel in der historischen Marheineke-Markthalle sprechen die super Lage im Bergmannkiez und das freundliche Personal (Rezeption im gleichnamigen Restaurant). Nur 6 eher schlichte Zimmer mit Teppichboden und leichten Gebrauchsspuren. Kleine Bäder, 4 Zimmer mit Balkon (nur diese sollten Sie auch buchen). DZ 79 € ohne Frühstück. Marheinekeplatz 15 (10961), Ⓤ Gneisenaustraße, ✆ 61202292, www.matzbach-berlin.de.

Lekker Urlaub **37**, originelles Guesthouse im netten Graefekiez, untergebracht in einer ehemaligen Notfallstation. 8 witzig gestylte Zimmer in den verkachelten ehemaligen Behandlungsräumen. Stilvoll und charmant, aber auch etwas dunkel und simpel – Gemeinschaftssanitäranlagen (sauber und schön). EZ 45 €, DZ 70 € zzgl. City Tax. Graefestr. 89 (10967), Ⓤ Schönleinstraße, ✆ 0177/2577568, www.hostel-lekkerurlaub.de.

Die Fabrik **21**, ebenfalls ein Hostel. Nicht vom sanierungsbedürftigen Vorderhaus abschrecken lassen, man wohnt zum ruhigen Hinterhof. Unterschiedliche, einfache Zimmer mit Retromobiliar (teils große Privatzimmer), z. T. jedoch mit jenen blauen Teppichen ausgestattet, die einst im Ostblock Standard waren. Saubere Gemeinschaftssanitäranlagen, manche Zimmer mit Waschbecken. Nach vorne eine nette Cafébar. Super Lage, sehr freundlicher Service. DZ ab 52 €, im Schlafsaal ab 18 €, jeweils ohne Frühstück. Schlesische Str. 18 (10997), Ⓤ Schlesisches Tor, ✆ 6117116, www.diefabrik.com.

36 Rooms **32**, Hostel für Partypeople in allerbester Lage. Charmantes, altes Stadthaus mit knarrenden Holzböden und ein paar zu entschuldigenden Flecken und Falten. Ganz unterschiedliche, simple, aber mit Geschmack gestaltete Zimmer, die nicht das Schuhschachtelformat vieler Allerweltshostels besitzen. EZ und DZ mit privaten Duschen, WCs stets auf dem Gang. Kein Frühstück, dafür Gemeinschaftsküche. Im Schlafsaal ab 14 €/Pers., DZ ab 50 €. Spreewaldplatz 8 (10999), Ⓤ Görlitzer Bahnhof, ✆ 53086398, www.36rooms.com.

Rock'n'Roll Herberge **23**, witzige Unterkunft über einer rock'n'rolligen Schrammelkneipe – absolutes SO-36-Flair! So manche Bands steigen hier ab. 7 simple Zimmer (teils Stockbetten), von Kreuzberger Künstlern aufgepeppt. Bad/WC befinden sich größtenteils außerhalb. EZ 34–39 €, DZ 49–54 €. Frühstück (Iggy Pop oder Ton Steine Scherben?) extra. Muskauer Str. 11 (10997), Ⓤ Görlitzer Bahnhof, ✆ 61623600, www.rnrherberge.de.

Ferienwohnungen und Privatzimmer

Ferienwohnungen (etwa 6300 sind offiziell gemeldet, man bekommt sie ab ca. 50 €/Tag) findet man auf Buchungsportalen wie www.9flats.com, www.ferienwohnungen-berlin.de, www.waytostay.com, www.wimdu.de, www.airbnb.com oder www.housetrip.com. Wer eine **möblierte Unterkunft für längere Zeit** sucht, kann sich z. B. auf den Seiten www.coming-home.org oder www.homecompany.de umsehen. **Privatzimmer** (ab ca. 30 €) findet man u. a. auf www.zimmer-im-web.de, www.zimmerdatenbank-berlin.de und www.123berlinzimmer.de.

Ferienwohnungen des Ausbildungswerks Kreuzberg e. V. **22**, das Werk, das sozial benachteiligte junge Frauen im Gastrogewerbe ausbildet, bietet 8 funktionale Altbauwohnungen für 1–4 Pers. Ruhige und doch gute Lage. Mindestaufenthalt 3 Nächte. Sehr günstige Preise: für 2 Pers. ab 40 €, für 4 Pers. ab 72 € zzgl. *City Tax*. Muskauer Str. 33 (10997), Ⓤ Görlitzer Bahnhof, ✆ 59003873, www.abw-ferienwohnungen.de.

freiraum **33**, Gästehaus und Hostel in einem Klinkerbau im 2. Hinterhof – allerbeste Lage mitten im Partybezirk, und doch sind ruhige Nächte gewiss. Zur Auswahl stehen simple Zimmer (jeweils 2 teilen sich ein Bad) und 3 Apartments. Superfaire Preise: EZ ab 30 €, DZ ab 38 €, Apartment ab 49 €. Wiener Str. 14 (10999), Ⓤ Görlitzer Bahnhof, ✆ 306182008, www.uebernachten-berlin.de.

Neukölln

Hüttenpalast **40**, witzige Reuterkiez-Adresse, eine Art Indoor-Campingplatz in 2 ehemaligen Fabrikhallen. Darin 8 charmant restaurierte alte Wohnwagen, dazu 3 Holzhütten, jeweils mit lustigen Terrassen. Klo und Bad (sehr sauber) werden geteilt. Außerdem 6 nette Zimmer mit privaten Bädern für anspruchsvollere Gäste. Caférestaurant mit Hinterhofterrasse. DZ in der Campinghalle ab 69 € inkl. Croissant und Kaffee/Tee, Hotel-DZ ab 74 € ohne Frühstück. Hobrechtstr. 65/66 (12047), Ⓤ Hermannplatz, ✆ 37305806, www.huettenpalast.de.

Scube Park Columbia **41**, ideale Sommeradresse, Camping für Fortgeschrittene. Auf einer eingezäunten Grünanlage neben dem Freibad Neukölln stehen 37 hübsche, kleine Bungalows für 1–4 Pers. (die meisten aus Holz). Für viel mehr als die Betten darin ist allerdings kaum Platz. Dazu ein nettes Gästehaus mit gemeinschaftlichen Sanitäranlagen und einer Küche für alle. Grillgelegenheiten. Ganzjährig. Für 2 Pers. ca. 61 €, für 4 Pers. ca. 109 €. Columbiadamm 160 (10965), Ⓤ Boddinstraße, ✆ 69807841, www.cube-lodges.de.

Camping

Hotel & City Camping 1, netter Platz direkt am Hohenzollernkanal auf der Gartenfeldinsel nahe Siemensstadt. Hotel (DZ mit Etagenbad ab 35 € ohne Frühstück) angeschlossen. Kein Restaurant, nur eine gemütliche Bar am Wasser. Ins Zentrum per Bus und U-Bahn ca. 45 Min. 2 Pers. mit Wohnmobil und Strom ab 18 €. Ganzjährig. Gartenfelder Str. 1 (13599), ✆ 33503633, www.city-camping-berlin.de.

BCC Camping Breitehorn, ruhig gelegener Platz in Gatow im Südwesten Berlins – nach hinten der Wald, nach vorne die Havel, von der man nur durch eine Datschenreihe und einen Spazierweg getrennt ist. Gepflegt. Kleiner Strand und Restaurant mit schöner Terrasse in der Nachbarschaft. April–Sept. 15 Fußmin. zur nächsten Bushaltestelle, von dort ca. 40 Min. ins Zentrum (Bahnhof Zoo). 2 Pers. mit Wohnmobil und Strom ab etwa 29 €. Breitehornweg 40 (14098), ✆ 3653408, www.berliner-camping-club.com.

BCC Camping Bürgerablage, im Nordwesten Berlins, nördlich von Hakenfelde. Einfacher, freundlicher Platz in einem Waldstück, nur durch einen Spazierweg von der Oberhavel getrennt. In der Nachbarschaft ein kleiner Sandstrand und ein Restaurant mit hübschem Biergarten. Kinderspielplatz. In den Sommerferien reservieren! April–Sept.; 7 Fußmin. zur Bushaltestelle, von dort bis ins Zentrum ca. 40 Min. 2 Pers. mit Wohnmobil und Strom ab etwa 29 €. Niederneuendorfer Allee 63 (13587), ✆ 3354584, www.berliner-camping-club.com.

Kapitalismuskritik an der Kastanienallee

Berlin von A bis Z

Ärztliche Versorgung

Die Notfalldienste der Krankenhäuser behandeln nur wirkliche Notfälle – mit einem umgeknickten Fuß oder einer Magenverstimmung brauchen Sie da nicht auftauchen. Den ärztlichen Bereitschaftsdienst erreichen Sie unter ✆ 310031 (www.kvberlin.de), den zahnärztlichen Notfalldienst unter ✆ 89004333 (www.kzv-berlin.de) und den Drogennotdienst unter ✆ 19237 (www.drogennotdienst.org).

Apotheken

Rund um die Uhr hat die **Apotheke im Berliner Hauptbahnhof** geöffnet (1. OG Richtung Ausgang „Europaplatz", ✆ 20614190). Wo die nächste Notdienstapotheke ist, erfahren Sie unter www.akberlin.de und unter ✆ 0800/0022833 (kostenlos aus dem Festnetz).

Berlin mit Handicap

Der Vorteil, dass Berlin eine Radfahrerstadt ist und viele Radwege auf Trottoirs verlaufen, kommt auch Rollstuhlfahrern zugute. Unter www.mobidat.net finden Sie alles Wissenswerte für Ihren Berlintrip: von barrierefreien Toiletten über Restaurants bis zu Theatern, dazu viele Hinweise für Hör- und Sehgeschädigte. Für Sehgeschädigte hält auch die Seite www.berlinfuerblinde.de Tipps und Audiobeiträge bereit.

Einen super Berlinplan (auch als App) zum barrierefreien Unterwegssein bietet http://community.wheelmap.org (übrigens ein Berliner Start-up).

Drogen

In Berlin gilt der Besitz von bis zu 15 g Cannabis als „Eigenbedarf". Ein Verfahren wegen Verstoßes gegen das Betäubungsmittelgesetz kann zwar eingeleitet werden, wird jedoch wegen Geringfügigkeit i. d. R. nicht zur Anklage gebracht. Lediglich für Drogenumschlagplätze wie den Görlitzer Park gilt „Null Toleranz". Weitere Drogenumschlagplätze sind u. a. Weinmeisterpark, Hasenheide und Kottbusser Tor.

Feiertage

1. Januar	Neujahrstag
14.4.2017, 30.3.2018	Karfreitag

17.4.2017, 2.4.2018	Ostermontag
1. Mai	Tag der Arbeit
25.5.2017, 10.5.2018	Christi Himmelfahrt
5.6.2017, 21.5.2018	Pfingstmontag
3. Oktober	Tag der Deutschen Einheit
25./26. Dezember	1. u. 2. Weihnachtsfeiertag

Hinweis: Bis auf Weihnachten und Silvester haben die Museen i. d. R. an Feiertagen geöffnet.

Fundbüros

Zentrales Fundbüro Berlin: Platz der Luftbrücke 6, Ⓤ Platz der Luftbrücke, ✆ 902773101.

BVG-Fundbüro: Potsdamer Str. 182, Ⓤ Kleistpark, ✆ 19449.

Gepäckaufbewahrung

Schließfächer finden Sie u. a. am **ZOB** (→ S. 282), am **Hauptbahnhof** (dort auch eine Gepäckaufbewahrung, → S. 282) und im Bahnhof **Alexanderplatz**.

Hunde

Für Hunde herrscht Maulkorbpflicht in allen öffentlichen Transportmitteln, zudem voraussichtlich ab 2017 Leinenzwang. Ist der Halter im Besitz einer VBB-Tages- oder Umweltkarte bzw. einer Welcome Card, darf das Tier kostenlos mitfahren, andernfalls muss ein Einzelfahrschein zum ermäßigten Tarif gelöst werden.

Information

Das offizielle Informationsportal für Besucher ist **www.visitberlin.de**, das eigentliche Stadtportal ist **www.berlin.de** (funktioniert besser, ebenfalls mit Informationen für Touristen). Das Callcenter für Berlintouristen erreicht man unter ✆ 25002333. Zusätzliche Berlin-Infos und Anregungen für Unternehmungen bieten u. a. **www.zitty.de**, **www.tip-berlin.de**, **www.prinz.de/berlin** und **www.berlinonline.de**. Spannende Berlin-Blogs sind u. a. **www.blog.inberlin.de**, und **www.berlinfoodstories.com**.

Berlin Touristinfos

Filialen der Berlin Touristinfos mit Hotelbuchungsmöglichkeiten und Ticketvorverkauf:

Brandenburger Tor, Pariser Platz, Ⓢ+Ⓤ Unter den Linden, tägl. 9.30–18 Uhr, April–Okt. bis 19 Uhr.

Fernsehturm, Panoramastr. 1a, Ⓢ+Ⓤ Alexanderplatz, tägl. 10–16 Uhr, April–Okt. bis 18 Uhr.

Hauptbahnhof, EG, Ⓢ+Ⓤ Hauptbahnhof, tägl. 8–22 Uhr.

Europa-Center, Tauentzienstr. 9, Ⓤ Kurfürstendamm, Mo–Sa 10–20 Uhr.

Für die **Flughäfen** → Anreise, S. 281.

Literaturtipps

Belletristik

Döblin, Alfred: Berlin Alexanderplatz. S. Fischer, Berlin 2013. *Der* Berliner Großstadtroman, u. a. von Rainer Werner Fassbinder verfilmt. Erzählt wird die bewegende Geschichte des gerade aus dem Knast entlassenen Franz Biberkopf in den 1920ern.

Isherwood, Christoph: Leb wohl, Berlin. Hoffmann und Campe, Hamburg 2014. Der englische Schriftsteller Christoph Isherwood schildert Berlin kurz vor der Machtübernahme durch die Nazis – Hungerleider neben Millionären, Nazischergen neben wilden Flaneuren der Nacht.

Kästner, Erich: Fabian. Die Geschichte eines Moralisten. dtv, München 2011. Diese provokante Großstadtsatire spielt ebenfalls in der Weimarer Republik. Am Beispiel des arbeitslosen Germanisten Jakob Fabian beschreibt Kästner den Niedergang politischer und gesellschaftlicher Ideale.

Regener, Sven: Herr Lehmann. Goldmann Verlag, München 2003. Kreuzberg kurz vor dem Mauerfall, mit all seinen verschrobenen-liebenswerten Typen und dem Herrn Lehmann mittendrin. Ein witziger wie gescheiter Roman – die beste Reiselektüre. 2013 erschien im Berliner Galiani Verlag zudem Regeners Roman *Magical Mystery oder: Die Rückkehr des Karl Schmidt*, der in der Berliner Technoszene der 90er-Jahre angesiedelt ist.

Kutscher, Volker: Der nasse Fisch. Kiepenheuer & Witsch, Köln 2010. Der erste Fall des Kommissars Gereon Rath, der im Berlin der Weimarer Republik ermittelt. Die Reihe umfasst bislang 5 Krimis, der letzte war *Märzgefallene* (2014), weitere sind in Planung.

Balcı, Güner Yasemin: Arabboy. Fischer Taschenbuch, Frankfurt 2010. Der Lebenskampf von Rashid, Sohn einer libanesisch-palästinensischen Familie aus Neukölln. Leicht lesbar. Von der Autorin stammt auch der Nachfolgeroman *Arabqueen*.

Sachliteratur

Rademacher, Falko: Das Buch für Berlinhasser. be.bra Verlag, Berlin 2010. Der Autor attackiert Berlin (das er übrigens gar nicht hasst) unverblümt, sehr süffisant und mit rabenschwarzem Humor, der allerdings nicht jedermanns Sache ist: „Fahren Sie ruhig mal einen Motorradfahrer über den Haufen. Das macht dem nichts, der findet das lustig."

Birr, Tilman: Berlin. Satirisches Reisegepäck. Michael Müller Verlag, Erlangen 2015. Der Kabarettist erzählt vom Großstadtdöner, von Sternburg-Bier und Hanfgeruch, von Spätis und von der „Gentrifidingsbums". Amüsant!

Denk, Felix, u. von Thülen, Sven: Der Klang der Familie. Berlin, Techno und die Wende. Suhrkamp, Berlin 2012. Das wilde und partyfreudige Berlin der Wendezeit – nicht nur für Technofans ein Muss.

Stadtplan

Cool City Map Berlin, Trescher Verlag, Berlin 2016. Hinter dem Plan steckt Carlos Borrell, ein partyfreudiger Kartograf, der neben den Highlights der Stadt die besten Bars und Clubs gleich mit eingezeichnet hat. Borrell steckt übrigens auch hinter dem fantastischen Stadtplan **Berlin am Meer** – ach wär's doch nur wahr (www.berlin-am-meer.eu).

Mietwagen

Sixt (www.sixt.de), **Hertz** (www.hertz.de), **Europcar** (www.europcar.de) oder **Avis** (www.avis.de) unterhalten über die ganze Stadt verteilt Abholstellen, u. a. am Hauptbahnhof und an den Flughäfen. Eine empfehlenswerte und preiswerte lokale Autovermietung ist **Robben & Wientjes** **2**, **14** → Karten S. 134/135 u. 160/161: Autos ab 18 €/Tag, Transporter ab 2,50 €/Std. zzgl. Versicherung. Die Fahrzeuge sind mit blauen Robben verziert, sodass so mancher Unkundige einen Fischhändler dahinter vermutet. Filialen u. a. in der Prinzenstr. 90/91 (Ⓤ Prinzenstraße, ✆ 616770) und in der Prenzlauer Allee 96 (Ⓢ Prenzlauer Allee, ✆ 421036), www.robben-wientjes.de.

Trabi-Verleih

Trabant Berlin (Wiesenweg 1–4, ✆ 68835372, http://trabantberlin.de) verleiht Trabis. 80 €/2 Std., 120 €/8 Std. Und so funktioniert die 4-Gang-Revolverschaltung des Pappkameraden: rein und runter = 1. Gang; Hebel hoch = 2. Gang; ziehen und runter = 3. Gang, Hebel hoch = 4. Gang, durchdrücken und runter = Rückwärtsgang.

Rauchen

Es gibt viele Kneipen und Bars, in denen Rauchen erlaubt ist. Raucherlokale, die kleiner als 75 m² sind, dürfen offiziell keine vor Ort zubereiteten Speisen servieren, können jedoch Essen vom Imbiss oder Restaurant nebenan verkaufen. Größeren Lokalen ist eine Existenz als reine „Rauchergaststätte" nicht erlaubt. Sie besitzen jedoch manchmal ein abgetrenntes Raucherzimmer, selbst in einigen Restaurants ist dies der Fall.

Schwule und Lesben

Die besten Infos über die vielfältige Berliner Szene hält das queere Onlinemagazin *Die Siegessäule* bereit (www.siegessaeule.de). Der Gaykiez mit den diesbezüglich schrägsten Bars und Clubs ist Schöneberg (→ Nachtleben, S. 267). Dort findet alljährlich Mitte Juni ein regenbogenbuntes Straßenfest statt (→ S. 254), dort gibt es zudem mehrere gayfreundliche Hotels (→ Übernachten, S. 295, alle LGBT-freundlichen Hotels der Stadt unter www.pinkpillow-berlin.de) und einen schwul-lesbischen Buchladen (→ S. 181). Auch das Schwule Museum befindet sich in Schöneberg (→ S. 175). Vormerken: den *Christopher Street Day* (meist im Juni).

Berlin im Kasten

Berlins schönste Friedhöfe – wer liegt wo?

Berlin hat einige wunderschöne Friedhöfe zu bieten, auf denen man nicht nur der einen oder anderen Berühmtheit einen Besuch abstatten kann – eine Stippvisite lohnt auch, um einfach die Ruhe und Idylle zu genießen. Im Folgenden eine Auswahl:

Jüdischer Friedhof Weißensee: Der größte erhaltene jüdische Friedhof Europas, 1879 angelegt. Das Großbürgertum ließ sich hier prunkvolle Grabtempel errichten. Hier ruhen u. a. Bin Gorion, Samuel Fischer, Rudolf Mosse, Stefan Heym, Berthold Kempinski und Hermann Tietz. Herbert-Baum-Str. 45, von Ⓢ+Ⓤ Alexanderplatz mit Tram M 4 bis Haltestelle Albertinenstraße.

Französischer Friedhof II: Mit dem Mauerbau befand sich der 1835 angelegte Friedhof auf einmal im Grenzgebiet – nur direkte Angehörige der Bestatteten durften ihn bis 1989 betreten. Theodor Fontanes Grabstein ist nicht mehr der originale, dieser wurde im Kampf um Berlin zerstört. Nahebei noch Reste der Grenzanlagen. Liesenstr. 7 (→ Karte S. 72/73), Mitte, Ⓤ Schwartzkopffstraße.

Jüdischer Friedhof in Prenzlauer Berg: Hier fanden u. a. Leopold Ullstein und Max Liebermann ihre letzte Ruhe, → S. 139.

Dorotheenstädtischer und Französischer Friedhof: Fichte, Hegel, Brecht u. v. m. liegen hier begraben, → S. 78.

Friedhof Grunewald-Forst: Hierher pilgern Nico-Fans, → S. 208.

Friedhof Baumschulenweg: Viele Maueropfer und Gegner des NS-Regimes wurden hier beigesetzt. Sehenswert v. a. wegen des modernen Krematoriums, das nach Plänen von Axel Schultes und Charlotte Frank entstand. Kiefholzstr. 221, von Ⓢ Schöneweide mit Bus 166 bis Haltestelle Krematorium.

Waldfriedhof Zehlendorf: Auf dem weitläufigen, nach Tannen duftenden Friedhof fanden u. a. Willy Brandt (schlichtes Grab) und – nahebei – Hildegard Knef ihre letzte Ruhe. Von Ⓤ Krumme Lanke mit Bus 118 bis Haltestelle Wasgensteig.

Alter Matthäus-Friedhof: Der Geldadel der Gründerzeit ließ sich hier in teils pompösen Grabmälern bestatten. Aber auch die Gräber der Brüder Grimm und Rio Reisers sind hier zu finden. Großgörschenstraße (→ Karte S. 178/179), Schöneberg, Ⓢ+Ⓤ Yorckstraße.

Begräbnisplatz der Jerusalems- und der Neuen Kirche: Hier ruhen die Romantiker Adelbert von Chamisso und E. T. A. Hoffmann. Den Grabstein des Letzteren schmückt ein Schmetterling, ein Symbol für die Flüchtigkeit des Lebens. Mehringdamm 21 (→ Karte S. 160/161), Kreuzberg, Ⓤ Mehringdamm.

Waldfriedhof Dahlem: Auf diesem Friedhof mit altem Baumbestand, einem der schönsten Berlins, sind u. a. Harald Juhnke und Gottfried Benn begraben. Am Waldfriedhof, Ⓤ Oskar-Helene-Heim.

Künstlerfriedhof Friedenau: Der 1881 angelegte und unter Denkmalschutz stehende Friedhof besitzt viele prachtvolle Gräber. Eher schlicht ist das von Marlene Dietrich mit dem Spruch „Hier steh ich an den Marken meiner Tage". In der Nachbarschaft ruht Helmut Newton. Stubenrauchstr. 43, Ⓢ+Ⓤ Bundesplatz.

Friedhof Heerstraße: Der in den 1920er-Jahren terrassenförmig und idyllisch um einen See angelegte Waldfriedhof ist ebenfalls die letzte Ruhestätte für zahlreiche Prominente, darunter Joachim Ringelnatz, Klausjürgen Wussow, George Grosz und Loriot. Der Friedhof befindet sich nahe dem Olympiastadion und nicht, wie der Name vermuten lässt, an der Heerstraße. Trakehner Allee 1, Ⓢ+Ⓤ Olympiastadion.

Schlicht: das Grab von Marlene Dietrich

Zum Festival of Lights brezelt sich der Gendarmenmarkt so richtig auf

Sicherheit und Kriminalität

Die Berliner Polizei (21.000 Mitarbeiter) hat jedes Jahr über eine halbe Mio. Straftaten zu bearbeiten, darunter dramatisch viele Fahrraddiebstähle und Schwarzfahrdelikte (jeder siebte Häftling in der Justizvollzugsanstalt Plötzensee ist ein notorischer Schwarzfahrer). Im innerdeutschen Ranking rangiert Berlin in Sachen Kriminalität hinter Frankfurt und Köln, im weltweiten Metropolenvergleich ist die Sicherheit in Berlin beneidenswert hoch. Dennoch: Im Gedränge der U- oder S-Bahnen sind reichlich Taschendiebe unterwegs. Zudem ist rund um das RAW-Gelände in Friedrichshain und im Görlitzer Park in Kreuzberg nachts Vorsicht geboten.

Stadtführungen

Art Berlin, Führungen durch die Berliner Kultur-, Kunst- und Stadtlandschaft, dazu Architekturführungen zum Thema Bauhaus, Touren durch die Modeszene Neuköllns u. v. m. Touren ab 10 €/Pers. ✆ 28096390, www.artberlin-online.de.

Berlin Musictours, Bus- und Zeitreise durch die Berliner Musikszene. Man erfährt, wo David Bowie und Iggy Pop wohnten, dass die Oranienstraße nach dem Dead-Kennedys-Konzert im SO 36 2 Tage lang gesperrt war, aber auch Aktuelles zu Bushido, Beatsteaks & Co. Start i. d. R. jeden Sa um 12.30 Uhr vor dem Hotel Adlon, Dauer ca. 2:30 Std., Voranmeldung erforderlich, 29 €/Pers. Auf Anfrage auch Touren durch die Hansa-Studios, wo schon Depeche Mode, U2 oder Nick Cave Platten einspielten. ✆ 30875633, www.musictours-berlin.de.

Berliner Unterwelten e.V., der Verein veranstaltet 12 verschiedene Touren in die Unterwelt Berlins. Auf dem Programm u. a.: Bunkerruinen des Zweiten Weltkriegs und des Kalten Kriegs, Geister-U-Bahnhöfe und -linien (auf 5,8 km Streckennetz fährt nix, da unvollendet), unterirdische Fluchtwege von Ost nach West (70 solcher Fluchttunnel wurden insgesamt gegraben), eine Flakturmruine aus der Nazizeit im Humboldthain usw. Infos auf der Webseite (s. u.) oder in der Ticketverkaufsstelle in einem Pavillon am U-Bahnhof Gesundbrunnen (✆ 49910518, Brunnenstr. 105, Wedding). Dort befindet sich auch der Bunker B, heute das Unterwelten-Museum, das aber nur im Rahmen einer Führung besucht werden kann. Je nach Tour 6–14 €. www.berliner-unterwelten.de.

Berlinstadttouren, wie war das damals hier im Kiez? Senioren führen durch ihre Kieze und reden Klartext. Über 50 Touren im Programm. Nur Di–Do, Beginn stets um 10.30 Uhr, Dauer meist 1:30–2 Std., Unkostenbeitrag 3 €. Was wann stattfindet, erfahren Sie unter www.berlinstadttouren.de.

GoArt!, Führungen zur Kunstszene Berlins (unterhält Kontakte zu Künstlern, privaten Sammlern und Galerien), zu Street Art, Fashion und Design u. v. m., auch maßgeschneidert, jedoch nur nach voriger Anmeldung. 90 €/Std. für max. 6 Pers. ✆ 30873626, www.goart-berlin.de.

Videobustour, der Videobus präsentiert zur Stadtrundfahrt historisches Filmmaterial. 6 Touren stehen zur Auswahl: Filmstadt Berlin (hier geht's z. B. zu den Originaldrehorten), Hitlers Berlin, die geteilte Stadt, die Goldenen Zwanziger, Zeitreise durch Berlin und eine Krimitour. Start der Touren: Unter den Linden 40, Dauer 2–2:30 Std., 15–25 €/Pers. Mehr Infos und Anmeldung unter ✆ 44024450, www.videobustour.de.

Segway Tours **3** → Karte S. 61. Segway-Touren zu den innerstädtischen Highlights (Dauer 3 Std., 67 €, im Sommer tägl. um 10 u. 14 Uhr). Anmeldung erforderlich. Panoramastr. 1 a, Ⓢ+Ⓤ Alexanderplatz, ✆ 24047991, www.citysegwaytours.com.

eat-the-world, kulinarische Touren, zur Auswahl stehen die Stadtteile Kreuzberg, Schöneberg, Neukölln, Charlottenburg, Prenzlauer Berg und Friedrichshain. Dabei schnabuliert man hier und dort (Kostproben inkl.). Hochgelobt. Dauer ca. 3 Std., 33 €/Pers., Kinder 15 €. ✆ 206229990, www.eat-the-world.com.

Stattreisen, Thementouren wie „Medien in der Stadt" (inkl. Besichtigung des ARD-Hauptstadtstudios), „Urban Gardening", „Franz Biberkopf und seine Blutsbrüder", „Weltstadt Kreuzberg" oder „Hallo Roter Wedding". Ab 11 €/Pers. ✆ 4553028, www.stattreisenberlin.de.

Hop on hop off: *Berlin City Tour* bietet mit offenen Doppeldeckerbussen 3 verschiedene Stadtrundfahrten an, bei denen man an einem Tag beliebig oft zu- und aussteigen kann. Praktisch, wenn man nur wenig Zeit hat und viel sehen möchte. Haltestellen der klassischen Highlight-Tour u. a. am Wittenbergplatz, am Brandenburger Tor und am Hauptbahnhof. 19 €/Tour, erm. 17 €. www.berlin-city-tour.de.

Trabi-Safari **4** → Karte S. 89. „Einsteigen und selbst Trabi fahren." 3 Touren (Dauer 1–2 Std.) stehen zur Auswahl, gefahren wird im Konvoi. Infos zur Tour über Funk. Jede Wette: Sie werden öfters fotografiert, als Sie selbst fotografieren. Start der Touren beim Weltballon (Zimmerstr. 97). Zu zweit im Trabi ab 98 €, ✆ 30201030, www.cms.trabi-safari.de.

Vorwahl Berlin

Aus Deutschland: **030**

Aus Österreich oder der Schweiz: **004930**

Hop on, hop off: Schnell von einer Sehenswürdigkeit zur nächsten

Was bringt der Bär auf die Waage?

Stadtwappen

Berliner Bär

Fläche

891,82 km². Die Ost-West-Ausdehnung beträgt 45 km, in Nord-Süd-Richtung sind es 38 km.

Geografische Lage

Berlin liegt in etwa auf dem gleichen Breitengrad wie Birmingham und dem gleichen Längengrad wie Palermo.

Höchste Erhebung

Arkenberge (120,7 m), ein Bauschutthügel im Bezirk Pankow.

Grüne Stadt

Parks, Wälder, Seen, Flüsse und Wasserstraßen machen mehr als 30 % des Stadtgebiets aus.

Wetter

Höchsttemperatur 37,8 °C (Berlin Dahlem, 11.7.1959). Regentage im Jahr ∅ 106,3 (weniger als auf Hawaii).

Einwohner

3.610.156 Einwohner, Bevölkerungsdichte: 4048 Pers./km².

Bevölkerungsaustausch

Es herrscht ein Kommen und Gehen: Seit der Wende sind über 2 Mio. Menschen zugezogen, etwa 1,8 Mio. sind gegangen. In den letzten Jahren überwiegen klar die Zuzüge (Differenz ca. 45.000 ohne Flüchtlinge).

Bezirke

Berlin hat 12 Bezirke: Mitte (363.236 Einwohner), Friedrichshain-Kreuzberg (278.393), Pankow (389.976), Charlottenburg-Wilmersdorf (330.468), Spandau (234.630), Steglitz-Zehlendorf (299.765), Tempelhof-Schöneberg (341.161), Neukölln (328.062), Treptow-Köpenick (253.333), Marzahn-Hellersdorf (259.373), Lichtenberg (275.142) und Reinickendorf (256.617). Die Bezirke sind in Stadtteile gegliedert, insgesamt gibt es davon 23.

Haushalte

Rund 2 Mio., 54 % davon sind Single-Haushalte.

Multikulti

In Berlin leben Menschen aus 185 Nationen. Über 1 Mio. Einwohner haben einen Migrationshintergrund, 457.000 davon besitzen einen

Shipwatching in der Strandbar Capital Beach

deutschen Pass, 621.000 nicht, darunter sind 434.000 Europäer, 107.000 Asiaten, 34.000 Amerikaner (davon die Hälfte aus den USA), knapp 26.000 Afrikaner, 16.000 Staatenlose und rund 4000 Australier und Ozeanier. Unter den Europäern bilden die Türken die stärkste Gruppe (98.000), gefolgt von Polen (55.000), Italienern (27.000), Bulgaren (24.000), Serben und Russen (je 20.000), Franzosen (18.000), Rumänen (16.000), Engländern und Spaniern (14.000). In dieser Statistik nicht berücksichtigt ist die Zahl der Flüchtlinge (2015 kamen 79.000, für 2016 rechnete man mit 24.000). Das schlechteste Image haben die Schwaben (ca. 300.000) ...

Ungesunde Berliner

In Sachen Saufen und Rauchen toppt Berlin alle Bundesländer: 36 % der Berliner sind Raucher, 23 % trinken täglich Alkohol.

Kulturmetropole

Berlin besitzt 180 Museen und Gedenkstätten, 56 Bühnen und Theater, 266 Kinos, 84 öffentliche Bibliotheken und (keiner weiß das aufgrund der hohen Fluktuation so genau) 400–500 Galerien.

Politik

Die letzte Wahl zum Berliner Abgeordnetenhaus (Sept. 2016) brachte der SPD 38 Sitze, der CDU 31, den Grünen und Linken jeweils 27 Sitze, der AfD 25 und der FDP 12 Sitze. Die Legislaturperiode beträgt 5 Jahre. Zurzeit der Drucklegung zeichnete sich ein rot-rot-grünes Regierungsbündnis unter dem Regierenden Bürgermeister Michael Müller ab. Die Landesregierung, der Senat, besteht aus dem Regierenden Bürgermeister und 8 Senatoren. 27 Abgeordnete aus Berliner Wahlkreisen sitzen im Bundestag. Im Bundesrat stellt Berlin 4 Vertreter.

Sparzwang

Berlins Haushalt hat jährlich Einnahmen und Ausgaben von rund 23,5 Mrd. Euro. Durch den Länderfinanzausgleich erhält Berlin rund 3,5 Mrd. jährlich. Der Schuldenberg beträgt rund 60 Mrd., rund 7 % des Haushaltes muss das Land für Zinsen aufwenden. Daher spart Berlin, wo's nur geht, z. B. auch an Personal in den Bürgerämtern. Etwa 2 Monate muss man auf einen Termin warten, um z. B. einen neuen Personalausweis zu beantragen.

Wo der Bär zu Hause ist

Wirtschaft

Berlin ist weltweit die einzige Hauptstadt, deren Wirtschaftsleistung unter dem Landesdurchschnitt liegt. Doch Berlin, das sich der höchsten Forscher- und Akademikerdichte Deutschlands rühmt, ist auf der Überholspur. Täglich werden Dutzende neuer Firmen gegründet und entstehen neue Start-ups, nach Berlin fließt mittlerweile mehr Risikokapital als nach London. Die Hauptstadt entwickelt sich zu einem modernen Dienstleistungszentrum. Es boomen die Tourismus-, die IT-, die Kommunikations- und die Umweltbranche, zudem die Kultur- und Kreativwirtschaft, in der bereits 10 % aller Berliner erwerbstätig sind und mehr als ein Fünftel des BIP erwirtschaften. Auch die Industrie wächst wieder, nicht nur bei der Produktion, der Personalanteil in Forschung und Entwicklung ist nirgendwo in Deutschland so hoch wie in Berlin.

Arme Berliner

Lassen wir den *Spiegel* sprechen: „Armut ist kein Stigma in Berlin, sie ist der Normalzustand." Zwar ist die Arbeitslosigkeit seit der Wiedervereinigung erstmals unter 10 %

gerutscht, trotz alledem ist Berlin deutschlandweit auf dem vorletzten Platz. Fast ein Fünftel aller Berliner lebt von Transferleistungen, jeder achte Berliner ist überschuldet (13 % der Bevölkerung, Bundesdurchschnitt 9,9 %). In kaum einer anderen westeuropäischen Stadt begegnet man so vielen Bettlern. Leergut sammelnde Rentner gehören zum Stadtbild.

Kaufkraft

Trotz verhältnismäßig niedriger Löhne und Gehälter (in München z. B. werden rund 20 % mehr verdient) ist die Kaufkraft der Berliner, gemessen am Durchschnittslohn, aufgrund der auch verhältnismäßig niedrigen Preise höher als in London, Paris, Tokio oder New York.

Religion

Der evangelischen Kirche gehören 16,5 % der Berliner an (Tendenz abnehmend), der römisch-katholischen 9 % (Tendenz leicht zunehmend). Es gibt keine aktuellen Daten zur Zahl der Muslime (7 %, Stand 2011), auf jeden Fall gibt es mehr als 100 Moscheen. Israelischer Herkunft sind rund 20.000 Personen. Auch hinduistische und buddhistische Religionsgemeinschaften sind in der Stadt vertreten. Das Buddhistische Haus in Frohnau (Reinickendorf) ist gar die älteste buddhistische Tempelanlage Europas (1924 gegründet).

Bildung

Berlin bildet im Bundesdurchschnitt überproportional aus: An den 5 Berliner Universitäten und 34 Hochschulen sind rund 171.000 Studenten immatrikuliert. Über 22.000 Personen sind im Hochschulbereich haupt- oder nebenberuflich tätig. 28 % des Berliner Haushalts fließen in Kitas, Jugendämter, Schulen und Wissenschaft. Über 40 % der Berliner Kinder unter 3 Jahren besuchen Kindertagesstätten, knapp 70 % aller Grundschüler Ganztagesschulen.

Mieten

85% der Berliner wohnen zur Miete und geben im Durchschnitt ca. 27 % ihres vergleichsweise niedrigen Einkommens für Miete aus, die Münchner 33 % ihres hohen Einkommens. Die Zeit des großen Leerstands ist vorbei, die Suche nach erschwinglichem Wohnraum wird immer schwieriger. In Toplagen werden schon bis zu 24 €/m² fällig, im Durchschnitt werden 7,03 €/m² im Ostteil der Stadt und 7,41 €/m² im Westen Berlins bezahlt (München 12,25 €).

Tourismus

2015 wurden 12,4 Mio. Gäste (davon 4,8 Mio. aus dem Ausland) und 30,2 Mio. Übernachtungen registriert. Dazu halten sich täglich im Schnitt rund 500.000 Tagesgäste in Berlin auf. Der Hype um Berlin kam mit der Fußball-WM 2006. An den Tourismus sind rund 260.000 Arbeitsplätze gekoppelt.

Presse

Es gibt 11 Tageszeitungen, die ihren Sitz in Berlin haben: *Tagesspiegel*, *Berliner Zeitung*, *Berliner Morgenpost*, *taz*, *B.Z.*, *BILD*, *Berliner Kurier*, *Die Welt* und *Welt Kompakt*, *Neues Deutschland* und *Junge Welt*. Beliebteste Stadtmagazine sind *Zitty*, *tip* und *Prinz*. Den besten Vertrieb haben die Obdachlosenzeitungen *Motz* und *Straßenfeger*.

UNESCO-Welterbe

Schlösser und Parks in Potsdam und Berlin (seit 1990, 1992 und 1999 erweitert, → Potsdam, S. 216), Museumsinsel (seit 1999), Berliner Siedlungen der Moderne (seit 2008, → S. 200). Seit 2006 ist Berlin zudem „UNESCO City of Design".

Umwelt/Verkehr

Berlin ist deutschlandweit die Stadt mit den wenigsten Autos pro Einwohner, der gut ausgebaute Nahverkehr macht's möglich. Auf 1000 Einwohner kommen 721 Fahrräder und 293 Autos. Berlin ist mit 5,6 t CO_2-Emissionen pro Person eine der umweltfreundlichsten Städte (Hamburg 20,7 t).

Tierisches Berlin

Die Zahl der Ratten wird auf 5–6 Mio. geschätzt, der wild lebenden Katzen auf 40.000–100.000, der Wildschweine auf ca. 4000. Darüber hinaus fühlen sich in Berlin ca. 180 Vogelarten wohl.

Sportlich

1900 Sportvereine gibt es, zudem den Berliner Olympiastützpunkt, auf dem rund 700 Athleten in fast 35 Sportarten trainieren. Erstklassig ist Berlin u. a. im Basketball, Fußball, Handball, Eishockey, Volleyball und Wasserball (→ S. 271).

Noch mehr Zahlen

www.statistik-berlin-brandenburg.de

Kompakt
Museen

Deutsche und Berliner Geschichte

Deutsches Historisches Museum: Die deutsche Geschichte umfassend dargelegt in Bildern und Zeugnissen. ▪ S. 41

Tränenpalast: Spannendes und Trauriges aus dem Alltag der deutschen Teilung. ▪ S. 43

Märkisches Museum: Das Museum zur Berliner Stadtgeschichte. ▪ S. 64

Ephraim-Palais: Gehört wie das Märkische Museum zur Stiftung Stadtmuseum Berlin; temporäre Ausstellungen zu Kunst, Kultur und Architektur. ▪ S. 65

Nikolaikirche: Eine weitere Spielwiese des Stadtmuseums Berlin; informiert u. a. über das Nikolaiviertel. ▪ S. 65

Knoblauchhaus: Biedermeierliche Lebenskultur in Berlin. ▪ S. 65

Museum in der Kulturbrauerei: DDR-Alltag kritisch beleuchtet. ▪ S. 138

Black Box: Erinnert an die Teilung Deutschlands und die Zeit des Kalten Krieges. ▪ S. 87

Gedenkstätte Berliner Mauer: Spannende Open-Air-Ausstellung und Dokumentationszentrum am ehemaligen Mauerstreifen. ▪ S. 80

Mauer Museum: Der Fokus im sog. „Haus am Checkpoint Charlie" liegt auf Fluchtversuchen aus der DDR. ▪ S. 91

The Wall Museum: Dieses Museum macht das Überangebot an Mauermuseen perfekt. ▪ S. 154

Trabi Museum: Widmet sich dem Volkswagen der DDR. ▪ S. 87

Hugenottenmuseum: Im Französischen Dom erinnert man an die Glaubensflüchtlinge des 17. Jh. ▪ S. 42

Wege, Irrwege, Umwege: Im benachbarten Deutschen Dom steht die Entwicklung der parlamentarischen Demokratie im Vordergrund. ▪ S. 43

Berlin Story Museum: Unterhaltsamer Parcoursritt durch die Geschichte der Stadt in einem ehemaligen Luftschutzbunker. ▪ S. 94

The Story of Berlin: Ähnliche Ausstellung, nur kann hier auch ein originaler Atomschutzbunker besichtigt werden. ▪ S. 117

Friedrichshain-Kreuzberg Museum: Bezirksmuseum mit vielen Details zur Alternativszene von anno dazumal. ▪ S. 162

Stasi-Museum Lichtenberg: Beleuchtet die Machenschaften der Stasi am einstigen Ort des Geschehens. ▪ S. 198

Zitadelle Spandau: Beherbergt ein stadtgeschichtliches Museum, eine Ausstellung zur Geschichte der Zitadelle, eine Kanonenausstellung und eine Ausstellung zu Berliner Denkmälern. ▪ S. 202

Ort der Information: Erschütternde Ausstellung zum Thema Genozid unter dem Stelenfeld des Holocaust-Mahnmals. ▪ S. 39

Potsdam Museum: Hat die Stadtgeschichte von Berlins kleiner Schwester zum Thema. ▪ S. 220

Haus der Brandenburgisch-Preußischen Geschichte (Potsdam): Ausstellung zum Thema im ehemaligen Kutschstall. ▪ S. 220

Gedenkstätte Stille Helden: Erinnert an couragierte Menschen im Nationalsozialismus. ▪ S. 76

Neue Synagoge: Spannende Ausstellung in der einst größten Synagoge Europas. ▪ S. 76

Topographie des Terrors: Dokumentationszentrum über den Naziterror am einstigen „Ort der Täter". ▪ S. 92

Jüdisches Museum: Im Libeskind-Bau wird jüdische Geschichte und Kultur in Deutschland und der Welt beleuchtet. ▪ S. 93

Gedenkstätte Hohenschönhausen: Eine Führung durch den ehemaligen Stasiknast zeigt das perfide Gesicht der DDR. ▪ S. 199

Plattenbaumuseumswohnung: So wohnte man in der DDR. ▪ S. 62

Gedenkstätte Deutscher Widerstand Berlin: Die Ausstellung im Verteidigungsministerium beschäftigt sich mit dem Widerstand in der Nazizeit. ▪ S. 106

Schloss Cecilienhof (Potsdam): Hier erinnert man an die Potsdamer Konferenz. ▪ S. 223

Glockenturm: Im Turm auf dem Olympiagelände zeigt man eine Ausstellung zur Historie des Ortes. ▪ S. 130

Haus der Wannsee-Konferenz: Erschütternde Gedenkstätte an dem Ort, an dem die „Endlösung der Judenfrage" besprochen wurde. ▪ S. 210

DDR-Museum: Ostalgische, bunte Schau. ▪ S. 62

1. Berliner DDR-Motorrad-Museum: Motorisierte Zweiräder aus 40 Jahren DDR. ■ S. 62

Kunst, Fotografie und Architektur

Altes Museum: Hier steht die klassische Antike im Vordergrund. ■ S. 52

Alte Nationalgalerie: Skulpturen und Gemälde des 19. Jh. ■ S. 54

Pergamonmuseum: Spektakuläre Rekonstruktionen archäologischer Bauensembles. ■ S. 54

Neues Museum: Vor- und frühzeitliche Kulturen stehen hier im Vordergrund. ■ S. 56

Bode-Museum: Es dominiert sakrale Kunst. ■ S. 56

Museum for Urban Contemporary Art: Street-Art-Museum. ■ S. 176

Sammlung Hoffmann: Moderner Kunstreigen im privaten Penthouse. ■ S. 75

me collectors room: Kuriositäten des Kunstsammlers Thomas Olbricht. ■ S. 77

Hamburger Bahnhof: Im Museum für Gegenwart begegnet man u. a. Joseph Beuys und Andy Warhol. ■ S. 80

Dalí Museum: Dem wohl bekanntesten Surrealisten gewidmet. ■ S. 92

Berlinische Galerie: Museum für in Berlin entstandene Kunst, Fotografie und Architektur. ■ S. 94

Gemäldegalerie: Malerei vom 13. bis 18. Jh. ■ S. 104

Kupferstichkabinett: Großartige Werke von Dürer bis Picasso. ■ S. 104

Thomas Ruffs *Stern*
in der Sammlung Boros

Kunstgewerbemuseum am Kulturforum: Kunsthandwerk vom Mittelalter bis heute. ■ S. 105

Kunstgewerbemuseum im Schloss Köpenick: Kunsthandwerk aus der Zeit der Renaissance, des Barock und des Rokoko. ■ S. 192

Neue Nationalgalerie: Kunst des 20. Jh. in Mies van der Rohes funktionalistischem Glastempel. ■ S. 105

Bauhaus-Archiv: Ausstellung zur bedeutendsten Schule für Architektur, Design und Kunst des 20. Jh. ■ S. 106

C/O Berlin: Grandiose Galerie für Fotografie. Ein Muss! ■ S. 117

Museum für Fotografie – Helmut Newton Foundation: Leben und Werk des berühmten Fotografen, dazu spannende temporäre Ausstellungen. ■ S. 117

Museum Berggruen: Picasso, Klee, Matisse & Co. ■ S. 128

Sammlung Scharf-Gerstenberg: Surrealistische Kunst. ■ S. 129

Bröhan-Museum: Jugendstil, Art déco und Funktionalismus. ■ S. 129

Abgusssammlung antiker Plastik: Rund 2000 Gipsabgüsse römischer und griechischer Skulpturen. ■ S. 129

Corbusierhaus: Kleine Ausstellung in Corbusiers „Wohnmaschine" aus dem Jahr 1958. ■ S. 130

Feuerle Collection: Kunst und historische chinesische Möbel im ehemaligen Telekommunikationsbunker. ■ S. 166

Boros-Bunker: Nochmals Bunker, nur zeigt man hier ausschließlich zeitgenössische Kunst. ■ S. 46

Brücke Museum: Werke der 1905 gegründeten Künstlergruppe. ■ S. 206

Kunsthaus Dahlem: Nachkriegskunst im Nazibau. ■ S. 206

Jagdschloss Grunewald: Cranach der Ältere, Cranach der Jüngere und manch andere Meister aus dem 15. und 16. Jh. ■ S. 208

Palais Barberini (Potsdam): Die Kunstsammlung des Unternehmers Hasso Plattner. ■ S. 220

museum FLUXUS+ (Potsdam): Würdigt die gleichnamige Bewegung. ■ S. 221

Bildergalerie (Potsdam): Werke der Hochrenaissance und des Barock. ▪ S. 222

Max-Liebermann-Haus: Nur temporäre Ausstellungen. ▪ S. 40

Akademie der Künste: Ebenfalls nur temporäre Ausstellungen. ▪ S. 40 und 103

Kunsthalle der Deutschen Bank: Und noch ein weiteres Haus, das nur temporäre Ausstellungen zeigt. ▪ S. 40

Orangerieschloss von Sanssouci (Potsdam): Im Raffaelsaal über 50 Kopien des italienischen Malers. ▪ S. 222

Humboldt-Box: Informiert über die Pläne für das Humboldt Forum. ▪ S. 51

KW Institute for Contemporary Art: Big Names der Berliner Kunstszene in wechselnden Ausstellungen. ▪ S. 77

Eine Auswahl der bedeutendsten **Galerien** der Stadt finden Sie ab S. 250.

Große Namen

Forum Willy Brandt: Leben und Wirken des Nobelpreisträgers. ▪ S. 31

Mendelssohn-Remise: Geschichte der jüdischen Dynastie. ▪ S. 46

Heinrich-Zille-Museum: Leben und Werk des malenden Berlin-Chronisten. ▪ S. 64

Ramones-Museum: Pilgerstätte von Fans der legendären Punkrocker. ▪ S. 76

Anne Frank Zentrum: Über das kurze Leben der Anne Frank. ▪ S. 76

Museum The Kennedys: Eine Hommage an John F. und seine Jackie. ▪ S. 77

Brecht-Weigel-Gedenkstätte: Führungen durch die Wohnung von Bertold Brecht. ▪ S. 78

Käthe-Kollwitz-Museum: Sozialkritische Kunst der Grafikerin, Malerin und Bildhauerin. ▪ S. 117

Liebermann-Villa: Schmucke Museumsvilla am Wannseeufer. ▪ S. 210

Spezialthemen

Museum für Film und Fernsehen: Zeitreise durch die deutsche Film- und Fernsehgeschichte. ▪ S. 38

Madame Tussauds: Ein Wachsfigurenreigen. ▪ S. 40

Surreales Museum für industrielle Objekte: Bizarres Museum an der Torstraße. ▪ S. 78

Museum für Naturkunde: Dino-Parade, ein ausgestopfter Knut u. v. m. ▪ S. 79

Medizinhistorisches Museum der Charité: Gruselige Präparate. ▪ S. 80

Museum für Kommunikation: Historie der Kommunikation in prunkvollem Ambiente. ▪ S. 93

Deutsches Currywurst Museum: Hier dreht sich alles um die Berliner Kult-Wurst. ▪ S. 93

Deutsches Spionagemuseum: Informiert über Spitzel, Späher und 007. ▪ S. 93

Musikinstrumenten-Museum: 800 Instrumente vom 17. Jh. bis heute. ▪ S. 106

Werkbundarchiv – Museum der Dinge: Herausragende Alltagsgegenstände aus dem 20. und 21. Jh. ▪ S. 164

Schwules Museum: Das einzige Museum dieser Art auf der Welt. ▪ S. 175

Museum der unerhörten Dinge: Voll von unerhörten Dingen. ▪ S. 176

Museum im Wasserwerk: Ein altes Wasserwerk lädt zur Erkundung ein. ▪ S. 196

Schloss Glienicke: Im Westflügel ein Museum zur Hofgärtnerei. ▪ S. 213

Museum europäischer Kulturen: Leben in Europa vom 18. Jh. bis heute. ▪ S. 205

Museum im Botanischen Garten: Entwicklungsgeschichte der Pflanzen. ▪ S. 205

Filmmuseum Potsdam: Alles über die Studios in Babelsberg, die Filmgeschichte schrieben. ▪ S. 220

Schloss Charlottenburg: Die Hohenzollernresidenz beherbergt u. a. eine umfangreiche Sammlung französischer Malerei, die Silberkammer und den Kronschatz. ▪ S. 124

Computerspielemuseum: Willkommen bei Pacman & Co! ▪ S. 154

Deutsches Technikmuseum: Was Haribo kann, kann das Technikmuseum auch. ▪ S. 165

Domäne Dahlem: Bauernhof mit U-Bahn-Anschluss. ▪ S. 275

MACHmit!!: Kindermuseum mit temporären Ausstellungen und Spiegelkabinett. ▪ S. 278

Labyrinth Kindermuseum: Bietet ebenfalls temporäre interaktive Ausstellungen. ▪ S. 277

Kompakt
Restaurants

Sterneküche

Vau (Mitte) Kolja Kleebergs Nobellokal ▪ S. 47

Reinstoff (Mitte) Zwei Sterne im Hinterhof ▪ S. 81

Rutz (Mitte) Spektakulär inszenierte Aromaerlebnisse ▪ S. 81

Pauly Saal (Mitte) Fine Dining in der alten jüdischen Mädchenschule ▪ S. 81

Bandol sur Mer (Mitte) Nobelfranzose in ehemaliger Dönerbude ▪ S. 82

Tim Raue (Kreuzberg/Checkpoint Charlie) Willkommen beim Berliner Starkoch ▪ S. 96

Nobelhart & Schmutzig (Kreuzberg/Checkpoint Charlie) Brutal regional ▪ S. 96

Gourmetküche ohne Sterne

Vox (Tiergarten/Potsdamer Platz) Edeladresse mit Showküche und Whiskeybar ▪ S. 47

Volt (Kreuzberg) Regionales im ehemaligen Umspannwerk ▪ S. 168

eins44 (Neukölln) Deutsch-französische Küche in beeindruckenden Räumlichkeiten ▪ S. 184

Käfer Dachrestaurant (Regierungsviertel) Auf dem Dach des Reichstags ▪ S. 44

Martha's (Schöneberg) Raffinierte Küche in legerem Ambiente ▪ S. 177

Borchardt (Mitte) Promis aus Politik und Kultur, dazu super Wiener Schnitzel ▪ S. 47

Grill Royal (Mitte) Geniale Steaks zu satten Preisen ▪ S. 47

Paris Bar (City West) Kult-Promischuppen ▪ S. 119

Berliner Küche

Georgbräu (Mitte) Eisbein und süffiges Bier ▪ S. 67

Zum Nußbaum (Mitte) Rustikale Gaststätte im Nikolaiviertel ▪ S. 67

Zur Letzten Instanz (Mitte) Ältestes Gasthaus der Stadt ▪ S. 67

Gendarmerie (Mitte) Gehobene Berliner Küche in beeindruckendem Ambiente ▪ S. 47

Diener Tattersall (City West) Aus der Zeit gefallenes Kneipenrestaurant ▪ S. 120

Metzer Eck (Prenzlauer Berg) Ein Urgestein ▪ S. 142

Zur Henne (Kreuzberg) Hier gibt's Hendl ▪ S. 169

Wendel (Charlottenburg) Rustikales Restaurant mit solider Hausmannskost ▪ S. 131

Ratskeller Köpenick (Köpenick) Brandenburger Landente unterm Gewölbe ▪ S. 194

Bräustübl (Friedrichshagen) Altberliner Atmosphäre ▪ S. 197

Brauhaus in Spandau (Spandau) Spandauer Lümmel und wohlmundendes Vollbier ▪ S. 203

Wilhelm Hoeck (Charlottenburg) Gibt's seit 1892, einfach nur urig ▪ S. 131

Alte Liebe (Grunewald) Restaurantschiff mit herzhafter Hausmannskost ▪ S. 209

Wirtshaus zur Pfaueninsel (Wannsee) Karte zwischen Matjes und Königsberger Klopsen ▪ S. 215

Wirtshaus Moorlake (Wannsee) Deftige Berliner Küche im romantischen Forsthaus ▪ S. 215

Blockhaus Nikolskoe (Wannsee) Eisbein und Schnitzel zum herrlichen Havelblick ▪ S. 215

Currywurst

Witty's (City West) Bio-Currywurst neben dem KaDeWe ▪ S. 120

Bier's Kudamm 195 (City West) Wurst mit Champagner ▪ S. 120

Konnopke's Imbiß (Prenzlauer Berg) Traditionsimbiss unter der Hochbahn ▪ S. 143

Frittiersalon (Friedrichshain) Neuland-Wurst mit hausgemachten Saucen ▪ S. 156

Curry 36 (Kreuzberg) Hotspot am Mehringdamm ▪ S. 170

Deutschland querbeet

Renger-Patzsch (Schöneberg) Neudeutsche Küche mit französischen Ausreißern ▪ S. 176

Augustiner am Gendarmenmarkt (Mitte) Bierhalle im süddeutschen Stil ▪ S. 47

Ständige Vertretung (Mitte) Rheinländische Küche ▪ S. 47

Lutter & Wegner (Mitte) Gediegenes Traditionslokal am Gendarmenmarkt ▪ S. 48

Lebensmittel in Mitte (Mitte) Mischung aus Feinkostladen und Restaurant ▪ S. 83

Patio (Tiergarten) Schiffsrestaurant, gehoben ▪ S. 107

Capt'n Schillow (Tiergarten) Schiffsrestaurant, handfest ▪ S. 107

Klipper (Treptow) Schiffsrestaurant mit eigener Räucherei ▪ S. 190

Garage (City West) Super Bratkartoffeln in ehemaliger Garage ▪ S. 119

Leibhaftig (Prenzlauer Berg) Bayerische Tapas ▪ S. 142

Restaurant des Hotels Michelberger (Friedrichshain) Sehr hip ▪ S. 155

Spätzle & Knödel (Friedrichshain) Einfach und günstig ▪ S. 156

Kurhaus Korsakow (Friedrichshain) „Speise- und Schankwirtschaft" im Retro-Design ▪ S. 156

Max und Moritz (Kreuzberg) Klassiker an der Oranienstraße ▪ S. 169

3 Schwestern (Kreuzberg) Ambitionierte neudeutsche Küche und schöner Garten ▪ S. 169

Weinwirtschaft Lochner (Schöneberg) Gediegene Adresse mit herausragender Küche ▪ S. 177

Joseph-Roth-Diele (Schöneberg) Stullen in nostalgischem Ambiente ▪ S. 177

Engelbecken (Charlottenburg) Braten, Knödel und fränkisches Bier ▪ S. 131

Waschhaus Alt-Köpenick (Köpenick) Schweinshaxe und andere bayerische Klassiker ▪ S. 194

Krongut Bornstedt (Potsdam) Deftige Küche und hausgebrautes Bier ▪ S. 226

Zitadellen Schänke (Spandau) Das Mittelalter lässt grüßen ▪ S. 203

Alter Krug (Dahlem) Deutsche Küche mit mediterranen Anklängen ▪ S. 206

Forsthaus Paulsborn (Grunewald) Gehobene Küche mit Wildspezialitäten ▪ S. 208

Remise (Wannsee) Feine neudeutsche Küche im Schloss Glienicke ▪ S. 214

Babelsberger Küche (Potsdam) Einfach und preiswert ▪ S. 226

Restaurant & Café Drachenhaus (Potsdam) Anspruchsvolle Küche in einem chinesischen Pavillon ▪ S. 226

Italienisch

Bocca di Bacco (Mitte) Edelitaliener mit Promisichtungschancen ▪ S. 47

Muret la Barba (Mitte) Hier sitzt man mitten im Weinladen ▪ S. 82

Papà Pane di Sorrento (Mitte) Prima Pizza, aber laut ▪ S. 82

Sale e Tabacchi (Kreuzberg/Checkpoint Charlie) Ristorante der besseren Sorte ▪ S. 96

Sapori del Sud (Kreuzberg/Checkpoint Charlie) Günstiges Schnelllokal ▪ S. 96

Il Pane e le Rose (Prenzlauer Berg) Pizza und Pasta ▪ S. 142

Trattoria Libau (Friedrichshain) Einfache, enorm populäre Pizzeria ▪ S. 155

Antonello's Cevicheria (Kreuzberg) Sizilien trifft Südamerika ▪ S. 168

Zola (Kreuzberg) Hipster-Pizzeria ▪ S. 169

Il Casolare (Kreuzberg) Gut Ding will Weile haben: Hammer-Pizzen ▪ S. 169

Stella Alpina (Charlottenburg) Nachbarschaftsitaliener mit norditalienischer Küche ▪ S. 131

Trattoria Muntagnola (Schöneberg) Küche der Basilikata ▪ S. 176

Caligari (Neukölln) Nette, bezahlbare Shabby-Chic-Location ▪ S. 184

Französisch

Bandol sur Mer (Mitte) → Sterneküche

Diekmann (City West) Charmantes Restaurant im ehemaligen Kolonialwarenladen ▪ S. 119

Der Hahn ist tot (Prenzlauer Berg) Fair kalkulierte Mehr-Gänge-Menüs ▪ S. 142

WeinGut (Schöneberg) Kleines Weinlokal mit wunderbarer Küche ▪ S. 176

Renger-Patzsch (Schöneberg) → Deutschland querbeet.

Beuster Bar (Neukölln) Kleine Karte, tolles Essen, super Atmosphäre ▪ S. 184

Domaines (Friedrichshagen) Caférestaurant im Müggelseepark ▪ S. 197

Maison Charlotte (Potsdam) Im Stil eines französischen Landgasthofs ▪ S. 225

Garage du Pont (Potsdam) Caférestaurant in einer ehemaligen Tankstelle ▪ S. 226

Holländisch

Zum Fliegenden Holländer (Potsdam) Käsesalat und Matjes im Holländischen Viertel ▪ S. 226

Österreichisch

Ottenthal (City West) Gepflegtes Restaurant mit super Weinauswahl ▪ S. 119

Häppies (Prenzlauer Berg) Das kleine Schnelllokal serviert ausschließlich Germknödel ▪ S. 143

Meierei (Prenzlauer Berg) Alpenländische Leckereien von hoher Qualität ▪ S. 144

Mutzenbacher (Friedrichshain) Gut essen in Puppenstubenambiente ▪ S. 155

Alt Wien (Prenzlauer Berg) Unaufgeregtes Schnitzel-Eldorado ▪ S. 140

Austria (Kreuzberg) Ein rustikaler Klassiker im Bergmannkiez ▪ S. 168

Schweizerisch

Nola's am Weinberg (Mitte) Luftiges Café mit guter Küche ▪ S. 83

Portugiesisch und Spanisch

La Sepia (City West) Erste Wahl in Sachen Fisch und Meeresfrüchte ▪ S. 119

Gáston (Neukölln) Junges Publikum, günstige Tapas ▪ S. 185

Mea Culpa (Potsdam) Populäres Tapas-Restaurant ▪ S. 226

Griechisch

Cassambalis (City West) Gehobenes Restaurant mit empfehlenswertem Vorspeisenbüfett ▪ S. 119

Restaurant Z (Kreuzberg) Der Kreuzberger Grieche unseres Vertrauens ▪ S. 168

Blaue Tische (Neukölln) Günstiges Lokal mit leichter Küche ▪ S. 186

Russisch und Georgisch

Samowar (Charlottenburg) Russische Küche neben dem Charlottenburger Schloss ▪ S. 131

Tadshikische Teestube (Mitte/Spandauer Vorstadt) Ein Traum aus 1001 Nacht ▪ S. 83

Genazvale (City West) Rustikales georgisches Restaurant ▪ S. 119

Grüne Lampe (City West) Oft mit tollen Büfetts ▪ S. 120

Pasternak (Prenzlauer Berg) Gehobene russische Küche in aristokratischem Ambiente ▪ S. 140

Alexandrowka (Potsdam) Pelmeni und Spiegelkarpfen in der russischen Kolonie ▪ S. 226

Türkisch

Baba Angora (City West) Besseres Kebablokal ▪ S. 119

Osmans Töchter (Prenzlauer Berg) Klassische und neu interpretierte türkische Küche ▪ S. 142

Hasır (Kreuzberg) Hier soll der Döner erfunden worden sein (Filiale in Spandau) ▪ S. 169 und 203

Doyum Grillhaus (Kreuzberg) Unser Lieblings-Dönerimbiss ▪ S. 170

Mustafa's Gemüse Kebap (Kreuzberg) Schlange stehen für Hühnchendöner ▪ S. 170

Atlantik Fischrestaurant (Schöneberg) Fisch, Salat und Bier ▪ S. 177

Lehmofen (Köpenick) Anatolische Spezialitäten aus dem Ofen ▪ S. 194

Nahöstlich

Zula (Prenzlauer Berg) Israelisches Hummuscafé ▪ S. 143

Babel (Prenzlauer Berg) Libanesischer Imbiss ▪ S. 143

Neni (City West) Babaganoush über den Dächern der Stadt ▪ S. 118

Azzam (Neukölln) Authentisches libanesisches Schnelllokal ▪ S. 186

Koreanisch

Dae Mon (Mitte) Der aufregendste Koreaner der Stadt ▪ S. 81

Yam Yam (Mitte) Schnelllokal, stylish ▪ S. 83

Ixthys (Schöneberg) Schnelllokal, bibeltreu ▪ S. 178

Ban Ban Kitchen (Neukölln) Super koreanische Burger im Hipster-Imbiss ▪ S. 186

Japanisch

Kuchi (Mitte) Große Auswahl zwischen Sushi und Grillspießen ▪ S. 82

House of Small Wonder (Mitte) Ein Hauch New York ▪ S. 83

Sasaya (Prenzlauer Berg) Extravagantes Sushi, aber nicht ganz billig ▪ S. 142

Cocolo Ramen (Kreuzberg) Nudelsuppen zum Reinlegen ▪ S. 169

Tabibito (Neukölln) Unprätentiöses kleines Lokal ▪ S. 184

Vietnamesisch

District Mot (Mitte) Frittierte Seidenraupen und quietschbunte Wände ▪ S. 82

Chay Village (Schöneberg) → Vegetarisch und vegan

Hamy (Neukölln) Schnelllokal mit super Preis-Leistungs-Verhältnis ▪ S. 186

Chinesisch

Yumcha Heroes (Mitte) Ein Dumpling-Paradies ▪ S. 82

Good Friends (City West) Riesig und sehr authentisch ▪ S. 119

Long March Canteen (Kreuzberg) Chinesische Küche in Tapas-Portionen ▪ S. 168

Thailändisch und Fusion

Thaipark (City West) Kein Restaurant, aber ein Erlebnis der Extraklasse ▪ S. 120

Umami (Prenzlauer Berg) Extrem beliebter Szene-Asiate ▪ S. 142

Transit (Friedrichshain) Thailändisch-indonesische Küche zu fairen Preisen ▪ S. 155

Papaya (Friedrichshain) Bodenständige Thaiküche mit Neuland-Fleisch ▪ S. 155

Indisch

Namaskar (City West) Einer der wenigen empfehlenswerten Inder der Stadt ▪ S. 119

Muse (Prenzlauer Berg) Internationale Küche, aber auch hervorragende Currys ▪ S. 142

Mexikanisch

Tipica (Mitte) Tacos zum Selberbasteln ▪ S. 67

Chupenga (Mitte) Beliebtes Mittagslokal im Kantinenambiente ▪ S. 48

Maria Bonita (Prenzlauer Berg) Kunterbunter Imbiss ▪ S. 143

Agüevo (Friedrichshain) Authentische mexikanische Küche in freakigem Ambiente ▪ S. 156

Südamerikanisch

Butterhandlung (Friedrichshain) Mediterrane Küche mit brasilianischem Einschlag ▪ S. 155

Antonello's Cevicheria (Kreuzberg) → Italienisch

Chicha Berlin (Neukölln) Hippes Ceviche-Lokal ▪ S. 185

Burger und Steaks

The Bird (Prenzlauer Berg) Burger wie in Amiland ▪ S. 142

Burgeramt (Friedrichshain) Buntes Restaurant mit schmackhaften Charolais-Burgern ▪ S. 156

Fleischerei (Mitte) Burger und Steaks in der ehemaligen Metzgerei ▪ S. 82

Burgermeister (Kreuzberg) Burger aus dem Klohäuschen ▪ S. 170

White Trash Fastfood (Kreuzberg) Livemusik und auch Octopus-Burger ▪ S. 172

Berlin Burger International (Neukölln) Das „Hole in the Wall" ist unser absoluter Favorit ▪ S. 186

Ban Ban Kitchen (Neukölln) → Koreanisch

Grill Royal (Mitte) → Gourmetküche ohne Sterne

Innereien

Herz & Niere (Kreuzberg) Eingeweide-Restaurant im Souterrain ▪ S. 169

Fisch

Der Fischladen (Prenzlauer Berg) Fischverkauf und Restaurant ▪ S. 143

Fischschuppen (Friedrichshain) Super Fish & Chips ▪ S. 155

Atlantik Fischrestaurant (Schöneberg) → Türkisch

Hafenräucherei Löcknitz (Treptow) Fischbrötchen am Treptower Park ▪ S. 190

Vegetarisch und Vegan

Chay Village (Schöneberg) Vegetarischer Vietnamese ▪ S. 177

Kopps (Mitte/Spandauer Vorstadt) Vegane, regional-saisonale Bioküche ▪ S. 82

Seerose (Kreuzberg) Vegetarisches Self-Service-Restaurant ▪ S. 170

Vaust (City West) Vegane Brauereigaststätte ▪ S. 120

rawtastic (Prenzlauer Berg) Alles roh und vegan ▪ S. 142

Lucky Leek (Prenzlauer Berg) Vegane Küche auf Gourmetniveau ▪ S. 140

Café Morgenrot (Prenzlauer Berg) Linksalternatives Café mit veganer Ausrichtung ▪ S. 144

Viasko (Kreuzberg) Günstiges veganes Restaurant mit Biergarten ▪ S. 169

Biergärten

Zollpackhof (Regierungsviertel) Brotzeitteller gegenüber dem Kanzleramt ▪ S. 49

Café am Neuen See (Tiergarten) Riesiger Biergarten in idyllischer Lage ▪ S. 107

Fischerhütte am Schlachtensee (Grunewald) Herrlich gelegene Terrassenlandschaft ▪ S. 208

Schleusenkrug (City West) Biergarten am Landwehrkanal ▪ S. 122

Pratergarten (Prenzlauer Berg) Berlins ältester Biergarten ▪ S. 144

Sommergarten Cassiopeia (Friedrichshain) Treff der jungen Freaks ▪ S. 157

Brachvogel (Kreuzberg) Bier, günstiges Essen und Minigolf ▪ S. 171

Bootshaus Stella am Lietzensee (Charlottenburg) Stadtidylle pur ▪ S. 131

Zenner Biergarten (Treptow) 1500 Plätze am Wasser ▪ S. 190

Hänsel & Brezel (Treptow) Hipster-Treff an der Spree ▪ S. 190

Freiheit Fünfzehn (Köpenick) Gemütliche Location am Wasser ▪ S. 194

Krokodil (Köpenick) Ebenfalls tolle Terrasse am Wasser ▪ S. 194

Waimea (Friedrichshagen) Caférestaurant mit charmantem Biergarten ▪ S. 197

Luise (Dahlem) Biergarten vor Gründerzeitvilla und viele Studenten ▪ S. 206

Ohne Kommentar

Brauhaus Meierei (Potsdam) Am Jungfernsee mit hausgebrautem Bier ▪ S. 226

Kaffeehäuser

Café Einstein Stammhaus (Schöneberg) Eine Augenweide mit gehobenen Preisen ▪ S. 180

Café Einstein (Mitte) Dependance mit hoher Promi-Dichte ▪ S. 48

Barcomi's Deli (Mitte) Oase im Hinterhof ▪ S. 83

Kaffeehaus Grosz (City West) Glanzlicht am Kurfürstendamm ▪ S. 120

Café Hardenberg (City West) Viel Patina und günstige Preise ▪ S. 121

Café Rix (Neukölln) Kaffeehausperle in Neukölln ▪ S. 186

Kaffeehaus Dallmayr (Kreuzberg/Checkpoint Charlie) Im Museum für Kommunikation ▪ S. 96

Blindenrestaurant

Nocti Vagus (Prenzlauer Berg) Essen im Dunklen ▪ S. 140

Kantinen

Caféteria der Musikhochschule Hanns Eisler (Mitte) Am Hochpreispflaster Gendarmenmarkt ▪ S. 48

Berliner Ensemble (Mitte) Zu Tisch mit kostümierten Schauspielern ▪ S. 48

Helene Schwarz Café (Tiergarten/Potsdamer Platz) Unter der Kuppel des Sony Centers ▪ S. 48

Volksbühne (Mitte/Spandauer Vorstadt) Rustikale Souterrainkantine ▪ S. 82

Kantine im Berliner Abgeordnetenhaus (Kreuzberg/Checkpoint Charlie) Essen mit Politikern ▪ S. 96

Nordische Botschaften (Tiergarten) Viel Fisch auf dem Speiseplan ▪ S. 107

Casino des Wissenschaftszentrums für Sozialforschung (Tiergarten) Mit Terrasse im begrünten Innenhof ▪ S. 107

Cafeteria Skyline (City West) Im 20. Stock der Technischen Universität ▪ S. 122

Universal Music (Friedrichshain) Zeitgemäße Küche für die Kreativszene ▪ S. 156

Kantine im Rathaus Kreuzberg (Kreuzberg) Super Blicke zum Potsdamer Platz ▪ S. 170

Kompakt Shopping

Fashion (schick und teuer)

Michalsky Gallery (Potsdamer Platz) Klassische Styles mit Streetwear-Einflüssen ▪ S. 49

Herr von Eden (Mitte) Tolle Anzüge für sie und ihn ▪ S. 84

adddress (Mitte) Klassisch-schicke Damen- und Herrenmode ▪ S. 84

LaLa Berlin (Mitte) Edle Strickwaren und bunt bedruckte Tücher ▪ S. 84

Kaviar Gauche (Mitte) Geniale Brautmode ▪ S. 84

Fiona Bennett (Schöneberg) Abgefahrener Kopfschmuck und Hüte ▪ S. 180

Thone Negrón (Mitte) Der Schwerpunkt liegt auf eleganter Abendmode ▪ S. 84

Mientus (City West) Modekaufhaus für den Mann ▪ S. 122

Thatchers (Prenzlauer Berg) Körperbetonte Damenmode ▪ S. 144

Fruchthaus (Prenzlauer Berg) Bleistiftrock oder Petticoat gefällig? ▪ S. 144

Andreas Murkudis (Schöneberg) Stylisher Concept Store für Männer und Frauen ▪ S. 180

Fashion (jung und schräg)

Soma (Mitte) Verrückte Mode für verrückte Mädels ▪ S. 84

Mr. & Mrs. Peppers (Prenzlauer Berg) Ausgefallene Mode mit Sixties-Einflüssen ▪ S. 144

Langhein Berlin (Mitte) Mädchenhaft-märchenhafte Feenkleidchen ▪ S. 84

Savage Store (Friedrichshain) Latexklamotten und andere heiße Sachen der Designerin Heidi Pulkkinen ▪ S. 157

Zalando Outlet (Kreuzberg) Outlet-Store des Berliner Online-Händlers ▪ S. 172

Besserdresser (Prenzlauer Berg) Mädchenhaft-romantische Kleider ▪ S. 144

Secondhand/Vintage

Das neue Schwarz (Mitte) Designer-Secondhand zu satten Preisen ▪ S. 85

Waahnsinn Berlin (Mitte) Vintage-Warenhaus mit vielfältigem Angebot ▪ S. 85

Garments (Prenzlauer Berg) Unter anderem Klamotten, die bereits bei Filmproduktionen getragen wurden ▪ S. 144

Dear (Prenzlauer Berg) Richtet sich eher an Männer ▪ S. 145

Made in Berlin (Mitte) Vintage-Klamotten für sie und ihn auf 2 Etagen ▪ S. 85

Colours Berlin (Kreuzberg) Secondhand-Klamotten-Laden von hochwertig bis ramschig ▪ S. 172

Mimi Berlin (Schöneberg) Textile Antiquitäten aus den Jahren 1850–1950 ▪ S. 180

Shoppingmalls

Alexa (Mitte) Rund 180 Geschäfte und Bistros ▪ S. 67

Mall of Berlin (Mitte) Megashoppingtempel mit rund 270 Läden ▪ S. 96

Bikini Berlin (City West) Berlins außergewöhnlichste Mall ▪ S. 122

KaDeWe (City West) *Das* Kaufhaus schlechthin, grandiose Feinschmeckeretage ▪ S. 116

Schuhe, Taschen und Accessoires

Sabrina Dehoff (Mitte) Schmuckkreationen von Knüpfarmbändern bis Goldringe ▪ S. 84

Anke Runge Berlin (Mitte) Handgefertigte Ledertaschen ▪ S. 84

Trippen Flagship Store (Mitte) und **Trippen-Outlet** (Kreuzberg) Berliner Kultschuhe aus naturbelassenen Materialien ▪ S. 84

Mykita (Mitte) Coole Brillen und Sonnenbrillen ▪ S. 84

Bagjack-Store (Mitte) Schicke Fahrradkurier-Taschen ▪ S. 85

Jünnemann's Pantoffeleck (Mitte) Das Traditionsunternehmen fertigt Pantoffeln und Hausschuhe ▪ S. 85

Solebox (City West) Sneakerfan-Pilgerstätte mit limitierten Modellen ▪ S. 122

Tausche Taschen (Prenzlauer Berg) Taschen aus Lkw-Plane mit Wechseldeckeln ▪ S. 145

Zeha (Kreuzberg) Edle Sneakers mit Kultstatus ▪ S. 172

Rita in Palma (Neukölln) Filigrane Spitzenkragen und Halstücher ▪ S. 187

Märkte

Kunstmarkt am Zeughaus (Mitte) Kunsthandwerk in jeglicher Form ▪ S. 49

Berliner Trödelmarkt (Tiergarten) Berlins bekanntester Flohmarkt ▪ S. 107

Trödelmarkt Arkonaplatz (Prenzlauer Berg) Gut sortierter Retrokram ▪ S. 145

Flohmarkt am Mauerpark (Prenzlauer Berg) Bunter, beliebter Flohmarkt, gutes Streetfood ▪ S. 145

Märkte am Kollwitzplatz (Prenzlauer Berg) Ökomarkt am Do, bunter Wochenmarkt am Sa ▪ S. 145

Dong Xuan Center (Prenzlauer Berg) *Der* Asiamarkt Berlins ▪ S. 145

RAW-Flohmarkt (Friedrichshain) Kleiner, freakig-szeniger Flohmarkt ▪ S. 157

Flohmarkt auf dem Boxhagener Platz (Friedrichshain) Retro- und Neuware, dazu Bier und Bulette ▪ S. 157

Wochenmarkt am Boxhagener Platz (Friedrichshain) Hochwertige Lebensmittel und Regionalprodukte vom Bauern ▪ S. 157

Hallentrödelmarkt Treptow (Kreuzberg) Viel Ramsch ▪ S. 173

Wochenmärkte in der Markthalle Neun (Kreuzberg) Di, Fr und Sa Lebensmittelmarkt, Do Streetfood-Tag ▪ S. 164

Märkte am Winterfeldtplatz (Schöneberg) Bunte Lebensmittelmärkte (besonders nett am Sa, Kleinausgabe am Mi) ▪ S. 181

Türkenmarkt Crellestraße (Schöneberg) Obst und Gemüse, Gewürze, Eingelegtes, sehr authentisch ▪ S. 181

Nowkoelln Flowmarkt (Neukölln) Hipsterpublikum am Maybachufer, angenehme Atmosphäre ▪ S. 187

Wochenmarkt am Maybachufer (Neukölln) Berlins bekanntester Türkenmarkt ▪ S. 187

Stoff- und Designermarkt (Neukölln) Findet an gleicher Stelle stets Sa statt ▪ S. 187

Bücher

Dussmann, das Kulturkaufhaus (Mitte) Bücher, Filme, Musik geballt auf 5 Etagen ▪ S. 49

Langer Blomqvist (Mitte) Anspruchsvolles, modernes Antiquariat ▪ S. 49

Ocelot (Mitte) Wunderschöner Buchladen fürs ausgiebige Stöbern ▪ S. 85

pro qm (Mitte) Architektur-, Design- und Kunstbücher ▪ S. 85

Do you read me? (Mitte) Vor allem Kunst- und Lifestylemagazine ▪ S. 85

Walther König (Mitte) Riesige Auswahl an Bildbänden ▪ S. 85

Grober Unfug (Mitte) Comicladen mit bestem Ruf ▪ S. 85

Bücherbogen (City West) Kunstbuchhandlung mit großem Bildband-Sortiment ▪ S. 123

Autorenbuchhandlung (City West) Gut sortierte literarische Buchhandlung ▪ S. 123

Schwarze Risse (Kreuzberg) Linker Underground-Buchladen ▪ S. 173

Prinz Eisenherz (Schöneberg) Schwul-lesbischer Buchladen ▪ S. 181

Chatwins (Schöneberg) Hier dreht sich alles ums Reisen ▪ S. 181

CDs und Schallplatten

Record Store (Mitte) Soul und Sixties für Vinylfans ▪ S. 85

Platten Pedro (Charlottenburg) Platten-Raritäten ▪ S. 131

Hard Wax (Kreuzberg) Legende in Sachen elektronischer Musik ▪ S. 173

Dodo Beach (Schöneberg) Cooler Vinyl-only-Laden ▪ S. 181

Mr Dead & Mrs Free (Schöneberg) Pop, Folk, Indie und Country, CDs und Vinyl ▪ S. 181

OYE Kreuzkoelln (Neukölln) Vinyl für Fans der elektronischen Musik ▪ S. 187

Souvenirs/Geschenke

Ampelmann (Mitte) Souvenirs mit dem berühmten Berliner Ampelmännchen ▪ S. 85

This City Rocks (Friedrichshain) Accessoires mit Berliner Motiven ▪ S. 157

o.k. (Mitte) Skurrile Alltagsgegenstände aus aller Welt ▪ S. 85

Erfinderladen (Prenzlauer Berg) Sinnige und unsinnige Erfindungen wie Berliner Luft in Dosen ... ▪ S. 145

Emaille (Prenzlauer Berg) Haushaltswaren aus Emaille für Nostalgiker ▪ S. 145

Tutus Welt (Kreuzberg) Bilder, Postkarten und Porzellan mit Berliner Stadtlandschaften im Keith-Haring-Pop-Art-Stil ▪ S. 172

Hallesches Haus (Kreuzberg) General Store für qualitativ hochwertige, schöne Dinge ▪ S. 172

Leckereien

Absinth Depot Berlin (Mitte) Rund 100 exquisite Sorten Absinth ▪ S. 85

Bonbonmacherei (Mitte) Handgemachte Bonbons wie anno dazumal ▪ S. 85

Pinkernell's Brandlager (Friedrichshain) Über 700 Sorten Whisk(e)y, dazu Gin, Rum und Cognac ▪ S. 157

Kadó Lakritzfachgeschäft (Kreuzberg) Rund 400 Sorten aus etlichen Ländern ▪ S. 173

Winterfeldt Schokoladen (Schöneberg) Schokoladenverkauf mit angeschlossenem Café ▪ S. 178

Wohnen

Rahaus (City West) Trendige und noch bezahlbare Möbel ▪ S. 122

Stilwerk (City West) Noble Möbelmall ▪ S. 123

Exil Wohnmagazin (Kreuzberg) Coole Möbel und Accessoires in riesiger Auswahl ▪ S. 173

Upcycling (Neukölln) Schöne Möbelstücke, die aus alten, oft nutzlos gewordenen Dingen gefertigt sind ▪ S. 187

Sonstiges

Manufactum (City West) Warenhaus mit qualitativ hochwertigen, robusten Alltagsprodukten ▪ S. 123

KPM Quartier (Tiergarten) Edelporzellan der Königlichen Porzellan-Manufaktur Berlin ▪ S. 107

Peter's Werkstatt (Kreuzberg) Verkauf und Reparatur von Retro-Plattenspielern, -TVs, -Boxen und -Radios ▪ S. 172

Gipsformerei (Charlottenburg) Erschwingliche Gipsrepliken historischer Skulpturen ▪ S. 131

Hund und Katz (City West) Tierboutique mit hochwertigen Produkten rund ums Haustier ▪ S. 123

Modulor (Kreuzberg) Megastore für Künstlerbedarf ▪ S. 173

Deko Behrendt (Schöneberg) Kostüme und Scherzartikel für Karnevals- und Mottopartyfans ▪ S. 181

Kartenverzeichnis und Zeichenerklärung

Berlin und Potsdam — vordere Umschlagklappe

Übernachten 292/293
Tour 1: Vom Potsdamer Platz ins Regierungsviertel 28/29
Tour 2: Museumsinsel 53
Tour 3: Vom Alexanderplatz ins Nikolaiviertel 61
Tour 4: Spandauer Vorstadt 72/73
Tour 5: Rund um den Checkpoint Charlie 89
Tour 6: Tiergarten, Kulturforum und Diplomatenviertel 100/101
Tour 7: City West 110/111
Tour 8: Schloss Charlottenburg und Umgebung 126/127
Tour 9: Prenzlauer Berg 134/135
Tour 10: Friedrichshain 150/151
Tour 11: Kreuzberg 160/161
Tour 12: Schöneberg 178/179
Tour 13: Neukölln 185
Jwd: Treptower Park 190
Jwd: Köpenick 193
Jwd: Friedrichshagen und Müggelsee 197
Jwd: Spandau 203
Jwd: Dahlem 204/205
Jwd: Grunewald 209
Jwd: Wannsee 213
Ausflug nach Potsdam 218/219

Autobahn/Schnellstraße
Hauptverkehrs-/Nebenstraße
Bahnlinie
B Spandau Bahnhof
U Hbf. U-Bahn-Haltestelle
S Hbf. S-Bahn-Haltestelle
ehem. Mauerverlauf
Grünanlage
Rundgang Anfang/Ende
Schiffsanlegestelle
BUS Bus
Flughafen
P T Parkplatz/Tankstelle
Krankenhaus/Turm
M Museum/Kirche
B Botschaft/Theater
i Information
Sehenswürdigkeit
Tor
Brunnen

Berlin im Kasten

Ins Zentrum der Macht 44
Schloss, Palast und Humboldt Forum – oder einfach nur: Baustelle 55
Wandelnde Würstel 60
Auf der Suche nach der DDR? 62
Die U 6 im geteilten Berlin 90
Mediaspree versenken – Spreeufer für alle! 149
Moskau lässt grüßen: Monumentalbauten an der Karl-Marx-Allee 153
Flughafen Tempelhof: Vom Paradeplatz zum Kiter-Eldorado 167
Radtour: Rund um den Müggelsee 198
Berliner Siedlungen der Moderne – UNESCO-Welterbe seit 2008 200
Radtour: Vom Großen Wannsee zum Griebnitzsee 215
Größenwahn Germania 236
Die Mauer, die vom Himmel fiel 240
XOOOOX, Nomad, EMESS – Street Art in Berlin 251
Mauerradweg: Vom S-Bahnhof Bornholmer Straße zur Oberbaumbrücke 287
Berlins schönste Friedhöfe – wer liegt wo? 301

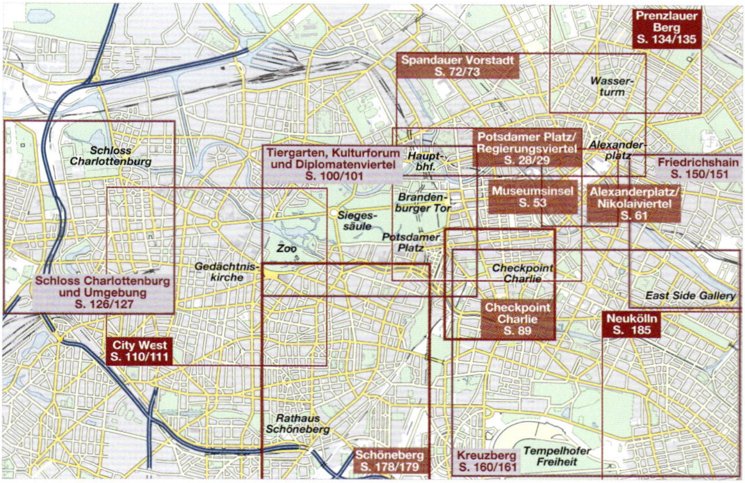

Fotoverzeichnis

Michael Bussmann: S. 3, 12, 14, 16, 18, 20, 22, 24, 26/27, 32, 34, 35, 37, 42, 43, 44, 45, 49, 50, 52, 57, 63, 65, 66, 68, 70, 74, 77, 78, 79, 80, 86, 91, 92, 93, 97, 98, 102, 103, 104, 106, 112/113, 115, 116, 121, 122, 130, 132, 136, 137, 141, 143, 145, 146, 148, 149, 154, 157, 158, 163, 164, 165, 166, 167, 168, 171, 174, 176 (oben), 180, 182, 186, 187, 191, 192, 194, 195, 196, 199, 200, 201, 211, 214, 216, 217, 220, 223, 227, 228, 230, 232, 235, 244, 248, 251, 252, 253, 256, 263, 264, 274, 279, 281, 283, 285, 288, 294, 302, 304, 305, 320, 326, 332 | **Gabriele Tröger**: S. 8, 58, 71, 76, 114, 138, 139, 153, 173, 176 (unten), 177, 181, 188, 206, 207, 212, 241, 255, 262, 265, 268, 270, 275, 276, 284, 298, 301, 303, 314, 316, 329, 331, 336 | **AirServiceBerlin © Uwe Schlüter**: S. 269 | **Berliner Bäder-Betriebe/Stadtbad Neukölln**: S. 272 | **Berlinische Galerie © Nina Straßgütl**: S. 95, 319 | **Franz Brück/Bayerischer Hausbau**: S. 108, 123 | **DZ-Bank**: S. 30 | **Anke Fietze**: S. 224 | **fotolia.com © rainbowgames**: S. 221 | **Kindl Hlin © Marko Funke**: S. 184 | **KomischeOper © Hanns Joosten**: S. 246 | **Franz Lazi**: S. 238, 240 | **Stephan Lemke/25hours Hotel Berlin**: S. 291 | **Sammlung Boros © Noshe**: S. 308 | **TMB Fotoarchiv © Lutz Hannemann**: S. 225 | **visitberlin © Philip Koschel**: S. 267 | **visitberlin © Wolfgang Scholvien**: S. 54, 124, 128 | **visitberlin © Günter Steffen**: S. 258/259 | **Zoo Berlin**: S. 118

Berlinische Galerie – Kunst aus Berlin

Impressum

Text und Recherche: Gabriele Tröger und Michael Bussmann | **Lektorat:** Dagmar Tränkle, Überarbeitung: Ute Fuchs, Peter Ritter | **Layout:** Steffen Fietze | **Karten:** Hans-Joachim Bode, Theresa Flenger, Hana Gundel, Judit Ladik, Gábor Sztrecska | **Covergestaltung:** Karl Serwotka | **Covermotive:** vorn: Hackesche Höfe © INTERFOTO / imageBROKER / Thomas Robbin, hinten: Marie-Elisabeth-Lüders-Haus im Regierungsviertel © Michael Bussmann

ISBN 978-3-95654-444-6

 Druck: Westermann Druck Zwickau GmbH.

Im Inneren der Parochialkirche

DEUTSCHES SPIONAGE MUSEUM
GERMAN SPY MUSEUM
ERLEBNIS-AUSSTELLUNG
ÜBER DIE WELT DER SPIONE
IN BERLINS HIGHTECH-MUSEUM
Leipziger Platz 9
Täglich/daily 10:00–20:00
S/U-Bahn Potsdamer Platz
deutsches-spionagemuseum.de

Der Umwelt zuliebe

Unsere Reiseführer werden klimaneutral gedruckt.

Eine Kooperation des Michael Müller Verlags mit myclimate

Sämtliche Treibhausgase, die bei der Produktion der Bücher entstehen, werden durch Ausgleichszahlungen kompensiert. Unsere Kompensationen fließen in das Projekt »Kommunales Wiederaufforsten in Nicaragua«:

- Wiederaufforstung in Nicaragua
- Speicherung von CO_2
- Wasserspeicherung
- Überschwemmungsminimierung
- klimafreundliche Kochherde
- Verbesserung der sozio-ökonomischen und ökologischen Bedingungen
- Klimaschutzprojekte mit höchsten Qualitätsstandards
- zertifiziert durch Plan Vivo

Plan Vivo
Carbon management and rural livelihoods

Einzelheiten zum Projekt unter myclimate.org/nicaragua.

Michael Müller Reiseführer

So viel Handgepäck muss sein.

myclimate
shape our future

Die Webseite zum Thema:
www.michael-mueller-verlag.de/klima

Register

Die in Klammern gesetzten Koordinaten verweisen auf die beigefügte Berlin-Karte.

68project 252

Abgeordnetenhaus (N8) 87
Abgusssammlung antiker Plastik (G6) 129
Adlon (Hotel) (N7) 27
Admiralbrücke (Q10) 162
Admiralspalast (O6) 34, 247
AEDES (Galerie) 133
Ägyptisches Museum 56
Akademie der Künste (Pariser Platz) (N7) 40
Akademie der Künste (Tiergarten) (K6/7) 103
Akademie des Jüdischen Museums (O9) 94
ALBA Berlin 271
Alexa, Shoppingcenter (Q6) 60, 67
Alexanderhaus 59
Alexanderplatz (P6/7) 58 f.
Altberliner Gaststätten 16
Alte Kommandantur 32
Alte Nationalgalerie (O6) 54
Alter Fritz, siehe Friedrich II.
Alter jüdischer Friedhof (P6) 75
Alter Matthäus-Friedhof (M10) 301
Altes Museum (O6) 52
Altes Stadthaus (P7) 60
Ampelmann-Laden 85
Anhalter Bahnhof (N9) 94
Anne Frank Zentrum 76
Anreise
- Bus 282
- Flugzeug 281
- Zug 282

Antikensammlung 56
Apartments 297
Apotheken 298
AquaDom 63
Aquarium (K8) 118
Arbeiteraufstand 17. Juni 1953 239
Archenhold-Sternwarte 189
ARD-Hauptstadtstudio (N6) 35
Arkenberge 304
Arkonaplatz (Trödelmarkt) 145
Arndt Art Agency 252
Ärztliche Versorgung 298
Auktionshaus Grisebach 252
Ausflüge 188
Ausflugsschiffe 189, 194, 196, 202, 214, 285
Ausgehen 18
Aussichtspunkte 269
Auswärtiges Amt (O/P7) 33
AVUS 234
Axel-Springer-Campus 90
Axel-Springer-Hochhaus (O8) 90

Babelsberg 224
Baden 272
Badeschiff 273
Bahnhof Friedrichstraße (N/O6) 34
Bahnhof Zoologischer Garten (J8) 115
Bahnhöfe 282
Balcı, Güner Yasemin 300
Ballett 246
Ballhaus Naunynstraße (Q9) 245
Bar jeder Vernunft 247
Barenboim-Said-Akademie 41
Base Flying 270
Basketball 271
Bauakademie 33
Bauhaus-Archiv – Museum für Gestaltung (L8) 106
Bayerisches Viertel 175
Beatsteaks 302
Bebelplatz (O7) 31
Begräbnisplatz der Jerusalems- und Neuen Kirche (O10) 159, 301
Behinderte 298
Behrens, Peter 59
Beisheim-Center 26
Bellevue, Schloss (L7) 98
Benn, Gottfried 159
Berber, Anita 234
Berggruen, Heinz 128
Berghain (Club) 264
Bergmannkiez 162
Bergmannstraße (O/P10) 162
Berlin Gallery District 252
Berlin Story Museum 94
Berlinale 253
Berlin-Blockade 167, 238
Berlin-Cölln 230
Berliner Abgeordnetenhaus (N8) 87
Berliner Dom (P6) 52
Berliner Ensemble (N6) 244
Berliner Kriminaltheater 246
Berliner Mauer 240
Berliner Mauerweg 287
Berliner Trödelmarkt 107
Berliner Unterwelten e.V. 302
Berliner Verkehrsbetriebe (BVG) 11, 283
Berliner Weiße 17
Berlinische Galerie (O8) 94
BerlinTownhouses 33
Bernauer Straße (O/P4) 81
Berolina-Haus 59
Bethanien (R8) 163
Bevölkerung 304
Bezirke 10, 304
Bezirksamt Pankow (R3/4) 139
Bier 17
Bikini Berlin 122
Bikini-Haus (J8) 112
Bildung 306
Black Box 87
Blindenrestaurant Nocti Vagus 140
Blindenwerkstatt Otto Weidt 76
Bode, Wilhelm von 56
Bode-Museum (O6) 56
Böhmisch-Rixdorf 183
Bollenfleisch 17
Bölsche, Wilhelm 195
Bombenangriffe 235
Bonhoeffer, Dietrich 99
Bootsverleih 190, 194, 197, 214, 270
Borchardt (Restaurant) 47
Borofsky, Jonathan 147
Borsig, August 232
Botanischer Garten 204
Botanisches Museum 205
Botschaft des Königreiches der Niederlande (Q7) 60
Bowie, David 174, 242
Boxhagener Platz 149
Boxhagener Platz (Märkte) 157
Brandenburger Tor (N7) 39

Am „Schlesi" in Kreuzberg wird immer etwas geboten

Brandt, Willy 242
Brecht, Bertolt 78
Brecht-Weigel-Gedenkstätte (N5) 78
Breitscheidplatz (J8) 112
Breker, Arno 206
Britz 183
Britzer Garten 183
Bröhan-Museum (G6) 129
Brücke Museum 206
Brunnen der Völkerfreundschaft 59
Bücherverbrennung 1933 31
Buckow 183
Bulette 17
Bundesfinanzministerium 87
Bundeskanzleramt (M6) 36, 45
Bundesliga schauen 271
Bundesministerium für Arbeit und Soziales (N7) 89
Bundespräsidialamt (K7) 98
Bundespresseamt (N6) 35
Bundesrat (N8) 88
Bundestag 45
Bushido 302
Busse 284

Café Achteck 133
Café am Neuen See 107
Café Kranzler 113
Camera Work 117
Camping 297
Carillon (M7) 103
Carsharing 285
Casinos 270
Castorf, Frank 245
Cave, Nick 242
Centrum Judaicum 76
Chamäleon 247
Chamberlain, John 33
Chamissoplatz (O10/11) 162
Charité (M6) 80
Charlottenburg, Schloss (G6) 124
Charlottenburg, Stadtteil (H8) 108
Checkpoint Charlie (O8) 86 f.
Chipperfield, David 50, 56
Christo 43
Christopher Street Day 254
Citny, Kiddy 64
City West 108
Clärchens Ballhaus 258
Clubszene 18, 256
Cölln 230
Columbiahalle 260
Comedy 247
Computerspielemuseum 154
Contemporary Fine Arts 46
Corbusierhaus (C8) 130
Craft Beer 17
Curry 36 170
Currywurst 16, 93
CWC Gallery 117

Dadaismus 234
Dahlem 204
Daimler Contemporary (N8) 38
Daimler-City (M8) 38
Dalí Berlin (N8) 92
DDR-Museum 62
Dead Chickens 76
Denkmal des 17. Juni (N8) 88
Denkmal für die ermordeten Juden Europas (N7) 39
Denkmal für die Euthanasie-Opfer der Nazizeit 105
Denkmal für die im Nationalsozialismus verfolgten Homosexuellen (N7) 26
Denkmal zur Erinnerung an die Befreiungskriege gegen Napoleon (N10) 165
Detlev-Rohwedder-Haus (N8) 87
Deutsche Oper Berlin (H7) 246
Deutscher Dom (O7) 43

Deutsches Currywurst Museum (O8) 93
Deutsches Historisches Museum (O7) 41
Deutsches Spionagemuseum 93
Deutsches Technikmuseum (M/N9) 165
Deutsches Theater (N6) 244
Dicker Hermann (Wasserturm) (Q4) 138
Dietrich, Marlene 30, 174, 234
Diplomatenviertel (L8) 98, 102
Distel 247
Döblin, Alfred 59, 299
Dock 11 246
Dokumentationszentrum der Stiftung Flucht, Vertreibung, Versöhnung 94
Dom (P6) 52
Domäne Dahlem 275
DomAquarée 63
Dong Xuan Center 145
Dorotheenstädtischer Friedhof (N5) 78
Drogen 298
Dussmann (Kulturkaufhaus) 34, 49
Dutschke, Rudi 239
DZ-Bank (N7) 30

East Side Gallery (S8) 152
Eberswalder Straße (U-Bahnhof) (Q3) 136
EHC Eisbären 271
Ehrenmal für die gefallenen Soldaten der Roten Armee (Treptow) 189
Eierkuchen 290
Eiermann, Egon 116
Einkaufen 20, 315
Einstein, Albert 233
Einwohner 304
Eisbein 17
Eisenmann, Peter 39
Eishockey 271
Eislaufen 270
Eliasson, Olafur 133
Ephraim-Palais (P7) 65
Erfinderladen 145
Erkmen, Ayşe 163
Erstes Berliner DDR-Motorrad-Museum (P6) 62
Essen 16, 310
Etagenhotels 288
Etagenpensionen 288
Eugenides, Jeffrey 12
Europa-Center (J8) 109
Europacity 46

Fähren 285
Fahrrad 286
Fasanenstraße (I8/9) 113
Fashion Week Berlin 253
Fassbrause 17
Feiertage 298
Ferienwohnungen 297
Fernsehturm (P6) 66
Fête de la Musique 254
Feuerle Collection 166
Fischerinsel (P7) 60
Fläche Berlins 304
Flick, Friedrich Christian 80
Flohmärkte 21, 107, 145, 157, 187

Flughäfen
- Flughafen Berlin Brandenburg Willy Brandt (BER) 281
- Flughafen Berlin-Schönefeld (SXF) 281
- Otto-Lilienthal-Flughafen Berlin Tegel (TXL) 282

Forum Fridericianum 32
Forum Museumsinsel 71
Forum Willy Brandt (N7) 31
Foster, Norman 43
Frankfurter Tor 152
Französische Botschaft (N7) 27
Französische Friedrichstadtkirche 42
Französischer Dom (O7) 42
Französischer Friedhof (N5) 78
Französischer Friedhof II (N4) 301
Freibäder 272
Freiluftbühnen 249
Freiluftkinos 250
Friedenau 301
Friedhof Baumschulenweg 301
Friedhof Grunewald-Forst 208
Friedhof Heerstraße 301
Friedhöfe 301
Friedrich I., König. 231
Friedrich II., der Große (König) 222, 231
Friedrich II., der Große (Reiterstandbild) 31
Friedrich Wilhelm I., König (Soldatenkönig) 231
Friedrich Wilhelm II., König. 231
Friedrich Wilhelm III., König 232
Friedrich Wilhelm IV., König 222, 233
Friedrich Wilhelm, der Große Kurfürst 231

Friedrichshagen 195
- Ausflugsschiffe 196
- Bootsverleih 197
- Museum im Wasserwerk 196
- Radverleih 197
- Strandbad Friedrichshagen 196

Friedrichshagener Dichterkreis 195
Friedrichshain 146
Friedrichshain-Kreuzberg Museum (Q9) 162
Friedrichstadtpalast (O6) 247
Friedrichstadt-Passagen 33
Friedrichstraße (O6–O9) 34
Friedrichswerdersche Kirche (O7) 33
Füchse Berlin 271
Führerbunker 89
Fundbüros 299
Funkturm (E8) 129
Fußball 271

Galerie Bucholz 252
Galerie C/O 117
Galerie Eigen + Art (O5) 78
Galerie Kornfeld 252
Galerie Loock 252
Galerie Neugerriemschneider 77
Galerie Sprüth Magers (O6) 76
Galeriehaus am Kupfergraben 10 46
Galerien 250
Galerienhaus Lindenstraße 34–35 252
Galerienhaus Rudi-Dutschke-Straße 26 252
Galeries Lafayette (O7) 33, 48
Gallery Weekend 254
Gärten der Welt (Marzahn) 200

Gaslaternen 99
Gaslaternen-Freilichtmuseum (J7) 99
Gasometer (L11) 174
Gayhotels 295
Gedächtniskirche (J8) 116
Gedenkstätte Berliner Mauer (O4) 80
Gedenkstätte Deutscher Widerstand Berlin (L8) 106
Gedenkstätte Hohenschönhausen 199
Gedenkstätte Stille Helden 76
Gehry, Frank O. 30
Geisterbahnhöfe 90
Gemäldegalerie (M8) 57, 104
Gendarmenmarkt (O7) 33
Gentrifizierung 243
Geografische Lage 304
Georg-von-Rauch-Haus 163
Gepäckaufbewahrung 299
Gerkan, Marg und Partner 94, 113, 130
Gerkan, Meinhard von 46
Germania 236
Geschichte 230
Gethsemanekirche 136
Gipsformerei 131
Glienicke, Park 213
Glienicke, Schloss 213
Glienicker Brücke 210
Glockenturm (A7) 130
Goldene Zwanzigerjahre 234
Golf 271
Gorbatschow, Michail Sergejewitsch 243
Görlitzer Park (R/S9–S10) 165
Graefekiez 162
Graffitis 251
Griebnitzsee 215
Grillplätze 273
Grillwalker 60
GRIPS-Theater 246
Gropius, Martin 92
Gropius, Walter 106
Große Hamburger Straße (O5/6) 75
Grüne Woche 253
Grüner Salon 248
Grunewald 207
Grunewaldsee 208
Grunewaldturm 208
Gruselkabinett (N9) 94

Haacke, Hans 69
Hackesche Höfe (P6) 70, 75
Hackescher Markt (P6) 70
Hallenbäder 272
Hamburger Bahnhof (M5) 80
Handball 271
Handwerkervereinshaus 70
Hansa-Studios 242
Hansaviertel (K6) 103
Hasenheide (P/Q11) 183
HAU 1 (N9) 245
HAU 2 (N9) 245
HAU 3 (N9) 245
Hauptbahnhof (M6) 46
Hauptmann von Köpenick 192
Hauptmann, Gerhart 195
Haupttelegrafenamt 71
Haus am Checkpoint Charlie (O8) 91
Haus Automat 34
Haus Bethanien (R8) 163
Haus der Kulturen der Welt (M6) 103
Haus der Schweiz (O7) 31
Haus der Wannsee-Konferenz 210
Haus des Lehrers (Q6) 59
Haus Schwarzenberg (P6) 75
Hausbesetzungen 152, 242
Haushalte 304
Hausvogteiplatz (O7) 33
Hebbel am Ufer 245
Heckmannhöfe 74
Heerstraße 301
Heimathafen Neukölln 245
Heinrich-Zille-Museum (P7) 64
Helikopterflüge 269
Helmholtzplatz (Q3) 137
Helmut Newton Foundation 117
Herr Lehmann 164
Hertha BSC 271
Heß, Rudolf 202
Heydrich, Reinhard 210
Historischer Hafen 60
Hitler, Adolf 236 f.
Hochschule für Musik Hanns Eisler Berlin 55, 247
Hochseilgarten 271
Hohenschönhausen (Gedenkstätte) 199
Holocaust 235
Holocaust-Denkmal (N7) 39
Hop on Hop off 303
Hoppegarten 273
Horst-Wessel-Stadt 146
Hostels 288
Hotel de Rome 32
Hufeisensiedlung Britz 200
Hugenottenmuseum 42
Humboldt Forum 55
Humboldt, Wilhelm von 40
Humboldt-Box 51
Humboldt-Universität (O6/7) 40
Hunde 299
Hungerharke 167
Husemannstraße (Q4) 137
Huxleys Neue Welt 248

Ibero-Amerikanisches Institut (M8) 99
ICC (Internationales Congress Centrum) (F8) 129
IFA (Internationale Funkausstellung) 255
Information 299
Insel Berlin 188
Interbau 103
Internationale Gartenausstellung Berlin 2017 200
Internationale Tourismusbörse Berlin (ITB) 254
Invalidenfriedhof (M5) 79
Isherwood, Christoph 299

Jagdschloss Grunewald 208
Jahn, Helmut 36, 113
Jakob-Kaiser-Haus (N6) 35, 45
James-Simon-Galerie 51
Jauch, Günther 174
Joachim II. Hektor, Kurfürst 231
Johann Cicero, Kurfürst 230
Johann Sigismund, Kurfürst 231
Juden 69, 74, 235, 237
Jüdische Mädchenschule 74
Jüdische Oberschule (O6) 75
Jüdischer Friedhof (Prenzlauer Berg) (Q4) 139
Jüdischer Friedhof Weißensee 301
Jüdisches Museum (O9) 93
Juristische Fakultät 31
Justizpalast (Q6) 60
Jwd (Ausflüge) 188

Kabarett 247
KaDeWe (K9) 116
Käfer (Restaurant) 44
Kaffee Burger 257
Kaiserreich 233
Kaisersaal 36

Messe Berlin

Kaiser-Wilhelm-Gedächtniskirche (J8) 116
Kalter Krieg 239
Kammermusiksaal 105
Kantinen 279
Kapelle der Versöhnung (O4) 81
Karaoke 140
Karavan, Dani 35
Karl-Marx-Allee (Q6/R6–R7/S7) 153
Karneval der Kulturen 254
Kartbahn 278
Kastanienallee (P4) 136
Kästner, Erich 31, 299
Kater Blau (Club) 264
Käthe-Kollwitz-Museum (I9) 117
Kaufhaus des Westens (K9) 116
Kaufkraft 306
Kennedy, John F. 77
Kinder 275
Kinderfreibad im Monbijou-Park 276
Kindl – Zentrum für zeitgenössische Kunst 183
Kino Kosmos 152
Kinos 249
Kirchen
- Berliner Dom (P6) 52
- Deutscher Dom (O7) 43
- Französischer Dom (O7) 42
- Friedrichswerdersche Kirche (O7) 33
- Gethsemanekirche 136
- Kaiser-Wilhelm-Gedächtniskirche (J8) 116
- Klosterkirche der Franziskaner (Q6) 60
- Laurentiuskirche (Köpenick) 191
- Nikolaikirche (P7) 65
- Parochialkirche (Q7) 64
- Sacrower Heilandskirche 213
- Sophienkirche (P6) 75
- St.-Hedwigs-Kathedrale (O7) 40
- St.-Marienkirche (P6) 66
- St.-Matthäus-Kirche M8) 99
- St.-Nikolaikirche (Spandau) 202
- Thomaskirche (R8) 163

Klassische Musik 247
Kleihues, Jan 113
Kleihues, Josef Paul 40, 59
Klein-Glienicke 215
Kleinkunst 247
Klettern 271
Klosterkirche der Franziskaner (Q6) 60
Klosterstraße (U-Bahnhof) (Q7) 60
Knef, Hildegard 174
Knobelsdorff, Georg Wenzeslaus von 41, 125
Knoblauchhaus (P7) 65
Knorrpromenade 149
Kohlbecker, Christoph 38
Kohlhoff & Kohlhoff 81
Kollhoff-Tower 38
Kollwitz, Käthe 41, 117, 137
Kollwitzplatz (Markt) 145
Kollwitzplatz (Q4) 137
Komische Oper (N7) 246
Kommode (O7) 31
Kongresshalle (Q6) 59
König Galerie 252
Königliche Bibliothek 31
Königliche Porzellan-Manufaktur Berlin 107
Konnopke's Imbiß 143
Konzerthaus (O7) 42, 247
Koolhaas, Rem 60, 90

Köpenick 191
 Ausflugsschiffe 194
 Bootsverleih 194
 Fischerkietz 191
 Kunstgewerbemuseum 192
 Laurentiuskirche 191
 Rathaus 192
 Schloss 192
 Schlossplatzbrauerei 191
Kottbusser Tor (Q9) 158, 162
KPM Quartier 107
Kranzler (Café) 113
Kreuzberg (Berg) 165
Kreuzberg, Stadtteil (O10) 158
Kriminalität 302
Kronprinzenpalais (O7) 32
Krumme Lanke 208
Kudamm-Karree (I9) 114
Kultur 244
KulturBrauerei (Q4) 137, 266
Kulturforum (M8) 98
Kunst 244
Kunstbibliothek (M8) 99, 104
Kunstgewerbemuseum (Tiergarten) (M8) 105
KunstHalle der Deutschen Bank (O7) 40
Kunsthandel Wolfgang Werner 252
Kunsthaus Dahlem 206
Künstlerfriedhof Friedenau 301
Kunstmarkt am Zeughaus 49
Kunstszene 250
Kupferstichkabinett (M8) 104
Kurfürstendamm (G9–I9/J8) 108, 113
KW Institute for Contemporary Art 77

Labyrinth Kindermuseum 277
Lammert, Will 75
Landwehrkanal (Q10–S10) 162
Lange Nacht der Museen 253, 255
Lange Nacht der Wissenschaften 254
Langemarck-Halle 130
Langhans, Carl Gotthard 39
Lapidarium 139
Le Corbusier 130
Legoland Discovery Centre 277
Leipziger Platz (N8) 88
Lenné, Peter Joseph 213
Lesben 300
Lessing, Gotthold Ephraim 231
Libeskind, Daniel 93
Lichtturm 148
Liebermann, Max 27, 139, 210
Liebermann-Villa 210
Liebknecht, Karl 55, 233
Lilienthal, Otto 233
Lindenberg, Udo 242
Lindencorso (O7) 31
Liquidrom 274
Literaturhaus 113
Literaturtipps 299
Litfaß, Ernst 69
Litfin, Günter 79
LSD-Viertel 136
Ludwig-Erhard-Haus 115
Luftbrücke 238
Lustgarten (O/P6) 51
Luxemburg, Rosa 233

MACHmit!! 278
Madame Tussauds (N7) 40
Maifeld (B7) 130
Mainzer Straße (Friedrichshain) 152
Mall of Berlin (N8) 88, 96
Marathon 255
March, Werner 130
Märchenbrunnen (R5) 155
Marheineke-Markthalle (O10) 170
Mariannenplatz (Q/R8–Q/R9) 163
Marie-Elisabeth-Lüders-Haus (N6) 35, 45
Märkisches Museum (Q7) 64
Markthalle Neun 164
Marlene-Dietrich-Platz (M8) 38
Martin-Gropius-Bau (N8) 92
Marx-Engels-Forum (P6/7) 63
Marzahn 200
Märzrevolution 232
Mauer 240
Mauerfall 242
Mauermuseum (O8) 91
Mauerpark (Flohmarkt) 145
Mauerpark (P3/4) 140
Mauerradweg 287
Maxim Gorki Theater (O6) 245
Max-Liebermann-Haus (N7) 40
Max-Schmeling-Halle (P3) 249
Maybachufer (Q10–S10) 162
Maybachufer (Türkenmarkt) 187
me Collectors Room 77
Mediaspree 149
Medizinhistorisches Museum der Charité (M6) 80
Mehrwertsteuerrück-erstattung 280
Mendelsohn, Erich 90, 225
Mendelssohn, Moses 75, 231
Mendelssohn-Remise (O7) 46
Mercedes-Benz Arena (S8) 249
Merkel, Angela 36
Messe (E8) 129
Michelin-Sterne 16
Mies van der Rohe, Ludwig 34, 105
Mieten 306
Mietwagen 300
Mode 20
Molecule Man 147
Molle 17
Monbijoupark (O6) 71
Monkey Bar 120
Mont Klamott 154
Mosse-Haus (O8) 90
Müggelberge 196
Müggelhort 198
Müggelpark 195
Müggelsee 195, 196
Müggelturm 198
Mühlendamm-Schleuse 60
Mühlenspeicher 154
Multikulti 304
Münzkabinett 57
Museen 307
Museum Berggruen (G6) 128
Museum der Dinge (Q9) 164
Museum der Moderne 102
Museum der unerhörten Dinge (L11) 176
Museum des Kalten Krieges 87
Museum europäischer Kulturen 205
museum FLUXUS+ (Potsdam) 221
Museum for Urban Contemporary Art 176
Museum für Byzantinische Kunst 57

Museum für Film und Fernsehen (M8) 38
Museum für Fotografie – Helmut Newton Foundation (J8) 117
Museum für Islamische Kunst 56
Museum für Kommunikation (N8) 93
Museum für Naturkunde (N5) 79
Museum für Vor- und Frühgeschichte 56
Museum im Wasserwerk (Friedrichshagen) 196
Museum in der Kulturbrauerei 138
Museum The Kennedys 77
Museumsinsel (O/P6) 50
Museumspass Berlin 280
Musicals 247
Musikinstrumenten-Museum (M7/8) 106

Nachtleben 18, 256
Narva-Kombinat 148
Nationalsozialismus 234
Naturkundemuseum (N5) 79
Neptunbrunnen (P6) 63
Neue Nationalgalerie (M8) 105
Neue Reichskanzlei 89
Neue Synagoge (O6) 76
Neue Wache (O7) 41
Neuer Marstall (P7) 55
Neues Forum 243
Neues Kranzler-Eck (J8) 113
Neues Kudamm-Eck 113
Neues Museum (O6) 56
Neukölln 182
Neuköllner Oper 246
Newton, Helmut 117
Nico (Christa Päffgen) 208
Nicolai, Friedrich 231
Nikolaikirche (P7) 65
Nikolaiviertel 58, 64
Nikolskoe 215
Nolde, Emil 206
Nollendorfplatz (L9) 175
Nordbahnhof (N/O5) 81
Nordische Botschaften (K8) 102
Novemberrevolution 233
Nowkoelln Flowmarkt 187

Oberbaumbrücke (S9) 147
Oberbaum-City 148
Ohnesorg, Benno 239
Olympiagelände (B7) 130
Olympiastadion (B7) 130
Olympische Spiele 1936 235
Oper 246
Operette 246
Opernpalais (O7) 32
Oranienburger Straße (O6) 71
Oranienstraße (P8/Q9) 163
Orankesee 273
Ort der Information (Holocaust-Denkmal) 39
OSRAM-Werke 148
Ostbahnhof (S8) 146
Otto-Bock-Haus 26

Palast der Republik 55
Panoramapunkt Potsdamer Platz (M8) 38
Pariser Platz (N7) 27
Park am Gleisdreieck (M/N10) 166
Park Glienicke 213
Park Inn (Hotel) 59
Park-Kolonnaden (N8) 26
Parochialkirche (Q7) 64
Passerelle 38
Paul-Löbe-Haus (M6) 36, 45
Pechstein, Max 206
Pei, Ieoh Ming 41
Pensionen 288
Pergamonmuseum (O6) 54
Pfannkuchen 290
Pfaueninsel 212
Pfefferberg, Brauerei (P5) 133

Prenzlauer Berg: Boutiquen über Boutiquen

Walter Womackas Glasbild im ehemaligen Staatsratsgebäude der DDR

Pfefferbräu, Brauerei 133
Pferderennen 273
Philharmonie (M8) 105
Piano, Renzo 38
Picknick 273
Planck, Max 233
Plänterwald 189
Plattenbaumuseumswohnung 62
Platz des 9. November 140
Plötzensee 273
Politik 305
Pop, Iggy 174, 242
Postbahnhof 249
Postfuhramt (O6) 74

Potsdam 216
- Alexandrowka 221
- Babelsberg 224
- Belvedere 224
- Einsteinturm 225
- Filmmuseum Potsdam 220
- Filmpark Babelsberg 224
- Haus der Brandenburgisch-Preußischen Geschichte (HBPG) 220
- Heiliger See 223
- Holländisches Viertel 221
- Marmorpalais 223
- museum FLUXUS+ 221
- Neue Kammern 222
- Neuer Garten 223
- Neues Palais 222
- Nikolaikirche 220
- Orangerieschloss 222
- Palais Barberini 220
- Park Babelsberg 224
- Potsdam Museum 220
- Radverleih 225
- Sanssouci 221
- Schiffsrundfahrten 225
- Schloss Babelsberg 224
- Schloss Cecilienhof 223
- Schloss Charlottenhof 222
- Stadtschloss 220

Potsdamer Konferenz 223
Potsdamer Platz (M/N8) 24 f.
Potsdamer Straße (L9/10–M8/9) 175, 252
Prenzlauer Berg 132
Presse 306
Prinzenbad (P9) 272
Prinzessinnenpalais 32
Privatzimmer 297

Quadriga 40
Quartier 205 33
Quartier 206 33

Radialsystem V 248
Radtouren 198, 215, 287
Radverleih 214, 287
Ramones-Museum (O6) 76
Rauch, Neo 36
Rauchen 300
Rauch-Haus 163
RAW-Gelände 148
Reagan, Ronald 243
Reed, Dean 243
Regener, Sven 299
Regierungsviertel 34
Reichspogromnacht 235
Reichstag (N6) 43 f.
Reichstagsbrand 1933 235
Religion 306
Renaissance-Theater (I8) 245
Revue 247
Riehmers Hofgarten 159
Rixdorf 182
Rocket Tower (O8) 91
Rollstuhlfahrer 298
Rosa-Luxemburg-Platz (P5) 69
Rosinenbomber 167, 238
Rote Insel 174
Roter Salon 248
Rotes Rathaus (P7) 63
Rübezahl (Ausflugslokal) 198
Rudi-Dutschke-Straße (O8) 90
Rudow 183
Rundflüge 269

Rüppel, Wolfgang 88
Russische Botschaft (N7) 31

Sacrower Heilandskirche 213
Sagebiel, Ernst 167
Samariterviertel 152
Sammlung Boros 46
Sammlung Hoffmann (P5/6) 75
Sammlung Scharf-Gerstenberg (G6) 129
Sanssouci 221
Savignyplatz (I8) 115
S-Bahn 285
S-Bahnhof Grunewald (Gedenkstätte) 207
Schabowski, Günter 243
Schadow, Johann Gottfried 40
Scharoun, Hans 105
Schaubude (S4) 246
Schaubühne (G9) 245
Scheunenviertel 69
Schiffstouren 286
Schinkel Pavillon 46
Schinkel, Karl Friedrich 42, 52, 165, 213, 232
Schinkelplatz (O7) 33
Schlachtensee 208
Schlesisches Tor (U-Bahnhof) (S9) 147
Schloss Charlottenburg (G6) 124
Schloss Glienicke 213
Schlossbrücke (O7) 33
Schlosspark (Schloss Charlottenburg) 125
Schlossparktheater Steglitz 245
Schlüter, Andreas 42, 66
Schöneberg 108, 174
Schöneberger Rathaus (K11) 174
Schrippe 290
Schuhläden 84
Schusterjunge 290
Schwangere Auster 103
Schweizer Botschaft (M6) 36
Schwerbelastungskörper 236
Schwimmbäder 272
Schwule 300
Schwules Museum (L8) 175
Scooter 286
Sealife Berlin (P6) 66
Sechstagerennen 253
Secondhandläden 85, 172
Seen 272
Segway 303
Senefelder Platz (Q5) 133
Senefelder, Alois 133
Shopping 20, 315
Shoppingmalls 21, 88
Sicherheit 302
Siedlung Schillerpark 200
Siedlungen der Moderne 200
Siegessäule (K7) 102
Siemens, Werner von 232
Siemensstadt 200
Silvester 255
Simon, James 56
Simon-Dach-Straße 147, 149
Skateboarden 274
Skulpturensammlung 56
SO 36 (Bezirk in Kreuzberg) 159, 162
SO 36 (Club) 260
Soldatenkönig, siehe Friedrich Wilhelm I.
Soleier 17
Sony Center (M8) 36
Sophie-Gips-Höfe (P5/6) 70
Sophienkirche (P6) 75
Sophiensaele 244
Sowjetisches Ehrenmal (Tiergarten) (M7) 98
Sowjetisches Ehrenmal (Treptow) 189
Spa 274

Spandau 201
- Altstadt 201
- Ausflugsschiffe 202
- Kolk 202
- Rathaus 201
- St.-Nikolaikirche 202
- Zitadelle 202

Spandauer Vorstadt 68
Spartakusbund 233
Spartipps 279
Spätkauf 18
Speer, Albert 236
Spielbank Berlin 270
Spionagemuseum 93
Sport 269, 306
Spree 11
Spreepark 189
Spreetunnel 198
St.-Hedwig-Krankenhaus (O5/6) 75
St.-Hedwigs-Kathedrale (O7) 40
St.-Marienkirche (P6) 66
St.-Matthäus-Kirche (M8) 99
Staatsballett Berlin 246
Staatsbibliothek (Haus 2) (M8) 99
Staatsbibliothek (O7) 31
Staatsoper im Schiller Theater (I7) 246
Staatsoper Unter den Linden (O7) 41
Staatsratsgebäude der DDR (P7) 55
Stachelschweine 247
Stadtbad Charlottenburg (H7) 272
Stadtbad Mitte (O5) 272
Stadtbad Neukölln 272
Stadtführungen 302
Stadthaushalt 305
Stadtmauer 60
Stadtplan 300
Stadtschloss (P7) 55
Stadtteile 10, 304
Stadtwappen 304
Stage Theater am Potsdamer Platz 247
Stalin, Josef 153
Stalinallee 153
Stasimuseum Lichtenberg 198
Stauffenberg, Oberst Schenk Graf von 106
Stella, Franco 55
Stiftung Brandenburger Tor 40
Stiftung Haus der Geschichte 138
Stiftung Stadtmuseum Berlin 64 f.
Stilwerk 123
Strandbad Friedrichshagen 196
Strandbad Müggelsee 197
Strandbad Wannsee 214
Straßenbahnen 285
Street Art 251
Streetfood-Märkte 16
Strindberg, August 195
Stüler, Friedrich August 56, 128, 233
Supper Clubs 17
Surreales Museum für industrielle Objekte (O5) 78
SW 61 159
Synagoge Rykestraße (Q4) 138

Tacheles (O6) 74
Tarifzonen (öffentlicher Nahverkehr) 283

Tauentzienstraße (J8) 109
Taut, Bruno 200
taz-Gebäude (O8) 91
Tchoban Foundation, Museum für Architekturzeichnung 133
Technikmuseum (M/N9) 165
Tempelhof, ehem. Flughafen (O/P11–O/P12) 167
Tempelhofer Freiheit (O/P12) 167
Tempodrom (N9) 94, 249
Teufelsberg 207 f.
Teufelssee 207
Teutoburger Platz (P5) 136
The Story of Berlin (I9) 117
The Wall Museum 154
Theater 244
Theater des Westens (J8) 247
Theater unterm Dach (R4) 245
Theaterdiscounter 245
Thiel, Frank 87
Thomaskirche (R8) 163
Tickets (öffentlicher Nahverkehr) 283 f.
Ticketvorverkauf 247
Tiergarten (K7/L7/M7) 98
Tierpark (Friedrichsfelde) 118
Tilla-Durieux-Park 26
Tipi am Kanzleramt 247
Topographie des Terrors (N8) 92
Tourismus 306
Touristeninformationen 299
Trabantverleih 300
Trabi Museum 87
Trabrennbahn 273
Tränenpalast (N6) 43
Treptower Hafen 189
Treptower Park 188
Tresor (Technoclub) 88, 258
Trümmerfrauen 238
Tschechische Botschaft (N7) 88
Tunix-Kongress 242
Tuschkastensiedlung Falkenberg 200
TV-Sendungen 274

U-Bahn 285
Übernachten 288
Ulbricht, Walter 240
Ullstein, Leopold 139
Umwelt 306
UNESCO-Welterbe 200, 306
Ungers, Oswald Mathias 54
Union Berlin 271
Unter den Linden (N/O7) 30
Unterwegs in Berlin
- Ausflugsschiffe 285
- Carsharing 285
- Fahrrad 286
- Öffentlicher Nahverkehr 283
- Scooter 286
- Taxi 285
- Velotaxi 285

Upper West 112
Urania 249
US-Botschaft (N7) 26

Varieté 247
VBB-Verkehrsmittel 284
Velodrom 249
Velotaxi 285
Veranstaltungskalender 253
Verkehr 306
Verkehrsverbund Berlin-Brandenburg (VBB) 283
Vietnamesenmarkt 145
Viktoriapark (N10/11) 165
Villa Grisebach 114
Vintageläden 85, 172
Voigt, Wilhelm 192
Volksbühne (P/Q5) 69, 245
Volkspark Friedrichshain (R5/6–S5/6) 154
Volkspark Hasenheide (P/Q11) 183
Vorderasiatisches Museum 56
Vorwahl 303

Waldbühne 249
Waldfriedhof Dahlem 301
Waldfriedhof Zehlendorf 301
Walk of Fame 26
Wannsee 210
Warschauer Brücke 148
Wasserturm (Prenzlauer Berg) (Q4) 138
Watergate (Club) 261
Weekend (Club) 257
Weigel, Helene 78
Weihnachtsmärkte 255
Weimarer Republik 234
Weinhaus Huth 38
Weiße Stadt 200
Weißensee 301
Weißer See 273
Weiwei, Ai 133
WelcomeCard 279
Wellness 274
Weltballon 269
Weltkugelbrunnen (J8) 112
Weltstadthaus 109
Weltzeituhr 59
Werder 254
Werkbundarchiv 164
Wessel, Horst 146
Wetter 304
Wiener, Sarah 80
Wilhelm I., Kaiser 233
Wilhelm II., Kaiser 233
Wilhelmstraße (N7–N9) 88
Wille, Bruno 195
Wilmersdorf (H10) 108
Winterfeldtplatz (Märkte) 181
Wintergarten-Ensemble 113
Wirtschaft 305
Wissenschaftszentrum für Sozialforschung (M8) 99
Wissenswertes von A bis Z 298
Wittenbergplatz (K9) 109
Wochenmärkte 21, 145, 157, 181
Wohnen auf Zeit 297
Wohnstadt Carl Legien 200
Womacka, Walter 55
Wrangelkiez 164
Wuhlheide 249
Wühlmäuse 247

ZDF-Hauptstadtstudio (N7) 31
Zehlendorf 301
Zeiss-Großplanetarium (R3) 139
Zeitungen 306
Zentraler Omnibusbahnhof Berlin (ZOB) 282
Zentrum Kreuzberg 162
Zeughaus 41
Zille, Heinrich 64
Zionskirchplatz (P4) 136
Zitadelle Spandau 249
ZOB (Zentraler Omnibusbahnhof Berlin) 282
Zoo (J/K8) 118
Zoofenster (J8) 113
Zuse, Konrad 166
Zwei-plus-Vier-Vertrag 243

Pressestimmen

»Diese Stadt der Ideen, der Improvisation und natürlich des steten Wandels kennen Michael Bussmann und Gabriele Tröger wie ihre Westentasche. [...] Neun Stadttouren haben sie zusammen gestellt, in den natürlich alle wichtigen Anlaufstationen für Touristen enthalten sind. Aber sie lenken das Interesse auch auf weniger Bekanntes. Warum nicht einmal dem Friedhof einen Besuch abstatten, auf dem Loriot begraben wurde, oder Marlene Dietrich oder Rio Reiser, Harald Juhnke oder Gottfried Benn. Bei ihren Spaziergängen im Berliner Zentrum darf man sich auf Geheimtipps freuen, von der Kneipenlandschaft bis zum Shoppen.«

Fränkische Nachrichten, Diana Seufert

»Abgesehen von allen vorhandenen reiserelevanten Infos, notwendigen Zahlen, Daten und Fakten, Detailkarten und einem kleinen Faltplan hebt sich der Band der individuell angelegten Reiseführerreihe vor allem durch die Fülle an persönlichen Tipps ab. Allein schon die ausgewählten Restaurants, Bars und Cafés für drinnen und draußen (!) machen Lust auf Entdeckungen abseits der üblichen Touristenpfade. Dabei dürfen vor allem Kommentare wie ›nichts für Leute mit Spinnenphobie‹ oder ›superlecker, aber ein bisschen Geduld mitbringen‹ hilfreich sein. Originelle Fotomotive runden den gelungenen Berlinführer ab. Erste Wahl!«

Buchprofile/Medienprofile

»Die beiden Autoren haben ein detailreiches Werk geschaffen, das die Stadtgeschichte genauso beleuchtet wie die hippsten und sehenswertesten Orte in der deutschen Metropole.«

Badische Zeitung, Stefan Zahler

»[D]ie Kiezspaziergänge sind ein toller Tipp, um erst mal etwas Atmosphäre aufzusaugen. Natürlich sind auch die ganzen Standard-Sehenswürdigkeiten im Reiseführer enthalten, sowie mehrere Insidertipps und praktische Karten. Wem die Stadt allein nicht reicht, der bekommt auch gleich noch Inspiration für Ausflüge rund um Berlin, zum Beispiel nach Köpenick, Potsdam und zu den zahlreichen Badeseen. [...] Ich denke, selbst Urberliner können in diesem Reiseführer noch so einige Ecken entdecken!«

buch-magazin.info, Sandra Kielmann

»Mit viel Liebe beschreibt das Autorenteam die umfangreiche Szene der Bundeshauptstadt.«

fachbuchkritik.de, Andy Sauer

»Wer sich wundert, dass neben Schöneberg auch Neukölln, ein im übrigen Deutschland verpönter Bezirk (No-go-Area!), in dem Reiseführer aufgenommen wurde, wird sich wundern, wie schön Neukölln ist. Denn in diesem Bezirk, wie auch in Schöneberg und Kreuzberg, findet das wahre Berliner Leben statt. Diese Szenebezirke sind eher für den routinierten Berlinbesucher gedacht. Hier trifft man Einheimische und wenig Touristen. [...] Wer etwas weiter raus möchte, ›Jwd‹ – Janz weit draußen – wie der Berliner sagt, sollte unbedingt die Ausflüge am Ende des Buches ins Auge fassen. Sie führen unter anderem in den Treptower Park, nach Friedrichshagen und Müggelsee (Neu-Venedig – zu entdecken auf der Radtour), in die Gedenkstätte Hohenschönhausen, usw.«

leser-welt.de, Svenja Brück